中国担保法律法规
汇编及案例精选

批/注/版

邓学敏　饶梦莹 | 编

北京大学出版社
PEKING UNIVERSITY PRESS

作者简介

邓学敏 北京炜衡(上海)律师事务所律师、高级合伙人,金融业务部主任,中国政法大学法学学士、复旦大学法律硕士。主要执业方向为金融与资产管理、并购重组、资本市场以及与上述领域相关的争议解决。执业以来为众多金融机构、央企、上市公司及大型企业集团提供相关领域的法律服务,积累了丰富的实务经验。曾荣获上海市"长宁区十佳律师""长宁区优秀律师"等荣誉称号。

电子邮箱:xuemindeng@163.com。

饶梦莹 北京炜衡(上海)律师事务所律师助理,中国政法大学法学学士、法学硕士。主要执业方向为金融与资产管理、并购重组以及与上述领域相关的争议解决。

电子邮箱:raomengying92@163.com。

序　言　一

　　担保制度的出现源于商品交易对信用之需求,其基本功能在于增强履约信用、保障债权实现。随着商品经济的发展和金融资本市场的兴起,担保制度在促进资金融通、维护金融与资本市场稳定等方面亦发挥着举足轻重的作用。

　　1981年,《经济合同法》首次从立法层面规定了定金和保证两种形式的担保。此后,我国现代担保法律制度的发展历经三十余载,已形成较为复杂的规范体系。当前,我国担保法律制度既包括《民法总则》《民法通则》等民事基本法关于担保的概括规定,亦包括《担保法》《物权法》等民事单行法对担保制度的一般规定;此外,《公司法》《合同法》《海商法》《民事诉讼法》等其他法律,对不同担保主体、不同担保物、担保合同、担保权实现程序等亦作出了特别规定。除前述相关法律外,最高人民法院及行政机关、行业协会亦制定了大量关于担保的司法解释、法规、规章及其他规范性文件。鉴于前述担保相关法律规范散落各处,对其进行体系化梳理显得尤为重要。

　　同时,我国担保法律制度的复杂性亦来自于担保本身。在我国当前的担保法律制度之下,存在保证、抵押、质押、留置、定金等典型担保方式。其中,人的担保和物的担保因其性质不同而形成的规则差异自不言而喻。在物的担保之下,不同类型的物的担保在担保物的范围、担保权的设立与登记等问题上亦存在规则差异。即便是同一类型的物的担保,因其所涉的担保物不同,其适用的具体规则亦可能存在差异。

　　由于上述担保规范体系与担保本身的复杂性,以及在担保法律制度发展过程中形成的大量新旧规范不一致等情形,担保法律制度体系内不同规范的冲突问题也日益凸显,其中以《担保法》、其司法解释和《物权法》之间的冲突最为显著。前述冲突可能引发对规范理解的偏差,在司法实践中,亦容易导致司法裁判规则不一致等法的适用问题。因此,对我国担保制度冲突规范的梳理及研究,具有重要的现实意义。

　　本书的可贵之处,在于对上述担保法律规范的系统梳理、担保冲突规范的研究等进行了有益的尝试。作者对我国现行的担保法律规范进行了体系化的梳理,并基于担保主体类型、担保物类型、实现程序等不同标准对前述法律规范进行分类,颇具参考价值。更值得一提的是,作者对我国担保制度核心法律规范之间的冲突问题予以了充分关注,并在书中作出了相应的提示,以大量批注的形式对核心规范之间的冲突与不一致作出了详尽的说明,帮助读者厘清冲突规范之间的关系。此外,为了加强读者对担保冲突规范与重点法律规范的理解,作者还对部分相关典型案例的裁判规则进行了总结,进一步提升了本书在担保实务中的实用性。

　　本书两位作者本科均毕业于法大。学敏联系我时说他是怀着"惴惴之心"希望我能拨冗作序。我相信他们这份"惴惴之心",不仅是出于对师长的敬重,亦是出于对著书立说这一人生大事的敬畏。从本书的体例与内容看,他们为此书的出版也付出了相当的努力。我也相信,本书的出版将对担保法律制度研究及实践应用提供有益的帮助。

2018 年 12 月 17 日于中国政法大学

序 言 二

我和学敏都来自鄂东大别山区,2003年同年考入中国政法大学,是相识多年的至交好友。大学毕业后,我们路虽不同,但惺惺相惜,携手至今。2011年我迁移沪上定居之后,一直从事金融投资行业,无论是生活上还是工作上,我们之间日常联系都非常密切,也有幸在业务上跟他有一些交集。

学敏大学时代就质朴诚实、温润如谦谦君子,学习刻苦努力。他毕业后即赴上海滩从事法律工作,十余年来积累了强干的专业能力和丰富的执业经验,且在此期间勤奋攻读取得了复旦大学法律硕士学位。学敏于2015年加盟国内知名律所炜衡,不久即晋升为高级合伙人,是沪上颇具声望的青年律师。我有幸见证了他这一路上的成长,正所谓不积跬步,无以至千里,学敏当下的成绩源于十几年如一日的勤奋努力和兢兢业业,以及始终保有的对律师职业的坚定理想和信念。

学敏待人,素来真诚热情,坦诚直率,朋友、后辈如有困难,他从来都是真心相助,不求回报。对家庭,他尽职尽责、孝敬长辈。他正直善良,处事公道,进退有度,其言行举止、为人处世,在朋友圈和校友圈声望颇高,窃以为足可当我辈之榜样。

作为律师,学敏的专业能力极强,在并购重组、大资管、证券与资本市场、金融争议解决等多个领域操作过大量重要项目,服务过一批举足轻重的大型企业单位,广泛涉足金融、环保、文旅、医药、互联网等多个行业领域。据我所知,其为诸多大型国企、金融企业和独角兽企业提供的专业法律服务,得到客户的普遍赞誉。

在我金融从业过程中,有幸给学敏对接过几位机构客户,学敏都以极其敬业的态度和专业的水准使他们折服,获得高度赞誉。其实,每一个客户的赞誉背后都离不开大量辛勤而细致的工作:离不开认真细致的法律调查,离不开精巧周密的交易架构设计,离不开严谨细致的法律文件起草,离不开台前幕后细节繁琐的纠纷处置,更离不开无数个通宵达旦的不眠之夜。这种对于专业极度认真、对于客户所托高度负责的精神,委实令人敬佩。

也正是由于在经济金融业务领域长期的耕耘,学敏才对担保法领域存在的大量规范冲突的情况有了深刻洞察,从而产生了系统梳理担保法规范、研究担保法冲突问题的好想法,并带领饶梦莹律师等团队成员花费大量时间和心血付诸实施。

作为金融从业人员,我本人十余年来长期从事投资研究、股权投资、证券投资工作,我认为担保法对于金融行业十分重要。这本书并非是一本简单的法律汇编,而是全面细致地整理了核心法律规范的冲突,并以注释及案例的形式,对冲突与不一致之处做了详尽的说明,还对重点法条进行了标识,具有很强的实践意义。我相信,这本书的出版将对研究与处理金融领域的担保相关问题发挥重大的作用。最后,更要感谢学敏和饶梦莹律师,能够不遗余力地辛勤编纂、比较、分析、著述,填补了国内相关著作之空白,为业界奉献了这本精心打磨的力作。

万家基金管理有限公司　基金经理

2018 年 12 月 15 日于北京

序　言　三

　　学敏是我的老友,我们相识于新世纪的第一年。彼时一同在校报社奉公,他性喜说教又爱瞎替别人操心的脾性,颇似对我叨叨不休、让人不胜其扰的长辈。但他宁可舍掉学习和玩乐的时间,去认认真真地做采访、编辑和校对,又始终对共事之人俱是一张元气满满的纯净笑脸,所以我也乐于和他交往。

　　彼此开始建立真正的友谊,有一点曹丕的沉李浮瓜,也有一点迅哥儿的月下瓜田。零二年初次去他家做客,结识学敏的父母,方知他的达观谨慎,乃有家风传承。学敏父亲温柔又坚强,是十里八乡公认的能人,我仍记得学敏父亲与我俩席间所谈诸事,极少涉及自身,多是方圆内关心的公事。半夜我们睡下,学敏父亲打着手电筒去帮别人看鱼,隔天一早赶回来,手里多了一根鱼竿,笑眯眯地问我要不要去钓鱼。学敏母亲大气热情,又细腻明理,对他待人接物和说话做事的分寸要求很苛刻,我很少看到这么严厉的别人家妈妈。

　　他家披山带水,古今形胜之地,浮桥河方圆几百里水面,风景秀美,对自己的家乡他充满了与生俱来的自豪。还记得我们借月光走在河边,他意气风发地指着远方黛色群山与森森流水道:"这个地方风水好,有大师说以后要出一个天子。"那语气仿佛是预言马上要应验在自己身上。在月光下的水边和瓜田之间,他一路滔滔不绝,又一板一眼,现在看来无非就是要为社会做贡献,出人头地之类的想法,但他可是特别认真,而且总有悲观的预期混合执拗的愿景。他心气儿高傲,他双眼放光,他充满期待。我那时候觉得他这人有点奇怪,但还是可以做很久的朋友。

　　我们同年读大学。大学里,他在很努力地做家教赚钱,很认真地学习,也很费劲地喜欢一个武汉的胖姑娘。我劝他异地恋不要太认真,他并不认同,反而一意孤行,从北京来武汉找那个姑娘,并没有事先和在武汉的我打招呼。后面两天见到他,才知他此行的效果完全适得其反,但他一路上努力装出云淡风轻的姿态,努力地和我们一帮陪伴他的老友打趣。直到回去的路上他因为精神恍惚,丢失了自己的钱包并损失巨款一笔,只能在凄风苦雨和人财两空的满心落寞中登上北去的火车。

　　事后不久,我要去北京参加培训班,他那时没有手机,我提前给他宿舍打了一个电话,他问了我的车次和时间,简单应承就挂了。快到的时候我还在想,他最近心态调整得怎么样,感情的事情处理好没有。之前到武汉没有提前联系我,这次会不会很麻烦他之类。结果一下车,我就发现他在接站的茫茫人海中,戴着一顶突兀又违和的蓝色棒球帽。他正好也同时看到了我,立马又泛出打着他 logo 的灿烂笑容,旁若无人地挥舞双手大喊:"哎,胖子!"然后蹬蹬跑过来解释说戴这个丑帽子就是怕我一出来看不到,让我一度感受复杂,觉得既莫名尴尬又莫名感动。

　　晚上住在他的宿舍,先看他在电脑上捣鼓半天,后来感觉不像在做正事儿。跑过去一看,他正在往法大的BT校园网上传东西。那时候网络上资源很少,大学校内主要用这个网站,绝大部分人都在上面下载东西。因为既没有宽带网,上传很占流量又不能增加下载速度,电脑性能又非今日可比,往上面上传资源的人非常稀少,学敏是我身边被发现的第一个会上传资料的稀有生物。聪明如我,怎么会放过这天赐的调侃机会?我指着他说:"哈哈,我一直好奇有哪些家伙脑子进水才会干这种吃力不讨好的事情,往上面上传资源,没想到发现身边居然有这样一个奇葩。"他一时可能觉得无语,不知该从何反驳,最后似乎有点自言自语地说:"我觉得我今天听到的这几首歌很好听,就该放上去啊。"

转眼毕业,他明显遭遇了人生的低谷。他内心清高,怕麻烦到别人,和朋友间联系只是偶尔提及。我感到那个乐观热情、充满少年感的学敏开始逐渐退潮。我们见面不多,其间一次是他生病住院,他难得地抒发了一回对未来不确定的忧虑,虽然也仅仅是一瞬间。我方明白他一直都在内心藏着很多的东西,他言语间很忧心如何照顾他的爸爸,甚至是远方的姐妹,谈到自己,似乎感觉有些迷茫和灰心。我知道他工作的事情暂时没有打开局面,又遭到仿佛是命运嘲弄一样的疾病,一时也不知道怎么安慰他。他感觉到我的失措,不想我也陷入低沉的情绪,反过来又用一副开玩笑的口吻笑着对我说:"你这次来看我,就你的一贯作风,算是表现不错!"我却再也没有调侃他的劲头了。

后来,几经波折,他遇到了命中注定的伴侣,又有了一个可爱的女儿。在家中领导的英明决策和严厉督促下,外加叶勇等兄弟的帮衬,他逐渐地开始发挥出自己的正常水平,事业发展进入了正轨,待人接物也越发周全妥帖,工作和生活都处理得游刃有余。此时我们时常见面,感觉他心情又明朗了很多,但那个曾经意气风发的少年似乎再也没有回来。我想人的成长和成熟也不过如此,拿许多少年时代的真诚欢笑和瑰丽的幻想,换取中庸成熟和现世安稳。我听到很多人都赞扬说他这小子不错,有同行说他能力强、勤勉专业;有老乡说他很出息,农家子弟改变命运;家中亲戚父母认为他顾家又孝顺,也以他为骄傲。但是有一年年底,我们几个朋友闲坐聊天,大家都在聊发展事业、赚钱和买房子的话题。他突然在没有事先饮酒的情况下深深地感叹了一句:"工作几年以后,大家聚到一起,果然除了谈钱,就没有什么别的内容了。"那神态我现在记忆犹新,颇有雀入罗中的感觉。

今年上半年,他兴冲冲地联系我,约我谈回我们中学母校的事情,为的是给我们母校农村户籍的孩子争取两个上名牌大学的专项招生指标。他做这件事没有受人所托,也没有任何好处,反而花了自己很多的人情和精力。尽管中间有一些不愉快的小插曲,尽管很多学生甚至母校校方也不见得理解他真正努力的用心,但他最终还是很开心地把这件事情促成。我也在想,这个家伙啊,经过这么多年,还是没有放弃要活成自己该有的样子,还是有一点男子汉的气概的。

当我接到他为本书作序的邀请,表面上似乎是给他一段时期努力的专业成果凑个热闹,虽然也忝为法律科班,我对这个领域却知之尚浅,大概也只能谈一些成书历史,讲一些溢美之词。中国人也习惯在有所成就以后重建历史,美化苦难。我并不习惯为他敷衍,又太过习惯去敷衍这样的一篇文字。不过他反复强调,邀我作序只为纪念,以后若干年后还要看。我深知他较真的性格和这句话的意思,是希望我能借此机会写一点能经得起历史考验的东西,但又有什么比他自己最本真的个性更经得起时间的检验呢?于我而言,看到这本书,看到的不过是他这个凡事都认真计较的老铁对自身过往历史的又一次重复。像神话传说中的西西弗斯,他总是傻傻地努力想给他的朋友、他的亲人、他的家乡、他的行业乃至他的世界带去一点充满了他的心力又是他真心认为有价值的东西,不管这样做是不是真的对他有什么好处,不管他要花费多少心力,也不管外界对他反应如何。他这一点坚持,自我认识他起始终都没有变。我毫不怀疑这本书自然也是学敏的用心之物,有关一个东西的好坏或许见仁见智,莫衷一是,但有心之物和无心之物的天渊之别,自有智者识之,仁者惜之。作为好友,我对他这本书的质量哪怕不看,也是有十足的信心的,只愿他这次的努力不被辜负,以后的日子阳光灿烂,为这个略微聒噪冷峻的现世,带来更多沉静温柔的惊喜。

2018 年 12 月 12 日于武汉

前　言

2013年，彼时的我就职于上海另一家律所的资本市场团队，任职于信托公司的妻子建议我抽空对担保相关的法律法规进行汇编，一是信托及其他资管业务中经常涉及各类担保，而中国担保制度规范过于繁杂、适用较为混乱的现状在实践中引发了诸多问题，实务界对于体系化的担保规范梳理需求甚巨；二是市场上未见相对完整、系统的担保规范汇编，如能完成此项工作，在有利于辅助相关从业者建立担保制度知识体系的同时，亦可为实务问题的解决提供有益参考，具有重要的现实意义。

妻子的建议与我在金融与资产管理领域走专业化道路的想法不谋而合。于是我在工作之余花费数月时间，按照自己理解的体系对当时重要的担保制度规范进行了系统梳理，于2013年6月整理出了批注版的《担保法律法规汇编》，并通过当时某知名微博账号在网上发表，成为当时公开可查的第一份比较系统全面的担保规范汇编。

转眼五年过去了，其间我国的担保相关规范出现了许多新的变化，我对担保规范的理解亦随着资管领域服务经验的积累而有所加深与调整，因此我之前整理的担保规范汇编亟待进行相应更新；同时，随着我们服务的金融机构与投资交易数量不断增长，涉及的担保情形亦愈加丰富与复杂，从团队知识管理与专业提升的角度，我们需要结合现有业务经验对中国目前的担保制度做进一步的梳理与研究。因此，在我于2013年整理的担保规范汇编的基础上，我们团队对相关规范进行了更新与调整，删除了已经失效的规范，补充了新的或之前遗漏的部分规范，同时对汇编体例做了进一步完善，使其更加清晰、准确、完整。为了加强对一些重点、疑难问题的理解，我们搜集整理了相关案例，并以备注的形式使之与具体的规范相对应，作为本次汇编的案例精选部分。在此基础上，最终形成本书的蓝本。

在整理上述汇编与案例的过程中，我们对中国当前的担保制度也有了更加全面和深入的认识。担保制度作为我国民事法律制度的重要组成部分，是增强交易双方互信、维护民事交易安全的重要保障。自1995年《担保法》颁布以来，我国陆续出台了大量与担保相关的法律、法规及其他规范性文件，这些规范共同构成了我国担保制度的重要组成部分。其中，《担保法》及其配套司法解释确立了以抵押、质押、留置、保证和定金为核心的担保制度，《物权法》对我国抵押、质押、留置三类担保物权进行了系统规定，其他规范则散落在各类法律、法规及规范性文件之中，相关规范纷繁复杂。另一方面，《担保法》及其司法解释的颁布时间较早，且历经二十余年未得修订，已与后续颁布的《物权法》存在诸多冲突之处，其在法律适用层面的局限性愈加凸显；其他规范则大多效力层级较低，所涉监管部门庞杂，不易体系化。前述情形在实务操作和理论研究中均给相关从业者造成了诸多不便。

鉴于此，尽管编著过程耗费了我们大量的时间与精力，却更加坚定了我们完成这项工作的决心。虽然得益于技术的进步，相关法规的检索相对迅捷，但我们在汇编的过程中，不仅按照我们的理解做了结构化的体例安排，同时，以加粗、下划线等方式对重要法条予以提示。更重要的是，我们对冲突规范都以注释的方式进行了解读，同时整理了对应的经典案例，以进一步加深对相关规范的理解。以此来看，这本书其实已经超出了单纯汇编作品的范畴。我们希望通过我们的努力，能使相关从业者更加方便、快捷和全面地查阅我国的担保制度相关规范，在此基础上能够有利于相关法律问题的研究与解决，有利于推进我国担保制度的进一步发展与完善。

本书的完成亦是我们团队在律师专业化道路上迈出的重要一步。律师在执业实践中，外化的具体法律服务固然重要，但内化的知识管理也同样举足轻重。而对相关法规进行收集、更新与解读，则是知识管理中十分重要的内容。这本书正是将我们原本内化的知识管理，以出版的形式分享给更多需要的人，我想，这本身就是一件值得我们纪念的事。

在此，我们要向北京大学出版社及郭薇薇女士表示诚挚的谢意！他们对于汇编类作品的出版是抱着谨慎态度的，但经过慎重研究讨论，并对市场上同类汇编出版物进行调研，确保本书具有相关领域的开创性与实务价值后，最终同意出版。在编辑出版过程中，郭薇薇女士对本书给出了许多专业、宝贵的建议，其审慎、专业、尽责的精神，值得我们尊敬。

我们也要特别感谢中国政法大学王涌教授为本书拨冗作序。王涌教授是我们的商法学老师，他博学、幽默、儒雅，深受法大学子爱戴。王涌老师也是我们2003级法大本科生毕业典礼的致辞老师，他的那篇著名的毕业致辞《你们应当有颗不同凡响的心》，多年来一直感动、激励和鞭策着一批又一批的法大学子。因此，王老师的这篇序言，对我们来说意义非凡。

同时，也要感谢以作序形式参与本书出版这一大事件的两位好友叶勇和夏慰。尽管叶勇的许多溢美之词我自觉受之有愧；尽管夏慰这种罕见的蒙太奇式的作序手法使得那些太过久远的片段变得似是而非，但许多场景因为他是唯一的见证人，却也无法争辩。不过这样也好，那些黑我的内容，倒也不必当真了。

最后，感谢爱妻对本书成书的关键性建议，以及长期以来对本书的撰写给予的支持与帮助。尤其是女儿出生后，妻子除了分担大量繁杂的家庭事务外，对女儿的照顾与培养更是倾注了非常多的心力。

需要特别说明的是，本书的编著，除了两位署名作者的努力，亦离不开团队成员孙琳、谢丹荔的贡献与支持，在此一并表示感谢！

受制于担保规范体系的上述特点以及我们的有限精力与水平，本书难免存在不足之处，权当引玉之砖，还望各位同仁、朋友不吝赐教，多提宝贵意见，以便后续进一步的修订完善。

是为序。

邓学敏
2018年12月

目 录

导 读 1

第一编 担保制度核心法律

一、中华人民共和国担保法(1995.10.1) 7
二、中华人民共和国物权法(节录)(2007.10.1) 21
三、中华人民共和国合同法(节录)(1999.10.1) 36
四、中华人民共和国民法通则(节录)(2009.8.27) 48
五、中华人民共和国民法总则(节录)(2017.10.1) 49

第二编 最高人民法院关于担保的相关司法解释与其他规范性文件

一、关于担保行为的一般规定 55
  （一）最高人民法院关于适用《中华人民共和国担保法》若干问题的解释
       (2000.12.13) 55
  （二）最高人民法院关于适用《中华人民共和国物权法》若干问题的解释(一)
       (节录)(2016.3.1) 68
  （三）最高人民法院关于适用《中华人民共和国合同法》若干问题的解释(二)
       (节录)(2009.5.13) 70
  （四）最高人民法院关于适用《中华人民共和国民法总则》诉讼时效制度若干
       问题的解释(2018.7.23) 70
  （五）最高人民法院民一庭关于夫妻一方对外担保之债能否认定为夫妻共同
       债务的复函(2015.1.1) 71
  （六）最高人民法院关于审理融资租赁合同纠纷案件适用法律问题的解释
       (节录)(2014.3.1) 71
  （七）最高人民法院关于审理金融资产管理公司利用外资处置不良债权案件
       涉及对外担保合同效力问题的通知(2010.7.1) 72
  （八）最高人民法院关于香港盈伞财务公司诉广东华美集团有限公司担保
       合同纠纷案有关法律问题的请示的复函(2010.3.23) 73

（九）最高人民法院关于审理涉及金融不良债权转让案件工作座谈会纪要
（节录）(2009.3.30) ……………………………………………………… 75

（十）最高人民法院关于金融资产管理公司收购、处置银行不良资产有关
问题的补充通知(2005.5.30) …………………………………………… 79

（十一）最高人民法院关于审理商品房买卖合同纠纷案件适用法律若干问题
的解释（节录）(2003.6.1) ……………………………………………… 80

（十二）最高人民法院关于审理涉及金融资产管理公司收购、管理、处置国有
银行不良贷款形成的资产的案件适用法律若干问题的规定
(2001.4.23) ………………………………………………………………… 81

二、关于保证担保的相关解释与其他规范性文件 …………………………… 83

（一）最高人民法院关于审理独立保函纠纷案件若干问题的规定（节录）
(2016.12.1) ……………………………………………………………… 83

（二）最高人民法院关于审理民间借贷案件适用法律若干问题的规定（节录）
(2015.9.1) ………………………………………………………………… 84

（三）最高人民法院关于交通银行香港分行与港云基业有限公司、云浮市人民
政府等借款担保合同纠纷上诉一案《承诺函》是否构成担保问题的请示
的复函(2006.10.11) ……………………………………………………… 85

（四）最高人民法院关于审理信用证纠纷案件若干问题的规定（节录）
(2006.1.1) ………………………………………………………………… 89

（五）最高人民法院关于人民法院应当如何认定保证人在保证期间届满后
又在催款通知书上签字问题的批复(2004.4.19) ……………………… 89

（六）最高人民法院关于对云南省高级人民法院就如何适用《关于适用
〈中华人民共和国担保法〉若干问题的解释》第四十四条请示的答复
(2003.12.24) ……………………………………………………………… 90

（七）最高人民法院关于对甘肃省高级人民法院甘高法〔2003〕183号请示
的答复(2003.11.28) ……………………………………………………… 90

（八）最高人民法院关于甘肃省高级人民法院就在诉讼时效期间债权人依法
将主债权转让给第三人保证人是否继续承担保证责任等问题请示的
答复(2003.10.20) ………………………………………………………… 91

（九）最高人民法院关于在保证期间内保证人在债权转让协议上签字并承诺
履行原保证义务能否视为债权人向担保人主张过债权及认定保证合同
的诉讼时效如何起算等问题请示的答复(2003.9.8) ………………… 92

（十）最高人民法院关于债权人在保证期间以特快专递向保证人发出逾期贷款
催收通知书但缺乏保证人对邮件签收或拒收的证据能否认定债权人向
保证人主张权利的请示的复函(2003.6.12) …………………………… 92

（十一）最高人民法院关于对外国企业派驻我国的代表处以代表处名义出具的担保是否有效及外国企业对该担保行为应承担何种民事责任的请示的复函(2003.6.12) ………………………………………… 93

（十二）最高人民法院关于涉及担保纠纷案件的司法解释的适用和保证责任方式认定问题的批复(2002.12.6) …………………………………… 95

（十三）最高人民法院关于已承担保证责任的保证人向其他保证人行使追偿权问题的批复(2002.12.5) …………………………………………… 96

（十四）最高人民法院对《关于担保期间债权人向保证人主张权利的方式及程序问题的请示》的答复(2002.11.22) …………………………… 97

（十五）最高人民法院关于处理担保法生效前发生保证行为的保证期间问题的通知(2002.8.1) ……………………………………………………… 97

（十六）最高人民法院关于沈阳市信托投资公司是否应当承担保证责任问题的答复(2001.8.22) ……………………………………………………… 98

（十七）最高人民法院关于正确确认企业借款合同纠纷案件中有关保证合同效力问题的通知(1998.9.14) ………………………………………… 99

（十八）最高人民法院关于审理经济合同纠纷案件有关保证的若干问题的规定(1994.4.15) …………………………………………………………… 99

三、关于抵押的相关解释与其他规范性文件 ………………………………… 104

（一）最高人民法院关于审理矿业权纠纷案件适用法律若干问题的解释（节录）(2017.7.27) …………………………………………………… 104

（二）第八次全国法院民事商事审判工作会议(民事部分)纪要（节录）(2016.11.30) ……………………………………………………………… 104

（三）最高人民法院关于《城市房地产抵押管理办法》在建工程抵押规定与上位法是否冲突问题的答复(2012.11.28) ………………………… 105

（四）最高人民法院关于《国土资源部办公厅关于征求为公司债券持有人办理国有土地使用权抵押登记意见函》的答复(2010.6.23) ………… 109

（五）最高人民法院关于审理城镇房屋租赁合同纠纷案件具体应用法律若干问题的解释（节录）(2009.9.1) ……………………………………… 110

（六）最高人民法院关于已登记的抵押物的善意受让人在抵押物灭失后应否对抵押权人承担赔偿责任的复函(2006.10.25) …………………… 110

（七）最高人民法院关于担保法司法解释第五十九条中的"第三人"范围问题的答复(2006.5.18) …………………………………………………… 111

（八）最高人民法院关于中国农业银行大连市分行友好支行诉大连中大集团公司、第三人中国大连国际经济技术合作集团有限公司借款合同抵押担保纠纷一案请示的答复(2003.11.24) ……………………………… 111

（九）最高人民法院关于船舶抵押合同为从合同时债权人同时起诉主债务人和抵押人地方人民法院应否受理请示的复函(2003.1.6) ………… 112

（十）最高人民法院关于建设工程价款优先受偿权问题的批复
（2002.6.27） …………………………………………………………… 112

（十一）最高人民法院关于国有工业企业以机器设备等财产为抵押物与
债权人签订的抵押合同的效力问题的批复(2002.6.22)………… 113

（十二）最高人民法院研究室关于抵押权不受抵押登记机关规定的抵押期限
影响问题的函(2000.9.28) …………………………………………… 114

（十三）最高人民法院关于能否将国有土地使用权折价抵偿给抵押权人问题
的批复(1998.9.9) …………………………………………………… 114

四、关于质押的相关解释与其他规范性文件 …………………………………… 115

（一）最高人民法院关于适用《中华人民共和国公司法》若干问题的规定
（三）（节录）(2014.3.1) ………………………………………………… 115

（二）最高人民法院关于审理出口退税托管账户质押贷款案件有关问题
的规定(2004.12.7) …………………………………………………… 115

（三）最高人民法院执行工作办公室关于上市公司发起人股份质押合同及
红利抵债协议效力问题请示案的复函(2004.4.15) ………………… 116

（四）最高人民法院关于涉外股权质押未经登记在执行中质押权人是否享有
优先受偿权问题的复函(2003.10.9) ………………………………… 117

（五）最高人民法院关于冻结、拍卖上市公司国有股和社会法人股若干问题
的规定(节录)(2001.9.30) …………………………………………… 118

（六）最高人民法院关于审理票据纠纷案件若干问题的规定(节录)
（2000.11.21） ………………………………………………………… 119

五、关于定金的相关解释与其他规范性文件 …………………………………… 121

（一）最高人民法院关于审理买卖合同纠纷案件适用法律问题的解释(节录)
（2012.7.1） …………………………………………………………… 121

（二）最高人民法院关于因第三人的过错导致合同不能履行应如何适用定金
罚则问题的复函(1995.6.16) ………………………………………… 121

六、关于留置的相关解释与其他规范性文件 …………………………………… 122

最高人民法院关于能否对连带责任保证人所有的船舶行使留置权的
请示的复函(2001.8.17) ……………………………………………… 122

第三编 特定主体的担保行为

一、公司担保行为的一般规定 …………………………………………………… 125

（一）中华人民共和国公司法(节录)(2018.10.26) ……………………… 125

（二）公司债券发行与交易管理办法(节录)(2015.1.15) ……………… 126

二、上市公司担保行为 ………………………………………………………… 129
   （一）中国证券监督管理委员会、国务院国有资产监督管理委员会关于规范
       上市公司与关联方资金往来及上市公司对外担保若干问题的通知
       （2017.12.7） ………………………………………………………… 129
   （二）中国证券监督管理委员会、中国银行业监督管理委员会关于规范上市
       公司对外担保行为的通知（2006.1.1） ……………………………… 132
   （三）首次公开发行股票并上市管理办法（节录）（2018.6.6） …………… 134
   （四）上海证券交易所股票上市规则（节录）（2018.11.16） ……………… 134
   （五）深圳证券交易所股票上市规则（节录）（2018.11.16） ……………… 139
   （六）上市公司章程指引（节录）（2016.9.30） ……………………………… 144
   （七）上市公司股权激励管理办法（节录）（2018.9.15） …………………… 148
   （八）上市公司收购管理办法（节录）（2014.10.23 修订） ………………… 148
   （九）创业板上市公司证券发行管理暂行办法（节录）（2014.5.14） …… 151
   （十）《上市公司证券发行管理办法》第三十九条"违规对外提供担保且尚未
       解除"的理解和适用——证券期货法律适用意见第 5 号
       （2009.7.13） ………………………………………………………… 152
   （十一）上市公司证券发行管理办法（节录）（2006.5.8） ………………… 154
   （十二）公开发行证券的公司信息披露内容与格式准则第 2 号
       ——年度报告的内容与格式（节录）（2017.12.26） ……………… 157
   （十三）公开发行证券的公司信息披露内容与格式准则第 3 号
       ——半年度报告的内容与格式（节录）（2017.12.26） …………… 159
   （十四）公开发行证券的公司信息披露内容与格式准则第 26 号
       ——上市公司重大资产重组（节录）（2018.11.15） ……………… 161
三、全国中小企业股份转让系统挂牌公司的担保行为 ……………………… 164
   （一）全国中小企业股份转让系统挂牌公司信息披露细则（节录）
       （2017.12.22） ……………………………………………………… 164
   （二）挂牌公司信息披露及会计业务问答（五）——股权质押、冻结信息披露
       （2018.5.18） ………………………………………………………… 166
   （三）全国中小企业股份转让系统优先股业务指引（试行）（节录）
       （2015.9.21） ………………………………………………………… 167
   （四）非上市公众公司收购管理办法（节录）（2014.7.23） ……………… 168
   （五）全国中小企业股份转让系统业务规则（试行）（节录）（2013.12.30） …… 169
四、金融机构的担保行为 ……………………………………………………… 170
   （一）一般规定 ………………………………………………………………… 170
   （二）商业银行的担保行为 …………………………………………………… 171
   （三）信托公司的担保行为 …………………………………………………… 180
   （四）保险公司及其子公司的担保行为 ……………………………………… 182

（五）证券公司及其子公司的担保行为 ………………………………… 185
　　（六）证券投资基金管理公司及其子公司的担保行为 ………………… 190
　　（七）期货公司及其子公司的担保行为 ………………………………… 191
　　（八）金融租赁公司的担保行为 ………………………………………… 193
　　（九）农业信贷担保联盟有限责任公司的担保行为 …………………… 194
五、国有企业的担保行为 …………………………………………………… 197
　　（一）中华人民共和国企业国有资产法（节录）（2009.5.1）………… 197
　　（二）政府出资产业投资基金管理暂行办法（节录）（2017.4.1）…… 198
　　（三）事业单位及事业单位所办企业国有资产产权登记管理办法（节录）
　　　　（2012.9.5）………………………………………………………… 198
　　（四）中小企业融资担保机构风险管理暂行办法（2001.3.26）……… 203
　　（五）企业国有资产产权登记管理办法实施细则（节录）（2000.4.6） 204
　　（六）国家国有资产管理局关于国有企业办理抵押贷款若干问题的批复
　　　　（1994.3.16）……………………………………………………… 206
六、融资担保机构的担保行为 ……………………………………………… 208
　　（一）融资担保公司监督管理条例（2017.10.1）……………………… 208
　　（二）融资担保业务经营许可证管理办法（2018.4.2）……………… 214
　　（三）融资担保责任余额计量办法（2018.4.2）……………………… 216
　　（四）融资担保公司资产比例管理办法（2018.4.2）………………… 218
　　（五）银行业金融机构与融资担保公司业务合作指引（2018.4.2）… 220
　　（六）融资性担保公司管理暂行办法（2010.3.8）…………………… 224
七、住房置业担保公司的担保行为 ………………………………………… 231
　　住房置业担保管理试行办法（2000.5.11）…………………………… 231
八、政府相关主体的担保行为 ……………………………………………… 235
　　（一）中华人民共和国预算法（节录）（2015.1.1）………………… 235
　　（二）关于进一步规范地方政府举债融资行为的通知（节录）（2017.4.26）…… 236
　　（三）国务院办公厅关于印发地方政府性债务风险应急处置预案的通知
　　　　（节录）（2016.10.27）…………………………………………… 236
　　（四）国务院关于加强地方政府融资平台公司管理有关问题的通知（节录）
　　　　（2010.6.10）……………………………………………………… 237
九、其他主体的担保行为 …………………………………………………… 238
　　（一）合伙企业的担保行为 ……………………………………………… 238
　　（二）集体企业的担保行为 ……………………………………………… 239
　　（三）全民所有制企业的担保行为 ……………………………………… 241
　　（四）证券交易所的担保行为 …………………………………………… 244
　　（五）证券市场资信评级机构的担保行为 ……………………………… 244
　　（六）农民专业合作社的担保行为 ……………………………………… 245

第四编 不同标的物之上的担保物权

一、不同标的物之上的抵押权 ·· 249
 （一）动产标的物之上的抵押权 ·· 249
 （二）不动产标的物之上的抵押权 ·· 273
 （三）其他权利标的物之上的抵押权 ······································· 316
二、不同标的物之上的质押权 ·· 321
 （一）股权质押的相关规范 ·· 321
 （二）债券质押的相关规范 ·· 368
 （三）应收账款质押的相关规范 ·· 401
 （四）知识产权质押的相关规范 ·· 408
 （五）汇票质押的相关规范 ·· 416
 （六）存单质押的相关规范 ·· 416
 （七）其他权利凭证质押的相关规范 ······································· 423

第五编 担保权的实现程序

一、民事审判程序中担保权的实现 ·· 427
 （一）中华人民共和国民事诉讼法（节录）(2017.7.1) ············· 427
 （二）最高人民法院关于适用《中华人民共和国民事诉讼法》的解释（节录）
   (2015.2.4) ·· 428
 （三）关于行使担保物权所得价款优先受偿范围的统一裁判和执行尺度的
   操作意见指引(2018.7.25) ·· 430
二、执行程序中担保权的实现 ·· 432
 （一）最高人民法院关于适用《中华人民共和国民事诉讼法》的解释（节录）
   (2015.2.4) ·· 432
 （二）最高人民法院关于公证债权文书执行若干问题的规定（节录）
   (2018.10.1) ·· 432
 （三）最高人民法院关于执行和解若干问题的规定（节录）(2018.3.1) ··· 433
 （四）最高人民法院关于首先查封法院与优先债权执行法院处分查封财产
   有关问题的批复(2016.4.14) ··· 433
 （五）最高人民法院关于人民法院办理执行异议和复议案件若干问题的规定
   （节录）(2015.5.5) ·· 434
 （六）最高人民法院关于含担保的公证债权文书强制执行的批复
   (2014.9.18) ·· 435
 （七）最高人民法院关于人民法院民事执行中查封、扣押、冻结财产的规定

　　　　（节录）(2008.12.31) ·· 436
　　（八）关于人民法院执行工作若干问题的规定（试行）（节录）
　　　　(2008.12.31) ·· 437
　　（九）最高人民法院关于人民法院执行设定抵押的房屋的规定
　　　　(2008.12.31) ·· 439
三、破产程序中担保权的实现 ·· 440
　　（一）中华人民共和国企业破产法（节录）(2007.6.1) ··········· 440
　　（二）最高人民法院关于适用《中华人民共和国企业破产法》若干问题的
　　　　规定（三）（节录）(2019.3.28) ·· 447
　　（三）最高人民法院关于适用《中华人民共和国企业破产法》若干问题的
　　　　规定（二）（节录）(2013.9.16) ·· 448
　　（四）全国法院破产审判工作会议纪要（节录）(2018.3.4) ······ 448
　　（五）最高人民法院关于《中华人民共和国企业破产法》施行时尚未审结的
　　　　企业破产案件适用法律若干问题的规定（节录）(2007.6.1) ······ 449
　　（六）最高人民法院关于审理企业破产案件确定管理人报酬的规定（节录）
　　　　(2007.6.1) ·· 449
　　（七）最高人民法院执行《关于〈中华人民共和国企业破产法〉施行时尚未
　　　　审结的企业破产案件适用法律若干问题的规定》的通知（节录）
　　　　(2007.5.26) ·· 450
　　（八）最高人民法院关于破产企业国有划拨土地使用权应否列入破产财产等
　　　　问题的批复(2003.4.18) ·· 450
　　（九）最高人民法院关于审理企业破产案件若干问题的规定（节录）
　　　　(2002.9.1) ·· 451

第六编　与担保相关的其他重要规范性文件

一、跨境担保的相关规范 ·· 455
　　（一）中华人民共和国外汇管理条例（节录）(2008.8.5) ········ 455
　　（二）跨境担保外汇管理规定(2014.6.1) ································· 455
　　（三）企业境外投资管理办法（节录）(2018.3.1) ··················· 467
二、公证活动涉及担保的相关规范 ·· 470
　　（一）最高人民法院、司法部、中国银监会关于充分发挥公证书的强制执行
　　　　效力服务银行金融债权风险防控的通知(2017.7.13) ········ 470
　　（二）办理具有强制执行效力债权文书公证及出具执行证书的指导意见
　　　　(2008.4.23) ·· 472
　　（三）公证机构办理抵押登记办法(2002.2.20) ······················· 475
　　（四）抵押贷款合同公证程序细则(1992.12.31) ······················ 477

三、典当的相关规范 480
  (一)典当管理办法(2005.4.1) 480
  (二)中国人民银行关于对典当行从事房屋抵押贷款业务有关问题的复函(2000.9.5) 489
四、下岗失业人员小额担保贷款相关规范 490
  (一)中国人民银行、财政部、国家发展和改革委员会、劳动和社会保障部关于《下岗失业人员小额担保贷款管理办法》有关问题的补充通知(2003.7.16) 490
  (二)下岗失业人员小额担保贷款管理办法(2002.12.24) 491
五、网络借贷信息中介机构业务活动管理暂行办法(节录)(2016.8.17) 494
六、证券期货经营机构私募资产管理计划运作管理规定(2018.10.22) 496
七、证券公司融资融券业务管理办法(2015.7.1) 497
八、关于在房地产开发项目中推行工程建设合同担保的若干规定(试行)(2004.8.6) 505

附录:典型案例精选

一、当事人约定保证合同独立于主合同的效力 511
  (一)案例总结 511
  (二)当事人约定的独立担保合同无效 511
  (三)主合同无效,当事人约定的独立担保合同有效 514
二、以公益为目的的民办非企业法人不得作为保证人 516
  (一)案例总结 516
  (二)基本案情简介 516
  (三)法院裁判要点 516
三、承诺函是否构成保证担保 518
  (一)案例总结 518
  (二)承诺函构成保证担保的情形 518
  (三)承诺函不构成保证担保的情形 520
四、当事人之间就"主合同变更无需经担保人同意,担保人亦承担担保责任"的约定的效力 522
  (一)案例总结 522
  (二)约定有效,未经保证人同意的主合同变更不影响担保人责任的承担 522
  (三)约定不能对抗因主合同变更导致担保人法定免责的情形 523
五、混合担保情形下如何认定当事人对担保实现顺序作出了约定 525
  (一)案例总结 525
  (二)同一类型的当事人约定情形下的不同裁判结果 525

六、质押合同的生效是否受物权变动结果影响……………………………………531
  （一）案例总结……………………………………………………………531
  （二）质押合同的生效不受物权变动结果的影响………………………531
  （三）质押合同的生效应受物权变动结果的影响………………………532
七、不动产抵押未办理抵押登记情形下抵押人的责任……………………………535
  （一）案例总结……………………………………………………………535
  （二）基本案情简介………………………………………………………535
  （三）法院裁判要点………………………………………………………535
八、根据债权人与债务人约定将抵押权登记在第三方名下的，债权人仍享有
  抵押权……………………………………………………………………………537
  （一）案例总结……………………………………………………………537
  （二）基本案情简介………………………………………………………537
  （三）法院裁判要点………………………………………………………538
九、当事人仅针对建筑物所有权办理抵押登记的，抵押权人对建筑物所有权及其
  占用范围内的土地使用权一并享有抵押权……………………………………540
  （一）案例总结……………………………………………………………540
  （二）基本案情简介………………………………………………………540
  （三）法院裁判要点………………………………………………………541
十、抵押期间未经抵押权人同意转让抵押财产情形下，受让人如何取得抵押财产
  的所有权…………………………………………………………………………542
  （一）案例总结……………………………………………………………542
  （二）受让人可通过代为清偿消除抵押权，取得抵押财产所有权……543
  （三）符合特定条件的受让人无需代为清偿，即可排除抵押权人行使
    抵押权……………………………………………………………………545
十一、抵押权人可以通过非讼程序来行使抵押权…………………………………547
  （一）案例总结……………………………………………………………547
  （二）基本案情简介………………………………………………………547
  （三）法院裁判要点………………………………………………………548
十二、债权人向连带责任保证人主张保证责任时，保证债务诉讼时效
  当然中断…………………………………………………………………………550
  （一）案例总结……………………………………………………………550
  （二）基本案情简介………………………………………………………550
  （三）法院裁判要点………………………………………………………550
十三、以贷还贷情形下的担保人责任………………………………………………552
  （一）案例总结……………………………………………………………552
  （二）以新贷偿还旧贷，在旧贷未清偿前，担保人仍需承担担保责任………552
  （三）同一担保人在体现以贷还贷的多个借贷合同上盖章同意担保的，应当

依法承担担保责任 …………………………………………………………… 555
十四、保证人自行履行保证责任时实际清偿额大于主债权范围的后果 ………… 557
　　（一）案例总结 ……………………………………………………………… 557
　　（二）基本案情简介 ………………………………………………………… 557
　　（三）法院裁判要点 ………………………………………………………… 557
十五、债务人进入破产程序前债权人已向保证人主张权利情形下，《担保法解释》
　　第四十四条第二款的适用 ………………………………………………… 559
　　（一）案例总结 ……………………………………………………………… 559
　　（二）不适用《担保法解释》第四十四条第二款 ……………………………… 559
　　（三）适用《担保法解释》第四十四条第二款 ………………………………… 560
十六、同一动产上抵押权与质权并存的情形下，《担保法解释》第七十九条第一款的
　　适用 ………………………………………………………………………… 562
　　（一）案例总结 ……………………………………………………………… 562
　　（二）基本案情简介 ………………………………………………………… 562
　　（三）法院裁判要点 ………………………………………………………… 563
十七、保证金账户内资金浮动，不影响金钱质押行为的效力 …………………… 569
　　（一）案例总结 ……………………………………………………………… 569
　　（二）基本案情简介 ………………………………………………………… 569
　　（三）法院裁判要点 ………………………………………………………… 570
十八、公司未履行内部决策程序提供担保的效力 ………………………………… 571
　　（一）公司未经股东会决议为股东或实际控制人提供担保的效力 ………… 571
　　（二）公司未经股东会或董事会决议，为股东及实际控制人以外的其他主体
　　　提供担保的效力 ………………………………………………………… 574
　　（三）上市公司未经内部决策程序对外担保的效力 ………………………… 577
十九、重组业绩补偿股票质押的法律效力 ………………………………………… 589
　　（一）案例总结 ……………………………………………………………… 589
　　（二）基本案情简介 ………………………………………………………… 589
　　（三）法院裁判要点 ………………………………………………………… 590

导 读

本书共六编,系按照如下顺序编排:
- **第一编 担保制度核心法律**

自 1984 年《中华人民共和国民法通则》(以下简称"《民法通则》")颁布至今,我国陆续制定了《中华人民共和国担保法》(以下简称"《担保法》")、《中华人民共和国物权法》(以下简称"《物权法》")、《中华人民共和国合同法》(以下简称"《合同法》")及《中华人民共和国民法总则》(以下简称"《民法总则》"),其共同构成了我国担保制度的核心法律体系。

在上述法律中:

《担保法》系整个担保法律体系的核心,其对各类担保行为作出了规定,包括保证、抵押、质押、定金和留置。

《物权法》规定了物的担保,包括抵押、质押、留置等担保行为,是我国担保物权制度的核心法律。根据"上位法优于下位法""新法优于旧法"的原则以及《物权法》的相关规定,《担保法》与《物权法》存在冲突时,应当适用《物权法》。

《合同法》作为我国合同法律关系领域的基本法律,其对担保合同法律关系进行调整,亦是担保领域适用的重要法律。

《民法通则》规定了保证、抵押、留置、定金等担保行为,是我国民事基本法对担保制度的基础规定。2017 年颁布的《民法总则》规定了我国民事领域的基本原则和基本制度,是担保制度的授权性法律,担保行为作为民事法律行为,理应受其调整。《民法通则》和《民法总则》均系我国的民事基本法,在《民法总则》生效后,《民法通则》的效力并未被废止,仍然继续施行。应注意的是,《民法总则》仅规定了民事主体依法享有物权(包括所有权、用益物权和担保物权),并未对担保制度进行具体规定,故《民法通则》的相关规定仍应继续适用。

综上,本部分系按照特别法优先的原则编排,并根据重要性、关联性优先原则对《担保法》《物权法》及《合同法》进行排列。

- **第二编 最高人民法院关于担保的相关司法解释与其他规范性文件**

在司法实践中,针对《担保法》的适用及担保领域的具体问题,最高人民法院陆续发布了相关司法解释及其他规范性文件,其构成了担保制度的重要补充。其中,最高人民法院于 2000 年发布的《关于适用〈中华人民共和国担保法〉若干问题的解释》(以下简称"《担保法解释》"),对《担保法》适用过程中出现的疑难问题进行了系统解释,是担保制度的重要规范。除《担保法解释》之外,本部分还列举了最高人民法院对担保所涉实体问题作出的其他司法解释与规范性文件。需注意的是,本书对最高人民法院对担保所涉民事程序问题作出的相关司法解释与规范性文件亦有收录,基于特殊考量并未列入本部分,前述规定详见本书"第五编　担保权的实现程序"。

鉴于本部分的规范数量较多,我们根据担保类型对其进行了分类,包括担保行为的一般规定、保证、抵押、质押、定金、留置等。每一类别项下的规范系以施行日期/最新修订日期进行排序,同时亦兼顾重要性优先原则。

- 第三编　特定主体的担保行为

在担保领域中,特定主体作出的担保行为,因其主体的特殊性而需适用特殊的规定,前述规定亦相当繁杂而分散。为此,本书对涉及特定主体担保行为的相关规范进行了汇编。

根据特定主体的法律性质,我们将本部分分为公司担保行为的一般规定、上市公司的担保行为、全国中小企业股份转让系统挂牌公司的担保行为、金融机构的担保行为、国有企业的担保行为、融资担保机构的担保行为、住房置业担保公司的担保行为、政府相关主体的担保行为及其他主体的担保行为等多个类别。前述每一类别项下的规范亦系以施行日期/最新修订日期进行排序,同时兼顾重要性优先原则。

- 第四编　不同标的物之上的担保物权

针对不同类别的标的物之上担保物权的设立、变更、转让和消灭等事项,相关法律、法规及规范性文件进行了详细规定。对此,我们就抵押物和质押物涉及的相关规范进行了汇编。

根据担保物权的类型,本编分为标的物之上的抵押权及标的物之上的质押权两大类别。在第一类项下,根据抵押物的类别,我们将其分为动产抵押(包括民用航空器、船舶抵押、机动车等交通运输工具)、不动产抵押(包括房屋、土地使用权等)及其他权利抵押等子类别;在第二类项下,根据质押物的类别,我们将其分为股权质押、债券质押、应收账款质押、知识产权质押、汇票质押、存单质押、其他权利凭证质押等多个子类别。前述每一类别项下的规范系以施行日期/最新修订日期进行排序,同时亦兼顾重要性优先原则。

- 第五编　担保权的实现程序

本部分系关于担保权在不同民事程序的实现,分为民事审判程序中担保权的实现、执行程序中担保权的实现、破产程序中担保权的实现三类。前述每一程序分类项下的规范系以施行日期/最新修订日期进行排序,同时亦兼顾重要性优先原则。

- 第六编　与担保相关的其他重要规范性文件

除前五编收录的规范外,在担保领域中,我国还存在其他与担保相关的规范性文件,如跨境担保的相关规范、公证活动涉及担保的相关规范、典当的相关规范等。本部分规范的排序亦以施行日期为基础,同时兼顾重要性优先原则。

鉴于上述法律、法规及规范性文件的数量较多,本书基于重要性、关联性优先原则选取了部分规范作为第六编。

- 附录:典型案例精选

在附录部分,我们总结了部分典型案例的裁判规则,并对正文部分的关联规范作了相应批注,以利于读者在阅读相关规范时能同时了解该规范在司法实践中的适用规则,从而加深对前述规范的理解。

本书附录所列的案例绝大部分为最高人民法院的裁判案例或最高人民法院的公报案例,具备相当的典型性及参考意义。

　　需要说明的是,为方便读者的理解,本书以如下方式对重要内容进行了标注:对正文中的重点法条或附录案例中的重要内容,作粗体标注;对正文中已废止或因与其他规范冲突而不再适用或在部分情形下不再适用的法条,作下划线标注,并在脚注中进行详细说明。

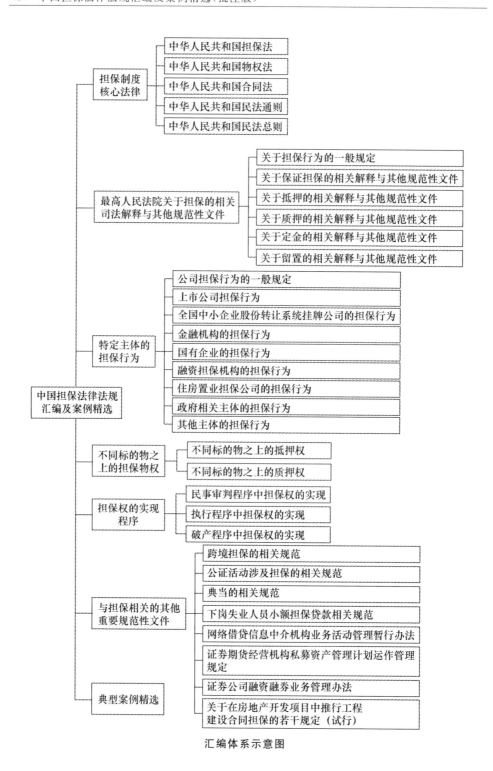

汇编体系示意图

第一编　担保制度核心法律

一、中华人民共和国担保法

(1995年6月30日第八届全国人民代表大会常务委员会第十四次会议通过 中华人民共和国主席令第五十号公布 自1995年10月1日起施行)

第一章 总 则

第一条【立法目的】为促进资金融通和商品流通,保障债权的实现,发展社会主义市场经济,制定本法。

第二条① 【适用范围及担保方式】在借贷、买卖、货物运输、加工承揽等经济活动中,债权人需要以担保方式保障其债权实现的,可以依照本法规定设定担保。

本法规定的担保方式为保证、抵押、质押、留置和定金。

第三条【担保活动基本原则】担保活动应当遵循平等、自愿、公平、诚实信用的原则。

第四条② 【反担保】第三人为债务人向债权人提供担保时,可以要求债务人提供反担保。

反担保适用本法担保的规定。

第五条③ 【担保合同与主合同的关系以及担保合同无效后的法律后果】担保合同是主合同的从合同,主合同无效,担保合同无效。担保合同另有约定的,按照约定。

担保合同被确认无效后,债务人、担保人、债权人有过错的,应当根据其过错各自

---

① 关于《中华人民共和国担保法》(以下简称《担保法》)的适用范围,《最高人民法院关于适用〈中华人民共和国担保法〉若干问题的解释》(以下简称《担保法解释》)第一条对此进行了扩大解释,规定"当事人对由民事关系产生的债权,在不违反法律、法规强制性规定的情况下,以担保法规定的方式设定担保的,可以认定为有效"。

② 《担保法解释》第二条作了如下补充规定:"反担保人可以是债务人,也可以是债务人之外的其他人。反担保方式可以是债务人提供的抵押或者质押,也可以是其他人提供的保证、抵押或者质押。"

③ 《中华人民共和国物权法》(以下简称《物权法》)第一百七十二条第一款规定:"担保合同是主债权债务合同的从合同。主债权债务合同无效,担保合同无效,但法律另有规定的除外。"从该条款可知,担保物权合同独立于主合同的情形仅能由法律规定,不能由当事人约定。这与本条第一款之规定并不一致,根据"担保法与物权法的规定不一致的,适用物权法"的原则,应当适用《物权法》的规定。需注意的是,《物权法》仅调整包括抵押、质押、留置在内的担保物权法律关系,对保证、定金等非物权性担保法律关系则不予调整,故后者仍应适用本条第一款之规定。

司法实践中,就当事人约定保证合同独立于主合同的效力,各级人民法院的裁判规则并不一致。最高人民法院在诸多案例中对当事人约定保证合同独立于主合同的效力进行了否定,其倾向于认为,虽然当事人约定了独立担保条款,但独立担保只能在国际商事交易中使用,对国内商事交易中的独立担保持否定态度。但部分地方法院在判决书中认定当事人约定保证合同独立于主合同的效力,保证合同的效力不受主合同影响。相关案例参见本书附录"一、当事人约定保证合同独立于主合同的效力"。

此外,关于担保合同无效情形下担保人的责任承担范围,《担保法解释》第七条至第九条区分相关方的过错情形,在本条第二款的基础上作出了进一步的细化规定。

承担相应的民事责任。

第二章 保 证

第一节 保证和保证人

第六条 【保证的定义】本法所称保证,是指保证人和债权人约定,当债务人不履行债务时,保证人按照约定履行债务或者承担责任的行为。

第七条① 【保证人的资格和范围】具有代为清偿债务能力的法人、其他组织或者公民,可以作保证人。

第八条 【国家机关作为保证人的禁止与例外】国家机关不得为保证人,但经国务院批准为使用外国政府或者国际经济组织贷款进行转贷的除外。

第九条② 【公益法人作为保证人的禁止】学校、幼儿园、医院等以公益为目的的事业单位、社会团体不得为保证人。

第十条 【企业法人分支机构、职能部门作为保证人的禁止与例外】企业法人的分支机构、职能部门不得为保证人。

企业法人的分支机构有法人书面授权的,可以在授权范围内提供保证。

第十一条 【强令提供担保的禁止】任何单位和个人不得强令银行等金融机构或者企业为他人提供保证;银行等金融机构或者企业对强令其为他人提供保证的行为,有权拒绝。

第十二条 【共同保证】同一债务有两个以上保证人的,保证人应当按照保证合同约定的保证份额,承担保证责任。没有约定保证份额的,保证人承担连带责任,债权人可以要求任何一个保证人承担全部保证责任,保证人都负有担保全部债权实现的义务。已经承担保证责任的保证人,有权向债务人追偿,或者要求承担连带责任的其他保证人清偿其应当承担的份额。

第二节 保证合同和保证方式

第十三条 【保证合同的订立】保证人与债权人应当以书面形式订立保证合同。

第十四条 【普通保证与最高额保证】保证人与债权人可以就单个主合同分别订立保证合同,也可以协议在最高债权额限度内就一定期间连续发生的借款合同或者某项商品交易合同订立一个保证合同。

第十五条③ 【保证合同的内容】保证合同应当包括以下内容:

(一) 被保证的主债权种类、数额;

(二) 债务人履行债务的期限;

(三) 保证的方式;

(四) 保证担保的范围;

---

① 《担保法解释》第十五条对本条的"其他组织"作了补充规定。

② 相关案例参见本书附录"二、以公益为目的的民办非企业法人不得作为保证人"。

③ 相关案例参见本书附录"三、承诺函是否构成保证担保"。

（五）保证的期间；

（六）双方认为需要约定的其他事项。

保证合同不完全具备前款规定内容的，可以补正。

第十六条 【保证的方式】保证的方式有：

（一）一般保证；

（二）连带责任保证。

第十七条[①] 【一般保证及先诉抗辩权】当事人在保证合同中约定，债务人不能履行债务时，由保证人承担保证责任的，为一般保证。

一般保证的保证人在主合同纠纷未经审判或者仲裁，并就债务人财产依法强制执行仍不能履行债务前，对债权人可以拒绝承担保证责任。

有下列情形之一的，保证人不得行使前款规定的权利：

（一）债务人住所变更，致使债权人要求其履行债务发生重大困难的；

（二）人民法院受理债务人破产案件，中止执行程序的；

（三）保证人以书面形式放弃前款规定的权利的。

第十八条 【连带责任保证】当事人在保证合同中约定保证人与债务人对债务承担连带责任的，为连带责任保证。

连带责任保证的债务人在主合同规定的债务履行期届满没有履行债务的，债权人可以要求债务人履行债务，也可以要求保证人在其保证范围内承担保证责任。

第十九条 【保证方式没有约定或约定不明的推定】当事人对保证方式没有约定或者约定不明确的，按照连带责任保证承担保证责任。

第二十条 【保证人的一般抗辩权】一般保证和连带责任保证的保证人享有债务人的抗辩权。债务人放弃对债务的抗辩权的，保证人仍有权抗辩。

抗辩权是指债权人行使债权时，债务人根据法定事由，对抗债权人行使请求权的权利。

第三节 保 证 责 任

第二十一条 【保证范围】保证担保的范围包括主债权及利息、违约金、损害赔偿金和实现债权的费用。保证合同另有约定的，按照约定。

当事人对保证担保的范围没有约定或者约定不明确的，保证人应当对全部债务承担责任。

第二十二条 【债权转让对保证责任的影响】保证期间，债权人依法将主债权转让给第三人的，保证人在原保证担保的范围内继续承担保证责任。保证合同另有约定的，按照约定。

第二十三条 【债务承担对保证责任的影响】保证期间，债权人许可债务人转让债务的，应当取得保证人书面同意，保证人对未经其同意转让的债务，不再承担保证责任。

[①] 根据《担保法解释》第二十五条之规定，本条第三款第（一）项规定的债权人要求债务人履行债务发生的重大困难情形，包括债务人下落不明、移居境外，且无财产可供执行。

第二十四条[①] 【债的变更对保证责任的影响】债权人与债务人协议变更主合同的,应当取得保证人书面同意,未经保证人书面同意的,保证人不再承担保证责任。保证合同另有约定的,按照约定。

第二十五条 【一般保证的保证期间】一般保证的保证人与债权人未约定保证期间的,保证期间为主债务履行期届满之日起六个月。

在合同约定的保证期间和前款规定的保证期间,债权人未对债务人提起诉讼或者申请仲裁的,保证人免除保证责任;债权人已提起诉讼或者申请仲裁的,保证期间适用诉讼时效中断的规定。

第二十六条 【连带责任保证的保证期间】连带责任保证的保证人与债权人未约定保证期间的,债权人有权自主债务履行期届满之日起六个月内要求保证人承担保证责任。

在合同约定的保证期间和前款规定的保证期间,债权人未要求保证人承担保证责任的,保证人免除保证责任。

第二十七条[②] 【最高额保证的保证期间】保证人依照本法第十四条规定就连续发生的债权作保证,未约定保证期间的,保证人可以随时书面通知债权人终止保证合同,但保证人对于通知到债权人前所发生的债权,承担保证责任。

第二十八条[③] 【保证担保与物的担保并存时保证责任的承担】同一债权既有保证又有物的担保的,保证人对物的担保以外的债权承担保证责任。

债权人放弃物的担保的,保证人在债权人放弃权利的范围内免除保证责任。

第二十九条 【企业法人的分支机构订立的无效保证合同的处理】企业法人的分支机构未经法人书面授权或者超出授权范围与债权人订立保证合同的,该合同无效或者超出授权范围的部分无效,债权人和企业法人有过错的,应当根据其过错各自承担

---

① 关于主合同变更对保证责任的影响,《担保法解释》第三十条作出了如下补充规定:保证期间,债权人与债务人对主合同数量、价款、币种、利率等内容作了变动,未经保证人同意的,如果减轻债务人的债务的,保证人仍应对变更后的合同承担保证责任;如果加重债务人的债务的,保证人对加重的部分不承担保证责任。如对主合同履行期限作了变动,未经保证人书面同意的,保证期间为原合同约定的或者法律规定的期间。如变动主合同内容,但并未实际履行的,保证人仍应当承担保证责任。

需要注意的是,根据本条规定,主合同变更的,原则上须经保证人同意,否则保证人不承担保证责任,但当事人另有约定的除外。但对于担保协议中类似"主合同变更无需经担保人同意,担保人亦承担担保责任"约定的效力,司法实践中人民法院存在不同的裁判观点,相关案例参见本书附录"四、当事人之间就'主合同变更无需经担保人同意,担保人亦承担保证责任'的约定的效力"。

② 《担保法解释》第三十七条作了如下补充规定:最高额保证合同对保证期间没有约定或者约定不明的,如最高额保证合同约定有保证人清偿债务期限的,保证期间为清偿期限届满之日起六个月。没有约定债务清偿期限的,保证期间自最高额保证终止之日或自债权人收到保证人终止保证合同的书面通知之日起六个月。

③ 本条规定在混合担保中,保证人仅对物的担保以外的债权承担保证责任,如债权人放弃部分或全部物的担保的,保证人在债权人放弃权利的范围内减轻或免除保证责任。

《担保法解释》第三十八条对上述混合担保的清偿规则进行了变更,规定同一债权既有保证又有第三人提供物的担保的,债权人可以请求保证人或者物的担保人承担担保责任。

《物权法》第一百七十六条进一步规定:混合担保中,债权人应当按照约定实现债权;当事人无约定或约定不明的,除债务人自己提供物的担保的情形外,物的担保和人的保证不再有优先清偿顺序,由债权人自主选择。**其中,就如何认定当事人对担保实现顺序作出了约定,司法实践中人民法院的裁判观点并不一致,相关案例参见本书附录"五、混合担保情形下如何认定当事人对担保实现顺序作出了约定"。**

相应的民事责任;债权人无过错的,由企业法人承担民事责任。

第三十条 【保证责任的免除】有下列情形之一的,保证人不承担民事责任:

(一)主合同当事人双方串通,骗取保证人提供保证的;

(二)主合同债权人采取欺诈、胁迫等手段,使保证人在违背真实意思的情况下提供保证的。

第三十一条 【保证人的追偿权】保证人承担保证责任后,有权向债务人追偿。

第三十二条① 【保证人追偿权的预先行使】人民法院受理债务人破产案件后,债权人未申报债权的,保证人可以参加破产财产分配,预先行使追偿权。

第三章 抵 押

第一节 抵押和抵押物

第三十三条② 【抵押、抵押人、抵押权人和抵押物】本法所称抵押,是指债务人或者第三人不转移对本法第三十四条所列财产的占有,将该财产作为债权的担保。<u>债务人不履行债务时,债权人有权依照本法规定以该财产折价或者以拍卖、变卖该财产的价款优先受偿。</u>

前款规定的债务人或者第三人为抵押人,债权人为抵押权人,提供担保的财产为抵押物。

第三十四条③ 【抵押财产的范围】下列财产可以抵押:

(一)抵押人所有的房屋和其他地上定着物;

(二)抵押人所有的机器、交通运输工具和其他财产;

(三)抵押人依法有权处分的国有的土地使用权、房屋和其他地上定着物;

(四)抵押人依法有权处分的国有的机器、交通运输工具和其他财产;

(五)抵押人依法承包并经发包方同意抵押的荒山、荒沟、荒丘、荒滩等荒地的土地使用权;

(六)依法可以抵押的其他财产。

---

① 《担保法解释》第四十六条在本条基础上进一步明确债权人未申报债权的,各连带共同保证的保证人应当作为一个主体申报债权,预先行使追偿权;该解释第四十五条进一步规定债权人知道或者应当知道债务人破产,既未申报债权也未通知保证人,致使保证人不能预先行使追偿权,保证人在该债权在破产程序中可能受偿的范围内免除保证责任。

同时,《中华人民共和国企业破产法》第五十一条规定:债务人的保证人或者其他连带债务人已经代替债务人清偿债务的,以其对债务人的求偿权申报债权;债务人的保证人或者其他连带债务人尚未代替债务人清偿债务的,以其对债务人的将来求偿权申报债权,但债权人已经向管理人申报全部债权的除外。

② 关于债权人实现抵押权的前提,本条规定为"债务人不履行债务",而《物权法》第一百七十九条的规定为"债务人不履行到期债务或者发生当事人约定的实现抵押权的情形",应当适用《物权法》第一百七十九条之规定。

③ 关于抵押财产的范围,本条第一款与《物权法》的规定不一致,应当适用《物权法》第一百八十条第一款之规定,即"债务人或者第三人有权处分的下列财产可以抵押:(一)建筑物和其他土地附着物;(二)建设用地使用权;(三)以招标、拍卖、公开协商等方式取得的荒地等土地承包经营权;(四)生产设备、原材料、半成品、产品;(五)正在建造的建筑物、船舶、航空器;(六)交通运输工具;(七)法律、行政法规未禁止抵押的其他财产"。

抵押人可以将前款所列财产一并抵押。

第三十五条 【超额抵押之禁止】抵押人所担保的债权不得超出其抵押物的价值。

财产抵押后,该财产的价值大于所担保债权的余额部分,可以再次抵押,但不得超出其余额部分。

第三十六条① 【设定抵押时房屋与土地使用权间的关系】以依法取得的国有土地上的房屋抵押的,该房屋占用范围内的国有土地使用权同时抵押。

以出让方式取得的国有土地使用权抵押的,应当将抵押时该国有土地上的房屋同时抵押。

乡(镇)、村企业的土地使用权不得单独抵押。以乡(镇)、村企业的厂房等建筑物抵押的,其占用范围内的土地使用权同时抵押。

第三十七条② 【不得设定抵押的财产】下列财产不得抵押:

(一) 土地所有权;

(二) 耕地、宅基地、自留地、自留山等集体所有的土地使用权,但本法第三十四条第(五)项、第三十六条第三款规定的除外;

(三) 学校、幼儿园、医院等以公益为目的的事业单位、社会团体的教育设施、医疗卫生设施和其他社会公益设施;

(四) 所有权、使用权不明或者有争议的财产;

(五) 依法被查封、扣押、监管的财产;

(六) 依法不得抵押的其他财产。

第二节 抵押合同和抵押物登记

第三十八条 【抵押合同的订立】抵押人和抵押权人应当以书面形式订立抵押合同。

第三十九条③ 【抵押合同内容】抵押合同应当包括以下内容:

(一) 被担保的主债权种类、数额;

(二) 债务人履行债务的期限;

(三) 抵押物的名称、数量、质量、状况、所在地、所有权权属或者使用权权属;

(四) 抵押担保的范围;

(五) 当事人认为需要约定的其他事项。

抵押合同不完全具备前款规定内容的,可以补正。

---

① 本条仅规定以出让方式取得的国有土地使用权抵押的,该国有土地上的房屋同时抵押。但《物权法》第一百八十二条明确规定以建设用地使用权抵押的,该土地上的建筑物一并抵押,并不限于出让方式。

② 关于不得设定抵押的财产范围,《物权法》第一百八十四条将本条第一款第(二)项的内容调整为"(二)耕地、宅基地、自留地、自留山等集体所有的土地使用权,但法律规定可以抵押的除外",并将本条第一款第(六)项的内容调整为"法律、行政法规规定不得抵押的其他财产"。

③ 关于抵押合同的内容,本条的表述为"抵押合同应当包括以下内容",而《物权法》第一百八十五条第二款的表述为"抵押合同一般包括下列条款",应当适用《物权法》之规定。

第四十条① 【禁止流押】订立抵押合同时,抵押权人和抵押人在合同中不得约定在债务履行期届满抵押权人未受清偿时,抵押物的所有权转移为债权人所有。

第四十一条② 【抵押物登记及其效力】当事人以本法第四十二条规定的财产抵押的,应当办理抵押物登记,抵押合同自登记之日起生效。

第四十二条③ 【抵押物登记机关】办理抵押物登记的部门如下:

(一)以无地上定着物的土地使用权抵押的,为核发土地使用权证书的土地管理部门;

(二)以城市房地产或者乡(镇)、村企业的厂房等建筑物抵押的,为县级以上地方人民政府规定的部门;

(三)以林木抵押的,为县级以上林木主管部门;

(四)以航空器、船舶、车辆抵押的,为运输工具的登记部门;

(五)以企业的设备和其他动产抵押的,为财产所在地的工商行政管理部门。

第四十三条 【其他财产的抵押登记】当事人以其他财产抵押的,可以自愿办理抵押物登记,抵押合同自签订之日起生效。

当事人未办理抵押物登记的,不得对抗第三人。当事人办理抵押物登记的,登记部门为抵押人所在地的公证部门。

第四十四条 【办理抵押物登记应提交的文件】办理抵押物登记,应当向登记部门提供下列文件或者其复印件:

(一)主合同和抵押合同;

(二)抵押物的所有权或者使用权证书。

第四十五条 【抵押登记资料的公开】登记部门登记的资料,应当允许查阅、抄录或者复印。

第三节 抵押的效力

第四十六条 【抵押担保的范围】抵押担保的范围包括主债权及利息、违约金、损害赔偿金和实现抵押权的费用。抵押合同另有约定的,按照约定。

---

① 《担保法解释》第五十七条对本条作了如下补充规定:"当事人在抵押合同中约定,债务履行期届满抵押权人未受清偿时,抵押物的所有权转移为债权人所有的内容无效。该内容的无效不影响抵押合同其他部分内容的效力。"

② 关于抵押合同的生效要件,本条与《物权法》规定不一致。针对不动产抵押,根据《物权法》第十五条、第一百八十七条之规定,设立、变更、转让和消灭不动产物权的合同,除法律另有规定或者合同另有约定外,自合同成立时生效。据此,登记并非不动产抵押合同的生效要件。

针对动产抵押,根据《物权法》第一百八十八条、第一百八十九条之规定,动产抵押权自抵押合同生效时设立,未经登记,不得对抗善意第三人。据此,登记系动产抵押权人对抗善意第三人的要件,并非动产抵押权合同的生效要件。在法律、行政法规未有特殊规定且当事人未有特殊约定的情况下,根据《中华人民共和国合同法》(以下简称《合同法》)第四十四条之规定,动产抵押合同自成立时生效。

③ 关于以企业的设备和其他动产抵押的登记机关,本条第(五)项与《物权法》不一致,应适用《物权法》第一百八十九条之规定,即"企业、个体工商户、农业生产经营者以现有的以及将有的生产设备、原材料、半成品、产品抵押的,应向抵押人住所地的工商行政管理部门办理登记"。

关于不动产抵押的登记机关,根据2015年施行的《不动产登记暂行条例》第二条、第六条之规定,县级以上地方人民政府应当确定一个部门为本行政区域的不动产登记机构,负责土地、房屋、林木等不动产的登记工作。

第四十七条① 【抵押权对抵押物所生孳息的效力】债务履行期届满,债务人不履行债务致使抵押物被人民法院依法扣押的,自扣押之日起抵押权人有权收取由抵押物分离的天然孳息以及抵押人就抵押物可以收取的法定孳息。抵押权人未将扣押抵押物的事实通知应当清偿法定孳息的义务人的,抵押权的效力不及于该孳息。

前款孳息应当先充抵收取孳息的费用。

第四十八条② 【抵押权与租赁权的关系】抵押人将已出租的财产抵押的,应当书面告知承租人,原租赁合同继续有效。

第四十九条③ 【抵押期间转让抵押物】抵押期间,抵押人转让已办理登记的抵押物的,应当通知抵押权人并告知受让人转让物已经抵押的情况;抵押人未通知抵押权人或者未告知受让人的,转让行为无效。

转让抵押物的价款明显低于其价值的,抵押权人可以要求抵押人提供相应的担保;抵押人不提供的,不得转让抵押物。

抵押人转让抵押物所得的价款,应当向抵押权人提前清偿所担保的债权或者向与抵押权人约定的第三人提存。超过债权数额的部分,归抵押人所有,不足部分由债务人清偿。

第五十条 【抵押权转移的从属性】抵押权不得与债权分离而单独转让或者作为其他债权的担保。

第五十一条 【抵押权保护】抵押人的行为足以使抵押物价值减少的,抵押权人有权要求抵押人停止其行为。抵押物价值减少时,抵押权人有权要求抵押人恢复抵押物的价值,或者提供与减少的价值相当的担保。

抵押人对抵押物价值减少无过错的,抵押权人只能在抵押人因损害而得到的赔偿范围内要求提供担保。抵押物价值未减少的部分,仍作为债权的担保。

第五十二条 【抵押权消灭的从属性】抵押权与其担保的债权同时存在,债权消灭的,抵押权也消灭。

第四节 抵押权的实现

第五十三条④ 【抵押权实现的条件和方式】债务履行期届满抵押权人未受清偿

---

① 关于抵押权人收取抵押物孳息的前提,本条的规定为"债务履行期届满,债务人不履行债务致使抵押物被人民法院依法扣押的",而《物权法》第一百九十七条的规定为"债务人不履行到期债务或者发生当事人约定的实现抵押权的情形,致使抵押财产被人民法院依法扣押的",应当适用《物权法》之规定。

② 本条规定与《物权法》不一致,应当适用《物权法》之规定。根据《物权法》第一百九十条之规定,订立抵押合同前抵押财产已出租的,原租赁关系不受该抵押权的影响,不再要求抵押人对承租人履行通知义务。

③ 根据本条规定,抵押权存续期间,抵押人未通知抵押权人或未告知受让人转让物已抵押的情况的,转让已登记抵押物的行为无效。《担保法解释》第六十七条对此作出了补充规定:在前述情形下,取得抵押物所有权的受让人可以代替债务人清偿其全部债务,使抵押权消灭。

《物权法》第一百九十一条进一步规定,除受让人代为清偿债务使抵押权消灭的情形外,抵押人转让抵押财产应当经抵押权人同意,而不仅仅是履行通知抵押权人并告知受让人的义务即可。关于未经抵押权人同意情形下转让合同的效力问题,请参见本书关于《物权法》第一百九十一条的批注部分。

④ 关于抵押权人实现抵押权的条件、方式及程序,本条与《物权法》不一致,应当适用《物权法》第一百九十五条之规定,即:就抵押权的实现条件,除债务人不履行到期债务外,发生当事人约定的实现抵押权情形时,抵押权人也可行使抵押权;就抵押权的实现方式和实现程序,当事人可协议变现抵押物,但该协议不得损害其他债权人利益,否则其他债权人享有撤销权;协议变卖不成的,抵押权人可请求法院进行处置。

的,可以与抵押人协议以抵押物折价或者以拍卖、变卖该抵押物所得的价款受偿;协议不成的,抵押权人可以向人民法院提起诉讼。

抵押物折价或者拍卖、变卖后,其价款超过债权数额的部分归抵押人所有,不足部分由债务人清偿。

第五十四条① 【抵押权清偿顺序】同一财产向两个以上债权人抵押的,拍卖、变卖抵押物所得的价款按照以下规定清偿:

(一) 抵押合同以登记生效的,按照抵押物登记的先后顺序清偿;顺序相同的,按照债权比例清偿;

(二) 抵押合同自签订之日起生效的,该抵押物已登记的,按照本条第(一)项规定清偿;未登记的,按照合同生效时间的先后顺序清偿,顺序相同的,按照债权比例清偿。抵押物已登记的先于未登记的受偿。

第五十五条② 【房地产抵押权的实现】城市房地产抵押合同签订后,土地上新增的房屋不属于抵押物。需要拍卖该抵押的房地产时,可以依法将该土地上新增的房屋与抵押物一同拍卖,但对拍卖新增房屋所得,抵押权人无权优先受偿。

依照本法规定以承包的荒地的土地使用权抵押的,或者以乡(镇)、村企业的厂房等建筑物占用范围内的土地使用权抵押的,在实现抵押权后,未经法定程序不得改变土地集体所有和土地用途。

第五十六条 【划拨国有土地使用权抵押权的实现】拍卖划拨的国有土地使用权所得的价款,在依法缴纳相当于应缴纳的土地使用权出让金的款额后,抵押权人有优先受偿权。

第五十七条③ 【抵押人的追偿权】为债务人抵押担保的第三人,在抵押权人实现抵押权后,有权向债务人追偿。

第五十八条④ 【抵押物灭失的法律后果】抵押权因抵押物灭失而消灭。因灭失所得的赔偿金,应当作为抵押财产。

第五节 最高额抵押

第五十九条⑤ 【最高额抵押的定义】本法所称最高额抵押,是指抵押人与抵押权人协议,在最高债权额限度内,以抵押物对一定期间内连续发生的债权作担保。

---

① 关于抵押权的清偿顺序,本条与《物权法》不一致,应当适用《物权法》第一百九十九条之规定,即以抵押权是否登记及登记时间作为判断标准,抵押权已登记的先于未登记的受偿;均已登记的,按登记先后顺序清偿,登记顺序相同的,按债权比例清偿;均未登记的,按债权比例清偿。

② 关于经抵押的土地使用权上新增房屋的情形,本条规定在实现抵押权时"可以"将新增房屋一同拍卖,而《物权法》第二百条规定"应当"将新增建筑物与建设用地使用权一并处分,应当适用《物权法》之规定。

③ 关于抵押人的追偿权,《担保法解释》第七十五条第三款作了如下补充规定:"抵押人承担担保责任后,可以向债务人追偿,也可以要求其他抵押人清偿其应当承担的份额。"

④ 《担保法解释》第八十条第一款、《物权法》第一百七十四条对本条进行了变更,即在担保期间,担保财产毁损、灭失或者被征收等,担保物权人可以就获得的保险金、赔偿金或者补偿金等优先受偿;同时,《物权法》第一百七十四条规定,被担保债权的履行期未届满的,也可以提存前述保险金、赔偿金或者补偿金等。

⑤ 《物权法》第二百零三条在本条的基础上作了补充规定:"最高额抵押权设立前已经存在的债权,经当事人同意,可以转入最高额抵押担保的债权范围。"

第六十条① 【最高额抵押适用范围】借款合同可以附最高额抵押合同。

债权人与债务人就某项商品在一定期间内连续发生交易而签订的合同,可以附最高额抵押合同。

第六十一条② 【最高额抵押的主债权转让的禁止】最高额抵押的主合同债权不得转让。

第六十二条 【最高额抵押的法律适用】最高额抵押除适用本节规定外,适用本章其他规定。

第四章 质 押

第一节 动 产 质 押

第六十三条③ 【动产质押的定义】本法所称动产质押,是指债务人或者第三人将其动产移交债权人占有,将该动产作为债权的担保。债务人不履行债务时,债权人有权依照本法规定以该动产折价或者以拍卖、变卖该动产的价款优先受偿。

前款规定的债务人或者第三人为出质人,债权人为质权人,移交的动产为质物。

第六十四条④ 【质押合同的订立及其生效】出质人和质权人应当以书面形式订立质押合同。

质押合同自质物移交于质权人占有时生效。

第六十五条⑤ 【质押合同内容】质押合同应当包括以下内容:

(一)被担保的主债权种类、数额;

(二)债务人履行债务的期限;

(三)质物的名称、数量、质量、状况;

(四)质押担保的范围;

(五)质物移交的时间;

---

① 本条规定最高额抵押的主合同为借款合同或某项商品在一定期间内连续发生交易而签订的合同,而《物权法》第二百零三条规定最高额抵押合同的主债权为一定期间内将要连续发生的债权,不再限于本条规定的两种主债权。

② 关于最高额抵押合同主债权的转让,本条与《物权法》的规定不一致。《物权法》并未禁止最高额抵押合同主债权的转让,且根据该法第二百零四条之规定,最高额抵押担保的债权确定前,部分债权转让的,最高额抵押权不得转让,但当事人另有约定的除外。故本条应当不再适用。

③ 关于动产质权的实现前提,本条的规定为"债务人不履行债务时",而《物权法》第二百零八条的规定为"债务人不履行到期债务或者发生当事人约定的实现质权的情形",应当适用《物权法》之规定。

④ 在抵押权领域,《物权法》不再将办理抵押权登记作为抵押合同生效的要件。据此,抵押合同的生效应受合同法的调整。但前述规则是否同样适用于质押权领域,《物权法》并未作出明确规定。

关于动产质押合同的生效,《担保法》将质物交付作为质押合同的生效要件,而《物权法》第二百一十二条将前述法律行为认定为质权的生效要件,但未明确前述法律行为是否仍为质押合同的生效要件。由此导致在司法实践中,对质押合同的生效要件,各法院的裁判观点不尽相同。近年来,最高人民法院在诸多判决书中认定,质押物未办理物权登记或未交付,不影响相应质押合同的成立和生效。而部分地方法院则认定,质押物未办理物权登记或未交付的,质押合同不生效。相关案例参见本书附录"六、质押合同的生效是否受物权变动结果影响"。

⑤ 关于动产质押合同的内容,本条的表述为"质押合同应当包括以下内容",而《物权法》第二百一十条第二款的表述为"质权合同一般包括下列条款",应当适用《物权法》之规定。

（六）当事人认为需要约定的其他事项。

质押合同不完全具备前款规定内容的，可以补正。

第六十六条 【禁止流质契约】出质人和质权人在合同中不得约定在债务履行期届满质权人未受清偿时，质物的所有权转移为质权人所有。

第六十七条 【质押担保的范围】质押担保的范围包括主债权及利息、违约金、损害赔偿金、质物保管费用和实现质权的费用。质押合同另有约定的，按照约定。

第六十八条 【质物孳息的收取权】质权人有权收取质物所生的孳息。质押合同另有约定的，按照约定。

前款孳息应当先充抵收取孳息的费用。

第六十九条 【质物的保管义务】质权人负有妥善保管质物的义务。因保管不善致使质物灭失或者毁损的，质权人应当承担民事责任。

质权人不能妥善保管质物可能致使其灭失或者毁损的，出质人可以要求质权人将质物提存，或者要求提前清偿债权而返还质物。

第七十条① 【质权保护】<u>质物有损坏或者价值明显减少的可能，足以危害质权人权利的</u>，质权人可以要求出质人提供相应的担保。出质人不提供的，质权人可以拍卖或者变卖质物，并与出质人协议将拍卖或者变卖所得的价款用于提前清偿所担保的债权或者向与出质人约定的第三人提存。

第七十一条② 【质物返还及质权的实现】债务履行期届满债务人履行债务的，或者出质人提前清偿所担保的债权的，质权人应当返还质物。

<u>债务履行期届满质权人未受清偿的</u>，可以与出质人协议以质物折价，也可以依法拍卖、变卖质物。

质物折价或者拍卖、变卖后，其价款超过债权数额的部分归出质人所有，不足部分由债务人清偿。

第七十二条 【出质人的追偿权】为债务人质押担保的第三人，在质权人实现质权后，有权向债务人追偿。

第七十三条③ 【质物灭失的法律后果】<u>质权因质物灭失而消灭。因灭失所得的赔偿金</u>，应当作为出质财产。

第七十四条 【质权消灭的从属性】质权与其担保的债权同时存在，债权消灭的，质权也消灭。

---

① 关于质权保护的前提，本条的规定为"质物有损坏或者价值明显减少的可能，足以危害质权人权利的"，而《物权法》第二百一十六条的规定为"因不能归责于质权人的事由可能使质押财产毁损或者价值明显减少，足以危害质权人权利的"，应适用《物权法》之规定。

② 关于质权人实现质权的前提，本条的规定为"债务履行期届满质权人未受清偿的"，而《物权法》第二百一十九条第二款的规定为"债务人不履行到期债务或者发生当事人约定的实现质权的情形"，应当适用《物权法》之规定。

③ 《物权法》第一百七十四条对本条进行了如下变更："担保期间，担保财产毁损、灭失或者被征收等，担保物权人可以就获得的保险金、赔偿金或者补偿金等优先受偿；被担保债权的履行期未届满的，也可以提存前述保险金、赔偿金或者补偿金等。"

第二节 权利质押

第七十五条① 【可以质押的权利】下列权利可以质押：

（一）汇票、支票、本票、债券、存款单、仓单、提单；

（二）依法可以转让的股份、股票；

（三）依法可以转让的商标专用权，专利权、著作权中的财产权；

（四）依法可以质押的其他权利。

第七十六条② 【汇票等权利凭证质押权的设立】以汇票、支票、本票、债券、存款单、仓单、提单出质的，应当在合同约定的期限内将权利凭证交付质权人。质押合同自权利凭证交付之日起生效。

第七十七条 【兑现或提货日期先于债务履行期的处理】以载明兑现或者提货日期的汇票、支票、本票、债券、存款单、仓单、提单出质的，汇票、支票、本票、债券、存款单、仓单、提单兑现或者提货日期先于债务履行期的，质权人可以在债务履行期届满前兑现或者提货，并与出质人协议将兑现的价款或者提取的货物用于提前清偿所担保的债权或者向与出质人约定的第三人提存。

第七十八条③ 【股权质权的设立】以依法可以转让的股票出质的，出质人与质权人应当订立书面合同，并向证券登记机构办理出质登记。质押合同自登记之日起生效。

股票出质后，不得转让，但经出质人与质权人协商同意的可以转让。出质人转让股票所得的价款应当向质权人提前清偿所担保的债权或者向与质权人约定的第三人提存。

以有限责任公司的股份出质的，适用公司法股份转让的有关规定。质押合同自股份出质记载于股东名册之日起生效。

---

① 关于可以质押的权利范围，相较于本条，《物权法》第二百二十三条作了如下变更：一是明确了可以质押的权利需为出质人有权处分的财产权利；二是增加了可以转让的基金份额、应收账款；三是明确规定其他可以出质的财产权利应当由法律、行政法规规定。

② 关于汇票等权利凭证质押合同的生效，《担保法》将办理出质登记作为质押合同的生效要件，而《物权法》第二百二十四条将前述法律行为认定为质权的生效要件，但未明确其是否仍为质押合同的生效要件。在司法实践中，对质押合同的生效要件，各法院的裁判观点不尽相同。近年来，最高人民法院在诸多判决书中认定，质押物未办理物权登记或未交付，不影响相应质押合同的成立和生效。而部分地方法院则认定，质押物未办理物权登记或未交付的，质押合同不生效。相关案例参见本书附录"六、质押合同的生效是否受物权变动结果影响"。

③ 关于股权质押合同的生效，《担保法》将办理股票出质登记/股份出质记载于股东名册作为质押合同的生效要件。而《物权法》第二百二十六条将向相关部门办理出质登记认定为股权质权的生效要件，但未明确其是否为质押合同的生效要件。在司法实践中，对质押合同的生效要件，各法院的裁判观点不尽相同。近年来，最高人民法院在诸多判决书中认定，质押物未办理物权登记或未交付，不影响相应质押合同的成立和生效。而部分地方法院则认定，质押物未办理物权登记或未交付的，质押合同不生效。相关案例参见本书附录"六、质押合同的生效是否受物权变动结果影响"。

第七十九条① 【知识产权质权的设定】以依法可以转让的商标专用权,专利权、著作权中的财产权出质的,出质人与质权人应当订立书面合同,并向其管理部门办理出质登记。质押合同自登记之日起生效。

第八十条 【知识产权质权的效力】本法第七十九条规定的权利出质后,出质人不得转让或者许可他人使用,但经出质人与质权人协商同意的可以转让或者许可他人使用。出质人所得的转让费、许可费应当向质权人提前清偿所担保的债权或者向与质权人约定的第三人提存。

第八十一条 【权利质押的法律适用】权利质押除适用本节规定外,适用本章第一节的规定。

第五章 留 置

第八十二条 【留置与留置权】本法所称留置,是指依照本法第八十四条的规定,债权人按照合同约定占有债务人的动产,债务人不按照合同约定的期限履行债务的,债权人有权依照本法规定留置该财产,以该财产折价或者以拍卖、变卖该财产的价款优先受偿。

第八十三条 【留置担保的范围】留置担保的范围包括主债权及利息、违约金、损害赔偿金,留置物保管费用和实现留置权的费用。

第八十四条② 【留置的适用范围】因保管合同、运输合同、加工承揽合同发生的债权,债务人不履行债务的,债权人有留置权。
法律规定可以留置的其他合同,适用前款规定。
当事人可以在合同中约定不得留置的物。

第八十五条 【留置物的价值】留置的财产为可分物的,留置物的价值应当相当于债务的金额。

第八十六条 【留置物的保管义务】留置权人负有妥善保管留置物的义务。因保管不善致使留置物灭失或者毁损的,留置权人应当承担民事责任。

第八十七条③ 【留置权的实现】债权人与债务人应当在合同中约定,债权人留置财产后,债务人应当在不少于两个月的期限内履行债务。债权人与债务人在合同中未

---

① 关于知识产权中的财产权质押合同的生效,《担保法》将办理出质登记作为质押合同的生效要件,而《物权法》第二百二十七条将前述法律行为认定为质权的生效要件,但未明确其是否仍为质押合同的生效要件。在司法实践中,对质押合同的生效要件,各法院的裁判观点不尽相同。近年来,最高人民法院在诸多判决书中认定,质押物未办理物权登记或未交付,不影响相应质押合同的成立和生效。而部分地方法院则认定,质押物未办理物权登记或未交付的,质押合同不生效。相关案例参见本书附录"六、质押合同的生效是否受物权变动结果影响"。

② 相较于本条,《物权法》第二百三十条、第二百三十一条、第二百三十二条扩大了留置权的适用范围,不再限于本条规定的特定合同,即:债务人不履行到期债务,债权人可以留置已经合法占有的债务人的动产;债权人留置的动产,应当与债权属于同一法律关系,但企业之间留置的除外;法律规定或者当事人约定不得留置的动产,不得留置。

③ 关于当事人约定留置财产后的债务履行期间,本条与《物权法》不一致,应当适用《物权法》第二百三十六条之规定,即:当事人应当约定留置财产后的债务履行期间,但对该期间不作限制;当事人没有约定或者约定不明确的,留置权人应当给债务人两个月以上履行债务的期间,但鲜活易腐等不易保管的动产除外。

约定的,债权人留置债务人财产后,应当确定两个月以上的期限,通知债务人在该期限内履行债务。

债务人逾期仍不履行的,债权人可以与债务人协议以留置物折价,也可以依法拍卖、变卖留置物。

留置物折价或者拍卖、变卖后,其价款超过债权数额的部分归债务人所有,不足部分由债务人清偿。

第八十八条[1] 【留置权的消灭】留置权因下列原因消灭:

(一)债权消灭的;

(二)债务人另行提供担保并被债权人接受的。

第六章 定 金

第八十九条 【定金及其法律效力】当事人可以约定一方向对方给付定金作为债权的担保。债务人履行债务后,定金应当抵作价款或者收回。给付定金的一方不履行约定的债务的,无权要求返还定金;收受定金的一方不履行约定的债务的,应当双倍返还定金。

第九十条 【定金的成立】定金应当以书面形式约定。当事人在定金合同中应当约定交付定金的期限。定金合同从实际交付定金之日起生效。

第九十一条 【定金的数额】定金的数额由当事人约定,但不得超过主合同标的额的百分之二十。

第七章 附 则

第九十二条 【动产与不动产】本法所称不动产是指土地以及房屋、林木等地上定着物。

本法所称动产是指不动产以外的物。

第九十三条 【担保合同的表现形式】本法所称保证合同、抵押合同、质押合同、定金合同可以是单独订立的书面合同,包括当事人之间的具有担保性质的信函、传真等,也可以是主合同中的担保条款。

第九十四条 【担保物折价或变卖的价格确定】抵押物、质物、留置物折价或者变卖,应当参照市场价格。

第九十五条 【本法适用的例外】海商法等法律对担保有特别规定的,依照其规定。

第九十六条 【生效日期】本法自1995年10月1日起施行。

---

[1] 《物权法》第二百四十条增加了一项留置权消灭的原因:"留置权人对留置财产丧失占有"。

二、中华人民共和国物权法(节录)

(2007年3月16日第十届全国人民代表大会第五次会议通过
中华人民共和国主席令第六十二号公布　自2007年10月1日起施行)

第一编　总　　则

第一章　基　本　原　则

第一条　【立法目的及依据】为了维护国家基本经济制度,维护社会主义市场经济秩序,明确物的归属,发挥物的效用,保护权利人的物权,根据宪法,制定本法。

第二条　【调整范围】因物的归属和利用而产生的民事关系,适用本法。

本法所称物,包括不动产和动产。法律规定权利作为物权客体的,依照其规定。

本法所称物权,是指权利人依法对特定的物享有直接支配和排他的权利,包括所有权、用益物权和担保物权。

第三条　【基本经济制度与社会主义市场经济原则】国家在社会主义初级阶段,坚持公有制为主体、多种所有制经济共同发展的基本经济制度。

国家巩固和发展公有制经济,鼓励、支持和引导非公有制经济的发展。

国家实行社会主义市场经济,保障一切市场主体的平等法律地位和发展权利。

第四条　【平等保护国家、集体和私人的物权】国家、集体、私人的物权和其他权利人的物权受法律保护,任何单位和个人不得侵犯。

第五条　【物权法定原则】物权的种类和内容,由法律规定。

第六条　【物权公示原则】不动产物权的设立、变更、转让和消灭,应当依照法律规定登记。动产物权的设立和转让,应当依照法律规定交付。

第七条　【取得和行使物权遵守法律、尊重社会公德原则】物权的取得和行使,应当遵守法律,尊重社会公德,不得损害公共利益和他人合法权益。

第八条　【物权法与其他法律关系】其他相关法律对物权另有特别规定的,依照其规定。

第二章　物权的设立、变更、转让和消灭

第一节　不动产登记

第九条　【不动产物权登记生效以及所有权可不登记的规定】不动产物权的设立、变更、转让和消灭,经依法登记,发生效力;未经登记,不发生效力,但法律另有规定的除外。

依法属于国家所有的自然资源,所有权可以不登记。

第十条 【不动产登记机构和国家统一登记制度】不动产登记,由不动产所在地的登记机构办理。

国家对不动产实行统一登记制度。统一登记的范围、登记机构和登记办法,由法律、行政法规规定。

第十一条 【申请登记应提供的必要材料】当事人申请登记,应当根据不同登记事项提供权属证明和不动产界址、面积等必要材料。

第十二条 【登记机构应当履行的职责】登记机构应当履行下列职责:

(一)查验申请人提供的权属证明和其他必要材料;

(二)就有关登记事项询问申请人;

(三)如实、及时登记有关事项;

(四)法律、行政法规规定的其他职责。

申请登记的不动产的有关情况需要进一步证明的,登记机构可以要求申请人补充材料,必要时可以实地查看。

第十三条 【登记机构禁止从事的行为】登记机构不得有下列行为:

(一)要求对不动产进行评估;

(二)以年检等名义进行重复登记;

(三)超出登记职责范围的其他行为。

第十四条 【登记效力】不动产物权的设立、变更、转让和消灭,依照法律规定应当登记的,自记载于不动产登记簿时发生效力。

第十五条[①] 【合同效力和物权效力区分】当事人之间订立有关设立、变更、转让和消灭不动产物权的合同,除法律另有规定或者合同另有约定外,自合同成立时生效;未办理物权登记的,不影响合同效力。

第十六条 【不动产登记簿效力及其管理机构】不动产登记簿是物权归属和内容的根据。

不动产登记簿由登记机构管理。

第十七条 【不动产登记簿与不动产权属证书关系】不动产权属证书是权利人享有该不动产物权的证明。不动产权属证书记载的事项,应当与不动产登记簿一致;记载不一致的,除有证据证明不动产登记簿确有错误外,以不动产登记簿为准。

第十八条 【不动产登记资料查询、复制】权利人、利害关系人可以申请查询、复制登记资料,登记机构应当提供。

第十九条 【不动产更正登记和异议登记】权利人、利害关系人认为不动产登记簿记载的事项错误的,可以申请更正登记。不动产登记簿记载的权利人书面同意更正或者有证据证明登记确有错误的,登记机构应当予以更正。

不动产登记簿记载的权利人不同意更正的,利害关系人可以申请异议登记。登记机构予以异议登记的,申请人在异议登记之日起十五日内不起诉,异议登记失效。异议登记不当,造成权利人损害的,权利人可以向申请人请求损害赔偿。

第二十条 【预告登记】当事人签订买卖房屋或者其他不动产物权的协议,为保障

[①] 相关案例参见本书附录"七、不动产抵押未办理抵押登记情形下抵押人的责任"。

将来实现物权,按照约定可以向登记机构申请预告登记。预告登记后,未经预告登记的权利人同意,处分该不动产的,不发生物权效力。

预告登记后,债权消灭或者自能够进行不动产登记之日起三个月内未申请登记的,预告登记失效。

第二十一条 【登记错误赔偿责任】当事人提供虚假材料申请登记,给他人造成损害的,应当承担赔偿责任。

因登记错误,给他人造成损害的,登记机构应当承担赔偿责任。登记机构赔偿后,可以向造成登记错误的人追偿。

第二十二条 【登记收费】不动产登记费按件收取,不得按照不动产的面积、体积或者价款的比例收取。具体收费标准由国务院有关部门会同价格主管部门规定。

第二节 动产交付

第二十三条 【动产物权的设立和转让生效时间】动产物权的设立和转让,自交付时发生效力,但法律另有规定的除外。

第二十四条 【船舶等物权登记】船舶、航空器和机动车等物权的设立、变更、转让和消灭,未经登记,不得对抗善意第三人。

第二十五条 【动产物权简易交付】动产物权设立和转让前,权利人已经依法占有该动产的,物权自法律行为生效时发生效力。

第二十六条 【动产物权指示交付】动产物权设立和转让前,第三人依法占有该动产的,负有交付义务的人可以通过转让请求第三人返还原物的权利代替交付。

第二十七条 【动产物权占有改定】动产物权转让时,双方又约定由出让人继续占有该动产的,物权自该约定生效时发生效力。

第三节 其他规定

第二十八条 【特殊原因导致物权设立、变更、转让或者消灭】因人民法院、仲裁委员会的法律文书或者人民政府的征收决定等,导致物权设立、变更、转让或者消灭的,自法律文书或者人民政府的征收决定等生效时发生效力。

第二十九条 【因继承或者受遗赠等而取得物权】因继承或者受遗赠取得物权的,自继承或者受遗赠开始时发生效力。

第三十条 【因事实行为而设立或者消灭物权】因合法建造、拆除房屋等事实行为设立或者消灭物权的,自事实行为成就时发生效力。

第三十一条 【非依法律行为享有的不动产物权变动】依照本法第二十八条至第三十条规定享有不动产物权的,处分该物权时,依照法律规定需要办理登记的,未经登记,不发生物权效力。

第三章 物权的保护

第三十二条 【物权保护争讼程序】物权受到侵害的,权利人可以通过和解、调解、仲裁、诉讼等途径解决。

第三十三条 【物权确认请求权】因物权的归属、内容发生争议的,利害关系人可以请求确认权利。

第三十四条 【返还原物权请求权】无权占有不动产或者动产的,权利人可以请求返还原物。

第三十五条 【排除妨害、清除危险请求权】妨害物权或者可能妨害物权的,权利人可以请求排除妨害或者消除危险。

第三十六条 【修理、重作、更换或者恢复原状请求权】造成不动产或者动产毁损的,权利人可以请求修理、重作、更换或者恢复原状。

第三十七条 【损害赔偿和其他民事责任请求权】侵害物权,造成权利人损害的,权利人可以请求损害赔偿,也可以请求承担其他民事责任。

第三十八条 【特权保护方式的单用和并用以及三大法律责任的适用】本章规定的物权保护方式,可以单独适用,也可以根据权利被侵害的情形合并适用。

侵害物权,除承担民事责任外,违反行政管理规定的,依法承担行政责任;构成犯罪的,依法追究刑事责任。

第二编 所 有 权

第四章 一 般 规 定

第四十条 所有权人有权在自己的不动产或者动产上设立用益物权和担保物权。用益物权人、担保物权人行使权利,不得损害所有权人的权益。

第八章 共 有

第九十三条 【共有概念和共有形式】不动产或者动产可以由两个以上单位、个人共有。共有包括按份共有和共同共有。

第九十四条 【按份共有】按份共有人对共有的不动产或者动产按照其份额享有所有权。

第九十五条 【共同共有】共同共有人对共有的不动产或者动产共同享有所有权。

第九十六条 【共有物管理】共有人按照约定管理共有的不动产或者动产;没有约定或者约定不明确的,各共有人都有管理的权利和义务。

第九十七条 【共有物处分或者重大修缮】处分共有的不动产或者动产以及对共有的不动产或者动产作重大修缮的,应当经占份额三分之二以上的按份共有人或者全体共同共有人同意,但共有人之间另有约定的除外。

第九十八条 【共有物管理费用负担】对共有物的管理费用以及其他负担,有约定的,按照约定;没有约定或者约定不明确的,按份共有人按照其份额负担,共同共有人共同负担。

第九十九条 【共有财产分割原则】共有人约定不得分割共有的不动产或者动产,以维持共有关系的,应当按照约定,但共有人有重大理由需要分割的,可以请求分割;没有约定或者约定不明确的,按份共有人可以随时请求分割,共同共有人在共有的基础丧失或者有重大理由需要分割时可以请求分割。因分割对其他共有人造成损害的，应当给予赔偿。

第一百条　【共有物分割方式】共有人可以协商确定分割方式。达不成协议，共有的不动产或者动产可以分割并且不会因分割减损价值的，应当对实物予以分割；难以分割或者因分割会减损价值的，应当对折价或者拍卖、变卖取得的价款予以分割。

共有人分割所得的不动产或者动产有瑕疵的，其他共有人应当分担损失。

第一百零一条　【共有人的优先购买权】按份共有人可以转让其享有的共有的不动产或者动产份额。其他共有人在同等条件下享有优先购买的权利。

第一百零二条　【因共有财产产生的债权债务关系的效力】因共有的不动产或者动产产生的债权债务，在对外关系上，共有人享有连带债权、承担连带债务，但法律另有规定或者第三人知道共有人不具有连带债权债务关系的除外；在共有人内部关系上，除共有人另有约定外，按份共有人按照份额享有债权、承担债务，共同共有人共同享有债权、承担债务。偿还债务超过自己应当承担份额的按份共有人，有权向其他共有人追偿。

第一百零三条　【共有关系不明对共有关系性质推定】共有人对共有的不动产或者动产没有约定为按份共有或者共同共有，或者约定不明确的，除共有人具有家庭关系等外，视为按份共有。

第一百零四条　【按份共有人份额不明的确定原则】按份共有人对共有的不动产或者动产享有的份额，没有约定或者约定不明确的，按照出资额确定；不能确定出资额的，视为等额享有。

第一百零五条　【用益物权和担保物权的准共有】两个以上单位、个人共同享有用益物权、担保物权的，参照本章规定。

第九章　所有权取得的特别规定

第一百零六条　【善意取得】无处分权人将不动产或者动产转让给受让人的，所有权人有权追回；除法律另有规定外，符合下列情形的，受让人取得该不动产或者动产的所有权：

（一）受让人受让该不动产或者动产时是善意的；

（二）以合理的价格转让；

（三）转让的不动产或者动产依照法律规定应当登记的已经登记，不需要登记的已经交付给受让人。

受让人依照前款规定取得不动产或者动产的所有权的，原所有权人有权向无处分权人请求赔偿损失。

当事人善意取得其他物权的，参照前两款规定。

第一百零七条　【遗失物的善意取得】所有权人或者其他权利人有权追回遗失物。该遗失物通过转让被他人占有的，权利人有权向无处分权人请求损害赔偿，或者自知道或者应当知道受让人之日起二年内向受让人请求返还原物，但受让人通过拍卖或者向具有经营资格的经营者购得该遗失物的，权利人请求返还原物时应当支付受让人所付的费用。权利人向受让人支付所付费用后,有权向无处分权人追偿。

第一百零八条 【善意受让人取得动产后的原有权利消灭】善意受让人取得动产后,该动产上的原有权利消灭,但善意受让人在受让时知道或者应当知道该权利的除外。

第三编 用益物权

第十一章 土地承包经营权

第一百三十三条 【以招标等方式承包的土地承包经营权流转】通过招标、拍卖、公开协商等方式承包荒地等农村土地,依照农村土地承包法等法律和国务院的有关规定,其土地承包经营权可以转让、入股、**抵押**或者以其他方式流转。

第十二章 建设用地使用权

第一百四十三条 【建设用地使用权流转方式】建设用地使用权人有权将建设用地使用权转让、互换、出资、赠与或者**抵押**,但法律另有规定的除外。

第一百四十四条 【处分建设用地使用权的合同形式和期限】建设用地使用权转让、互换、出资、赠与或者**抵押**的,当事人应当采取书面形式订立相应的合同。使用期限由当事人约定,但不得超过建设用地使用权的剩余期限。

第十四章 地役权

第一百五十六条 【地役权】地役权人有权按照合同约定,利用他人的不动产,以提高自己的不动产的效益。

前款所称他人的不动产为供役地,自己的不动产为需役地。

第一百六十五条 【地役权不得单独抵押】地役权不得单独抵押。土地承包经营权、建设用地使用权等抵押的,在实现抵押权时,地役权一并转让。

第四编 担保物权

第十五章 一般规定

第一百七十条 【担保物权的含义】担保物权人在债务人不履行到期债务**或者发生当事人约定的实现担保物权的情形**,依法享有就担保财产优先受偿的权利,但法律另有规定的除外。

第一百七十一条 【担保物权适用范围及反担保】债权人在借贷、买卖等民事活动中,为保障实现其债权,需要担保的,可以依照本法和其他法律的规定设立担保物权。

第三人为债务人向债权人提供担保的,可以要求债务人提供反担保。反担保适用本法和其他法律的规定。

第一百七十二条 【担保合同从属性以及担保合同无效后的法律责任】设立担保物权,应当依照本法和其他法律的规定订立担保合同。担保合同是主债权债务合同的从合同。主债权债务合同无效,担保合同无效,但法律另有规定的除外。

担保合同被确认无效后,债务人、担保人、债权人有过错的,应当根据其过错各自承担相应的民事责任。

第一百七十三条 【担保物权的担保范围】担保物权的担保范围包括主债权及其利息、违约金、损害赔偿金、保管担保财产和实现担保物权的费用。当事人另有约定的,按照约定。

第一百七十四条 【担保物权物上代位性】担保期间,担保财产毁损、灭失或者被征收等,担保物权人可以就获得的保险金、赔偿金或者补偿金等优先受偿。被担保债权的履行期未届满的,也可以提存该保险金、赔偿金或者补偿金等。

第一百七十五条 【未经担保人同意允许债务人转移债务的法律后果】第三人提供担保,未经其书面同意,债权人允许债务人转移全部或者部分债务的,担保人不再承担相应的担保责任。

第一百七十六条① 【物的担保与人的担保关系】被担保的债权既有物的担保又有人的担保的,债务人不履行到期债务或者发生当事人约定的实现担保物权的情形,债权人应当按照约定实现债权;没有约定或者约定不明确,债务人自己提供物的担保的,债权人应当先就该物的担保实现债权;第三人提供物的担保的,债权人可以就物的担保实现债权,也可以要求保证人承担保证责任。提供担保的第三人承担担保责任后,有权向债务人追偿。

第一百七十七条 【担保物权消灭原因】有下列情形之一的,担保物权消灭:

(一) 主债权消灭;

(二) 担保物权实现;

(三) 债权人放弃担保物权;

(四) 法律规定担保物权消灭的其他情形。

第一百七十八条 【担保法与本法效力衔接】担保法与本法的规定不一致的,适用本法。

第十六章 抵 押 权

第一节 一般抵押权

第一百七十九条② 【抵押权的定义】为担保债务的履行,债务人或者第三人不转移财产的占有,将该财产抵押给债权人的,债务人不履行到期债务或者发生当事人约定的实现抵押权的情形,债权人有权就该财产优先受偿。

前款规定的债务人或者第三人为抵押人,债权人为抵押权人,提供担保的财产为

---

① 相关案例参见本书附录"五、混合担保情形下如何认定当事人对担保实现顺序作出了约定"。

② 相关案例参见本书附录"八、根据债权人与债务人约定将抵押权登记在第三方名下的,债权人仍享有抵押权"。

抵押财产。

第一百八十条 【抵押财产范围】债务人或者第三人有权处分的下列财产可以抵押：

（一）建筑物和其他土地附着物；

（二）建设用地使用权；

（三）以招标、拍卖、公开协商等方式取得的荒地等土地承包经营权；

（四）生产设备、原材料、半成品、产品；

（五）正在建造的建筑物、船舶、航空器；

（六）交通运输工具；

（七）法律、行政法规未禁止抵押的其他财产。

抵押人可以将前款所列财产一并抵押。

第一百八十一条 【浮动抵押】经当事人书面协议，企业、个体工商户、农业生产经营者可以将现有的以及将有的生产设备、原材料、半成品、产品抵押，债务人不履行到期债务或者发生当事人约定的实现抵押权的情形，债权人有权就实现抵押权时的动产优先受偿。

第一百八十二条① 【房地产抵押关系】以建筑物抵押的，该建筑物占用范围内的建设用地使用权一并抵押。以建设用地使用权抵押的，该土地上的建筑物一并抵押。

抵押人未依照前款规定一并抵押的，未抵押的财产视为一并抵押。

第一百八十三条 【乡镇、村企业的建筑物和建设用地使用权抵押】乡镇、村企业的建设用地使用权不得单独抵押。以乡镇、村企业的厂房等建筑物抵押的，其占用范围内的建设用地使用权一并抵押。

第一百八十四条 【禁止抵押的财产】下列财产不得抵押：

（一）土地所有权；

（二）耕地、宅基地、自留地、自留山等集体所有的土地使用权，但法律规定可以抵押的除外；

（三）学校、幼儿园、医院等以公益为目的的事业单位、社会团体的教育设施、医疗卫生设施和其他社会公益设施；

（四）所有权、使用权不明或者有争议的财产；

（五）依法被查封、扣押、监管的财产；

（六）法律、行政法规规定不得抵押的其他财产。

第一百八十五条 【设立抵押权】设立抵押权，当事人应当采取书面形式订立抵押合同。

抵押合同一般包括下列条款：

（一）被担保债权的种类和数额；

（二）债务人履行债务的期限；

（三）抵押财产的名称、数量、质量、状况、所在地、所有权归属或者使用权归属；

---

① 相关案例参见本书附录"九、当事人仅针对建筑物所有权办理抵押登记的，抵押权人对建筑物所有权及其占用范围内的土地使用权一并享有抵押权"。

(四)担保的范围。

第一百八十六条 【禁止流押】抵押权人在债务履行期届满前,不得与抵押人约定债务人不履行到期债务时抵押财产归债权人所有。

第一百八十七条 【不动产抵押设立】以本法第一百八十条第一款第一项至第三项规定的财产或者第五项规定的正在建造的建筑物抵押的,应当办理抵押登记。抵押权自登记时设立。

第一百八十八条 【动产抵押设立及登记效力】以本法第一百八十条第一款第四项、第六项规定的财产或者第五项规定的正在建造的船舶、航空器抵押的,抵押权自抵押合同生效时设立;未经登记,不得对抗善意第三人。

第一百八十九条 【动产浮动抵押设立及登记效力】企业、个体工商户、农业生产经营者以本法第一百八十一条规定的动产抵押的,应当向抵押人住所地的工商行政管理部门办理登记。抵押权自抵押合同生效时设立;未经登记,不得对抗善意第三人。

依照本法第一百八十一条规定抵押的,不得对抗正常经营活动中已支付合理价款并取得抵押财产的买受人。

第一百九十条 【抵押权和租赁权关系】订立抵押合同前抵押财产已出租的,原租赁关系不受该抵押权的影响。抵押权设立后抵押财产出租的,该租赁关系不得对抗已登记的抵押权。

第一百九十一条[1] 【抵押期间转让抵押财产】抵押期间,抵押人经抵押权人同意转让抵押财产的,应当将转让所得的价款向抵押权人提前清偿债务或者提存。转让的价款超过债权数额的部分归抵押人所有,不足部分由债务人清偿。

抵押期间,抵押人未经抵押权人同意,不得转让抵押财产,但受让人代为清偿债务消灭抵押权的除外。

第一百九十二条 【抵押权转让或者作为其他债权担保】抵押权不得与债权分离

---

[1] 需注意的是,《第八次全国法院民事商事审判工作会议(民事部分)纪要》明确:"物权法第一百九十一条第二款并非针对抵押财产转让合同的效力性强制性规定,当事人仅以转让抵押房地产未经抵押权人同意为由,请求确认转让合同无效的,不予支持。受让人在抵押登记未涂销时要求办理过户登记的,不予支持。"

在此情形下,就转让合同的处理,受让人可选择解除转让合同,同时要求抵押人承担违约责任或赔偿损失;或要求继续履行转让合同,同时抵押权人代为清偿,以取得抵押财产所有权。例如,北京市高级人民法院《关于审理房屋买卖合同纠纷案件适用法律若干问题的指导意见》第八条规定:"房屋抵押权存续期间,出卖人(抵押人)未经抵押权人同意转让抵押房屋的,不影响房屋买卖合同的效力。出卖人在合同约定的履行期限届满时仍未履行消灭抵押权的义务,致使买受人无法办理房屋所有权转移登记,买受人请求解除合同,并要求出卖人承担相应违约责任的,应予支持;买受人要求继续履行合同,办理房屋所有权转移登记,经法院释明后仍坚持不变更的,对其诉讼请求,不予支持,但买受人同意并能够代为清偿债务消灭抵押权的除外。法院可以根据案件具体情况征询抵押权人的意见,必要时可以追加抵押权人作为无独立请求权第三人参加诉讼。"广东省高级人民法院《关于审理房屋买卖合同纠纷案件的指引》第二十条规定:"合同项下房屋设定的抵押权未消灭,买受人请求出卖人依照房屋买卖合同的约定办理房屋所有权转移登记,人民法院可以向其释明变更诉讼请求为代为清偿债务消灭抵押权后办理房屋所有权转移登记或者解除合同、赔偿损失。"

就受让人如何代为清偿以取得抵押财产的所有权,以及受让人在支付完毕全部转让价款并实际占有抵押财产的情形下是否仍需向抵押权人进行清偿等问题,司法实践中存在不同的认定,相关案例参见本书附录"十、抵押期间未经抵押权人同意转让抵押财产情形下,受让人如何取得抵押财产的所有权"。

而单独转让或者作为其他债权的担保。债权转让的,担保该债权的抵押权一并转让,但法律另有规定或者当事人另有约定的除外。

第一百九十三条 【抵押权保护】抵押人的行为足以使抵押财产价值减少的,抵押权人有权要求抵押人停止其行为。抵押财产价值减少的,抵押权人有权要求恢复抵押财产的价值,或者提供与减少的价值相应的担保。抵押人不恢复抵押财产的价值也不提供担保的,抵押权人有权要求债务人提前清偿债务。

第一百九十四条 【抵押权人放弃抵押权、抵押权的顺位及变更】抵押权人可以放弃抵押权或者抵押权的顺位。抵押权人与抵押人可以协议变更抵押权顺位以及被担保的债权数额等内容,但抵押权的变更,未经其他抵押权人书面同意,不得对其他抵押权人产生不利影响。

债务人以自己的财产设定抵押,抵押权人放弃该抵押权、抵押权顺位或者变更抵押权的,其他担保人在抵押权人丧失优先受偿权益的范围内免除担保责任,但其他担保人承诺仍然提供担保的除外。

第一百九十五条① 【抵押权实现的条件、方式和程序】债务人不履行到期债务或者发生当事人约定的实现抵押权的情形,抵押权人可以与抵押人协议以抵押财产折价或者以拍卖、变卖该抵押财产所得的价款优先受偿。协议损害其他债权人利益的,其他债权人可以在知道或者应当知道撤销事由之日起一年内请求人民法院撤销该协议。

抵押权人与抵押人未就抵押权实现方式达成协议的,抵押权人可以请求人民法院拍卖、变卖抵押财产。

抵押财产折价或者变卖的,应当参照市场价格。

第一百九十六条 【浮动抵押中抵押财产的确定】依照本法第一百八十一条规定设定抵押的,抵押财产自下列情形之一发生时确定:

(一)债务履行期届满,债权未实现;

(二)抵押人被宣告破产或者被撤销;

(三)当事人约定的实现抵押权的情形;

(四)严重影响债权实现的其他情形。

第一百九十七条 【抵押财产孳息】债务人不履行到期债务或者发生当事人约定的实现抵押权的情形,致使抵押财产被人民法院依法扣押的,自扣押之日起抵押权人有权收取该抵押财产的天然孳息或者法定孳息,但抵押权人未通知应当清偿法定孳息的义务人的除外。

前款规定的孳息应当先充抵收取孳息的费用。

第一百九十八条 【抵押财产变现后的处理】抵押财产折价或者拍卖、变卖后,其价款超过债权数额的部分归抵押人所有,不足部分由债务人清偿。

第一百九十九条② 【抵押权清偿顺序】同一财产向两个以上债权人抵押的,拍卖、

---

① 相关案例参见本书附录"十一、抵押权人可以通过非讼程序来行使抵押权"。

② 关于登记顺序的确定,《担保法解释》第五十八条作了如下规定:"当事人同一天在不同的法定登记部门办理抵押物登记的,视为顺序相同;因登记部门的原因致使抵押物进行连续登记的,抵押物第一次登记的日期,视为抵押登记的日期,并依此确定抵押权的顺序。"

变卖抵押财产所得的价款依照下列规定清偿：

（一）抵押权已登记的，按照登记的先后顺序清偿；顺序相同的，按照债权比例清偿；

（二）抵押权已登记的先于未登记的受偿；

（三）抵押权未登记的，按照债权比例清偿。

第二百条 【以建设用地使用权抵押的特别规定】建设用地使用权抵押后，该土地上新增的建筑物不属于抵押财产。该建设用地使用权实现抵押权时，**应当将该土地上新增的建筑物与建设用地使用权一并处分**，但新增建筑物所得的价款，抵押权人无权优先受偿。

第二百零一条 【抵押权实现的特别规定】依照本法第一百八十条第一款第三项规定的土地承包经营权抵押的，或者依照本法第一百八十三条规定以乡镇、村企业的厂房等建筑物占用范围内的建设用地使用权一并抵押的，实现抵押权后，未经法定程序，不得改变土地所有权的性质和土地用途。

第二百零二条 【抵押权行使期间】抵押权人应当在**主债权诉讼时效期间**行使抵押权；未行使的，人民法院不予保护。

第二节 最高额抵押权

第二百零三条 【最高额抵押的定义】为担保债务的履行，债务人或者第三人对一定期间内将要连续发生的债权提供担保财产的，债务人不履行到期债务或者发生当事人约定的实现抵押权的情形，抵押权人有权在最高债权额限度内就该担保财产优先受偿。

最高额抵押权设立前已经存在的债权，经当事人同意，可以转入最高额抵押担保的债权范围。

第二百零四条 【最高额抵押所担保的主债权以及最高额抵押权转让】最高额抵押担保的债权确定前，部分债权转让的，最高额抵押权不得转让，但当事人另有约定的除外。

第二百零五条 【抵押权人与抵押人协议变更最高额抵押的有关内容】最高额抵押担保的债权确定前，抵押权人与抵押人可以通过协议变更债权确定的期间、债权范围以及最高债权额，但变更的内容不得对其他抵押权人产生不利影响。

第二百零六条[①] 【最高额抵押权所担保债权确定事由】有下列情形之一的，抵押权人的债权确定：

（一）约定的债权确定期间届满；

（二）没有约定债权确定期间或者约定不明确，抵押权人或者抵押人自最高额抵押权设立之日起满二年后请求确定债权；

[①] 本条对最高额抵押所担保主债权确定的事由进行了规定，就本条第（四）项事由"抵押财产被查封、扣押"，最高人民法院《关于人民法院民事执行中查封、扣押、冻结财产的规定》第二十七条进一步作了如下规定：自抵押权人收到人民法院查封、扣押通知时，或虽未通知但有证据证明抵押权人知道查封、扣押事实时，最高额抵押权人受抵押担保的主债权数额确定。

(三) 新的债权不可能发生；

(四) 抵押财产被查封、扣押；

(五) 债务人、抵押人被宣告破产或者被撤销；

(六) 法律规定债权确定的其他情形。

第二百零七条 【最高额抵押权适用一般抵押权相关条款】最高额抵押权除适用本节规定外，适用本章第一节一般抵押权的规定。

第十七章 质 权

第一节 动产质权

第二百零八条 【动产质权的定义】为担保债务的履行，债务人或者第三人将其动产出质给债权人占有的，**债务人不履行到期债务或者发生当事人约定的实现质权的情形**，债权人有权就该动产优先受偿。

前款规定的债务人或者第三人为出质人，债权人为质权人，交付的动产为质押财产。

第二百零九条 【禁止出质的动产】法律、行政法规禁止转让的动产不得出质。

第二百一十条 【质权合同】设立质权，当事人应当采取书面形式订立质权合同。

质权合同一般包括下列条款：

(一) 被担保债权的种类和数额；

(二) 债务人履行债务的期限；

(三) 质押财产的名称、数量、质量、状况；

(四) 担保的范围；

(五) 质押财产交付的时间。

第二百一十一条 【禁止流质】质权人在债务履行期届满前，不得与出质人约定债务人不履行到期债务时质押财产归债权人所有。

第二百一十二条 【动产质权设立】质权自出质人交付质押财产时设立。

第二百一十三条 【质权人孳息收取权】质权人有权收取质押财产的孳息，但合同另有约定的除外。

前款规定的孳息应当先充抵收取孳息的费用。

第二百一十四条 【质权人对质物使用处分的限制及法律责任】质权人在质权存续期间，未经出质人同意，擅自使用、处分质押财产，给出质人造成损害的，应当承担赔偿责任。

第二百一十五条 【质权人妥善保管质物义务】质权人负有妥善保管质押财产的义务；因保管不善致使质押财产毁损、灭失的，应当承担赔偿责任。

质权人的行为可能使质押财产毁损、灭失的，出质人可以要求质权人将质押财产提存，或者要求提前清偿债务并返还质押财产。

第二百一十六条 【质权保护】因不能归责于质权人的事由可能使质押财产毁损或者价值明显减少，足以危害质权人权利的，质权人有权要求出质人提供相应的担保；出质人不提供的，质权人可以拍卖、变卖质押财产，并与出质人通过协议将拍卖、变卖所得的价款提前清偿债务或者提存。

第二百一十七条 【转质权】质权人在质权存续期间，未经出质人同意转质，造成质押财产毁损、灭失的，应当向出质人承担赔偿责任。

第二百一十八条 【质权放弃及其他担保人责任承担原则】质权人可以放弃质权。债务人以自己的财产出质，质权人放弃该质权的，其他担保人在质权人丧失优先受偿权益的范围内免除担保责任，但其他担保人承诺仍然提供担保的除外。

第二百一十九条 【质物返还及质权实现】债务人履行债务或者出质人提前清偿所担保的债权的，质权人应当返还质押财产。

债务人不履行到期债务或者发生当事人约定的实现质权的情形，质权人可以与出质人协议以质押财产折价，也可以就拍卖、变卖质押财产所得的价款优先受偿。

质押财产折价或者变卖的，应当参照市场价格。

第二百二十条 【及时行使质权请求权及怠于行使质权的责任】出质人可以请求质权人在债务履行期届满后及时行使质权；质权人不行使的，出质人可以请求人民法院拍卖、变卖质押财产。

出质人请求质权人及时行使质权，因质权人怠于行使权利造成损害的，由质权人承担赔偿责任。

第二百二十一条 【质物变价款归属原则】质押财产折价或者拍卖、变卖后，其价款超过债权数额的部分归出质人所有，不足部分由债务人清偿。

第二百二十二条 【最高额质权】出质人与质权人可以协议设立最高额质权。

最高额质权除适用本节有关规定外，参照本法第十六章第二节最高额抵押权的规定。

第二节 权 利 质 权

第二百二十三条 【可以出质的权利范围】债务人或者第三人有权处分的下列权利可以出质：

（一）汇票、支票、本票；
（二）债券、存款单；
（三）仓单、提单；
（四）可以转让的**基金份额**、股权；
（五）可以转让的注册商标专用权、专利权、著作权等知识产权中的财产权；
（六）**应收账款**；
（七）法律、行政法规规定可以出质的其他财产权利。

第二百二十四条 【以汇票等出质的质权设立】以汇票、支票、本票、债券、存款单、仓单、提单出质的，当事人应当订立书面合同。**质权自权利凭证交付质权人时设立；没有权利凭证的，质权自有关部门办理出质登记时设立。**

第二百二十五条 【质权人行使权利的特别规定】汇票、支票、本票、债券、存款单、仓单、提单的兑现日期或者提货日期先于主债权到期的，质权人可以兑现或者提货，并与出质人协议将兑现的价款或者提取的货物提前清偿债务**或者**提存。

第二百二十六条 【以基金份额、股权出质的权利质权设立和出质人处分基金份额、股权的限制】以基金份额、股权出质的,当事人应当订立书面合同。**以基金份额、证券登记结算机构登记的股权出质的,质权自证券登记结算机构办理出质登记时设立;以其他股权出质的,质权自工商行政管理部门办理出质登记时设立。**

基金份额、股权出质后,不得转让,但经出质人与质权人协商同意的除外。出质人转让基金份额、股权所得的价款,应当向质权人提前清偿债务或者提存。

第二百二十七条 【以知识产权中的财产权出质的权利质权设立和出质人处分知识产权的限制】以注册商标专用权、专利权、著作权等知识产权中的财产权出质的,当事人应当订立书面合同。**质权自有关主管部门办理出质登记时设立。**

知识产权中的财产权出质后,出质人不得转让或者许可他人使用,但经出质人与质权人协商同意的除外。出质人转让或者许可他人使用出质的知识产权中的财产权所得的价款,应当向质权人提前清偿债务或者提存。

第二百二十八条 【以应收账款出质的权利质权设立和出质人转让应收账款的限制】以应收账款出质的,当事人应当订立书面合同。质权自信贷征信机构办理出质登记时设立。

应收账款出质后,不得转让,但经出质人与质权人协商同意的除外。出质人转让应收账款所得的价款,应当向质权人提前清偿债务或者提存。

第二百二十九条 【权利质权适用动产质权的规定】权利质权除适用本节规定外,适用本章第一节动产质权的规定。

第十八章 留 置 权

第二百三十条 【留置权的一般规定】债务人不履行到期债务,债权人可以留置已经合法占有的债务人的动产,并有权就该动产优先受偿。

前款规定的债权人为留置权人,占有的动产为留置财产。

第二百三十一条 【留置财产与债权的关系】债权人留置的动产,应当与债权属于同一法律关系,但企业之间留置的除外。

第二百三十二条 【留置权适用范围的限制性】法律规定或者当事人约定不得留置的动产,不得留置。

第二百三十三条 【可分物作为留置财产的特殊规定】留置财产为可分物的,留置财产的价值应当相当于债务的金额。

第二百三十四条 【留置权人保管义务】留置权人负有妥善保管留置财产的义务;因保管不善致使留置财产毁损、灭失的,应当承担赔偿责任。

第二百三十五条 【留置权人收取孳息的权利】留置权人有权收取留置财产的孳息。

前款规定的孳息应当先充抵收取孳息的费用。

第二百三十六条 【实现留置权的一般规定】留置权人与债务人应当约定留置财产后的债务履行期间;没有约定或者约定不明确的,留置权人应当给债务人两个月以上履行债务的期间,但鲜活易腐等不易保管的动产除外。债务人逾期未履行的,留置权人可以与债务人协议以留置财产折价,也可以就拍卖、变卖留置财产所得的价款优先受偿。

留置财产折价或者变卖的,应当参照市场价格。

第二百三十七条 【债务人可请求留置权人行使留置权】债务人可以请求留置权人在债务履行期届满后行使留置权;留置权人不行使的,债务人可以请求人民法院拍卖、变卖留置财产。

第二百三十八条 【留置权实现】留置财产折价或者拍卖、变卖后,其价款超过债权数额的部分归债务人所有,不足部分由债务人清偿。

第二百三十九条 【留置权与抵押权或者质权的关系】同一动产上已设立抵押权或者质权,该动产又被留置的,留置权人优先受偿。

第二百四十条 【留置权消灭的原因】留置权人对留置财产丧失占有或者留置权人接受债务人另行提供担保的,留置权消灭。

附　则

第二百四十六条 【授权地方性法规暂时规定不动产统一登记】法律、行政法规对不动产统一登记的范围、登记机构和登记办法作出规定前,地方性法规可以依照本法有关规定作出规定。

第二百四十七条 【施行日期】本法自 2007 年 10 月 1 日起施行。

三、中华人民共和国合同法(节录)

(1999年3月15日第九届全国人民代表大会第二次会议通过
中华人民共和国主席令第十五号公布 自1999年10月1日起施行)

总 则

第一章 一般规定

第一条 【立法目的】为了保护合同当事人的合法权益,维护社会经济秩序,促进社会主义现代化建设,制定本法。

第二条 【调整范围】本法所称合同是平等主体的自然人、法人、其他组织之间设立、变更、终止民事权利义务关系的协议。

婚姻、收养、监护等有关身份关系的协议,适用其他法律的规定。

第三条 【平等原则】合同当事人的法律地位平等,一方不得将自己的意志强加给另一方。

第四条 【自愿原则】当事人依法享有自愿订立合同的权利,任何单位和个人不得非法干预。

第五条 【公平原则】当事人应当遵循公平原则确定各方的权利和义务。

第六条 【诚实信用原则】当事人行使权利、履行义务应当遵循诚实信用原则。

第七条 【遵纪守法原则】当事人订立、履行合同,应当遵守法律、行政法规,尊重社会公德,不得扰乱社会经济秩序,损害社会公共利益。

第八条 【依合同履行义务原则】依法成立的合同,对当事人具有法律约束力。当事人应当按照约定履行自己的义务,不得擅自变更或者解除合同。

依法成立的合同,受法律保护。

第二章 合同的订立

第九条 【订立合同的能力】当事人订立合同,应当具有相应的民事权利能力和民事行为能力。

当事人依法可以委托代理人订立合同。

第十条 【合同的形式】当事人订立合同,有书面形式、口头形式和其他形式。

法律、行政法规规定采用书面形式的,应当采用书面形式。当事人约定采用书面形式的,应当采用书面形式。

第十一条 【书面形式】书面形式是指合同书、信件和数据电文(包括电报、电传、传真、电子数据交换和电子邮件)等可以有形地表现所载内容的形式。

第十二条 【合同内容】合同的内容由当事人约定，一般包括以下条款：
（一）当事人的名称或者姓名和住所；
（二）标的；
（三）数量；
（四）质量；
（五）价款或者报酬；
（六）履行期限、地点和方式；
（七）违约责任；
（八）解决争议的方法。
当事人可以参照各类合同的示范文本订立合同。

第十三条 【订立合同方式】当事人订立合同，采取要约、承诺方式。

第十四条 【要约】要约是希望和他人订立合同的意思表示，该意思表示应当符合下列规定：
（一）内容具体确定；
（二）表明经受要约人承诺，要约人即受该意思表示约束。

第十五条 【要约邀请】要约邀请是希望他人向自己发出要约的意思表示。寄送的价目表、拍卖公告、招标公告、招股说明书、商业广告等为要约邀请。
商业广告的内容符合要约规定的，视为要约。

第十六条 【要约的生效】要约到达受要约人时生效。
采用数据电文形式订立合同，收件人指定特定系统接收数据电文的，该数据电文进入该特定系统的时间，视为到达时间；未指定特定系统的，该数据电文进入收件人的任何系统的首次时间，视为到达时间。

第十七条 【要约的撤回】要约可以撤回。撤回要约的通知应当在要约到达受要约人之前或者与要约同时到达受要约人。

第十八条 【要约的撤销】要约可以撤销。撤销要约的通知应当在受要约人发出承诺通知之前到达受要约人。

第十九条 【要约不得撤销的情形】有下列情形之一的，要约不得撤销：
（一）要约人确定了承诺期限或者以其他形式明示要约不可撤销；
（二）受要约人有理由认为要约是不可撤销的，并已经为履行合同作了准备工作。

第二十条 【要约的失效】有下列情形之一的，要约失效：
（一）拒绝要约的通知到达要约人；
（二）要约人依法撤销要约；
（三）承诺期限届满，受要约人未作出承诺；
（四）受要约人对要约的内容作出实质性变更。

第二十一条 【承诺的定义】承诺是受要约人同意要约的意思表示。

第二十二条 【承诺的方式】承诺应当以通知的方式作出，但根据交易习惯或者要约表明可以通过行为作出承诺的除外。

第二十三条 【承诺的期限】承诺应当在要约确定的期限内到达要约人。
要约没有确定承诺期限的，承诺应当依照下列规定到达：

（一）要约以对话方式作出的,应当即时作出承诺,但当事人另有约定的除外；

（二）要约以非对话方式作出的,承诺应当在合理期限内到达。

第二十四条 【承诺期限的起点】要约以信件或者电报作出的,承诺期限自信件载明的日期或者电报交发之日开始计算。信件未载明日期的,自投寄该信件的邮戳日期开始计算。要约以电话、传真等快速通讯方式作出的,承诺期限自要约到达受要约人时开始计算。

第二十五条 【合同成立时间】承诺生效时合同成立。

第二十六条 【承诺的生效】承诺通知到达要约人时生效。承诺不需要通知的,根据交易习惯或者要约的要求作出承诺的行为时生效。

采用数据电文形式订立合同的,承诺到达的时间适用本法第十六条第二款的规定。

第二十七条 【承诺的撤回】承诺可以撤回。撤回承诺的通知应当在承诺通知到达要约人之前或者与承诺通知同时到达要约人。

第二十八条 【新要约】受要约人超过承诺期限发出承诺的,除要约人及时通知受要约人该承诺有效的以外,为新要约。

第二十九条 【迟到的承诺】受要约人在承诺期限内发出承诺,按照通常情形能够及时到达要约人,但因其他原因承诺到达要约人时超过承诺期限的,除要约人及时通知受要约人因承诺超过期限不接受该承诺的以外,该承诺有效。

第三十条 【承诺的变更】承诺的内容应当与要约的内容一致。受要约人对要约的内容作出实质性变更的,为新要约。有关合同标的、数量、质量、价款或者报酬、履行期限、履行地点和方式、违约责任和解决争议方法等的变更,是对要约内容的实质性变更。

第三十一条 【承诺的内容】承诺对要约的内容作出非实质性变更的,除要约人及时表示反对或者要约表明承诺不得对要约的内容作出任何变更的以外,该承诺有效,合同的内容以承诺的内容为准。

第三十二条 【合同成立时间】当事人采用合同书形式订立合同的,自双方当事人签字或者盖章时合同成立。

第三十三条 【确认书与合同成立】当事人采用信件、数据电文等形式订立合同的,可以在合同成立之前要求签订确认书。签订确认书时合同成立。

第三十四条 【合同成立地点】承诺生效的地点为合同成立的地点。

采用数据电文形式订立合同的,收件人的主营业地为合同成立的地点;没有主营业地的,其经常居住地为合同成立的地点。当事人另有约定的,按照其约定。

第三十五条 【书面合同成立地点】当事人采用合同书形式订立合同的,双方当事人签字或者盖章的地点为合同成立的地点。

第三十六条 【书面合同与合同成立】法律、行政法规规定或者当事人约定采用书面形式订立合同,当事人未采用书面形式但一方已经履行主要义务,对方接受的,该合同成立。

第三十七条 【合同书与合同成立】采用合同书形式订立合同,在签字或者盖章之前,当事人一方已经履行主要义务,对方接受的,该合同成立。

第三十八条 【依国家计划订立合同】国家根据需要下达指令性任务或者国家订货任务的,有关法人、其他组织之间应当依照有关法律、行政法规规定的权利和义务订立合同。

第三十九条 【格式合同条款定义及使用人义务】采用格式条款订立合同的,提供格式条款的一方应当遵循公平原则确定当事人之间的权利和义务,并采取合理的方式提请对方注意免除或者限制其责任的条款,按照对方的要求,对该条款予以说明。

格式条款是当事人为了重复使用而预先拟定,并在订立合同时未与对方协商的条款。

第四十条 【格式合同条款的无效】格式条款具有本法第五十二条和第五十三条规定情形的,或者提供格式条款一方免除其责任、加重对方责任、排除对方主要权利的,该条款无效。

第四十一条 【格式合同的解释】对格式条款的理解发生争议的,应当按照通常理解予以解释。对格式条款有两种以上解释的,应当作出不利于提供格式条款一方的解释。格式条款和非格式条款不一致的,应当采用非格式条款。

第四十二条 【缔约过失】当事人在订立合同过程中有下列情形之一,给对方造成损失的,应当承担损害赔偿责任:

(一) 假借订立合同,恶意进行磋商;

(二) 故意隐瞒与订立合同有关的重要事实或者提供虚假情况;

(三) 有其他违背诚实信用原则的行为。

第四十三条 【保密义务】当事人在订立合同过程中知悉的商业秘密,无论合同是否成立,不得泄露或者不正当地使用。泄露或者不正当地使用该商业秘密给对方造成损失的,应当承担损害赔偿责任。

第三章 合同的效力

第四十四条 【合同的生效】依法成立的合同,自成立时生效。

法律、行政法规规定应当办理批准、登记等手续生效的,依照其规定。

第四十五条 【附条件的合同】当事人对合同的效力可以约定附条件。附生效条件的合同,自条件成就时生效。附解除条件的合同,自条件成就时失效。

当事人为自己的利益不正当地阻止条件成就的,视为条件已成就;不正当地促成条件成就的,视为条件不成就。

第四十六条 【附期限的合同】当事人对合同的效力可以约定附期限。附生效期限的合同,自期限届至时生效。附终止期限的合同,自期限届满时失效。

第四十七条 【限制行为能力人订立的合同】限制民事行为能力人订立的合同,经法定代理人追认后,该合同有效,但纯获利益的合同或者与其年龄、智力、精神健康状况相适应而订立的合同,不必经法定代理人追认。

相对人可以催告法定代理人在一个月内予以追认。法定代理人未作表示的,视为拒绝追认。合同被追认之前,善意相对人有撤销的权利。撤销应当以通知的方式作出。

第四十八条 【无权代理人订立的合同】行为人没有代理权、超越代理权或者代理权终止后以被代理人名义订立的合同,未经被代理人追认,对被代理人不发生效力,由行为人承担责任。

相对人可以催告被代理人在一个月内予以追认。被代理人未作表示的,视为拒绝追认。合同被追认之前,善意相对人有撤销的权利。撤销应当以通知的方式作出。

第四十九条 【表见代理】行为人没有代理权、超越代理权或者代理权终止后以被代理人名义订立合同,相对人有理由相信行为人有代理权的,该代理行为有效。

第五十条 【法定代表人越权行为】法人或者其他组织的法定代表人、负责人超越权限订立的合同,除相对人知道或者应当知道其超越权限的以外,该代表行为有效。

第五十一条 【无处分权人订立的合同】无处分权的人处分他人财产,经权利人追认或者无处分权的人订立合同后取得处分权的,该合同有效。

第五十二条 【合同无效的法定情形】有下列情形之一的,合同无效:

(一) 一方以欺诈、胁迫的手段订立合同,损害国家利益;

(二) 恶意串通,损害国家、集体或者第三人利益;

(三) 以合法形式掩盖非法目的;

(四) 损害社会公共利益;

(五) 违反法律、行政法规的强制性规定。

第五十三条 【合同免责条款的无效】合同中的下列免责条款无效:

(一) 造成对方人身伤害的;

(二) 因故意或者重大过失造成对方财产损失的。

第五十四条 【可撤销合同】下列合同,当事人一方有权请求人民法院或者仲裁机构变更或者撤销:

(一) 因重大误解订立的;

(二) 在订立合同时显失公平的。

一方以欺诈、胁迫的手段或者乘人之危,使对方在违背真实意思的情况下订立的合同,受损害方有权请求人民法院或者仲裁机构变更或者撤销。

当事人请求变更的,人民法院或者仲裁机构不得撤销。

第五十五条 【撤销权的消灭】有下列情形之一的,撤销权消灭:

(一) 具有撤销权的当事人自知道或者应当知道撤销事由之日起一年内没有行使撤销权;

(二) 具有撤销权的当事人知道撤销事由后明确表示或者以自己的行为放弃撤销权。

第五十六条 【合同自始无效与部分有效】无效的合同或者被撤销的合同自始没有法律约束力。合同部分无效,不影响其他部分效力的,其他部分仍然有效。

第五十七条 【合同解决争议条款的效力】合同无效、被撤销或者终止的,不影响合同中独立存在的有关解决争议方法的条款的效力。

第五十八条 【合同无效或被撤销的法律后果】合同无效或者被撤销后,因该合同取得的财产,应当予以返还;不能返还或者没有必要返还的,应当折价补偿。有过错的一方应当赔偿对方因此所受到的损失,双方都有过错的,应当各自承担相应的责任。

第五十九条 【恶意串通获取财产的返还】当事人恶意串通,损害国家、集体或者第三人利益的,因此取得的财产收归国家所有或者返还集体、第三人。

第四章 合同的履行

第六十条 【严格履行与诚实信用】当事人应当按照约定全面履行自己的义务。

当事人应当遵循诚实信用原则,根据合同的性质、目的和交易习惯履行通知、协助、保密等义务。

第六十一条 【合同约定不明的补救】合同生效后,当事人就质量、价款或者报酬、履行地点等内容没有约定或者约定不明确的,可以协议补充;不能达成补充协议的,按照合同有关条款或者交易习惯确定。

第六十二条 【合同约定不明时的履行】当事人就有关合同内容约定不明确,依照本法第六十一条的规定仍不能确定的,适用下列规定:

（一）质量要求不明确的,按照国家标准、行业标准履行;没有国家标准、行业标准的,按照通常标准或者符合合同目的的特定标准履行。

（二）价款或者报酬不明确的,按照订立合同时履行地的市场价格履行;依法应当执行政府定价或者政府指导价的,按照规定履行。

（三）履行地点不明确,给付货币的,在接受货币一方所在地履行;交付不动产的,在不动产所在地履行;其他标的,在履行义务一方所在地履行。

（四）履行期限不明确的,债务人可以随时履行,债权人也可以随时要求履行,但应当给对方必要的准备时间。

（五）履行方式不明确的,按照有利于实现合同目的的方式履行。

（六）履行费用的负担不明确的,由履行义务一方负担。

第六十三条 【执行政府定价或者政府指导价的交付期限与价格执行】执行政府定价或者政府指导价的,在合同约定的交付期限内政府价格调整时,按照交付时的价格计价。逾期交付标的物的,遇价格上涨时,按照原价格执行;价格下降时,按照新价格执行。逾期提取标的物或者逾期付款的,遇价格上涨时,按照新价格执行;价格下降时,按照原价格执行。

第六十四条 【向第三人履行合同】当事人约定由债务人向第三人履行债务的,债务人未向第三人履行债务或者履行债务不符合约定,应当向债权人承担违约责任。

第六十五条 【第三人不履行合同的责任承担】当事人约定由第三人向债权人履行债务,第三人不履行债务或者履行债务不符合约定,债务人应当向债权人承担违约责任。

第六十六条 【同时履行抗辩权】当事人互负债务,没有先后履行顺序的,应当同时履行。一方在对方履行之前有权拒绝其履行要求。一方在对方履行债务不符合约定时,有权拒绝其相应的履行要求。

第六十七条 【先履行抗辩权】当事人互负债务,有先后履行顺序,先履行一方未履行的,后履行一方有权拒绝其履行要求。先履行一方履行债务不符合约定的,后履行一方有权拒绝其相应的履行要求。

第六十八条 【不安抗辩权】应当先履行债务的当事人,有确切证据证明对方有下列情形之一的,可以中止履行:
(一) 经营状况严重恶化;
(二) 转移财产、抽逃资金,以逃避债务;
(三) 丧失商业信誉;
(四) 有丧失或者可能丧失履行债务能力的其他情形。
当事人没有确切证据中止履行的,应当承担违约责任。

第六十九条 【不安抗辩权的行使】当事人依照本法第六十八条的规定中止履行的,应当及时通知对方。对方提供适当担保时,应当恢复履行。**中止履行后,对方在合理期限内未恢复履行能力并且未提供适当担保的,中止履行的一方可以解除合同。**

第七十条 【因债权人原因致债务履行困难的处理】债权人分立、合并或者变更住所没有通知债务人,致使履行债务发生困难的,债务人可以中止履行或者将标的物提存。

第七十一条 【债务的提前履行】债权人可以拒绝债务人提前履行债务,但提前履行不损害债权人利益的除外。

债务人提前履行债务给债权人增加的费用,由债务人负担。

第七十二条 【债务的部分履行】债权人可以拒绝债务人部分履行债务,但部分履行不损害债权人利益的除外。

债务人部分履行债务给债权人增加的费用,由债务人负担。

第七十三条 【债权人的代位权】因债务人怠于行使其到期债权,对债权人造成损害的,债权人可以向人民法院请求以自己的名义代位行使债务人的债权,但该债权专属于债务人自身的除外。

代位权的行使范围以债权人的债权为限。债权人行使代位权的必要费用,由债务人负担。

第七十四条 【债权人的撤销权】因债务人放弃其到期债权或者无偿转让财产,对债权人造成损害的,债权人可以请求人民法院撤销债务人的行为。债务人以明显不合理的低价转让财产,对债权人造成损害,并且受让人知道该情形的,债权人也可以请求人民法院撤销债务人的行为。

撤销权的行使范围以债权人的债权为限。债权人行使撤销权的必要费用,由债务人负担。

第七十五条 【撤销权的期间】撤销权自债权人知道或者应当知道撤销事由之日起一年内行使。自债务人的行为发生之日起五年内没有行使撤销权的,该撤销权消灭。

第七十六条 【当事人变化对合同履行的影响】合同生效后,当事人不得因姓名、名称的变更或者法定代表人、负责人、承办人的变动而不履行合同义务。

第五章 合同的变更和转让

第七十七条 【合同变更条件】当事人协商一致,可以变更合同。

法律、行政法规规定变更合同应当办理批准、登记等手续的，依照其规定。

第七十八条　【合同变更内容不明的处理】当事人对合同变更的内容约定不明确的，推定为未变更。

第七十九条　【债权的转让】债权人可以将合同的权利全部或者部分转让给第三人，但有下列情形之一的除外：

（一）根据合同性质不得转让；

（二）按照当事人约定不得转让；

（三）依照法律规定不得转让。

第八十条　【债权转让的通知义务】债权人转让权利的，应当通知债务人。未经通知，该转让对债务人不发生效力。

债权人转让权利的通知不得撤销，但经受让人同意的除外。

第八十一条　【从权利的转移】债权人转让权利的，受让人取得与债权有关的从权利，但该从权利专属于债权人自身的除外。

第八十二条　【债务人的抗辩权】债务人接到债权转让通知后，债务人对让与人的抗辩，可以向受让人主张。

第八十三条　【债务人的抵销权】债务人接到债权转让通知时，债务人对让与人享有债权，并且债务人的债权先于转让的债权到期或者同时到期的，债务人可以向受让人主张抵销。

第八十四条　【债权人同意】债务人将合同的义务全部或者部分转移给第三人的，应当经债权人同意。

第八十五条　【承担人的抗辩】债务人转移义务的，新债务人可以主张原债务人对债权人的抗辩。

第八十六条　【从债的转移】债务人转移义务的，新债务人应当承担与主债务有关的从债务，但该从债务专属于原债务人自身的除外。

第八十七条　【合同转让形式要件】法律、行政法规规定转让权利或者转移义务应当办理批准、登记等手续的，依照其规定。

第八十八条　【概括转让】当事人一方经对方同意，可以将自己在合同中的权利和义务一并转让给第三人。

第八十九条　【概括转让的效力】权利和义务一并转让的，适用本法第七十九条、第八十一条至第八十三条、第八十五条至第八十七条的规定。

第九十条　【新当事人的概括承受】当事人订立合同后合并的，由合并后的法人或者其他组织行使合同权利，履行合同义务。当事人订立合同后分立的，除债权人和债务人另有约定的以外，由分立的法人或者其他组织对合同的权利和义务享有连带债权，承担连带债务。

第六章　合同的权利义务终止

第九十一条　【合同消灭的原因】有下列情形之一的，合同的权利义务终止：

（一）债务已经按照约定履行；

（二）合同解除；

（三）债务相互抵销；

（四）债务人依法将标的物提存；

（五）债权人免除债务；

（六）债权债务同归于一人；

（七）法律规定或者当事人约定终止的其他情形。

第九十二条　【合同终止后的义务】合同的权利义务终止后，当事人应当遵循诚实信用原则，根据交易习惯履行通知、协助、保密等义务。

第九十三条　【合同约定解除】当事人协商一致，可以解除合同。

当事人可以约定一方解除合同的条件。解除合同的条件成就时，解除权人可以解除合同。

第九十四条　【合同的法定解除】有下列情形之一的，当事人可以解除合同：

（一）因不可抗力致使不能实现合同目的；

（二）**在履行期限届满之前，当事人一方明确表示或者以自己的行为表明不履行主要债务**；

（三）当事人一方迟延履行**主要债务**，经催告后在合理期限内仍未履行；

（四）当事人一方迟延履行债务或者有其他违约行为致使**不能实现合同目的**；

（五）法律规定的其他情形。

第九十五条　【解除权消灭】法律规定或者当事人约定解除权行使期限，期限届满当事人不行使的，该权利消灭。

法律没有规定或者当事人没有约定解除权行使期限，经对方催告后在合理期限内不行使的，该权利消灭。

第九十六条　【解除权的行使】当事人一方依照本法第九十三条第二款、第九十四条的规定主张解除合同的，应当通知对方。合同自通知到达对方时解除。对方有异议的，可以请求人民法院或者仲裁机构确认解除合同的效力。

法律、行政法规规定解除合同应当办理批准、登记等手续的，依照其规定。

第九十七条　【解除的效力】合同解除后，尚未履行的，终止履行；已经履行的，根据履行情况和合同性质，当事人可以要求恢复原状、采取其他补救措施，并有权要求赔偿损失。

第九十八条　【结算、清理条款效力】合同的权利义务终止，不影响合同中**结算和清理条款**的效力。

第九十九条　【债务的抵销及行使】当事人互负到期债务，该债务的标的物种类、品质相同的，任何一方可以将自己的债务与对方的债务抵销，但依照法律规定或者按照合同性质不得抵销的除外。

当事人主张抵销的，应当通知对方。通知自到达对方时生效。抵销不得附条件或者附期限。

第一百条　【债务的约定抵销】当事人互负债务，标的物种类、品质不相同的，经双方协商一致，也可以抵销。

第一百零一条　【提存的要件】有下列情形之一，难以履行债务的，债务人可以将标的物提存：

（一）债权人无正当理由拒绝受领；

（二）债权人下落不明；

（三）债权人死亡未确定继承人或者丧失民事行为能力未确定监护人；

（四）法律规定的其他情形。

标的物不适于提存或者提存费用过高的，债务人依法可以拍卖或者变卖标的物，提存所得的价款。

第一百零二条 【提存后的通知】标的物提存后，除债权人下落不明的以外，债务人应当及时通知债权人或者债权人的继承人、监护人。

第一百零三条 【提存的效力】标的物提存后，毁损、灭失的风险由债权人承担。提存期间，标的物的孳息归债权人所有。提存费用由债权人负担。

第一百零四条 【提存物的受领及受领权消灭】债权人可以随时领取提存物，但债权人对债务人负有到期债务的，在债权人未履行债务或者提供担保之前，提存部门根据债务人的要求应当拒绝其领取提存物。

债权人领取提存物的权利，自提存之日起五年内不行使而消灭，提存物扣除提存费用后归国家所有。

第一百零五条 【免除的效力】债权人免除债务人部分或者全部债务的，合同的权利义务部分或者全部终止。

第一百零六条 【混同的效力】债权和债务同归于一人的，合同的权利义务终止，但涉及第三人利益的除外。

第七章 违约责任

第一百零七条 【违约责任】当事人一方不履行合同义务或者履行合同义务不符合约定的，应当承担继续履行、采取补救措施或者赔偿损失等违约责任。

第一百零八条 【拒绝履行】当事人一方明确表示或者以自己的行为表明不履行合同义务的，对方可以在履行期限届满之前要求其承担违约责任。

第一百零九条 【金钱债务的违约责任】当事人一方未支付价款或者报酬的，对方可以要求其支付价款或者报酬。

第一百一十条 【非金钱债务的违约责任】当事人一方不履行非金钱债务或者履行非金钱债务不符合约定的，对方可以要求履行，但有下列情形之一的除外：

（一）法律上或者事实上不能履行；

（二）债务的标的不适于强制履行或者履行费用过高；

（三）债权人在合理期限内未要求履行。

第一百一十一条 【瑕疵履行】质量不符合约定的，应当按照当事人的约定承担违约责任。对违约责任没有约定或者约定不明确，依照本法第六十一条的规定仍不能确定的，受损害方根据标的的性质以及损失的大小，可以合理选择要求对方承担修理、更换、重作、退货、减少价款或者报酬等违约责任。

第一百一十二条 【履行、补救措施后的损失赔偿】当事人一方不履行合同义务或者履行合同义务不符合约定的,在履行义务或者采取补救措施后,对方还有其他损失的,应当赔偿损失。

第一百一十三条 【损害赔偿的范围】当事人一方不履行合同义务或者履行合同义务不符合约定,给对方造成损失的,损失赔偿额应当相当于因违约所造成的损失,包括合同履行后可以获得的利益,但不得超过违反合同一方订立合同时预见到或者应当预见到的因违反合同可能造成的损失。

经营者对消费者提供商品或者服务有欺诈行为的,依照《中华人民共和国消费者权益保护法》的规定承担损害赔偿责任。

第一百一十四条 【违约金】当事人可以约定一方违约时应当根据违约情况向对方支付一定数额的违约金,也可以约定因违约产生的损失赔偿额的计算方法。

约定的违约金低于造成的损失的,当事人可以请求人民法院或者仲裁机构予以增加;约定的违约金过分高于造成的损失的,当事人可以请求人民法院或者仲裁机构予以适当减少。

当事人就迟延履行约定违约金的,违约方支付违约金后,还应当履行债务。

第一百一十五条 【定金】当事人可以依照《中华人民共和国担保法》约定一方向对方给付定金作为债权的担保。债务人履行债务后,定金应当抵作价款或者收回。给付定金的一方不履行约定的债务的,无权要求返还定金;收受定金的一方不履行约定的债务的,应当双倍返还定金。

第一百一十六条 【违约金与定金的选择】当事人既约定违约金,又约定定金的,一方违约时,对方可以选择适用违约金或者定金条款。

第一百一十七条 【不可抗力】因不可抗力不能履行合同的,根据不可抗力的影响,部分或者全部免除责任,但法律另有规定的除外。当事人迟延履行后发生不可抗力的,不能免除责任。

本法所称不可抗力,是指不能预见、不能避免并不能克服的客观情况。

第一百一十八条 【不可抗力的通知与证明】当事人一方因不可抗力不能履行合同的,应当及时通知对方,以减轻可能给对方造成的损失,并应当在合理期限内提供证明。

第一百一十九条 【减损规则】当事人一方违约后,对方应当采取适当措施防止损失的扩大;没有采取适当措施致使损失扩大的,不得就扩大的损失要求赔偿。

当事人因防止损失扩大而支出的合理费用,由违约方承担。

第一百二十条 【双方违约的责任】当事人双方都违反合同的,应当各自承担相应的责任。

第一百二十一条 【因第三人的过错造成的违约】当事人一方因第三人的原因造成违约的,应当向对方承担违约责任。当事人一方和第三人之间的纠纷,依照法律规定或者按照约定解决。

第一百二十二条 【责任竞合】因当事人一方的违约行为,侵害对方人身、财产权益的,受损害方有权选择依照本法要求其承担违约责任或者依照其他法律要求其承担侵权责任。

第八章 其他规定

第一百二十三条 【其他规定的适用】其他法律对合同另有规定的,依照其规定。

第一百二十四条 【无名合同】本法分则或者其他法律没有明文规定的合同,适用本法总则的规定,并可以参照本法分则或者其他法律最相类似的规定。

第一百二十五条 【合同解释】当事人对合同条款的理解有争议的,应当按照合同所使用的词句、合同的有关条款、合同的目的、交易习惯以及诚实信用原则,确定该条款的真实意思。

合同文本采用两种以上文字订立并约定具有同等效力的,对各文本使用的词句推定具有相同含义。各文本使用的词句不一致的,应当根据合同的目的予以解释。

第一百二十六条 【涉外合同】涉外合同的当事人可以选择处理合同争议所适用的法律,但法律另有规定的除外。涉外合同的当事人没有选择的,适用与合同有最密切联系的国家的法律。

在中华人民共和国境内履行的中外合资经营企业合同、中外合作经营企业合同、中外合作勘探开发自然资源合同,适用中华人民共和国法律。

第一百二十七条 【合同监督机关】工商行政管理部门和其他有关行政主管部门在各自的职权范围内,依照法律、行政法规的规定,对利用合同危害国家利益、社会公共利益的违法行为,负责监督处理;构成犯罪的,依法追究刑事责任。

第一百二十八条 【合同争议的解决】当事人可以通过和解或者调解解决合同争议。

当事人不愿和解、调解或者和解、调解不成的,可以根据仲裁协议向仲裁机构申请仲裁。涉外合同的当事人可以根据仲裁协议向中国仲裁机构或者其他仲裁机构申请仲裁。当事人没有订立仲裁协议或者仲裁协议无效的,可以向人民法院起诉。当事人应当履行发生法律效力的判决、仲裁裁决、调解书;拒不履行的,对方可以请求人民法院执行。

第一百二十九条 【特殊时效】因国际货物买卖合同和技术进出口合同争议提起诉讼或者申请仲裁的期限为四年,自当事人知道或者应当知道其权利受到侵害之日起计算。因其他合同争议提起诉讼或者申请仲裁的期限,依照有关法律的规定。

四、中华人民共和国民法通则(节录)

(1986年4月12日第六届全国人民代表大会第四次会议通过 1986年4月12日中华人民共和国主席令第三十七号公布 根据2009年8月27日第十一届全国人民代表大会常务委员会第十次会议《关于修改部分法律的决定》修正)

第五章 民事权利

第二节 债 权

第八十九条 【债的担保】依照法律的规定或者按照当事人的约定,可以采用下列方式担保债务的履行:

(一)保证人向债权人保证债务人履行债务,债务人不履行债务的,按照约定由保证人履行或者承担连带责任;保证人履行债务后,有权向债务人追偿。

(二)债务人或者第三人可以提供一定的财产作为抵押物。债务人不履行债务的,债权人有权依照法律的规定以抵押物折价或者以变卖抵押物的价款优先得到偿还。

(三)当事人一方在法律规定的范围内可以向对方给付定金。债务人履行债务后,定金应当抵作价款或者收回。给付定金的一方不履行债务的,无权要求返还定金;接受定金的一方不履行债务的,应当双倍返还定金。

(四)按照合同约定一方占有对方的财产,对方不按照合同给付应付款项超过约定期限的,占有人有权留置该财产,依照法律的规定以留置财产折价或者以变卖该财产的价款优先得到偿还。

五、中华人民共和国民法总则(节录)

(2017年3月15日第十二届全国人民代表大会第五次会议通过 中华人民共和国主席令第六十六号公布 自2017年10月1日起施行)

第五章 民事权利

第一百一十四条 【民事主体依法享有物权】民事主体依法享有物权。

物权是权利人依法对特定的物享有直接支配和排他的权利,包括所有权、用益物权和担保物权。

第六章 民事法律行为

第一节 一般规定

第一百三十三条 【民事法律行为定义】民事法律行为是民事主体通过意思表示设立、变更、终止民事法律关系的行为。

第一百三十四条 【民事法律行为成立】民事法律行为可以基于双方或者多方的意思表示一致成立,也可以基于单方的意思表示成立。

法人、非法人组织依照法律或者章程规定的议事方式和表决程序作出决议的,该决议行为成立。

第一百三十五条 【民事法律行为形式】民事法律行为可以采用书面形式、口头形式或者其他形式;法律、行政法规规定或者当事人约定采用特定形式的,应当采用特定形式。

第一百三十六条 【民事法律行为生效时间】民事法律行为自成立时生效,但是法律另有规定或者当事人另有约定的除外。

行为人非依法律规定或者未经对方同意,不得擅自变更或者解除民事法律行为。

第二节 意思表示

第一百三十七条 【有相对人的意思表示生效时间】以对话方式作出的意思表示,相对人知道其内容时生效。

以非对话方式作出的意思表示,到达相对人时生效。以非对话方式作出的采用数据电文形式的意思表示,相对人指定特定系统接收数据电文的,该数据电文进入该特定系统时生效;未指定特定系统的,相对人知道或者应当知道该数据电文进入其系统时生效。当事人对采用数据电文形式的意思表示的生效时间另有约定的,按照其约定。

第一百三十八条 【无相对人的意思表示生效时间】无相对人的意思表示,表示完成时生效。法律另有规定的,依照其规定。

第一百三十九条 【以公告方式作出的意思表示生效时间】以公告方式作出的意思表示,公告发布时生效。

第一百四十条 【作出意思表示的方式】行为人可以明示或者默示作出意思表示。

沉默只有在有法律规定、当事人约定或者符合当事人之间的交易习惯时,才可以视为意思表示。

第一百四十一条 【意思表示撤回】行为人可以撤回意思表示。撤回意思表示的通知应当在意思表示到达相对人前或者与意思表示同时到达相对人。

第一百四十二条 【意思表示解释】有相对人的意思表示的解释,应当按照所使用的词句,结合相关条款、行为的性质和目的、习惯以及诚信原则,确定意思表示的含义。

无相对人的意思表示的解释,不能完全拘泥于所使用的词句,而应当结合相关条款、行为的性质和目的、习惯以及诚信原则,确定行为人的真实意思。

第三节 民事法律行为的效力

第一百四十三条 【民事法律行为有效要件】具备下列条件的民事法律行为有效:
(一) 行为人具有相应的民事行为能力;
(二) 意思表示真实;
(三) 不违反法律、行政法规的强制性规定,不违背公序良俗。

第一百四十四条 【无民事行为能力人实施的民事法律行为的效力】无民事行为能力人实施的民事法律行为无效。

第一百四十五条 【限制民事行为能力人实施的民事法律行为的效力】限制民事行为能力人实施的纯获利益的民事法律行为或者与其年龄、智力、精神健康状况相适应的民事法律行为有效;实施的其他民事法律行为经法定代理人同意或者追认后有效。

相对人可以催告法定代理人自收到通知之日起一个月内予以追认。法定代理人未作表示的,视为拒绝追认。民事法律行为被追认前,善意相对人有撤销的权利。撤销应当以通知的方式作出。

第一百四十六条 【虚假表示与隐藏行为效力】行为人与相对人以虚假的意思表示实施的民事法律行为无效。

以虚假的意思表示隐藏的民事法律行为的效力,依照有关法律规定处理。

第一百四十七条 【重大误解实施的民事法律行为的效力】基于重大误解实施的民事法律行为,行为人有权请求人民法院或者仲裁机构予以撤销。

第一百四十八条 【以欺诈手段实施的民事法律行为的效力】一方以欺诈手段,使对方在违背真实意思的情况下实施的民事法律行为,受欺诈方有权请求人民法院或者仲裁机构予以撤销。

第一百四十九条 【第三人欺诈的民事法律行为的效力】第三人实施欺诈行为,使一方在违背真实意思的情况下实施的民事法律行为,对方知道或者应当知道该欺诈行为的,受欺诈方有权请求人民法院或者仲裁机构予以撤销。

第一百五十条 【以胁迫手段实施的民事法律行为的效力】一方或者第三人以胁迫手段,使对方在违背真实意思的情况下实施的民事法律行为,受胁迫方有权请求人民法院或者仲裁机构予以撤销。

第一百五十一条 【显失公平的民事法律行为的效力】一方利用对方处于危困状态、缺乏判断能力等情形,致使民事法律行为成立时显失公平的,受损害方有权请求人民法院或者仲裁机构予以撤销。

第一百五十二条 【撤销权消灭期间】有下列情形之一的,撤销权消灭:

(一)当事人自知道或者应当知道撤销事由之日起一年内、重大误解的当事人自知道或者应当知道撤销事由之日起三个月内没有行使撤销权;

(二)当事人受胁迫,自胁迫行为终止之日起一年内没有行使撤销权;

(三)当事人知道撤销事由后明确表示或者以自己的行为表明放弃撤销权。

当事人自民事法律行为发生之日起五年内没有行使撤销权的,撤销权消灭。

第一百五十三条 【违反强制性规定与违背公序良俗的民事法律行为的效力】违反法律、行政法规的强制性规定的民事法律行为无效,但是该强制性规定不导致该民事法律行为无效的除外。

违背公序良俗的民事法律行为无效。

第一百五十四条 【恶意串通的民事法律行为的效力】行为人与相对人恶意串通,损害他人合法权益的民事法律行为无效。

第一百五十五条 【无效、被撤销的民事法律行为自始无效】无效的或者被撤销的民事法律行为自始没有法律约束力。

第一百五十六条 【民事法律行为部分无效】民事法律行为部分无效,不影响其他部分效力的,其他部分仍然有效。

第一百五十七条 【民事法律行为无效、被撤销及确定不发生效力的后果】民事法律行为无效、被撤销或者确定不发生效力后,行为人因该行为取得的财产,应当予以返还;不能返还或者没有必要返还的,应当折价补偿。有过错的一方应当赔偿对方由此所受到的损失;各方都有过错的,应当各自承担相应的责任。法律另有规定的,依照其规定。

第四节 民事法律行为的附条件和附期限

第一百五十八条 【附条件的民事法律行为】民事法律行为可以附条件,但是按照其性质不得附条件的除外。附生效条件的民事法律行为,自条件成就时生效。附解除条件的民事法律行为,自条件成就时失效。

第一百五十九条 【条件成就和不成就的拟制】附条件的民事法律行为,当事人为自己的利益不正当地阻止条件成就的,视为条件已成就;不正当地促成条件成就的,视为条件不成就。

第一百六十条 【附期限的民事法律行为】民事法律行为可以附期限,但是按照其性质不得附期限的除外。附生效期限的民事法律行为,自期限届至时生效。附终止期限的民事法律行为,自期限届满时失效。

第九章 诉 讼 时 效

第一百八十八条 【普通诉讼时效、最长权利保护期间】向人民法院请求保护民事权利的诉讼时效期间为三年。法律另有规定的,依照其规定。

诉讼时效期间自权利人知道或者应当知道权利受到损害以及义务人之日起计算。法律另有规定的,依照其规定。但是自权利受到损害之日起超过二十年的,人民法院不予保护;有特殊情况的,人民法院可以根据权利人的申请决定延长。

第二编　最高人民法院关于担保的相关司法解释与其他规范性文件

一、关于担保行为的一般规定

（一）最高人民法院
关于适用《中华人民共和国担保法》若干问题的解释

（2000年9月29日由最高人民法院审判委员会第1133次会议通过
自2000年12月13日起施行　法释〔2000〕44号）

为了正确适用《中华人民共和国担保法》（以下简称担保法），结合审判实践经验，对人民法院审理担保纠纷案件适用法律问题作出如下解释。

一、关于总则部分的解释

第一条　当事人对由民事关系产生的债权，在不违反法律、法规强制性规定的情况下，以担保法规定的方式设定担保的，可以认定为有效。

第二条　反担保人可以是债务人，也可以是债务人之外的其他人。
反担保方式可以是债务人提供的抵押或者质押，也可以是其他人提供的保证、抵押或者质押。

第三条　国家机关和以公益为目的的事业单位、社会团体违反法律规定提供担保的，担保合同无效。因此给债权人造成损失的，应当根据担保法第五条第二款的规定处理。

第四条①　董事、经理违反《中华人民共和国公司法》第六十条的规定，以公司资产为本公司的股东或者其他个人债务提供担保的，担保合同无效。除债权人知道或者应当知道的外，债务人、担保人应当对债权人的损失承担连带赔偿责任。

第五条　以法律、法规禁止流通的财产或者不可转让的财产设定担保的，担保合同无效。
以法律、法规限制流通的财产设定担保的，在实现债权时，人民法院应当按照有关法律、法规的规定对该财产进行处理。

---

① 本条引用的"《中华人民共和国公司法》第六十条"系指1999年修正的《公司法》关于"董事、经理不得以公司资产为本公司的股东或者其他个人债务提供担保"的规定，前述规定已被废止，现行有效的《公司法》对公司担保的规定详见该法第十六条、第一百二十一条、第一百四十八条。鉴于现行《公司法》并未明确规定董事、经理以公司资产为他人提供担保的行为无效，故董事、经理以公司资产为本公司的股东或者其他个人债务提供担保的，担保合同并非当然无效。

第六条① 有下列情形之一的,对外担保合同无效:
(一)未经国家有关主管部门批准或者登记对外担保的;
(二)未经国家有关主管部门批准或者登记,为境外机构向境内债权人提供担保的;
(三)为外商投资企业注册资本、外商投资企业中的外方投资部分的对外债务提供担保的;
(四)无权经营外汇担保业务的金融机构、无外汇收入的非金融性质的企业法人提供外汇担保的;
(五)主合同变更或者债权人将对外担保合同项下的权利转让,未经担保人同意和国家有关主管部门批准的,担保人不再承担担保责任。但法律、法规另有规定的除外。

第七条 主合同有效而担保合同无效,债权人无过错的,担保人与债务人对主合同债权人的经济损失,承担连带赔偿责任;债权人、担保人有过错的,担保人承担民事责任的部分,不应超过债务人不能清偿部分的二分之一。

第八条 主合同无效而导致担保合同无效,担保人无过错的,担保人不承担民事责任;担保人有过错的,担保人承担民事责任的部分,不应超过债务人不能清偿部分的三分之一。

第九条 担保人因无效担保合同向债权人承担赔偿责任后,可以向债务人追偿,或者在承担赔偿责任的范围内,要求有过错的反担保人承担赔偿责任。

担保人可以根据承担赔偿责任的事实对债务人或者反担保人另行提起诉讼。

第十条 主合同解除后,担保人对债务人应当承担的民事责任仍应承担担保责任。但是,担保合同另有约定的除外。

第十一条 法人或者其他组织的法定代表人、负责人超越权限订立的担保合同,除相对人知道或者应当知道其超越权限的以外,该代表行为有效。

第十二条② 当事人约定的或者登记部门要求登记的担保期间,对担保物权的存续不具有法律约束力。

担保物权所担保的债权的诉讼时效结束后,担保权人在诉讼时效结束后的二年内行使担保物权的,人民法院应当予以支持。

二、关于保证部分的解释

第十三条 保证合同中约定保证人代为**履行非金钱债务**的,如果**保证人不能实际代为履行**,对债权人因此造成的损失,保证人应当承担赔偿责任。

第十四条 不具有完全代偿能力的法人、其他组织或者自然人,以保证人身份订

---

① 本条系在1996年颁布的《境内机构对外担保管理办法》的基础上制定。但《境内机构对外担保管理办法》已于2014年失效,而国家外汇管理局于2014年发布的《跨境担保外汇管理规定》第二十九条明确规定了"外汇局对跨境担保合同的核准、登记或备案情况以及本规定明确的其他管理事项与管理要求,不构成跨境担保合同的生效要件"。《跨境担保外汇管理规定》实施后,在司法实践中,法院亦普遍认为涉外担保合同不因未经登记而被强制认定为无效合同。

② 关于抵押权的行使期间,本条第二款与《物权法》不一致,应当适用《物权法》第二百零二条之规定,即"抵押权人应当在主债权诉讼时效期间行使抵押权;未行使的,人民法院不予保护"。

立保证合同后,又以自己没有代偿能力要求免除保证责任的,人民法院不予支持。

第十五条　担保法第七条规定的其他组织主要包括:
(一)依法登记领取营业执照的独资企业、合伙企业;
(二)依法登记领取营业执照的联营企业;
(三)依法登记领取营业执照的中外合作经营企业;
(四)经民政部门核准登记的社会团体;
(五)经核准登记领取营业执照的乡镇、街道、村办企业。

第十六条　从事经营活动的事业单位、社会团体为保证人的,如无其他导致保证合同无效的情况,其所签订的保证合同应当认定为有效。

第十七条　企业法人的分支机构未经法人书面授权提供保证的,保证合同无效。因此给债权人造成损失的,应当根据担保法第五条第二款的规定处理。

企业法人的分支机构经法人书面授权提供保证的,如果法人的书面授权范围不明,企业法人的分支机构应当对保证合同约定的全部债务承担保证责任。

企业法人的分支机构经营管理的财产不足以承担保证责任的,由企业法人承担民事责任。

企业法人的分支机构提供的保证无效后应当承担赔偿责任的,由分支机构经营管理的财产承担。企业法人有过错的,按照担保法第二十九条的规定处理。

第十八条　企业法人的职能部门提供保证的,保证合同无效。债权人知道或者应当知道保证人为企业法人的职能部门的,因此造成的损失由债权人自行承担。

债权人不知保证人为企业法人的职能部门,因此造成的损失,可以参照担保法第五条第二款的规定和第二十九条的规定处理。

第十九条　两个以上保证人对同一债务同时或者分别提供保证时,各保证人与债权人没有约定保证份额的,应当认定为连带共同保证。

连带共同保证的保证人以其相互之间约定各自承担的份额对抗债权人的,人民法院不予支持。

第二十条　连带共同保证的债务人在主合同规定的债务履行期届满没有履行债务的,债权人可以要求债务人履行债务,也可以要求任何一个保证人承担全部保证责任。

连带共同保证的保证人承担保证责任后,向债务人不能追偿的部分,由各连带保证人按其内部约定的比例分担。没有约定的,平均分担。

第二十一条　按份共同保证的保证人按照保证合同约定的保证份额承担保证责任后,在其履行保证责任的范围内对债务人行使追偿权。

第二十二条　第三人单方以书面形式向债权人出具担保书,债权人接受且未提出异议的,保证合同成立。

主合同中虽然没有保证条款,但是,保证人在主合同上以保证人的身份签字或者盖章的,保证合同成立。

第二十三条　最高额保证合同的不特定债权确定后,保证人应当对在最高债权额限度内就一定期间连续发生的债权余额承担保证责任。

第二十四条　一般保证的保证人在主债权履行期间届满后,向债权人提供了债务人可供执行财产的真实情况的,债权人放弃或者怠于行使权利致使该财产不能被执行,保证人可以请求人民法院在其提供可供执行财产的实际价值范围内免除保证责任。

第二十五条　担保法第十七条第三款第(一)项规定的债权人要求债务人履行债务发生的重大困难情形,包括债务人下落不明、移居境外,且无财产可供执行。

第二十六条　第三人向债权人保证监督支付专款专用的,在履行了监督支付专款专用的义务后,不再承担责任。未尽监督义务造成资金流失的,应当对流失的资金承担补充赔偿责任。

第二十七条　保证人对债务人的注册资金提供保证的,债务人的实际投资与注册资金不符,或者抽逃转移注册资金的,保证人在注册资金不足或者抽逃转移注册资金的范围内承担连带保证责任。

第二十八条　保证期间,债权人依法将主债权转让给第三人的,保证债权同时转让,保证人在原保证担保的范围内对受让人承担保证责任。但是保证人与债权人事先约定仅对特定的债权人承担保证责任或者禁止债权转让的,保证人不再承担保证责任。

第二十九条　保证期间,债权人许可债务人转让部分债务未经保证人书面同意的,保证人对未经其同意转让部分的债务,不再承担保证责任。但是,保证人仍应当对未转让部分的债务承担保证责任。

第三十条　保证期间,债权人与债务人对主合同数量、价款、币种、利率等内容作了变动,未经保证人同意的,如果减轻债务人的债务的,保证人仍应当对变更后的合同承担保证责任;如果加重债务人的债务的,保证人对加重的部分不承担保证责任。

债权人与债务人对主合同履行期限作了变动,未经保证人书面同意的,保证期间为原合同约定的或者法律规定的期间。

债权人与债务人协议变动主合同内容,但并未实际履行的,保证人仍应当承担保证责任。

第三十一条　保证期间不因任何事由发生中断、中止、延长的法律后果。

第三十二条　保证合同约定的保证期间早于或者等于主债务履行期限的,视为没有约定,保证期间为主债务履行期届满之日起六个月。

保证合同约定保证人承担保证责任直至主债务本息还清时为止等类似内容的,视为约定不明,保证期间为主债务履行期届满之日起二年。

第三十三条　主合同对主债务履行期限没有约定或者约定不明的,保证期间自债权人要求债务人履行义务的宽限期届满之日起计算。

第三十四条　一般保证的债权人在保证期间届满前对债务人提起诉讼或者申请仲裁的,从判决或者仲裁裁决生效之日起,开始计算保证合同的诉讼时效。

连带责任保证的债权人在保证期间届满前要求保证人承担保证责任的,从债权人要求保证人承担保证责任之日起,开始计算保证合同的诉讼时效。

第三十五条　保证人对已经超过诉讼时效期间的债务承担保证责任或者提供保证的,又以超过诉讼时效为由抗辩的,人民法院不予支持。

第三十六条① 一般保证中,主债务诉讼时效中断,保证债务诉讼时效中断;连带责任保证中,主债务诉讼时效中断,保证债务诉讼时效不中断。

一般保证和连带责任保证中,主债务诉讼时效中止的,保证债务的诉讼时效同时中止。

第三十七条 最高额保证合同对保证期间没有约定或者约定不明的,如最高额保证合同约定有保证人清偿债务期限的,保证期间为清偿期限届满之日起六个月。没有约定债务清偿期限的,保证期间自最高额保证终止之日或自债权人收到保证人终止保证合同的书面通知到达之日起六个月。

第三十八条② 同一债权既有保证又有第三人提供物的担保的,债权人可以请求保证人或者物的担保人承担担保责任。当事人对保证担保的范围或者物的担保的范围没有约定或者约定不明的,承担了担保责任的担保人,可以向债务人追偿,也可以要求其他担保人清偿其应当分担的份额。

同一债权既有保证又有物的担保的,物的担保合同被确认无效或者被撤销,或者担保物因不可抗力的原因灭失而没有代位物的,保证人仍应当按合同的约定或者法律的规定承担保证责任。

债权人在主合同履行期届满后怠于行使担保物权,致使担保物的价值减少或者毁损、灭失的,视为债权人放弃部分或者全部物的担保。保证人在债权人放弃权利的范围内减轻或者免除保证责任。

第三十九条③ 主合同当事人双方协议以新贷偿还旧贷,除保证人知道或者应当知道的外,保证人不承担民事责任。

新贷与旧贷系同一保证人的,不适用前款的规定。

第四十条 主合同债务人采取欺诈、胁迫等手段,使保证人在违背真实意思的情况下提供保证的,债权人知道或者应当知道欺诈、胁迫事实的,按照担保法第三十条的规定处理。

第四十一条 债务人与保证人共同欺骗债权人,订立主合同和保证合同的,债权人可以请求人民法院予以撤销。因此给债权人造成损失的,由保证人与债务人承担连带赔偿责任。

第四十二条 人民法院判决保证人承担保证责任或者赔偿责任的,应当在判决书主文中明确保证人享有担保法第三十一条规定的权利。判决书中未予明确追偿权的,保证人只能按照承担责任的事实,另行提起诉讼。

保证人对债务人行使追偿权的诉讼时效,自保证人向债权人承担责任之日起开始

---

① 相关案例参见本书附录"十二、债权人向连带责任保证人主张保证责任时,保证债务诉讼时效当然中断"。

② 就混合担保中担保人的追偿权,本条第一款与《物权法》第一百七十六条不一致,前者明确规定当事人未约定担保人承担范围的,承担了担保责任的担保人既可以向债务人追偿,也可以向其他担保人追偿;但后者仅规定了承担担保责任的担保人对债务人的追偿权,而未明确规定对其他担保人的追偿权。在司法实践中,人民法院一般认为《物权法》第一百七十六条并未取代本条第一款之规定,本条第一款仍然有效,故承担担保责任的担保人除可向债务人追偿外,还可向其他担保人追偿。

③ 相关案例参见本书附录"十三、以贷还贷情形下的担保人责任"。

计算。

第四十三条① 保证人自行履行保证责任时,其实际清偿额大于主债权范围的,保证人只能在主债权范围内对债务人行使追偿权。

第四十四条② 保证期间,人民法院受理债务人破产案件的,债权人既可以向人民法院申报债权,也可以向保证人主张权利。

债权人申报债权后在破产程序中未受清偿的部分,保证人仍应当承担保证责任。债权人要求保证人承担保证责任的,应当在破产程序终结后六个月内提出。

第四十五条 债权人知道或者应当知道债务人破产,既未申报债权也未通知保证人,致使保证人不能预先行使追偿权的,保证人在该债权在破产程序中可能受偿的范围内免除保证责任。

第四十六条 人民法院受理债务人破产案件后,债权人未申报债权的,各连带共同保证的保证人应当作为一个主体申报债权,预先行使追偿权。

三、关于抵押部分的解释

第四十七条 以依法获准尚未建造的或者正在建造中的房屋或者其他建筑物抵押的,当事人办理了抵押物登记,人民法院可以认定抵押有效。

第四十八条 以法定程序确认为违法、违章的建筑物抵押的,抵押无效。

第四十九条 以尚未办理权属证书的财产抵押的,在第一审法庭辩论终结前能够提供权利证书或者补办登记手续的,可以认定抵押有效。

当事人未办理抵押物登记手续的,不得对抗第三人。

第五十条 以担保法第三十四条第一款所列财产一并抵押的,抵押财产的范围应当以登记的财产为准。抵押财产的价值在抵押权实现时予以确定。

第五十一条 抵押人所担保的债权超出其抵押物价值的,超出的部分不具有优先受偿的效力。

第五十二条 当事人以农作物和与其尚未分离的土地使用权同时抵押的,土地使用权部分的抵押无效。

第五十三条 学校、幼儿园、医院等以公益为目的的事业单位、社会团体,以其教育设施、医疗卫生设施和其他社会公益设施以外的财产为自身债务设定抵押的,人民法院可以认定**抵押有效**。

第五十四条 按份共有人以其共有财产中享有的份额设定抵押的,抵押有效。

共同共有人以其共有财产设定抵押,未经其他共有人的同意,抵押无效。但是,其他共有人知道或者应当知道而未提出异议的视为同意,抵押有效。

---

① 相关案例参见本书附录"十四、保证人自行履行保证责任时实际清偿额大于主债权范围的后果"。

② 根据最高人民法院《关于对云南省高级人民法院就如何适用〈关于适用〈中华人民共和国担保法〉若干问题的解释〉第四十四条请示的答复》的规定,本条第二款仅适用于债务人在破产程序开始时保证期间尚未届满,而在债权人申报债权参加清偿破产财产程序期间保证期间届满的情形;债权人已在保证期间内、债务人破产程序前要求保证人承担保证责任的,不适用本条第二款的规定。但司法实践中,就本条第二款和前述答复的适用,最高人民法院存在不同的认定,相关案例参见本书附录"十五、债务人进入破产程序前债权人已向保证人主张权利情形下,《担保法解释》第四十四条第二款的适用"。

第五十五条 已经设定抵押的财产被采取查封、扣押等财产保全或者执行措施的,不影响抵押权的效力。

第五十六条 抵押合同对被担保的主债权种类、抵押财产没有约定或者约定不明,根据主合同和抵押合同不能补正或者无法推定的,抵押不成立。

法律规定登记生效的抵押合同签订后,抵押人违背诚实信用原则拒绝办理抵押登记致使债权人受到损失的,抵押人应当承担赔偿责任。

第五十七条 当事人在抵押合同中约定,债务履行期届满抵押权人未受清偿时,抵押物的所有权转移为债权人所有的内容无效。该内容的无效不影响抵押合同其他部分内容的效力。

债务履行期届满后抵押权人未受清偿时,抵押权人和抵押人可以协议以抵押物折价取得抵押物。但是,损害顺序在后的担保物权人和其他债权人利益的,人民法院可以适用合同法第七十四条、第七十五条的有关规定。

第五十八条 当事人同一天在不同的法定登记部门办理抵押物登记的,视为顺序相同。

因登记部门的原因致使抵押物进行连续登记的,抵押物第一次登记的日期,视为抵押登记的日期,并依此确定抵押权的顺序。

第五十九条 当事人办理抵押物登记手续时,因登记部门的原因致使其无法办理抵押物登记,抵押人向债权人交付权利凭证的,可以认定债权人对该财产有优先受偿权。但是,未办理抵押物登记的,不得对抗第三人。

第六十条 以担保法第四十二条第(二)项规定的不动产抵押的,县级以上地方人民政府对登记部门未作规定,当事人在土地管理部门或者房产管理部门办理了抵押物登记手续,人民法院可以确认其登记的效力。

第六十一条 抵押物登记记载的内容与抵押合同约定的内容不一致的,以登记记载的内容为准。

第六十二条 抵押物因附合、混合或者加工使抵押物的所有权为第三人所有的,抵押权的效力及于补偿金;抵押物所有人为附合物、混合物或者加工物的所有人的,抵押权的效力及于附合物、混合物或者加工物;第三人与抵押物所有人为附合物、混合物或者加工物的共有人的,抵押权的效力及于抵押人对共有物享有的份额。

第六十三条 抵押权设定前为抵押物的从物的,抵押权的效力及于抵押物的从物。但是,抵押物与其从物为两个以上的人分别所有时,抵押权的效力不及于抵押物的从物。

第六十四条 债务履行期届满,债务人不履行债务致使抵押物被人民法院依法扣押的,自扣押之日起抵押权人收取的由抵押物分离的天然孳息和法定孳息,按照下列顺序清偿:

(一)收取孳息的费用;

(二)主债权的利息;

(三)主债权。

第六十五条 抵押人将已出租的财产抵押的,抵押权实现后,租赁合同在有效期内对抵押物的受让人继续有效。

第六十六条 抵押人将已抵押的财产出租的,抵押权实现后,租赁合同对受让人不具有约束力。

抵押人将已抵押的财产出租时,如果抵押人未书面告知承租人该财产已抵押的,抵押人对出租抵押物造成承租人的损失承担赔偿责任;如果抵押人已书面告知承租人该财产已抵押的,抵押权实现造成承租人的损失,由承租人自己承担。

第六十七条[①] 抵押权存续期间,抵押人转让抵押物未通知抵押权人或者未告知受让人的,如果抵押物已经登记的,抵押权人仍可以行使抵押权;取得抵押物所有权的受让人,可以代替债务人清偿其全部债务,使抵押权消灭。受让人清偿债务后可以向抵押人追偿。

如果抵押物未经登记的,抵押权不得对抗受让人,因此给抵押权人造成损失的,由抵押人承担赔偿责任。

第六十八条 抵押物**依法被继承**或者赠与的,抵押权不受影响。

第六十九条 债务人有**多个普通债权人**的,在**清偿债务时**,债务人与其中一个债权人恶意串通,将其全部或者部分财产抵押给该债权人,因此丧失了履行其他债务的能力,损害了其他债权人的合法权益,受损害的其他债权人可以请求人民法院撤销该抵押行为。

第七十条 抵押人的行为足以使抵押物价值减少的,抵押权人请求抵押人恢复原状或提供担保遭到拒绝时,抵押权人可以请求债务人履行债务,也可以请求提前行使抵押权。

第七十一条 主债权未受全部清偿的,抵押权人可以就抵押物的全部行使其抵押权。

抵押物被分割或者部分转让的,抵押权人可以就分割或者转让后的抵押物行使抵押权。

第七十二条 主债权被分割或者部分转让的,各债权人可以就其享有的债权份额行使抵押权。

主债务被分割或者部分转让的,抵押人仍以其抵押物担保数个债务人履行债务。但是,第三人提供抵押的,债权人许可债务人转让债务未经抵押人书面同意的,抵押人对未经其同意转让的债务,不再承担担保责任。

第七十三条 抵押物折价或者拍卖、变卖该抵押物的价款低于抵押权设定时约定价值的,应当按照抵押物实现的价值进行清偿。不足清偿的剩余部分,由债务人清偿。

第七十四条 抵押物折价或者拍卖、变卖所得的价款,当事人没有约定的,按下列顺序清偿:

(一) 实现抵押权的费用;

(二) 主债权的利息;

(三) 主债权。

[①] 关于抵押财产的转让,本条与《物权法》不一致。根据《物权法》第一百九十一条规定,除受让人代为清偿债务使抵押权消灭的情形外,抵押人转让抵押财产应当经抵押权人同意,而不仅仅是履行通知抵押权人并告知受让人的义务即可。关于未经抵押权人同意情形下转让合同的效力问题,请参见本书关于《物权法》第一百九十一条的批注部分。

第七十五条 同一债权有两个以上抵押人的,债权人放弃债务人提供的抵押担保的,其他抵押人可以请求人民法院减轻或者免除其应当承担的担保责任。

同一债权有两个以上抵押人的,当事人对其提供的抵押财产所担保的债权份额或者顺序没有约定或者约定不明的,抵押权人可以就其中任一或者各个财产行使抵押权。

抵押人承担担保责任后,可以向债务人追偿,也可以要求其他抵押人清偿其应当承担的份额。

第七十六条 同一动产向两个以上债权人抵押的,当事人未办理抵押物登记,实现抵押权时,各抵押权人按照债权比例受偿。

第七十七条 同一财产向两个以上债权人抵押的,顺序在先的抵押权与该财产的所有权归属一人时,该财产的所有权人可以以其抵押权对抗顺序在后的抵押权。

第七十八条 同一财产向两个以上债权人抵押的,顺序在后的抵押权所担保的债权先到期的,抵押权人只能就抵押物价值超出顺序在先的抵押担保债权的部分受偿。

顺序在先的抵押权所担保的债权先到期的,抵押权实现后的剩余价款应予提存,留待清偿顺序在后的抵押担保债权。

第七十九条[①] 同一财产法定登记的抵押权与质权并存时,抵押权人优先于质权人受偿。

同一财产抵押权与留置权并存时,留置权人优先于抵押权人受偿。

第八十条[②] 在抵押物灭失、毁损或者被征用的情况下,抵押权人可以就该抵押物的保险金、赔偿金或者补偿金优先受偿。

抵押物灭失、毁损或者被征用的情况下,抵押权所担保的债权未届清偿期的,抵押权人可以请求人民法院对保险金、赔偿金或补偿金等采取保全措施。

第八十一条 最高额抵押权所担保的债权范围,不包括抵押物因财产保全或者执行程序被查封后或债务人、抵押人破产后发生的债权。

第八十二条 当事人对最高额抵押合同的最高限额、最高额抵押期间进行变更,以其变更对抗顺序在后的抵押权人的,人民法院不予支持。

第八十三条 最高额抵押权所担保的不特定债权,在特定后,债权已届清偿期的,最高额抵押权人可以根据普通抵押权的规定行使其抵押权。

抵押权人实现最高额抵押权时,如果实际发生的债权余额高于最高限额的,以最高限额为限,超过部分不具有优先受偿的效力;如果实际发生的债权余额低于最高限额的,以实际发生的债权余额为限对抵押物优先受偿。

四、关于质押部分的解释

(一)动产质押

第八十四条 出质人以其**不具有所有权但合法占有的动产出质的,不知出质人无**

[①] 相关案例及文章参见本书附录"十六、同一动产上抵押权与质权并存的情形下,《担保法解释》第79条第1款的适用"。

[②] 《物权法》第一百七十四条同时规定,担保期间,担保财产毁损、灭失或者被征收,且被担保债权的履行期未届满的,也可以提存该保险金、赔偿金或者补偿金等。

处分权的质权人行使质权后,因此给动产所有人造成损失的,由出质人承担赔偿责任。

第八十五条① 债务人或者第三人将其金钱以特户、封金、保证金等形式特定化后,移交债权人占有作为债权的担保,债务人不履行债务时,债权人可以以该金钱优先受偿。

第八十六条 债务人或者第三人未按质押合同约定的时间移交质物的,因此给质权人造成损失的,出质人应当根据其过错承担赔偿责任。

第八十七条② <u>出质人代质权人占有质物的,质押合同不生效;质权人将质物返还于出质人后,以其质权对抗第三人的,人民法院不予支持。</u>

因不可归责于质权人的事由而丧失对质物的占有,质权人可以向不当占有人请求停止侵害、恢复原状、返还质物。

第八十八条 出质人以间接占有的财产出质的,质押合同自书面通知送达占有人时视为移交。占有人收到出质通知后,仍接受出质人的指示处分出质财产的,该行为无效。

第八十九条 质押合同中对质押的财产约定不明,或者约定的出质财产与实际移交的财产不一致的,以实际交付占有的财产为准。

第九十条 质物有隐蔽瑕疵造成质权人其他财产损害的,应由出质人承担赔偿责任。但是,质权人在质物移交时明知质物有瑕疵而予以接受的除外。

第九十一条 动产质权的效力及于质物的从物。但是,从物未随同质物移交质权人占有的,质权的效力不及于从物。

第九十二条 按照担保法第六十九条的规定将质物提存的,质物提存费用由质权人负担;出质人提前清偿债权的,应当扣除未到期部分的利息。

第九十三条 质权人在质权存续期间,未经出质人同意,擅自使用、出租、处分质物,因此给出质人造成损失的,由质权人承担赔偿责任。

第九十四条 质权人在质权存续期间,为担保自己的债务,经出质人同意,以其所占有的质物为第三人设定质权的,应当在原质权所担保的债权范围之内,超过的部分不具有优先受偿的效力。转质权的效力优于原质权。

质权人在质权存续期间,未经出质人同意,为担保自己的债务,在其所占有的质物上为第三人设定质权的无效。质权人对因转质而发生的损害承担赔偿责任。

第九十五条 债务履行期届满质权人未受清偿的,质权人可以继续留置质物,并以质物的全部行使权利。出质人清偿所担保的债权后,质权人应当返还质物。

债务履行期届满,出质人请求质权人及时行使权利,而质权人怠于行使权利致使质物价格下跌的,由此造成的损失,质权人应当承担赔偿责任。

---

① 相关案例参见本书附录"十七、保证金账户内资金浮动,不影响金钱质押行为的效力"。

② 关于动产质押合同的生效,本条将质物交付作为质押合同的生效要件,而《物权法》第二百一十二条将前述法律行为认定为质权的生效要件,但未明确前述法律行为是否仍为质押合同的生效要件。由此导致在司法实践中,对质押合同的生效要件,各法院的裁判观点不尽相同。近年来,最高人民法院在诸多判决书中认定,质押物未办理物权登记或未交付,不影响相应质押合同的成立和生效。而部分地方法院则认定,质押物未办理物权登记或未交付的,质押合同不生效。相关案例参见本书附录"六、质押合同的生效是否受物权变动结果影响"。

第九十六条　本解释第五十七条、第六十二条、第六十四条、第七十一条、第七十二条、第七十三条、第七十四条、第八十条之规定,适用于动产质押。

(二)权利质押

第九十七条[①]　以公路桥梁、公路隧道或者公路渡口等不动产收益权出质的,按照担保法第七十五条第(四)项的规定处理。

第九十八条　以汇票、支票、本票出质,出质人与质权人没有背书记载"质押"字样,以票据出质对抗善意第三人的,人民法院不予支持。

第九十九条　以公司债券出质的,出质人与质权人没有背书记载"质押"字样,以债券出质对抗公司和第三人的,人民法院不予支持。

第一百条　以存款单出质的,签发银行核押后又受理挂失并造成存款流失的,应当承担民事责任。

第一百零一条　以票据、债券、存款单、仓单、提单出质的,质权人再转让或者质押的无效。

第一百零二条　以载明兑现或者提货日期的汇票、支票、本票、债券、存款单、仓单、提单出质的,其兑现或者提货日期后于债务履行期的,质权人只能在兑现或者提货日期届满时兑现款项或者提取货物。

第一百零三条[②]　以股份有限公司的股份出质的,适用《中华人民共和国公司法》有关股份转让的规定。

<u>以上市公司的股份出质的,质押合同自股份出质向证券登记机构办理出质登记之日起生效。</u>

<u>以非上市公司的股份出质的,质押合同自股份出质记载于股东名册之日起生效。</u>

第一百零四条　以依法可以转让的股份、股票出质的,质权的效力及于股份、股票的法定孳息。

第一百零五条　以依法可以转让的商标专用权,专利权、著作权中的财产权出质的,出质人未经质权人同意而转让或者许可他人使用已出质权利的,应当认定为无效。因此给质权人或者第三人造成损失的,由出质人承担民事责任。

第一百零六条　质权人向出质人、出质债权的债务人行使质权时,出质人、出质债权的债务人拒绝的,质权人可以起诉出质人和出质债权的债务人,也可以单独起诉出质债权的债务人。

[①]　公路桥梁、公路隧道或者公路渡口等不动产收益权属于《物权法》第二百二十三条规定的应收账款。《担保法》未对应收账款质押作出明确规定,在《物权法》生效后,应当适用《物权法》之规定。

[②]　关于股权质押合同的生效,本条将办理股票出质登记/股份出质记载于股东名册作为质押合同的生效要件。而《物权法》第二百二十六条将向相关部门办理出质登记认定为股权质权的生效要件,但未明确其是否为质押合同的生效要件。在司法实践中,对质押合同的生效要件,各法院的裁判观点不尽相同。近年来,最高人民法院在诸多判决书中认定,质押物未办理物权登记或未交付,不影响相应质押合同的成立和生效。而部分地方法院则认定,质押物未办理物权登记或未交付的,质押合同不生效。相关案例参见本书附录"六、质押合同的生效是否受物权变动结果影响"。

五、关于留置部分的解释

第一百零七条 当事人在合同中约定排除留置权,债务履行期届满,债权人行使留置权的,人民法院不予支持。

第一百零八条 债权人合法占有债务人交付的动产时,不知债务人无处分该动产的权利,债权人可以按照担保法第八十二条的规定行使留置权。

第一百零九条 债权人的债权已届清偿期,债权人对动产的占有与其债权的发生有牵连关系,债权人可以留置其所占有的动产。

第一百一十条 留置权人在债权未受全部清偿前,留置物为不可分物的,留置权人可以就其留置物的全部行使留置权。

第一百一十一条 债权人行使留置权与其承担的义务或者合同的特殊约定相抵触的,人民法院不予支持。

第一百一十二条 债权人的债权未届清偿期,其交付占有标的物的义务已届履行期的,不能行使留置权。但是,债权人能够证明债务人无支付能力的除外。

第一百一十三条 债权人未按担保法第八十七条规定的期限通知债务人履行义务,直接变价处分留置物的,应当对此造成的损失承担赔偿责任。债权人与债务人按照担保法第八十七条的规定在合同中约定宽限期的,债权人可以不经通知,直接行使留置权。

第一百一十四条 本解释第六十四条、第八十条、第八十七条、第九十一条、第九十三条的规定,适用于留置。

六、关于定金部分的解释

第一百一十五条 当事人约定以交付定金作为订立主合同担保的,给付定金的一方拒绝订立主合同的,无权要求返还定金;收受定金的一方拒绝订立合同的,应当双倍返还定金。

第一百一十六条 当事人约定以交付定金作为主合同成立或者生效要件的,给付定金的一方未支付定金,但主合同已经履行或者已经履行主要部分的,不影响主合同的成立或者生效。

第一百一十七条 定金交付后,交付定金的一方可以按照合同的约定以丧失定金为代价而解除主合同,收受定金的一方可以双倍返还定金为代价而解除主合同。对解除主合同后责任的处理,适用《中华人民共和国合同法》的规定。

第一百一十八条 当事人交付留置金、担保金、保证金、订约金、押金或者订金等,但没有约定定金性质的,当事人主张定金权利的,人民法院不予支持。

第一百一十九条 实际交付的定金数额多于或者少于约定数额,视为变更定金合同;收受定金一方提出异议并拒绝接受定金的,定金合同不生效。

第一百二十条 因当事人一方迟延履行或者其他违约行为,致使合同目的不能实现,可以适用定金罚则。但法律另有规定或者当事人另有约定的除外。

当事人一方不完全履行合同的,应当按照未履行部分所占合同约定内容的比例,适用定金罚则。

第一百二十一条 当事人约定的定金数额超过主合同标的额百分之二十的,超过的部分,人民法院不予支持。

第一百二十二条 因不可抗力、意外事件致使主合同不能履行的,不适用定金罚则。因合同关系以外第三人的过错,致使主合同不能履行的,适用定金罚则。受定金处罚的一方当事人,可以依法向第三人追偿。

七、关于其他问题的解释

第一百二十三条[①] 同一债权上数个担保物权并存时,债权人放弃债务人提供的物的担保的,其他担保人在其放弃权利的范围内减轻或者免除担保责任。

第一百二十四条 企业法人的分支机构为他人提供保证的,人民法院在审理保证纠纷案件中可以将该企业法人作为共同被告参加诉讼。但是商业银行、保险公司的分支机构提供保证的除外。

第一百二十五条 一般保证的债权人向债务人和保证人一并提起诉讼的,**人民法院可以将债务人和保证人列为共同被告参加诉讼**。但是,应当在判决书中明确在对债务人财产依法强制执行后仍不能履行债务时,由保证人承担保证责任。

第一百二十六条 连带责任保证的债权人可以将债务人或者保证人作为被告提起诉讼,也可以将债务人和保证人作为共同被告提起诉讼。

第一百二十七条 债务人对债权人提起诉讼,债权人提起反诉的,保证人可以作为第三人参加诉讼。

第一百二十八条 债权人向人民法院请求行使担保物权时,债务人和担保人应当作为共同被告参加诉讼。

同一债权既有保证又有物的担保的,当事人发生纠纷提起诉讼的,债务人与保证人、抵押人或者出质人可以作为共同被告参加诉讼。

第一百二十九条 主合同和担保合同发生纠纷提起诉讼的,应当根据主合同确定案件管辖。担保人承担连带责任的担保合同发生纠纷,债权人向担保人主张权利的,应当由担保人住所地的法院管辖。

主合同和担保合同选择管辖的法院不一致的,应当根据主合同确定案件管辖。

第一百三十条 在主合同纠纷案件中,对担保合同未经审判,人民法院不应当依据对主合同当事人所作出的判决或者裁定,直接执行担保人的财产。

第一百三十一条 本解释所称"不能清偿"指对债务人的存款、现金、有价证券、成品、半成品、原材料、交通工具等可以执行的动产和其他方便执行的财产执行完毕后,债务仍未能得到清偿的状态。

第一百三十二条 在案件审理或者执行程序中,当事人提供财产担保的,人民法院应当对该财产的权属证书予以扣押,同时向有关部门发出协助执行通知书,要求其在规定的时间内不予办理担保财产的转移手续。

[①] 《物权法》第一百九十四条第二款、第二百一十八条在本条基础上作了补充规定,即债务人以自己的财产设定抵押或出质,债权人放弃前述抵押权或质权的,其他担保人在债权人丧失优先受偿权益的范围内免除担保责任,但其他担保人承诺仍然提供担保的除外。

第一百三十三条 担保法施行以前发生的担保行为,适用担保行为发生时的法律、法规和有关司法解释。

担保法施行以后因担保行为发生的纠纷案件,在本解释公布施行前已经终审,当事人申请再审或者按审判监督程序决定再审的,不适用本解释。

担保法施行以后因担保行为发生的纠纷案件,在本解释公布施行后尚在一审或二审阶段的,适用担保法和本解释。

第一百三十四条 最高人民法院在担保法施行以前作出的有关担保问题的司法解释,与担保法和本解释相抵触的,不再适用。

(二)最高人民法院关于适用《中华人民共和国物权法》若干问题的解释(一)(节录)

(2015年12月10日最高人民法院审判委员会第1670次会议通过
自2016年3月1日起施行 法释〔2016〕5号)

第一条 因不动产物权的归属,以及作为不动产物权登记基础的买卖、赠与、抵押等产生争议,当事人提起民事诉讼的,应当依法受理。当事人已经在行政诉讼中申请一并解决上述民事争议,且人民法院一并审理的除外。

第二条 当事人有证据证明不动产登记簿的记载与真实权利状态不符,其为该不动产物权的真实权利人,请求确认其享有物权的,应予支持。

第三条 异议登记因物权法第十九条第二款规定的事由失效后,当事人提起民事诉讼,请求确认物权归属的,应当依法受理。异议登记失效不影响人民法院对案件的实体审理。

第四条 未经预告登记的权利人同意,转移不动产所有权,或者设定建设用地使用权、地役权、抵押权等其他物权的,应当依照物权法第二十条第一款的规定,认定其不发生物权效力。

第五条 买卖不动产物权的协议被认定无效、被撤销、被解除,或者预告登记的权利人放弃债权的,应当认定为物权法第二十条第二款所称的"债权消灭"。

第六条 转让人转移船舶、航空器和机动车等所有权,受让人已经支付对价并取得占有,虽未经登记,但转让人的债权人主张其为物权法第二十四条所称的"善意第三人"的,不予支持,法律另有规定的除外。

第七条 人民法院、仲裁委员会在分割共有不动产或者动产等案件中作出并依法生效的改变原有物权关系的判决书、裁决书、调解书,以及人民法院在执行程序中作出的拍卖成交裁定书、以物抵债裁定书,应当认定为物权法第二十八条所称导致物权设立、变更、转让或者消灭的人民法院、仲裁委员会的法律文书。

第八条 依照物权法第二十八条至第三十条规定享有物权,但尚未完成动产交付或者不动产登记的物权人,根据物权法第三十四条至第三十七条的规定,请求保护其物权的,应予支持。

第十五条 受让人受让不动产或者动产时,不知道转让人无处分权,且无重大过失的,应当认定受让人为善意。

真实权利人主张受让人不构成善意的,应当承担举证证明责任。

第十六条 具有下列情形之一的,应当认定不动产受让人知道转让人无处分权:

(一)登记簿上存在有效的异议登记;

(二)预告登记有效期内,未经预告登记的权利人同意;

(三)登记簿上已经记载司法机关或者行政机关依法裁定、决定查封或者以其他形式限制不动产权利的有关事项;

(四)受让人知道登记簿上记载的权利主体错误;

(五)受让人知道他人已经依法享有不动产物权。

真实权利人有证据证明不动产受让人应当知道转让人无处分权的,应当认定受让人具有重大过失。

第十七条 受让人受让动产时,交易的对象、场所或者时机等不符合交易习惯的,应当认定受让人具有重大过失。

第十八条 物权法第一百零六条第一款第一项所称的"受让人受让该不动产或者动产时",是指依法完成不动产物权转移登记或者动产交付之时。

当事人以物权法第二十五条规定的方式交付动产的,转让动产法律行为生效时为动产交付之时;当事人以物权法第二十六条规定的方式交付动产的,转让人与受让人之间有关转让返还原物请求权的协议生效时为动产交付之时。

法律对不动产、动产物权的设立另有规定的,应当按照法律规定的时间认定权利人是否为善意。

第十九条 物权法第一百零六条第一款第二项所称"合理的价格",应当根据转让标的物的性质、数量以及付款方式等具体情况,参考转让时交易地市场价格以及交易习惯等因素综合认定。

第二十条 转让人将物权法第二十四条规定的船舶、航空器和机动车等交付给受让人的,应当认定符合物权法第一百零六条第一款第三项规定的善意取得的条件。

第二十一条 具有下列情形之一,受让人主张根据物权法第一百零六条规定取得所有权的,不予支持:

(一)转让合同因违反合同法第五十二条规定被认定无效的;

(二)转让合同因受让人存在欺诈、胁迫或者乘人之危等法定事由被撤销的。

第二十二条 本解释自2016年3月1日起施行。

本解释施行后人民法院新受理的一审案件,适用本解释。

本解释施行前人民法院已经受理、施行后尚未审结的一审、二审案件,以及本解释施行前已经终审、施行后当事人申请再审或者按照审判监督程序决定再审的案件,不适用本解释。

(三) 最高人民法院关于适用
《中华人民共和国合同法》若干问题的解释(二)(节录)

(2009年2月9日最高人民法院审判委员会第1462次会议通过
自2009年5月13日起施行　法释〔2009〕5号)

第十八条　债务人放弃其未到期的债权或者放弃债权担保,或者恶意延长到期债权的履行期,对债权人造成损害,债权人依照合同法第七十四条的规定提起撤销权诉讼的,人民法院应当支持。

第二十条　债务人的给付不足以清偿其对同一债权人所负的数笔相同种类的全部债务,应当优先抵充已到期的债务;几项债务均到期的,优先抵充对债权人缺乏担保或者担保数额最少的债务;担保数额相同的,优先抵充债务负担较重的债务;负担相同的,按照债务到期的先后顺序抵充;到期时间相同的,按比例抵充。但是,债权人与债务人对清偿的债务或者清偿抵充顺序有约定的除外。

(四) 最高人民法院关于适用
《中华人民共和国民法总则》诉讼时效制度若干问题的解释

(2018年7月2日最高人民法院审判委员会第1744次会议通过
自2018年7月23日起施行　法释〔2018〕12号)

为正确适用《中华人民共和国民法总则》关于诉讼时效制度的规定,保护当事人的合法权益,结合审判实践,制定本解释。

第一条　民法总则施行后诉讼时效期间开始计算的,应当适用民法总则第一百八十八条关于三年诉讼时效期间的规定。当事人主张适用民法通则关于二年或者一年诉讼时效期间规定的,人民法院不予支持。

第二条　民法总则施行之日,诉讼时效期间尚未满民法通则规定的二年或者一年,当事人主张适用民法总则关于三年诉讼时效期间规定的,人民法院应予支持。

第三条　民法总则施行前,民法通则规定的二年或者一年诉讼时效期间已经届满,当事人主张适用民法总则关于三年诉讼时效期间规定的,人民法院不予支持。

第四条　民法总则施行之日,中止时效的原因尚未消除的,应当适用民法总则关于诉讼时效中止的规定。

第五条　本解释自2018年7月23日起施行。

本解释施行后,案件尚在一审或者二审阶段的,适用本解释;本解释施行前已经终审,当事人申请再审或者按照审判监督程序决定再审的案件,不适用本解释。

(五) 最高人民法院民一庭 关于夫妻一方对外担保之债能否认定为 夫妻共同债务的复函[①]

(2015年1月1日发布并施行 最高人民法院〔2015〕民一他字第9号)

福建省高级人民法院:

你院(2014)闽民申字第1715号《关于再审申请人宋某、叶某与被申请人叶某某及一审被告陈某、李某民间借贷纠纷一案的请示》收悉。经研究答复如下:同意你院审判委员会多数意见,即夫妻一方对外担保之债不应当适用《最高人民法院关于适用〈中华人民共和国婚姻法〉若干问题的解释(二)》第二十四条的规定认定为夫妻共同债务。

(六) 最高人民法院 关于审理融资租赁合同纠纷案件适用 法律问题的解释(节录)

(2013年11月25日最高人民法院审判委员会第1597次会议通过
自2014年3月1日起施行 法释〔2014〕3号)

第十二条 有下列情形之一,出租人请求解除融资租赁合同的,人民法院应予支持:

(一) 承租人未经出租人同意,将租赁物转让、转租、抵押、质押、投资入股或者以其他方式处分租赁物的;

(二) 承租人未按照合同约定的期限和数额支付租金,符合合同约定的解除条件,经出租人催告后在合理期限内仍不支付的;

[①] 需注意的是,在"(2016)最高法民申2908号"李大红与安英杰执行异议之诉中,最高人民法院认为"〔2015〕民一他字第9号复函"仅是针对个案相关情况作出的处理意见,不具有普遍约束力,而就个案处理而言,并非夫妻一方对外担保之债一概不能认定为夫妻共同债务,重点还应考量该担保之债与夫妻共同生活是否密切相关。又鉴于最高法院于2018年1月发布的《最高人民法院关于审理涉及夫妻债务纠纷案件适用法律有关问题的解释》已对夫妻共同债务的认定标准进行了修订,故该复函的适用存在不确定性。

（三）合同对于欠付租金解除合同的情形没有明确约定，但承租人欠付租金达到两期以上，或者数额达到全部租金百分之十五以上，经出租人催告后在合理期限内仍不支付的；

（四）承租人违反合同约定，致使合同目的不能实现的其他情形。

（七）最高人民法院
关于审理金融资产管理公司利用外资处置不良债权案件涉及对外担保合同效力问题的通知

（2010年7月1日发布并施行　法发〔2010〕25号）

各省、自治区、直辖市高级人民法院，解放军军事法院，新疆维吾尔自治区高级人民法院生产建设兵团分院：

为正确审理金融资产管理公司利用外资处置不良债权的案件，充分保护各方当事人的权益，经征求国家有关主管部门意见，现将利用外资处置不良债权涉及担保合同效力的有关问题通知如下，各级人民法院在审理本通知发布后尚未审结及新受理的案件时应遵照执行：

一、**2005年1月1日之后**金融资产管理公司利用外资处置不良债权，向外国投资者出售或转让不良资产，外国投资者受让债权之后向人民法院提起诉讼，要求债务人及担保人直接向其承担责任的案件，由于债权人变更为外国投资者，使得不良资产中含有的原国内性质的担保具有了对外担保的性质，该类担保有其自身的特性，国家有关主管部门对该类担保的审查采取较为宽松的政策。如果当事人提供证据证明依照《国家外汇管理局关于金融资产管理公司利用外资处置不良资产有关外汇管理问题的通知》（汇发〔2004〕119号）第六条规定，金融资产管理公司通知了原债权债务合同的担保人，外国投资者或其代理人在办理不良资产转让备案登记时提交的材料中注明了担保的具体情况，并经国家外汇管理局分局、管理部审核后办理不良资产备案登记的，人民法院不应以转让未经担保人同意或者未经国家有关主管部门批准或者登记为由认定担保合同无效。

二、外国投资者或其代理人办理不良资产转让备案登记时，向国家外汇管理局分局、管理部提交的材料中应逐笔列明担保的情况，未列明的，视为担保未予登记。当事人在一审法庭辩论终结前向国家外汇管理局分局、管理部补交了注明担保具体情况的不良资产备案资料的，人民法院不应以未经国家有关主管部门批准或者登记为由认定担保合同无效。

三、对于因2005年1月1日之前金融资产管理公司利用外资处置不良债权而产生的纠纷案件，如果当事人能够提供证据证明依照当时的规定办理了相关批准、登记手续的，人民法院不应以未经国家有关主管部门批准或者登记为由认定担保合同无效。

（八）最高人民法院
关于香港盈伞财务公司诉广东华美集团有限公司担保合同纠纷案有关法律问题的请示的复函

(2010年3月23日发布并施行 〔2010〕民四他字第5号)

广东省高级人民法院：

你院粤高法〔2009〕441号《关于香港盈伞财务公司诉广东华美集团有限公司担保合同纠纷案有关法律问题的请示》收悉。经研究，答复如下：

担保人基于担保合同既可能承担在担保合同有效情况下的担保责任，也可能承担在担保合同无效情况下因其过错而产生的赔偿责任。《最高人民法院关于适用〈中华人民共和国担保法〉若干问题的解释》第六条第一款第（五）项虽然规定在对外担保的情况下，"主合同变更或者债权人将对外担保合同项下的权利转让，未经担保人同意和国家有关主管部门批准的，担保人不再承担担保责任。"但该项规定适用的情形是指担保人向原债权人出具的对外担保办理了相关的批准登记手续，对外担保是有效的，原债权人向第三人转让债权后，对外担保未依照有关规定经过担保人同意并重新办理批准、登记手续，从而造成担保无效。此种情形担保人对于造成对外担保无效是没有过错的，故上述司法解释规定免除了担保人的担保责任。而本案中担保人华美集团有限公司向原债权人中南银行香港分行出具的对外担保因未经批准、登记而应认定无效，对造成担保无效担保人是有过错的，现在所要解决的是担保人是否该承担赔偿责任的问题，《最高人民法院关于适用〈中华人民共和国担保法〉若干问题的解释》第六条第一款第（五）项的规定不适用于本案。

《中华人民共和国合同法》第八十一条规定："债权人转让权利的，受让人取得与债权有关的从权利，但该从权利专属于债权人自身的除外。"在担保人应当向原债权人承担赔偿责任、且法律并未规定该种赔偿责任具有特定人身属性的情况下，如果原债权人依法将债权转让给了第三人，此时受让债权的第三人享有的权益，既应包括合同有效的情况下，依据合同要求对方履行义务的权利，也应包括在合同无效的情况下，要求存在过错的合同相对方承担赔偿责任的权利。因此未经审批的对外担保的债权人在未经担保人同意的情况下将债权转让给第三人，在债权转让依法有效的情况下，担保人仍应向受让债权的第三人承担相应的赔偿责任，而不应以债权转让未经担保人同意为由免除其赔偿责任。

此复

附：

广东省高级人民法院关于香港盈伞财务公司诉广东华美集团有限公司担保合同纠纷案有关法律问题的请示

(2009年11月20日 粤高法[2009]441号)

最高人民法院：

香港盈伞财务公司(以下简称盈伞公司)诉广东华美集团有限公司(以下简称华美公司)担保合同纠纷案一案，系钩院发回我院重审的案件。该案已经过我院审委会讨论，因涉及涉外担保的保证人是否应向境外债权人承担担保责任这一重大法律问题，故院审委会要求向钩院请示。现将该案基本情况及有关具体法律问题向钩院汇报请示。

一、案件基本事实

该案的案号为(2007)粤高法民四初字第9号，案由为涉港担保合同纠纷。债权人香港盈伞公司是原告，担保人华美公司是被告。本案债权的最初债主是中南银行香港分行，债务人是鸿隆公司，担保人是本案的被告。但该担保没有按对外担保的有关规定办理审批登记手续。后中南银行香港分行并入中国银行香港分行，中国银行香港分行又将该笔债权辗转卖给了本案原告。中国银行香港分行和原告曾将债权转让一事书面通知担保人华美公司，但该公司从未确认或同意。

原告在香港法院已取得了对债务人鸿隆公司的判决，该判决确定债权有1亿多人民币。但原告在香港法院并没有起诉本案被告，而是向本院起诉本案被告，要求其对香港法院判决的上述债务承担保证责任。

二、案件涉及的主要法律问题

本案涉及的主要法律问题是华美公司应否承担责任的问题。该问题具体为：一是华美公司应否向盈伞公司承担保证责任；二是华美公司应否向盈伞公司承担赔偿责任。

对于华美公司应否向盈伞公司承担保证责任的问题，司法解释有明确的规定。《最高人民法院关于适用〈中华人民共和国担保法〉若干问题的解释》第六条第五项规定："主合同变更或者债权人将对外担保合同项下的权利转让，未经担保人同意和国家有关主管部门批准的，担保人不再承担担保责任。"根据这一规定，因本案的主债权在转让时并没有经过华美公司的同意和有关部门批准，故华美公司不应承担保证责任。

对于华美公司应否向盈伞公司承担赔偿责任的问题，目前还没有明确的法律依据。上述司法解释只是明确了相关的保证人不承担担保责任，但华美公司应否根据《最高人民法院关于适用〈中华人民共和国担保法〉若干问题的解释》第七条关于在主合同有效而担保合同无效的情况下，担保人应根据其过错程度承担连带赔偿责任或承担债务人不能清偿部分的二分之一的赔偿责任的规定，而对盈伞公司承担赔偿责任，该司法解释对此没有规定，我们也没有找到明确的法律依据。涉外担保人不承担担保责任后，能否适用国内担保合同无效的责任承担原则。这一问题是我们向钩院请示的主要法律问题。

三、我院原审判决结果和钧院发回重审的意见

我院原审时认为,本案的权利转让没有经过担保人同意,也没有经过国家主管机关批准,依据前述司法解释,被告不再承担担保责任。故判决驳回原告的诉讼请求。

盈伞公司上诉至钧院后,钧院以事实不清、证据不足为由将案件发回本院重审。在内部函中,钧院要我院注意三个问题:第一,我院原审判决对本案纠纷准据法的确定及合同效力的认定是正确的;第二,我院在认定担保合同无效的情况下,免除华美公司的担保责任是正确的,但是同时又免除了其赔偿责任,属适用法律错误。华美公司对本案担保合同的无效具有明显过错,应当向债权人承担赔偿责任;第三,盈伞公司未能证明其提交的香港法院的判决所确定的债务数额是如何形成的以及是否属本案担保合同项下的主债务,我院未对此作出准确认定。华美公司因无效担保所应承担的赔偿责任是以该主债务的存在及确定为前提的,故应在查清本案所涉主债务的相关事实后,再依法作法判决。

四、本案重审后的处理意见和所请示的法律问题

本案合议庭的一致意见与原审一致,即驳回原告盈伞公司的诉讼请求。主要理由有两点:第一,本案债权转让没有经过担保人同意,依前述司法解释,担保人不再承担担保责任。第二,担保人华美公司没有同意债权转让,所以对盈伞公司所主张的担保利益的损失没有过错,其也就不应向盈伞公司负赔偿责任。尽管华美公司在其与中南银行的担保合同关系中因未办理批准和登记手续而负一定过错,但该过错仅会导致其对中南银行的赔偿责任,而与盈伞公司的损失没有直接的因果关系;换言之,即使华美公司与中南银行的担保合同办理了相关的批准和登记手续,华美公司根据上述司法解释也不应向盈伞公司承担责任。所以不能因为华美公司在其与中南银行的担保合同关系中负有一定过错就认定其对盈伞公司负有赔偿责任。

本案涉及一个重要法律问题,即有关未经审批的对外担保的债权人在未经担保人同意的情况下将债权转让给第三人,担保人应否对第三人承担赔偿责任,也就是涉外担保的赔偿责任请求权是否随债权的转让而转让。经我院审委会研究决定,特就该法律问题向钧院请示。

(九) 最高人民法院
关于审理涉及金融不良债权转让案件
工作座谈会纪要(节录)

(2009年3月30日发布并施行 法发〔2009〕19号)

为了认真落实中央关于研究解决金融不良债权转让过程中国有资产流失问题的精神。统一思想,明确任务,依法妥善公正地审理涉及金融不良债权转让案件,防止国有资产流失,保障金融不良债权处置工作的顺利进行,维护和促进社会和谐稳定,最高

人民法院邀请全国人大常委会法制工作委员会、中共中央政法委员会、国务院法制办公室、财政部、国务院国有资产监督管理委员会、中国银行业监督管理委员会、中国人民银行和审计署等单位,于 2008 年 10 月 14 日在海南省海口市召开了全国法院审理金融不良债权转让案件工作座谈会。各省、自治区、直辖市高级人民法院和解放军军事法院以及新疆维吾尔自治区高级人民法院生产建设兵团分院主管民商审判工作的副院长、相关审判庭的负责同志参加了座谈会。与会同志通过认真讨论,就关于审理涉及金融不良债权转让案件的主要问题取得了一致的看法。现纪要如下:

二、关于案件的受理

案件存在下列情形之一的,人民法院不予受理:

(一)金融资产管理公司与国有银行就政策性金融资产转让协议发生纠纷起诉到人民法院的;

(二)债权人向国家政策性关闭破产的国有企业债务人主张清偿债务的;

(三)债权人向已列入经国务院批准的全国企业政策性关闭破产总体规划并拟实施关闭破产的国有企业债务人主张清偿债务的;

(四)《纪要》发布前,受让人与国有企业债务人之间的债权债务关系已经履行完毕,优先购买权人或国有企业债务人提起不良债权转让合同无效诉讼的;

(五)受让人自金融资产管理公司受让不良债权后,以不良债权存在瑕疵为由起诉原国有银行的;

(六)国有银行或金融资产管理公司转让享受天然林资源保护工程政策的国有森工企业不良债权而引发受让人向森工企业主张债权的(具体详见《天然林资源保护区森工企业金融机构债务免除申请表》名录);

(七)在不良债权转让合同无效之诉中,国有企业债务人不能提供相应担保或者优先购买权人放弃优先购买权的。

三、关于债权转让生效条件的法律适用和自行约定的效力

会议认为,不良债权成立在合同法施行之前,转让于合同法施行之后的,该债权转让对债务人生效的条件应适用合同法第八十条第一款的规定。

金融资产管理公司受让不良债权后,自行与债务人约定或重新约定诉讼管辖的,如不违反法律规定,人民法院应当认定该约定有效。金融资产管理公司在不良债权转让合同中订有禁止转售、禁止向国有银行、各级人民政府、国家机构等追偿、禁止转让给特定第三人等要求受让人放弃部分权利条款的,人民法院应认定该条款有效。**国有银行向金融资产管理公司转让不良债权,或者金融资产管理公司收购、处置不良债权的,担保债权同时转让,无须征得担保人的同意,担保人仍应在原担保范围内对受让人继续承担担保责任。担保合同中关于合同变更需经担保人同意或者禁止转让主债权的约定,对主债权和担保权利转让没有约束力。**

六、关于不良债权转让合同无效和可撤销事由的认定

会议认为,在审理不良债权转让合同效力的诉讼中,人民法院应当根据合同法和《金融资产管理公司条例》等法律法规,并参照国家相关政策规定,重点审查不良债权的可转让性、受让人的适格性以及转让程序的公正性和合法性。金融资产管理公司转让不良债权存在下列情形的,人民法院应当认定转让合同损害国家利益或社会公共利益或者违反法律、行政法规强制性规定而无效。

（一）债务人或者担保人为国家机关的;

（二）被有关国家机关依法认定为涉及国防、军工等国家安全和敏感信息的以及其他依法禁止转让或限制转让情形的;

（三）与受让人恶意串通转让不良债权的;

（四）转让不良债权公告违反《金融资产管理公司资产处置公告管理办法（修订）》规定,对依照公开、公平、公正和竞争、择优原则处置不良资产造成实质性影响的;

（五）实际转让的资产包与转让前公告的资产包内容严重不符,且不符合《金融资产管理公司资产处置公告管理办法（修订）》规定的;

（六）根据有关规定应经合法、独立的评估机构评估,但未经评估的;或者金融资产管理公司与评估机构、评估机构与债务人、金融资产管理公司和债务人以及三方之间恶意串通,低估、漏估不良债权的;

（七）根据有关规定应当采取公开招标、拍卖等方式处置,但未公开招标、拍卖的;或者公开招标中的投标人少于三家（不含三家）的;或者以拍卖方式转让不良债权时,未公开选择有资质的拍卖中介机构的;或者未依照《中华人民共和国拍卖法》的规定进行拍卖的;

（八）根据有关规定应当向行政主管部门办理相关报批或者备案、登记手续而未办理,且在一审法庭辩论终结前仍未能办理的;

（九）受让人为国家公务员、金融监管机构工作人员、政法干警、金融资产管理公司工作人员、国有企业债务人管理人员、参与资产处置工作的律师、会计师、评估师等中介机构等关联人或者上述关联人参与的非金融机构法人的;

（十）受让人与参与不良债权转让的金融资产管理公司工作人员、国有企业债务人或者受托资产评估机构负责人员等有直系亲属关系的;

（十一）存在其他损害国家利益或社会公共利益的转让情形的。

在金融资产管理公司转让不良债权后,国有企业债务人有证据证明不良债权根本不存在或者已经全部或部分归还而主张撤销不良债权转让合同的,人民法院应当撤销或者部分撤销不良债权转让合同;不良债权转让合同被撤销或者部分撤销后,受让人可以请求金融资产管理公司承担相应的缔约过失责任。

七、关于不良债权转让无效合同的处理

会议认为,人民法院认定金融不良债权转让合同无效后,对于受让人直接从金融资产管理公司受让不良债权的,人民法院应当判决金融资产管理公司与受让人之间的

债权转让合同无效;受让人通过再次转让而取得债权的,人民法院应当判决金融资产管理公司与转让人、转让人与后手受让人之间的系列债权转让合同无效。债权转让合同被认定无效后,人民法院应当按照合同法的相关规定处理;受让人要求转让人赔偿损失,赔偿损失数额应以受让人实际支付的价金之利息损失为限。相关不良债权的诉讼时效自金融不良债权转让合同被认定无效之日起重新计算。

金融资产管理公司以整体"资产包"的形式转让不良债权中出现单笔或者数笔债权无效情形,或者单笔或数笔不良债权的债务人为非国有企业,受让人请求认定合同全部无效的,人民法院应当判令金融资产管理公司与转让人之间的资产包债权转让合同无效;受让人请求认定已履行或已清结部分有效的,人民法院应当认定尚未履行或尚未清结部分无效,并判令受让人将尚未履行部分或尚未清结部分返还给金融资产管理公司,金融资产管理公司不再向受让人返还相应价金。

十一、关于既有规定的适用

会议认为,国有银行向金融资产管理公司转让不良债权,或者金融资产管理公司受让不良债权后,通过债权转让方式处置不良资产的,可以适用最高人民法院《关于审理金融资产管理公司收购、管理、处置国有银行不良贷款形成的资产的案件适用法律若干问题的规定》、《关于贯彻执行最高人民法院"十二条"司法解释有关问题的函的答复》、《关于金融资产管理公司收购、管理、处置银行不良资产有关问题的补充通知》和《关于国有金融资产管理公司处置国有商业银行不良资产案件交纳诉讼费用的通知》。受让人受让不良债权后再行转让的,不适用上述规定,但受让人为相关地方人民政府或者代表本级人民政府履行出资人职责的机构、部门或者持有国有企业债务人国有资本的集团公司除外。

国有银行或者金融资产管理公司根据《关于贯彻执行最高人民法院"十二条"司法解释有关问题的函的答复》的规定,在全国或省级有影响的报纸上发布有催收内容的债权转让通知或公告的,该公告或通知之日应为诉讼时效的实际中断日,新的诉讼时效应自此起算。上述公告或者通知对保证合同诉讼时效发生同等效力。

十二、关于《纪要》的适用范围

会议认为,在《纪要》中,国有银行包括国有独资商业银行、国有控股商业银行以及国有政策性银行;金融资产管理公司包括华融、长城、东方和信达等金融资产管理公司和资产管理公司通过组建或参股等方式成立的资产处置联合体。国有企业债务人包括国有独资和国有控股的企业法人。受让人是指非金融资产管理公司法人、自然人。不良债权转让包括金融资产管理公司政策性和商业性不良债权的转让。政策性不良债权是指1999年、2000年上述四家金融资产管理公司在国家统一安排下通过再贷款或者财政担保的商业票据形式支付收购成本从中国银行、中国农业银行、中国建设银行、中国工商银行以及国家开发银行收购的不良债权;商业性不良债权是指2004年至2005年上述四家金融资产管理公司在政府主管部门主导下从交通银行、中国银行、中国建设银行和中国工商银行收购的不良债权。

《纪要》的内容和精神仅适用于在《纪要》发布之后尚在一审或者二审阶段的涉及最初转让方为国有银行、金融资产管理公司通过债权转让方式处置不良资产形成的相关案件。人民法院依照审判监督程序决定再审的案件，不适用《纪要》。

（十）最高人民法院关于金融资产管理公司收购、处置银行不良资产有关问题的补充通知

（2005年5月30日发布并施行 法〔2005〕62号）

各省、自治区、直辖市高级人民法院，新疆维吾尔自治区高级人民法院生产建设兵团分院：

为了深化金融改革，规范金融秩序，本院先后下发了《关于审理金融资产管理公司收购、管理、处置国有银行不良贷款形成的资产的案件适用法律若干问题的规定》、《关于贯彻执行最高人民法院"十二条"司法解释有关问题的函的答复》和《关于国有金融资产管理公司处置国有商业银行不良资产案件交纳诉讼费用的通知》。最近，根据国务院关于国有独资商业银行股份制改革的总体部署，中国信达资产管理公司收购了中国银行、中国建设银行和交通银行剥离的不良资产。为了维护金融资产安全，降低不良资产处置成本，现将审理金融资产管理公司在收购、处置不良资产发生的纠纷案件的有关问题补充通知如下：

一、国有商业银行（包括国有控股银行）向金融资产管理公司转让不良贷款，或者金融资产管理公司受让不良贷款后，通过债权转让方式处置不良资产的，可以适用本院发布的上述规定。

二、国有商业银行（包括国有控股银行）向金融资产管理公司转让不良贷款，或者金融资产管理公司收购、处置不良贷款的，担保债权同时转让，无须征得担保人的同意，担保人仍应在原担保范围内对受让人继续承担担保责任。担保合同中关于合同变更需经担保人同意的约定，对债权人转让债权没有约束力。

三、金融资产管理公司转让、处置已经涉及诉讼、执行或者破产等程序的不良债权时，人民法院应当根据债权转让协议和转让人或者受让人的申请，裁定变更诉讼或者执行主体。

2005年5月30日

（十一）最高人民法院
关于审理商品房买卖合同纠纷案件适用
法律若干问题的解释（节录）

（2003年3月24日由最高人民法院审判委员会第1267次会议通过
自2003年6月1日起施行　法释〔2003〕7号）

  第四条　出卖人通过认购、订购、预订等方式向买受人收受定金作为订立商品房买卖合同担保的，如果因当事人一方原因未能订立商品房买卖合同，应当按照法律关于定金的规定处理；因不可归责于当事人双方的事由，导致商品房买卖合同未能订立的，出卖人应当将定金返还买受人。

  第二十三条　商品房买卖合同约定，买受人以担保贷款方式付款、因当事人一方原因未能订立商品房担保贷款合同并导致商品房买卖合同不能继续履行的，对方当事人可以请求解除合同和赔偿损失。因不可归责于当事人双方的事由未能订立商品房担保贷款合同并导致商品房买卖合同不能继续履行的，当事人可以请求解除合同，出卖人应当将收受的购房款本金及其利息或者定金返还买受人。

  第二十四条　因商品房买卖合同被确认无效或者被撤销、解除，致使商品房担保贷款合同的目的无法实现，当事人请求解除商品房担保贷款合同的，应予支持。

  第二十五条　以担保贷款为付款方式的商品房买卖合同的当事人一方请求确认商品房买卖合同无效或者撤销、解除合同的，如果担保权人作为有独立请求权第三人提出诉讼请求，应当与商品房担保贷款合同纠纷合并审理；未提出诉讼请求的，仅处理商品房买卖合同纠纷。担保权人就商品房担保贷款合同纠纷另行起诉的，可以与商品房买卖合同纠纷合并审理。

  商品房买卖合同被确认无效或者被撤销、解除后，商品房担保贷款合同也被解除的，出卖人应当将收受的购房贷款和购房款的本金及利息分别返还担保权人和买受人。

  第二十六条　买受人未按照商品房担保贷款合同的约定偿还贷款，亦未与担保权人办理商品房抵押登记手续，担保权人起诉买受人，请求处分商品房买卖合同项下买受人合同权利的，应当通知出卖人参加诉讼；担保权人同时起诉出卖人时，如果出卖人为商品房担保贷款合同提供保证的，应当列为共同被告。

  第二十七条　买受人未按照商品房担保贷款合同的约定偿还贷款，但是已经取得房屋权属证书并与担保权人办理了商品房抵押登记手续，抵押权人请求买受人偿还贷款或者就抵押的房屋优先受偿的，不应当追加出卖人为当事人，但出卖人提供保证的除外。

（十二）最高人民法院
关于审理涉及金融资产管理公司收购、管理、处置国有银行不良贷款形成的资产的案件适用法律若干问题的规定

（2001年4月3日最高人民法院审判委员会第1167次会议通过 自2001年4月23日起 施行法释〔2001〕12号）

为深化金融改革，规范金融秩序，根据有关法律规定，现对人民法院审理涉及金融资产管理公司收购、管理、处置国有银行不良贷款形成的资产的案件适用法律若干问题作如下规定：

第一条 金融资产管理公司办事处领取中国人民银行颁发的《金融机构营业许可证》，并向工商行政管理部门依法办理登记的，可以作为诉讼主体参加诉讼。

第二条 金融资产管理公司受让国有银行债权后，人民法院对于债权转让前原债权银行已经提起诉讼尚未审结的案件，可以根据原债权银行或者金融资产管理公司的申请将诉讼主体变更为受让债权的金融资产管理公司。

第三条 金融资产管理公司向债务人提起诉讼的，应当由被告人住所地人民法院管辖。原债权银行与债务人有协议管辖约定的，如不违反法律规定，该约定继续有效。

第四条 人民法院对金融资产管理公司申请支付令的，应当依法受理。债务人提出异议的，依照《中华人民共和国民事诉讼法》第十七章的规定处理。

第五条 人民法院对金融资产管理公司申请财产保全的，如金融资产管理公司与债务人之间债权债务关系明确，根据**《中华人民共和国民事诉讼法》第九十二条第二款**①的规定，可以不要求金融资产管理公司提供担保。

第六条 金融资产管理公司受让国有银行债权后，原债权银行在全国或者省级有影响的报纸上发布债权转让公告或通知的，人民法院可以认定债权人履行了《中华人民共和国合同法》第八十条第一款规定的通知义务。

在案件审理中，债务人以原债权银行转让债权未履行通知义务为由进行抗辩的，人民法院可以将原债权银行传唤到庭调查债权转让事实，并责令原债权银行告知债务人债权转让的事实。

第七条 债务人逾期归还贷款，原借款合同约定的利息计算方法不违反法律法规规定的，该约定有效。没有约定或者不明的，依照中国人民银行《人民币利率管理规定》计算利息和复息。

第八条 人民法院对最高额抵押所担保的不特定债权特定后，原债权银行转让主

---

① 现为《民事诉讼法》第一百条第二款：人民法院采取保全措施，可以责令申请人提供担保，申请人不提供担保的，裁定驳回申请。

债权的,可以认定转让债权的行为有效。

第九条 金融资产管理公司受让有抵押担保的债权后,可以依法取得对债权的抵押权,原抵押权登记继续有效。

第十条 债务人在债权转让协议、债权转让通知上签章或者签收债务催收通知的,诉讼时效中断。原债权银行在全国或者省级有影响的报纸上发布的债权转让公告或通知中,有催收债务内容的,该公告或通知可以作为诉讼时效中断证据。

第十一条 本规定所称金融资产管理公司包括其依法设立在各地的办事处。

第十二条 本规定仅适用于审理涉及金融资产管理公司收购、管理、处置国有银行不良贷款形成的资产的有关案件。

二、关于保证担保的相关解释与其他规范性文件

（一）最高人民法院
关于审理独立保函纠纷案件若干问题的规定(节录)

(2016年7月11日由最高人民法院审判委员会第1688次会议通过
自2016年12月1日起施行　法释〔2016〕24号)

为正确审理独立保函纠纷案件,切实维护当事人的合法权益,服务和保障"一带一路"建设,促进对外开放,根据《中华人民共和国民法通则》《中华人民共和国合同法》《中华人民共和国担保法》《中华人民共和国涉外民事关系法律适用法》《中华人民共和国民事诉讼法》等法律,结合审判实际,制定本规定:

第一条　本规定所称的独立保函,是指银行或非银行金融机构作为开立人,以书面形式向受益人出具的,同意在受益人请求付款并提交符合保函要求的单据时,向其支付特定款项或在保函最高金额内付款的承诺。

前款所称的单据,是指独立保函载明的受益人应提交的付款请求书、违约声明、第三方签发的文件、法院判决、仲裁裁决、汇票、发票等表明发生付款到期事件的书面文件。

独立保函可以依保函申请人的申请而开立,也可以依另一金融机构的指示而开立。开立人依指示开立独立保函的,可以要求指示人向其开立用以保障追偿权的独立保函。

第二条　本规定所称的独立保函纠纷,是指在独立保函的开立、撤销、修改、转让、付款、追偿等环节产生的纠纷。

第三条　保函具有下列情形之一,当事人主张保函性质为独立保函的,人民法院应予支持,但保函未载明据以付款的单据和最高金额的除外:

（一）保函载明见索即付;

（二）保函载明适用国际商会《见索即付保函统一规则》等独立保函交易示范规则;

（三）根据保函文本内容,开立人的付款义务独立于基础交易关系及保函申请法律关系,其仅承担相符交单的付款责任。

当事人以独立保函记载了对应的基础交易为由,主张该保函性质为一般保证或连带保证的,人民法院不予支持。

当事人主张独立保函适用担保法关于一般保证或连带保证规定的,人民法院不予支持。

(二) 最高人民法院
关于审理民间借贷案件适用法律若干问题的规定(节录)

(2015年6月23日最高人民法院审判委员会第1655次会议通过
自2015年9月1日起施行　法释〔2015〕18号)

第八条　借款人涉嫌犯罪或者生效判决认定其有罪,出借人起诉请求担保人承担民事责任的,人民法院应予受理。

第十三条　借款人或者出借人的借贷行为涉嫌犯罪,或者已经生效的判决认定构成犯罪,当事人提起民事诉讼的,民间借贷合同并不当然无效。人民法院应当根据合同法第五十二条、本规定第十四条之规定,认定民间借贷合同的效力。

担保人以借款人或者出借人的借贷行为涉嫌犯罪或者已经生效的判决认定构成犯罪为由,主张不承担民事责任的,人民法院应当依据民间借贷合同与担保合同的效力、当事人的过错程度,依法确定担保人的民事责任。

第二十一条　他人在借据、收据、欠条等债权凭证或者借款合同上签字或者盖章,但未表明其保证人身份或者承担保证责任,或者通过其他事实不能推定其为保证人,出借人请求其承担保证责任的,人民法院不予支持。

第二十二条　借贷双方通过网络贷款平台形成借贷关系,网络贷款平台的提供者仅提供媒介服务,当事人请求其承担担保责任的,人民法院不予支持。

网络贷款平台的提供者通过网页、广告或者其他媒介明示或者有其他证据证明其为借贷提供担保,出借人请求网络贷款平台的提供者承担担保责任的,人民法院应予支持。

第二十四条　当事人以签订买卖合同作为民间借贷合同的担保,借款到期后借款人不能还款,出借人请求履行买卖合同的,人民法院应当按照民间借贷法律关系审理,并向当事人释明变更诉讼请求。当事人拒绝变更的,人民法院裁定驳回起诉。

（三）最高人民法院
关于交通银行香港分行与港云基业有限公司、
云浮市人民政府等借款担保合同纠纷上诉一案
《承诺函》是否构成担保问题的请示的复函①

（2006年10月11日发布并施行 〔2006〕民四他字第27号）

广东省高级人民法院：

你院[2004]粤高法民四终字第153号《关于交通银行香港分行与港云基业有限公司、云浮市人民政府等借款担保合同纠纷上诉一案〈承诺函〉是否构成担保问题的请示》收悉。经研究，答复如下：

对于云浮市人民政府出具的《承诺函》是否构成我国《担保法》意义上的保证，应由你院根据云浮市人民政府出具《承诺函》的背景情况、《承诺函》的内容以及查明的其他事实情况作出认定；

在对外担保的案件中，我国境内公民个人向境外债权人提供的担保，若存在最高人民法院《关于适用〈中华人民共和国担保法〉若干问题的解释》第六条规定之情况，应依法认定为无效。本案中我国境内公民赖斌、陈兢向交通银行香港分行提供的担保是否存在上述情况，应由你院依法审查。

此复。

附：广东省高级人民法院关于交通银行香港分行与港云基业有限公司、云浮市人民政府等借款担保合同纠纷上诉一案《承诺函》是否构成担保问题的请示报告

（2006年5月10日 [2004]粤高法民四终字第153号）

最高人民法院：

我院审理上诉人（原审被告）港云基业有限公司（以下简称港云公司）、云浮市人民政府（以下简称云浮市政府）、云浮市能源交通发展总公司（以下简称能源总公司）、赖斌、陈兢、刘杰光、吴尚国与被上诉人（原审原告）交通银行香港分行（以下简称香港交

---

① 相关案例参见本书附录"三、承诺函是否构成保证担保"。
需注意的是，该司法解释规定我国境内公民个人向境外债权人提供的担保若存在《担保法解释》第六条规定之情况，应依法认定为无效。但国家外汇管理局于2014年发布的《跨境担保外汇管理规定》第二十九条明确外汇局对跨境担保合同的核准、登记或备案情况以及该规定明确的其他管理事项与管理要求不构成跨境担保合同的生效要件。

行)借款担保合同纠纷一案,就政府《承诺函》是否构成担保的问题有不同意见,特向钧院请示如下:

一、案件基本情况

1995年5月16日,云浮市政府向香港交行出具一份《承诺函》,称:"港云公司是我云浮市政府之驻港公司,为进一步发展该公司之对外贸易业务,该公司特向贵行申请一般信用证、信托提货、背对背信用证及透支额度(银行便利共伍仟万港元)。上述申请授信额度业经我市政府批准同意,请贵行根据该公司的业务发展实际需要,给予支持。我市政府愿意督促该驻港公司切实履行还款责任,按时归还贵行贷款本息。如该公司出现逾期或拖欠贵行的贷款本息情况,我市政府将负责解决,不使贵行在经济上蒙受损失。"

之后,香港交行与港云公司签订授信合同,向港云公司提供了透支、分期贷款、信用证、信托提货等银行信贷,在相关授信合同中将上述《承诺函》列为担保法律文件。

1998年9月2日,能源总公司与香港交行签订《保证合同》,担保港云公司在香港交行的主债务、利息、税费以及由此产生的一切费用不超过四千万港元,保证方式为连带责任保证,并约定保证合同是连续的、无条件的保证,适用中国法律。

2000年6月12日,港云公司与香港交行签订一份重组性质的信贷契约,确认结欠香港交行本金余额为:(1)透支部分港币1158513.37元;(2)分期贷款部分港币10276706.37元;(3)信用证部分港币7133072.76元;(4)一次过信用证部分港币3315000元。另外对逾期利率和利息计算办法亦作了约定。该文件第三条是对担保文件的约定,内分两款。第一款题为"现已提供予银行下列所有之抵押品及/或法律文件仍然有效",该款共分三项:第一项是港云公司提供的物业抵押,第二项为"由下列人士妥为签立关于偿还所有款项之个别及共同私人担保契:(Ⅰ)陈兢、(Ⅱ)赖斌、(Ⅲ)刘杰光、(Ⅳ)吴尚国",第三项为"其他:(Ⅰ)云浮市人民政府承诺函;(Ⅱ)云浮市能源交通发展总公司保证合同"。港云公司董事赖斌、陈兢、刘杰光、吴尚国作为担保人在该文件上签字。

2000年7月17日,香港交行委托顾恺仁律师事务所分别致函港云公司及云浮市政府、能源总公司、赖斌、陈兢、刘杰光、吴尚国,要求其履行义务。

为追索上述贷款,香港交行向香港高等法院起诉港云公司。2000年11月16日,香港高等法院以2000年杂项法律程序第4663号命令,确认香港交行得向港云公司收回港币15112555.95元和美元1049454.82元连同未清缴的利息。港云公司须将抵押物业九龙广东道30号新港中心1座6楼607室写字楼管有权交香港交行。此后,香港交行通过执行抵押物业实际收回款项8248801.75港元,港云公司亦分两次还款20万港元。截至2002年1月28日,港云公司仍结欠香港交行本金10216240.37港元和422409.33美元。另结欠香港交行抵押物处置在内的费用支出101569.06港元和人民币10750元。香港交行于2002年4月9日向广州市中级人民法院起诉,请求判令港云公司偿还尚欠贷款本息及其他费用,云浮市政府、赖斌、陈兢、刘杰光、吴尚国承担保证担保责任,能源总公司承担连带清偿责任。

一审法院经审理认为,本案系涉港借款及担保合同纠纷,应当比照涉外案件处理。港云公司承认与香港交行的借款事实并同意还款,但对欠款数额存在异议。对此,香港交行提交的香港高等法院判决,有相关的证明债务发生的证据相印证,港云公司并未提出相反证据进行反驳,故香港高等法院判决所确定的债务数额,可作为本案事实认定。香港高等法院判决后,香港交行处置了抵押物业抵扣部分欠款。香港交行根据抵扣后的债权余额提出请求合理有据,予以支持。

云浮市政府出具的《承诺函》明确表明"如该公司出现逾期或拖欠贷款本息的情况,我市政府将负责解决,不使贵行在经济上蒙受损失",其内容具有代港云公司偿还债务的意思,符合《民法通则》第八十九条关于"保证人向债权人保证债务人履行债务,债务人不履行债务的,按照约定由保证人履行或者承担连带责任"的规定,《承诺函》为香港交行接受,作为担保文件被列入有关信贷协议,故应认定香港交行与云浮市政府之间**保证合同成立**。

我国内地法律明确禁止国家机关作为担保人,云浮市政府提供担保属于《民法通则》第五十八条关于违反法律的民事行为无效的情形,应当**认定云浮市政府出具的《承诺函》无效。云浮市政府明知国家机关不能担任保证人而出具具有担保性质的《承诺函》;香港交行应当知道我国法律禁止国家机关担任保证人而接受云浮市政府的担保,对担保无效双方均有过错。云浮市政府应对港云公司不能偿还的债务部分承担二分之一的赔偿责任。**

能源总公司与香港交行签订的《保证合同》属于对外担保,因未经国家外汇管理部门批准而无效,双方均有过错。对本案债务,能源总公司应当对港云公司不能清偿部分的二分之一承担赔偿责任。

赖斌、陈兢系我国内地居民,不具有提供对外担保的主体资格,为港云公司的债务提供的担保无效,应分别对港云公司不能清偿部分的债务的二分之一承担赔偿责任。刘杰光、吴尚国系香港居民,为港云公司的债务提供担保是其真实意思表示,故应依照约定承担担保责任。

综上,依照《民法通则》第五十八条第一款第(五)项、第六十一条第一款、《担保法》第五条第二款以及最高人民法院《关于贯彻执行〈民法通则〉若干问题的意见(试行)》第一百零六条、最高人民法院《关于适用〈担保法〉若干问题的解释》第六条第(一)项、第七条、第二十二条第一款的规定,一审法院判决:

港云公司偿还香港交行本金港币10216240.37元、美元422409.33元及利息,清偿其他费用港币101569.06元和人民币10750元;对上述债务,刘杰光、吴尚国承担连带清偿责任;云浮市政府、能源总公司、赖斌、陈兢在港云公司不能偿还部分的范围内承担二分之一的赔偿责任。

港云公司、云浮市政府、能源总公司、赖斌、陈兢、刘杰光、吴尚国均不服原审判决,向我院提起上诉,请求撤销原判,驳回香港交行的诉请。

二、请示的问题

本案二审争议的焦点是:**云浮市政府向香港交行出具的《承诺函》是督促还款性质的安慰函,还是具有担保还款性质的担保合同。**

关于政府《承诺函》问题,广东省各级法院近年来审理的一批案件中都有涉及,措辞基本一致。2003年,我院审判委员会在讨论[2002]粤高法民四终字第55号佛山市禅城区人民政府与交通银行香港分行担保纠纷上诉案时,认为《承诺函》中"政府将负责解决,不使银行在经济上蒙受损失"的表述,具有提供保证担保的意思表示,符合《担保法》第六条的精神,应认定构成保证担保。此后类似案件都按照该案精神下判。2005年1月4日,钧院就[2004]民四终字第5号佛山市人民政府与交通银行香港分行担保纠纷上诉案作出终审判决,认为该案中《承诺函》并不构成我国担保法意义上的保证。《最高人民法院公报》2005年第11期刊载了该案判决书。为妥善处理该类案件,我院审判委员会对本案所涉及的政府《承诺函》的性质及发函人的民事责任问题,再次进行讨论,形成了三种意见。

第一种意见认为,涉案《承诺函》具有为港云公司的借款提供保证担保的意思表示,构成法律意义上的担保,云浮市政府应承担相应的还款责任。理由为:(1)从《承诺函》产生的背景和用途来看,港云公司是云浮市政府在港窗口公司,因我国法律明确规定国家机关不得为保证人,云浮市政府不愿明确提供担保,但为融资需要,就采取出具《承诺函》的变通方式,实质是以其他形式实现担保的目的。香港交行正是基于云浮市政府出具的《承诺函》,相信政府会为其开办的公司负责,才为港云公司提供银行信贷,并在相关授信合同中将《承诺函》列为担保文件。(2)《承诺函》虽然没有明确"担保"两字,但从函件内容和文字表述分析,其实质是为港云公司提供担保。"我市政府将负责解决,不使贵行在经济上蒙受损失",应包含"政府负责解决"和"如果解决不了,政府承担责任"这两层意思。在其他解决手段不能奏效的情况下,代为清偿是最终、最直接的手段。(3)从本案当事人的其他行为来看,香港交行在与港云公司签订的一系列契约中,一直将《承诺函》列为担保法律文件,作为保证函对待,而且后来也向云浮市政府主张过担保权利。这表明香港交行对《承诺函》具有与保证合同相同的担保预期。在这一点上,本案与钧院[2004]民四终字第5号案中债权人没有把《承诺函》作为担保文件不同。(4)如果不认定《承诺函》构成担保,与市场经济的运行规则不符,会对政府的信誉带来负面影响,导致投资环境的恶化。

第二种意见认为,云浮市政府应在港云公司不能偿还香港交行本金部分的范围内承担二分之一的还款责任。理由是:综合整个案情看,云浮市政府出具的《承诺函》虽不构成法律意义上的担保,但在函件中明确承诺不使香港交行蒙受损失,当然也应包括代为清偿债务,发函人云浮市政府应兑现诺言,承担相应的民事责任。

第三种意见认为,涉案《承诺函》不构成担保,云浮市政府不应承担民事责任。理由是:《承诺函》是否具有担保性质应结合多方面因素认定。首先,从名称上看,是《承诺函》而非《担保函》,从内容措辞看,云浮市政府并没有承诺当港云公司不履行债务时,由其按照约定履行债务或者承担责任。《承诺函》中的"负责解决",用语笼统、模糊,可以理解为督促港云公司还款的道义责任,根据"保证不能推定"的基本原则,该函不具有担保的法律效力。其次,香港交行作为中资银行,应该知道我国法律关于国家机关不能作为保证人的禁止性规定,香港交行在接受内容模糊的《承诺函》之后,又与能源总公司、赖斌、陈兢等人签订保证合同,说明香港交行接受《承诺函》时对该函并不抱有担保的预期。

钧院在类似案件中已对此类《承诺函》作了认定,倾向于参照认定本案《承诺函》不构成担保。

我院审判委员会倾向于第一种意见。

此外,本案还存在个人能否对外担保的问题。在对外担保的案件中,个人向域外债权人提供担保,我们倾向以个人不具有对外担保的资格而认定这种担保无效。

以上意见妥否,请批复。

(四)最高人民法院
关于审理信用证纠纷案件若干问题的规定(节录)

(2005年10月24日最高人民法院审判委员会第1368次会议通过
自2006年1月1日起施行 法释〔2005〕13号)

根据《中华人民共和国民法通则》、《中华人民共和国合同法》、《中华人民共和国担保法》、《中华人民共和国民事诉讼法》等法律,参照国际商会《跟单信用证统一惯例》等相关国际惯例,结合审判实践,就审理信用证纠纷案件的有关问题,制定本规定。

第一条 本规定所指的信用证纠纷案件,是指在信用证开立、通知、修改、撤销、保兑、议付、偿付等环节产生的纠纷。

第十六条 保证人以开证行或者开证申请人接受不符点未征得其同意为由请求免除保证责任的,人民法院不予支持。保证合同另有约定的除外。

第十七条 开证申请人与开证行对信用证进行修改未征得保证人同意的,保证人只在原保证合同约定的或者法律规定的期间和范围内承担保证责任。保证合同另有约定的除外。

第十八条 本规定自2006年1月1日起施行。

(五)最高人民法院
关于人民法院应当如何认定保证人在保证期间
届满后又在催款通知书上签字问题的批复

(2004年3月23日最高人民法院审判委员会第1312次会议通过
自2004年4月19日起施行 法释〔2004〕4号)

云南、河北、四川省高级人民法院:

云高法〔2003〕69号《关于保证人超过保证期间后又在催款通知书上签字应如何认定性质和责任的请示》、〔2003〕冀民二请字第1号《关于如何认定已过了保证期间的保证人在中国长城资产管理公司〈债权转移确认通知书〉上盖章的民事责任的请示》和川高法〔2003〕266号《关于保证期届满后保证人与债务人同日在催款通知书上签字或者盖章的法律效力问题的请示》收悉。经研究，答复如下：

根据《中华人民共和国担保法》的规定，保证期间届满债权人未依法向保证人主张保证责任的，保证责任消灭。保证责任消灭后，债权人书面通知保证人要求承担保证责任或者清偿债务，保证人在催款通知书上签字的，人民法院不得认定保证人继续承担保证责任。但是，该催款通知书内容符合合同法和担保法有关担保合同成立的规定，并经保证人签字认可，能够认定成立新的保证合同的，人民法院应当认定保证人按照新保证合同承担责任。

（六）最高人民法院
关于对云南省高级人民法院就如何适用《关于适用〈中华人民共和国担保法〉若干问题的解释》第四十四条请示的答复

（2003年12月24日发布并施行 〔2003〕民二他字第49号）

云南省高级人民法院：

你院[2003]云高民二终字第149号请示收悉。经研究，答复如下：

《关于适用〈中华人民共和国担保法〉若干问题的解释》（以下简称担保法司法解释）第四十四条第二款规定的债权人应在破产程序终结后六个月内要求保证人承担保证责任的规定，仅适用于债务人在破产程序开始时保证期间尚未届满，而在债权人申报债权参加清偿破产财产程序期间保证期间届满的情形。即在上述情况下，考虑到债权人在债务人破产期间不便对保证人行使权利，债权人可以在债务人破产终结后六个月内要求保证人承担保证责任。你院请示的昆明电缆厂与交通银行昆明分行、昆明电缆股份有限公司担保借款合同纠纷案中，债权人交通银行昆明分行已经在保证期间内、债务人破产程序前要求保证人承担保证责任，因此，不适用担保法司法解释第四十四条第二款的规定。

此复

（七）最高人民法院
关于对甘肃省高级人民法院甘高法〔2003〕183号请示的答复

（2003年11月28日发布并施行 〔2003〕民二他字第40号）

甘肃省高级人民法院：

你院甘高法〔2003〕183号《关于担保法生效前签订的保证合同没有约定保证期限，

主债务没有超过诉讼时效,债权人向保证人主张过权利的,能否适用最高人民法院《关于处理担保法生效前发生保证行为的保证期间问题的通知》的请示》收悉。经研究,答复如下:

本院2002年8月1日下发的法[2002]144号《关于处理担保法生效前发生保证行为的保证期间问题的通知》(以下简称144号通知)第一条中"未向保证人主张权利的"一语,系对当时中国信达资产管理公司等四家资产管理公司所受让债权的状态描述,并非是适用该通知的必要条件。因此,对于"担保法生效前签订的保证合同中没有约定保证期限或约定不明确的",只要"主债务没有超过诉讼时效期间",无论债权人是否向保证人主张过权利,均不影响债权人依照144号通知规定,向保证人主张权利。同意你院审判委员会的第一种意见。

此复

(八) 最高人民法院
关于甘肃省高级人民法院就在诉讼时效期间债权人依法将主债权转让给第三人保证人是否继续承担保证责任等问题请示的答复

(2003年10月20日发布并施行 〔2003〕民二他字第39号)

甘肃省高级人民法院:

你院甘高法[2003]176号请示收悉。经研究,答复如下:

一、在诉讼时效期间,凡符合《中华人民共和国合同法》第八十一条和《中华人民共和国担保法》第二十二条规定的,债权人将主债权转让给第三人,保证债权作为从权利一并转移,保证人在原保证担保的范围内继续承担保证责任。

二、按照《关于适用〈中华人民共和国担保法〉若干问题的解释》第三十六条第一款的规定,主债务诉讼时效中断,连带保证债务诉讼时效不因主债务诉讼时效中断而中断。按照上述解释第三十四条第二款的规定,连带责任保证的债权人在保证期间内要求保证人承担保证责任的,自该要求之日起开始计算连带保证债务的诉讼时效。《最高人民法院对〈关于贯彻执行最高人民法院"十二条"司法解释有关问题的函〉的答复》是答复四家资产管理公司的,其目的是为了最大限度地保全国有资产。**因此,债权人对保证人有公告催收行为的,人民法院应比照适用《最高人民法院关于审理涉及金融资产管理公司收购、管理、处置国有银行不良贷款形成的资产的案件适用法律若干问题的规定》第十条的规定,认定债权人对保证债务的诉讼时效中断。**

此复

（九）最高人民法院
关于在保证期间内保证人在债权转让协议上签字并承诺履行原保证义务能否视为债权人向担保人主张过债权及认定保证合同的诉讼时效如何起算等问题请示的答复

（2003年9月8日发布并施行 〔2003〕民二他字第25号）

云南省高级人民法院：

你院云高法报〔2003〕5号《关于在保证期间内，保证人在债权转让协议上签字并承诺履行原保证义务，能否视为债权人向担保人主张过债权，从而认定保证合同的诉讼时效从签字时起算的请示报告》收悉。经研究，答复如下：

《中华人民共和国担保法》（以下简称《担保法》）第二十六条第一款规定的债权人要求保证人承担保证责任应包括债权人在保证期间内向保证人主动催收或提示债权，以及保证人在保证期间内向债权人作出承担保证责任的承诺两种情形。请示所涉案件的保证人个旧市配件公司于保证期间内，在所担保的债权转让协议上签字并承诺"继续履行原保证合同项下的保证义务"即属《担保法》第二十六条第一款所规定的债权人要求保证人承担保证责任的规定精神。依照本院《关于适用〈中华人民共和国担保法〉若干问题的解释》第三十四条第二款的规定，自保证人个旧市配件公司承诺之日起，保证合同的诉讼时效开始计算。

故同意你院第一种意见。

此复

（十）最高人民法院
关于债权人在保证期间以特快专递向保证人发出逾期贷款催收通知书但缺乏保证人对邮件签收或拒收的证据能否认定债权人向保证人主张权利的请示的复函

（2003年6月12日发布并施行 〔2003〕民二他字第6号）

河北省高级人民法院：

你院〔2003〕冀民二请字第1号请示收悉。经研究，答复如下：

债权人通过**邮局以特快专递**的方式向保证人发出逾期贷款催收通知书，在债权人能够提供特快专递邮件存根及内容的情况下,除非保证人有相反证据推翻债权人所提供的证据,应当认定债权人向保证人主张了权利。

（十一）最高人民法院
关于对外国企业派驻我国的代表处以代表处名义
出具的担保是否有效及外国企业对该担保行为
应承担何种民事责任的请示的复函

（2003年6月12日发布并施行　〔2002〕民四他字第6号）

上海市高级人民法院：

你院2001年12月27日[2000]沪高经终字第587号《关于外国企业派驻我国的代表处以代表处名义出具的担保是否有效及外国企业对该担保行为应承担何种民事责任的请示》收悉。经本院审判委员会讨论,答复如下：

外国企业派驻我国的代表处,不是该外国企业的分支机构或者职能部门,而是该外国企业的代表机构,对外代表该外国企业。代表处在我国境内的一切业务活动,应当由其所代表的外国企业承担法律责任。本案中,南通市对外贸易公司是在大象交易株式会社上海代表处的介绍下与金达莱国际贸易有限公司形成委托代理关系的。在整个业务活动中,大象交易株式会社上海代表处一直以大象交易株式会社的名义与南通市对外贸易公司商谈、签订买卖合同和提供担保。该代表处在买卖合同上加盖大象交易株式会社的印章以及在担保书上加盖大象交易株式会社上海代表处的印章的行为,均代表大象交易株式会社本身,应由大象交易株式会社直接承担民事责任。

此复

二〇〇三年六月十二日

附：

上海市高级人民法院关于外国企业派驻我国的代表处以代表处名义出具的担保是否有效及外国企业对该担保行为应承担何种民事责任的请示

（[2000]沪高经终字第587号）

最高人民法院：

我院在审理上诉人(原审原告)南通市对外贸易公司中联贸易部(以下简称南通公司)与被上诉人韩国大象交易株式会社(以下简称大象会社)担保纠纷一案中,查明大象会社上海代表处因不具备法人资格,在未经大象会社明确授权的情况下,以自己的名义出具担保书,该担保行为是否有效及大象会社对该担保行为如何承担民事责任存在分歧,经我院审判委员会讨论,决定请示钧院。

一、案件的基本情况及一审法院判决结果

宁波保税区金达莱国际贸易有限公司(以下简称金达莱公司)向大象会社进口塑料粒子,因金达莱公司无进出口权,遂由大象会社将南通公司介绍给金达莱公司,由金达莱公司委托南通公司代理进口。1998年8月5日南通公司代理金达莱公司以南通公司名义与大象会社签订买卖合同,同日南通公司与金达莱公司签订《进口开证代理协议》,约定由金达莱公司委托南通公司开立信用证进口大象会社塑料粒子,同时约定大象会社必须提供相应的担保书给南通公司。大象会社上海代表处向南通公司出具了安全收款的担保书。买卖合同与担保书均由大象会社上海代表处的两位经办人在该代表处首席代表郑在京的授意下具体经办。但两经办人在买卖合同中加盖的是大象会社章,在担保书上加盖的是上海代表处章。大象会社上海代表处系大象会社派驻机构,无独立法人资格,经我国工商行政管理局审核准予登记注册,其登记证上载明业务范围是"从事化工产品、食品进出口贸易及相关投资的业务联络"。现南通公司已付清信用证项下款项,由于金达莱公司未支付信用证付汇款人民币1159688.10元,经南通仲裁委员会仲裁裁决,金达莱公司支付货款及利息,但因主债务人无财产可供执行,南通公司遂向上海市第一中级人民法院起诉,要求判令大象会社承担担保责任。一审法院认为:大象会社上海代表处是大象会社的分支机构,不具有独立法人资格,在未经大象会社同意及授权的情况下,以自己的名义出具担保书,该担保行为无效。因南通公司无法提供确凿证据证明金达莱公司已收到上述货物。遂判决:南通公司要求大象会社履行担保义务支付货款的诉讼请求不予支持。

二、二审法院处理意见

二审法院审理期间查明,作为实际买方的金达莱公司已收到货物,故认为原审法院以主债务人未收到货物为由驳回债权人对担保人的诉讼请求没有事实依据。但对于大象会社对其派驻机构上海代表处的担保行为应如何承担责任意见不一。合议庭在评议中形成三种不同意见。

第一种意见认为:大象会社上海代表处作为外国企业在上海的常驻代表机构,虽经国家工商行政管理机关审核准予登记注册,其登记证上明确业务范围是从事业务联络,但并未取得营业执照,不符合公司法中关于外国公司在我国境内设立分支机构的法定条件,代表处相当于联络处,是从事非直接经营活动的代表机构。故应认定上海代表处系大象会社的职能部门,南通公司在与上海代表处洽谈和确认上海代表处出具的担保书时,知道或应当知道上海代表处在工商登记注册业务范围,根据担保法司法解释第十八条规定,保证无效造成损失由债权人南通公司自行承担,大象会社对上海代表处无效担保不承担担保责任。

第二种意见认为:大象会社与金达莱公司实际存在贸易关系,但因金达莱公司没有代理进口权,遂由大象会社将南通公司介绍给金达莱公司,在大象会社与南通公司签订买卖合同的同时,由南通公司与金达莱公司签订进口代理协议,信用证的受益人也是大象会社,在整个经营活动中始终由上海代表处的两位经办人具体经办,在与南通公司的合同中加盖大象会社的章,而出具的担保书上却盖的是上海代表处的章,两经办人的经营行为是在上海代表处首席代表郑在京的授意下进行,郑在京当时是大象会社的科长,由此应推定大象会社是明知上海代表处出具担保书,由于大象会社在本案中是买卖合同中的卖方,是信用证的受益人,大象会社上海代表处的担保行为是为了大象会社的利益,并未损害其法人的利益。南通公司有理由认为大象会社上海代表处的担保行为代表大象会社,上海代表处的担保行为构成表见代理,大象会社应承担全部责任。

第三种意见认为:不宜简单地将上海代表处归类为分支机构或职能部门。从法律要件分析,外国公司代表处既不是分支机构,也不是职能部门。但由于其经中国政府许可,可以代表公司在中国境内从事一定活动,其具有代表公司为一定行为的行为能力,类似于外国公司分支机构代表公司在中国境内从事生产经营活动,而不同于职能部门,不具有代表公司活动的行为能力。因此,在民事责任承担方面,外国公司代表处可以准用有关外国公司分支机构在中国境内从事民事活动的责任承担规定。此外,根据《对外贸易经济合作部关于审批和管理外国企业在华常驻代表机构的实施细则》规定,"外国企业对其设立的常驻代表机构在我国境内的一切业务活动应承担法律责任"。本案中,上海代表处是大象会社派出的在中国境内的常驻机构,其未经大象会社授权出具担保,债权人南通公司应当知道上海代表处无权对外担保仍与之签订担保书,显然存在过错,故导致担保无效双方均有过错。根据我国担保法司法解释第七条、第十七条规定,大象会社承担民事责任的部分,不应超过债务人不能清偿部分的二分之一。

我院审判委员会经讨论,倾向同意合议庭的第二种意见。

三、本案需请示的问题

我国已加入 WTO,对类似于大象会社上海代表处在我国派出机构从事民商事活动必将越来越多,外国企业代表处往往代表外国企业在我国从事民商事活动,作为外国企业,为追求效益和受经济利益的驱动,一般均由代表处出面洽谈,而由于外国企业派出代表机构的性质在法律上尚无明确规定,极易产生纠纷。为了规范市场秩序,拟就以下问题请示钧院:

1. 外国企业的派出机构性质应如何界定?是否具有担保的主体资格?
2. 本案大象会社应承担何种民事责任?请批示。

上海市高级人民法院
二○○一年十二月二十七日

(十二)最高人民法院
关于涉及担保纠纷案件的司法解释的适用
和保证责任方式认定问题的批复

(2002 年 11 月 11 日由最高人民法院审判委员会第 1256 次会议通过
自 2002 年 12 月 6 日起施行 法释〔2002〕38 号)

山东省高级人民法院:

你院鲁法民二字[2002]2号《关于担保法适用有关问题的请示》收悉。经研究,答复如下:

一、最高人民法院法发[1994]8号《关于审理经济合同纠纷案件有关保证的若干问题的规定》,适用于该规定施行后发生的担保纠纷案件和该规定施行前发生的尚未审结的第一审、第二审担保纠纷案件。该规定施行前判决、裁定已经发生法律效力的担保纠纷案件,进行再审的,不适用该《规定》。《中华人民共和国担保法》生效后发生的担保行为和担保纠纷,适用担保法和担保法相关司法解释的规定。

二、担保法生效之前订立的保证合同中对保证责任方式没有约定或者约定不明的,应当认定为一般保证。保证合同中明确约定保证人在债务人不能履行债务时始承担保证责任的,视为一般保证。保证合同中明确约定保证人在被保证人不履行债务时承担保证责任,且根据当事人订立合同的本意推定不出为一般保证责任的,视为连带责任保证。

在本批复施行前,判决、裁定已经发生法律效力的担保纠纷案件,当事人申请再审或者按审判监督程序决定再审的,不适用本批复。

此复

2002年11月23日

(十三) 最高人民法院
关于已承担保证责任的保证人向其他保证人行使追偿权问题的批复

(2002年11月11日由最高人民法院审判委员会第1256次会议通过
自2002年12月5日起施行 法释[2002]37号)

云南省高级人民法院:

你院云高法[2002]160号《关于已经承担了保证责任的保证人向保证期间内未被主张保证责任的其他保证人行使追偿权是否成立的请示》收悉。经研究,答复如下:

根据《中华人民共和国担保法》第十二条的规定,承担连带责任保证的保证人一人或者数人承担保证责任后,有权要求其他保证人清偿应当承担的份额,**不受债权人是否在保证期间内向未承担保证责任的保证人主张过保证责任的影响**。

此复

2002年11月23日

(十四) 最高人民法院
对《关于担保期间债权人向保证人主张权利的
方式及程序问题的请示》的答复

(2002年11月22日发布并施行 〔2002〕民二他字第32号)

青海省高级人民法院：

你院[2002]青民二字第10号《关于担保期间债权人向保证人主张权利的方式及程序问题的请示》收悉。经研究，答复如下：

1. 本院2002年8月1日下发的《关于处理担保法生效前发生保证行为的保证期间问题的通知》第一条规定的"向保证人主张权利"和第二条规定的"向保证人主张债权"，其主张权利的方式可以包括"提起诉讼"和"送达清收债权通知书"等。其中"送达"既可由债权人本人送达，也可以委托公证机关送达或公告送达(在全国或省级有影响的报纸上刊发清收债权公告)。

2. 该《通知》第二条的规定的意义在于，明确当主债务人进入破产程序，在"债权人没有申报债权"或"已经申报债权"两种不同情况下，债权人应当向保证人主张权利的期限。根据《最高人民法院关于适用〈中华人民共和国担保法〉若干问题的解释》第四十四条第一款的规定，在上述情况下，债权人可以向人民法院申报债权，也可以向保证人主张权利。**因此，对于债权人申报了债权，同时又起诉保证人的保证纠纷案件，人民法院应当受理。**在具体审理并认定保证人应承担保证责任的金额时，如需等待破产程序结束的，可依照《中华人民共和国民事诉讼法》第一百三十六条第一款第(五)项的规定，裁定中止诉讼。人民法院如径行判决保证人承担保证责任，应当在判决中明确应扣除债权人在债务人破产程序中可以分得的部分。

此复

(十五) 最高人民法院
关于处理担保法生效前发生保证行为的
保证期间问题的通知

(2002年8月1日发布并施行 法〔2002〕144号)

各省、自治区、直辖市高级人民法院，解放军军事法院，新疆维吾尔自治区高级人民法院生产建设兵团分院：

我院于2000年12月8日公布法释〔2000〕44号《关于适用〈中华人民共和国担保法〉若干问题的解释》后，一些部门和地方法院反映对于担保法实施前发生的保证行为如何确定保证期间问题没有作出规定，而我院于1994年4月15日公布的法发〔1994〕8号《关于审理经济合同纠纷案件有关保证的若干问题的规定》对此问题亦不十分明确。为了正确审理担保法实施前的有关保证合同纠纷案件，维护债权人和其他当事人的合法权益，经全国人大常委会法制工作委员会同意，现就有关问题通知如下：

一、对于当事人在担保法生效前签订的保证合同中没有约定保证期限或者约定不明确的，如果债权人已经在法定诉讼时效期间内向主债务人主张权利，使主债务没有超过诉讼时效期间，但未向保证人主张权利的，债权人可以自本通知发布之日起6个月（自2002年8月1日至2003年1月31日）内，向保证人主张权利。逾期不主张的，保证人不再承担责任。

二、主债务人进入破产程序，债权人没有申报债权的，债权人亦可以在上述期间内向保证人主张债权；如果债权人已申报了债权，对其在破产程序中未受清偿的部分债权，债权人可以在破产程序终结后6个月内向保证人主张。

三、本通知发布时，已经终审的案件、再审案件以及主债务已超过诉讼时效的案件，不适用本通知。

2002年8月1日

（十六）最高人民法院 关于沈阳市信托投资公司是否应当 承担保证责任问题的答复

（2001年8月22日发布并施行　法民二〔2001〕50号）

辽宁省高级人民法院：

你院〔1999〕辽经初字第48号《关于沈阳市信托投资公司是否应当承担保证责任的请示》收悉。经研究，答复如下：

我国《担保法》所规定的保证，是指保证人和债权人约定，当债务人不履行债务时，保证人按照约定履行债务或者承担责任的行为。这里所称"保证人和债权人约定"系指双方均为特定人的一般情况。由于公司向社会公开发行债券时，认购人并不特定，不可能要求每一个认购人都与保证人签订书面保证合同，因此，不能机械地理解和套用《担保法》中关于"保证"的定义。向社会公开发行债券时，债券发行人与代理发行人或第三人签订担保合同，该担保合同同样具有证明担保人之真实意思表示的作用。而认购人的认购行为即表明其已接受担保人作出的担保意思表示。你院请示中的第一种意见，即只要沈阳市信托投资公司的保证意思是自愿作出的，且其内容真实,该保证合同即应为有效,该公司应对其担保的兑付债券承担保证责任,是有道理的。

以上意见,请参考。

(十七) 最高人民法院
关于正确确认企业借款合同纠纷案件中
有关保证合同效力问题的通知

(1998年9月14日发布并施行　法〔1998〕85号)

各省、自治区、直辖市高级人民法院,新疆维吾尔自治区高级人民法院生产建设兵团分院:

近来发现一些地方人民法院在审理企业破产案件或者与破产企业相关的银行贷款合同纠纷案件中,对所涉及的债权保证问题,未能准确地理解和适用有关法律规定,致使在确认保证合同的效力问题上出现偏差,为此特作如下通知:

各级人民法院在处理上述有关保证问题时,应当准确理解法律,严格依法确认保证合同(包括主合同中的保证条款)的效力。**除确系因违反担保法及有关司法解释的规定等应当依法确认为无效的情况外,不应仅以保证人的保证系因地方政府指令而违背了保证人的意志,或该保证人已无财产承担保证责任等原因,而确认保证合同无效,并以此免除保证责任。**

特此通知。

中华人民共和国最高人民法院
一九九八年九月十四日

(十八) 最高人民法院
关于审理经济合同纠纷案件有关保证的若干问题的规定

(1994年4月15日发布并施行　法发〔1994〕8号)

根据《中华人民共和国民法通则》和《中华人民共和国经济合同法》的有关规定,结合审判实践经验,对审理经济合同纠纷案件有关保证问题作如下规定:

一、保证合同成立的认定

1. 保证人与债权人就保证问题依法达成书面协议的,保证合同成立。

2. 保证人以书面形式向债权人表示,当被保证人不履行债务时,由其代为履行或者承担连带责任并为债权人接受的,保证合同成立。

3. 保证人在债权人与被保证人签订的订有保证条款的主合同上,以保证人的身份签字或者盖章;或者主合同中虽没有保证条款,但保证人在主合同上以保证人的身份签字或者盖章的,视为保证合同成立。

二、有效保证合同保证人的责任

4. 保证合同依法成立后,被保证人不履行债务的,保证人应当按照保证合同约定的范围、方式和期限承担保证责任。

5. 保证合同明确约定保证人承担代为履行责任的,经债权人请求被保证人履行合同,被保证人拒不履行时,债权人可请求保证人履行。保证人不能代为履行合同,且强制执行被保证人的财产仍不足以清偿其债务的,由保证人承担赔偿责任。

6. 保证合同明确约定保证人承担连带责任的,当被保证人到期不履行合同时,债权人既可向被保证人求偿,也可直接向保证人求偿。

7①. <u>保证合同没有约定保证人承担何种保证责任,或者约定不明确的,视为保证人承担赔偿责任。</u>当被保证人不履行合同时,债权人应当首先请求被保证人清偿债务。强制执行被保证人的财产仍不足以清偿其债务的,由保证人承担赔偿责任。

8. 保证合同对保证范围有明确约定的,保证人在约定的保证范围内承担责任;保证合同没有约定保证范围或者对保证范围约定不明确的,保证人应当对被保证人的全部债务承担保证责任。

9②. 向债权人保证监督支付专款专用的,作出该项保证的人,在履行了监督支付专款专用义务后,不再承担责任。<u>未尽监督义务造成资金流失的,应对流失的资金承担连带责任。</u>

10. 保证合同中约定有保证责任期限的,保证人在约定的保证责任期限内承担保证责任。债权人在保证责任期限内未向保证人主张权利的,保证人不再承担保证责任。

11③. 保证合同中没有约定保证责任期限或者约定不明确的,保证人应当在被保证人承担责任的期限内承担保证责任。保证人如果在主合同履行期限届满后,书面要

---

① 关于当事人对保证方式没有约定或者约定不明确的情形下保证人应承担的保证责任,本条规定与《担保法》不一致,应当适用《担保法》第十九条之规定,即"当事人对保证方式没有约定或者约定不明确的,按照连带责任保证承担保证责任"。

② 关于第三人未尽保证的监督义务造成资金流失的相关责任,本条规定与《担保法解释》不一致,应当适用《担保法解释》第二十六条之规定,即"未尽监督义务造成资金流失的,应当对流失的资金承担补充赔偿责任"。

③ 关于保证合同未约定保证期间或约定不明的情形下保证期间的认定,本条规定与《担保法解释》不一致,应当适用《担保法解释》第三十二条、第三十七条之规定,即:保证合同对保证期间没有约定,保证期间为主债务履行期届满之日起六个月;保证合同对保证期间约定不明,保证期间为主债务履行期届满之日起二年;最高额保证合同对保证期间没有约定或者约定不明的,如最高额保证合同约定有保证人清偿债务期限的,保证期间为清偿期限届满之日起六个月,没有约定债务清偿期限的,保证期间自最高额保证终止之日或自债权人收到保证人终止保证合同的书面通知之日起六个月。

求债权人向被保证人为诉讼上的请求,而债权人在收到保证人的书面请求后一个月内未行使诉讼请求权的,保证人不再承担保证责任。

12[①]. 债权人与被保证人未经保证人同意,变更主合同履行期限的,如保证合同中约定有保证责任期限,保证人仍在原保证责任期限内承担保证责任;如保证合同中未约定保证责任期限,保证人仍在被保证人原承担责任的期限内承担保证责任。

债权人与被保证人未经保证人同意,在主合同履行期限内变更合同其他内容而使被保证人债务增加的,保证人对增加的债务不承担保证责任。

13[②]. 债权人在保证责任期限内,将债权转移给他人,并通知保证人的,保证人应向债权受让人承担保证责任。

14. 被保证人经债权人同意在保证责任期限内,将债务转移给他人,未经保证人同意的,保证人不再承担保证责任,但保证人追认的除外。

15. 债权人在保证责任期限内,无正当理由拒绝被保证人履行债务的,保证人不再承担保证责任;债权人放弃抵押权的,保证人就放弃抵押权的部分不再承担保证责任。但保证人同意继续承担保证责任的除外。

16. 依照法律规定或者当事人约定,免除被保证人部分或者全部债务的,保证人相应的保证责任得以免除。

三、无效保证合同的认定及保证人的责任

17. 法人的分支机构未经法人同意,为他人提供保证的,保证合同无效,保证人不承担保证责任,但应当根据其过错大小,承担相应的赔偿责任。法人的分支机构管理的财产不足以承担赔偿责任的,由法人承担。

金融部门的分支机构提供保证的,如无其他导致保证合同无效的因素,保证人应当承担保证责任。

18. 法人的内部职能部门未经法人同意,为他人提供保证的,保证合同无效,保证人不承担保证责任,但应当根据其过错大小,由法人承担相应的赔偿责任。

19. 主合同债权人一方或者双方当事人采取欺诈、胁迫等手段,或者恶意串通,使保证人在违背真实意思情况下提供保证的,保证合同无效,保证人不承担责任。

---

① 关于主合同履行期限变更对保证责任的影响,根据《担保法》第二十四条、《担保法解释》第三十条之规定,如对主合同履行期限作了变动,未经保证人书面同意的,保证期间为原合同约定的或者法律规定的期间,但保证合同另有约定的,按照约定。

关于主合同其他内容变更对保证责任的影响,根据《担保法》第二十四条、《担保法解释》第三十条之规定,保证期间,债权人与债务人对主合同数量、价款、币种、利率等内容作了变动,如果加重债务人的债务的,保证人对加重的部分不承担保证责任,但保证合同另有约定的,按照约定。

需注意的是,对于担保协议中类似"主合同变更无需经担保人同意,担保人亦承担担保责任"约定的效力,司法实践中人民法院存在不同的裁判观点。

② 关于债权让与对保证责任的影响,本条规定与《担保法》不一致,应当适用《担保法》第二十二条之规定,即"保证期间,债权人依法将主债权转让给第三人的,保证人在原保证担保的范围内继续承担保证责任。保证合同另有约定的,按照约定"。

20①. 主合同无效,保证合同也无效,保证人不承担保证责任。但保证人知道或者应当知道主合同无效而仍然为之提供保证的,主合同被确认无效后,保证人与被保证人承担连带赔偿责任。

四、在诉讼中为当事人提供的保证

21. 人民法院在案件审理过程中,决定对财产采取保全措施时,保证人为申请人或者被申请人提供保证的,在案件审理终结后,如果被保证人无财产可供执行或者其财产不足以清偿债务时,人民法院可以直接裁定执行保证人在其保证范围内的财产。

22. 在案件执行过程中,为被执行人提供保证的,被执行人逾期无财产可供执行或者其财产不足以清偿债务时,人民法院可以直接裁定执行保证人在其保证范围内的财产。

五、被保证人破产后保证人的责任

23. 被保证人被宣告破产的,债权人参加破产程序受偿后,对受偿不足的部分,保证人仍应承担保证责任。

24. 人民法院已审理终结的没有保证的合同纠纷案件,在执行终结前被保证人被宣告破产的,债权人可以生效法律文书确认的债权数额作为破产债权申报;债务已部分偿还的,以未偿还的部分作为债权申报。对经破产程序未受清偿的部分,保证人仍应承担保证责任。

25. 保证人代被保证人偿还债务后,尚未从被保证人处获偿被保证人即宣告破产的,保证人可以其代为清偿的数额作为破产债权申报。

26②. 被保证人被宣告破产,债权人不申报债权的,在确认保证人的责任时,应当扣除债权人可以在破产程序中得到清偿的部分。

六、保证合同的诉讼时效

27③. 保证合同约定有保证责任期限的,债权人应当在保证责任期限届满前向保证人主张权利。保证人拒绝承担保证责任的,债权人向人民法院请求保护其权利的诉讼时效期间,适用民法通则的有关诉讼时效的规定。

---

① 关于主合同无效情形下保证合同的效力及保证人的责任,本条规定与《担保法》《担保法解释》不一致,应当适用《担保法》第五条、《担保法解释》第八条之规定,即:主合同无效,担保合同无效,但担保合同另有约定的,按照约定;主合同无效而导致担保合同无效,担保人无过错的,担保人不承担民事责任;主合同无效而导致担保合同无效,担保人有过错的,担保人承担民事责任的部分,不应超过债务人不能清偿部分的三分之一。

② 关于债务人破产后债权人未申报债权的相关责任,本条规定与《担保法解释》不一致,应当适用《担保法解释》第四十五条之规定,即"债权人知道或者应当知道债务人破产,既未申报债权也未通知保证人,致使保证人不能预先行使追偿权的,保证人在该债权在破产程序中可能受偿的范围内免除保证责任"。

③ 关于保证合同的诉讼时效应适用的法律,本条的规定为"适用民法通则的有关诉讼时效的规定",但2017年10月1日《民法总则》施行后,应当适用《民法总则》及《最高人民法院关于适用〈中华人民共和国民法总则〉诉讼时效制度若干问题的解释》有关诉讼时效的规定。

28①. 保证合同约定有保证责任期限,但在保证责任期限内,债权人仅向被保证人主张权利而未向保证人主张权利的,主债务诉讼时效中断,保证债务的诉讼时效不中断。

29. 保证合同未约定保证责任期限的,主债务的诉讼时效中断,保证债务的诉讼时效亦中断。

30. 依照《中华人民共和国民法通则》第一百三十九条的规定,主债务诉讼时效中止的,保证债务的诉讼时效同时中止。

七、其他

31. 本院以前关于保证问题的司法解释与本规定不一致的,以本规定为准,但已审结的案件,不得适用本规定进行再审。

---

① 关于保证合同的诉讼时效,本解释第二十八条、第二十九条之规定与《担保法解释》不一致,应当适用《担保法解释》第三十六条规定,即:一般保证中,主债务诉讼时效中断,保证债务诉讼时效中断;连带责任保证中,主债务诉讼时效中断,保证债务诉讼时效不中断。

三、关于抵押的相关解释与其他规范性文件

（一）最高人民法院
关于审理矿业权纠纷案件适用法律若干问题的解释(节录)

(2017年2月20日由最高人民法院审判委员会第1710次会议通过
自2017年7月27日起施行 法释〔2017〕12号)

第十四条 矿业权人为担保自己或者他人债务的履行,将矿业权抵押给债权人的,抵押合同自依法成立之日起生效,但法律、行政法规规定不得抵押的除外。

当事人仅以未经主管部门批准或者登记、备案为由请求确认抵押合同无效的,人民法院不予支持。

第十五条 当事人请求确认矿业权之抵押权自依法登记时设立的,人民法院应予支持。

颁发矿产资源勘查许可证或者采矿许可证的国土资源主管部门根据相关规定办理的矿业权抵押备案手续,视为前款规定的登记。

第十六条 债务人不履行到期债务或者发生当事人约定的实现抵押权的情形,抵押权人依据民事诉讼法第一百九十六条、第一百九十七条规定申请实现抵押权的,人民法院可以拍卖、变卖矿业权或者裁定以矿业权抵债,但矿业权竞买人、受让人应具备相应的资质条件。

第十七条 矿业权抵押期间因抵押人被兼并重组或者矿床被压覆等原因导致矿业权全部或者部分灭失,抵押权人请求就抵押人因此获得的保险金、赔偿金或者补偿金等款项优先受偿或者将该款项予以提存的,人民法院应予支持。

（二）第八次全国法院民事商事审判工作会议
(民事部分)纪要(节录)

(最高人民法院2016年11月30日发布)

四、关于房地产纠纷案件的审理

房地产纠纷案件的审判历来是民事审判的重要组成部分,审理好房地产纠纷案件

对于保障人民安居乐业、优化土地资源配置、服务经济社会发展具有重要意义。随着我国经济发展进入新常态、产业结构优化升级以及国家房地产政策的调整，房地产纠纷案件还会出现新情况、新问题，要做好此类纠纷的研究和预判，不断提高化解矛盾的能力和水平。

（一）关于合同效力问题

14. 物权法第一百九十一条第二款并非针对抵押财产转让合同的效力性强制性规定，当事人仅以转让抵押房地产未经抵押权人同意为由，请求确认转让合同无效的，不予支持。受让人在抵押登记未涂销时要求办理过户登记的，不予支持。

（三）最高人民法院关于《城市房地产抵押管理办法》在建工程抵押规定与上位法是否冲突问题的答复

（2012年11月28日发布并施行　〔2012〕行他字第8号）

山东省高级人民法院：

你院鲁高法函〔2012〕3号请示收悉，经征求全国人大常委会法制工作委员会、住房和城乡建设部意见，答复如下：

在建工程属于《担保法》规定的可以抵押的财产范围。**法律对在建工程抵押权人的范围没有作出限制性规定，《城市房地产抵押管理办法》第三条第五款有关在建工程抵押的规定，是针对贷款银行作为抵押权人时的特别规定，但并不限制贷款银行以外的主体成为在建工程的抵押权人。**

二〇一二年十一月二十八日

附：

山东省高级人民法院关于担保法司法解释与建设部规章就在建工程抵押所作规定是否存在冲突问题的请示

最高人民法院：

聊城东昌府区人民法院在审理邯郸市邯三建筑工程有限公司诉聊城市住房和城乡建设委员会在建工程抵押行政登记一案的过程中，对担保法司法解释与建设部规章就在建工程抵押所作规定是否存在冲突问题把握不准，逐级报请我院研究。经我院审判委员会研究后认为，相关法律适用问题较为复杂，特向贵院请示。

一、当事人基本情况

原告：邯郸市邯三建筑工程有限公司。

被告：聊城市住房和城乡建设委员会。

第三人:聊城市聊韩房地产开发有限公司。
第三人:程安宇。

二、案件由来及一审情况

原告邯郸市邯三建筑工程有限公司(以下简称邯三公司)起诉称:2003年11月21日,我方与聊韩房地产公司签订《建设工程施工合同》,约定由我方承建聊韩房地产公司开发的育新街韩国城的地下停车场、3#楼及4#楼的土建、给排水、电器安装工程。聊韩房地产公司未支付工程款,在执行过程中,我方发现被告聊城市住房和城乡建设委员会(以下简称聊城市住建委)将原告承建的工程为两第三人办了在建工程抵押登记,直接影响了原告合法权利的实现。根据法律规定,在建工程抵押的抵押权人应为银行,不是企业或自然人。被告没有审查贷款人主体资格,程安宇不符合贷款人主体资格,被告为第三人程安宇办理在建工程抵押登记违反法律规定,请求法院依法撤销。

被告辩称:1.我方作出具体行政行为时,邯三公司与聊韩房地产公司的纠纷尚未产生,邯三公司的债权可以通过其他途径解决,邯三公司认为我方作出的登记行为直接影响其债权实现的理由不能成立,邯三公司不具有原告主体资格。2.根据《城市房地产抵押管理办法》第三条第三款规定,我方以公民个人作为抵押权人办理相关房地产抵押登记符合相关规定,并无不当。3.第三人在申请办理房地产抵押权设立登记时,依法提交了规定的材料,我方经对材料进行审核,认为第三人申请事实及权属清楚,证据材料齐全,为其办理了房地产他项权利登记。综上,原告不具有诉讼主体资格,其诉讼没有法律依据,我方作出的抵押登记行为事实清楚,证据充分,程序合法,适用法律正确,请求法院驳回原告的诉讼请求。

第三人聊韩房地产公司辩称:1.本案原告没有诉权,因为我方与程安宇签订的抵押合同合法有效,本案原告要求撤销的登记行为并没有涉及抵押合同的任何内容及权利义务关系,该抵押合同的成立及生效也并不是以抵押登记为生效要件,该登记行为并没有涉及原告的合法权益,该登记行为不具有可诉性。2.根据相关规定对登记行为提起行政诉讼应以解决基础性的民事案件为要件,原告起诉不符合法律规定,请求依法驳回。3.原告起诉超过起诉期限。

第三人程安宇答辩称:1.原告2009年已经起诉聊韩房地产公司并申请法院查封了本案在建工程,在当时原告就应该知道在建工程抵押的情况,故原告于2011年6月16日提起行政诉讼,超过了3个月的起诉期限。2.2007年1月19日,我方与聊韩房地产公司签订借款协议,聊韩房地产公司以在建工程提供抵押担保,并办理了抵押登记。根据《物权法》的规定,该在建工程抵押合法有效。3.原告主张在建工程抵押无效没有法律及事实根据。《城市房地产抵押管理办法》关于在建工程抵押等内容与新法或上位法冲突而不再适用,且其规定过于片面,不应依据该办法的规定执行。请求法院驳回原告的诉讼请求。

聊城市东昌府区人民法院一审查明:2003年11月21日,邯三公司与聊韩房地产公司签订《建筑工程施工合同》,约定由邯三公司施工建设第三人聊韩房地产公司开发的育新街8号韩国城项目的地下车库、3#、4#商住楼三层的土建、给排水、电器安装工程。2006年12月6日,聊韩房地产公司董事会作出决议并于2007年1月17日向房管局抵押科保证;同意对韩国商城3#楼部分面积进行资产抵押,在抵押期间不对外销售。2007年1月1日,聊韩房地产公司与程安宇签订借款合同,聊韩房地产公司以育新街8号3#楼1—3层部分为抵押,向程安宇借款750万元,保证方式为在建工程抵押,期限从2007年1月1日起至2007年12月31日止。聊韩房地产公司与程安宇就上述在建工程抵押向被告提出登记申请,2007年1月24日被告为第三人程安宇办理了抵押登记并颁发聊房他字第0307000266号《房屋他项权证》。原告于2011年6月16日提起行政诉讼。

聊城市东昌府区人民法院形成两种处理意见:

第一种意见:根据《最高人民法院关于适用〈中华人民共和国担保法〉若干问题的解释》(以下简称担保法司法解释)第四十七条的规定,以依法获取尚未建造的或者正在建造中的房屋或者其他建筑物设定抵押,当事人需办理抵押物登记。《城市房地产抵押管理办法》第三条第五款规定:"本办法所称在建工程抵押,是指抵押人为取得在建工程继续建造资金的贷款,以其合法方式取得的土地使用权连同在建工程的投入资产,以不转移占有的方式抵押给贷款银行作为偿还贷款履行担保的行为。"根据该条规定,办理在建工程抵押登记中,抵押权人只能是贷款银行。在本案中,从原告与第三人签订的抵押协议内容看,抵押物为第三人聊韩房地产公司正在开发建设的商品房,属在建工程,因此该抵押登记实质上是在建工程抵押登记。被告办理的被诉在建工程抵押登记中,抵押权人(债权人)为自然人程安宇而非贷款银行,不符合建设部《城市房地产抵押管理办法》规定的在建工程贷款抵押权利主体的法定条件。故依法应撤销被告聊城市住房和城乡建设委员会作出聊房他字第0305004800号《房屋他项权证》的具体行政行为。

第二种意见:《城市房地产抵押管理办法》对在建工程抵押的设定了几个条件,其中一个条件就是抵押权人为贷款银行。而担保法司法解释第四十七条中并未规定在建工程抵押必须具备上述条件。由于《城市房地产抵押管理办法》仅是建设部的一项规章,在审判实践中其效力层次低于司法解释,因此,根据担保法解释的规定,对在建工程抵押不应限制抵押权人的条件,被告为两第三人办理在建工程抵押登记符合法律规定,依法应驳回原告的诉讼请求。

东昌府区法院倾向于第一种意见。

三、聊城中院意见

案经聊城中院审判委员会讨论认为,本案起诉人应具有原告主体资格。在案件实体处理上有两种意见:

第一种意见是同意东昌府区人民法院第一种意见,判决撤销抵押登记。

主要理由是:《中华人民共和国担保法》对在建工程抵押并未作出明确规定。2000年颁布实施的担保法司法解释第四十七条规定,"以依法获准尚未建造的或者正在建造中的房屋或者其他建筑物抵押的,当事人办理了抵押物登记,人民法院可以认定抵押有效。"该司法解释明确了在建工程可以抵押,但并未规定设定抵押的条件。1997年颁布、2001年修订的原建设部《城市房地产抵押管理办法》第三条第五款规定,在建工程抵押登记的抵押权人应为贷款银行。该管理办法是对在建工程办理抵押的具体规定,与担保法司法解释并不冲突。本案中,被告办理的在建工程抵押登记的抵押权人为自然人,而非金融机构,不符合建设部《城市房地产抵押管理办法》第三条第五款的规定。应撤销被告为第三人办理的抵押权登记。

第二种意见是同意东昌府区法院第二种意见,驳回原告诉讼请求。主要理由是:虽然《城市房地产抵押管理办法》规定在建工程抵押的抵押权人为贷款银行,但担保法司法解释并未对抵押权人进行限制,《中华人民共和国物权法》明确规定了在建工程可以抵押,但也未对抵押权人的范围进行限制。由于《城市房地产抵押管理办法》仅是建设部的规章,在审判实践中其效力层次低于司法解释。在建设部规章与司法解释的规定存在冲突的情况下,应适用担保法司法解释。东昌府区法院应对本案进行合法性审查后依法作出裁判。

四、我院研究意见

我院审判委员会研究认为:

(一)本案起诉人邯三公司具有原告诉讼主体资格。主要理由是:一般债权人不具有对不动产登记提起诉讼的原告资格的原因是,一般债权的标的物是不特定的,并未直接指向争议的不动产。而本案中,邯三公司所享有的在建工程优先受偿权指向是特定的,即争议的房产,故应当具有原告诉讼主体资格。《最高人民法院关于审理房屋登记案件若干问题的规定》中明确规定,债权人为抵押权人的,具有原告主体资格,而工程价款优先受偿权优于抵押权,以此类推,承包人作为债权人也应该具有原告主体资格。

(二)关于担保法司法解释与建设部规章是否冲突问题。我院审委会研究后认为,担保法司法解释与建设部规章不冲突。主要理由是:司法解释没有对抵押权人的范围进行限制,故不能推出部门规章不能进行此类限制。建设部规章将在建工程抵押权人限定为银行是合适的,可以防止滥用抵押权,人民法院应当尊重行政主管部门的意见。本案行政诉讼过程中应对抵押登记的证据、程序和法律适用等方面进行全面审查,依法作出是否合法的判断。但也有委员提出,建设部规章所称在建工程抵押,是抵押人将"土地使用权连同在建工程"抵押给贷款银行,而担保法及其司法解释规定的是房屋抵押,不包括土地,两者规范的对象并不相同。

本案如何适用法律,请给予批复。

二〇一二年三月五日

附:相关法律法规

1. 1997年建设部《城市房地产抵押管理办法》第三条第五款规定:"本办法所称在建工程抵押,是指抵押人为取得在建工程继续建造资金的贷款,以其合法方式取得的土地使用权连同在建工程的投入资产,以不转移占有的方式抵押给贷款银行作为偿还贷款履行担保的行为。"

2. 《最高人民法院关于适用〈中华人民共和国担保法〉若干问题的解释》第四十七条规定:"以依法获准尚未建造的或者正在建造中的房屋或者其他建筑物抵押的,当事人办理了抵押物登记,人民法院可以认定抵押有效。"

3. 《合同法》第二百八十六条规定:"发包人未按照约定支付价款的,承包人可以催告发包人在合理期限内支付价款。发包人逾期不支付的,除按照建设工程的性质不宜折价、拍卖的以外，承包人可以与发包人协议将该工程折价，也可以申请人民法院将该工程依法拍卖。建设工程的价款就该工程折价或者拍卖的价款优先受偿。"

4.《最高人民法院关于建设工程价款优先受偿权问题的批复》（法释[2002]16号）

上海市高级人民法院：

你院沪高法[2001]14号《关于合同法第286条理解与适用问题的请示》收悉。经研究，答复如下：

一、人民法院在审理房地产纠纷案件和办理执行案件中，应当依照《中华人民共和国合同法》第二百八十六条的规定，认定建筑工程的承包人的优先受偿权优于抵押权和其他债权。

二、消费者交付购买商品房的全部或者大部分款项后，承包人就该商品房享有的工程价款优先受偿权不得对抗买受人。

三、建筑工程价款包括承包人为建设工程应当支付的工作人员报酬、材料款等实际支出的费用，不包括承包人因发包人违约所造成的损失。

四、建设工程承包人行使优先权的期限为六个月，自建设工程竣工之日或者建设工程合同约定的竣工之日起计算。

五、本批复第一条至第三条自公布之日起施行，第四条自公布之日起六个月后施行。

（四）最高人民法院
关于《国土资源部办公厅关于征求为公司债券持有人办理国有土地使用权抵押登记意见函》的答复

（2010年6月23日发布并施行　（2010）民二他字第16号）

国土资源部办公厅：

国土资厅函[2010]374号《国土资源部办公厅关于征求为公司债券持有人办理国有土地使用权抵押登记意见函》收悉，经研究，答复如下：

基于公司债券持有人具有分散性、群体性、不易保护自身权利的特点，《公司债券发行试点办法》（以下简称《办法》）规定了公司债券受托管理人制度，以保护全体公司债券持有人的权益。基于此，《办法》第二十五条对公司债券受托管理人的法定职责进行了规定，同时允许当事人约定权利义务范围。

根据《物权法》的规定，函中所述案例的抵押权人为全体公司债券持有人。抵押权的设定有利于保护全体公司债券持有人的利益。在公司债券持有人因其不确定性、群体性而无法申请办理抵押权登记的情形下，认定公司债券受托管理人可以代理办理抵押权登记手续，符合设立公司债券受托管理人制度的目的，也不违反《办法》第二十五条的规定。在法律没有禁止性规定以及当事人之间没有禁止代为办理抵押登记约定的情形下,应认定公司债券受托管理人可代理全体公司债券持有人申请办理土地抵押登记。

以上意见仅供参考。

(五) 最高人民法院
关于审理城镇房屋租赁合同纠纷案件
具体应用法律若干问题的解释(节录)

(2009年6月22日最高人民法院审判委员会第1469次会议通过
自2009年9月1日起施行 法释〔2009〕11号)

第二十条 租赁房屋在租赁期间发生所有权变动,承租人请求房屋受让人继续履行原租赁合同的,人民法院应予支持。但租赁房屋具有下列情形或者当事人另有约定的除外:

(一) 房屋在出租前已设立抵押权,因抵押权人实现抵押权发生所有权变动的;

(二) 房屋在出租前已被人民法院依法查封的。

第二十一条 出租人出卖租赁房屋未在合理期限内通知承租人或者存在其他侵害承租人优先购买权情形,承租人请求出租人承担赔偿责任的,人民法院应予支持。但请求确认出租人与第三人签订的房屋买卖合同无效的,人民法院不予支持。

第二十二条 出租人与抵押权人协议折价、变卖租赁房屋偿还债务,应当在合理期限内通知承租人。承租人请求以同等条件优先购买房屋的,人民法院应予支持。

(六) 最高人民法院
关于已登记的抵押物的善意受让人在抵押物
灭失后应否对抵押权人承担赔偿责任的复函

(2006年10月25日发布并施行 〔2006〕民立他字第98号)

山东省高级人民法院:

你院(2005)鲁民监字第335号《关于惠民华润纺织有限公司因抵押合同纠纷申诉一案的法律适用问题的请示报告》收悉。经研究,答复如下:

根据你院请示报告,滨州市滨城区第四油棉厂向惠民华润纺织有限公司(以下简称惠民华润)出卖皮棉57.7吨,并向惠民华润收取了相应的价款,但未告知所出卖的皮棉为已办理登记的抵押物。你院请示报告还称,惠民华润不知也不应知涉案皮棉已抵押,而且惠民华润在抵押权人主张抵押权前已将所购皮棉消耗完毕。因此,根据担保法第五十八条等规定,设立于惠民华润所购的该批皮棉的抵押权消灭,惠民华润不再对抵押权人承担赔偿责任。

此复!

(七)最高人民法院
关于担保法司法解释第五十九条中的
"第三人"范围问题的答复

(2006年5月18日发布并施行 法函〔2006〕51号)

四川省高级人民法院:

你院川高法[2005]496号《关于对〈最高人民法院关于适用〈中华人民共和国担保法〉若干问题的解释〉第五十九条的理解与适用的请示》收悉。经研究,答复如下:

根据《中华人民共和国担保法》第四十一条、第四十三第二款规定,应当办理抵押物登记而未经登记的,抵押权不成立;自愿办理抵押物登记而未办理的,抵押权不得对抗第三人。因登记部门的原因致使当事人无法办理抵押物登记是抵押未登记的特殊情形,如果抵押人向债权人交付了权利凭证,人民法院可以基于抵押当事人的真实意思认定该抵押合同对抵押权人和抵押人有效,但此种抵押对抵押当事人之外的第三人不具有法律效力。

此复。

中华人民共和国最高人民法院
二〇〇六年五月十八日

(八)最高人民法院
关于中国农业银行大连市分行友好支行诉大连中大集团
公司、第三人中国大连国际经济技术合作集团有限公司
借款合同抵押担保纠纷一案请示的答复

(2003年11月24日发布并施行 〔2003〕民二他字第26号)

辽宁省高级人民法院:

你院(2002)辽民三初字第12号请示收悉。经研究,答复如下:

从你院请示材料看,依据大连市中级人民法院(1999)大民初字第160号民事调解书、大连市房地产管理局大房局管字(2000)16号文件以及大连市中级人民法院(2002)大行再字第21号行政判决书,中大大厦9—15层的**产权确系中国大连国际经济技术合**

作集团有限公司(以下简称大连国际)所有,大连中大集团公司(以下简称中大集团)未经大连国际的同意将中大大厦整体抵押给债权人中国农业银行大连市分行友好支行(以下简称友好支行)的行为,属于无权处分行为,依照《中华人民共和国合同法》第五十一条的规定,抵押合同涉及无权处分部分无效。但鉴于中大大厦在抵押时的全部产权登记在中大集团名下,不动产登记具有权利推定效力,因此,如无证据证明友好支行在接受抵押时对中大大厦9—15层产权的真实状况为明知或应知的,友好支行可以善意取得对中大大厦9—15层的抵押权。你院应当在查明案件事实,尤其是债权人在接受抵押时是否属于善意的基础上,妥善处理该案。

此复

2003年11月24日

(九) 最高人民法院
关于船舶抵押合同为从合同时债权人同时起诉主债务人和抵押人地方人民法院应否受理请示的复函

(2003年1月6日发布并施行 〔2002〕民四他字第37号)

山东省高级人民法院:

你院鲁高法函[2002]51号《关于船舶抵押合同为从合同时,债权人同时起诉主债务人和抵押人,地方人民法院应否受理的请示》收悉。经研究,同意你院倾向性意见。现答复如下:

船舶抵押合同纠纷案件应由海事法院专门管辖。船舶抵押合同为从合同时,债权人同时起诉主债务人和抵押人的船舶抵押合同纠纷案件,一律由海事法院管辖;债权人直接起诉船舶抵押人的船舶抵押合同纠纷案件,亦应由海事法院管辖;地方法院受理的上述案件,应当移送有关海事法院。

此复

(十) 最高人民法院
关于建设工程价款优先受偿权问题的批复

(2002年6月11日由最高人民法院审判委员会第1225次会议通过
自2002年6月27日起施行 法释〔2002〕16号)

上海市高级人民法院:

你院沪高法[2001]14号《关于合同法第286条理解与适用问题的请示》收悉。经研究，答复如下：

一、人民法院在审理房地产纠纷案件和办理执行案件中，应当依照《中华人民共和国合同法》第二百八十六条①的规定，认定建筑工程的承包人的优先受偿权优于抵押权和其他债权。

二、消费者交付购买商品房的全部或者大部分款项后，承包人就该商品房享有的工程价款优先受偿权不得对抗买受人。

三、建筑工程价款包括承包人为建设工程应当支付的工作人员报酬、材料款等实际支出的费用，不包括承包人因发包人违约所造成的损失。

四、建设工程承包人行使优先权的期限为六个月，自建设工程竣工之日或者建设工程合同约定的竣工之日起计算。

五、本批复第一条至第三条自公布之日起施行，第四条自公布之日起六个月后施行。

此复。

2002年6月20日

（十一）最高人民法院
关于国有工业企业以机器设备等财产为抵押物与债权人签订的抵押合同的效力问题的批复

（2002年6月11日最高人民法院审判委员会第1225次会议通过
自2002年6月22日起施行　法释〔2002〕14号）

重庆市高级人民法院：

你院渝高法〔2001〕37号《关于认定国有工业企业以机器设备、厂房为抵押物与债权人签订的抵押合同的法律效力的请示》收悉。经研究，答复如下：

根据《中华人民共和国担保法》第三十四条和最高人民法院《关于适用〈中华人民共和国合同法〉若干问题的解释（一）》第九条②规定的精神，国有工业企业以机器设备、厂房等财产与债权人签订的抵押合同，如无其他法定的无效情形，不应当仅以未经政

---

① 《合同法》第二百八十六条规定：发包人未按照约定支付价款的，承包人可以催告发包人在合理期限内支付价款。发包人逾期不支付的，除按照建设工程的性质不宜折价、拍卖的以外，承包人可以与发包人协议将该工程折价，也可以申请人民法院将该工程依法拍卖。建设工程的价款就该工程折价或者拍卖的价款优先受偿。

② 最高人民法院《关于适用〈中华人民共和国合同法〉若干问题的解释（一）》第九条规定：依照合同法第四十四条第二款的规定，法律、行政法规规定合同应当办理批准手续，或者办理批准、登记等手续才生效，在一审法庭辩论终结前当事人仍未办理批准手续的，或者仍未办理批准、登记等手续的，人民法院应当认定该合同未生效；法律、行政法规规定合同应当办理登记手续，但未规定登记后生效的，当事人未办理登记手续不影响合同的效力，合同标的物所有权及其他物权不能转移。合同法第七十七条第二款、第八十七条、第九十六条第二款所列合同变更、转让、解除等情形，依照前款规定处理。

府主管部门批准为由认定抵押合同无效。

本批复施行后,正在审理或者尚未审理的案件,适用本批复,但判决、裁定已经发生法律效力的案件提起再审的除外。

此复。

(十二) 最高人民法院研究室
关于抵押权不受抵押登记机关规定的
抵押期限影响问题的函

(2000年9月28日发布并施行 法(研)明传〔2000〕22号)

广东省高级人民法院:

你院〔1999〕粤高法经一请字第23号《关于抵押登记机关规定的抵押期限是否有效问题的请示》收悉。经研究,答复如下:

依照《中华人民共和国担保法》第五十二条的规定,**抵押权与其担保的债权同时存在,办理抵押物登记的部门规定的抵押期限对抵押权的效力不发生影响。**

(十三) 最高人民法院
关于能否将国有土地使用权折价抵偿给
抵押权人问题的批复

(1998年9月1日由最高人民法院审判委员会第1019次会议通过
自1998年9月9日起施行 法释〔1998〕25号)

四川省高级人民法院:

你院川高法〔1998〕19号《关于能否将国有土地使用权以国土部门认定的价格抵偿给抵押权人的请示》收悉。经研究,答复如下:

在依法以国有土地使用权作抵押的担保纠纷案件中,债务履行期届满抵押权人未受清偿的,可以通过拍卖的方式将土地使用权变现。如果无法变现,债务人又没有其他可供清偿的财产时,应当对国有土地使用权依法评估。人民法院可以参考政府土地管理部门确认的地价评估结果将土地使用权折价,经抵押权人同意,将折价后的土地使用权抵偿给抵押权人,土地使用权由抵押权人享有。

此复

四、关于质押的相关解释与其他规范性文件

（一）最高人民法院
关于适用《中华人民共和国公司法》若干问题的规定(三)(节录)

(2010年12月6日最高人民法院审判委员会第1504次会议通过
根据2014年2月17日最高人民法院审判委员会第1607次会议
《关于修改关于适用〈中华人民共和国公司法〉若干问题的规定的决定》修正
自2014年3月1日起施行　法释〔2014〕2号)

第二十五条　名义股东将登记于其名下的股权转让、**质押**或者以其他方式处分，实际出资人以其对于股权享有实际权利为由，请求认定处分股权行为无效的，人民法院可以参照物权法第一百零六条的规定处理。

名义股东处分股权造成实际出资人损失，实际出资人请求名义股东承担赔偿责任的，人民法院应予支持。

第二十七条　股权转让后尚未向公司登记机关办理变更登记，原股东将仍登记于其名下的股权转让、**质押**或者以其他方式处分，受让股东以其对于股权享有实际权利为由，请求认定处分股权行为无效的，人民法院可以参照物权法第一百零六条的规定处理。

原股东处分股权造成受让股东损失，受让股东请求原股东承担赔偿责任、对于未及时办理变更登记有过错的董事、高级管理人员或者实际控制人承担相应责任的，人民法院应予支持；受让股东对于未及时办理变更登记也有过错的，可以适当减轻上述董事、高级管理人员或者实际控制人的责任。

（二）最高人民法院
关于审理出口退税托管账户质押贷款案件有关问题的规定

(2004年9月27日最高人民法院审判委员会第1326次会议通过
自2004年12月7日起施行　法释〔2004〕18号)

为正确审理涉及出口退税专用账户质押贷款纠纷案件，维护相关当事人的合法权益，根据《中华人民共和国民法通则》、《中华人民共和国合同法》、《中华人民共和国担

保法》等有关规定,结合人民法院审判实践,制定本规定。

第一条 本规定适用于审理、执行涉及出口退税专用账户质押贷款的案件。

本规定所称出口退税专用账户质押贷款,是指借款人将出口退税专用账户托管给贷款银行,并承诺以该账户中的退税款作为还款保证的贷款。

第二条[①] 以出口退税专用账户质押方式贷款的,应当签订书面质押贷款合同。质押贷款合同自贷款银行实际托管借款人出口退税专用账户时生效。

第三条 出口退税专用账户质押贷款银行,对质押账户内的退税款享有优先受偿权。

第四条 人民法院审理和执行案件时,不得对已设质的出口退税专用账户内的款项采取财产保全措施或者执行措施。

第五条 借款人进入破产程序时,贷款银行对已经设质的出口退税专用账户内的款项享有优先受偿权,但应以被担保债权尚未受偿的数额为限。

第六条 有下列情形之一的,不受本《规定》第三、四、五条规定的限制,人民法院可以采取财产保全或者执行措施:

(一)借款人将非退税款存入出口退税专用账户的;

(二)贷款银行将出口退税专用账户内的退税款扣还其他贷款,且数额已经超出质押贷款金额的;

(三)贷款银行同意税务部门转移出口退税专用账户的;

(四)贷款银行有其他违背退税账户专用性质,损害其他债权人利益行为的。

第七条 本规定自公布之日起施行。

(三)最高人民法院执行工作办公室 关于上市公司发起人股份质押合同及红利抵债 协议效力问题请示案的复函

(2004年4月15日发布并施行 〔2002〕执他字第22号)

江苏省高级人民法院:

你院《关于上市公司发起人以其持有的法人股在法定不得转让期内设质押担保在可转让时清偿期届满的债权其质押合同效力如何确认等两个问题的请示报告》收悉。经研究,答复如下:

一、关于本案发起人股份质押合同效力的问题,基本同意你院的第二种意见。《公

[①] 因与《物权法》不一致,本条已被《最高人民法院关于废止2007年底以前发布的有关司法解释(第七批)的决定》(法释[2008]15号)废止。

司法》第147条①规定对发起人股份转让的期间限制,应当理解为是对股权实际转让的时间的限制,而不是对达成股权转让协议的时间的限制。本案质押的股份不得转让期截止到2002年3月3日,而质押权行使期至2005年9月25日才可开始,在质押权人有权行使质押权时,该质押的股份已经没有转让期间的限制,因此不应以该股份在设定质押时依法尚不得转让为由确认质押合同无效。

二、关于本案中三方当事人达成的以股份所产生的红利抵债的协议(简称三方抵债协议),我们认为:首先,该协议性质上属于三方当事人之间的连环债务的协议抵销关系。在协议抵销的情况下,抵销的条件、标的物、范围,均由当事人自主约定。《合同法》第100条关于双方当事人协议抵销的规定,并不排除本案中三方当事人协议抵销的做法。其次,该协议属于预定抵销合同。根据这种合同,当事人之间将来发生可以抵销的债务时,无须另作出抵销的意思表示,而当然发生抵销债务的效果。这种协议并不违反法律的强制性规定,应予以认可。本案中吴江工艺织造厂(以下简称织造厂)在中国服装股份有限公司(以下简称服装公司)中的预期红利收益处于不确定状态,符合这种预定抵销合同的特点。

三、关于股份质押协议与三方抵债协议的关系问题,因本案股份质押权的行使附有期限,故质押的效力只能及于质押权行使期到来(即2005年9月25日)之后该股份产生的红利,质押权人中国银行吴江支行(以下简称吴江支行)不能对此前的红利行使质押权。因此,对于织造厂于2001年6月9日从服装公司分得的该期红利,吴江支行不能以股份质押合同有效而对抗服装公司依据三方抵债协议所为的抵销。

四、织造厂在服装公司的红利一旦产生,按照三方抵债协议的约定,服装公司给付织造厂的红利即时自动抵销面料厂对服装公司的债务,不需要实际支付。因此,在宜兴市人民法院向服装公司送达协助执行通知时,被执行人织造厂在服装公司的红利债权已经消灭,不再有可供执行的债权。宜兴市人民法院从服装公司划拨红利的执行是错误的,应予纠正。

(四) 最高人民法院
关于涉外股权质押未经登记在执行中质押权人
是否享有优先受偿权问题的复函②

(2003年10月9日发布并施行 〔2003〕执他字第6号)

江苏省高级人民法院:

---

① 《公司法》(1999年)第一百四十七条规定:发起人持有的本公司股份,自公司成立之日起三年内不得转让。公司董事、监事、经理应当向公司申报所持有的本公司的股份,并在任职期间内不得转让。

② 应当注意的是,本复函发布的时间早于《物权法》实施之日。《物权法》施行后,根据该法第二百二十六条之规定,以非上市公司股权为质押物的,未经办理出质登记,质权不成立。

你院(2002)苏执监字第114号报告收悉,经研究,答复如下:

同意你院审判委员会第一种意见。(香港)越信隆财务有限公司(以下简称越信隆)与香港千帆投资有限公司(以下简称香港千帆)于1995年7月13日签订的《抵押契约》所涉及的质押物,是香港千帆在南京千帆房地产开发有限公司(以下简称南京千帆)持有的65%股权。虽然我国法律对涉外动产物权的法律适用没有明确的规定,但根据《民法通则》第142条第3款规定的精神,本案可参照世界各国目前普遍采用的物之所在地法原则。因南京千帆系在中华人民共和国注册成立的有限责任公司,故该公司股权的质押是否有效,应根据中华人民共和国的法律法规来认定。上述《抵押契约》订立时,《中华人民共和国担保法》已经全国人大常委会通过并颁布,且于1995年10月1日实施。《担保法》实施后,越信隆应当按照该法第78条第3款的规定,将香港千帆在南京千帆持有的65%股权在内地办理股份出质记载手续,但越信隆未办理股份出质登记。因此,其抵押权不具有对抗第三人的效力。鉴于香港千帆所持南京千帆65%股权已经南京有关行政主管部门批准转让,非经法定程序不得撤销。

此复

(五) 最高人民法院
关于冻结、拍卖上市公司国有股和社会法人股若干问题的规定(节录)

(2001年8月28日最高人民法院审判委员会第1188次会议通过 法释〔2001〕28号 自2001年9月30日起施行)

第八条 人民法院采取强制执行措施时,如果股权持有人或者所有权人在限期内提供了方便执行的其他财产,应当首先执行其他财产。其他财产不足以清偿债务的,方可执行股权。

本规定所称可供方便执行的其他财产,是指存款、现金、成品和半成品、原材料、交通工具等。

人民法院执行股权,必须进行拍卖。

股权的持有人或者所有权人以股权向债权人质押的,人民法院执行时也应当通过拍卖方式进行,不得直接将股权执行给债权人。

（六）最高人民法院
关于审理票据纠纷案件若干问题的规定（节录）

（2000年2月24日最高人民法院审判委员会第1102次会议通过
2000年11月14日法释〔2000〕32号公布 自2000年11月21日起施行
根据2008年12月16日发布的《最高人民法院关于调整司法解释等文件中
引用〈中华人民共和国民事诉讼法〉条文序号的决定》调整）

二、票据保全

第八条 人民法院在审理、执行票据纠纷案件时，对具有下列情形之一的票据，经当事人申请并提供担保，可以依法采取保全措施或者执行措施：

（一）不履行约定义务，与票据债务人有直接债权债务关系的票据当事人所持有的票据；

（二）持票人恶意取得的票据；

（三）应付对价而未付对价的持票人持有的票据；

（四）记载有"不得转让"字样而用于贴现的票据；

（五）记载有"不得转让"字样而用于质押的票据；

（六）法律或者司法解释规定有其他情形的票据。

五、失票救济

第三十四条 依照民事诉讼法第一百九十七条第二款[①]的规定，在公示催告期间，以公示催告的票据质押、贴现，因质押、贴现而接受该票据的持票人主张票据权利的，人民法院不予支持，但公示催告期间届满以后人民法院作出除权判决以前取得该票据的除外。

七、票据背书

第四十七条 因票据质权人以质押票据再行背书质押或者背书转让引起纠纷而提起诉讼的，人民法院应当认定背书行为无效。

第五十一条 依照票据法第三十四条[②]和第三十五条[③]的规定，背书人在票据上

[①] 现为《民事诉讼法》第二百二十条："支付人收到人民法院停止支付的通知，应当停止支付，至公示催告程序终结。公示催告期间，转让票据权利的行为无效。"

[②] 《票据法》第三十四条规定："背书人在汇票上记载'不得转让'字样，其后手再背书转让的，原背书人对后手的被背书人不承担保证责任。"

[③] 《票据法》第三十五条规定："背书记载'委托收款'字样的，被背书人有权代背书人行使被委托的汇票权利。但是，被背书人不得再以背书转让汇票权利。汇票可以设定质押；质押时应当以背书记载'质押'字样。被背书人依法实现其质权时，可以行使汇票权利。"

记载"不得转让"、"委托收款"、"质押"字样,其后手再背书转让、委托收款或者质押的,原背书人对后手的被背书人不承担票据责任,但不影响出票人、承兑人以及原背书人之前手的票据责任。

第五十二条 依照票据法第五十七条第二款①的规定,贷款人恶意或者有重大过失从事票据质押贷款的,人民法院应当认定质押行为无效。

第五十三条 依照票据法第二十七条②的规定,**出票人**在票据上记载"不得转让"字样,其后手以此票据进行贴现、质押的,通过贴现、质押取得票据的持票人主张票据权利的,人民法院不予支持。

第五十四条 依照票据法第三十四条和第三十五条的规定,**背书人**在票据上记载"不得转让"字样,其后手以此票据进行贴现、质押的,原背书人对后手的被背书人不承担票据责任。

第五十五条 依照票据法第三十五条第二款的规定,**以汇票设定质押时,出质人在汇票上只记载了"质押"字样未在票据上签章的**,或者出质人未在汇票、粘单上记载"质押"字样而另行签订质押合同、质押条款的,不构成票据质押。

---

① 《票据法》第五十七条规定:"付款人及其代理付款人付款时,应当审查汇票背书的连续,并审查提示付款人的合法身份证明或者有效证件。付款人及其代理付款人以恶意或者有重大过失付款的,应当自行承担责任。"

② 《票据法》第二十七条规定:"持票人可以将汇票权利转让给他人或者将一定的汇票权利授予他人行使。出票人在汇票上记载'不得转让'字样的,汇票不得转让。持票人行使第一款规定的权利时,应当背书并交付汇票。背书是指在票据背面或者粘单上记载有关事项并签章的票据行为。"

五、关于定金的相关解释与其他规范性文件

（一）最高人民法院
关于审理买卖合同纠纷案件适用法律问题的解释（节录）

（2012年3月31日由最高人民法院审判委员会第1545次会议通过 2012年5月10日公布 2012年7月1日施行 法释〔2012〕8号）

第二十八条 买卖合同约定的定金不足以弥补一方违约造成的损失，对方请求赔偿超过定金部分的损失的，人民法院可以并处，但定金和损失赔偿的数额总和不应高于因违约造成的损失。

（二）最高人民法院
关于因第三人的过错导致合同不能履行
应如何适用定金罚则问题的复函

（1995年6月16日发布并施行 法函〔1995〕76号）

江苏省高级人民法院：

你院关于因第三人的过错导致合同不能履行的，应如何适用定金罚则的请示收悉。经研究，答复如下：

凡当事人在合同中明确约定给付定金的，在实际交付定金后，如一方不履行合同除有法定免责的情况外，即应对其适用定金罚则。因该合同关系以外第三人的过错导致合同不能履行的，除该合同另有约定的外，仍应对违约方适用定金罚则。合同当事人一方在接受定金处罚后，可依法向第三人追偿。

六、关于留置的相关解释与其他规范性文件

最高人民法院
关于能否对连带责任保证人所有的
船舶行使留置权的请示的复函

(2001年8月17日发布并施行 〔2001〕民四他字第5号)

天津市高级人民法院：

你院津高法[2001]13号《关于能否对连带责任保证人所有的船舶行使留置权的请示》收悉。本院经研究认为：

船舶留置权是设定于船舶之上的法定担保物权。根据《中华人民共和国海商法》第二十五条第二款的规定，当修船合同的委托方未履行合同时，修船人基于修船合同为保证修船费用得以实现，可以留置所占有的船舶，而不论该船舶是否为修船合同的委托方所有。但修船人不得基于连带责任保证对连带责任保证人所有的船舶行使留置权。

天津新港船厂修船分厂作为修船人，依据其与英国伦敦尤恩开尔公司订立的修船合同，对俄罗斯籍"东方之岸"轮进行修理后未取得合同约定的修船费用，有权留置该轮。"东方之岸"轮的所有人东方航运公司虽不是本案修船合同的当事人，但不影响该留置权的成立。

据此，同意你院关于天津新港船厂修船分厂对"东方之岸"轮的留置行为合法有效，并可以基于留置权先于抵押权人受偿的处理意见。

第三编　特定主体的担保行为

一、公司担保行为的一般规定

(一) 中华人民共和国公司法(节录)

(1993年12月29日第八届全国人民代表大会常务委员会第五次会议通过
根据1999年12月25日第九届全国人民代表大会常务委员会第十三次会议
《关于修改〈中华人民共和国公司法〉的决定》第一次修正
根据2004年8月28日第十届全国人民代表大会常务委员会第十一次会议
《关于修改〈中华人民共和国公司法〉的决定》第二次修正
根据2005年10月27日第十届全国人民代表大会常务委员会第十八次会议修订
根据2013年12月28日第十二届全国人民代表大会常务委员会第六次会议
《关于修改〈中华人民共和国海洋环境保护法〉等七部法律的决定》第三次修正
根据2018年10月26日第十三届全国人民代表大会常务委员会第六次会议
《关于修改〈中华人民共和国公司法〉的决定》第四次修正)

第一章 总 则

第十六条[①] 公司向其他企业投资或者为他人提供担保,依照公司章程的规定,由董事会或者股东会、股东大会决议;公司章程对投资或者担保的总额及单项投资或者担保的数额有限额规定的,不得超过规定的限额。

公司为公司股东或者实际控制人提供担保的,必须经股东会或者股东大会决议。

前款规定的股东或者受前款规定的实际控制人支配的股东,不得参加前款规定事项的表决。该项表决由出席会议的其他股东所持表决权的过半数通过。

第四章 股份有限公司的设立和组织机构

第二节 股 东 大 会

第一百零四条 本法和公司章程规定公司转让、受让重大资产或者对外提供担保等事项必须经股东大会作出决议的,董事会应当及时召集股东大会会议,由股东大会就上述事项进行表决。

第五节 上市公司组织机构的特别规定

第一百二十一条 上市公司在一年内购买、出售重大资产或者担保金额超过公司

[①] 相关案例及文章,参见本书附录"十八、公司未履行内部决策程序提供担保的效力"。

资产总额百分之三十的,应当由股东大会作出决议,并经出席会议的股东所持表决权的三分之二以上通过。

第六章 公司董事、监事、高级管理人员的资格和义务

第一百四十八条 董事、高级管理人员不得有下列行为:
(一)挪用公司资金;
(二)将公司资金以其个人名义或者以其他个人名义开立账户存储;
(三)**违反公司章程的规定,未经股东会、股东大会或者董事会同意,将公司资金借贷给他人或者以公司财产为他人提供担保;**
(四)违反公司章程的规定或者未经股东会、股东大会同意,与本公司订立合同或者进行交易;
(五)未经股东会或者股东大会同意,利用职务便利为自己或者他人谋取属于公司的商业机会,自营或者为他人经营与所任职公司同类的业务;
(六)接受他人与公司交易的佣金归为己有;
(七)擅自披露公司秘密;
(八)违反对公司忠实义务的其他行为。
董事、高级管理人员违反前款规定所得的收入应当归公司所有。

(二)公司债券发行与交易管理办法(节录)

(2014年11月15日中国证券监督管理委员会第65次主席办公会议审议通过 2015年1月15日发布并施行 中国证券监督管理委员会令第113号)

第一章 总 则

第二条 在中华人民共和国境内,公开发行公司债券并在证券交易所、全国中小企业股份转让系统交易或转让,非公开发行公司债券并按照本办法规定承销或自行销售、或在证券交易所、全国中小企业股份转让系统、机构间私募产品报价与服务系统、证券公司柜台转让的,适用本办法。

法律法规和中国证券监督管理委员会(以下简称中国证监会)另有规定的,从其规定。

本办法所称公司债券,是指公司依照法定程序发行、约定在一定期限还本付息的有价证券。

第三章 信 息 披 露

第四十五条 公开发行公司债券的发行人应当及时披露债券存续期内发生可能

影响其偿债能力或债券价格的重大事项。重大事项包括：

（一）发行人经营方针、经营范围或生产经营外部条件等发生重大变化；

（二）债券信用评级发生变化；

（三）发行人主要资产被查封、扣押、冻结；

（四）发行人发生未能清偿到期债务的违约情况；

（五）发行人当年累计新增借款或对外提供担保超过上年末净资产的百分之二十；

（六）发行人放弃债权或财产，超过上年末净资产的百分之十；

（七）发行人发生超过上年末净资产百分之十的重大损失；

（八）发行人作出减资、合并、分立、解散及申请破产的决定；

（九）发行人涉及重大诉讼、仲裁事项或受到重大行政处罚；

（十）保证人、担保物或者其他偿债保障措施发生重大变化；

（十一）发行人情况发生重大变化导致可能不符合公司债券上市条件；

（十二）发行人涉嫌犯罪被司法机关立案调查，发行人董事、监事、高级管理人员涉嫌犯罪被司法机关采取强制措施；

（十三）其他对投资者作出投资决策有重大影响的事项。

第四章　债券持有人权益保护

第四十九条　债券受托管理人由本次发行的承销机构或其他经中国证监会认可的机构担任。债券受托管理人应当为中国证券业协会会员。**为本次发行提供担保的机构不得担任本次债券发行的受托管理人。**

债券受托管理人应当勤勉尽责，公正履行受托管理职责，不得损害债券持有人利益。

对于债券受托管理人在履行受托管理职责时可能存在的利益冲突情形及相关风险防范、解决机制，发行人应当在债券募集说明书及债券存续期间的信息披露文件中予以充分披露，并同时在债券受托管理协议中载明。

第五十条　公开发行公司债券的受托管理人应当履行下列职责：

（一）持续关注发行人和保证人的资信状况、**担保物状况**、增信措施及偿债保障措施的实施情况，出现可能影响债券持有人重大权益的事项时，召集债券持有人会议；

（二）在债券存续期内监督发行人募集资金的使用情况；

（三）对发行人的偿债能力和增信措施的有效性进行全面调查和持续关注，并至少每年向市场公告一次受托管理事务报告；

（四）在债券存续期内持续督导发行人履行信息披露义务；

（五）预计发行人不能偿还债务时，要求发行人追加担保，并可以依法申请法定机关采取财产保全措施；

（六）在债券存续期内勤勉处理债券持有人与发行人之间的谈判或者诉讼事务；

（七）发行人为债券设定担保的，债券受托管理协议可以约定担保财产为信托财产，债券受托管理人应在债券发行前或债券募集说明书约定的时间内取得担保的权利证明或其他有关文件，并在担保期间妥善保管；

（八）发行人不能偿还债务时，可以接受全部或部分债券持有人的委托，以自己名义代表债券持有人提起民事诉讼、参与重组或者破产的法律程序。

第五十五条 存在下列情形的，债券受托管理人应当召集债券持有人会议：

（一）拟变更债券募集说明书的约定；

（二）拟修改债券持有人会议规则；

（三）拟变更债券受托管理人或受托管理协议的主要内容；

（四）发行人不能按期支付本息；

（五）发行人减资、合并、分立、解散或者申请破产；

（六）保证人、担保物或者其他偿债保障措施发生重大变化；

（七）发行人、单独或合计持有本期债券总额百分之十以上的债券持有人书面提议召开；

（八）发行人管理层不能正常履行职责，导致发行人债务清偿能力面临严重不确定性，需要依法采取行动的；

（九）发行人提出债务重组方案的；

（十）发生其他对债券持有人权益有重大影响的事项。

在债券受托管理人应当召集而未召集债券持有人会议时，单独或合计持有本期债券总额百分之十以上的债券持有人有权自行召集债券持有人会议。

第五十六条 发行人可采取内外部增信机制、偿债保障措施，提高偿债能力，控制公司债券风险。

内外部增信机制、偿债保障措施包括但不限于下列方式：

（一）第三方担保；

（二）商业保险；

（三）资产抵押、质押担保；

（四）限制发行人债务及对外担保规模；

（五）限制发行人对外投资规模；

（六）限制发行人向第三方出售或抵押主要资产；

（七）设置债券回售条款。

公司债券增信机构可以成为中国证券业协会会员。

二、上市公司担保行为

（一）中国证券监督管理委员会、国务院国有资产监督管理委员会关于规范上市公司与关联方资金往来及上市公司对外担保若干问题的通知

（2003年8月28日证监发[2003]56号公布　根据2017年12月7日《中国证监会关于修改、废止〈证券公司次级债管理规定〉等十三部规范性文件的决定》（证监会公告[2017]16号）修改）

为进一步规范上市公司与控股股东及其他关联方的资金往来，有效控制上市公司对外担保风险，保护投资者合法权益，根据《中华人民共和国公司法》、《中华人民共和国证券法》、《中华人民共和国企业国有资产监督管理暂行条例》等法律法规，现就有关问题通知如下：

一、进一步规范上市公司与控股股东及其他关联方的资金往来

上市公司与控股股东及其他关联方的资金往来，应当遵守以下规定：

（一）控股股东及其他关联方与上市公司发生的经营性资金往来中，应当严格限制占用上市公司资金。控股股东及其他关联方不得要求上市公司为其垫支工资、福利、保险、广告等期间费用，也不得互相代为承担成本和其他支出；

（二）上市公司不得以下列方式将资金直接或间接地提供给控股股东及其他关联方使用：

1. 有偿或无偿地拆借公司的资金给控股股东及其他关联方使用；
2. 通过银行或非银行金融机构向关联方提供委托贷款；
3. 委托控股股东及其他关联方进行投资活动；
4. 为控股股东及其他关联方开具没有真实交易背景的商业承兑汇票；
5. 代控股股东及其他关联方偿还债务；
6. 中国证监会认定的其他方式。

（三）注册会计师在为上市公司年度财务会计报告进行审计工作中，应当根据上述规定事项，对上市公司存在控股股东及其他关联方占用资金的情况出具专项说明，公司应当就专项说明作出公告。

二、严格控制上市公司的对外担保风险

上市公司全体董事应当审慎对待和严格控制对外担保产生的债务风险,并对违规或失当的对外担保产生的损失依法承担连带责任。控股股东及其他关联方不得强制上市公司为他人提供担保。

上市公司对外担保应当遵守以下规定:

(一)上市公司不得为控股股东及本公司持股百分之五十以下的其他关联方、任何非法人单位或个人提供担保。

(二)上市公司对外担保总额不得超过最近一个会计年度合并会计报表净资产的百分之五十。

(三)上市公司《章程》应当对对外担保的审批程序、被担保对象的资信标准做出规定。对外担保应当取得董事会全体成员三分之二以上签署同意,或者经股东大会批准;不得直接或间接为资产负债率超过百分之七十的被担保对象提供债务担保。

(四)上市公司对外担保必须要求对方提供反担保,且反担保的提供方应当具有实际承担能力。

(五)上市公司必须严格按照《上市规则》、《公司章程》的有关规定,认真履行对外担保情况的信息披露义务,必须按规定向注册会计师如实提供公司全部对外担保事项。

(六)上市公司独立董事应在年度报告中,对上市公司累计和当期对外担保情况、执行上述规定情况进行专项说明,并发表独立意见。

三、加大清理已发生的违规占用资金和担保事项的力度

(一)上市公司应自本《通知》发布之日起一个月内,按照本《通知》规定,对上市公司与控股股东及其他关联方已经发生的资金往来、资金占用以及对外担保情况进行自查。

自查报告应在规定期限内上报公司所在地中国证监会派出机构备案,经各地派出机构审核或检查后,应在最近一期年度报告中作为重大事项予以披露。

(二)国有资产监督管理机构应当指导和协调国有控股上市公司解决违规资金占用、关联担保问题,要求有关控股股东尊重、维护上市公司经营自主权和合法权益,促进上市公司依法经营管理,完善法人治理结构,增强上市公司的市场竞争力。

(三)上市公司董事会应当针对历史形成的资金占用、对外担保问题,制定切实可行的解决措施,保证违反本《通知》规定的资金占用量、对外担保形成的或有债务,在每个会计年度至少下降百分之三十。

(四)上市公司被关联方占用的资金,原则上应当以现金清偿。在符合现行法律法规的条件下,可以探索金融创新的方式进行清偿,但需按法定程序报有关部门批准。

(五)严格控制关联方以非现金资产清偿占用的上市公司资金。关联方拟用非现

金资产清偿占用的上市公司资金,应当遵守以下规定:

1. 用于抵偿的资产必须属于上市公司同一业务体系,并有利于增强上市公司独立性和核心竞争力,减少关联交易,不得是尚未投入使用的资产或没有客观明确账面净值的资产。

2. 上市公司应当聘请有证券期货相关业务资格的中介机构对符合以资抵债条件的资产进行评估,以资产评估值或经审计的账面净值作为以资抵债的定价基础,但最终定价不得损害上市公司利益,并充分考虑所占用资金的现值予以折扣。

审计报告和评估报告应当向社会公告。

3. 独立董事应当就上市公司关联方以资抵债方案发表独立意见,或者聘请有证券期货相关业务资格的中介机构出具独立财务顾问报告。

4. 上市公司关联方以资抵债方案须经股东大会审议批准,关联方股东应当回避投票。

四、依法追究违规占用资金和对外担保行为的责任

(一) 中国证监会与国务院国有资产监督管理委员会(以下简称"国资委")等部门加强监管合作,共同建立规范国有控股股东行为的监管协作机制,加大对违规占用资金和对外担保行为的查处力度,依法追究相关当事人的法律责任。

(二) 上市公司及其董事、监事、经理等高级管理人员违反本《通知》规定,中国证监会将责令整改,依法予以处罚,并自发现上市公司存在违反本《通知》规定行为起12个月内不受理其再融资申请。

(三) 上市公司控股股东违反本《通知》规定或不及时清偿违规占用上市公司资金的,中国证监会不受理其公开发行证券的申请或其他审批事项,并将其资信不良记录向国资委、中国银行业监督管理委员会和有关地方政府通报。

国有控股股东违反本《通知》规定的,国有资产监督管理机构对直接负责的主管人员和直接责任人依法给予纪律处分,直至撤销职务;给上市公司或其他股东利益造成损失的,应当承担相应的赔偿责任。非国有控股股东直接负责的主管人员和直接责任人违反本《通知》规定的,给上市公司造成损失或严重损害其他股东利益的,应负赔偿责任,并由相关部门依法处罚。构成犯罪的,依法追究刑事责任。

五、其他

本《通知》所称"关联方"按财政部《企业会计准则——关联方关系及其交易的披露》规定执行。纳入上市公司合并会计报表范围的子公司对外担保、与关联方之间进行的资金往来适用本《通知》规定。

六、本通知自发布之日起施行。

(二) 中国证券监督管理委员会、中国银行业监督管理委员会关于规范上市公司对外担保行为的通知

(2005年11月14日发布 自2006年1月1日起施行 证监发〔2005〕120号)

各上市公司、各银行业金融机构:

为规范上市公司对外担保行为和银行业金融机构审批由上市公司提供担保的贷款行为,有效防范上市公司对外担保风险和金融机构信贷风险,根据《中华人民共和国公司法》、《中华人民共和国证券法》、《中华人民共和国银行业监督管理法》和《中华人民共和国担保法》等法律、法规的规定,现就上市公司对外担保有关问题通知如下:

一、规范上市公司对外担保行为,严格控制上市公司对外担保风险

(一)[①] 上市公司对外担保必须经董事会或股东大会审议。

(二) 上市公司的《公司章程》应当明确股东大会、董事会审批对外担保的权限及违反审批权限、审议程序的责任追究制度。

(三) 应由股东大会审批的对外担保,必须经董事会审议通过后,方可提交股东大会审批。须经股东大会审批的对外担保,包括但不限于下列情形:

1. 上市公司及其控股子公司的对外担保总额,超过最近一期经审计净资产50%以后提供的任何担保;

2. 为资产负债率超过70%的担保对象提供的担保;

3. 单笔担保额超过最近一期经审计净资产10%的担保;

4. 对股东、实际控制人及其关联方提供的担保。

股东大会在审议为股东、实际控制人及其关联方提供的担保议案时,该股东或受该实际控制人支配的股东,不得参与该项表决,该项表决由出席股东大会的其他股东所持表决权的半数以上通过。

(四) 应由董事会审批的对外担保,必须经出席董事会的三分之二以上董事审议同意并做出决议。

(五) 上市公司董事会或股东大会审议批准的对外担保,必须在中国证监会指定信息披露报刊上及时披露。披露的内容包括董事会或股东大会决议、截止信息披露日上市公司及其控股子公司对外担保总额、上市公司对控股子公司提供担保的总额。

(六) 上市公司在办理贷款担保业务时,应向银行业金融机构提交《公司章程》、有关该担保事项董事会决议或股东大会决议原件、刊登该担保事项信息的指定报刊等

[①] 相关案例及文章,参见本书附录"十八、公司未履行内部决策程序提供担保的效力"。

材料。

（七）上市公司控股子公司的对外担保，比照上述规定执行。上市公司控股子公司应在其董事会或股东大会做出决议后及时通知上市公司履行有关信息披露义务。

二、规范银行业金融机构贷款担保审批行为，有效防范银行业金融机构发放由上市公司提供担保的贷款风险

（一）各银行业金融机构应当严格依据《中华人民共和国担保法》、《中华人民共和国公司法》、《最高人民法院关于适用〈中华人民共和国担保法〉若干问题的解释》等法律法规，加强对由上市公司提供担保的贷款申请的审查，切实防范相关信贷风险，并及时将贷款、担保信息登录征信管理系统。

（二）各银行业金融机构必须依据本《通知》、上市公司《公司章程》及其他有关规定，认真审核以下事项：

1. 由上市公司提供担保的贷款申请的材料齐备性及合法合规性；
2. 上市公司对外担保履行董事会或股东大会审批程序的情况；
3. 上市公司对外担保履行信息披露义务的情况；
4. 上市公司的担保能力；
5. 贷款人的资信、偿还能力等其他事项。

（三）各银行业金融机构应根据《商业银行授信工作尽职指引》等规定完善内部控制制度，控制贷款风险。

（四）对由上市公司控股子公司提供担保的贷款申请，比照上述规定执行。

三、加强监管协作，加大对涉及上市公司违规对外担保行为的责任追究力度

（一）中国证监会及其派出机构与中国银监会及其派出机构要加强监管协作，实施信息共享，共同建立监管协作机制，共同加大对上市公司隐瞒担保信息、违规担保和银行业金融机构违规发放贷款等行为的查处力度，依法追究相关当事人的法律责任。

（二）上市公司及其董事、监事、经理等高级管理人员违反本《通知》规定的，中国证监会责令其整改，并依法予以处罚；涉嫌犯罪的，移送司法机关予以处理。

（三）银行业金融机构违反法律、法规的，中国银监会依法对相关机构及当事人予以处罚；涉嫌犯罪的，移送司法机关追究法律责任。

四、其他

（一）各上市公司应当按照上述规定，修订和完善《公司章程》；各银行业金融机构应将上市公司对外担保纳入统一授信管理，严格按照有关规定进行审批和管理。

（二）本《通知》所称"银行业金融机构"，按《中华人民共和国银行业监督管理法》规定执行。所称"对外担保"，是指上市公司为他人提供的担保，包括上市公司对控股子公司的担保。所称"上市公司及其控股子公司的对外担保总额"，是指包括上市公司对控股子公司担保在内的上市公司对外担保总额与上市公司控股子公司对外担保总额之和。

（三）金融类上市公司不适用本《通知》规定。

（四）《关于上市公司为他人提供担保有关问题的通知》（证监公司字〔2000〕61号）、《关于规范上市公司与关联方资金往来及上市公司对外担保若干问题的通知》（证监发〔2003〕56号）中与本《通知》规定不一致的，按本《通知》执行。

五、本《通知》自 2006 年 1 月 1 日起施行。

（三）首次公开发行股票并上市管理办法（节录）

（2006 年 5 月 17 日中国证券监督管理委员会第 180 次主席办公会议审议通过 根据 2015 年 12 月 30 日中国证券监督管理委员会《关于修改〈首次公开发行股票并上市管理办法〉的决定》修正 根据 2018 年 6 月 6 日中国证券监督管理委员会《关于修改〈首次公开发行股票并上市管理办法〉的决定》修正 中国证券监督管理委员会令第 141 号）

第二章 发 行 条 件

第二节 规 范 运 行

第十九条 发行人的公司章程中已明确对外担保的审批权限和审议程序，不存在为控股股东、实际控制人及其控制的其他企业进行违规担保的情形。

第三节 财务与会计

第二十八条 发行人不存在重大偿债风险，不存在影响持续经营的担保、诉讼以及仲裁等重大或有事项。

（四）上海证券交易所股票上市规则（节录）

（1998 年 1 月实施 2000 年 5 月第一次修订 2001 年 6 月第二次修订 2002 年 2 月第三次修订 2004 年 12 月第四次修订 2006 年 5 月第五次修订 2008 年 9 月第六次修订 2012 年 7 月第七次修订 2013 年 12 月第八次修订 2014 年 10 月第九次修订 2018 年 4 月第十次修订 2018 年 6 月第十一次修订 2018 年 11 月第十二次修订 2018 年 11 月 16 日起施行 上证发〔2018〕97 号）

第九章 应当披露的交易

9.11 上市公司发生"提供担保"交易事项，应当提交董事会或者股东大会进行审议，并及时披露。

下述担保事项应当在董事会审议通过后提交股东大会审议：

（一）单笔担保额超过公司最近一期经审计净资产10%的担保；

（二）公司及其控股子公司的对外担保总额，超过公司最近一期经审计净资产50%以后提供的任何担保；

（三）为资产负债率超过70%的担保对象提供的担保；

（四）按照担保金额连续12个月内累计计算原则，超过公司最近一期经审计总资产30%的担保；

（五）按照担保金额连续12个月内累计计算原则，超过公司最近一期经审计净资产的50%，且绝对金额超过5000万元以上；

（六）本所或者公司章程规定的其他担保。

对于董事会权限范围内的担保事项，除应当经全体董事的过半数通过外，还应当经出席董事会会议的三分之二以上董事同意；前款第（四）项担保，应当经出席会议的股东所持表决权的三分之二以上通过。

9.12 上市公司披露交易事项，应当向本所提交下列文件：

（一）公告文稿；

（二）与交易有关的协议或者意向书；

（三）董事会决议、决议公告文稿和独立董事的意见（如适用）；

（四）交易涉及的有权机关的批文（如适用）；

（五）证券服务机构出具的专业报告（如适用）；

（六）本所要求的其他文件。

9.13 上市公司应当根据交易类型，披露下述所有适用其交易的有关内容：

（一）交易概述和交易各方是否存在关联关系的说明；对于按照累计计算原则达到披露标准的交易，还应当简单介绍各单项交易和累计情况；

（二）交易对方的基本情况；

（三）交易标的的基本情况，包括标的名称、账面值、评估值、运营情况、有关资产上是否存在抵押、质押或者其他第三人权利、是否存在涉及有关资产的重大争议、诉讼或仲裁事项或者查封、冻结等司法措施；

交易标的为股权的，还应当说明该股权对应的公司的基本情况和最近一年又一期的资产总额、负债总额、净资产、营业收入和净利润等财务数据；

出售控股子公司股权导致上市公司合并报表范围变更的，还应当说明上市公司是否存在为该子公司提供担保、委托该子公司理财，以及该子公司占用上市公司资金等方面的情况；如存在，应当披露前述事项涉及的金额、对上市公司的影响和解决措施；

（四）交易标的的交付状态、交付和过户时间；

（五）交易协议其他方面的主要内容，包括成交金额、支付方式（现金、股权、资产置换等）、支付期限或者分期付款的安排、协议生效条件和生效时间以及有效期间等；交易协议有任何形式的附加或者保留条款的，应当予以特别说明；

交易需经股东大会或者有权机关批准的，还应当说明需履行的法定程序和进展情况；

（六）交易定价依据，公司支出款项的资金来源；

（七）公司预计从交易中获得的利益（包括潜在利益），交易对公司本期和未来财务状况及经营成果的影响；

（八）关于交易对方履约能力的分析；

（九）交易涉及的人员安置、土地租赁、债务重组等情况；

（十）关于交易完成后可能产生关联交易的情况的说明；

（十一）关于交易完成后可能产生同业竞争的情况及相关应对措施的说明；

（十二）证券服务机构及其意见；

（十三）本所要求的有助于说明该交易真实情况的其他内容。

9.14 对于担保事项的披露内容，除前条规定外，还应当包括截止披露日上市公司及其控股子公司对外担保总额、上市公司对控股子公司提供担保的总额、上述数额分别占上市公司最近一期经审计净资产的比例。

9.15 对于达到披露标准的担保，如果被担保人于债务到期后15个交易日内未履行还款义务，或者被担保人出现破产、清算或其他严重影响其还款能力的情形，上市公司应当及时披露。

9.16 上市公司与其合并报表范围内的控股子公司发生的或者上述控股子公司之间发生的交易，除中国证监会和本所另有规定外，免于按照本章规定披露和履行相应程序。

第十章 关联交易

第二节 关联交易的审议程序和披露

10.2.6 上市公司为关联人提供担保的，不论数额大小，均应当在董事会审议通过后及时披露，并提交股东大会审议。

公司为持股5%以下的股东提供担保的，参照前款规定执行，有关股东应当在股东大会上回避表决。

第十一章 其他重大事项

第九节 权益变动和收购

11.9.6 上市公司控股股东向收购人协议转让其所持股份时，控股股东及其关联方未清偿对公司的负债、或未解除公司为其负债提供的担保、或存在损害公司利益的其他情形的，公司董事会应当及时予以披露并提出解决措施。

第十二节 其 他

11.12.5 上市公司出现下列使公司面临重大风险的情形之一时，应当及时向本所报告并披露：

（一）发生重大亏损或者遭受重大损失；

（二）发生重大债务或者重大债权到期未获清偿；

（三）可能依法承担重大违约责任或者大额赔偿责任；

（四）计提大额资产减值准备；

（五）公司决定解散或者被有权机关依法责令关闭；
（六）公司预计出现股东权益为负值；
（七）主要债务人出现资不抵债或者进入破产程序，公司对相应债权未提取足额坏账准备；
（八）**主要资产被查封、扣押、冻结或者被抵押、质押；**
（九）主要或者全部业务陷入停顿；
（十）公司因涉嫌违法违规被有权机关调查，或者受到重大行政、刑事处罚；
（十一）公司法定代表人或者经理无法履行职责，董事、监事、高级管理人员因涉嫌违法违纪被有权机关调查或采取强制措施，或者受到重大行政、刑事处罚；
（十二）本所或者公司认定的其他重大风险情况。
上述事项涉及具体金额的，比照适用第9.2条的规定。

11.12.7 上市公司出现下列情形之一的，应当及时向本所报告并披露：
（一）变更公司名称、股票简称、公司章程、注册资本、注册地址、主要办公地址和联系电话等，其中公司章程发生变更的，还应当将新的公司章程在本所网站上披露；
（二）经营方针和经营范围发生重大变化；
（三）变更会计政策或者会计估计；
（四）董事会就公司发行新股、可转换公司债券或者其他再融资方案形成相关决议；
（五）中国证监会股票发行审核委员会、并购重组委员会，对公司新股、可转换公司债券等再融资方案、重大资产重组方案提出审核意见；
（六）公司法定代表人、经理、董事（含独立董事）或者三分之一以上的监事提出辞职或者发生变动；
（七）生产经营情况、外部条件或者生产环境发生重大变化(包括产品价格、原材料采购价格和方式发生重大变化等)；
（八）订立重要合同，可能对公司的资产、负债、权益和经营成果产生重大影响；
（九）新颁布的法律、行政法规、部门规章、政策可能对公司经营产生重大影响；
（十）聘任或者解聘为公司审计的会计师事务所；
（十一）法院裁定禁止公司控股股东转让其所持本公司股份；
（十二）**任一股东所持公司5%以上的股份被质押、冻结、司法拍卖、托管或者设定信托或被依法限制表决权；**
（十三）获得大额政府补贴等额外收益，或者发生可能对公司资产、负债、权益或经营成果产生重大影响的其他事项；
（十四）本所或者公司认定的其他情形。
上述事项涉及具体金额的，比照适用第9.2条的规定或本所其他规定。

第十三章 风险警示

第二节 退市风险警示的实施

13.2.3 上市公司股票被实施退市风险警示的，应当及时发布公告。公告应当包括以下内容：

（一）股票的种类、简称、证券代码以及实施退市风险警示的起始日；

（二）实施退市风险警示的原因；

（三）公司董事会关于争取撤销退市风险警示的意见及具体措施；

（四）股票可能被暂停或者终止上市的风险提示；

（五）实施退市风险警示期间公司接受投资者咨询的主要方式；

（六）中国证监会和本所要求的其他内容。

第四节 其他风险警示

13.4.1 上市公司出现以下情形之一的，本所对其股票实施其他风险警示：

（一）被暂停上市的公司股票恢复上市后或者被终止上市的公司股票重新上市后，公司尚未发布首份年度报告；

（二）生产经营活动受到严重影响且预计在3个月内不能恢复正常；

（三）主要银行账号被冻结；

（四）董事会会议无法正常召开并形成决议；

（五）公司被控股股东及其关联方非经营性占用资金或违反规定决策程序对外提供担保，情形严重的；

（六）中国证监会或本所认定的其他情形。

13.4.2 上市公司出现第13.4.1条第（一）项情形的，本所自公司股票恢复上市或者重新上市之日起，对其实施其他风险警示。

上市公司出现第13.4.1条第（二）项至第（六）项情形之一的，应当在事实发生之日及时向本所报告，提交董事会的书面意见，并申请其股票及其衍生品种于事实发生下一交易日起开始停牌。本所在收到公司报告之日后的5个交易日内，根据实际情况，对公司股票实施其他风险警示。

13.4.3 上市公司应当按照本所要求在其股票被实施其他风险警示的前一个交易日作出公告，公告内容参照第13.2.3条的规定。

公司股票及其衍生品种自公告披露日的下一交易日起复牌，本所自复牌之日起对公司股票实施其他风险警示。

13.4.4 上市公司股票因第13.4.1条第（五）项被实施其他风险警示的，在被实施其他风险警示期间，公司应当至少每月发布一次提示性公告，披露资金占用或违规对外担保的解决进展情况。

13.4.7 上市公司股票因第13.4.1条第（五）项被实施其他风险警示后，会计师事务所出具的专项审核报告和独立董事发表的独立意见显示资金占用事项已消除的，或者公司董事会决议说明违规担保事项已解除或相应审议程序已追认的，公司可以向本所申请撤销对其股票实施的其他风险警示。

13.4.8 上市公司股票因第13.2.1条或者第13.4.1条被实施退市风险警示或者其他风险警示的，在风险警示期间，公司根据中国证监会相关规定进行重大资产重组且同时满足以下条件的，可以向本所申请撤销对其股票实施的退市风险警示或者其他风险警示：

（一）根据中国证监会有关上市公司重大资产重组规定，出售全部经营性资产和负债，同时购买其他资产且已实施完毕；

（二）通过购买进入公司的资产是一个完整经营主体，该经营主体在进入公司前已在同一管理层之下持续经营3年以上；

（三）本次购入的资产最近一个会计年度经审计净利润为正值；

（四）经会计师事务所审核的盈利预测显示，公司完成本次重组后盈利能力增强，经营业绩明显改善；

（五）本所规定的其他条件。

13.4.9 上市公司向本所提交撤销对其股票实施的其他风险警示的申请后，应当在下一交易日作出公告。

本所于收到上市公司申请后的5个交易日内，根据实际情况，决定是否撤销对其股票实施的其他风险警示。

13.4.10 本所决定撤销其他风险警示的，上市公司应当按照本所要求在撤销其他风险警示的前一个交易日作出公告。

公司股票及其衍生品种在公告披露日停牌一天。本所自复牌之日起撤销对公司股票实施的其他风险警示。

13.4.11 本所决定不予撤销其他风险警示的，上市公司应当在收到本所有关书面通知后的下一交易日作出公告。公司未按规定公告的，本所可以交易所公告的形式予以公告。

（五）深圳证券交易所股票上市规则(节录)

（1998年1月实施　2000年5月第一次修订　2001年6月第二次修订
2002年2月第三次修订　2004年12月第四次修订　2006年5月第五次修订
2008年9月第六次修订　2012年7月第七次修订　2014年10月第八次修订
2018年4月第九次修订　2018年6月第十次修订　2018年11月第十一次修订
2018年11月16日起施行　深证上[2018]556号）

第九章　应当披露的交易

9.11　上市公司发生本规则第9.1条规定的"提供担保"事项时，应当经董事会审议后及时对外披露。

"提供担保"事项属于下列情形之一的，还应当在董事会审议通过后提交股东大会审议：

（一）单笔担保额超过上市公司最近一期经审计净资产10%的担保；

（二）上市公司及其控股子公司的对外担保总额，超过上市公司最近一期经审计净资产50%以后提供的任何担保；

（三）为资产负债率超过70%的担保对象提供的担保；

（四）连续十二个月内担保金额超过公司最近一期经审计总资产的30%；

（五）连续十二个月内担保金额超过公司最近一期经审计净资产的50%且绝对金额超过五千万元；

（六）对股东、实际控制人及其关联人提供的担保；

（七）本所或者公司章程规定的其他担保情形。

董事会审议担保事项时，应当经出席董事会会议的三分之二以上董事审议同意。股东大会审议前款第（四）项担保事项时，应当经出席会议的股东所持表决权的三分之二以上通过。

股东大会在审议为股东、实际控制人及其关联人提供的担保议案时，该股东或者受该实际控制人支配的股东，不得参与该项表决，该项表决须经出席股东大会的其他股东所持表决权的半数以上通过。

9.13 对于已披露的担保事项，上市公司还应当在出现下列情形之一时及时披露：

（一）被担保人于债务到期后十五个交易日内未履行还款义务的；

（二）被担保人出现破产、清算及其他严重影响还款能力情形的。

9.14 上市公司披露交易事项时，应当向本所提交下列文件：

（一）公告文稿；

（二）与交易有关的协议书或者意向书；

（三）董事会决议、独立董事意见及董事会决议公告文稿（如适用）；

（四）交易涉及的政府批文（如适用）；

（五）中介机构出具的专业报告（如适用）；

（六）本所要求的其他文件。

9.15 上市公司应当根据交易事项的类型，披露下述所有适用其交易的有关内容：

（一）交易概述和交易各方是否存在关联关系的说明；对于按照累计计算原则达到标准的交易，还应当简要介绍各单项交易情况和累计情况；

（二）交易对方的基本情况；

（三）交易标的的基本情况，包括标的的名称、账面值、评估值、运营情况、有关资产是否存在抵押、质押或者其他第三人权利、是否存在涉及有关资产的重大争议、诉讼或者仲裁事项、是否存在查封、冻结等司法措施；

交易标的为股权的，还应当说明该股权对应的公司的基本情况和最近一年又一期经审计的资产总额、负债总额、净资产、营业收入和净利润等财务数据；

出售控股子公司股权导致上市公司合并报表范围变更的，还应当说明上市公司是否存在为该子公司提供担保、委托该子公司理财，以及该子公司占用上市公司资金等方面的情况；如存在，应当披露前述事项涉及的金额、对上市公司的影响和解决措施；

（四）交易协议的主要内容，包括成交金额、支付方式（如现金、股权、资产置换等）、支付期限或者分期付款的安排、协议的生效条件、生效时间以及有效期限等；交易协议有任何形式的附加或者保留条款，应当予以特别说明；

交易须经股东大会或者有权部门批准的，还应当说明需履行的合法程序及其进展情况；

（五）交易定价依据、支出款项的资金来源；

（六）交易标的的交付状态、交付和过户时间；

（七）公司预计从交易中获得的利益（包括潜在利益），以及交易对公司本期和未来财务状况和经营成果的影响；

（八）关于交易对方履约能力的分析；

（九）交易涉及的人员安置、土地租赁、债务重组等情况；

（十）关于交易完成后可能产生关联交易情况的说明；

（十一）关于交易完成后可能产生同业竞争及相关应对措施的说明；

（十二）中介机构及其意见；

（十三）本所要求的有助于说明交易实质的其他内容。

9.16 上市公司披露提供担保事项，除适用本规则第 9.15 条的规定外，还应当披露截至公告日上市公司及其控股子公司对外担保总额、上市公司对控股子公司提供担保的总额、上述数额分别占上市公司最近一期经审计净资产的比例。

9.17 上市公司与其合并报表范围内的控股子公司发生的或者上述控股子公司之间发生的交易，除中国证监会或者本所另有规定外，免于按照本章规定披露和履行相应程序。

第十章 关 联 交 易

第二节 关联交易的程序与披露

10.2.6 上市公司为关联人提供担保的，不论数额大小，均应当在董事会审议通过后提交股东大会审议。

第十一章 其他重大事件

第八节 收购及相关股份权益变动

11.8.2 上市公司控股股东以协议方式向收购人转让其所持股份时，控股股东及其关联人如存在未清偿对公司的负债、未解除公司为其提供的担保及其他损害公司利益情形的，公司董事会应当如实对外披露相关情况并提出解决措施。

第十一节 其 他

11.11.3 上市公司出现下列使公司面临重大风险情形之一的，应当及时向本所报告并披露：

（一）发生重大亏损或者遭受重大损失；

（二）发生重大债务、未清偿到期重大债务或者重大债权到期未获清偿；

（三）可能依法承担的重大违约责任或者大额赔偿责任；

（四）计提大额资产减值准备；

（五）公司决定解散或者被依法强制解散；

（六）公司预计出现资不抵债（一般指净资产为负值）；

（七）主要债务人出现资不抵债或者进入破产程序，公司对相应债权未提取足额坏账准备；

（八）主要资产被查封、扣押、冻结或者被抵押、质押；

（九）主要或者全部业务陷入停顿；

（十）公司因涉嫌违法违规被有权机关调查或者受到重大行政、刑事处罚；

（十一）公司董事、监事、高级管理人员因涉嫌违法违规被有权机关调查或采取强制措施而无法履行职责，或者因身体、工作安排等其他原因无法正常履行职责达到或者预计达到三个月以上；

（十二）本所或者公司认定的其他重大风险情况。

上述事项涉及具体金额的，应当比照适用本规则第9.2条的规定。

11.11.5 上市公司出现下列情形之一的，应当及时向本所报告并披露：

（一）变更公司名称、股票简称、公司章程、注册资本、注册地址、办公地址和联系电话等，其中公司章程发生变更的，还应当将新的公司章程在本所指定网站上披露；

（二）经营方针和经营范围发生重大变化；

（三）变更会计政策、会计估计；

（四）董事会通过发行新股或者其他再融资方案；

（五）中国证监会发行审核委员会（含上市公司并购重组审核委员会）对公司发行新股或者其他再融资申请、重大资产重组事项提出相应的审核意见；

（六）持有公司5%以上股份的股东或者实际控制人持股情况或者控制公司的情况发生或者拟发生较大变化；

（七）公司董事长、经理、董事（含独立董事），或者三分之一以上的监事提出辞职或者发生变动；

（八）生产经营情况、外部条件或者生产环境发生重大变化（包括产品价格、原材料采购、销售方式等发生重大变化）；

（九）订立重要合同，可能对公司的资产、负债、权益和经营成果产生重大影响；

（十）新颁布的法律、行政法规、部门规章、规范性文件、政策可能对公司经营产生重大影响；

（十一）聘任、解聘为公司审计的会计师事务所；

（十二）法院裁定禁止控股股东转让其所持股份；

（十三）任一股东所持公司5%以上股份被质押、冻结、司法拍卖、托管、设定信托或者被依法限制表决权；

（十四）获得大额政府补贴等额外收益或者发生可能对上市公司的资产、负债、权益或者经营成果产生重大影响的其他事项；

（十五）本所或者公司认定的其他情形。

第十三章 风险警示

第三节 其他风险警示

13.3.1 上市公司出现下列情形之一的,本所有权对其股票交易实行其他风险警示:

(一) 公司生产经营活动受到严重影响且预计在三个月以内不能恢复正常;

(二) 公司主要银行账号被冻结;

(三) 公司董事会无法正常召开会议并形成董事会决议;

(四) 公司向控股股东或者其关联人提供资金或者违反规定程序对外提供担保且情形严重的;

(五) 本所认定的其他情形。

13.3.2 本规则第 13.3.1 条所述"向控股股东或者其关联人提供资金或者违反规定程序对外提供担保且情形严重",是指上市公司存在下列情形之一且无可行的解决方案或者虽提出解决方案但预计无法在一个月内解决的:

(一) 上市公司向控股股东或者其关联人提供资金的余额在一千万元以上,或者占上市公司最近一期经审计净资产的 5％以上;

(二) 上市公司违反规定程序对外提供担保的余额(担保对象为上市公司合并报表范围内子公司的除外)在五千万元以上,且占上市公司最近一期经审计净资产的 10％以上。

13.3.4 上市公司出现本规则第 13.3.1 条第(四)项规定情形的,应当在事实发生之日后及时向本所报告、提交董事会意见并公告,同时披露股票交易可能被实行其他风险警示情形的风险提示公告。

本所在收到相关材料后决定是否对该公司股票交易实行其他风险警示。

13.3.5 上市公司应当按照本所的要求,在其股票交易被实行其他风险警示之前一交易日作出公告,公告内容参照本规则第 13.2.2 条的规定。

公司股票及其衍生品种于公告日停牌一天,自复牌之日起本所对该公司股票交易实行其他风险警示。

13.3.6 上市公司因本规则第 13.3.1 条第(四)项规定情形其股票交易被实行其他风险警示的,在风险警示期间,公司应当至少每月发布一次提示性公告,披露资金占用或者违规对外担保的解决进展情况。

13.3.8 上市公司认为其出现的本规则第 13.3.1 条第(四)项规定情形已消除的,应当及时对外公告,并可以向本所申请对其股票交易撤销其他风险警示:

(一) 公司向控股股东或者其关联人提供资金事项情形已消除,并向本所申请对其股票交易撤销其他风险警示的,应当提交会计师事务所出具的专项审核报告、独立董事出具的专项意见等文件;

(二) 公司违规对外担保事项已得到纠正,并向本所申请对其股票交易撤销其他风险警示的,应当提交律师事务所出具的法律意见书、独立董事出具的专项意见等文件。

13.3.9 上市公司因本规则第 13.3.1 条规定情形其股票交易被实行其他风险警

示的,在风险警示期间,公司进行重大资产重组且满足以下全部条件的,可以向本所申请对其股票交易撤销其他风险警示:

(一)根据中国证监会有关重大资产重组规定出售全部经营性资产和负债、购买其他资产且已实施完毕;

(二)通过购买进入公司的资产是一个完整经营主体,该经营主体在进入上市公司前已在同一管理层之下持续经营三年以上;

(三)公司本次购买进入的资产最近一个会计年度经审计的净利润为正值;

(四)经会计师事务所审核的盈利预测显示,上市公司完成本次重组后盈利能力增强,经营业绩明显改善;

(五)不存在13.3.1条规定的情形;

(六)本所要求的其他条件。

第十八章 释 义

(二十四)违反规定程序对外提供担保:指上市公司违反中国证监会《关于规范上市公司对外担保行为的通知》(证监发〔2005〕120号)或者本规则等规定的对外担保行为。

(六)上市公司章程指引(节录)

(2016年9月30日发布并施行 中国证券监督管理委员会公告〔2016〕23号)

第三章 股 份

第一节 股 份 发 行

第二十条 公司或公司的子公司(包括公司的附属企业)不以赠与、垫资、担保、补偿或贷款等形式,对购买或者拟购买公司股份的人提供任何资助。

第四章 股东和股东大会

第一节 股 东

第三十九条 公司的控股股东、实际控制人不得利用其关联关系损害公司利益。违反规定的,给公司造成损失的,应当承担赔偿责任。

公司控股股东及实际控制人对公司和公司社会公众股股东负有诚信义务。控股股东应严格依法行使出资人的权利,控股股东不得利用利润分配、资产重组、对外投资、资金占用、借款担保等方式损害公司和社会公众股股东的合法权益,不得利用其控制地位损害公司和社会公众股股东的利益。

第二节 股东大会的一般规定

第四十条 股东大会是公司的权力机构,依法行使下列职权:
(一)决定公司的经营方针和投资计划;
(二)选举和更换非由职工代表担任的董事、监事,决定有关董事、监事的报酬事项;
(三)审议批准董事会的报告;
(四)审议批准监事会报告;
(五)审议批准公司的年度财务预算方案、决算方案;
(六)审议批准公司的利润分配方案和弥补亏损方案;
(七)对公司增加或者减少注册资本作出决议;
(八)对发行公司债券作出决议;
(九)对公司合并、分立、解散、清算或者变更公司形式作出决议;
(十)修改本章程;
(十一)对公司聘用、解聘会计师事务所作出决议;
(十二)**审议批准第四十一条规定的担保事项;**
(十三)审议公司在一年内购买、出售重大资产超过公司最近一期经审计总资产30%的事项;
(十四)审议批准变更募集资金用途事项;
(十五)审议股权激励计划;
(十六)审议法律、行政法规、部门规章或本章程规定应当由股东大会决定的其他事项。
注释:上述股东大会的职权不得通过授权的形式由董事会或其他机构和个人代为行使。

第四十一条 公司下列对外担保行为,须经股东大会审议通过:
(一)本公司及本公司控股子公司的对外担保总额,达到或超过最近一期经审计净资产的50%以后提供的任何担保;
(二)公司的对外担保总额,达到或超过最近一期经审计总资产的30%以后提供的任何担保;
(三)为资产负债率超过70%的担保对象提供的担保;
(四)单笔担保额超过最近一期经审计净资产10%的担保;
(五)对股东、实际控制人及其关联方提供的担保。

第六节 股东大会的表决和决议

第七十七条 下列事项由股东大会以特别决议通过:
(一)公司增加或者减少注册资本;
(二)公司的分立、合并、解散和清算;
(三)本章程的修改;
(四)公司在一年内购买、出售重大资产或者担保金额超过公司最近一期经审计总

资产 30% 的;

(五) 股权激励计划;

(六) 法律、行政法规或本章程规定的,以及股东大会以普通决议认定会对公司产生重大影响的、需要以特别决议通过的其他事项。

注释:股东大会就以下事项作出特别决议,除须经出席会议的普通股股东(含表决权恢复的优先股股东,包括股东代理人)所持表决权的 2/3 以上通过之外,还须经出席会议的优先股股东(不含表决权恢复的优先股股东,包括股东代理人)所持表决权的 2/3 以上通过:(1) 修改公司章程中与优先股相关的内容;(2) 一次或累计减少公司注册资本超过 10%;(3) 公司合并、分立、解散或变更公司形式;(4) 发行优先股;(5) 公司章程规定的其他情形。

第五章 董事会

第一节 董事

第九十七条 董事应当遵守法律、行政法规和本章程,对公司负有下列忠实义务:

(一) 不得利用职权收受贿赂或者其他非法收入,不得侵占公司的财产;

(二) 不得挪用公司资金;

(三) 不得将公司资产或者资金以其个人名义或者其他个人名义开立账户存储;

(四) 不得违反本章程的规定,未经股东大会或董事会同意,将公司资金借贷给他人或者以公司财产为他人提供担保;

(五) 不得违反本章程的规定或未经股东大会同意,与本公司订立合同或者进行交易;

(六) 未经股东大会同意,不得利用职务便利,为自己或他人谋取本应属于公司的商业机会,自营或者为他人经营与本公司同类的业务;

(七) 不得接受与公司交易的佣金归为己有;

(八) 不得擅自披露公司秘密;

(九) 不得利用其关联关系损害公司利益;

(十) 法律、行政法规、部门规章及本章程规定的其他忠实义务。

董事违反本条规定所得的收入,应当归公司所有;给公司造成损失的,应当承担赔偿责任。

注释:除以上各项义务要求外,公司可以根据具体情况,在章程中增加对本公司董事其他义务的要求。

第二节 董事会

第一百零七条 董事会行使下列职权:

(一) 召集股东大会,并向股东大会报告工作;

(二) 执行股东大会的决议;

(三) 决定公司的经营计划和投资方案;

(四) 制订公司的年度财务预算方案、决算方案;

（五）制订公司的利润分配方案和弥补亏损方案；

（六）制订公司增加或者减少注册资本、发行债券或其他证券及上市方案；

（七）拟订公司重大收购、收购本公司股票或者合并、分立、解散及变更公司形式的方案；

（八）在股东大会授权范围内，决定公司对外投资、收购出售资产、资产抵押、对外担保事项、委托理财、关联交易等事项；

（九）决定公司内部管理机构的设置；

（十）聘任或者解聘公司经理、董事会秘书；根据经理的提名，聘任或者解聘公司副经理、财务负责人等高级管理人员，并决定其报酬事项和奖惩事项；

（十一）制订公司的基本管理制度；

（十二）制订本章程的修改方案；

（十三）管理公司信息披露事项；

（十四）向股东大会提请聘请或更换为公司审计的会计师事务所；

（十五）听取公司经理的工作汇报并检查经理的工作；

（十六）法律、行政法规、部门规章或本章程授予的其他职权。

注释：公司股东大会可以授权公司董事会按照公司章程的约定向优先股股东支付股息。

超过股东大会授权范围的事项，应当提交股东大会审议。

第一百一十条 董事会应当确定对外投资、收购出售资产、资产抵押、对外担保事项、委托理财、关联交易的权限，建立严格的审查和决策程序；重大投资项目应当组织有关专家、专业人员进行评审，并报股东大会批准。

注释：公司董事会应当根据相关的法律、法规及公司实际情况，在章程中确定符合公司具体要求的权限范围，以及涉及资金占公司资产的具体比例。

第十章 合并、分立、增资、减资、解散和清算

第一节 合并、分立、增资和减资

第一百七十二条 公司合并，应当由合并各方签订合并协议，并编制资产负债表及财产清单。公司应当自作出合并决议之日起 10 日内通知债权人，并于 30 日内在【报纸名称】上公告。

债权人自接到通知书之日起 30 日内，未接到通知书的自公告之日起 45 日内，**可以要求公司清偿债务或者提供相应的担保。**

第一百七十六条 公司需要减少注册资本时，必须编制资产负债表及财产清单。

公司应当自作出减少注册资本决议之日起 10 日内通知债权人，并于 30 日内在【报纸名称】上公告。债权人自接到通知书之日起 30 日内，未接到通知书的自公告之日起 45 日内，**有权要求公司清偿债务或者提供相应的担保。**

公司减资后的注册资本将不低于法定的最低限额。

(七) 上市公司股权激励管理办法(节录)

(2016年5月4日中国证券监督管理委员会2016年第6次主席办公会议审议通过 根据2018年8月15日中国证券监督管理委员会《关于修改〈上市公司股权激励管理办法〉的决定》修正 自2018年9月15日施行 中国证券监督管理委员会令第148号)

第二章 一般规定

第二十一条 激励对象参与股权激励计划的资金来源应当合法合规,不得违反法律、行政法规及中国证监会的相关规定。

上市公司不得为激励对象依股权激励计划获取有关权益提供贷款以及其他任何形式的财务资助,包括为其贷款提供担保。

第三章 限制性股票

第二十二条 本办法所称限制性股票是指激励对象按照股权激励计划规定的条件,获得的转让等部分权利受到限制的本公司股票。

限制性股票在解除限售前不得转让、用于担保或偿还债务。

第四章 股票期权

第二十八条 本办法所称股票期权是指上市公司授予激励对象在未来一定期限内以预先确定的条件购买本公司一定数量股份的权利。

激励对象获授的股票期权不得转让、用于担保或偿还债务。

(八) 上市公司收购管理办法(节录)

(2006年5月17日中国证券监督管理委员会第180次主席办公会议审议通过 根据2008年8月27日中国证券监督管理委员会《关于修改〈上市公司收购管理办法〉第六十三条的决定》、2012年2月14日中国证券监督管理委员会《关于修改〈上市公司收购管理办法〉第六十二条及第六十三条的决定》、2014年10月23日中国证券监督管理委员会令第108号中国证券监督管理委员会《关于修改〈上市公司收购管理办法〉的决定》修订)

第一章 总则

第七条 被收购公司的控股股东或者实际控制人不得滥用股东权利损害被收购

公司或者其他股东的合法权益。

被收购公司的控股股东、实际控制人及其关联方有损害被收购公司及其他股东合法权益的,上述控股股东、实际控制人在转让被收购公司控制权之前,应当主动消除损害;未能消除损害的,应当就其出让相关股份所得收入用于消除全部损害做出安排,对不足以消除损害的部分应当提供充分有效的履约担保或安排,并依照公司章程取得被收购公司股东大会的批准。

第三章 要 约 收 购

第三十三条 收购人作出提示性公告后至要约收购完成前,被收购公司除继续从事正常的经营活动或者执行股东大会已经作出的决议外,**未经股东大会批准,被收购公司董事会不得通过处置公司资产、对外投资、调整公司主要业务、担保、贷款等方式,对公司的资产、负债、权益或者经营成果造成重大影响。**

第四章 协 议 收 购

第五十二条 以协议方式进行上市公司收购的,自签订收购协议起至相关股份完成过户的期间为上市公司收购过渡期(以下简称过渡期)。在过渡期内,收购人不得通过控股股东提议改选上市公司董事会,确有充分理由改选董事会的,来自收购人的董事不得超过董事会成员的1/3;**被收购公司不得为收购人及其关联方提供担保;**被收购公司不得公开发行股份募集资金,不得进行重大购买、出售资产及重大投资行为或者与收购人及其关联方进行其他关联交易,但收购人为挽救陷入危机或者面临严重财务困难的上市公司的情形除外。

第五十三条 上市公司控股股东向收购人协议转让其所持有的上市公司股份的,应当对收购人的主体资格、诚信情况及收购意图进行调查,并在其权益变动报告书中披露有关调查情况。

控股股东及其关联方未清偿其对公司的负债,**未解除公司为其负债提供的担保,**或者存在损害公司利益的其他情形的,被收购公司董事会应当对前述情形及时予以披露,并采取有效措施维护公司利益。

第七章 财 务 顾 问

第六十六条 收购人聘请的财务顾问就本次收购出具的财务顾问报告,应当对以下事项进行说明和分析,并逐项发表明确意见:

(一)收购人编制的上市公司收购报告书或者要约收购报告书所披露的内容是否真实、准确、完整;

(二)本次收购的目的;

(三)收购人是否提供所有必备证明文件,根据对收购人及其控股股东、实际控制人的实力、从事的主要业务、持续经营状况、财务状况和诚信情况的核查,说明收购人是否具备主体资格，是否具备收购的经济实力，是否具备规范运作上市公司的管理能力，是否需要承担其他附加义务及是否具备履行相关义务的能力，是否存在不良诚信记录；

（四）对收购人进行证券市场规范化运作辅导的情况，其董事、监事和高级管理人员是否已经熟悉有关法律、行政法规和中国证监会的规定，充分了解应承担的义务和责任，督促其依法履行报告、公告和其他法定义务的情况；

（五）收购人的股权控制结构及其控股股东、实际控制人支配收购人的方式；

（六）收购人的收购资金来源及其合法性，是否存在利用本次收购的股份向银行等金融机构质押取得融资的情形；

（七）涉及收购人以证券支付收购价款的，应当说明有关该证券发行人的信息披露是否真实、准确、完整以及该证券交易的便捷性等情况；

（八）收购人是否已经履行了必要的授权和批准程序；

（九）是否已对收购过渡期间保持上市公司稳定经营作出安排，该安排是否符合有关规定；

（十）对收购人提出的后续计划进行分析，收购人所从事的业务与上市公司从事的业务存在同业竞争、关联交易的，对收购人解决与上市公司同业竞争等利益冲突及保持上市公司经营独立性的方案进行分析，说明本次收购对上市公司经营独立性和持续发展可能产生的影响；

（十一）在收购标的上是否设定其他权利，是否在收购价款之外还作出其他补偿安排；

（十二）收购人及其关联方与被收购公司之间是否存在业务往来，收购人与被收购公司的董事、监事、高级管理人员是否就其未来任职安排达成某种协议或者默契；

（十三）上市公司原控股股东、实际控制人及其关联方是否存在未清偿对公司的负债、未解除公司为其负债提供的担保或者损害公司利益的其他情形；存在该等情形的，是否已提出切实可行的解决方案；

（十四）涉及收购人拟提出豁免申请的，应当说明本次收购是否属于可以得到豁免的情形，收购人是否作出承诺及是否具备履行相关承诺的实力。

第六十九条　财务顾问在收购过程中和持续督导期间，应当关注被收购公司是否存在为收购人及其关联方提供担保或者借款等损害上市公司利益的情形，发现有违法或者不当行为的，应当及时向中国证监会、派出机构和证券交易所报告。

第九章　监管措施与法律责任

第七十九条　上市公司控股股东和实际控制人在转让其对公司的控制权时，未清偿其对公司的负债，未解除公司为其提供的担保，或者未对其损害公司利益的其他情形作出纠正的，中国证监会责令改正、责令暂停或者停止收购活动。

(九) 创业板上市公司证券发行管理暂行办法(节录)

(2014年2月11日中国证券监督管理委员会第26次主席办公会议审议通过
自2014年5月14日公布并施行 中国证券监督管理委员会令第100号)

第一章 总 则

第二条 上市公司申请在境内发行证券,适用本办法。
本办法所称证券,指下列证券品种:
(一) 股票;
(二) 可转换公司债券;
(三) 中国证券监督管理委员会(以下简称中国证监会)认可的其他品种。

第二章 发行证券的条件

第一节 一般规定

第九条 上市公司发行证券,应当符合《证券法》规定的条件,并且符合以下规定:
(一) 最近2年盈利,净利润以扣除非经常性损益前后孰低者为计算依据;
(二) 会计基础工作规范,经营成果真实。内部控制制度健全且被有效执行,能够合理保证公司财务报告的可靠性、生产经营的合法性,以及营运的效率与效果;
(三) 最近2年按照上市公司章程的规定实施现金分红;
(四) 最近3年及一期财务报表未被注册会计师出具否定意见或者无法表示意见的审计报告;被注册会计师出具保留意见或者带强调事项段的无保留意见审计报告的,所涉及的事项对上市公司无重大不利影响或者在发行前重大不利影响已经消除;
(五) 最近一期末资产负债率高于45%,但上市公司非公开发行股票的除外;
(六) 上市公司与控股股东或者实际控制人的人员、资产、财务分开,机构、业务独立,能够自主经营管理。上市公司最近12个月内不存在违规对外提供担保或者资金被上市公司控股股东、实际控制人及其控制的其他企业以借款、代偿债务、代垫款项或者其他方式占用的情形。

第四节 发行可转换公司债务

第二十三条 公开发行可转换公司债券,应当约定保护债券持有人权利的办法,以及债券持有人会议的权利、程序和决议生效条件。
存在下列事项之一的,应当召开债券持有人会议:
(一) 拟变更募集说明书的约定;
(二) 上市公司不能按期支付本息;

（三）上市公司减资、合并、分立、解散或者申请破产；
（四）保证人或者担保物发生重大变化；
（五）其他影响债券持有人重大权益的事项。

（十）《上市公司证券发行管理办法》第三十九条"违规对外提供担保且尚未解除"的理解和适用
——证券期货法律适用意见第5号

（2009年7月9日发布　自2009年7月13日起施行
中国证券监督管理委员会公告〔2009〕16号）

《上市公司证券发行管理办法》（证监会令第30号，以下简称《管理办法》）第三十九条第（三）项规定，上市公司申请非公开发行股票，不得存在"上市公司及其附属公司违规对外提供担保且尚未解除"的情形。在非公开发行股票的行政许可审核实践中，部分上市公司及其附属公司通常采取一些纠正或补救措施，以解除违规担保或消除违规担保对公司的不利影响。由于实践中违规担保的情形多种多样，公司采取的纠正和补救措施各不相同，经过重大资产重组的上市公司历史遗留的违规担保情况则更加复杂，由此造成对于《管理办法》第三十九条"违规对外提供担保且尚未解除"规定的不同理解和认识。经研究，我会认为：

一、非公开发行股票的上市公司应当具有规范的公司治理结构和相应的内控制度，并应严格控制对外担保风险，避免给上市公司、附属公司及其股东产生重大不利影响和造成经济损失。

二、《管理办法》所规定的"上市公司及其附属公司"是指**上市公司及其合并报表的控股子公司**。

三、《管理办法》所规定的"违规对外提供担保"（以下简称违规担保），是指上市公司及其附属公司违反相关法律、行政法规、规章、中国证监会发布的规范性文件、公司章程的规定（以下简称相关法律规定）对外提供担保。以下情形属于《管理办法》所规定的违规担保：

（一）未按照相关法律规定履行董事会或股东大会表决程序；

（二）董事会或股东大会作出对外担保事项决议时，关联董事或股东未按照相关法律规定回避表决；

（三）董事会或股东大会批准的公司对外担保总额或单项担保的数额超过中国证监会或者公司章程规定的限额；

（四）董事会或股东大会批准对外担保事项后，未按照中国证监会规定的内容在指定媒体及时披露信息；

（五）独立董事未按规定在年度报告中对对外担保事项进行专项说明，并发表独立意见；

（六）其他违反相关法律规定的对外担保行为。

四、《管理办法》所规定的"尚未解除"，是指上市公司递交非公开发行股票申请文件时，上市公司及其附属公司违规担保尚未解除或其风险隐患尚未消除，上市公司及其股东的利益安全存在重大不确定性，而不局限于《合同法》中"合同解除"的概念。担保责任解除主要指上市公司及其附属公司违规担保状态的停止、担保责任的消灭，或者上市公司及其附属公司已经采取有效措施消除了违规担保对上市公司及股东带来的重大风险隐患等。

递交非公开发行股票申请文件前，保荐机构和发行人律师经核查存在下列情形之一的，可以出具意见认定违规担保已经解除或其对上市公司的风险隐患已经消除：

（一）上市公司及其附属公司已经采取相应纠正措施，自律组织、行政监管部门或司法机关已依法追究违规单位及相关人员的法律责任（包括立案调查或立案侦查），相关信息已及时披露；

（二）上市公司及其附属公司已按企业会计准则的要求对因违规担保而承担的付款义务确认预计负债或者已经承担担保责任，自律组织、行政监管部门或司法机关已依法追究违规单位及相关人员的法律责任（包括立案调查或立案侦查），相关信息已及时披露；

（三）担保合同未成立、未生效或已经被宣告无效、解除或撤销，上市公司及其附属公司不再继续承担担保责任以及其他相关赔偿责任；

（四）由于债务人已经全额偿还债务，或债权人未依法要求上市公司及其附属公司承担责任等原因，导致担保责任已经解除；

（五）因其他事由导致担保事项不再继续对上市公司及其社会公众股东利益产生重大不利影响。

前款第（二）项赋予上市公司及其附属公司一定选择权，但不鼓励其通过提前承担担保责任而直接给上市公司及其股东带来经济损失。上市公司及其附属公司选择确认预计负债方式可以给予投资者明确预期，同时，应努力通过法定途径避免或减少损失。

五、实施重大资产重组的上市公司，对于重组前遗留的违规担保，除适用前条规定外，保荐机构和发行人律师经核查存在下列情形之一的，可出具意见认定违规担保对上市公司的风险隐患已经消除：

（一）实施重大资产重组前，重组方已经知晓违规担保的事实，虽然递交非公开发行股票申请文件前违规担保尚未解除，但上市公司及其附属公司已按企业会计准则的要求对因违规担保而承担的付款义务确认预计负债，且自律组织、行政监管部门或司法机关已依法追究违规单位及相关人员的法律责任（包括立案调查或立案侦查），相关信息已及时披露；

（二）相关当事方已签署有效的法律文件，约定控股股东、实际控制人或重组方全部承担上市公司及其附属公司因违规担保可能产生的债务本息，且控股股东、实际控制人或重组方切实具备履约能力。

六、相关会计师事务所可以就上述第四条第二款第（二）项、第五条第（一）项关于上市公司及其附属公司对违规担保而承担的付款义务是否确认预计负债出具专项审核意见。

七、保荐机构和相关证券服务机构就上市公司及其附属公司违规担保是否已经解除出具的专业意见是监管部门作出判断的重要依据。保荐机构、相关证券服务机构及其人员应当确保专业意见的结论明确，依据适当、充分，分析清晰、合理。违反相关规定的，除依法采取相应的监管措施外，监管部门还将对相关机构和人员此后出具的专业意见给予重点关注。保荐机构、相关证券服务机构及其人员存在违法违规行为的，将依法追究其法律责任。

（十一）上市公司证券发行管理办法（节录）

（2006年4月26日中国证券监督管理委员会第178次主席办公会议审议通过 2006年5月6日发布 自2006年5月8日起施行 中国证券监督管理委员会令〔2006〕第30号）

第一章 总 则

第二条 上市公司申请在境内发行证券，适用本办法。

本办法所称证券，指下列证券品种：

（一）股票；

（二）可转换公司债券；

（三）中国证券监督管理委员会（以下简称"中国证监会"）认可的其他品种。

第二章 公开发行证券的条件

第一节 一般规定

第六条 上市公司的组织机构健全、运行良好，符合下列规定：

（一）公司章程合法有效，股东大会、董事会、监事会和独立董事制度健全，能够依法有效履行职责；

（二）公司内部控制制度健全，能够有效保证公司运行的效率、合法合规性和财务报告的可靠性；内部控制制度的完整性、合理性、有效性不存在重大缺陷；

（三）现任董事、监事和高级管理人员具备任职资格，能够忠实和勤勉地履行职务，不存在违反公司法第一百四十八条、第一百四十九条规定的行为，且最近三十六个月内未受到过中国证监会的行政处罚、最近十二个月内未受到过证券交易所的公开谴责；

（四）上市公司与控股股东或实际控制人的人员、资产、财务分开，机构、业务独立，能够自主经营管理；

（五）最近十二个月内不存在违规对外提供担保的行为。

第七条　上市公司的盈利能力具有可持续性，符合下列规定：

（一）最近三个会计年度连续盈利。扣除非经常性损益后的净利润与扣除前的净利润相比，以低者作为计算依据；

（二）业务和盈利来源相对稳定，不存在严重依赖于控股股东、实际控制人的情形；

（三）现有主营业务或投资方向能够可持续发展，经营模式和投资计划稳健，主要产品或服务的市场前景良好，行业经营环境和市场需求不存在现实或可预见的重大不利变化；

（四）高级管理人员和核心技术人员稳定，最近十二个月内未发生重大不利变化；

（五）公司重要资产、核心技术或其他重大权益的取得合法，能够持续使用，不存在现实或可预见的重大不利变化；

（六）**不存在可能严重影响公司持续经营的担保**、诉讼、仲裁或其他重大事项；

（七）最近二十四个月内曾公开发行证券的，不存在发行当年营业利润比上年下降百分之五十以上的情形。

第三节　发行可转换公司债券

第十九条　公开发行可转换公司债券，应当约定保护债券持有人权利的办法，以及债券持有人会议的权利、程序和决议生效条件。

存在下列事项之一的，应当召开债券持有人会议：

（一）拟变更募集说明书的约定；

（二）发行人不能按期支付本息；

（三）发行人减资、合并、分立、解散或者申请破产；

（四）**保证人或者担保物发生重大变化；**

（五）其他影响债券持有人重大权益的事项。

第二十条　公开发行可转换公司债券，应当提供担保，但最近一期末经审计的净资产不低于人民币十五亿元的公司除外。

提供担保的，应当为全额担保，担保范围包括债券的本金及利息、违约金、损害赔偿金和实现债权的费用。

以保证方式提供担保的，应当为连带责任担保，且保证人最近一期经审计的净资产额应不低于其累计对外担保的金额。证券公司或上市公司不得作为发行可转债的担保人，但上市商业银行除外。

设定抵押或质押的，抵押或质押财产的估值应不低于担保金额。估值应经有资格的资产评估机构评估。

第三十条　发行分离交易的可转换公司债券，发行人提供担保的，适用本办法第二十条第二款至第四款的规定。

第三章 非公开发行股票的条件

第三十九条 上市公司存在下列情形之一的,不得非公开发行股票:
(一) 本次发行申请文件有虚假记载、误导性陈述或重大遗漏;
(二) 上市公司的权益被控股股东或实际控制人严重损害且尚未消除;
(三) 上市公司及其附属公司违规对外提供担保且尚未解除;
(四) 现任董事、高级管理人员最近三十六个月内受到过中国证监会的行政处罚,或者最近十二个月内受到过证券交易所公开谴责;
(五) 上市公司或其现任董事、高级管理人员因涉嫌犯罪正被司法机关立案侦查或涉嫌违法违规正被中国证监会立案调查;
(六) 最近一年及一期财务报表被注册会计师出具保留意见、否定意见或无法表示意见的审计报告。保留意见、否定意见或无法表示意见所涉及事项的重大影响已经消除或者本次发行涉及重大重组的除外;
(七) 严重损害投资者合法权益和社会公共利益的其他情形。

第四章 发行程序

第四十一条 股东大会就发行股票作出的决定,至少应当包括下列事项:
(一) 本次发行证券的种类和数量;
(二) 发行方式、发行对象及向原股东配售的安排;
(三) 定价方式或价格区间;
(四) 募集资金用途;
(五) 决议的有效期;
(六) 对董事会办理本次发行具体事宜的授权;
(七) 其他必须明确的事项。

第四十二条 股东大会就发行可转换公司债券作出的决定,至少应当包括下列事项:
(一) 本办法第四十一条规定的事项;
(二) 债券利率;
(三) 债券期限;
(四) 担保事项;
(五) 回售条款;
(六) 还本付息的期限和方式;
(七) 转股期;
(八) 转股价格的确定和修正。

(十二) 公开发行证券的公司信息披露
内容与格式准则第2号
——年度报告的内容与格式(节录)

(2017年12月26日发布并施行 中国证券监督管理委员会公告〔2017〕17号)

第二章 年度报告正文

第五节 重要事项

第四十条 公司应当披露报告期内发生的重大关联交易事项。若对于某一关联方,报告期内累计关联交易总额高于3000万元(创业板公司披露标准为1000万元)且占公司最近一期经审计净资产值5%以上,应当按照以下发生关联交易的不同类型分别披露。如已在临时报告披露且后续实施无进展或变化的,仅需披露该事项概述,并提供临时报告披露网站的相关查询索引。

(一) 与日常经营相关的关联交易,至少应当披露以下内容:关联交易方、交易内容、定价原则、交易价格、交易金额、占同类交易金额的比例、结算方式;可获得的同类交易市价,如实际交易价与市价存在较大差异,应当说明原因。大额销货退回需披露详细情况。

公司按类别对报告期内发生的日常关联交易进行总额预计的,应当披露日常关联交易事项在报告期内的实际履行情况。

(二) 资产或股权收购、出售发生的关联交易,至少应当披露以下内容:关联交易方、交易内容、定价原则、资产的账面价值、评估价值、交易价格、结算方式及交易对公司经营成果和财务状况的影响情况,交易价格与账面价值或评估价值差异较大的,应当说明原因。如相关交易涉及业绩约定的,应当披露报告期内的业绩实现情况。

(三) 公司与关联方共同对外投资发生关联交易的,应当至少披露以下内容:共同投资方、被投资企业的名称、主营业务、注册资本、总资产、净资产、净利润、重大在建项目的进展情况。

(四) 公司与关联方存在债权债务往来或担保等事项的,应当披露形成原因,债权债务期初余额、本期发生额、期末余额,及其对公司的影响。

(五) 其他重大关联交易。

第四十一条 公司应当披露重大合同及其履行情况,包括但不限于:

(一) 在报告期内发生或以前期间发生但延续到报告期的托管、承包、租赁其他公司资产或其他公司托管、承包、租赁公司资产的事项,且该事项为公司带来的损益额达到公司当年利润总额的10%以上时,应当详细披露有关合同的主要内容,包括但不限于:有关资产的情况、涉及金额、期限、损益及确定依据,同时应当披露该损益对公司的影响。

(二)重大担保。报告期内履行的及尚未履行完毕的担保合同,包括担保金额、担保期限、担保对象、担保类型(一般担保或连带责任担保)、担保的决策程序等。对于未到期担保合同,如果报告期内发生担保责任或有证据表明有可能承担连带清偿责任,应当明确说明。

　　公司应当披露报告期内公司及其子公司对外担保(不含对子公司的担保)的发生额和报告期末的担保余额,以及报告期内公司及其子公司对子公司提供担保的发生额和报告期末的担保余额。

　　公司应当披露全部担保总额及其占公司净资产的比例,并分别列示:公司及其子公司为股东、实际控制人及其关联方提供担保的余额,公司及其子公司直接或间接为资产负债率超过70%的被担保对象提供的担保余额,以及公司及其子公司担保总额超过公司净资产50%部分的金额。

　　公司担保总额包括报告期末公司及其子公司对外担保余额(不含对子公司的担保)和公司及其子公司对子公司的担保余额,其中子公司的担保余额为该子公司对外担保总额乘以公司持有该子公司的股权比例。

　　(三)公司应当按照下列类型分别披露报告期内委托理财的资金来源、发生额、未到期余额及逾期未收回金额情况。具体类型包括但不限于银行理财产品、券商理财产品、信托理财产品、其他类(如公募基金产品、私募基金产品)等。

　　对于单项金额重大的委托理财,或安全性较低、流动性较差、不保本的高风险委托理财,应披露委托理财发生额、未到期余额及逾期未收回金额的具体情况,包括:资金来源、受托机构名称(或受托人姓名)及类型、金额、产品期限、资金投向、报酬确定方式、参考年化收益率、预期收益(如有)、当年度实际收益或损失和实际收回情况;公司还应说明该项委托是否经过法定程序,未来是否还有委托理财计划。公司若就该项委托计提投资减值准备的,应当披露当年度计提金额。

　　若委托理财出现预期无法收回本金或存在其他可能导致减值的情形,预计对公司具有较大影响的,公司应当说明对财务状况或当期利润的影响。

　　若公司存在委托贷款事项,也应当比照上述委托行为予以披露。

　　如相关事项已在临时报告披露且无后续进展的,仅需披露该事项概述,并提供临时报告披露网站的相关查询索引。

　　(四)其他重大合同。列表披露合同订立双方的名称、签订日期、合同标的所涉及资产的账面价值、评估价值、相关评估机构名称、评估基准日、定价原则以及最终交易价格等,并披露截至报告期末合同的执行情况。临时报告已经披露过的情况,公司应当提供相关披露索引。

第十节　公司债券相关情况

　　第六十六条　公司应当披露所有公开发行并在证券交易所上市,且在年度报告批准报出日未到期或到期未能全额兑付的公司债券情况,包括:

　　(五)报告期内公司债券增信机制、偿债计划及其他偿债保障措施发生变更的,公司应当参照《公开发行证券的公司信息披露内容与格式准则第23号——公开发行公司债券募集说明书》第五节的有关规定披露增信机制、偿债计划及其他偿债保障措施的相关情况,说明变更原因,变更是否已取得有权机构批准,以及相关变更对债券持有人利益的影响。

公司债券增信机制、偿债计划及其他偿债保障措施未发生变更的,公司应当披露增信机制、偿债计划及其他偿债保障措施在报告期内的执行情况、变化情况,并说明相关变化对债券持有人利益的影响:

1. 提供保证担保的,如保证人为法人或者其他组织,应当披露保证人报告期末的净资产额、资产负债率、净资产收益率、流动比率、速动比率等主要财务指标(并注明相关财务报告是否经审计)、保证人资信状况、累计对外担保余额以及累计对外担保余额占其净资产的比例;如保证人为自然人,应当披露保证人资信状况、代偿能力、资产受限情况、对外担保情况以及可能影响保证权利实现的其他信息;保证人为发行人控股股东或实际控制人的,还应当披露保证人所拥有的除发行人股权外的其他主要资产,以及该部分资产的权利限制及是否存在后续权利限制安排。公司应当着重说明保证人情况与上一年度(或募集说明书)披露情况的变化之处。

2. 提供抵押或质押担保的,应当披露担保物的价值(账面价值和评估值,注明评估时点)变化情况,已经担保的债务总余额以及抵/质押顺序,报告期内担保物的评估、登记、保管等情况。

3. 采用其他方式进行增信的,应当披露报告期内相关增信措施的变化情况等。

4. 公司制定偿债计划或采取其他偿债保障措施的,应当披露报告期内相关计划和措施的执行情况,与募集说明书的相关承诺是否一致等。

5. 公司设置专项偿债账户的,应当披露该账户资金的提取情况,与募集说明书的相关承诺是否一致等。

第六十八条 公司债券的保证人为法人或者其他组织的,应当在每个会计年度结束之日起4个月内单独披露保证人报告期财务报表(并注明是否经审计),包括资产负债表、利润表、现金流量表、所有者权益(股东权益)变动表和财务报表附注,并指明保证人所担保公司债券的全称。

(十三) 公开发行证券的公司信息披露内容与格式准则第3号
——半年度报告的内容与格式(节录)

(2017年12月26日发布并施行 中国证券监督管理委员会公告〔2017〕18号)

第二章 半年度报告正文

第五节 重要事项

第三十八条 公司应当披露报告期内发生的重大关联交易事项。若对于某一关联方,报告期内累计关联交易总额高于3000万元(创业板公司披露标准为1000万元)

且占公司最近一期经审计净资产值5%以上,应按照以下发生关联交易的不同类型分别披露。如已在临时报告披露且后续实施无进展或变化的,仅需披露该事项概述,并提供临时报告披露网站的相关查询索引。

(一)与日常经营相关的关联交易,至少应当披露以下内容:关联交易方、交易内容、定价原则、交易价格、交易金额、占同类交易金额的比例、结算方式;可获得的同类交易市价,如实际交易价与市价存在较大差异,应当说明原因。大额销货退回需披露详细情况。

公司按类别对报告期内发生的日常关联交易进行总额预计的,应当披露日常关联交易事项在报告期内的实际履行情况。

(二)资产或股权收购、出售发生的关联交易,至少应当披露以下内容:关联交易方、交易内容、定价原则、资产的账面价值、评估价值、交易价格、结算方式及交易对公司经营成果和财务状况的影响情况,交易价格与账面价值或评估价值差异较大的,应当说明原因。如相关交易涉及业绩约定的,应当披露报告期内的业绩实现情况。

(三)公司与关联方共同对外投资发生关联交易的,应当至少披露以下内容:共同投资方、被投资企业的名称、主营业务、注册资本、总资产、净资产、净利润、重大在建项目的进展情况。

(四)公司与关联方存在债权债务往来或担保等事项的,应当披露形成原因,债权债务期初余额、本期发生额、期末余额,及其对公司的影响。

(五)其他重大关联交易。

第三十九条 公司应当披露重大合同及其履行情况。包括但不限于:

(二)重大担保。报告期内履行的及尚未履行完毕的担保合同,包括担保金额、担保期限、担保对象、担保类型(一般担保或连带责任担保)、担保的决策程序等。对于未到期担保合同,如果报告期内发生担保责任或有证据表明有可能承担连带清偿责任,应当明确说明。

第九节 公司债券相关情况

第五十五条 公司应当披露所有公开发行并在证券交易所上市,且在半年度报告批准报出日未到期或到期未能全额兑付的公司债券情况,包括:

(五)报告期内公司债券增信机制、偿债计划及其他偿债保障措施发生变更的,公司应当参照《公开发行证券的公司信息披露内容与格式准则第23号——公开发行公司债券募集说明书》第五节的有关规定披露增信机制、偿债计划及其他偿债保障措施的相关情况,说明变更原因,变更是否已取得有权机构批准,以及相关变更对债券持有人利益的影响。

公司债券增信机制、偿债计划及其他偿债保障措施未发生变更的,公司应当披露增信机制、偿债计划及其他偿债保障措施在报告期内的执行情况、变化情况,并说明相关变化对债券持有人利益的影响:

1. 提供保证担保的,如保证人为法人或者其他组织,公司应当披露保证人报告期末的净资产额、资产负债率、净资产收益率、流动比率、速动比率等主要财务指标(并注明相关财务报告是否经审计),保证人资信状况、累计对外担保余额以及累计对外担保余额占其净资产的比例;如保证人为自然人,公司应当披露保证人资信状况、代偿能力、资产受限情况、对外担保情况以及可能影响保证权利实现的其他信息;保证人为发行人控股股东或实际控制人的,公司还应当披露保证人所拥有的除发行人股权外的其他主要资产,以及该部分资产的权利限制及是否存在后续权利限制安排。公司应当着重说明保证人情况在本报告期的变化之处。

2. 提供抵押或质押担保的,公司应当披露担保物的价值(账面价值和评估值,注明评估时点)变化情况,已经担保的债务总余额以及抵/质押顺序,报告期内担保物的评估、登记、保管等情况。

3. 采用其他方式进行增信的,应当披露报告期内相关增信措施的变化情况等。

4. 公司制定偿债计划或采取其他偿债保障措施的,公司应当披露报告期内相关计划和措施的执行情况,与募集说明书的相关承诺是否一致等。

5. 公司设置专项偿债账户的,应当披露该账户资金的提取情况,与募集说明书的相关承诺是否一致等。

第五十七条 公司债券的保证人为法人或者其他组织的,应当在每个会计年度上半年度结束之日起2个月内单独披露保证人报告期财务报表(并注明是否经审计),包括资产负债表、利润表、现金流量表、所有者权益(股东权益)变动表,并指明保证人所担保公司债券的全称。

(十四) 公开发行证券的公司信息披露内容与格式准则第 26 号
——上市公司重大资产重组(节录)

(2017年9月21日发布并施行 2018年11月15日修订
中国证券监督管理委员会公告〔2018〕36号)

第三章 重组报告书

第十六条 交易标的为完整经营性资产的(包括股权或其他构成可独立核算会计主体的经营性资产),应当披露:

(一)该经营性资产的名称、企业性质、注册地、主要办公地点、法定代表人、注册资本、成立日期、统一社会信用代码。

(二)该经营性资产的历史沿革,包括设立情况、历次增减资或股权转让情况、是否存在出资瑕疵或影响其合法存续的情况。

该经营性资产最近三年增减资及股权转让的原因、作价依据及其合理性,股权变动相关方的关联关系,是否履行必要的审议和批准程序,是否符合相关法律法规及公司章程的规定,是否存在违反限制或禁止性规定而转让的情形。

(三)该经营性资产的产权或控制关系,包括其主要股东或权益持有人及持有股权或权益的比例、公司章程中可能对本次交易产生影响的主要内容或相关投资协议、高级管理人员的安排、是否存在影响该资产独立性的协议或其他安排(如让渡经营管理权、收益权等)。

（四）该经营性资产及其对应的主要资产的权属状况、对外担保情况及主要负债、或有负债情况,说明产权是否清晰,是否存在抵押、质押等权利限制,是否涉及诉讼、仲裁、司法强制执行等重大争议或者存在妨碍权属转移的其他情况。

该经营性资产是否因涉嫌犯罪被司法机关立案侦查或者涉嫌违法违规被中国证监会立案调查,是否受到行政处罚或者刑事处罚,如存在,应当披露相关情况,并说明对本次重组的影响。

（五）最近三年主营业务发展情况。如果该经营性资产的主营业务和产品(或服务)分属不同行业,则应按不同行业分别披露相关信息。

（六）报告期经审计的财务指标。除主要财务指标外,还应包括扣除非经常性损益的净利润,同时说明报告期非经常性损益的构成及原因,扣除非经常性损益后净利润的稳定性,非经常性损益(如财政补贴)是否具备持续性。

（七）交易标的为企业股权的,应当披露该企业是否存在出资瑕疵或影响其合法存续的情况;上市公司在交易完成后将成为持股型公司的,应当披露作为主要交易标的的企业股权是否为控股权;交易标的为有限责任公司股权的,应当披露是否已取得该公司其他股东的同意或者符合公司章程规定的股权转让前置条件。

（八）该经营性资产的权益最近三年曾进行与交易、增资或改制相关的评估或估值的,应当披露相关评估或估值的方法、评估或估值结果及其与账面值的增减情况,交易价格、交易对方和增资改制的情况,并列表说明该经营性资产最近三年评估或估值情况与本次重组评估或估值情况的差异原因。

（九）该经营性资产的下属企业构成该经营性资产最近一期经审计的资产总额、营业收入、净资产额或净利润来源20%以上且有重大影响的,应参照上述要求披露该下属企业的相关信息。

第四十一条 本次交易完成后,上市公司是否存在资金、资产被实际控制人或其他关联人占用的情形;上市公司是否存在为实际控制人或其他关联人提供担保的情形。

第六章 重组实施情况报告书

第六十七条 上市公司编制的重大资产重组实施情况报告书应当至少披露以下内容:

（一）本次重组的实施过程,相关资产过户或交付、相关债权债务处理以及证券发行登记等事宜的办理状况;

（二）相关实际情况与此前披露的信息是否存在差异(包括相关资产的权属情况及历史财务数据是否如实披露、相关盈利预测或者管理层预计达到的目标是否实现、控股股东及其一致行动人、董事、监事、高级管理人员等特定主体自本次重组复牌之日起

至实施完毕期间的股份减持情况是否与计划一致等);

（三）董事、监事、高级管理人员的更换情况及其他相关人员的调整情况；

（四）重组实施过程中，是否发生上市公司资金、资产被实际控制人或其他关联人占用的情形，或上市公司为实际控制人及其关联人提供担保的情形；

（五）相关协议及承诺的履行情况；

（六）相关后续事项的合规性及风险；

（七）其他需要披露的事项。

独立财务顾问应当对前款所述内容逐项进行核查，并发表明确意见。律师事务所应当对前款所述内容涉及的法律问题逐项进行核查，并发表明确意见。

三、全国中小企业股份转让系统挂牌公司的担保行为

（一）全国中小企业股份转让系统挂牌公司信息披露细则(节录)

（2017年12月22日发布并施行　股转系统公告〔2017〕664号）

第三章　临时报告

第二节　董事会、监事会和股东大会决议

第三十二条　挂牌公司应当根据公司章程中规定的收购与出售资产、对外投资（含委托理财、对子公司投资等）、对外提供借款、对外提供担保等事项提交董事会或股东大会审议的标准，将上述事项提交董事会或股东大会审议并按本细则相关规定披露。

第四节　其他重大事件

第四十八条　挂牌公司出现以下情形之一的，应当自事实发生或董事会决议之日起及时披露：

（一）挂牌公司控股股东、实际控制人及其一致行动人发生变更；
（二）挂牌公司控股股东、实际控制人或者其关联方占用资金；
（三）法院裁定禁止有控制权的大股东转让其所持挂牌公司股份；
（四）任一股东所持挂牌公司5%以上的股份被质押、冻结、司法拍卖、托管、设定信托或者被依法限制表决权；
（五）挂牌公司董事、监事、高级管理人员发生变动，董事长或者总经理无法履行职责；
（六）挂牌公司减资、合并、分立、解散及申请破产的决定，或者依法进入破产程序、被责令关闭；
（七）挂牌公司董事会就收购与出售重大资产、对外重大投资（含委托理财、对子公司投资等）事项的方案、协议签订作出决议；
（八）挂牌公司董事会就股票拟在证券交易所上市、或者发行其他证券品种作出决议；
（九）挂牌公司董事会就回购股份、股权激励方案作出决议；

（十）挂牌公司变更会计政策、会计估计（因法律、行政法规、部门规章修订造成的除外），变更会计师事务所；

（十一）**挂牌公司董事会就对外提供借款(对控股子公司借款除外)、对外提供担保(对控股子公司担保除外)事项作出决议；**

（十二）挂牌公司涉及重大诉讼、仲裁事项，股东大会、董事会决议被依法撤销或者宣告无效；

（十三）挂牌公司或其控股股东、实际控制人、董事、监事、高级管理人员被纳入失信联合惩戒对象；

（十四）挂牌公司取得或丧失重要生产资质、许可、特许经营权，或生产经营的外部条件、行业政策发生重大变化；

（十五）挂牌公司涉嫌违法违规被中国证监会及其派出机构或其他有权机关立案调查，被移送司法机关或追究刑事责任，受到对公司生产经营有重大影响的行政处罚，被中国证监会及其派出机构采取行政监管措施；公司董事、监事、高级管理人员涉嫌违法违规被中国证监会及其派出机构或其他有权机关立案调查或者采取强制措施，被中国证监会及其派出机构处以证券市场禁入、认定为不适当人员，受到对公司生产经营有重大影响的行政处罚；

（十六）因前期已披露的信息存在差错、未按规定披露或者虚假记载，被有关机构责令改正或者经董事会决定进行更正；

（十七）法律、行政法规规定的，或者中国证监会、全国股转公司、主办券商认定的其他情形。

挂牌公司发生违规对外担保，或者资金、资产被控股股东、实际控制人或其关联方占用的，应当披露相关事项的整改进度情况。

第五章　附　　则

第五十六条　本细则下列用语具有如下含义：

（十二）**违规对外担保：是指挂牌公司及其控股子公司未经公司章程等规定的审议程序而实施的对外担保事项。**

（十五）控股股东、实际控制人或其关联方占用资金：指挂牌公司为控股股东、实际控制人及其附属企业垫付的工资、福利、保险、广告等费用和其他支出；代控股股东、实际控制人及其附属企业偿还债务而支付的资金；有偿或者无偿、直接或者间接拆借给控股股东、实际控制人及其附属企业的资金；**为控股股东、实际控制人及其附属企业承担担保责任而形成的债权；**其他在没有商品和劳务对价情况下提供给控股股东、实际控制人及其附属企业使用的资金或者全国股转公司认定的其他形式的占用资金情形。

(二) 挂牌公司信息披露及会计业务问答(五)
——股权质押、冻结信息披露

(2018年5月18日全国中小企业股份转让系统有限责任公司发布并施行)

问:《全国中小企业股份转让系统挂牌公司信息披露细则》(以下简称"《信息披露细则》")第四十八条规定,"挂牌公司任一股东所持挂牌公司5%以上的股份被质押、冻结、司法拍卖、托管、设定信托或者被依法限制表决权的,应当自事实发生之日起及时披露",请问该条款应当如何解读?

答:该条款规定挂牌公司股东所持有的股份被质押、冻结、司法拍卖、托管、设定信托或者被依法限制表决权达到信息披露标准的,挂牌公司应当及时履行信息披露义务。相关表述具体含义如下:

一、"任一股东所持挂牌公司股份"是指直接登记在任一股东名下的股份,不与其一致行动人拥有权益的股份合并计算。

二、"5%以上"是指事实发生时,含该笔在内累计受限股份已达5%以上的,挂牌公司应当及时履行信息披露义务。例如,股东A质押其所持有的B公司2%的股份,该股份登记时,A所持有的B公司股份已有4%处于质押状态,则B公司应当自该笔质押发生之日起及时履行信息披露义务。

三、不同类型的受限股份无需合并计算。例如,股东A质押其所持有的B公司2%的股份,质押发生时,其另有B公司4%的股份处于冻结状态,两种类型的受限股份分别计算,未触发信息披露标准。但如股东A所持有的B公司2%的股份转为司法冻结,事实发生时,其另有B公司4%的股份处于冻结状态,则触发信息披露标准。

四、"及时"是指事实发生之日起两个转让日内。

问:股东所持挂牌公司股份被质押、冻结达到信息披露标准的,挂牌公司在判断是否"可能导致公司控股股东或者实际控制人变动"时,是应考虑含本次在内合计被质押、冻结股份被行权可能产生的影响,还是仅考虑本次相关股份被行权可能产生的影响?

答:含本次在内合计被质押、冻结股份被全部行权,将导致挂牌公司控股股东、实际控制人变动的,挂牌公司应当如实披露。

例如,挂牌公司的实际控制人A直接持有挂牌公司45%的股份,同时通过控制B企业间接持有挂牌公司6%的股份,合计控制挂牌公司51%的股权。某日,B企业所持有的全部股份被质押,在该时点,A直接持有的挂牌公司45%的股份已处于质押状态,即A合计能够控制的挂牌公司股份已全部处于质押状态,一旦被行权,可能导致控制权丧失。因此,挂牌公司在履行信息披露义务时,应当如实披露B企业为挂牌公司实际控制人控制的企业,本次质押可能导致公司实际控制人变动。

问:挂牌公司任一股东所持公司股份被质押、冻结达到信息披露标准的,所涉及的公司股东是否需要告知、配合公司履行信息披露义务?

答:需要。挂牌公司应当就达到信息披露标准的股份质押、冻结及时履行信息披露义务,如果所涉及股东未能在事实发生之日起两个转让日内告知公司,将导致公司信息披露违规。因此,挂牌公司股东应当在知道或者应当知道所持有股份被质押、冻结的第一时间,将相关信息告知公司,达到信息披露标准的,还应配合公司履行信息披露义务。相关股东已经履行告知及配合义务,但挂牌公司仍未按规定披露的,我司将视情况采取相应监管措施。

此外,挂牌公司董事、监事和高级管理人员知悉股东持有公司5%以上的股份被质押、冻结,应当及时向公司董事会或者监事会报告,并督促公司按照有关规定履行信息披露义务。

问:根据《信息披露细则》规定,挂牌公司应当在股权质押、冻结事实发生之日起两个转让日内履行信息披露义务,挂牌公司应当如何保证信息披露及时性?

答:挂牌公司应当密切关注公司股权受限情况的变化,保证信息披露的及时性。其一,挂牌公司应当对股东进行投资者教育,督促股东及时履行告知义务,相关股东拒不配合或者无法取得联系的,公司应当就已知信息进行披露;其二,挂牌公司及其董事会秘书或信息披露负责人应当妥善保管并及时使用中国结算 Ukey 对公司股权质押、冻结信息进行查询,发现达到信息披露标准的应当及时披露。

(三) 全国中小企业股份转让系统优先股业务指引(试行)(节录)

(2015年9月21日发布并施行　股转系统公告〔2015〕79号)

第一章　总　　则

第二条　发行人向符合《试点办法》规定的合格投资者发行优先股并在全国股转系统进行转让的,适用本指引的规定。

前款所称的发行人包括:

(一)普通股在全国股转系统挂牌的公司(以下简称"挂牌公司")、申请其普通股在全国股转系统挂牌的公司(以下简称"申请挂牌公司");

(二)符合中国证监会规定的其他非上市公众公司;

(三)注册在境内的境外上市公司。

第二章　发　　行

第十一条　发行人存在下列情形之一的,不得发行优先股:

(一)本次发行申请文件有虚假记载、误导性陈述或重大遗漏;

(二)最近十二个月内受到过中国证监会的行政处罚;

(三)因涉嫌犯罪正被司法机关立案侦查或涉嫌违法违规正被中国证监会立案调查;

（四）发行人的权益被控股股东或实际控制人严重损害且尚未消除；

（五）**发行人及其附属公司违规对外提供担保且尚未解除；**

（六）**存在可能严重影响公司持续经营的担保、诉讼、仲裁、市场重大质疑或其他重大事项；**

（七）其董事和高级管理人员不符合法律、行政法规和规章规定的任职资格；

（八）严重损害投资者合法权益和社会公共利益的其他情形。

（四）非上市公众公司收购管理办法（节录）

（2014年5月5日中国证券监督管理委员会第41次主席办公会议审议通过　2014年6月23日发布　自2014年7月23日起施行　中国证券监督管理委员会令第102号）

第一章　总　则

第一条　为了规范非上市公众公司（以下简称公众公司）的收购及相关股份权益变动活动，保护公众公司和投资者的合法权益，维护证券市场秩序和社会公共利益，促进证券市场资源的优化配置，根据《证券法》、《公司法》、《国务院关于全国中小企业股份转让系统有关问题的决定》、《国务院关于进一步优化企业兼并重组市场环境的意见》及其他相关法律、行政法规，制定本办法。

第二条　股票在全国中小企业股份转让系统（以下简称全国股份转让系统）公开转让的公众公司，其收购及相关股份权益变动活动应当遵守本办法的规定。

第三章　控制权变动披露

第十七条　以协议方式进行公众公司收购的，自签订收购协议起至相关股份完成过户的期间为公众公司收购过渡期（以下简称过渡期）。在过渡期内，收购人不得通过控股股东提议改选公众公司董事会，确有充分理由改选董事会的，来自收购人的董事不得超过董事会成员总数的1/3；**被收购公司不得为收购人及其关联方提供担保**；被收购公司不得发行股份募集资金。

在过渡期内，被收购公司除继续从事正常的经营活动或者执行股东大会已经作出的决议外，被收购公司董事会提出拟处置公司资产、调整公司主要业务、担保、贷款等议案，可能对公司的资产、负债、权益或者经营成果造成重大影响的，应当提交股东大会审议通过。

第二十条　公众公司控股股东、实际控制人向收购人协议转让其所持有的公众公司股份的，应当对收购人的主体资格、诚信情况及收购意图进行调查，并在其权益变动报告书中披露有关调查情况。

被收购公司控股股东、实际控制人及其关联方未清偿其对公司的负债，未解除公司为其负债提供的担保,或者存在损害公司利益的其他情形的,被收购公司董事会应当对前述情形及时披露,并采取有效措施维护公司利益。

第四章 要约收购

第二十六条 收购人可以采用现金、证券、现金与证券相结合等合法方式支付收购公众公司的价款。收购人聘请的财务顾问应当说明收购人具备要约收购的能力。收购人应当在披露要约收购报告书的同时,提供以下至少一项安排保证其具备履约能力:

(一)将不少于收购价款总额的20%作为履约保证金存入中国证券登记结算有限责任公司指定的银行等金融机构;收购人以在中国证券登记结算有限责任公司登记的证券支付收购价款的,在披露要约收购报告书的同时,将用于支付的全部证券向中国证券登记结算有限责任公司申请办理权属变更或锁定;

(二)银行等金融机构对于要约收购所需价款出具的保函;

(三)财务顾问出具承担连带担保责任的书面承诺。如要约期满,收购人不支付收购价款,财务顾问应当承担连带责任,并进行支付。

第三十六条 公众公司控股股东和实际控制人在转让其对公司的控制权时,未清偿其对公司的负债,未解除公司为其提供的担保,或者未对其损害公司利益的其他情形作出纠正的,且被收购公司董事会未对前述情形及时披露并采取有效措施维护公司利益的,中国证监会责令改正,在改正前收购人应当暂停收购活动。

(五) 全国中小企业股份转让系统业务规则(试行)(节录)

(2013年2月8日发布并施行 2013年12月30日修改 股转系统公告〔2013〕40号)

第一章 总 则

1.2 在全国股份转让系统挂牌的股票、可转换公司债券及其他证券品种,适用本业务规则。本业务规则未作规定的,适用全国中小企业股份转让系统有限责任公司(以下简称"全国股份转让系统公司")的其他有关规定。

第四章 挂牌公司

第一节 公司治理

4.1.4 控股股东、实际控制人及其控制的其他企业应切实保证挂牌公司的独立性,不得利用其股东权利或者实际控制能力,通过关联交易、垫付费用、提供担保及其他方式直接或者间接侵占挂牌公司资金、资产,损害挂牌公司及其他股东的利益。

四、金融机构的担保行为

（一）一般规定

1. 中国人民银行、中国银行保险监督管理委员会、中国证券监督管理委员会、国家外汇管理局关于规范金融机构资产管理业务的指导意见（节录）

（银发〔2018〕106号　2018年4月27日）

十三、主营业务不包括资产管理业务的金融机构应当设立具有独立法人地位的资产管理子公司开展资产管理业务，强化法人风险隔离，暂不具备条件的可以设立专门的资产管理业务经营部门开展业务。

金融机构不得为资产管理产品投资的非标准化债权类资产或者股权类资产提供任何直接或间接、显性或隐性的担保、回购等代为承担风险的承诺。

金融机构开展资产管理业务，应当确保资产管理业务与其他业务相分离，资产管理产品与其代销的金融产品相分离，资产管理产品之间相分离，资产管理业务操作与其他业务操作相分离。

二十、资产管理产品应当设定负债比例（总资产／净资产）上限，同类产品适用统一的负债比例上限。每只开放式公募产品的总资产不得超过该产品净资产的140％，每只封闭式公募产品、每只私募产品的总资产不得超过该产品净资产的200％。计算单只产品的总资产时应当按照穿透原则合并计算所投资资产管理产品的总资产。

金融机构不得以受托管理的资产管理产品份额进行质押融资，放大杠杆。

2. 证券期货经营机构私募资产管理业务运作管理暂行规定（节录）

（2016年7月14日发布　自2016年7月18日施行
中国证券监督管理委员会公告〔2016〕13号）

第二条 本规定所称证券期货经营机构，是指证券公司、基金管理公司、期货公司及其依法设立的从事私募资产管理业务的子公司。

第三条　证券期货经营机构及相关销售机构不得违规销售资产管理计划，不得存在不适当宣传、误导欺诈投资者以及以任何方式向投资者承诺本金不受损失或者承诺最低收益等行为，包括但不限于以下情形：

（一）资产管理合同及销售材料中存在包含保本保收益内涵的表述，如零风险、收益有保障、本金无忧等；

（二）资产管理计划名称中含有"保本"字样；

（三）**与投资者私下签订回购协议或承诺函等文件，直接或间接承诺保本保收益；**

（四）向投资者口头或者通过短信、微信等各种方式承诺保本保收益；

（五）向非合格投资者销售资产管理计划，明知投资者实质不符合合格投资者标准，仍予以销售确认，或者通过拆分转让资产管理计划份额或其收益权，为投资者直接或间接提供短期借贷等方式，变相突破合格投资者标准；

（六）单一资产管理计划的投资者人数超过200人，或者同一资产管理人为单一融资项目设立多个资产管理计划，变相突破投资者人数限制；

（七）通过报刊、电台、电视、互联网等公众传播媒体、讲座、报告会、分析会等方式，布告、传单、短信、微信、博客和电子邮件等载体，向不特定对象宣传具体产品，但证券期货经营机构和销售机构通过设置特定对象确定程序的官网、客户端等互联网媒介向已注册特定对象进行宣传推介的除外；

（八）销售资产管理计划时，未真实、准确、完整地披露资产管理计划交易结构、当事各方权利义务条款、收益分配内容、委托第三方机构提供服务、关联交易情况等信息；

（九）资产管理计划完成备案手续前参与股票公开或非公开发行；

（十）向投资者宣传资产管理计划预期收益率；

（十一）夸大或者片面宣传产品，夸大或者片面宣传资产管理计划管理人及其管理的产品、投资经理等的过往业绩，未充分揭示产品风险，投资者认购资产管理计划时未签订风险揭示书和资产管理合同。

（二）商业银行的担保行为

1. 中华人民共和国商业银行法（节录）

(1995年5月10日第八届全国人民代表大会常务委员会第十三次会议通过
根据2003年12月27日第十届全国人民代表大会常务委员会第六次会议
《关于修改〈中华人民共和国商业银行法〉的决定》第一次修正
根据2015年8月29日第十二届全国人民代表大会常务委员会第十六次会议
《关于修改〈中华人民共和国商业银行法〉的决定》第二次修正
自2015年10月1日起施行)

第一章　总　　则

第三条　商业银行可以经营下列部分或者全部业务：

（一）吸收公众存款；
（二）发放短期、中期和长期贷款；
（三）办理国内外结算；
（四）办理票据承兑与贴现；
（五）发行金融债券；
（六）代理发行、代理兑付、承销政府债券；
（七）买卖政府债券、金融债券；
（八）从事同业拆借；
（九）买卖、代理买卖外汇；
（十）从事银行卡业务；
（十一）提供信用证服务及担保；
（十二）代理收付款项及代理保险业务；
（十三）提供保管箱服务；
（十四）经国务院银行业监督管理机构批准的其他业务。
经营范围由商业银行章程规定，报国务院银行业监督管理机构批准。
商业银行经中国人民银行批准，可以经营结汇、售汇业务。

第四章　贷款和其他业务的基本规则

第四十一条　任何单位和个人不得强令商业银行发放贷款或者提供担保。商业银行有权拒绝任何单位和个人强令要求其发放贷款或者提供担保。

第五十二条　商业银行的工作人员应当遵守法律、行政法规和其他各项业务管理的规定，不得有下列行为：
（一）利用职务上的便利，索取、收受贿赂或者违反国家规定收受各种名义的回扣、手续费；
（二）利用职务上的便利，贪污、挪用、侵占本行或者客户的资金；
（三）违反规定徇私向亲属、朋友发放贷款或者提供担保；
（四）在其他经济组织兼职；
（五）违反法律、行政法规和业务管理规定的其他行为。

第八章　法　律　责　任

第八十四条　商业银行工作人员利用职务上的便利，索取、收受贿赂或者违反国家规定收受各种名义的回扣、手续费，构成犯罪的，依法追究刑事责任；尚不构成犯罪的，应当给予纪律处分。

有前款行为，发放贷款或者提供担保造成损失的，应当承担全部或者部分赔偿责任。

第八十五条　商业银行工作人员利用职务上的便利，贪污、挪用、侵占本行或者客户资金，构成犯罪的，依法追究刑事责任；尚不构成犯罪的，应当给予纪律处分。

第八十六条　商业银行工作人员违反本法规定玩忽职守造成损失的,应当给予纪律处分;构成犯罪的,依法追究刑事责任。

违反规定徇私向亲属、朋友发放贷款或者提供担保造成损失的,应当承担全部或者部分赔偿责任。

第八十七条　商业银行工作人员泄露在任职期间知悉的国家秘密、商业秘密的,应当给予纪律处分;构成犯罪的,依法追究刑事责任。

第八十八条　单位或者个人强令商业银行发放贷款或者提供担保的,应当对直接负责的主管人员和其他直接责任人员或者个人给予纪律处分;造成损失的,应当承担全部或者部分赔偿责任。

商业银行的工作人员对单位或者个人强令其发放贷款或者提供担保未予拒绝的,应当给予纪律处分;造成损失的,应当承担相应的赔偿责任。

2. 商业银行理财业务监督管理办法(节录)

(中国银保监会2018年第3次主席会议通过　2018年9月26日公布并施行　中国银行保险监督管理委员会令2018年第6号)

第三章　业务规则与风险管理

第三节　投资运作管理

第四十九条　商业银行不得用自有资金购买本行发行的理财产品,不得为理财产品投资的非标准化债权类资产或权益类资产提供任何直接或间接、显性或隐性的担保或回购承诺,不得用本行信贷资金为本行理财产品提供融资和担保。

3. 中国银监会关于进一步深化整治银行业市场乱象的通知(节录)

(2018年1月12日发布并施行　银监发〔2018〕4号)

附件2:2018年整治银行业市场乱象工作要点

三、影子银行和交叉金融产品风险

6.违规开展同业业务。同业治理改革不到位;违规突破监管比例规定或期限控制开展同业业务;违规通过与银行、证券、保险、信托、基金等机构合作,隐匿资金来源和底层资产,未按照"穿透式"和"实质重于形式"原则进行风险管理并足额计提资本及拨备，或未将最终债务人纳入统一授信和集中度风险管控；同业投资违规多层嵌套，存在隐匿最终投向、突破投资范围与杠杆限制、期限错配等情形；**同业业务接受或提供了直接或间接、显性或隐性的第三方金融机构信用担保**，或违规签订"抽屉协议""阴阳合同"、兜底承诺等；违规通过同业业务充当他行资金管理"通道"，未履行风险管理职责，不掌握底层基础资产信息和实际风险承担情况等。

7. 违规开展理财业务。理财治理改革不完善、不到位；自营业务和代客理财业务未设置风险隔离；理财产品间未实现单独管理、建账和核算，违规开展滚动发行、集合运作、分离定价的资金池理财业务；**利用本行自有资金购买本行发行的理财产品，本行信贷资金为本行理财产品提供融资或担保**；违规通过发放自营贷款承接存在偿还风险的理财投资业务；理财产品直接投资信贷资产，直接或间接对接本行信贷资产收益权；**为非标准化债权资产或股权性融资提供直接或间接、显性或隐性的担保或回购承诺**；理财资金投资非标准化债权资产的余额超过监管规定；理财资金通过信托产品投资于权益类金融产品或具备权益类特征的金融产品，但未严格执行合格投资者标准等。

五、利益输送

12. 向股东输送利益。**违规为股东的融资行为提供显性或隐性担保**；直接通过或借道同业、理财、表外等业务，突破比例限制或违反规定向股东提供资金；直接或变相接受本机构股权质押套取资金；股东质押本机构股权数量达到或超过其持有本机构股权的50%时，未对其在股东大会和派出董事在董事会上的表决权进行限制；为股东提供的产品、服务等支付明显高出市场公允价格的费用等。

4. 商业银行股权管理暂行办法（节录）

（2018年1月5日发布并施行　中国银行业监督管理委员会令2018年第1号）

第二章　股东责任

第二十三条　商业银行股东质押其持有的商业银行股权的，应当遵守法律法规和银监会关于商业银行股权质押的相关规定，不得损害其他股东和商业银行的利益。

第三章　商业银行职责

第二十八条　商业银行应当将关于股东管理的相关监管要求、股东的权利义务等写入公司章程，在公司章程中载明下列内容：

（四）对于存在虚假陈述、滥用股东权利或其他损害商业银行利益行为的股东，银监会或其派出机构可以限制或禁止商业银行与其开展关联交易，限制其持有商业银行股权的限额、股权质押比例等，并可限制其股东大会召开请求权、表决权、提名权、提案权、处分权等权利。

第三十三条 商业银行对主要股东或其控股股东、实际控制人、关联方、一致行动人、最终受益人等单个主体的授信余额不得超过商业银行资本净额的百分之十。商业银行对单个主要股东及其控股股东、实际控制人、关联方、一致行动人、最终受益人的合计授信余额不得超过商业银行资本净额的百分之十五。

前款中的授信,包括贷款(含贸易融资)、票据承兑和贴现、透支、债券投资、特定目的载体投资、开立信用证、保理、**担保**、贷款承诺,以及其他实质上由商业银行或商业银行发行的理财产品承担信用风险的业务。其中,商业银行应当按照穿透原则确认最终债务人。

商业银行的主要股东或其控股股东、实际控制人、关联方、一致行动人、最终受益人等为金融机构的,商业银行与其开展同业业务时,应当遵守法律法规和相关监管部门关于同业业务的相关规定。

第三十五条 商业银行应当加强对股权质押和解押的管理,在股东名册上记载质押相关信息,并及时协助股东向有关机构办理出质登记。

第四章 信 息 披 露

第三十六条 商业银行主要股东应当及时、准确、完整地向商业银行报告以下信息:
(五)所持商业银行股权被质押或者解押。

第五章 监 督 管 理

第四十四条 银监会及其派出机构根据审慎监管的需要,有权限制同一股东及其关联方、一致行动人入股商业银行的数量、持有商业银行股权的限额、股权质押比例等。

第四十七条 商业银行在股权管理过程中存在下列情形之一的,银监会或其派出机构应当责令限期改正;逾期未改正,或者其行为严重危及该商业银行的稳健运行、损害存款人和其他客户合法权益的,经银监会或其省一级派出机构负责人批准,可以区别情形,按照《中华人民共和国银行业监督管理法》第三十七条规定,采取相应的监管措施:
(七)未按规定进行股权质押管理的。

第四十八条 商业银行股东或其控股股东、实际控制人、关联方、一致行动人、最终受益人等存在下列情形,造成商业银行违反审慎经营规则的,银监会或其派出机构根据《中华人民共和国银行业监督管理法》第三十七条规定,可以责令商业银行控股股东转让股权;限制商业银行股东参与经营管理的相关权利,包括股东大会召开请求权、表决权、提名权、提案权、处分权等:
(九)违规进行股权质押的。

5. 商业银行委托贷款管理办法(节录)

(2018年1月5日发布并施行　银监发〔2018〕2号)

第三章　风险管理

第十九条　商业银行应严格隔离委托贷款业务与自营业务的风险,严禁以下行为:

(一)代委托人确定借款人。
(二)参与委托人的贷款决策。
(三)代委托人垫付资金发放委托贷款。
(四)代借款人确定担保人。
(五)代借款人垫付资金归还委托贷款,或者用信贷、理财资金直接或间接承接委托贷款。
(六)为委托贷款提供各种形式的担保。
(七)签订改变委托贷款业务性质的其他合同或协议。
(八)其他代为承担风险的行为。

6. 中国银监会关于规范银信类业务的通知(节录)

(2017年11月22日发布并施行　银监发〔2017〕55号)

六、信托公司在银信类业务中,应履行勤勉尽责的受托责任,加强尽职调查,确保信托目的合法合规,不得接受委托方银行直接或间接提供的担保,不得与委托方银行签订抽屉协议,不得为委托方银行规避监管规定或第三方机构违法违规提供通道服务。

7. 中国银行监督管理委员会关于有效防范企业债担保风险的意见

(2007年10月12日发布并施行　银监发〔2007〕75号)

各银监局,各政策性银行、国有商业银行、股份制商业银行,邮政储蓄银行,银监会直接

监管的信托公司、财务公司、租赁公司;

近年来,企业债券发行规模快速增长,债券品种和发行主体日益多样化,对构建多层次资本市场、提高金融资源配置效率、深化国有企业改革起到了重要作用。但部分银行存在忽视企业信用风险、盲目为企业发债提供担保的问题。为有效防范企业债券发行担保风险,保障银行资产安全,现就有关问题提出以下意见:

一、严格区分直接融资和间接融资市场不同的利益主体,防止侵害存款人利益

债券市场是直接融资市场,与以银行作为中介的间接融资市场有本质区别。直接融资市场以企业信用为基础,需保护投资人利益;间接融资市场以银行信用为基础,主要保护存款人利益。企业发债强调的是企业资信和还款能力,应与银行授信严格区分。按照我国现行债券发行审批要求,发债企业须聘请其他独立经济法人依法对企业债进行担保,担保人应承担连带担保责任。若银行为企业债券提供担保,一旦债券到期不能偿付,银行将代为承担偿付责任,这实质掩盖了债券真实风险,以银行信用代替或补充了企业信用。一方面,这可能引发发债企业和债券投资者双方的道德风险,难以建立市场化定价机制,不利于培育发债主体和投资者风险意识,有悖于国家大力发展债券市场、促进直接融资的初衷。另一方面,银行为企业发债提供担保,担保费率远低于贷款利率,而承担的信用风险却与贷款无异,甚至因缺乏严格的审批程序和有效的监控措施会高于贷款风险。还要间接承担额外的交易对手风险以及市场风险。银行担保保护了债券投资人利益,却使债券市场的各类风险转移至银行系统,可能损害银行股东利益和存款人资金安全。

二、充分认识企业债担保风险,防止偿债风险的跨业转移

现阶段我国债券市场尚不发达,债券发行人信用水平不高,债券发行申请、审批、债券资金运用监督、信息披露等制度有待健全,债券到期偿付风险较高,各银行应充分认识为企业债提供担保的风险。一是目前企业债发行市场化程度不高,中介机构发展相对滞后,部分评级公司的专业性、公信力不强,相关法律审查、会计审计的独立性不够,难以准确评判企业债真实风险和发挥有效监督。二是发债企业信息披露要求得不到有效落实,担保银行对发债企业资金使用和经营情况缺乏有效监控手段,企业一旦改变债券资金用途或发生其他影响偿债能力的事件,银行难以及时采取有效措施化解风险。如部分企业发债所筹资金违规流入股市和房市,增大了银行担保风险。三是个别银行未将对客户的担保纳入统一授信管理,未按照《商业银行授信尽职工作指引》要求对被担保企业进行严格审查,甚至存在为维持客户关系放松担保条件要求等问题,需要引起高度关注。

三、加强债券担保管理,健全或有负债风险问责制

以项目债为主的企业债券,债券期限较长,一般为5至10年,长的可达20年,多投放于较大的固定资产投资项目、技术改造项目,还款来源通常为项目租金收入、经营收入,受国家宏观调控政策、地区经济发展等因素影响较大,项目能否如期建成和按期偿还债券本息均存在较大风险,银行履行偿付责任概率较高。

各银行(公司总部)要进一步完善融资类担保业务的授权授信制度,将该类业务审批权限上收至各银行总行(公司总部)。即日起要一律停止对以项目债为主的企业债进行担保,对其他用途的企业债券、公司债券、信托计划、保险公司收益计划、券商专项资产管理计划等其他融资性项目原则上不再出具银行担保;已经办理担保的,要采取逐步退出措施,及时追加必要的资产保全措施。

四、加强担保等表外业务的授信管理,严格责任追究

各银行应当按照《商业银行授权授信管理暂行办法》要求,将担保等表外或有负债业务纳入统一授信管理,严格准入条件,严格担保审查,严格授权制度。对未纳入授信统一额度管理的客户,不得办理担保业务。对银行违反规定办理企业债担保业务的,或因未达到尽职要求形成风险的,银行监管部门将严厉追究有关机构和责任人责任。

各银监局要将本意见转发至辖内各银监分局和城市商业银行、农村商业银行、农村合作银行、城乡信用社;各政策性银行、国有商业银行、股份制商业银行要立即将本意见转发至各分支机构。

二〇〇七年十月十二日

8. 中国银行业监督管理委员会办公厅 关于加强对商业银行开展融资类担保业务风险管理的通知

(2003年12月5日发布并施行 银监办发〔2003〕145号)

各银监局,各国有独资商业银行、股份制商业银行:

近几年,随着金融创新步伐的加快,各商业银行融资类担保业务迅速发展,为商业银行改善产品结构、提高服务能力发挥了积极作用。但各商业银行在开展融资类担保业务的同时,也出现了风险控制不严、管理薄弱等问题。为促进商业银行加强对融资类担保业务的监督管理,控制相关风险,促进商业银行业务健康发展,现将有关事项通知如下:

一、各商业银行开办融资类担保业务,应具备识别资本市场风险的能力,能在全行范围内对融资类担保业务进行总体风险管理,开发或引用风险量化评估的方法和模型,对融资类担保业务的信用风险、市场风险、流动性风险、法律风险、政策风险等进行持续的监控,制定相应的及时处理风险的措施。

二、各商业银行应根据对融资类担保业务风险的总体评价、担保金额、担保期限、担保对象等情况,通过要求提供反担保等措施缓解风险,并制定与风险相匹配的担保费率。

三、各商业银行在开办融资类担保业务时,应确保在担保期内可持续获得相关信息并进行核实,及时分析所担保融资产品的风险状况。应在担保合同中明确有效监控

所担保的融资产品的资金投向,对资金用途作出禁止性规定,并约定如被担保方违反规定使用融资资金,商业银行有权解除担保合同,并向社会公众明示。

四、各商业银行应对申请融资担保的机构风险管理和内部控制的可靠性进行调查和评估,对内部控制措施不到位、风险管理技术和手段达不到控制相关风险要求的,不得为其融资提供担保;应对融资主体的融资目的和实际融资用途进行深入分析,确保所担保的融资主要限于弥补流动性需求,对用融资清偿债务以及第一还款来源无保障的机构,不能给予融资性担保。

五、各商业银行应加强对上述业务的风险管理,对因管理不当造成严重损失的责任人依法依纪追究责任。

六、银监会及其派出机构要对商业银行上述业务的审慎经营情况进行检查,及时对未按规定开展上述业务并造成损失的相关机构和个人实施处罚;对有问题的机构,要及时约请其高级管理人员谈话,采取措施加以纠正或制止。

中国银行业监督管理委员会办公厅
二〇〇三年十二月五日

9. 商业银行信息披露办法(节录)

(2007年7月3日发布并施行　中国银行业监督管理委员会令2007第7号)

第二章　信息披露的内容

第十五条　商业银行应在会计报表附注中说明会计报表中重要项目的明细资料,包括:

(一)按存放境内、境外同业披露存放同业款项。

(二)按拆放境内、境外同业披露拆放同业款项。

(三)按信用贷款、保证贷款、抵押贷款、质押贷款分别披露贷款的期初数、期末数。

(四)按贷款风险分类的结果披露不良贷款的期初数、期末数。

(五)贷款损失准备的期初数、本期计提数、本期转回数、本期核销数、期末数;一般准备、专项准备和特种准备应分别披露。

(六)应收利息余额及变动情况。

(七)按种类披露投资的期初数、期末数。

(八)按境内、境外同业披露同业拆入款项。

(九)应付利息计提方法、余额及变动情况。

(十)银行承兑汇票、**对外担保**、融资保函、非融资保函、贷款承诺、开出即期信用证、开出远期信用证、金融期货、金融期权等表外项目,包括上述项目的年末余额及其他具体情况。

(十一)其他重要项目。

10. 公开发行证券的公司信息披露编报规则第26号——商业银行信息披露特别规定(节录)

(2014年1月6日发布并施行 中国证券监督管理委员会公告〔2014〕3号)

第十八条 除日常经营范围的对外担保外,商业银行的对外担保事项,单笔担保金额超过经审计的上一年度合并财务报表中归属于上市公司股东的净资产金额5%或单笔担保金额超过20亿元的,公司应及时公告。

第二十二条 商业银行的关联交易包括与关联方之间发生的各类贷款、信贷承诺、证券回购、拆借、担保、债券投资等表内、外业务,资产转移和向商业银行提供服务等交易。

商业银行应在定期报告中披露与关联自然人发生关联交易的余额及其风险敞口。还应当及时披露与关联法人发生的交易金额占商业银行最近一期经审计净资产的0.5%以上的关联交易,应当及时披露。如果交易金额在3000万元以上且占最近一期经审计净资产1%以上的关联交易,除应当及时披露外,还应当提交董事会审议。如果交易金额占商业银行最近一期经审计净资产5%以上的关联交易,除应当及时披露外,还应当将该交易提交股东大会审议。商业银行的独立董事应当对关联交易的公允性以及内部审批程序履行情况发表书面意见。如商业银行根据相关规则,对日常发生的关联交易进行了合理预计,并履行了相应的董事会或股东大会审批和披露程序,则在预计范围内无需重复履行董事会和股东大会审批和披露程序。

(三) 信托公司的担保行为

1. 信托公司净资本管理办法(节录)

(2010年8月24日发布并施行 中国银行业监督管理委员会令2010年第5号)

第二章 净资本计算

第十一条 对于或有事项,信托公司在计算净资本时应当根据出现损失的可能性按照规定的系数进行风险调整。

信托公司应当对期末或有事项的性质(如未决诉讼、未决仲裁、对外担保等)、涉及金额、形成原因和进展情况、可能发生的损失和预计损失的会计处理情况等在净资本计算表的附注中予以充分披露。

2. 信托公司管理办法(节录)

(2007年1月23日发布　自2007年3月1日起施行
中国银行业监督管理委员会令2007年第2号)

第三章　经 营 范 围

第二十二条　信托公司可以开展对外担保业务,但对外担保余额不得超过其净资产的50%。

第四章　经 营 规 则

第三十三条　信托公司开展固有业务,不得有下列行为:
(一) 向关联方融出资金或转移财产;
(二) 为关联方提供担保;
(三) 以股东持有的本公司股权作为质押进行融资。
信托公司的关联方按照《中华人民共和国公司法》和企业会计准则的有关标准界定。

第三十四条　信托公司开展信托业务,不得有下列行为:
(一) 利用受托人地位谋取不当利益;
(二) 将信托财产挪用于非信托目的的用途;
(三) 承诺信托财产不受损失或者保证最低收益;
(四) 以信托财产提供担保;
(五) 法律法规和中国银行业监督管理委员会禁止的其他行为。

3. 信托公司治理指引(节录)

(2007年1月22日发布　自2007年3月1日起施行　银监发〔2007〕4号)

第二章　股东和股东(大)会

第七条　信托公司股东不得有下列行为:
(一) 虚假出资、出资不实、抽逃出资或变相抽逃出资;
(二) 利用股东地位牟取不当利益;
(三) 直接或间接干涉信托公司的日常经营管理;
(四) 要求信托公司做出最低回报或分红承诺;

（五）要求信托公司为其提供担保；
（六）与信托公司违规开展关联交易；
（七）挪用信托公司固有财产或信托财产；
（八）通过股权托管、信托文件、秘密协议等形式处分其出资；
（九）损害信托公司、其他股东和受益人合法权益的其他行为。

（四）保险公司及其子公司的担保行为

1. 保险资金运用管理办法（节录）

（2018年1月10日中国保险监督管理委员会第5次主席办公会审议通过
2018年1月24日发布 自2018年4月1日起施行
中国保险监督管理委员会令〔2018〕1号）

第二章 资金运用形式

第一节 资金运用范围

第十八条 除中国保监会另有规定以外，保险集团（控股）公司、保险公司从事保险资金运用，不得有下列行为：

（一）存款于非银行金融机构；
（二）买入被交易所实行"特别处理""警示存在终止上市风险的特别处理"的股票；
（三）投资不符合国家产业政策的企业股权和不动产；
（四）直接从事房地产开发建设；
（五）将保险资金运用形成的投资资产用于向他人提供担保或者发放贷款，个人保单质押贷款除外；
（六）中国保监会禁止的其他投资行为。

第二节 资金运用模式

第二十九条 投资管理人受托管理保险资金的，不得有下列行为：
（一）违反合同约定投资；
（二）不公平对待不同资金；
（三）混合管理自有、受托资金或者不同委托机构资金；
（四）挪用受托资金；
（五）向委托机构提供最低投资收益承诺；
（六）以保险资金及其投资形成的资产为他人设定担保；
（七）将受托资金转委托；

（八）为委托机构提供通道服务；

（九）其他违法行为。

2. 保险公司设立境外保险类机构管理办法(节录)

(2006年7月31日中国保险监督管理委员会令2006年第7号发布 根据2015年10月19日中国保险监督管理委员会令2015年第3号《关于修改〈保险公司设立境外保险类机构管理办法〉等八部规章的决定》修订)

第三章 境外保险类机构管理

第十五条 保险公司应当对其设立的境外保险类机构进行有效的风险管理，并督促该类机构按照所在国法律和监管部门的相关规定，建立健全风险管理制度。

第十六条 保险公司应当严格控制其设立的境外保险类机构对外提供担保。

保险公司在境外设立的分支机构确需对外提供担保的，应当取得被担保人的资信证明，并签署具有法律效力的反担保协议书。以财产抵押、质押等方式提供反担保协议的，提供担保的金额不得超过抵押、质押财产重估价值的60%。

第十七条 保险公司在境外设立的分支机构，除保单质押贷款外，不得对外贷款。

第十八条 保险公司应当对派往其设立的境外保险类机构的董事长和高级管理人员建立绩效考核制度、期中审计制度和离任审计制度。

第十九条 保险公司设立的境外保险类机构清算完毕后，应当将清算机构出具的经当地注册会计师验证的清算报告，报送中国保监会。

第四章 监督检查

第二十七条 保险公司应当建立控制和管理关联交易的相关制度。保险公司与其境外设立的保险公司和保险中介机构之间发生重大关联交易的，应当在交易完成后15日内向中国保监会报告。

前款规定的重大关联交易是指保险公司与其境外设立的保险公司和保险中介机构之间的下列交易活动：

（一）再保险分出或者分入业务；

（二）资产管理、**担保**和代理业务；

（三）固定资产买卖或者债权债务转移；

（四）大额借款；

（五）其他重大交易活动。

3. 中国保监会关于设立保险私募基金有关事项的通知（节录）

（2015年9月10日发布并施行 保监发〔2015〕89号）

九、保险资金设立的私募基金，应当符合下列条件：
（一）已完成立项的储备项目预期投资规模应当至少覆盖拟募集规模的20%；
（二）发起人及其关联的保险机构出资或认缴金额不低于拟募集规模的30%；
（三）配备专属投资管理团队，投资期内具有3年以上相关经验的专属投资管理人员不少于3名；
（四）明确约定投资策略、投资方式、投资领域、投资限制、共同投资、投资集中度、投资流程、决策流程、投后管理、退出机制等；
（五）建立由主要投资人组成的投资顾问委员会，重点处理关联交易、利益冲突等事项；
（六）建立托管机制，托管机构符合规定条件。

保险资产管理机构、其关联的保险机构不得为私募基金提供担保，不得以任何方式为私募基金的投资收益或赔偿投资损失向私募基金的投资者做出承诺。

4. 中国保险监督管理委员会、中国银行业监督管理委员会关于规范保险资产托管业务的通知（节录）

（2014年10月24日发布并施行 保监发〔2014〕84号）

八、托管机构从事保险资产托管业务，不得有下列行为：
（一）将保险资产托管业务与保险产品销售业务挂钩；
（二）利用非法手段垄断市场，进行不正当竞争；
（三）挪用托管的保险资产；
（四）混合管理托管资产和固有资产或者混合管理不同托管账户资金；
（五）违反合同约定将保险资产委托他人托管（境外投资委托境外托管代理人托管除外）；
（六）以托管的保险资产为他人设定担保；
（七）利用托管保险资产的投资信息和相关资料谋取非法利益；
（八）违规泄露托管保险资产的投资信息和相关资料。

保险机构开展保险资产托管业务，不得将保险资产托管业务与保险产品销售业务挂钩,不得因托管机构拒绝执行违反保险资金运用相关规定的划款指令或因严格履行投资监督职责而解除托管合作关系。

5. 中国保险监督管理委员会
关于保险资金投资股权和不动产有关问题的通知(节录)

(2012年7月16日发布并施行　保监发〔2012〕59号)

各保险集团(控股)公司、保险公司、保险资产管理公司：

为进一步规范保险资金投资股权和不动产行为,增强投资政策的可行性和有效性,防范投资风险,保障资产安全,根据《保险资金运用管理暂行办法》《保险资金投资股权暂行办法》(以下简称《股权办法》)和《保险资金投资不动产暂行办法》(以下简称《不动产办法》),现就有关事项通知如下：

二、明确事项

4. 保险公司不得用其投资的不动产提供抵押担保。保险公司以项目公司股权方式投资不动产的,该项目公司可用自身资产抵押担保,通过向其保险公司股东借款等方式融资,融资规模不超过项目投资总额的**40%**。

(五) 证券公司及其子公司的担保行为

1. 中华人民共和国证券法(节录)

(1998年12月29日第九届全国人民代表大会常务委员会第六次会议通过
根据2004年8月28日第十届全国人民代表大会常务委员会第十一次会议
《关于修改〈中华人民共和国证券法〉的决定》第一次修正
2005年10月27日第十届全国人民代表大会常务委员会第十八次会议修订
根据2013年6月29日第十二届全国人民代表大会常务委员会第三次会议
《关于修改〈中华人民共和国文物保护法〉等十二部法律的决定》第二次修正
根据2014年8月31日第十二届全国人民代表大会常务委员会第十次会议
《关于修改〈中华人民共和国保险法〉等五部法律的决定》第三次修正)

第三章　证券交易

第四节　禁止的交易行为

第七十五条　证券交易活动中,涉及公司的经营、财务或者对该公司证券的市场价格有重大影响的尚未公开的信息，为内幕信息。

下列信息皆属内幕信息：

（一）本法第六十七条第二款所列重大事件；

（二）公司分配股利或者增资的计划；

（三）公司股权结构的重大变化；

（四）**公司债务担保的重大变更；**

（五）公司营业用主要资产的抵押、出售或者报废一次超过该资产的百分之三十；

（六）公司的董事、监事、高级管理人员的行为可能依法承担重大损害赔偿责任；

（七）上市公司收购的有关方案；

（八）国务院证券监督管理机构认定的对证券交易价格有显著影响的其他重要信息。

第六章 证 券 公 司

第一百三十条 国务院证券监督管理机构应当对证券公司的净资本，净资本与负债的比例，净资本与净资产的比例，净资本与自营、承销、资产管理等业务规模的比例，负债与净资产的比例，以及流动资产与流动负债的比例等风险控制指标作出规定。

证券公司不得为其股东或者股东的关联人提供融资或者担保。

第十一章 法 律 责 任

第二百二十二条 证券公司或者其股东、实际控制人违反规定，拒不向证券监督管理机构报送或者提供经营管理信息和资料，或者报送、提供的经营管理信息和资料有虚假记载、误导性陈述或者重大遗漏的，责令改正，给予警告，并处以三万元以上三十万元以下的罚款，可以暂停或者撤销证券公司相关业务许可。对直接负责的主管人员和其他直接责任人员，给予警告，并处以三万元以下的罚款，可以撤销任职资格或者证券从业资格。

证券公司为其股东或者股东的关联人提供融资或者担保的，责令改正，给予警告，并处以十万元以上三十万元以下的罚款。对直接负责的主管人员和其他直接责任人员，处以三万元以上十万元以下的罚款。股东有过错的，在按照要求改正前，国务院证券监督管理机构可以限制其股东权利；拒不改正的，可以责令其转让所持证券公司股权。

2. 证券公司监督管理条例(节录)

(2008年4月23日国务院令第522号发布 根据2014年7月29日《国务院关于修改部分行政法规的决定》修订)

第二章 设立与变更

第十三条 证券公司增加注册资本且股权结构发生重大调整,减少注册资本,变更业务范围或者公司章程中的重要条款,合并、分立,设立、收购或者撤销境内分支机构,在境外设立、收购、参股证券经营机构,应当经国务院证券监督管理机构批准。

前款所称公司章程中的重要条款,是指规定下列事项的条款:

(一)证券公司的名称、住所;

(二)证券公司的组织机构及其产生办法、职权、议事规则;

(三)**证券公司对外投资、对外提供担保的类型、金额和内部审批程序;**

(四)证券公司的解散事由与清算办法;

(五)国务院证券监督管理机构要求证券公司章程规定的其他事项。

本条第一款所称证券公司分支机构,是指从事业务经营活动的分公司、证券营业部等证券公司下属的非法人单位。

第五章 客户资产的保护

第六十一条 证券公司不得以证券经纪客户或者证券资产管理客户的资产向他人提供融资或者担保。任何单位或者个人不得强令、指使、协助、接受证券公司以其证券经纪客户或者证券资产管理客户的资产提供融资或者担保。

第七章 法 律 责 任

第八十六条 违反本条例的规定,有下列情形之一的,责令改正,给予警告,没收违法所得,并处以违法所得1倍以上5倍以下的罚款;没有违法所得或者违法所得不足10万元的,处以10万元以上60万元以下的罚款;情节严重的,撤销相关业务许可。对直接负责的主管人员和其他直接责任人员给予警告,撤销任职资格或者证券从业资格,并处以3万元以上30万元以下的罚款:

(一)未经批准,委托他人或者接受他人委托持有或者管理证券公司的股权,或者认购、受让或者实际控制证券公司的股权;

(二)证券公司股东、实际控制人强令、指使、协助、接受证券公司以证券经纪客户或者证券资产管理客户的资产提供融资或者担保;

（三）证券公司、资产托管机构、证券登记结算机构违反规定动用客户的交易结算资金、委托资金和客户担保账户内的资金、证券；

（四）资产托管机构、证券登记结算机构对违反规定动用委托资金和客户担保账户内的资金、证券的申请、指令予以同意、执行；

（五）资产托管机构、证券登记结算机构发现委托资金和客户担保账户内的资金、证券被违法动用而未向国务院证券监督管理机构报告。

3. 证券公司风险控制指标管理办法（节录）

（2006年7月5日中国证券监督管理委员会第185次主席办公会议审议通过 根据2008年6月24日中国证券监督管理委员会《关于修改〈证券公司风险控制指标管理办法〉的决定》、2016年6月16日中国证券监督管理委员会《关于修改〈证券公司风险控制指标管理办法〉的决定》修正 自2016年10月1日起施行）

第一章 总　则

第二条　证券公司应当按照中国证券监督管理委员会（以下简称中国证监会）的有关规定，遵循审慎、实质重于形式的原则，计算净资本、风险覆盖率、资本杠杆率、流动性覆盖率、净稳定资金率等各项风险控制指标，编制净资本计算表、风险资本准备计算表、表内外资产总额计算表、流动性覆盖率计算表、净稳定资金率计算表、风险控制指标计算表等监管报表（以下统称风险控制指标监管报表）。

第二章 净资本及其计算

第十三条　证券公司应当根据公司期末或有事项的性质（如未决诉讼、未决仲裁、对外提供担保等）、涉及金额、形成原因和进展情况、可能发生的损失和预计损失进行相应会计处理。对于很可能导致经济利益流出公司的或有事项，应当确认预计负债；对于未确认预计负债，但仍可能导致经济利益流出公司的或有事项，在计算核心净资本时，应当作为或有负债，按照一定比例在净资本中予以扣减，并在净资本计算表的附注中披露。

第十四条　证券公司对控股证券业务子公司出具承诺书提供担保承诺的，应当按照担保承诺金额的一定比例扣减核心净资本。

从事证券承销与保荐、证券资产管理业务等中国证监会认可的子公司可以将母公司提供的担保承诺按照一定比例计入核心净资本。

4. 关于证券公司证券自营业务投资范围及有关事项的规定(节录)

(2011年4月29日中国证券监督管理委员会公布 根据2012年11月16日中国证券监督管理委员会《关于修改〈关于证券公司证券自营业务投资范围及有关事项的规定〉的决定》修订)

第四条 证券公司可以设立子公司,从事《证券公司证券自营投资品种清单》所列品种以外的金融产品等投资。

设立前款规定子公司的证券公司,应当具备证券自营业务资格,并按照《证券公司监督管理条例》第十三条关于变更公司章程重要条款的规定,事先报经公司住所地证监会派出机构批准。

证券公司不得为本条第一款规定的子公司提供融资或者担保。

附件:证券公司证券自营投资品种清单

一、已经和依法可以在境内证券交易所上市交易和转让的证券。

二、已经在全国中小企业股份转让系统挂牌转让的证券。

三、已经和依法可以在符合规定的区域性股权交易市场挂牌转让的私募债券,已经在符合规定的区域性股权交易市场挂牌转让的股票。

四、已经和依法可以在境内银行间市场交易的证券。

五、经国家金融监管部门或者其授权机构依法批准或备案发行并在境内金融机构柜台交易的证券。

5. 证券公司内部控制指引(节录)

(2003年12月15日发布并施行 证监机构字〔2003〕260号)

第三章 主要控制内容

第八节 财务管理内部控制

第九十九条 证券公司应制定明确的财务制度及资金管理流程,严格执行资金调拨、资金运用的审批程序,加强资金筹集的规模、结构、方式的计划管理;禁止分支机构从事资金拆借、借贷、担保以及自营债券回购。

第一百零四条 证券公司应建立大额资金筹集和使用的事前风险收益评估制度,

重大资金的筹集、分配与运用以及**对外担保、资产抵押**、对外投资、重大资产购置等应进行集体决策。

第九节 会计系统内部控制

第一百一十条 证券公司应强化会计监督职能,加强会计事前、事中和事后监督,加强对负债项目的管理、大额支出的跟踪考核、**重大表外项目(如担保、抵押、托管证券、未决诉讼、赔偿事项等)**的风险管理以及资产质量的监控。

(六) 证券投资基金管理公司及其子公司的担保行为

1. 证券投资基金管理公司治理准则(试行)(节录)

(2006 年 6 月 15 日发布并施行 证监基金字〔2006〕122 号)

第一章 总 则

第一条 为了进一步完善证券投资基金管理公司(以下简称公司)治理,保护基金份额持有人、公司股东以及其他相关当事人的合法权益,根据证券投资基金有关法律法规,制定本准则。

第二章 股东和股东会

第一节 股 东

第十五条 股东不得要求公司为其提供融资、担保及进行不正当关联交易,公司不得直接或者间接为股东提供融资或者担保。

第三章 董事和董事会

第一节 董 事

第四十二条 董事长应当维护公司资产的完整和独立,对股东虚假出资、抽逃或者变相抽逃出资、以任何形式占有或者转移公司资产等行为以及**为股东提供融资或者担保**等不当要求应当予以抵制,并立即向中国证监会及相关派出机构报告。

第五章 经理层人员

第七十条 经理层人员对于股东虚假出资、抽逃或者变相抽逃出资、以任何形式占有或者转移公司资产等行为以及为股东提供融资或者担保等不当要求,应当予以抵制,并立即向中国证监会及相关派出机构报告。

2. 基金管理公司固有资金运用管理暂行规定(节录)

(2013年8月2日发布并施行 中国证券监督管理委员会公告〔2013〕33号)

第十三条 基金管理公司可以用固有资金为本公司管理的特定投资组合提供保本承诺或者资金垫付以及为子公司管理的特定投资组合提供担保,但保本承诺总额、资金垫付总额或者担保总额合计不得超过上一会计年度本公司经审计的净资产规模。

第十八条 基金管理公司运用固有资金,应当在公司监察稽核季度报告、年度报告中列明投资时间、投资标的、金额、费率及提供保本承诺、资金垫付、担保等信息,并对是否合规、是否存在利益冲突、是否存在显失公平的关联交易等进行说明,还应当在公司年度报告中对固有资金运用情况进行总结,评估本年度固有资金运用效果及存在的风险。

(七) 期货公司及其子公司的担保行为

1. 期货交易管理条例(节录)

(2007年3月6日中华人民共和国国务院令第489号公布 根据2012年10月24日《国务院关于修改〈期货交易管理条例〉的决定》第一次修订 根据2013年7月18日《国务院关于废止和修改部分行政法规的决定》第二次修订 根据2016年2月6日《国务院关于修改部分行政法规的决定》第三次修订 根据2017年3月1日《国务院关于修改和废止部分行政法规的决定》第四次修订)

第三章 期 货 公 司

第十五条 期货公司是依照《中华人民共和国公司法》和本条例规定设立的经营期货业务的金融机构。设立期货公司,应当在公司登记机关登记注册,并经国务院期货监督管理机构批准。

未经国务院期货监督管理机构批准,任何单位或者个人不得设立或者变相设立期货公司,经营期货业务。

第十七条 期货公司业务实行许可制度,由国务院期货监督管理机构按照其商品期货、金融期货业务种类颁发许可证。期货公司除申请经营境内期货经纪业务外,还可以申请经营境外期货经纪、期货投资咨询以及国务院期货监督管理机构规定的其他期货业务。

期货公司不得从事与期货业务无关的活动,法律、行政法规或者国务院期货监督管理机构另有规定的除外。

期货公司不得从事或者变相从事期货自营业务。

期货公司不得为其股东、实际控制人或者其他关联人提供融资,不得对外担保。

第四章 期货交易基本规则

第四十条 任何单位或者个人不得违规使用信贷资金、财政资金进行期货交易。

银行业金融机构从事期货交易融资或者担保业务的资格,由国务院银行业监督管理机构批准。

第六章 监督管理

第六十条 期货公司涉及重大诉讼、仲裁,或者股权被冻结或者用于担保,以及发生其他重大事件时,期货公司及其相关股东、实际控制人应当自该事件发生之日起5日内向国务院期货监督管理机构提交书面报告。

第七章 法律责任

第六十六条 期货公司有下列行为之一的,责令改正,给予警告,没收违法所得,并处违法所得1倍以上3倍以下的罚款;没有违法所得或者违法所得不满10万元的,并处10万元以上30万元以下的罚款;情节严重的,责令停业整顿或者吊销期货业务许可证:

(一)接受不符合规定条件的单位或者个人委托的;

(二)允许客户在保证金不足的情况下进行期货交易的;

(三)未经批准,擅自办理本条例第十九条所列事项的;

(四)违反规定从事与期货业务无关的活动的;

(五)从事或者变相从事期货自营业务的;

(六)为其股东、实际控制人或者其他关联人提供融资,或者对外担保的;

(七)违反国务院期货监督管理机构有关保证金安全存管监控规定的;

(八)不按照规定向国务院期货监督管理机构履行报告义务或者报送有关文件、资料的;

(九)交易软件、结算软件不符合期货公司审慎经营和风险管理以及国务院期货监督管理机构有关保证金安全存管监控规定的要求的;

(十)不按照规定提取、管理和使用风险准备金的;

（十一）伪造、涂改或者不按照规定保存期货交易、结算、交割资料的；
（十二）任用不具备资格的期货从业人员的；
（十三）伪造、变造、出租、出借、买卖期货业务许可证或者经营许可证的；
（十四）进行混码交易的；
（十五）拒绝或者妨碍国务院期货监督管理机构监督检查的；
（十六）违反国务院期货监督管理机构规定的其他行为。

期货公司有前款所列行为之一的，对直接负责的主管人员和其他直接责任人员给予警告，并处1万元以上5万元以下的罚款；情节严重的，暂停或者撤销期货从业人员资格。

期货公司之外的其他期货经营机构有本条第一款第八项、第十二项、第十三项、第十五项、第十六项所列行为的，依照本条第一款、第二款的规定处罚。

期货公司的股东、实际控制人或者其他关联人未经批准擅自委托他人或者接受他人委托持有或者管理期货公司股权的，拒不配合国务院期货监督管理机构的检查，拒不按照规定履行报告义务，提供有关信息和资料，或者报送、提供的信息和资料有虚假记载、误导性陈述或者重大遗漏的，依照本条第一款、第二款的规定处罚。

（八）金融租赁公司的担保行为

金融租赁公司管理办法（节录）

(2014年3月13日发布并施行　中国银行业监督管理委员会令2014年第3号)

第二十七条　经银监会批准，经营状况良好、符合条件的金融租赁公司可以开办下列部分或全部本外币业务：
（一）发行债券；
（二）在境内保税地区设立项目公司开展融资租赁业务；
（三）资产证券化；
（四）为控股子公司、项目公司对外融资提供担保；
（五）银监会批准的其他业务。

金融租赁公司开办前款所列业务的具体条件和程序，按照有关规定执行。

（九）农业信贷担保联盟有限责任公司的担保行为

财政部、农业部、银监会关于做好全国农业信贷担保工作的通知（节录）

（2017年5月2日发布并施行　财农〔2017〕40号）

各省、自治区、直辖市、计划单列市财政厅（局）、农业（农牧、农村经济）厅（局、委、办），各银监局，国家农业信贷担保联盟有限责任公司：

　　为有效破解农业融资难、融资贵问题，引导推动金融资本投入农业，经国务院同意，财政部、农业部、银监会于2015年启动了全国农业信贷担保体系建设工作，2016年成立了全国农业信贷担保工作指导委员会（以下简称全国指导委员会）。按照《财政部 农业部 银监会关于印发〈财政支持建立农业信贷担保体系的指导意见〉的通知》（财农〔2015〕121号）要求，经报国务院批准，国家农业信贷担保联盟有限责任公司（以下简称国家农担公司）已经成立，各省、自治区、直辖市、计划单列市（以下简称省）也扎实推动省级农业信贷担保公司（以下简称省级农担公司）组建，稳步推进农业信贷担保业务运营，取得了积极进展。当前，全国农业信贷担保体系建设处于搭框架、构体系、建制度、明规矩的关键阶段，为加强指导、明确政策、强化要求、健全机制，现就进一步做好全国农业信贷担保工作有关问题通知如下：

一、坚持全国农业信贷担保体系的政策性定位

　　（一）坚持体系政策性定位。在全国范围内建立政策性支持、市场化运作、专注农业、独立运营的农业信贷担保体系，是财政撬动金融支农的一项重大机制创新，省级农担公司要紧紧围绕推进农业供给侧结构性改革、加快转变农业发展方式、促进多种形式农业适度规模经营开展业务。在推进省级农担公司组建和运营过程中，各省要准确把握农业信贷担保专注服务农业、专注服务农业适度规模经营主体的政策性定位，确保农业信贷担保贴农、为农、惠农，不脱农。

　　（二）严格界定政策性业务标准。省级农担公司政策性业务实行"双控"标准。一是控制业务范围。服务范围限定为粮食生产、畜牧水产养殖、菜果茶等农林优势特色产业，农资、农机、农技等农业社会化服务，农田基础设施，以及与农业生产直接相关的一、二、三产业融合发展项目，家庭休闲农业、观光农业等农村新业态。二是控制担保额度。服务对象聚焦家庭农场、种养大户、农民合作社、农业社会化服务组织、小微农业企业等农业适度规模经营主体，以及国有农（团）场中符合条件的农业适度规模经营主体，单户在保余额控制在10—200万元之间，对适合大规模农业机械化作业的地区可适当放宽限额，但最高不超过300万元。省级农担公司符合"双控"标准的担保额不

得低于总担保额的 70%。

（三）加强政策外业务规模管控。省级农担公司不得新开展任何非农担保业务,政策性业务范围外的农业担保业务也应谨慎开展,并优先支持辐射面广、带动力强、与农户利益联结紧密的农业产业化龙头企业,以及实施农田基础设施等提高粮食生产能力的项目,且单个经营主体在保余额不得超过 1000 万元。特别是对跨行业、混业经营的龙头企业要加大风险识别,严格控制担保额度和业务规模。省级农担公司要对政策性业务、政策外业务实行分开核算。

二、明确政策性农业信贷担保业务的财政支持政策

（一）统筹安排中央财政补助资金。中央财政将政策性农业信贷担保业务余额、单笔担保额度、政策性担保规模占比、绩效考核等情况,作为分配农业生产发展资金中支持适度规模经营方向的测算因素。各省在中央政策要求框架内,应进一步细化具体规定和要求。省级农担公司开展的非政策性农业信贷担保业务和其他混业经营的融资性担保公司开展的农业信贷担保业务,不享受中央财政补助政策。

（二）实施担保费用补助政策。各省可在省级农担公司按照市场化运营成本费用确定的担保费率基础上,给予符合"双控"标准的政策性业务适当的担保费用补助。原则上对粮食适度规模经营主体的担保费率补助不超过 2%,对其他符合条件的主体不超过 1.5%（符合条件的扶贫项目不超过 2%）。财政补助后的综合担保费率（向贷款主体收取和财政补助之和）不得超过 3%。具备条件的省级农担公司如开展财务咨询、技术服务、市场对接等增值服务,在综合担保费率不超过 3%的同时,要确保农业贷款主体实际承担的综合信贷成本（贷款利率、贷款主体承担的担保费率、增值服务费率等各项之和）控制在 8%以内,如基准利率调整,据实增减数对 8%予以调整。

（三）实施担保业务奖补政策。各省根据财力情况,可在综合考量省级农担公司政策性担保业务余额、担保资本金放大倍数、单笔担保额度、风险管控等指标基础上,结合其是否违反相关政策性要求的扣分处罚因素,制定担保业务奖补办法,对满足一定条件的省级农担公司给予一定比例的奖补。奖补资金用于建立省级农业信贷担保系统风险资金池、风险代偿或转增资本金规模等。

（四）落实现行相关税收优惠政策。符合条件的农业信贷担保公司从农业中小企业信用担保或再担保业务取得的收入,按现行规定享受中小企业信用担保机构免征增值税政策。符合条件的农业信贷担保机构的所得税税前扣除政策,按照《财政部 税务总局关于中小企业融资（信用）担保机构有关准备金企业所得税税前扣除政策的通知》（财税〔2017〕22 号）的有关规定执行。

三、扎实做好省级农业信贷担保体系建设

（一）建立健全公司法人治理结构。各省要加快省级农担公司组建进程,按照建立现代企业制度的要求,尽快建立健全公司法人治理结构、内设机构体系和个性化监管机制,及时研究出台与本省农业信贷担保业务相适应的担保项目自主发现方式、项目决策办理、财务资金监管、风险评价防控等制度。

（二）确保省级农担公司的独立性。全国农业信贷担保体系是财政支农政策体系

的一部分,各省要切实加大工作力度,采取有效措施,确保省级农担公司做到法人独立、业务独立、财务独立、考核独立、管理独立,直接接受同级财政部门和农业部门的业务指导和绩效考核。暂时采取挂靠方式组建的省级农担公司,要制定脱钩时间表,于2017年年底前完成从母公司脱钩。

(三)加快基层服务网络建设。为实现与农业适度规模经营主体等重点服务对象有效对接,省级农担公司要尽快将相应的机构、人员和业务下沉,原则上采取设立办事处或分公司等分支机构的方式,逐步将业务分支机构建在市县、基层,并将其作为农业信贷担保业务受理的主体,2017年年底前基本建成贴近主体、覆盖全国、紧密可控、运行高效的农业信贷担保服务网络体系。

四、充分发挥国家农担公司的作用

(一)明确主体职能。国家农担公司面向省级农担公司开展再担保业务,要按照市场化运营原则,合理确定再担保费率、再担保补偿比例等条款,确保自身经营可持续,再担保业务范围仅限省级农担公司开展的政策性担保业务。国家农担公司应根据担保体系运行实际,抓紧研究制定和完善再担保业务规则,报全国指导委员会履行相关程序后实施。中央财政对国家农担公司的支持政策另行制定。

(二)发挥指导作用。国家农担公司应向省级农担公司提供人才培训、政策咨询、信息体系建设与共享、业务创新指导、银担合作指引等方面的服务,并向全国指导委员会提供研究决策支撑。国家农担公司要建立全国统一的农业信贷担保数据信息系统,逐步形成信息化、大数据、实时更新、动态监管的数据系统,并根据不同层级的授权,做到开放公开。信息系统有关数据将作为中央财政测算相关补助资金的重要参考。

五、国有企业的担保行为

(一) 中华人民共和国企业国有资产法(节录)

(2008年10月28日第十一届全国人民代表大会常务委员会第五次会议通过并公布 2009年5月1日起施行 中华人民共和国主席令第5号公布)

第五章 关系国有资产出资人权益的重大事项

第一节 一般规定

第三十条 国家出资企业合并、分立、改制、上市,增加或者减少注册资本,发行债券,进行重大投资,**为他人提供大额担保**,转让重大财产,进行大额捐赠,分配利润,以及解散、申请破产等重大事项,**应当遵守法律、行政法规以及企业章程的规定,不得损害出资人和债权人的权益**。

第三十二条 国有独资企业、国有独资公司有本法第三十条所列事项的,除依照本法第三十一条和有关法律、行政法规以及企业章程的规定,由履行出资人职责的机构决定的以外,国有独资企业由企业负责人集体讨论决定,国有独资公司由董事会决定。

第三十三条 国有资本控股公司、国有资本参股公司有本法第三十条所列事项的,依照法律、行政法规以及公司章程的规定,由公司股东会、股东大会或者董事会决定。由股东会、股东大会决定的,履行出资人职责的机构委派的股东代表应当依照本法第十三条的规定行使权利。

第三节 与关联方的交易

第四十五条 未经履行出资人职责的机构同意,国有独资企业、国有独资公司不得有下列行为:
(一) 与关联方订立财产转让、借款的协议;
(二) **为关联方提供担保**;
(三) 与关联方共同出资设立企业,或者向董事、监事、高级管理人员或者其近亲属所有或者实际控制的企业投资。

(二) 政府出资产业投资基金管理暂行办法(节录)

(2016年12月30日发布　自2017年4月1日起施行　发改财金规〔2016〕2800号)

第一章　总　　则

第二条　本办法所称政府出资产业投资基金,是指有政府出资,主要投资于非公开交易企业股权的股权投资基金和创业投资基金。

第七条　政府出资产业投资基金可以综合运用参股基金、联合投资、融资担保、政府出资适当让利等多种方式,充分发挥基金在贯彻产业政策、引导民间投资、稳定经济增长等方面的作用。

第三章　政府出资产业投资基金的投资运作和终止

第二十六条　政府出资产业投资基金对单个企业的投资额不得超过基金资产总值的20%,且不得从事下列业务:
(一) 名股实债等变相增加政府债务的行为;
(二) 公开交易类股票投资,但以并购重组为目的的除外;
(三) 直接或间接从事期货等衍生品交易;
(四) 为企业提供担保,但为被投资企业提供担保的除外;
(五) 承担无限责任的投资。

(三) 事业单位及事业单位所办企业国有资产产权登记管理办法(节录)

(2012年8月5日发布　财教〔2012〕242号　自2012年9月5日起施行)

第二章　事业单位产权登记

第二节　登记形式和内容

第十二条　新设立事业单位应当在审批机关批准设立后六十日内,经主管部门审核同意后,由主管部门向同级财政部门申请办理占有产权登记。申请办理时,单位应当填报《事业单位国有资产产权登记表(占有登记)》,并提交下列文件、证件及有关资料:
(一) 办理占有产权登记的申请;

（二）审批机关批准设立的文件；
（三）国有资产总额及来源证明；
（四）**设置抵押、质押、留置或提供保证、定金以及资产被司法机关冻结的**，应当提供相关文件和凭证；
（五）涉及土地、林地、海域、房屋、车辆等重要资产的，应当提供相关的产权证明材料；
（六）涉及对外投资的，应当提供财政部门、主管部门或事业单位的对外投资批复；
（七）涉及资产评估事项的，应当提交相关部门的核准或备案文件；
（八）财政部门要求提交的其他文件、证件及有关资料。

第十四条 变动产权登记适用于事业单位发生分立、合并、部分改制，以及单位名称、单位（性质）分类、人员编制数、主管部门、管理级次、预算级次发生变化，以及国有资产金额一次或累计变动超过国有资产总额20%（含）的行为事项。发生上述变动事项的事业单位应当自财政部门、主管部门等审批机关批准变动之日起六十日内，经主管部门审核同意后，由主管部门向同级财政部门申请办理变动产权登记。申请办理时填报《事业单位国有资产产权登记表（变动登记）》，并提交下列文件、证件及有关资料：

（一）办理变动产权登记的申请；
（二）单位决议或会议纪要，主管部门、财政部门等审批机关批准变动的批复文件；
（三）《事业单位产权登记证》副本；
（四）《事业单位法人证书》复印件；
（五）财政部门批复的上一年度财务报告；
（六）**设置抵押、质押、留置或提供保证、定金以及资产被司法机关冻结的**，应当提供相关文件和凭证；
（七）涉及资产评估事项的，应当提交相关部门的核准或备案文件；
（八）涉及土地、林地、海域、房屋、车辆等重要资产的，应当提供相关的产权证明材料；
（九）涉及资产处置的，应当提交财政部门、主管部门或事业单位的资产处置批复文件；
（十）涉及对外投资情况发生变动的，应当提供相关材料；
（十一）财政部门要求提交的其他文件、证件及有关资料。

第十五条 注销产权登记适用于因分立、合并、依法撤销或改制等原因被整体清算、注销和划转的事业单位。此类单位应当自财政部门、主管部门等审批机关批准上述行为之日起六十日内，经主管部门审核同意后，由主管部门向同级财政部门申请办理注销产权登记。申请办理时填报《事业单位国有资产产权登记表（注销登记）》，并提交下列文件、证件及有关资料：

（一）办理注销产权登记的申请；
（二）单位决议或会议纪要，主管部门、财政部门等审批机关批准注销的批复，以及同级政府机构编制管理机关注销备案公告；
（三）单位的清算报告；
（四）单位的资产清查报告，资产评估报告及相关部门的资产评估项目核准或备案文件；

（五）事业单位属于有偿转让或整体改制的，应当提交有偿转让的合同协议或经相关部门批复的转制方案；

（六）财政部门批复的上一年度财务报告；

（七）设置抵押、质押、留置或提供保证、定金以及资产被司法机关冻结的，应当提供相关文件和凭证；

（八）《事业单位产权登记证》正本、副本；

（九）财政部门、主管部门的资产处置批复文件；

（十）财政部门要求提交的其他文件、证件及有关资料。

第十九条 未及时办理产权登记的事业单位在补办产权登记时，应当书面说明原因。事业单位国有资产若设置抵押、质押、留置或提供保证、定金以及资产被司法机关冻结的，应当在申请办理产权登记时如实向财政部门、主管部门报告。

第三章 事业单位所办企业产权登记

第二节 登记形式和内容

第三十五条 新设立企业应当于申请办理工商注册登记前六十日内，经主管部门审核同意后，由主管部门向同级财政部门申请办理占有产权登记，填报《企业国有资产产权登记表（占有登记）》，并提交下列文件、证件及有关资料：

（一）办理占有产权登记的申请；

（二）出资人母公司或上级单位批准设立的文件、投资协议书；事业单位直接投资设立企业的，应当提交《事业单位产权登记证》副本复印件及财政部门、主管部门或事业单位批准的对外投资批复文件；

（三）本企业章程；

（四）由企业出资的，应当提交各出资人的企业章程、《企业法人营业执照》复印件、经审计的企业上一年度财务报告，其中国有资本出资人还应当提交有关部门办理的《企业产权登记证》复印件；由事业单位出资的，应当提交《事业单位法人证书》和《事业单位产权登记证》副本的复印件；由自然人出资的，应当提交自然人有效的身份证件复印件；

（五）法定机构出具的验资报告，其中以货币投资的，还应当附银行进账单；以实物、无形资产投资的，还应当提交资产评估项目核准或备案文件；

（六）本企业的《企业名称预先核准通知书》；

（七）财政部门要求提交的其他文件、证件及有关资料。

第三十六条 已经取得法人资格但尚未办理占有产权登记的企业，应当填报《企业国有资产产权登记表（占有登记）》，并提交第三十五条第（一）款至第（五）款规定的材料，以及下列文件、证件及有关资料：

（一）本企业经审计的企业上一年度财务报告；

（二）本企业的《企业法人营业执照》复印件；

（三）设置抵押、质押、留置或提供保证、定金以及资产被司法机关冻结的，应当提交相关文件和凭证；

（四）财政部门要求提交的其他文件、证件及有关资料。

第三十七条　变动产权登记适用于企业发生企业名称、企业级次、企业组织形式改变，企业分立、合并或者经营形式改变，企业国有资本额、比例增减变动以及企业国有资本出资人变动的行为事项。发生上述变动事项的企业应当在审批机关核准变动登记后，或自企业股东大会、董事会做出决定之日起三十日内，经事业单位及主管部门审核同意后，由主管部门向同级财政部门申请办理变动产权登记，填报《企业国有资产产权登记表(变动登记)》，并提交下列文件、证件及有关资料：

（一）办理变动产权登记的申请；

（二）出资人母公司或上级单位的批准文件、企业股东大会或董事会做出的书面决定，事业单位追加投资的，应当提交《事业单位产权登记证》副本复印件及财政部门、主管部门或事业单位批准的对外投资批复文件；

（三）修改后的本企业章程；

（四）由企业出资的，应当提交各出资人的企业章程、《企业法人营业执照》复印件、经审计的企业上一年度财务报告，其中，国有资本出资人应还当提交有关部门办理的《企业产权登记证》复印件；由事业单位出资的，应当提交《事业单位法人证书》和《事业单位产权登记证》副本的复印件；由自然人出资的，应当提交自然人有效的身份证件复印件；

（五）本企业的《企业法人营业执照》复印件，经审计的企业上一年度财务报告；

（六）本企业的《企业产权登记证》副本；

（七）设置抵押、质押、留置或提供保证、定金以及资产被司法机关冻结的，应当提交相关文件和凭证；

（八）法定机构出具的验资报告，其中以货币投资的应当附银行进账单；以实物、无形资产投资的应当提交资产评估项目核准或备案文件；

（九）企业合并、分立、转让或减少注册资本的，应当提交企业债务处置或承继情况说明及相关文件；

（十）财政部门要求提交的其他文件、证件及有关资料。

第三十八条　注销产权登记适用于发生解散、依法撤销，转让全部国有产权（股权）或改制后不再设置国有股权的企业。此类企业应当自政府有关部门决定或财政部门、主管部门、事业单位或母公司批准之日起三十日内，经事业单位及主管部门审核同意后，由主管部门向同级财政部门申请办理注销产权登记；企业依法宣告破产的，应当自法院裁定之日起六十日内由企业破产清算机构向同级财政部门申请办理注销产权登记。填报《企业国有资产产权登记表(注销登记)》，并提交下列文件、证件及有关资料：

（一）办理注销产权登记的申请；

（二）出资人母公司获上级单位批准的文件，企业股东大会或董事会做出的书面决定，政府有关部门或财政部门、主管部门、事业单位的批复文件，工商行政管理机关责令关闭的文件或法院宣告企业破产的裁定书；

（三）经审计的企业上一年度财务报告；

（四）本企业的财产清查、清算报告、资产评估报告及相关部门的资产评估项目核准或备案文件；

（五）属于有偿转让或整体改制的，应当提交有偿转让或整体改制的协议或方案，以及受让企业的《企业法人营业执照》复印件、企业章程、经审计的年度财务报告和设置抵押、质押、留置或提供保证、定金以及资产被司法机关冻结等情况的相关证明文件；

（六）本企业的《企业产权登记证》正本、副本和《企业法人营业执照》复印件；

（七）设置抵押、质押、留置或提供保证、定金以及资产被司法机关冻结的，应当提交相关文件和凭证；

（八）企业债务处置或承继情况说明及有关文件；

（九）企业的资产处置情况说明及相关批复文件；

（十）企业改制、破产或撤销的职工安置情况；

（十一）财政部门要求提交的其他文件、证件及有关资料。

第三节 登 记 程 序

第四十四条 未及时办理产权登记的企业在补办产权登记时，应当书面说明原因和具体情况。

以事业单位所办企业的资产设置抵押、质押、留置或提供保证、定金以及资产被司法机关冻结的，应当在申请办理产权登记时如实向财政部门、主管部门、事业单位报告。

事业单位所办企业中，已设置抵押、质押、留置或提供保证、定金的资产用于投资或产权转让的，应当符合《中华人民共和国担保法》等有关法律、法规的规定，否则不予登记。

第四节 年 度 检 查

第五十一条 企业国有资产经营年度报告书是反映企业在检查年度内国有资产经营状况和产权变动情况的书面文件。主要报告以下内容：

（一）企业国有资产保值增值情况；

（二）企业国有资本金实际到位和增减变动情况；

（三）企业及其所属各级子公司等发生产权变动，是否及时办理相应产权登记手续的情况；

（四）企业对外投资及投资收益情况；

（五）企业及其子公司提供保证、定金或设置抵押、质押、留置以及资产被司法机关冻结等产权或有变动情况；

（六）企业及其所属各级子公司等涉及国有产权分立、合并、改制上市等重大情况；

（七）其他需要说明的问题。

(四) 中小企业融资担保机构风险管理暂行办法

(2001年3月26日发布并施行　财金〔2001〕77号)

第一条　为了规范和加强中小企业融资担保机构管理,防范和控制担保风险,促进中小企业融资担保工作积极稳妥地开展,根据国家有关法律法规,制定本办法。

第二条　本办法所称中小企业融资担保机构(以下简称担保机构)是指政府出资(含政府与其他出资人共同出资)设立的以中小企业为服务对象的融资担保机构。

第三条　设立担保机构需依照法律及有关规定办理注册。担保机构经注册后方可开展业务。

第四条　担保机构应建立完善的法人治理结构和内部组织结构。鼓励担保机构采取公司形式。目前难以采用公司形式的担保机构,应按照上述要求逐步规范,在条件成熟时改组为公司。

第五条　担保机构应自主经营,独立核算,依照规定程序对担保项目自主进行评估和做出决策。担保机构有权不接受各级行政管理机关为具体项目提供担保的指令。

第六条　担保机构应为受托运作的担保基金设立专门账户,并将担保基金业务与担保机构自身业务分开管理、核算。

第七条　担保机构收取担保费可根据担保项目的风险程度实行浮动费率,为减轻中小企业负担,一般控制在同期银行贷款利率的50%以内。

第八条　担保机构对单个企业提供的担保责任金额最高不得超过担保机构自身实收资本的10%;担保机构担保责任余额一般不超过担保机构自身实收资本的5倍,最高不得超过10倍。

第九条　担保机构的业务范围主要是:对中小企业向金融机构贷款、票据贴现、融资租赁等融资方式提供担保和再担保,以及经主管财政部门批准的其他担保和资金运用业务。担保机构不得从事存、贷款金融业务及财政信用业务。

第十条　担保机构要按照"利益共享,风险共担"的原则与贷款金融机构建立业务合作关系,对贷款实行比例担保。担保机构应与贷款金融机构密切协作,及时交换和通报投保企业的有关信息,加强对投保企业的监督,共同维护双方的权益。

第十一条　担保机构应建立严格的担保评估制度,配备或聘请经济、法律、技术等方面的相关专业人才,采用先进的项目评价系统,提高评估能力,加强对担保项目的风险评估审查;注重建立长期、稳定的客户群,积累完整、翔实的客户资料,为项目评估建立可靠的信息基础;严格执行科学的决策程序,切实防止盲目决策;加强对担保项目的跟踪,完善对投保企业的事前评估、事中监控、事后追偿与处置机制;强化内部监控,防范道德风险,保证合规经营。

第十二条　担保机构应积极采取反担保措施,可要求投保企业以其合法的财产

（包括股权）抵押或质押，提供反担保。

第十三条 担保机构应按当年担保费的50％提取未到期责任准备金；按不超过当年年末担保责任余额1％的比例以及所得税后利润的一定比例提取风险准备金，用于担保赔付。风险准备金累计达到担保责任余额的10％后，实行差额提取。

第十四条 担保机构必须遵循安全性、流动性、效益性原则运用资金。担保机构设立后应当按照其注册资本的10％提取保证金，存入主管财政部门指定的银行，除担保机构清算时用于清偿债务外，任何机构一律不得动用。担保机构提取的风险准备金必须存入银行专户。其他货币资金，不低于80％的部分可用于银行存款，以及买卖国债、金融债券及国家重点企业债券；不高于20％的部分，经主管财政部门批准，可用于买卖证券投资基金等其他形式。

第十五条 各级财政部门对按照本办法规范运作的担保机构，可给予适当的支持。

第十六条 各级财政部门应积极会同有关部门为担保机构落实反担保提供支持。

第十七条 各级财政部门应会同有关部门对担保机构的业务状况进行定期检查，对发现的问题采取有效措施及时处理，重大问题应报告当地政府和上级财政部门。

第十八条 建立对担保机构资信的定期评级制度。担保机构定期聘请经财政部门认可的资信评级机构进行资信评级，并向社会公布评级结果。

第十九条 各级财政部门要结合本地的实际情况，逐步建立健全对以财政性资金出资设立的担保机构的绩效考核指标体系。绩效考核指标体系应综合考虑担保机构的中小企业融资担保业务规模、代偿损失、资产结构及其社会和经济效益而确定。

第二十条 担保机构定期向主管财政部门报送资产负债表、损益表、现金流量表以及其他报表和资料，于每月底前将上月的营业统计报表报送主管财政部门；于每一会计年度终了后3个月内，将上一年度的营业报告、财务会议报告及其他有关报表报送主管财政部门。各级财政部门应认真做好对担保信息的收集、整理与分析工作，并定期向有关金融机构，必要时可向担保机构的注册机关通报情况。

第二十一条 对已经设立的担保机构，由各级财政部门会同有关部门按照本办法的要求进行规范。

第二十二条 各省级财政部门根据本办法制定实施细则，报财政部备案。

第二十三条 本办法自发布之日起施行。

（五）企业国有资产产权登记管理办法实施细则（节录）

（2000年4月6日发布并施行　财管字〔2000〕116号）

第一章　总　　则

第五条 产权登记机关依法履行下列职责：

（一）依法确认企业产权归属，理顺企业集团内部产权关系；
（二）掌握企业国有资产占有、使用的状况；
（三）监管企业的国有产权变动；
（四）检查企业国有资产经营状况；
（五）监督国家授权投资机构、国有企业和国有独资公司的出资行为；
（六）**备案企业的担保或资产被司法冻结等产权或有变动事项；**
（七）在汇总、分析的基础上，编报并向同级政府和上级产权登记机关呈送产权登记与产权变动状况分析报告。

第六条 企业提供保证、定金或设置抵押、质押、留置，以及发生资产被司法机关冻结情况的，应当在申办各类产权登记中如实向产权登记机关报告。

企业以设置抵押、质押、留置、作为定金以及属于司法冻结的资产用于投资或进行产权（股权）转让时，必须符合《中华人民共和国担保法》等有关法律、法规的规定，否则，产权登记机关不予登记。

第四章 占有产权登记

第十四条 已取得法人资格的企业应当在本细则实施后向产权登记机关申办占有产权登记，填写《企业国有资产占有产权登记表》并提交下列文件、资料：

（六）企业提供保证、定金或设置抵押、质押、留置以及资产被司法机关冻结的相关文件。

第十五条 申请取得法人资格的企业应当于申请办理工商注册登记前 30 日内，向财政（国有资产管理）部门办理产权登记，填写《企业国有资产占有产权登记表》，并提交下列文件、资料：

（四）各出资人的企业法人营业执照、经注册会计师审计的或财政部门核定的企业上一年度财务报告和提供保证、定金或设置抵押、质押、留置以及资产被司法机关冻结的相关文件；其中，国有资本出资人还应当提交产权登记证副本。

第五章 变动产权登记

第二十三条 企业申办变动产权登记应当填写《企业国有资产变动产权登记表》，并提交下列文件、资料：

（三）各出资人的企业法人营业执照、经注册会计师审计的或财政部门核定的企业上一年度财务报告和提供保证、定金或设置抵押、质押、留置以及资产被司法机关冻结的相关文件；其中，国有资本出资人还应当提交产权登记证副本；

（四）本企业的《企业法人营业执照》副本、经注册会计师审计的或财政部门核定的企业上一年度财务报告和提供保证、定金或设置抵押、质押、留置以及资产被司法机关冻结的相关文件和企业的产权登记证副本。

第六章　注销产权登记

第二十八条　企业申办注销产权登记时应当填写《企业国有资产注销产权登记表》并提交下列文件、资料：

（五）本企业的产权登记证正、副本和《企业法人营业执照》副本和提供保证、定金或设置抵押、质押、留置以及资产被司法机关冻结的相关文件；

（六）受让企业的《企业法人营业执照》副本和经注册会计师审计的年度财务报告和提供保证、定金或设置抵押、质押、留置以及资产被司法机关冻结的相关文件。

第七章　产权登记年度检查

第三十二条　企业国有资产经营年度报告书是反映企业在检查年度内国有资产经营状况和产权变动状况的书面文件。主要报告以下内容：

（五）企业及其子公司的担保、资产被司法机关冻结等产权或有变动情况。

（六）国家国有资产管理局关于国有企业办理抵押贷款若干问题的批复

（1994年3月16日发布并施行　国资企函发〈1994〉36号）

江西省国有资产管理局：

你局《关于国有资产用作贷款抵押的紧急请示》（赣国资企字〈1993〉130号）收悉，经研究并商中国人民银行，兹批复如下：

一、商业银行和其他金融机构开办抵押贷款业务，企业以其依法支配的各项财产设定抵押权作为还款担保取得贷款，是市场经济条件下的通行做法。随着我国金融体制改革的深化和现代企业制度的确立，抵押贷款将得到更普遍的采用。

二、国有企业用所有者权益和负债形成的实际资产属于企业法人财产，企业有权独立支配并由其承担民事责任。国有企业可以自主提供其依法占用的各项资产作为抵押物取得贷款（国家另有具体规定的除外）。

三、贷款抵押并不改变抵押物的产权归属，只是预示在不能正常还贷时将要发生产权转移。国有企业的资产能否保全，不在于贷款时是否设定抵押，而在于企业能否有效地运用借入资金开展生产经营或投资活动并取得经济效益，以保证按时还款。

在正常的市场经济条件下，如果企业不能清偿到期债务，势将面临破产清算，抵押权人将强制处分抵押物，从而导致企业资产遭受损失；此时，设定抵押与否只影响债权人受偿的优先顺序，并不改变国家作为所有者最终必须承担损失的后果。有财产抵押担保的债权享有单独处分抵押物以优先受偿的权利,无财产抵押担保的债权须待清偿抵押贷款、欠发职工工资和欠交税款之后按比例受偿。对于无论抵押贷款还是非抵押信用贷款,企业均须以全部法人财产承担偿债责任。国家作为所有者只能在企业偿付债务包括全部贷款之后参与分配剩余财产。

因此,企业在决定向金融机构借款时,首要的是必须认真分析资金使用的预计效果,慎重决策,切实保证按时还本付息,避免财产遭受损失;从根本上说,抵押与否并无实质性区别。

四、企业以财产作抵押向金融机构借款属于法人财产权范围内的自主行为,国有资产管理部门不应越权干预,也无法逐一审查具体融资决策的正误得失,更不能承担任何连带责任。因此,一般情况下国有资产管理部门无须对国有企业以其法人财产设定抵押权进行审批和签署意见(其他部门另有规定的,由该部门办理审批)。国有企业与贷款方签订有效的抵押借贷合同后,如企业不能按时偿还贷款本息,债权人(抵押权人)即依法取得处分抵押财产的权利。**处分国有企业贷款抵押物时,须依照国家有关规定进行资产评估,确定底价。**

五、与国家安全、国计民生有重大关系的国有企业,经政府有关部门作出具体规定,不得自行抵押其重要资产。为使这类企业正常运转,可以考虑采用下列方式之一保证企业的资金来源:

1. 国有国营,国家或国家指定的机构承担连带责任。

2. 国家足额投入(包括追加投入)资金。

3. 企业对外借款由国库或国家指定的机构担保。

4. 企业以财产抵押借款由有关部门办理审批手续,出现不能按时偿债情况时,由批准部门解决还款问题或准许抵押权人处分抵押财产。

5. 将企业财产划分为可自主决定抵押和须经批准抵押两个部分,分别处理。

六、国有企业以财产抵押借款时,有关抵押合同、抵押物、抵押作价、抵押率、抵押登记、抵押物的占管及处分等事项,应按照即将颁发的《抵押贷款管理条例》执行;该条例公布前,暂按照相关的各项现行规定或当事各方的约定执行。

七、国有企业应当建立资产经营责任制,承担保值增值责任。国有资产管理部门应当加强对于国有企业资产经营状况和保值增值状况的监督、检查、考核。对于融资决策不当、资金运用效果低下、不能偿还贷款包括抵押贷款、造成资产损失的责任人员,要会同有关部门追究其责任。

以上各条已征询中国工商银行、中国农业银行、中国人民建设银行、中国银行等专业银行的意见并得到肯定的答复。

你局可以根据以上批复意见制定具体管理规定。执行中有何问题和建议,请及时报告我局。

六、融资担保机构的担保行为

（一）融资担保公司监督管理条例

(2017年6月21日国务院第177次常务会议通过　国务院令第683号公布 自2017年10月1日起施行)

第一章　总　　则

第一条　为了支持普惠金融发展，促进资金融通，规范融资担保公司的行为，防范风险，制定本条例。

第二条　本条例所称融资担保，是指担保人为被担保人借款、发行债券等债务融资提供担保的行为；所称融资担保公司，是指依法设立、经营融资担保业务的有限责任公司或者股份有限公司。

第三条　融资担保公司开展业务，应当遵守法律法规，审慎经营，诚实守信，不得损害国家利益、社会公共利益和他人合法权益。

第四条　省、自治区、直辖市人民政府确定的部门（以下称监督管理部门）负责对本地区融资担保公司的监督管理。

省、自治区、直辖市人民政府负责制定促进本地区融资担保行业发展的政策措施、处置融资担保公司风险，督促监督管理部门严格履行职责。

国务院建立融资性担保业务监管部际联席会议，负责拟订融资担保公司监督管理制度，协调解决融资担保公司监督管理中的重大问题，督促指导地方人民政府对融资担保公司进行监督管理和风险处置。融资性担保业务监管部际联席会议由国务院银行业监督管理机构牵头，国务院有关部门参加。

第五条　国家推动建立政府性融资担保体系，发展政府支持的融资担保公司，建立政府、银行业金融机构、融资担保公司合作机制，扩大为小微企业和农业、农村、农民提供融资担保业务的规模并保持较低的费率水平。

各级人民政府财政部门通过资本金投入、建立风险分担机制等方式，对主要为小微企业和农业、农村、农民服务的融资担保公司提供财政支持，具体办法由国务院财政部门制定。

第二章　设立、变更和终止

第六条　设立融资担保公司，应当经监督管理部门批准。

融资担保公司的名称中应当标明融资担保字样。

未经监督管理部门批准,任何单位和个人不得经营融资担保业务,任何单位不得在名称中使用融资担保字样。国家另有规定的除外。

第七条 设立融资担保公司,应当符合《中华人民共和国公司法》的规定,并具备下列条件:

(一)股东信誉良好,最近 3 年无重大违法违规记录;

(二)注册资本不低于人民币 2000 万元,且为实缴货币资本;

(三)拟任董事、监事、高级管理人员熟悉与融资担保业务相关的法律法规,具有履行职责所需的从业经验和管理能力;

(四)有健全的业务规范和风险控制等内部管理制度。

省、自治区、直辖市根据本地区经济发展水平和融资担保行业发展的实际情况,可以提高前款规定的注册资本最低限额。

第八条 申请设立融资担保公司,应当向监督管理部门提交申请书和证明其符合本条例第七条规定条件的材料。

监督管理部门应当自受理申请之日起 30 日内作出批准或者不予批准的决定。决定批准的,颁发融资担保业务经营许可证;不予批准的,书面通知申请人并说明理由。

经批准设立的融资担保公司由监督管理部门予以公告。

第九条 融资担保公司合并、分立或者减少注册资本,应当经监督管理部门批准。

融资担保公司在住所地所在省、自治区、直辖市范围内设立分支机构,变更名称,变更持有 5% 以上股权的股东或者变更董事、监事、高级管理人员,应当自分支机构设立之日起或者变更相关事项之日起 30 日内向监督管理部门备案;变更后的相关事项应当符合本条例第六条第二款、第七条的规定。

第十条 融资担保公司跨省、自治区、直辖市设立分支机构,应当具备下列条件,并经拟设分支机构所在地监督管理部门批准:

(一)注册资本不低于人民币 10 亿元;

(二)经营融资担保业务 3 年以上,且最近 2 个会计年度连续盈利;

(三)最近 2 年无重大违法违规记录。

拟设分支机构所在地监督管理部门审批的程序和期限,适用本条例第八条的规定。

融资担保公司应当自分支机构设立之日起 30 日内,将有关情况报告公司住所地监督管理部门。

融资担保公司跨省、自治区、直辖市设立的分支机构的日常监督管理,由分支机构所在地监督管理部门负责,融资担保公司住所地监督管理部门应当予以配合。

第十一条 融资担保公司解散的,应当依法成立清算组进行清算,并对未到期融资担保责任的承接作出明确安排。清算过程应当接受监督管理部门的监督。

融资担保公司解散或者被依法宣告破产的,应当将融资担保业务经营许可证交监督管理部门注销,并由监督管理部门予以公告。

第三章 经 营 规 则

第十二条 除经营借款担保、发行债券担保等融资担保业务外,经营稳健、财务状况良好的融资担保公司还可以经营投标担保、工程履约担保、诉讼保全担保等非融资担保业务以及与担保业务有关的咨询等服务业务。

第十三条 融资担保公司应当按照审慎经营原则,建立健全融资担保项目评审、担保后管理、代偿责任追偿等方面的业务规范以及风险管理等内部控制制度。

政府支持的融资担保公司应当增强运用大数据等现代信息技术手段的能力,为小微企业和农业、农村、农民的融资需求服务。

第十四条 融资担保公司应当按照国家规定的风险权重,计量担保责任余额。

第十五条 融资担保公司的担保责任余额不得超过其净资产的10倍。

对主要为小微企业和农业、农村、农民服务的融资担保公司,前款规定的倍数上限可以提高至15倍。

第十六条 融资担保公司对同一被担保人的担保责任余额与融资担保公司净资产的比例不得超过10%,对同一被担保人及其关联方的担保责任余额与融资担保公司净资产的比例不得超过15%。

第十七条 融资担保公司不得为其控股股东、实际控制人提供融资担保,为其他关联方提供融资担保的条件不得优于为非关联方提供同类担保的条件。

融资担保公司为关联方提供融资担保的,应当自提供担保之日起30日内向监督管理部门报告,并在会计报表附注中予以披露。

第十八条 融资担保公司应当按照国家有关规定提取相应的准备金。

第十九条 融资担保费率由融资担保公司与被担保人协商确定。

纳入政府推动建立的融资担保风险分担机制的融资担保公司,应当按照国家有关规定降低对小微企业和农业、农村、农民的融资担保费率。

第二十条 被担保人或者第三人以抵押、质押方式向融资担保公司提供反担保,依法需要办理登记的,有关登记机关应当依法予以办理。

第二十一条 融资担保公司有权要求被担保人提供与融资担保有关的业务活动和财务状况等信息。

融资担保公司应当向被担保人的债权人提供与融资担保有关的业务活动和财务状况等信息。

第二十二条 融资担保公司自有资金的运用,应当符合国家有关融资担保公司资产安全性、流动性的规定。

第二十三条 融资担保公司不得从事下列活动:

(一)吸收存款或者变相吸收存款;

(二)自营贷款或者受托贷款;

(三)受托投资。

第四章 监督管理

第二十四条 监督管理部门应当建立健全监督管理工作制度,运用大数据等现代信息技术手段实时监测风险,加强对融资担保公司的非现场监管和现场检查,并与有关部门建立监督管理协调机制和信息共享机制。

第二十五条 监督管理部门应当根据融资担保公司的经营规模、主要服务对象、内部管理水平、风险状况等,对融资担保公司实施分类监督管理。

第二十六条 监督管理部门应当按照国家有关融资担保统计制度的要求,向本级人民政府和国务院银行业监督管理机构报送本地区融资担保公司统计数据。

第二十七条 监督管理部门应当分析评估本地区融资担保行业发展和监督管理情况,按年度向本级人民政府和国务院银行业监督管理机构报告,并向社会公布。

第二十八条 监督管理部门进行现场检查,可以采取下列措施:

(一)进入融资担保公司进行检查;

(二)询问融资担保公司的工作人员,要求其对有关检查事项作出说明;

(三)检查融资担保公司的计算机信息管理系统;

(四)查阅、复制与检查事项有关的文件、资料,对可能被转移、隐匿或者毁损的文件、资料、电子设备予以封存。

进行现场检查,应当经监督管理部门负责人批准。检查人员不得少于2人,并应当出示合法证件和检查通知书。

第二十九条 监督管理部门根据履行职责的需要,可以与融资担保公司的董事、监事、高级管理人员进行监督管理谈话,要求其就融资担保公司业务活动和风险管理的重大事项作出说明。

监督管理部门可以向被担保人的债权人通报融资担保公司的违法违规行为或者风险情况。

第三十条 监督管理部门发现融资担保公司的经营活动可能形成重大风险的,经监督管理部门主要负责人批准,可以区别情形,采取下列措施:

(一)责令其暂停部分业务;

(二)限制其自有资金运用的规模和方式;

(三)责令其停止增设分支机构。

融资担保公司应当及时采取措施,消除重大风险隐患,并向监督管理部门报告有关情况。经监督管理部门验收,确认重大风险隐患已经消除的,监督管理部门应当自验收完毕之日起3日内解除前款规定的措施。

第三十一条 融资担保公司应当按照要求向监督管理部门报送经营报告、财务报告以及注册会计师出具的年度审计报告等文件和资料。

融资担保公司跨省、自治区、直辖市开展业务的,应当按季度向住所地监督管理部门和业务发生地监督管理部门报告业务开展情况。

第三十二条 融资担保公司对监督管理部门依法实施的监督检查应当予以配合,不得拒绝、阻碍。

第三十三条 监督管理部门应当建立健全融资担保公司信用记录制度。融资担保公司信用记录纳入全国信用信息共享平台。

第三十四条 监督管理部门应当会同有关部门建立融资担保公司重大风险事件的预警、防范和处置机制,制定融资担保公司重大风险事件应急预案。

融资担保公司发生重大风险事件的,应当立即采取应急措施,并及时向监督管理部门报告。监督管理部门应当及时处置,并向本级人民政府、国务院银行业监督管理机构和中国人民银行报告。

第三十五条 监督管理部门及其工作人员对监督管理工作中知悉的商业秘密,应当予以保密。

第五章 法 律 责 任

第三十六条 违反本条例规定,未经批准擅自设立融资担保公司或者经营融资担保业务的,由监督管理部门予以取缔或者责令停止经营,处 50 万元以上 100 万元以下的罚款,有违法所得的,没收违法所得;构成犯罪的,依法追究刑事责任。

违反本条例规定,未经批准在名称中使用融资担保字样的,由监督管理部门责令限期改正;逾期不改正的,处 5 万元以上 10 万元以下的罚款,有违法所得的,没收违法所得。

第三十七条 融资担保公司有下列情形之一的,由监督管理部门责令限期改正,处 10 万元以上 50 万元以下的罚款,有违法所得的,没收违法所得;逾期不改正的,责令停业整顿,情节严重的,吊销其融资担保业务经营许可证:

(一)未经批准合并或者分立;

(二)未经批准减少注册资本;

(三)未经批准跨省、自治区、直辖市设立分支机构。

第三十八条 融资担保公司变更相关事项,未按照本条例规定备案,或者变更后的相关事项不符合本条例规定的,由监督管理部门责令限期改正;逾期不改正的,处 5 万元以上 10 万元以下的罚款,情节严重的,责令停业整顿。

第三十九条 融资担保公司受托投资的,由监督管理部门责令限期改正,处 50 万元以上 100 万元以下的罚款,有违法所得的,没收违法所得;逾期不改正的,责令停业整顿,情节严重的,吊销其融资担保业务经营许可证。

融资担保公司吸收公众存款或者变相吸收公众存款、从事自营贷款或者受托贷款的,依照有关法律、行政法规予以处罚。

第四十条 融资担保公司有下列情形之一的,由监督管理部门责令限期改正;逾期不改正的,处 10 万元以上 50 万元以下的罚款,有违法所得的,没收违法所得,并可以责令停业整顿,情节严重的,吊销其融资担保业务经营许可证:

(一)担保责任余额与其净资产的比例不符合规定;

(二)为控股股东、实际控制人提供融资担保,或者为其他关联方提供融资担保的条件优于为非关联方提供同类担保的条件;

(三)未按照规定提取相应的准备金;

（四）自有资金的运用不符合国家有关融资担保公司资产安全性、流动性的规定。

第四十一条 融资担保公司未按照要求向监督管理部门报送经营报告、财务报告、年度审计报告等文件、资料或者业务开展情况，或者未报告其发生的重大风险事件的，由监督管理部门责令限期改正，处5万元以上20万元以下的罚款；逾期不改正的，责令停业整顿，情节严重的，吊销其融资担保业务经营许可证。

第四十二条 融资担保公司有下列情形之一的，由监督管理部门责令限期改正，处20万元以上50万元以下的罚款；逾期不改正的，责令停业整顿，情节严重的，吊销其融资担保业务经营许可证；构成违反治安管理行为的，依照《中华人民共和国治安管理处罚法》予以处罚；构成犯罪的，依法追究刑事责任：

（一）拒绝、阻碍监督管理部门依法实施监督检查；

（二）向监督管理部门提供虚假的经营报告、财务报告、年度审计报告等文件、资料；

（三）拒绝执行监督管理部门依照本条例第三十条第一款规定采取的措施。

第四十三条 依照本条例规定对融资担保公司处以罚款的，根据具体情形，可以同时对负有直接责任的董事、监事、高级管理人员处5万元以下的罚款。

融资担保公司违反本条例规定，情节严重的，监督管理部门对负有直接责任的董事、监事、高级管理人员，可以禁止其在一定期限内担任或者终身禁止其担任融资担保公司的董事、监事、高级管理人员。

第四十四条 监督管理部门的工作人员在融资担保公司监督管理工作中滥用职权、玩忽职守、徇私舞弊的，依法给予处分；构成犯罪的，依法追究刑事责任。

第六章　附　　则

第四十五条 融资担保行业组织依照法律法规和章程的规定，发挥服务、协调和行业自律作用，引导融资担保公司依法经营，公平竞争。

第四十六条 政府性基金或者政府部门为促进就业创业等直接设立运营机构开展融资担保业务，按照国家有关规定执行。

农村互助式融资担保组织开展担保业务、林业经营主体间开展林权收储担保业务，不适用本条例。

第四十七条 融资再担保公司的管理办法，由国务院银行业监督管理机构会同国务院有关部门另行制定，报国务院批准。

第四十八条 本条例施行前设立的融资担保公司，不符合本条例规定条件的，应当在监督管理部门规定的期限内达到本条例规定的条件；逾期仍不符合规定条件的，不得开展新的融资担保业务。

第四十九条 本条例自2017年10月1日起施行。

（二）融资担保业务经营许可证管理办法

(2018年4月2日发布并施行　银保监发〔2018〕1号)

第一条　为规范监督管理部门对融资担保业务经营许可证的管理，促进融资担保公司依法经营，维护融资担保市场秩序，根据《融资担保公司监督管理条例》等有关规定，制定本办法。

第二条　本办法所称融资担保业务经营许可证是指监督管理部门依法颁发的特许融资担保公司经营融资担保业务的法律文件。

融资担保业务经营许可证的颁发、换发、吊销、注销等由监督管理部门依法办理。

第三条　融资担保公司依法取得融资担保业务经营许可证后，方可向履行工商行政管理职责的部门申请办理注册登记。

第四条　各省、自治区、直辖市监督管理部门结合监管工作实际，按照依法、公开、高效的原则，确定本辖区融资担保业务经营许可证的管理方式。

融资担保公司跨省、自治区、直辖市设立的分支机构，由分支机构所在地监督管理部门颁发、换发、吊销、注销融资担保业务经营许可证。

第五条　融资担保业务经营许可证编号第一位为省、自治区、直辖市名称简称，其他编号由省、自治区、直辖市监管部门统一编制，并实行编号终身制。

融资担保业务经营许可证因遗失或损坏申请换发时，原融资担保业务经营许可证编号继续沿用。

融资担保业务经营许可证如被吊销、注销，融资担保业务经营许可证编号自动作废，不再使用。

第六条　融资担保业务经营许可证应当载明下列内容：

（一）机构名称；

（二）注册资本；

（三）营业地址；

（四）业务范围；

（五）许可证编号；

（六）发证机关及公章（监督管理部门及公章）；

（七）颁发日期。

第七条　融资担保公司设立、合并、分立或者减少注册资本，应当经监督管理部门批准后颁发、换发融资担保业务经营许可证。

第八条　融资担保公司变更名称、营业地址、业务范围或者增加注册资本，应当向监督管理部门备案并换发融资担保业务经营许可证。

第九条　融资担保公司向监督管理部门申请领取融资担保业务经营许可证时，应当提供下列材料：

（一）监督管理部门的批准或备案文件；
（二）申领单位介绍信；
（三）经办人员的合法有效身份证明；
（四）监督管理部门要求的其他材料。

第十条 融资担保业务经营许可证遗失、损坏或载明内容变更的，应当向监督管理部门申请换发融资担保业务经营许可证。

融资担保业务经营许可证遗失的，融资担保公司应当在监督管理部门指定的网站或公开发行的报纸上声明旧证作废，重新申请领取新证。

融资担保业务经营许可证损坏的，融资担保公司应当在重新申请领取新证时将旧证交回监督管理部门。

融资担保业务经营许可证载明内容变更的，融资担保公司持本办法第九条规定材料重新申请领取新证，并在领取新证时将旧证交回监督管理部门。

第十一条 监督管理部门根据行政许可决定需向融资担保公司颁发、换发融资担保业务经营许可证的，应当自作出行政许可决定之日起10个工作日内向申请人颁发、换发融资担保业务经营许可证。

第十二条 融资担保公司出现下列情形之一时，应当按期将融资担保业务经营许可证交回监督管理部门：
（一）融资担保业务经营许可被撤销、被撤回的；
（二）融资担保业务经营许可证被吊销的；
（三）融资担保公司解散、被依法宣告破产的；
（四）监督管理部门规定的其他情形。

融资担保公司应当在收到监督管理部门有关文件、法律文书或人民法院宣告破产裁定书之日起15个工作日内，将融资担保业务经营许可证交回监督管理部门。逾期不交回的，由监督管理部门及时依法收缴。

第十三条 颁发或换发融资担保业务经营许可证，监督管理部门应当在其网站或公开发行的报纸上进行公告。

吊销、注销融资担保业务经营许可证，监督管理部门应当在其网站或公开发行的报纸上进行公告，并在10个工作日内将相关信息推送至履行工商行政管理职责的部门。

公告的具体内容应当包括：机构名称、注册资本、营业地址、业务范围、许可证编号及邮政编码、联系电话等。

第十四条 融资担保业务经营许可证应当在融资担保公司营业场所的显著位置公示。

第十五条 融资担保业务经营许可证由融资性担保业务监管部际联席会议办公室统一印制。

第十六条 监督管理部门应当加强融资担保业务经营许可证的信息管理，建立完善的机构管理档案系统，依法披露融资担保业务经营许可证的有关信息。

第十七条 监督管理部门应当按照融资担保业务经营许可证编号方法打印融资担保业务经营许可证，融资担保业务经营许可证加盖监督管理部门的单位公章方具效力。

第十八条 监督管理部门应当将融资担保业务经营许可证作为重要凭证专门管理,建立融资担保业务经营许可证颁发、换发、吊销、注销、收回、收缴、销毁登记制度。

监督管理部门对融资担保业务经营许可证管理过程中产生的废证、收回的旧证以及依法吊销、注销、收缴的融资担保业务经营许可证,应当加盖"作废"章,作为重要凭证专门归档,定期销毁。

第十九条 政府设立的融资担保基金、信用保证基金等申领融资担保业务经营许可证,可参照本办法执行。

第二十条 本办法自发布之日起施行。

(三) 融资担保责任余额计量办法

(2018年4月2日发布并施行　银保监发〔2018〕1号)

第一章　总　　则

第一条 为规范融资担保公司经营活动,防范融资担保业务风险,准确计量融资担保责任余额,根据《融资担保公司监督管理条例》有关规定,制定本办法。

第二条 本办法所称融资担保业务,包括借款类担保业务、发行债券担保业务和其他融资担保业务。

借款类担保,是指担保人为被担保人贷款、互联网借贷、融资租赁、商业保理、票据承兑、信用证等债务融资提供担保的行为。

发行债券担保,是指担保人为被担保人发行债券等债务融资提供担保的行为。

其他融资担保,是指担保人为被担保人发行基金产品、信托产品、资产管理计划、资产支持证券等提供担保的行为。

第三条 本办法所称融资担保责任余额,是指各项融资担保业务在保余额,按照本办法规定的对应权重加权之和。

第四条 融资担保公司应当按照本办法的规定计量和管理融资担保责任余额。

第五条 监督管理部门按照本办法对融资担保公司融资担保责任余额进行监督管理。

第二章　融资担保业务权重

第六条 单户在保余额500万元人民币以下且被担保人为小微企业的借款类担保业务权重为75%。

单户在保余额200万元人民币以下且被担保人为农户的借款类担保业务权重为75%。

第七条 除第六条规定以外的其他借款类担保业务权重为100%。

第八条 被担保人主体信用评级 AA 级以上的发行债券担保业务权重为 80%。

第九条 除第八条规定以外的其他发行债券担保业务权重为 100%。

第十条 其他融资担保业务权重为 100%。

第三章 融资担保责任余额计量与管理

第十一条 借款类担保责任余额＝单户在保余额 500 万元人民币以下的小微企业借款类担保在保余额×75%＋单户在保余额 200 万元人民币以下的农户借款类担保在保余额×75%＋其他借款类担保在保余额×100%。

第十二条 发行债券担保责任余额＝被担保人主体信用评级 AA 级以上的发行债券担保在保余额×80%＋其他发行债券担保在保余额×100%。

第十三条 其他融资担保责任余额＝其他融资担保在保余额×100%。

第十四条 融资担保责任余额＝借款类担保责任余额＋发行债券担保责任余额＋其他融资担保责任余额。

第十五条 融资担保公司的融资担保责任余额不得超过其净资产的 10 倍。

对小微企业和农户融资担保业务在保余额占比 50% 以上且户数占比 80% 以上的融资担保公司,前款规定的倍数上限可以提高至 15 倍。

第十六条 融资担保公司对同一被担保人的融资担保责任余额不得超过其净资产的 10%,对同一被担保人及其关联方的融资担保责任余额不得超过其净资产的 15%。

对被担保人主体信用评级 AA 级以上的发行债券担保,计算前款规定的集中度时,责任余额按在保余额的 60% 计算。

第十七条 对于按比例分担风险的融资担保业务,融资担保责任余额按融资担保公司实际承担的比例计算。

第十八条 融资担保公司计算本办法第十五条、第十六条规定的融资担保放大倍数和集中度时,应当在净资产中扣除对其他融资担保公司和再担保公司的股权投资。

第十九条 融资担保公司应当按照监督管理部门要求报送融资担保责任余额等风险控制指标情况,并适时向银行业金融机构等合作对象披露前述情况。

第四章 附 则

第二十条 本办法所称"以上"、"以下"均含本数。

第二十一条 本办法中小微企业包括小型、微型企业,个体工商户以及小微企业主;农户含新型农业经营主体。

第二十二条 本办法所指主体信用评级应当由在中华人民共和国境内注册且具备债券评级资质的信用评级机构开展。

第二十三条 本办法适用于在中华人民共和国境内依法设立的融资担保公司及颁发融资担保业务经营许可证的机构。

第二十四条 2017 年 10 月 1 日前发生的发行债券担保业务,集中度指标继续执行原有监管制度有关规定;2017年10月1日后发生的发行债券担保业务,集中度指标按照本办法的规定执行。

第二十五条 本办法施行前设立的融资担保公司,不符合本办法规定条件的,应当在监督管理部门规定的期限内达到本办法规定的条件;逾期仍不符合规定条件的,由监督管理部门按照《融资担保公司监督管理条例》的规定实施处罚。

第二十六条 本办法自发布之日起施行。

(四) 融资担保公司资产比例管理办法

(2018年4月2日发布并施行　银保监发〔2018〕1号)

第一章　总　　则

第一条 为引导融资担保公司专注主业、审慎经营,确保融资担保公司保持充足代偿能力,优先保障资产流动性和安全性,根据《融资担保公司监督管理条例》有关规定,制定本办法。

第二条 融资担保公司应当按照本办法规定经营管理各级资产。本办法中的资产比例应当根据融资担保公司非合并财务报表计算。

第三条 监督管理部门按照本办法对融资担保公司资产进行监督管理。

第二章　资产分级

第四条 融资担保公司主要资产按照形态分为Ⅰ、Ⅱ、Ⅲ级。

第五条 Ⅰ级资产包括:

(一) 现金;

(二) 银行存款;

(三) 存出保证金;

(四) 货币市场基金;

(五) 国债、金融债券;

(六) 可随时赎回或三个月内到期的商业银行理财产品;

(七) 债券信用评级AAA级的债券;

(八) 其他货币资金。

第六条 Ⅱ级资产包括:

(一) 商业银行理财产品(不含第五条第六项);

(二) 债券信用评级AA级、AA+级的债券;

(三) 对其他融资担保公司或再担保公司的股权投资;

(四) 对在保客户股权投资20%部分(包括但不限于优先股和普通股);

(五) 对在保客户且合同期限六个月以内的委托贷款40%部分;

（六）不超过净资产30%的自用型房产。

第七条 Ⅲ级资产包括：

（一）对在保客户股权投资80%部分以及其他股权类资产（包括但不限于优先股和普通股）；

（二）债券信用评级AA－级以下或无债券信用评级的债券；

（三）投资购买的信托产品、资产管理计划、基金产品、资产支持证券等；

（四）对在保客户且合同期限六个月以内的委托贷款60%部分，以及其他委托贷款；

（五）非自用型房产；

（六）自用型房产超出净资产30%的部分；

（七）其他应收款。

第三章　资产比例管理

第八条 融资担保公司净资产与未到期责任准备金、担保赔偿准备金之和不得低于资产总额的60%。

第九条 融资担保公司Ⅰ级资产、Ⅱ级资产之和不得低于资产总额扣除应收代偿款后的70%；Ⅰ级资产不得低于资产总额扣除应收代偿款后的20%；Ⅲ级资产不得高于资产总额扣除应收代偿款后的30%。

第十条 监督管理部门可将融资担保公司的其他资产依据其流动性和安全性情况计入Ⅱ级资产、Ⅲ级资产，并将计入标准向国务院银行业监督管理机构备案。

第十一条 融资担保公司受托管理的政府性或财政专项资金在计算本办法规定的Ⅰ级资产、Ⅱ级资产、Ⅲ级资产、资产总额以及资产比例时应予扣除。

第十二条 融资担保公司应当建立动态的资产比例管理机制，确保资产等各项风险指标符合规定比例。

第十三条 融资担保公司应当按照监督管理部门要求报送资产比例等风险控制指标情况，并适时向银行业金融机构等合作对象披露前述情况。

第四章　附　　则

第十四条 本办法适用于在中华人民共和国境内依法设立的融资担保公司及颁发融资担保业务经营许可证的机构。

第十五条 本办法施行前，融资担保公司自有资金投资比例符合原有监管要求，但未达到本办法要求的，监督管理部门可根据实际给予不同时限的过渡期安排，达标时限不应晚于2019年末。逾期仍不符合本办法规定条件的，由监督管理部门按照《融资担保公司监督管理条例》的规定处罚。

第十六条 本办法自发布之日起施行。

（五）银行业金融机构与融资担保公司业务合作指引

（2018年4月2日发布并施行　银保监发〔2018〕1号）

第一章　总　　则

第一条　为规范银行业金融机构与融资担保公司业务合作（以下简称"银担合作"）行为，维护双方合法权益，促进银担合作健康发展，更好地服务小微企业和"三农"发展，依据《中华人民共和国合同法》《中华人民共和国担保法》《中华人民共和国物权法》《中华人民共和国商业银行法》和《融资担保公司监督管理条例》等有关法律法规，制定本指引。

第二条　本指引所称银行业金融机构（以下简称"银行"）是指在中华人民共和国境内依法设立的商业银行、农村信用合作社等吸收公众存款的金融机构以及政策性银行。

本指引所称融资担保公司（以下简称"担保公司"）是指符合《融资担保公司监督管理条例》设立条件，依法经监督管理部门批准设立，经营融资担保业务的有限责任公司和股份有限公司。

本指引所称客户是指已获得银行与担保公司双方授信额度，兼具借款人和被担保人双重身份的企（事）业法人、其他组织或自然人。

本指引所称监督管理部门是指省、自治区、直辖市人民政府确定的负责本行政区域内融资担保公司监督管理工作的部门。

第三条　银担合作应当遵循以下基本原则：

（一）自愿原则。银担合作双方应当遵循自愿原则达成合作意向，任何单位和个人不得非法干预。

（二）平等原则。银担合作双方法律地位平等，一方不得将自己的意志强加给另一方。

（三）公平诚信原则。银担合作双方应当遵循公平原则确定双方权利和义务；行使权利、履行义务应当遵循诚实信用原则，不得损害对方及第三方合法权益。

（四）合规审慎经营原则。银担合作双方应当遵守相关法律法规和监管规定，建立可持续的、合规审慎经营的合作模式。

第四条　银担合作双方应当根据国家政策导向，主动作为，加强合作，实现优势互补和互利双赢，在支持小微企业和"三农"发展方面承担应有的社会责任。

第二章　机构合作规范

第五条　银行应当就与担保公司合作制定专门的管理制度，明确内部职责分工和权限、合作标准、合作协议框架内容、日常管理、合作暂停及终止等内容。

第六条 银行应当综合考量担保公司治理结构、资本金实力、风控能力、合规情况、信用记录及是否加入再担保体系等因素,科学、公平、合理确定与担保公司合作的基本标准,并向申请合作的担保公司公开。

银行可考虑地区差异,授权分支机构在总行统一规定的基础上细化与担保机构合作的具体标准。

第七条 银行不得与下列担保公司开展担保业务合作,已开展担保业务合作的,应当妥善清理处置现有合作业务:

(一)不持有融资担保业务经营许可证;

(二)违反法律法规及有关监管规定,已经或可能遭受处罚、正常经营受影响的;

(三)被列入人民法院失信被执行人名单的;

(四)被列入工商行政管理部门经营异常名录或者严重违法失信企业名单的;

(五)被全国信用信息共享平台归集和列入国家企业信用信息公示系统的其他领域失信黑名单的。

第八条 银担合作双方应当以书面形式签订合作协议,明确双方权利和义务。合作协议应当包括业务合作范围、合作期限、授信额度、风险分担、代偿宽限期、信息披露等内容。

第九条 银担合作双方可约定在下列范围内开展业务合作:

(一)融资担保业务:包括贷款担保、票据承兑担保、信用证担保及其他融资担保业务;

(二)非融资担保业务:包括投标担保、工程履约担保、诉讼保全担保及其他非融资担保业务;

(三)其他合法合规业务。

第十条 银行应当依据担保公司的资信状况,依法合理确定担保公司的担保额度。

第十一条 鼓励银担合作双方本着互利互惠、优势互补的原则合理分担客户授信风险,双方可约定各自承担风险的数额或比例。

第十二条 客户债务违约后银行可给予担保公司一定的代偿宽限期。宽限期内,银担合作双方均应督促债务人履行债务。

第十三条 担保公司因再担保获得业务增信或风险分担的,银行应当在风险可控、商业可持续的前提下,在合作准入、放大倍数、风险分担、贷款利率等方面给予适当优惠。

第十四条 银担合作双方不得以任何理由和任何形式向对方收取合作协议、保证合同约定以外的其他费用。

第十五条 银担合作双方应当建立良好的信息沟通机制并对获取的对方信息履行保密义务,除根据法律法规、监督管理部门和司法机关要求或经对方同意外,不得向第三方披露合作过程中获取的对方信息,不得利用获取的信息损害对方利益。

第十六条 银行应当根据合作协议约定,将与担保公司合作范围内的本行信贷政策、重点业务领域、重点业务品种、信贷业务操作流程等及时告知合作担保公司。

担保公司应当及时、完整、准确地提供与银行合作的申报材料,并且应当根据合作协议约定按期向合作银行披露公司治理情况、财务报告、风险管理状况、资本金构成及资金运用情况、担保业务总体情况、从其他银行获取授信情况及其他重要事项等相关信息、资料。

银行可按照合作协议约定的方式对合作担保公司进行资信核查,担保公司应当给予积极配合。

第十七条 担保公司出现下列情形之一的,应当在约定的期限内书面通知银行:

(一)变更注册资本;

(二)法定代表人、主要股东、公司名称、公司住所发生变更;

(三)发生合作协议约定的大额代偿;

(四)涉及合作协议约定的重大经济纠纷或诉讼;

(五)涉嫌重大违法违规行为被行政机关、司法机关调查或处罚;

(六)被解散、被撤销或被宣告破产;

(七)合作协议约定的可能影响银担合作的其他重大情形。

第十八条 银担合作双方应当在合作协议有效期内保持合作的持续性和稳定性,避免合作政策频繁调整。合作协议有效期内任何一方不得无故单方暂停或终止合作。

第十九条 银担合作双方可以约定,当出现下列情形之一的,银担合作暂停或终止:

(一)合作协议到期,双方未续期或未达成新的协议;

(二)一方不履行合作协议规定或存在违法违规行为,严重影响另一方利益的;

(三)银行或担保公司与客户串通,恶意套取银行信贷资金或骗取担保公司代偿资金的;

(四)其他严重影响银担合作正常进行的情况。

第二十条 银行应当积极改进绩效考核和风险问责机制,在业务风险可控基础上,提高对小微企业和"三农"融资担保贷款的风险容忍度。

第二十一条 银担合作双方应当采取措施切实降低小微企业和"三农"融资成本。双方应当合理确定客户的利率、费率收取标准,不得以任何理由和任何形式向客户收取合同约定以外的其他费用,不得占用客户贷款。银行对担保公司承担代偿风险的小微企业和"三农"贷款,应当按照国家政策导向要求采取适当的利率优惠措施。

第二十二条 中国融资担保业协会和中国银行业协会应在有关部门指导下,综合运用全国信用信息共享平台、国家企业信用信息公示系统及相应的信息抽查制度,加快开展担保公司信用记录工作,建立银担合作信息共享平台。银行应当逐步加大对担保公司信用记录和第三方信用评级结果的运用,将其作为确定担保公司合作内容的重要参考因素。

第三章 业务操作规范

第二十三条 银行和担保公司可分别受理客户申请或互相推荐客户。客户的选择应当符合国家产业政策和银行信贷政策。

第二十四条 银行和担保公司应当按照信贷条件和担保条件,各自对拟合作的客户进行独立的调查和评审,任何一方不得进行干预。

银行和担保公司应当运用金融信用信息基础数据库,报送和查询客户信息,防范业务风险。

银行不得降低对客户还款能力的评审标准,不得放松贷前、贷中、贷后环节的各项管理要求。

第二十五条 担保公司评审通过后,应当及时向银行出具明确担保决策意见的书面文件,供银行审批使用。

第二十六条 银行在审批银担合作业务中,应当优化审批流程,提高审批效率。审批通过后,银行应当及时与客户签署借款(授信)合同、与担保公司签署保证合同。

第二十七条 银担合作双方可以根据合作协议的约定内容制定专门的保证合同文本。采用银行提供的保证合同格式文本的,如格式文本内容与合作协议不一致,应当以特别约定的方式在格式文本中予以明确。

第二十八条 担保公司应当及时办理客户提供的反担保手续,有抵、质押物的应当及时办理抵、质押登记等手续。

第二十九条 银行在接到担保公司放款通知后,应当及时按照有关监管规定履行支付手续。

银行应当根据担保公司要求向担保公司提供放款凭证复印件和信贷资金支付明细表。

第三十条 授信业务持续期间,银担合作双方应当按照要求对客户实施贷(保)后管理,及时共享客户运营情况及风险预警信息,共同开展风险防范和化解工作。

第三十一条 授信业务到期前,银担合作双方应当分别按照各自规定督促客户准备归还银行资金。

客户正常归还银行资金的,银行应当及时向担保公司出具证明担保责任解除的书面文件。

第三十二条 客户未能按期归还银行资金的,银行应当立即通知担保公司。银担合作双方均应在代偿宽限期内进行催收、督促客户履约。

银行应当在代偿宽限期内书面通知担保公司代偿。

代偿宽限期内客户归还银行资金的,银行应当向担保公司出具证明担保责任解除的书面文件;未能归还银行资金的,担保公司应当及时代偿。

担保公司代偿后,银行应当向担保公司出具证明代偿及担保责任解除的书面文件。

第三十三条 担保公司未能在代偿宽限期内代偿的,银行可根据合作协议和保证合同约定,通过仲裁、诉讼等方式强制担保公司代偿。

第三十四条 担保公司代偿后,银行应当积极配合其对客户的债权追索。

银担合作双方约定风险分担的,任何一方追索债权获得的资金,应当在扣除追偿费用后按约定的风险分担比例进行分配。

第三十五条 客户出现违约事项达到银行可以宣布授信业务提前到期的条件时,银行应当及时通知担保公司。担保公司发现客户经营异常的,应当及时通知银行。

第四章 附 则

第三十六条 政府依法设立的融资担保基金、信用保证基金等与银行开展业务合作可参照本指引。

担保公司与金融资产管理公司、信托公司、财务公司、金融租赁公司、消费金融公司、贷款公司等依法设立的金融机构以及小额贷款公司、融资租赁公司、商业保理公司等开展业务合作可参照本指引。

第三十七条 本指引自发布之日起施行。

(六) 融资性担保公司管理暂行办法

(2010年3月8日发布并施行 中国银行业监督管理委员会、中华人民共和国国家发展和改革委员会、中华人民共和国工业和信息化部、中华人民共和国财政部、中华人民共和国商务部、中国人民银行、国家工商行政管理总局令2010年第3号)

第一章 总 则

第一条 为加强对融资性担保公司的监督管理,规范融资性担保行为,促进融资性担保行业健康发展,根据《中华人民共和国公司法》、《中华人民共和国担保法》、《中华人民共和国合同法》等法律规定,制定本办法。

第二条 本办法所称融资性担保是指担保人与银行业金融机构等债权人约定,当被担保人不履行对债权人负有的融资性债务时,由担保人依法承担合同约定的担保责任的行为。本办法所称融资性担保公司是指依法设立,经营融资性担保业务的有限责任公司和股份有限公司。

本办法所称监管部门是指省、自治区、直辖市人民政府确定的负责监督管理本辖区融资性担保公司的部门。

第三条 融资性担保公司应当以安全性、流动性、收益性为经营原则,建立市场化运作的可持续审慎经营模式。

融资性担保公司与企业、银行业金融机构等客户的业务往来,应当遵循诚实守信的原则,并遵守合同的约定。

第四条 融资性担保公司依法开展业务,不受任何机关、单位和个人的干涉。

第五条 融资性担保公司开展业务,应当遵守法律、法规和本办法的规定,不得损害国家利益和社会公共利益。

融资性担保公司应当为客户保密,不得利用客户提供的信息从事任何与担保业务无关或有损客户利益的活动。

第六条 融资性担保公司开展业务应当遵守公平竞争的原则,不得从事不正当竞争。

第七条 融资性担保公司由省、自治区、直辖市人民政府实施属地管理。省、自治区、直辖市人民政府确定的监管部门具体负责本辖区融资性担保公司的准入、退出、日常监管和风险处置,并向国务院建立的融资性担保业务监管部际联席会议报告工作。

第二章 设立、变更和终止

第八条 设立融资性担保公司及其分支机构,应当经监管部门审查批准。

经批准设立的融资性担保公司及其分支机构,由监管部门颁发经营许可证,并凭该许可证向工商行政管理部门申请注册登记。

任何单位和个人未经监管部门批准不得经营融资性担保业务,不得在名称中使用融资性担保字样,法律、行政法规另有规定的除外。

第九条 设立融资性担保公司,应当具备下列条件:

(一)有符合《中华人民共和国公司法》规定的章程。

(二)有具备持续出资能力的股东。

(三)有符合本办法规定的注册资本。

(四)有符合任职资格的董事、监事、高级管理人员和合格的从业人员。

(五)有健全的组织机构、内部控制和风险管理制度。

(六)有符合要求的营业场所。

(七)监管部门规定的其他审慎性条件。

董事、监事、高级管理人员和从业人员的资格管理办法由融资性担保业务监管部际联席会议另行制定。

第十条 监管部门根据当地实际情况规定融资性担保公司注册资本的最低限额,但不得低于人民币500万元。

注册资本为实缴货币资本。

第十一条 设立融资性担保公司,应向监管部门提交下列文件、资料:

(一)申请书。应当载明拟设立的融资性担保公司的名称、住所、注册资本和业务范围等事项。

(二)可行性研究报告。

(三)章程草案。

(四)股东名册及其出资额、股权结构。

(五)股东出资的验资证明以及持有注册资本5%以上股东的资信证明和有关资料。

(六)拟任董事、监事、高级管理人员的资格证明。

(七)经营发展战略和规划。

(八)营业场所证明材料。

(九)监管部门要求提交的其他文件、资料。

第十二条 融资性担保公司有下列变更事项之一的,应当经监管部门审查批准:

(一)变更名称。

(二)变更组织形式。

（三）变更注册资本。
（四）变更公司住所。
（五）调整业务范围。
（六）变更董事、监事和高级管理人员。
（七）变更持有5%以上股权的股东。
（八）分立或者合并。
（九）修改章程。
（十）监管部门规定的其他变更事项。

融资性担保公司变更事项涉及公司登记事项的，经监管部门审查批准后，按规定向工商行政管理部门申请变更登记。

第十三条　融资性担保公司跨省、自治区、直辖市设立分支机构的，应当征得该融资性担保公司所在地监管部门同意，并经拟设立分支机构所在地监管部门审查批准。

第十四条　融资性担保公司因分立、合并或出现公司章程规定的解散事由需要解散的，应当经监管部门审查批准，并凭批准文件及时向工商行政管理部门申请注销登记。

第十五条　融资性担保公司有重大违法经营行为，不予撤销将严重危害市场秩序、损害公众利益的，由监管部门予以撤销。法律、行政法规另有规定的除外。

第十六条　融资性担保公司解散或被撤销的，应当依法成立清算组进行清算，按照债务清偿计划及时偿还有关债务。监管部门监督其清算过程。

担保责任解除前，公司股东不得分配公司财产或从公司取得任何利益。

第十七条　融资性担保公司不能清偿到期债务，并且资产不足以清偿全部债务或者明显缺乏清偿能力的，应当依法实施破产。

第三章　业　务　范　围

第十八条　融资性担保公司经监管部门批准，可以经营下列部分或全部融资性担保业务：
（一）贷款担保。
（二）票据承兑担保。
（三）贸易融资担保。
（四）项目融资担保。
（五）信用证担保。
（六）其他融资性担保业务。

第十九条　融资性担保公司经监管部门批准，可以兼营下列部分或全部业务：
（一）诉讼保全担保。
（二）投标担保、预付款担保、工程履约担保、尾付款如约偿付担保等履约担保业务。
（三）与担保业务有关的融资咨询、财务顾问等中介服务。
（四）以自有资金进行投资。

（五）监管部门规定的其他业务。

第二十条 融资性担保公司可以为其他融资性担保公司的担保责任提供再担保和办理债券发行担保业务,但应当同时符合以下条件:

（一）近两年无违法、违规不良记录。

（二）监管部门规定的其他审慎性条件。

从事再担保业务的融资性担保公司除需满足前款规定的条件外,注册资本应当不低于人民币1亿元,并连续营业两年以上。

第二十一条 融资性担保公司不得从事下列活动:

（一）吸收存款。

（二）发放贷款。

（三）受托发放贷款。

（四）受托投资。

（五）监管部门规定不得从事的其他活动。

融资性担保公司从事非法集资活动的,由有关部门依法予以查处。

第四章 经营规则和风险控制

第二十二条 融资性担保公司应当依法建立健全公司治理结构,完善议事规则、决策程序和内审制度,保持公司治理的有效性。

跨省、自治区、直辖市设立分支机构的融资性担保公司,应当设两名以上的独立董事。

第二十三条 融资性担保公司应当建立符合审慎经营原则的担保评估制度、决策程序、事后追偿和处置制度、风险预警机制和突发事件应急机制,并制定严格规范的业务操作规程,加强对担保项目的风险评估和管理。

第二十四条 融资性担保公司应当配备或聘请经济、金融、法律、技术等方面具有相关资格的专业人才。

跨省、自治区、直辖市设立分支机构的融资性担保公司应当设立首席合规官和首席风险官。首席合规官、首席风险官应当由取得律师或注册会计师等相关资格,并具有融资性担保或金融从业经验的人员担任。

第二十五条 融资性担保公司应当按照金融企业财务规则和企业会计准则等要求,建立健全财务会计制度,真实地记录和反映企业的财务状况、经营成果和现金流量。

第二十六条 融资性担保公司收取的担保费,可根据担保项目的风险程度,由融资性担保公司与被担保人自主协商确定,但不得违反国家有关规定。

第二十七条 融资性担保公司对单个被担保人提供的融资性担保责任余额不得超过净资产的10%,对单个被担保人及其关联方提供的融资性担保责任余额不得超过净资产的15%,对单个被担保人债券发行提供的担保责任余额不得超过净资产的30%。

第二十八条 融资性担保公司的融资性担保责任余额不得超过其净资产的

10倍。

第二十九条 融资性担保公司以自有资金进行投资,限于国债、金融债券及大型企业债务融资工具等信用等级较高的固定收益类金融产品,以及不存在利益冲突且总额不高于净资产20%的其他投资。

第三十条 融资性担保公司不得为其母公司或子公司提供融资性担保。

第三十一条 融资性担保公司应当按照当年担保费收入的50%提取未到期责任准备金,并按不低于当年年末担保责任余额1%的比例提取担保赔偿准备金。担保赔偿准备金累计达到当年担保责任余额10%的,实行差额提取。差额提取办法和担保赔偿准备金的使用管理办法由监管部门另行制定。

监管部门可以根据融资性担保公司责任风险状况和审慎监管的需要,提出调高担保赔偿准备金比例的要求。

融资性担保公司应当对担保责任实行风险分类管理,准确计量担保责任风险。

第三十二条 融资性担保公司与债权人应当按照协商一致的原则建立业务关系,并在合同中明确约定承担担保责任的方式。

第三十三条 融资性担保公司办理融资性担保业务,应当与被担保人约定在担保期间可持续获得相关信息并有权对相关情况进行核实。

第三十四条 融资性担保公司与债权人应当建立担保期间被担保人相关信息的交换机制,加强对被担保人的信用辅导和监督,共同维护双方的合法权益。

第三十五条 融资性担保公司应当按照监管部门的规定,将公司治理情况、财务会计报告、风险管理状况、资本金构成及运用情况、担保业务总体情况等信息告知相关债权人。

第五章 监督管理

第三十六条 监管部门应当建立健全融资性担保公司信息资料收集、整理、统计分析制度和监管记分制度,对经营及风险状况进行持续监测,并于每年6月底前完成所监管融资性担保公司上一年度机构概览报告。

第三十七条 融资性担保公司应当按照规定及时向监管部门报送经营报告、财务会计报告、合法合规报告等文件和资料。

融资性担保公司向监管机构提交的各类文件和资料,应当真实、准确、完整。

第三十八条 融资性担保公司应当按季度向监管部门报告资本金的运用情况。

监管部门应当根据审慎监管的需要,适时提出融资性担保公司的资本质量和资本充足率要求。

第三十九条 监管部门根据监管需要,有权要求融资性担保公司提供专项资料,或约见其董事、监事、高级管理人员进行监管谈话,要求就有关情况进行说明或进行必要的整改。监管部门认为必要时,可以向债权人通报所监管有关融资性担保公司的违规或风险情况。

第四十条 监管部门根据监管需要,可以对融资性担保公司进行现场检查,融资性担保公司应当予以配合,并按照监管部门的要求提供有关文件、资料。

现场检查时,检查人员不得少于2人,并向融资性担保公司出示检查通知书和相关证件。

第四十一条 融资性担保公司发生担保诈骗、金额可能达到其净资产5%以上的担保代偿或投资损失,以及董事、监事、高级管理人员涉及严重违法、违规等重大事件时,应当立即采取应急措施并向监管部门报告。

第四十二条 融资性担保公司应当及时向监管部门报告股东大会或股东会、董事会等会议的重要决议。

第四十三条 融资性担保公司应当聘请社会中介机构进行年度审计,并将审计报告及时报送监管部门。

第四十四条 监管部门应当会同有关部门建立融资性担保行业突发事件的发现、报告和处置制度,制定融资性担保行业突发事件处置预案,明确处置机构及其职责、处置措施和处置程序,及时、有效地处置融资性担保行业突发事件。

第四十五条 监管部门应当于每年年末全面分析评估本辖区融资性担保行业年度发展和监管情况,并于每年2月底前向融资性担保业务监管部际联席会议和省、自治区、直辖市人民政府报告本辖区上一年度融资性担保行业发展情况和监管情况。

监管部门应当及时向融资性担保业务监管部际联席会议和省、自治区、直辖市人民政府报告本辖区融资性担保行业的重大风险事件和处置情况。

第四十六条 融资性担保行业建立行业自律组织,履行自律、维权、服务等职责。

全国性的融资性担保行业自律组织接受融资性担保业务监管部际联席会议的指导。

第四十七条 征信管理部门应当将融资性担保公司的有关信息纳入征信管理体系,并为融资性担保公司查询相关信息提供服务。

第六章 法 律 责 任

第四十八条 监管部门从事监督管理工作的人员有下列情形之一的,依法给予行政处分;构成犯罪的,依法追究刑事责任:

(一)违反规定审批融资性担保公司的设立、变更、终止以及业务范围的。

(二)违反规定对融资性担保公司进行现场检查的。

(三)未依照本办法第四十五条规定报告重大风险事件和处置情况的。

(四)其他违反法律法规及本办法规定的行为。

第四十九条 融资性担保公司违反法律、法规及本办法规定,有关法律、法规有处罚规定的,依照其规定给予处罚;有关法律、法规未作处罚规定的,由监管部门责令改正,可以给予警告、罚款;构成犯罪的,依法追究刑事责任。

第五十条 违反本办法第八条第三款规定,擅自经营融资性担保业务的,由有关部门依法予以取缔并处罚;擅自在名称中使用融资性担保字样的,由监管部门责令改正,依法予以处罚。

第七章 附   则

第五十一条 公司制以外的融资性担保机构从事融资性担保业务参照本办法的有关规定执行,具体实施办法由省、自治区、直辖市人民政府另行制定,并报融资性担保业务监管部际联席会议备案。

外商投资的融资性担保公司适用本办法,法律、行政法规另有规定的,依照其规定。

融资性再担保机构管理办法由省、自治区、直辖市人民政府另行制定,并报融资性担保业务监管部际联席会议备案。

第五十二条 省、自治区、直辖市人民政府可以根据本办法的规定,制定实施细则并报融资性担保业务监管部际联席会议备案。

第五十三条 本办法施行前已经设立的融资性担保公司不符合本办法规定的,应当在2011年3月31日前达到本办法规定的要求。具体规范整顿方案,由省、自治区、直辖市人民政府制定。

第五十四条 本办法自公布之日起施行。

七、住房置业担保公司的担保行为

住房置业担保管理试行办法

(2000年5月11日发布并施行　建住房〔2000〕108号)

第一章　总　则

第一条　为支持城镇个人住房消费,发展个人住房贷款业务,保障债权实现,根据《中华人民共和国担保法》、《中华人民共和国城市房地产管理法》以及《城市房地产抵押管理办法》、《个人住房贷款管理办法》等法律、法规、规章,制定本办法。

第二条　本办法所称住房置业担保,是指依照本办法设立的住房置业担保公司(以下简称担保公司),在借款人无法满足贷款人要求提供担保的情况下,为借款人申请个人住房贷款而与贷款人签订保证合同,提供连带责任保证担保的行为。

第三条　住房置业担保,应当遵循平等、自愿、公平、诚实信用的原则。任何单位和个人不得干预贷款人及担保公司的正常经营活动。

第四条　借款人向担保公司申请提供住房置业担保的,应当将其本人或者第三人的合法房屋依法向担保公司进行抵押反担保。

第五条　贷款人与借款人依法签订的个人住房借款合同为主合同,担保公司、贷款人依法签订的保证合同是其从合同。主合同无效,从合同无效。保证合同另有约定的,从其约定。保证合同被依法确认无效后,担保公司、借款人和贷款人有过错的,应当根据其过错各自承担相应的民事责任。

第六条　国务院建设行政主管部门归口管理全国住房置业担保管理工作。

省、自治区建设行政主管部门归口管理本行政区域内住房置业担保管理工作。

直辖市、市人民政府房地产行政主管部门负责管理本行政区域内住房置业担保管理工作。

第二章　担保公司

第七条　担保公司是为借款人办理个人住房贷款提供专业担保,收取服务费用,具有法人地位的房地产中介服务企业。

第八条　设立担保公司,应当报经城市房地产行政主管部门审核,并经城市人民政府批准后,方可向工商行政管理部门申请设立登记,领取营业执照。

第九条　担保公司的组织形式为有限责任公司或者股份有限公司。

第十条 设立担保公司应当具备下列条件：

（一）有自己的名称和组织机构；

（二）有固定的服务场所；

（三）有不少于1000万元人民币的实有资本；

（四）有一定数量的周转住房；

（五）有适应工作需要的专业管理人员；

（六）有符合《公司法》要求的公司章程；

（七）符合《公司法》和相关法律、法规规定的其他条件。

第十一条 担保公司的实有资本以政府预算资助、资产划拨以及房地产骨干企业认股为主。

第十二条 贷款人不得在担保公司中持有股份，其工作人员也不得在担保公司中兼职。

第十三条 一个城市原则上只设一个担保公司，以行政区内的城镇个人为服务对象。县（区）一般不设立担保公司，个人住房贷款量大的县（区）可以设立担保公司的分支机构。

第十四条 担保服务收费标准应报经同级物价部门批准。担保服务费由借款人向担保公司支付。

第十五条 担保公司应当设立内部监督机构，负责对内部担保经营状况的监督。

第三章 担保的设立

第十六条 借款人向担保公司申请住房置业担保，应当具备下列条件：

（一）具有完全民事行为能力；

（二）有所在城镇正式户口或者有效居留的身份证件；

（三）收入来源稳定，无不良信用记录，且有偿还贷款本息的能力；

（四）已订立合法有效的住房购销合同；

（五）已足额交纳购房首付款；

（六）符合贷款人和担保公司规定的其他条件。

第十七条 担保公司提供住房置业担保，应当严格评估借款人的资信。对于资信不良的借款人，担保公司可以拒绝提供担保。

第十八条 住房置业担保当事人应当签订书面保证合同。保证合同一般应当包括以下内容：

（一）被担保的主债权种类、数额；

（二）债务人履行债务的期限；

（三）保证的方式；

（四）保证担保的范围；

（五）保证期间；

（六）其他约定事项。

第十九条 住房置业担保的保证期间，由担保公司与贷款人约定，但不得短于借款合同规定的还款期限,且不得超过担保公司的营业期限。

第二十条 设定住房置业担保的,借款人未按借款合同约定偿还贷款本息的,贷款人可以依保证合同约定要求担保公司在其保证范围内承担债务清偿责任。

第二十一条 借款人向担保公司申请提供住房置业担保的,担保公司有权要求借款人以其自己或者第三人合法所有的房屋向担保公司进行抵押反担保。

第二十二条 房屋抵押应当订立书面合同。抵押合同一般包括以下内容:
(一)抵押当事人的姓名、名称、住所;
(二)债权的种类、数额、履行债务的期限;
(三)房屋的权属和其他基本情况;
(四)抵押担保的范围;
(五)担保公司清算时,抵押权的处置;
(六)其他约定事项。

第二十三条 抵押当事人应当自抵押合同订立之日起三十日内向房屋所在地的房地产行政主管部门办理抵押登记。

抵押合同发生变更或者抵押关系终止时,抵押当事人应当在变更或者终止之日起十五日内,到原登记机关办理变更或者注销登记。

第二十四条 房屋抵押权与其担保的债权同时存在。借款人依照借款合同还清全部贷款本息后,房屋抵押权方可终止。

第二十五条 抵押权人要求抵押人办理抵押房屋保险的,抵押人应当在抵押合同订立前办理保险手续,并在保证合同订立后将保险单正本移交抵押权人保管。抵押期间,抵押权人为保险赔偿的第一受益人。

第二十六条 抵押期间,抵押人不得以任何理由中断或者撤销保险。抵押的房屋因抵押人的行为造成损失致使其价值不足作为履行债务担保时,抵押权人有权要求抵押人重新提供或者增加担保以弥补不足。

第四章 担保的解除

第二十七条 借款人依照借款合同还清全部贷款本息,借款合同终止后,保证合同和房屋抵押合同即行终止。

第二十八条 借款人到期不能偿还贷款本息时,依照保证合同约定,担保公司按贷款人要求先行代为清偿债务后,保证合同自然终止。

保证合同终止后,担保公司有权就代为清偿的债务部分向借款人进行追偿,并要求行使房屋抵押权,处置抵押房屋。

第二十九条 抵押房屋的处置,可以由抵押当事人协议以该抵押房屋折价或者拍卖、变卖该抵押房屋的方式进行;协议不成的,抵押权人可以向人民法院提起诉讼。

处置抵押房屋时,抵押人居住确有困难的,担保公司应当予以协助。

第五章 风险防范

第三十条 担保公司的资金运用,应当遵循稳健、安全的原则,确保资产的保值增值。担保公司只能从事住房置业担保和房地产经营业务(房地产开发除外),不得经营财政信用业务、金融业务等其他业务,也不得提供其他担保。

第三十一条 担保公司应当从其资产中按照借款人借款余额的一定比例提留担保保证金,并存入借款人的贷款银行。担保公司未按规定或合同约定履行担保义务时,贷款人有权从保证金账户中予以扣收。

保证金的提留比例,由贷款人与担保公司协商确定。

第三十二条 担保公司应当建立担保风险基金,用于担保公司清算时对其所担保债务的清偿。

担保风险基金由担保公司按照公司章程规定的比例从营业收入中提取,专户存储,不得挪用。

第三十三条 担保公司担保贷款余额的总额,不得超过其实有资本的三十倍;超过三十倍的,应当追加实有资本。

第三十四条 担保公司清算时,房屋抵押权可转移给贷款人,并由贷款人与借款人重新签订抵押合同。但抵押合同另有约定的,从其约定。

第六章 附　则

第三十五条 住房置业担保可在直辖市、省会城市、计划单列市及有条件的设区城市先行试点。试点期间,住房置业担保公司经批准设立后,应当报建设部备案。

第三十六条 本办法由国务院建设行政主管部门负责解释。

第三十七条 本办法自发布之日起施行。

八、政府相关主体的担保行为

（一）中华人民共和国预算法（节录）

（1994年3月22日第八届全国人民代表大会第二次会议通过　根据2014年8月31日第十二届全国人民代表大会常务委员会第十次会议《关于修改〈中华人民共和国预算法〉的决定》修正　自2015年1月1日施行）

第四章　预算编制

第三十五条　地方各级预算按照量入为出、收支平衡的原则编制，除本法另有规定外，不列赤字。

经国务院批准的省、自治区、直辖市的预算中必需的建设投资的部分资金，可以在国务院确定的限额内，通过发行地方政府债券举借债务的方式筹措。举借债务的规模，由国务院报全国人民代表大会或者全国人民代表大会常务委员会批准。省、自治区、直辖市依照国务院下达的限额举借的债务，列入本级预算调整方案，报本级人民代表大会常务委员会批准。举借的债务应当有偿还计划和稳定的偿还资金来源，只能用于公益性资本支出，不得用于经常性支出。

除前款规定外，地方政府及其所属部门不得以任何方式举借债务。

除法律另有规定外，地方政府及其所属部门不得为任何单位和个人的债务以任何方式提供担保。

国务院建立地方政府债务风险评估和预警机制、应急处置机制以及责任追究制度。国务院财政部门对地方政府债务实施监督。

第十章　法律责任

第九十四条　各级政府、各部门、各单位违反本法规定举借债务或者为他人债务提供担保，或者挪用重点支出资金，或者在预算之外及超预算标准建设楼堂馆所的，责令改正，对负有直接责任的主管人员和其他直接责任人员给予撤职、开除的处分。

(二) 关于进一步规范地方政府举债融资行为的通知(节录)

(2017年4月26日发布并施行 财预〔2017〕50号)

四、进一步健全规范的地方政府举债融资机制

全面贯彻落实依法治国战略,严格执行预算法和国发〔2014〕43号文件规定,健全规范的地方政府举债融资机制,地方政府举债一律采取在国务院批准的限额内发行地方政府债券方式,除此以外地方政府及其所属部门不得以任何方式举借债务。地方政府及其所属部门不得以文件、会议纪要、领导批示等任何形式,要求或决定企业为政府举债或变相为政府举债。允许地方政府结合财力可能设立或参股担保公司(含各类融资担保基金公司),构建市场化运作的融资担保体系,鼓励政府出资的担保公司依法依规提供融资担保服务,地方政府依法在出资范围内对担保公司承担责任。**除外国政府和国际经济组织贷款转贷外,地方政府及其所属部门不得为任何单位和个人的债务以任何方式提供担保,不得承诺为其他任何单位和个人的融资承担偿债责任**。地方政府应当科学制定债券发行计划,根据实际需求合理控制节奏和规模,提高债券透明度和资金使用效益,建立信息共享机制。

(三) 国务院办公厅关于印发地方政府性债务风险应急处置预案的通知(节录)

(2016年10月27日发布并施行 国办函〔2016〕88号)

1.4.2 或有债务风险事件

(1) 政府提供担保的债务风险事件:指由企事业单位举借、地方政府及有关部门提供担保的存量或有债务出现风险,政府需要依法履行担保责任或相应民事责任却无力承担。

(2) 政府承担救助责任的债务风险事件:指企事业单位因公益性项目举借、由非财政性资金偿还,地方政府在法律上不承担偿债或担保责任的存量或有债务出现风险,政府为维护经济安全或社会稳定需要承担一定救助责任却无力救助。

3.3.3 存量或有债务

(1) 存量担保债务。存量担保债务不属于政府债务。按照《中华人民共和国担保法》及其司法解释规定,除外国政府和国际经济组织贷款外,地方政府及其部门出具的担保合同无效,地方政府及其部门对其不承担偿债责任,仅依法承担适当民事赔偿责任,但最多不应超过债务人不能清偿部分的二分之一;担保额小于债务人不能清偿部分二分之一的,以担保额为限。

具体金额由地方政府、债权人、债务人参照政府承诺担保金额、财政承受能力等协商确定。

(2) 存量救助债务。存量救助债务不属于政府债务。对政府可能承担一定救助责任的存量或有债务,地方政府可以根据具体情况实施救助,但保留对债务人的追偿权。

3.3.4 新发生的违法违规担保债务

对 2014 年修订的《中华人民共和国预算法》施行以后地方政府违法违规提供担保承诺的债务,参照 3.3.3 第(1)项依法处理。

(四) 国务院关于加强地方政府融资平台公司管理有关问题的通知(节录)

(2010 年 6 月 10 日发布并施行　国发〔2010〕19 号)

四、坚决制止地方政府违规担保承诺行为

地方政府在出资范围内对融资平台公司承担有限责任,实现融资平台公司债务风险内部化。要严格执行《中华人民共和国担保法》等有关法律法规规定,除法律和国务院另有规定外,地方各级政府及其所属部门、机构和主要依靠财政拨款的经费补助事业单位,均不得以财政性收入、行政事业等单位的国有资产,或其他任何直接、间接形式为融资平台公司融资行为提供担保。

九、其他主体的担保行为

（一）合伙企业的担保行为

中华人民共和国合伙企业法（节录）

（1997年2月23日第八届全国人民代表大会常务委员会第二十四次会议通过
2006年8月27日第十届全国人民代表大会常务委员会第二十三次会议修订
2006年8月27日中华人民共和国主席令第五十五号公布
自2007年6月1日起施行）

第二章　普通合伙企业

第三节　合伙事务执行

第三十一条　除合伙协议另有约定外，合伙企业的下列事项应当经全体合伙人一致同意：
（一）改变合伙企业的名称；
（二）改变合伙企业的经营范围、主要经营场所的地点；
（三）处分合伙企业的不动产；
（四）转让或者处分合伙企业的知识产权和其他财产权利；
（五）**以合伙企业名义为他人提供担保**；
（六）聘任合伙人以外的人担任合伙企业的经营管理人员。

第三章　有限合伙企业

第六十条　有限合伙企业及其合伙人适用本章规定；本章未作规定的，适用本法第二章第一节至第五节关于普通合伙企业及其合伙人的规定。

(二)集体企业的担保行为

1. 中华人民共和国城镇集体所有制企业条例(节录)

(1991年9月9日中华人民共和国国务院令第88号发布
根据2011年1月8日《国务院关于废止和修改部分行政法规的决定》第一次修订
根据2016年2月6日《国务院关于修改部分行政法规的决定》第二次修订)

第一章 总 则

第二条 本条例适用于城镇的各种行业、各种组织形式的集体所有制企业,但乡村农民集体举办的企业除外。

第三条 城镇集体所有制经济是我国社会主义公有制经济的一个基本组成部分,国家鼓励和扶持城镇集体所有制经济的发展。

第四条 城镇集体所有制企业(以下简称集体企业)是财产属于劳动群众集体所有、实行共同劳动、在分配方式上以按劳分配为主体的社会主义经济组织。

前款所称劳动群众集体所有,应当符合下列中任一项的规定:

(一)本集体企业的劳动群众集体所有;

(二)集体企业的联合经济组织范围内的劳动群众集体所有;

(三)投资主体为两个或者两个以上的集体企业,其中前(一)、(二)项劳动群众集体所有的财产应当占主导地位。本项所称主导地位,是指劳动群众集体所有的财产占企业全部财产的比例,一般情况下应不低于51%,特殊情况经过原审批部门批准,可以适当降低。

第八条 集体企业的职工是企业的主人,依照法律、法规和集体企业章程行使管理企业的权力。集体企业职工的合法权益受法律保护。

第九条 集体企业依照法律规定实行民主管理。职工(代表)大会是集体企业的权力机构,由其选举和罢免企业管理人员,决定经营管理的重大问题。

集体企业实行厂长(经理)负责制。

集体企业职工的民主管理权和厂长(经理)依法行使职权,均受法律保护。

第四章 职工和职工(代表)大会

第二十八条 集体企业的职工(代表)大会在国家法律、法规的规定范围内行使下列职权:

(一)制定、修改集体企业章程;

(二)按照国家规定选举、罢免、聘用、解聘厂长(经理)、副厂长(副经理);

（三）审议厂长（经理）提交的各项议案，决定企业经营管理的重大问题；

（四）审议并决定企业职工工资形式、工资调整方案、奖金和分红方案、职工住宅分配方案和其他有关职工生活福利的重大事项；

（五）审议并决定企业的职工奖惩办法和其他重要规章制度；

（六）法律、法规和企业章程规定的其他职权。

第二十九条 职工（代表）大会依照企业章程规定定期召开，但每年不得少于两次。

第三十条 集体企业的职工代表大会，可以设立常设机构，负责职工代表大会闭会期间的工作。

常设机构的人员组成、产生方式、职权范围及名称，由集体企业职工代表大会规定，报上级管理机构备案。

2. 中华人民共和国乡村集体所有制企业条例（节录）

(1990年6月3日中华人民共和国国务院令第59号发布

根据2011年1月8日《国务院关于废止和修改部分行政法规的决定》修订)

第一章 总　则

第二条 本条例适用于由乡（含镇，下同）村（含村民小组，下同）农民集体举办的企业。

农业生产合作社、农村供销合作社、农村信用社不适用本条例。

第三章 企业的所有者和经营者

第十八条 企业财产属于举办该企业的乡或者村范围内的全体农民集体所有，由乡或者村的农民大会（农民代表会议）或者代表全体农民的集体经济组织行使企业财产的所有权。企业实行承包、租赁制或者与其他所有制企业联营的，企业财产的所有权不变。

第十九条 企业所有者依法决定企业的经营方向、经营形式、厂长（经理）人选或者选聘方式，依法决定企业税后利润在其与企业之间的具体分配比例，有权作出关于企业分立、合并、迁移、停业、终止、申请破产等决议。

企业所有者应当为企业的生产、供应、销售提供服务，并尊重企业的自主权。

第二十二条 企业经营者是企业的厂长（经理）。企业实行厂长（经理）负责制。厂长（经理）对企业全面负责，代表企业行使职权。

(三) 全民所有制企业的担保行为

1. 中华人民共和国全民所有制工业企业法(节录)

(1988年4月13日第七届全国人民代表大会第一次会议通过 1988年4月13日中华人民共和国主席令第三号公布 根据2009年8月27日第十一届全国人民代表大会常务委员会第十次会议《关于修改部分法律的决定》修正)

第一章 总 则

第一条 为保障全民所有制经济的巩固和发展,明确全民所有制工业企业的权利和义务,保障其合法权益,增强其活力,促进社会主义现代化建设,根据《中华人民共和国宪法》,制定本法。

第二条 全民所有制工业企业(以下简称企业)是依法自主经营、自负盈亏、独立核算的社会主义商品生产和经营单位。

企业的财产属于全民所有,国家依照所有权和经营权分离的原则授予企业经营管理。企业对国家授予其经营管理的财产享有占有、使用和依法处分的权利。

企业依法取得法人资格,以国家授予其经营管理的财产承担民事责任。

第七条 企业实行厂长(经理)负责制。

厂长依法行使职权,受法律保护。

第四章 厂 长

第四十五条 厂长是企业的法定代表人。

企业建立以厂长为首的生产经营管理系统。厂长在企业中处于中心地位,对企业的物质文明建设和精神文明建设负有全面责任。

厂长领导企业的生产经营管理工作,行使下列职权:

(一) 依照法律和国务院规定,决定或者报请审查批准企业的各项计划。

(二) 决定企业行政机构的设置。

(三) 提请政府主管部门任免或者聘任、解聘副厂级行政领导干部。法律和国务院另有规定的除外。

(四) 任免或者聘任、解聘企业中层行政领导干部。法律另有规定的除外。

(五) 提出工资调整方案、资金分配方案和重要的规章制度,提请职工代表大会审查同意。提出福利基金使用方案和其他有关职工生活福利的重大事项的建议,提请职工代表大会审议决定。

(六) 依法奖惩职工;提请政府主管部门奖惩副厂级行政领导干部。

第四十六条 厂长必须依靠职工群众履行本法规定的企业的各项义务,支持职工代表大会、工会和其他群众组织的工作,执行职工代表大会依法作出的决定。

第五章 职工和职工代表大会

第五十一条 职工代表大会是企业实行民主管理的基本形式,是职工行使民主管理权力的机构。

职工代表大会的工作机构是企业的工会委员会。企业工会委员会负责职工代表大会的日常工作。

第五十二条 职工代表大会行使下列职权:

(一)听取和审议厂长关于企业的经营方针、长远规划、年度计划、基本建设方案、重大技术改造方案、职工培训计划、留用资金分配和使用方案、承包和租赁经营责任制方案的报告,提出意见和建议。

(二)审查同意或者否决企业的工资调整方案、奖金分配方案、劳动保护措施、奖惩办法以及其他重要的规章制度。

(三)审议决定职工福利基金使用方案、职工住宅分配方案和其他有关职工生活福利的重大事项。

(四)评议、监督企业各级行政领导干部,提出奖惩和任免的建议。

(五)根据政府主管部门的决定选举厂长,报政府主管部门批准。

2. 全民所有制工业企业转换经营机制条例(节录)

(1992年7月23日中华人民共和国国务院令第103号发布
根据2011年1月8日《国务院关于废止和修改部分行政法规的决定》修订)

第一章 总 则

第一条 为了推动全民所有制工业企业(以下简称企业)进入市场,增强企业活力,提高企业经济效益,根据《中华人民共和国全民所有制工业企业法》(以下简称《企业法》),制定本条例。

第二条 企业转换经营机制的目标是:使企业适应市场的要求,成为依法自主经营、自负盈亏、自我发展、自我约束的商品生产和经营单位,成为独立享有民事权利和承担民事义务的企业法人。

第二章 企业经营权

第六条 企业经营权是指企业对国家授予其经营管理的财产(以下简称企业财产)享有占有、使用和依法处分的权利。

第十五条 企业享有资产处置权。

企业根据生产经营的需要,对一般固定资产,可以自主决定出租、抵押或者有偿转让;对关键设备、成套设备或者重要建筑物可以出租,经政府主管部门批准也可以抵押、有偿转让。法律和行政法规另有规定的除外。

企业处置生产性固定资产所得收入,必须全部用于设备更新和技术改造。

企业处置固定资产,应当依照国家有关规定进行评估。

第四章 企业的变更和终止

第三十四条 政府可以决定或者批准企业的合并。政府决定或者批准的合并,在全民所有制企业的范围内,可以采取资产无偿划转方式进行。合并方案由政府主管部门或者企业提出。在政府主管部门主持下,合并各方经充分协商后,订立合并协议。原企业的债权债务,由合并后的企业承担。

企业可以自主决定兼并其他企业。企业兼并是一种有偿的合并形式。企业被兼并须经政府主管部门批准。被兼并企业的债权债务由兼并企业承担。兼并企业与债权人经充分协商,可以订立分期偿还或者减免债务的协议;政府有关部门可以酌情定期核减兼并企业的上交利润指标;银行对被兼并企业原欠其的债务,可以酌情停减利息;被兼并企业转入第三产业的,经银行批准,自开业之日起,实行2年停息、3年减半收息。

第三十七条 企业所欠债务,应当以留用资金清偿。留用资金不足以偿还债务的,可以依法用抵押企业财产的方式,保证债务的履行。

企业不能清偿到期债务,达到法定破产条件的,应当依法破产。政府认为企业不宜破产的,应当给予资助或者采取其他措施,帮助企业清偿债务。

企业宣告破产后,其他企业可以与破产企业清算组订立接收破产企业的协议,按照协议承担法院裁定的债务,接受破产企业财产,安排破产企业职工,并可以享受本条例第三十四条第二款规定的兼并企业的待遇。

第四十二条 为确保企业财产所有权,政府及其有关部门分别行使下列职责:

(一)考核企业财产保值、增值指标,对企业资产负债和损益情况进行审查和审计监督;

(二)根据国务院的有关规定,决定国家与企业之间财产收益的分配方式、比例或者定额;

(三)根据国务院的有关规定,决定、批准企业生产性建设项目,本条例第十三条规定由企业自主决定的投资项目除外;

(四)决定或者批准企业的资产经营形式和企业的设立、合并(不含兼并)、分立、终止、拍卖,批准企业提出的被兼并申请和破产申请;

(五)根据国务院的有关规定,审批企业财产的报损、冲减、核销及关键设备、成套设备或者重要建筑物的抵押、有偿转让,组织清算和收缴被撤销、解散企业的财产;

(六)依照法定条件和程序,决定或者批准企业厂长的任免(聘任、解聘)和奖惩;

(七)拟订企业财产管理法规,并对执行情况进行监督、检查;

（八）维护企业依法行使经营权，保障企业的生产经营活动不受干预，协助企业解决实际困难。

（四）证券交易所的担保行为

证券交易所管理办法（节录）

（2017年8月28日中国证券监督管理委员会2017年第5次主席办公会议审议通过　2017年11月17日发布　自2018年1月1日起施行　中国证券监督管理委员会令第136号）

第二章　证券交易所的职能

第八条　证券交易所不得直接或者间接从事：
（一）新闻出版业；
（二）发布对证券价格进行预测的文字和资料；
（三）为他人提供担保；
（四）未经中国证监会批准的其他业务。

（五）证券市场资信评级机构的担保行为

证券市场资信评级业务管理暂行办法（节录）

（2007年3月23日中国证券监督管理委员会第202次主席办公会议审议通过　2007年8月24日发布　自2007年9月1日起施行　中国证券监督管理委员会令〔2007〕第50号）

第四章　监督管理

第二十九条　证券评级机构不得为他人提供融资或者担保。

第五章　法律责任

第四十一条　证券评级机构有下列行为之一的，责令改正，给予警告，并处以1万元以上3万元以下的罚款；对直接负责的主管人员和其他直接责任人员给予警告，并处以1万元以上3万元以下的罚款；情节严重或者拒不改正的，依照《证券法》第二百二十六条第三款的规定处理；

（九）为他人提供融资或者担保；

（六）农民专业合作社的担保行为

中华人民共和国农民专业合作社法（节录）

（2006年10月31日第十届全国人民代表大会常务委员会第二十四次会议通过　2017年12月27日第十二届全国人民代表大会常务委员会第三十一次会议修订　自2018年7月1日起施行）

第二章　设立和登记

第十五条　农民专业合作社章程应当载明下列事项：

（一）名称和住所；

（二）业务范围；

（三）成员资格及入社、退社和除名；

（四）成员的权利和义务；

（五）组织机构及其产生办法、职权、任期、议事规则；

（六）成员的出资方式、出资额，成员出资的转让、继承、**担保**；

（七）财务管理和盈余分配、亏损处理；

（八）章程修改程序；

（九）解散事由和清算办法；

（十）公告事项及发布方式；

（十一）附加表决权的设立、行使方式和行使范围；

（十二）需要载明的其他事项。

第四章　组　织　机　构

第二十九条　农民专业合作社成员大会由全体成员组成，是本社的权力机构，行使下列职权：

（一）修改章程；

（二）选举和罢免理事长、理事、执行监事或者监事会成员；

（三）**决定重大财产处置**、对外投资、**对外担保**和生产经营活动中的其他重大事项；

（四）批准年度业务报告、盈余分配方案、亏损处理方案；

（五）对合并、分立、解散、清算，以及设立、加入联合社等作出决议；

（六）决定聘用经营管理人员和专业技术人员的数量、资格和任期；

（七）听取理事长或者理事会关于成员变动情况的报告，对成员的入社、除名等作出决议；

（八）公积金的提取及使用；

（九）章程规定的其他职权。

第三十六条 农民专业合作社的理事长、理事和管理人员不得有下列行为：

（一）侵占、挪用或者私分本社资产；

（二）**违反章程规定或者未经成员大会同意**，将本社资金借贷给他人或者**以本社资产为他人提供担保**；

（三）接受他人与本社交易的佣金归为己有；

（四）从事损害本社经济利益的其他活动。

理事长、理事和管理人员违反前款规定所得的收入，应当归本社所有；给本社造成损失的，应当承担赔偿责任。

第七章　农民专业合作社联合社

第五十九条 农民专业合作社联合社应当设立由全体成员参加的成员大会，其职权包括修改农民专业合作社联合社章程，选举和罢免农民专业合作社联合社理事长、理事和监事，决定农民专业合作社联合社的经营方案及盈余分配，**决**定对外投资和**担保方案**等重大事项。

农民专业合作社联合社不设成员代表大会，可以根据需要设立理事会、监事会或者执行监事。理事长、理事应当由成员社选派的人员担任。

第四编　不同标的物之上的担保物权

一、不同标的物之上的抵押权

（一）动产标的物之上的抵押权

1. 动产标的物抵押的一般规定

（1）动产抵押登记办法

（2007年10月17日国家工商行政管理总局令第30号公布
2016年7月5日国家工商行政管理总局令第88号第一次修订
2019年3月18日国家市场监督管理总局令第5号第二次修订）

第一条 为了规范动产抵押登记工作，保障交易安全，促进资金融通，根据《中华人民共和国担保法》《中华人民共和国物权法》《企业信息公示暂行条例》等法律、行政法规，制定本办法。

第二条 企业、个体工商户、农业生产经营者以《中华人民共和国物权法》第一百八十条第一款第四项、第一百八十一条规定的动产抵押的，**应当向抵押人住所地的县级市场监督管理部门(以下简称登记机关)办理登记。抵押权自抵押合同生效时设立；未经登记，不得对抗善意第三人。**

第三条 动产抵押登记的设立、变更和注销，可以由抵押合同一方作为代表到登记机关办理，也可以由抵押合同双方共同委托的代理人到登记机关办理。

当事人应当保证其提交的材料内容真实准确。

第四条 当事人设立抵押权符合本办法第二条所规定情形的，应当持下列文件向登记机关办理设立登记：

（一）抵押人、抵押权人签字或者盖章的《动产抵押登记书》；
（二）抵押人、抵押权人主体资格证明或者自然人身份证明文件；
（三）抵押合同双方指定代表或者共同委托代理人的身份证明。

第五条 《动产抵押登记书》应当载明下列内容：

（一）抵押人、抵押权人名称(姓名)、住所地等；
（二）抵押财产的名称、数量、状况等概况；
（三）被担保债权的种类和数额；
（四）抵押担保的范围；
（五）债务人履行债务的期限；

（六）抵押合同双方指定代表或者共同委托代理人的姓名、联系方式等；
（七）抵押人、抵押权人签字或者盖章；
（八）抵押人、抵押权人认为其他应当登记的抵押权信息。

第六条 抵押合同变更、《动产抵押登记书》内容需要变更的，当事人应当持下列文件，向原登记机关办理变更登记：
（一）抵押人、抵押权人签字或者盖章的《动产抵押登记变更书》；
（二）抵押人、抵押权人主体资格证明或者自然人身份证明文件；
（三）抵押合同双方指定代表或者共同委托代理人的身份证明。

第七条 在主债权消灭、担保物权实现、债权人放弃担保物权或者法律规定担保物权消灭的其他情形下，当事人应当持下列文件，向原登记机关办理注销登记：
（一）抵押人、抵押权人签字或者盖章的《动产抵押登记注销书》；
（二）抵押人、抵押权人主体资格证明或者自然人身份证明文件；
（三）抵押合同双方指定代表或者共同委托代理人的身份证明。

第八条 当事人办理动产抵押登记的设立、变更、注销，提交材料齐全，符合本办法形式要求的，登记机关应当予以办理，在当事人所提交的《动产抵押登记书》《动产抵押登记变更书》《动产抵押登记注销书》上加盖动产抵押登记专用章，并注明盖章日期。

当事人办理动产抵押登记的设立、变更、注销，提交的材料不符合本办法规定的，登记机关不予办理，并应当向当事人告知理由。

第九条 登记机关应当根据加盖动产抵押登记专用章的《动产抵押登记书》《动产抵押登记变更书》《动产抵押登记注销书》设立动产抵押登记档案，并按照《企业信息公示暂行条例》的规定，及时将动产抵押登记信息通过国家企业信用信息公示系统公示。

第十条 有关单位和个人可以登录国家企业信用信息公示系统查询有关动产抵押登记信息，也可以持合法身份证明文件，到登记机关查阅、抄录动产抵押登记档案。

第十一条 当事人有证据证明登记机关的动产抵押登记信息与其提交材料内容不一致的，有权要求登记机关予以更正。

登记机关发现其登记的动产抵押登记信息与当事人提交材料内容不一致的，应当对有关信息进行更正。

第十二条 经当事人或者利害关系人申请，登记机关可以根据人民法院、仲裁委员会生效的法律文书或者人民政府生效的决定等，对相关的动产抵押登记进行变更或者撤销。动产抵押登记变更或者撤销后，登记机关应当告知原抵押合同双方当事人。

第十三条 当事人可以通过全国市场监管动产抵押登记业务系统在线办理动产抵押登记的设立、变更、注销；社会公众可以通过全国市场监管动产抵押登记业务系统查询相关动产抵押登记信息。

第十四条 本办法由国家市场监督管理总局负责解释。

第十五条 本办法自2019年4月20日起施行。

(2) 市场监管总局办公厅关于全国市场监管动产抵押登记业务系统在部分地区先行上线运行的通知

(市监市〔2018〕34号 2018年7月25日发布并施行)

北京市、辽宁省、上海市、江苏省、浙江省、广西壮族自治区、陕西省、武汉市工商行政管理局：

为深化商事制度改革，进一步推进动产抵押登记信息化、规范化、便利化，根据《国务院关于加快推进"互联网＋政务服务"工作的指导意见》(国发〔2016〕55号)精神，市场监管总局开发建设了全国市场监管动产抵押登记业务系统(以下简称系统)，并于5—7月在北京市、上海市、武汉市开展系统试点工作。根据试点反馈意见，目前系统流程设计基本合理、运行比较顺畅、应用较为便捷，具备了在全国陆续推广上线的基础。为进一步做好工作衔接和系统应用推广，市场监管总局决定自8月31日起在你局开展第一批系统上线运行工作。现将有关事项通知如下。

一、工作目标和基本原则

(一) 工作目标。

进一步落实党中央、国务院关于"互联网＋政务服务"的重大决策部署，充分运用信息化手段拓展动产抵押登记网上办理的广度和深度，延长网上办事链条，实现动产抵押登记在线申请、在线审核、在线公示、在线查询一网通办，加强政务信息资源跨层级、跨地域、跨部门互联互通和协同共享，切实解决企业群众办事"多跑腿"等问题。

(二) 基本原则。

1. 依法依规审查。应用系统办理动产抵押登记，要严格遵守《物权法》规定，依据《动产抵押登记办法》(国家工商行政管理总局令第88号)的要求，由抵押人住所地的县级工商或市场监管部门对当事人应当提交的材料进行形式审查、登记、公示。

2. 线上线下同效。使用系统进行登记是办理动产抵押登记更为便捷的方式，系统审核通过的《动产抵押登记书》等文书与现场办理的具备同等效力。在应用系统的同时保留现场登记，当事人亦可选择到登记机关现场办理动产抵押登记。

3. 突出服务导向。以服务人民为中心，聚焦企业和群众办事的难点、政务服务的堵点和痛点，按照便利当事人、提高登记效率、降低登记成本的思路，加强业务指导和支持，充分调动县级登记机关的积极性和主动性，努力构建方便快捷、公平普惠、优质高效的网上政务服务体系。

二、主要内容

(一) 做好工作衔接，推进系统应用。做好本系统与原有登记方式的衔接工作。系统上线后,新增登记(含线上、线下)一律从总局系统处理数据,原已登记信息的变更、注销等依然通过原有登记方式办理。《动产抵押登记书》等文书均采用修订后的格式(详见附件)。

(二)熟练应用系统,及时审核登记。全面应用本系统,深入了解申请人网上填报——登记机关受理形式审查——审核通过予以登记(或审核不通过予以驳回)——公示相关信息的流程,认真回复申请人和社会公众的咨询,高效、快捷地处理登记申请。

(三)及时公示公开,确保方便查询。为保障动产抵押登记信息归集的完整性和查询的便利性,系统上线后,动产抵押登记信息将通过本系统和国家企业信用信息公示系统进行公示。通过系统办理的动产抵押登记信息自动归集到国家企业信用信息公示系统,不再由各地归集;通过现场办理的动产抵押登记信息,登记机关应当当场录入系统并公示,如有特殊情况,最迟不得超过登记后2个工作日。系统生成的动产抵押登记数据将定时下发,各地可按有关规定接收、使用。

三、工作要求

(一)加强领导,精心组织。积极推进系统应用工作,明确专人负责统筹协调;认真做好新旧系统的转换工作;积极开展业务培训,加强业务指导,帮助工作人员深入理解动产抵押登记信息化的重要意义,全面掌握相关规定、材料规范、操作流程,切实提高登记水平和服务能力。

(二)强化舆论宣传。充分利用各种媒体做好舆论引导,及时回应社会关切的问题,积极营造全社会共同推进系统应用的良好氛围。积极沟通协调,推动动产抵押登记电子数据在各有关部门间互通互认、共享应用,促使部门、企业等社会主体准确理解、适应动产抵押登记方式的变化。

(三)加强监测,及时报告。接此通知后,尽快明确你局具体负责人员作为系统管理员,并于10日内将负责人员姓名、职务、联系方式报送总局备案。积极了解系统运行使用情况及申请人和社会公众意见建议,建立健全监测报告制度,及时向总局反馈系统应用过程中仍需改进的问题,以便进一步优化系统。如遇其他方面的问题,也请及时向总局汇报。

2. 民用航空器抵押的特殊规定

(1) 中华人民共和国民用航空法(节录)

(1995年10月30日第八届全国人民代表大会常务委员会第十六次会议通过 根据2009年8月27日第十一届全国人民代表大会常务委员会第十次会议《关于修改部分法律的决定》第一次修正 根据2015年4月24日第十二届全国人民代表大会常务委员会第十四次会议《关于修改〈中华人民共和国计量法〉等五部法律的决定》第二次修正 根据2016年11月7日第十二届全国人民代表大会常务委员会第二十四次会议《关于修改〈中华人民共和国对外贸易法〉等十二部法律的决定》第三次修正 根据2017年11月4日第十二届全国人民代表大会常务委员会第三十次会议《关于修改〈中华人民共和国会计法〉等十一部法律的决定》第四次修正 自2017年11月5日起施行)

第三章 民用航空器权利

第一节 一般规定

第十条 本章规定的对民用航空器的权利,包括对民用航空器构架、发动机、螺旋桨、无线电设备和其他一切为了在民用航空器上使用的,无论安装于其上或者暂时拆离的物品的权利。

第十一条 民用航空器权利人应当就下列权利分别向国务院民用航空主管部门办理权利登记:
(一)民用航空器所有权;
(二)通过购买行为取得并占有民用航空器的权利;
(三)根据租赁期限为六个月以上的租赁合同占有民用航空器的权利;
(四)民用航空器抵押权。

第二节 民用航空器所有权和抵押权

第十四条 民用航空器所有权的取得、转让和消灭,应当向国务院民用航空主管部门登记;未经登记的,不得对抗第三人。
民用航空器所有权的转让,应当签订书面合同。

第十五条 国家所有的民用航空器,由国家授予法人经营管理或者使用的,本法有关民用航空器所有人的规定适用于该法人。

第十六条 设定民用航空器抵押权,由抵押权人和抵押人共同向国务院民用航空主管部门办理抵押权登记;未经登记的,不得对抗第三人。

第十七条 民用航空器抵押权设定后,未经抵押权人同意,抵押人不得将被抵押民用航空器转让他人。

第三节　民用航空器优先权

第十八条　民用航空器优先权，是指债权人依照本法第十九条规定，向民用航空器所有人、承租人提出赔偿请求，对产生该赔偿请求的民用航空器具有优先受偿的权利。

第十九条　下列各项债权具有民用航空器优先权：
（一）援救该民用航空器的报酬；
（二）保管维护该民用航空器的必需费用。
前款规定的各项债权，后发生的先受偿。

第二十条　本法第十九条规定的民用航空器优先权，其债权人应当自援救或者保管维护工作终了之日起三个月内，就其债权向国务院民用航空主管部门登记。

第二十一条　为了债权人的共同利益，在执行人民法院判决以及拍卖过程中产生的费用，应当从民用航空器拍卖所得价款中先行拨付。

第二十二条　民用航空器优先权先于民用航空器抵押权受偿。

第十四章　涉外关系的法律适用

第一百八十五条　民用航空器所有权的取得、转让和消灭，适用民用航空器国籍登记国法律。

第一百八十六条　民用航空器抵押权适用民用航空器国籍登记国法律。

(2) 中华人民共和国民用航空器权利登记条例

（1997年10月21日发布并施行　中华人民共和国国务院令第233号）

第一条　根据《中华人民共和国民用航空法》，制定本条例。

第二条　在中华人民共和国办理民用航空器权利登记，应当遵守本条例。

第三条　国务院民用航空主管部门主管民用航空器权利登记工作，设立民用航空器权利登记簿，统一记载民用航空器权利登记事项。

同一民用航空器的权利登记事项应当记载于同一权利登记簿中。

第四条　办理民用航空器所有权、占有权或者抵押权登记的，民用航空器权利人应当按照国务院民用航空主管部门的规定，分别填写民用航空器所有权、占有权或者抵押权登记申请书，并向国务院民用航空主管部门提交本条例第五条至第七条规定的相应文件。

办理民用航空器优先权登记的，民用航空器优先权的债权人应当自援救或者保管维护工作终了之日起3个月内，按照国务院民用航空主管部门的规定，填写民用航空器优先权登记申请书,并向国务院民用航空主管部门提交足以证明其合法身份的文件和有关债权证明。

第五条 办理民用航空器所有权登记的,民用航空器的所有人应当提交下列文件或者经核对无误的复印件:

(一)民用航空器国籍登记证书;

(二)民用航空器所有权取得的证明文件;

(三)国务院民用航空主管部门要求提交的其他必要的有关文件。

第六条 办理民用航空器占有权登记的,民用航空器的占有人应当提交下列文件或者经核对无误的复印件:

(一)民用航空器国籍登记证书;

(二)民用航空器所有权登记证书或者相应的所有权证明文件;民用航空器设定抵押的,还应当提供有关证明文件;

(三)符合《中华人民共和国民用航空法》第十一条第(二)项或者第(三)项规定的民用航空器买卖合同或者租赁合同;

(四)国务院民用航空主管部门要求提交的其他必要的有关文件。

第七条 办理民用航空器抵押权登记的,民用航空器的抵押权人和抵押人应当提交下列文件或者经核对无误的复印件:

(一)民用航空器国籍登记证书;

(二)民用航空器所有权登记证书或者相应的所有权证明文件;

(三)民用航空器抵押合同;

(四)国务院民用航空主管部门要求提交的其他必要的有关文件。

第八条 就两架以上民用航空器设定一项抵押权或者就同一民用航空器设定两项以上抵押权时,民用航空器的抵押权人和抵押人应当就每一架民用航空器或者每一项抵押权分别办理抵押权登记。

第九条 国务院民用航空主管部门应当自收到民用航空器权利登记申请之日起7个工作日内,对申请的权利登记事项进行审查。经审查符合本条例规定的,应当向民用航空器权利人颁发相应的民用航空器权利登记证书,并区别情况在民用航空器权利登记簿上载明本条例第十条至第十三条规定的相应事项;经审查不符合本条例规定的,应当书面通知民用航空器权利人。

第十条 国务院民用航空主管部门向民用航空器所有人颁发民用航空器所有权登记证书时,应当在民用航空器权利登记簿上载明下列事项:

(一)民用航空器国籍、国籍标志和登记标志;

(二)民用航空器所有人的姓名或者名称、地址及其法定代表人的姓名;

(三)民用航空器为数人共有的,载明民用航空器共有人的共有情况;

(四)民用航空器所有权的取得方式和取得日期;

(五)民用航空器制造人名称、制造日期和制造地点;

(六)民用航空器价值、机体材料和主要技术数据;

(七)民用航空器已设定抵押的,载明其抵押权的设定情况;

(八)民用航空器所有权登记日期;

（九）国务院民用航空主管部门规定的其他事项。

第十一条 国务院民用航空主管部门向民用航空器占有人颁发民用航空器占有权登记证书时，应当在民用航空器权利登记簿上载明下列事项：

（一）民用航空器的国籍、国籍标志和登记标志；

（二）民用航空器占有人、所有人或者出租人的姓名或者名称、地址及其法定代表人的姓名；

（三）民用航空器占有权的取得方式、取得日期和约定的占有条件；

（四）民用航空器占有权登记日期；

（五）国务院民用航空主管部门规定的其他事项。

第十二条 国务院民用航空主管部门向民用航空器抵押权人颁发民用航空器抵押权登记证书时，应当在民用航空器权利登记簿上载明下列事项：

（一）被抵押的民用航空器的国籍、国籍标志和登记标志；

（二）抵押权人和抵押人的姓名或者名称、地址及其法定代表人的姓名；

（三）民用航空器抵押所担保的债权数额、利息率、受偿期限；

（四）民用航空器抵押权登记日期；

（五）国务院民用航空主管部门规定的其他事项。

第十三条 国务院民用航空主管部门向民用航空器优先权的债权人颁发民用航空器优先权登记证书时，应当在民用航空器权利登记簿上载明下列事项：

（一）发生债权的民用航空器的国籍、国籍标志和登记标志；

（二）民用航空器优先权的债权人的姓名或者名称、地址及其法定代表人的姓名；

（三）发生债权的民用航空器的所有人、经营人或者承租人的姓名或者名称、地址及其法定代表人的姓名；

（四）民用航空器优先权的债权人主张的债权数额和债权发生的时间、原因；

（五）民用航空器优先权登记日期；

（六）国务院民用航空主管部门规定的其他事项。

第十四条 同一民用航空器设定两项以上抵押权的，国务院民用航空主管部门应当按照抵押权登记申请日期的先后顺序进行登记。

第十五条 民用航空器权利登记事项发生变更时，民用航空器权利人应当持有关的民用航空器权利登记证书和变更证明文件，向国务院民用航空主管部门办理变更登记。

民用航空器抵押合同变更时，由抵押权人和抵押人共同向国务院民用航空主管部门办理变更登记。

第十六条 国务院民用航空主管部门应当自收到民用航空器权利变更登记申请之日起7个工作日内，对申请的权利变更登记事项进行审查。经审查符合本条例规定的，在有关权利登记证书和民用航空器权利登记簿上注明变更事项；经审查不符合本条例规定的，应当书面通知民用航空器权利人。

第十七条 遇有下列情形之一时，民用航空器权利人应当持有关的民用航空器权利登记证书和证明文件，向国务院民用航空主管部门办理注销登记：

（一）民用航空器所有权转移；
（二）民用航空器灭失或者失踪；
（三）民用航空器租赁关系终止或者民用航空器占有人停止占有；
（四）**民用航空器抵押权所担保的债权消灭；**
（五）民用航空器优先权消灭；
（六）国务院民用航空主管部门规定的其他情形。

第十八条 国务院民用航空主管部门应当自收到民用航空器注销登记申请之日起7个工作日内，对申请的注销登记事项进行审查。经审查符合本条例规定的，收回有关的民用航空器权利登记证书，相应地注销民用航空器权利登记簿上的权利登记，并根据具体情况向民用航空器权利人出具民用航空器权利登记注销证明书；经审查不符合本条例规定的，应当书面通知民用航空器权利人。

第十九条 申请人办理民用航空器权利登记，应当缴纳登记费。登记费的收费标准由国务院民用航空主管部门会同国务院价格主管部门制定。

第二十条 本条例自发布之日起施行。

(3) 中华人民共和国民用航空器权利登记条例实施办法

（1999年8月27日中国民用航空总局局务会议通过　自1999年11月1日起施行　中国民用航空总局令第87号）

第一条 为便利民用航空器权利人办理民用航空器权利登记事项，根据《中华人民共和国民用航空器权利登记条例》（以下简称《条例》），制定本办法。

第二条 中国民用航空总局民用航空器权利登记职能部门（以下称登记部门），负责办理民用航空器权利登记的具体事宜。

第三条 登记部门设立和保管民用航空器权利登记簿，统一记载民用航空器权利登记事项。

第四条 民用航空器权利人认为需要进行权利登记的，可申请办理民用航空器权利登记。

第五条 在申请办理权利登记时，申请人应当向登记部门提交有关申请书的原件以及《条例》和本办法规定的相应文件的原件。提供相应文件原件确有困难的，可以提供经核对无误的复印件。相应文件原件和经核对无误的复印件均为有效文件。

不能及时提供有效文件的，可以先行提供复印件，但是，应当在登记部门收到有关权利登记申请书原件之日起10个工作日内向登记部门提交有效文件。在收齐全部有效文件之日起7个工作日内，登记部门依照《条例》规定对申请的权利登记事项完成审查，并颁发相应的民用航空器权利登记证书，对经审查不符合《条例》规定的，书面通知申请人。申请人未能在上述10个工作日内提交有效文件的，有关权利登记申请人应当重新提出申请。

本办法所称原件,是指文件原件的正本或者副本。

本办法所称经核对无误的复印件,是指符合下列条件之一的复印件:

(一)涉及有关机关出具的文件的,经该机关核对并签章;

(二)涉及交易文件的,经交易各方当事人签章;

(三)依法公证或者经中华人民共和国使领馆认证的文件复印件;

(四)经与原件核对无误并签注的复印件。

第六条 登记部门在接收申请人提供的有关文件时,应当向其出具收件清单,并注明文件接收日期和时间。

第七条 在申请办理权利登记时,申请人应当提供下列证明其合法身份的文件:

(一)申请人是个人的,其有效身份证明;

(二)申请人为企业法人的,工商登记机关颁发的企业法人营业执照;

(三)申请人为其他组织的,有关登记、注册机关颁发的登记、注册文件;

(四)与上述文件等效的身份证明文件。

第八条 委托他人办理权利登记或者签署有关文件的,应当向登记部门提交合法申请人的授权委托书或者其他授权证明文件以及代办人的符合前条规定的合法身份证明文件。

同一项交易或者事件产生共同权利的,应当由一个权利代表人向登记部门办理权利登记事项。

第九条 民用航空器权利登记申请人在办理民用航空器权利登记时,应当根据具体情况分别填写符合本办法附件规定格式的以下权利登记申请书:

(一)《民用航空器所有权登记申请书》;

(二)《民用航空器占有权登记申请书》;

(三)《民用航空器抵押权登记申请书》;

(四)《民用航空器优先权登记申请书》。

第十条 《条例》第五条第(一)项所称民用航空器国籍登记证书,是指中华人民共和国民用航空器国籍登记证书。

第十一条 《条例》第六条第(一)项所称民用航空器国籍登记证书,包括中华人民共和国民用航空器国籍登记证书和外国民用航空器国籍登记证书。

《条例》第六条第(三)项所称租赁合同,不包括出租人提供机组人员的租赁合同。

第十二条 《条例》第七条第(一)项所称民用航空器国籍登记证书,包括中华人民共和国民用航空器国籍登记证书和外国民用航空器国籍登记证书。

第十三条 对中华人民共和国国籍或者外国国籍民用航空器具有优先权的,均可以向登记部门申请办理优先权登记。

第十四条 登记部门对民用航空器权利人的权利登记申请审查合格后,应当根据申请向权利人分别颁发以下相应的权利登记证书:

(一)《民用航空器所有权登记证书》;

(二)《民用航空器占有权登记证书》;

(三)《民用航空器抵押权登记证书》;

(四)《民用航空器优先权登记证书》。

《民用航空器抵押权登记证书》只对民用航空器抵押权人颁发。

第十五条 《条例》第十条第(六)项所称民用航空器价值,是指设定权利时的民用航空器价值。主要技术数据是指民用航空器型号、出厂序号和设定权利时的技术状况。

第十六条 民用航空器权利登记事项发生变更时,民用航空器权利人应当持有关的民用航空器权利登记证书以及变更证明文件,向登记部门办理权利变更登记,并应当根据具体情况分别填写符合本办法附件规定格式的以下权利登记变更申请书:

(一)《民用航空器所有权登记变更申请书》;

(二)《民用航空器占有权登记变更申请书》;

(三)《民用航空器抵押权登记变更申请书》;

(四)《民用航空器优先权登记变更申请书》。

第十七条 民用航空器权利人的权利变更登记申请经登记部门依法审查合格后,由登记部门在有关权利登记证书上和民用航空器权利登记簿上注明变更事项,不颁发新的权利登记证书。

第十八条 民用航空器权利人依照《条例》规定办理注销登记时,应当持有关的民用航空器权利登记证书以及证明文件,向登记部门办理权利注销登记,并应当根据具体情况分别填写符合本办法附件规定格式的以下权利登记注销申请书:

(一)《民用航空器所有权登记注销申请书》;

(二)《民用航空器占有权登记注销申请书》;

(三)《民用航空器抵押权登记注销申请书》;

(四)《民用航空器优先权登记注销申请书》。

第十九条 民用航空器权利人的权利登记注销申请经登记部门依法审查合格后,由登记部门收回并注销其有关权利登记证书,并根据《条例》第十八条规定向民用航空器权利人分别颁发以下相应的权利登记注销证书:

(一)《民用航空器所有权登记注销证书》;

(二)《民用航空器占有权登记注销证书》;

(三)《民用航空器抵押权登记注销证书》;

(四)《民用航空器优先权登记注销证书》。

第二十条 有关权利登记的生效日期和时间为登记部门收到有关权利登记申请书原件的日期和时间。但是,收到有关权利登记申请书原件的日期和时间先于设定权利的日期和时间的,应当以设定权利的日期和时间为权利登记的生效日期和时间。变更或者注销权利登记时同样适用上述规定。

第二十一条 民用航空器权利的利害关系人对民用航空器权利登记持有异议,或者认为民用航空器权利人应当办理变更登记或者注销登记而未办理的,可以凭人民法院的生效判决、裁定或者仲裁机构的生效裁决,向登记部门办理有关权利登记、变更登记或者注销登记。该判决、裁定或者裁决是由外国法院或者仲裁机构作出的,应当依法先经中华人民共和国的人民法院确认。此种登记的其他有关事项,分别适用《条例》和本办法中的有关规定。

第二十二条 根据《条例》颁发的民用航空器权利登记证书,在被依法注销前或者权利期限届满前有效。

第二十三条 民用航空器权利登记簿内所记载的事项,可以供公众查询、复制或者摘录。

由申请人提供的申请书及各项文件,登记部门应当妥善保管。对于申请人声明涉及商业秘密的事项,登记部门不得向他人泄露。

第二十四条 申请人办理民用航空器权利登记,公众查询、复制或者摘录民用航空器权利登记事项,均应当缴纳费用,收费标准和管理办法另行制定。

第二十五条 本办法所附各申请表格复印有效,用纸规格为182毫米×257毫米。

第二十六条 本办法自1999年11月1日起施行。

本办法施行后,登记部门办理在《条例》施行之日起(含当日)设定的民用航空器权利;在《条例》施行之日前设定的民用航空器权利,可自2000年11月1日起补办登记手续。

3. 船舶抵押的特殊规定

(1) 中华人民共和国海商法(节录)

(1992年11月7日第七届全国人民代表大会常务委员会第二十八次会议通过 1992年11月7日中华人民共和国主席令第六十四号公布 自1993年7月1日起施行)

第二章 船 舶

第一节 船舶所有权

第七条 船舶所有权,是指船舶所有人依法对其船舶享有占有、使用、收益和处分的权利。

第八条 国家所有的船舶由国家授予具有法人资格的全民所有制企业经营管理的,本法有关船舶所有人的规定适用于该法人。

第九条 船舶所有权的取得、转让和消灭,应当向船舶登记机关登记;未经登记的,不得对抗第三人。

船舶所有权的转让,应当签订书面合同。

第十条 船舶由两个以上的法人或者个人共有的,应当向船舶登记机关登记;未经登记的,不得对抗第三人。

第二节 船舶抵押权

第十一条 船舶抵押权,是指抵押权人对于抵押人提供的作为债务担保的船舶,在抵押人不履行债务时,可以依法拍卖,从卖得的价款中优先受偿的权利。

第十二条 船舶所有人或者船舶所有人授权的人可以设定船舶抵押权。

船舶抵押权的设定,应当签订书面合同。

第十三条 设定船舶抵押权,由抵押权人和抵押人共同向船舶登记机关办理抵押权登记;未经登记的,不得对抗第三人。

船舶抵押权登记,包括下列主要项目:

(一)船舶抵押权人和抵押人的姓名或者名称、地址;

(二)被抵押船舶的名称、国籍、船舶所有权证书的颁发机关和证书号码;

(三)所担保的债权数额、利息率、受偿期限。

船舶抵押权的登记状况,允许公众查询。

第十四条 建造中的船舶可以设定船舶抵押权。

建造中的船舶办理抵押权登记,还应当向船舶登记机关提交船舶建造合同。

第十五条 除合同另有约定外,抵押人应当对被抵押船舶进行保险;未保险的,抵押权人有权对该船舶进行保险,保险费由抵押人负担。

第十六条 船舶共有人就共有船舶设定抵押权,应当取得持有三分之二以上份额的共有人的同意,共有人之间另有约定的除外。

船舶共有人设定的抵押权,不因船舶的共有权的分割而受影响。

第十七条 船舶抵押权设定后,未经抵押权人同意,抵押人不得将被抵押船舶转让给他人。

第十八条 抵押权人将被抵押船舶所担保的债权全部或者部分转让他人的,抵押权随之转移。

第十九条 同一船舶可以设定两个以上抵押权,其顺序以登记的先后为准。

同一船舶设定两个以上抵押权的,抵押权人按照抵押权登记的先后顺序,从船舶拍卖所得价款中依次受偿。同日登记的抵押权,按照同一顺序受偿。

第二十条 被低押船舶灭失,抵押权随之消灭。由于船舶灭失得到的保险赔偿,抵押权人有权优先于其他债权人受偿。

第三节 船舶优先权

第二十一条 船舶优先权,是指海事请求人依照本法第二十二条的规定,向船舶所有人、光船承租人、船舶经营人提出海事请求,对产生该海事请求的船舶具有优先受偿的权利。

第二十二条 下列各项海事请求具有船舶优先权:

(一)船长、船员和在船上工作的其他在编人员根据劳动法律、行政法规或者劳动合同所产生的工资、其他劳动报酬、船员遣返费用和社会保险费用的给付请求;

(二)在船舶营运中发生的人身伤亡的赔偿请求;

(三)船舶吨税、引航费、港务费和其他港口规费的缴付请求;

(四)海难救助的救助款项的给付请求;

(五)船舶在营运中因侵权行为产生的财产赔偿请求。

载运 2000 吨以上的散装货油的船舶,持有有效的证书,证明已经进行油污损害民事责任保险或者具有相应的财务保证的,对其造成的油污损害的赔偿请求,不属于前款第(五)项规定的范围。

第二十三条 本法第二十二条第一款所列各项海事请求,依照顺序受偿。但是,第(四)项海事请求,后于第(一)项至第(三)项发生的,应当先于第(一)项至第(三)项受偿。

本法第二十二条第一款第(一)、(二)、(三)、(五)项中有两个以上海事请求的,不分先后,同时受偿;不足受偿的,按照比例受偿。第(四)项中有两个以上海事请求的,后发生的先受偿。

第二十四条 因行使船舶优先权产生的诉讼费用,保存、拍卖船舶和分配船舶价款产生的费用,以及为海事请求人的共同利益而支付的其他费用,应当从船舶拍卖所得价款中先行拨付。

第二十五条 船舶优先权先于船舶留置权受偿,船舶抵押权后于船舶留置权受偿。

前款所称船舶留置权,是指造船人、修船人在合同另一方未履行合同时,可以留置所占有的船舶,以保证造船费用或者修船费用得以偿还的权利。船舶留置权在造船人、修船人不再占有所造或者所修的船舶时消灭。

第二十六条 船舶优先权不因船舶所有权的转让而消灭。但是,船舶转让时,船舶优先权自法院应受让人申请予以公告之日起满六十日不行使的除外。

第二十七条 本法第二十二条规定的海事请求权转移的,其船舶优先权随之转移。

第二十八条 船舶优先权应当通过法院扣押产生优先权的船舶行使。

第二十九条 船舶优先权,除本法第二十六条规定的外,因下列原因之一而消灭:

(一)具有船舶优先权的海事请求,自优先权产生之日起满一年不行使的;

(二)船舶经法院强制出售;

(三)船舶灭失。

前款第(一)项的一年期限,不得中止或者中断。

第三十条 本节规定不影响本法第十一章关于海事赔偿责任限制规定的实施。

第六章 船舶租用合同

第三节 光船租赁合同

第一百五十一条 未经承租人事先书面同意,出租人不得在光船租赁期间对船舶设定抵押权。

出租人违反前款规定,致使承租人遭受损失的,应当负赔偿责任。

第十四章 涉外关系的法律适用涉外关系的法律适用

第二百七十条 船舶所有权的取得、转让和消灭,适用船旗国法律。

第二百七十一条 船舶抵押权适用船旗国法律。

船舶在光船租赁以前或者光船租赁期间,设立船舶抵押权的,适用原船舶登记国的法律。

(2) 中华人民共和国船舶登记条例(节录)

(1994年6月2日中华人民共和国国务院令第155号发布　根据2014年7月29日《国务院关于修改部分行政法规的决定》修订)

第一章　总　　则

第一条　为了加强国家对船舶的监督管理,保障船舶登记有关各方的合法权益,制定本条例。

第二条　下列船舶应当依照本条例规定进行登记:

(一)在中华人民共和国境内有住所或者主要营业所的中国公民的船舶。

(二)依据中华人民共和国法律设立的主要营业所在中华人民共和国境内的企业法人的船舶。但是,在该法人的注册资本中有外商出资的,中方投资人的出资额不得低于50%。

(三)中华人民共和国政府公务船舶和事业法人的船舶。

(四)中华人民共和国港务监督机构认为应当登记的其他船舶。

军事船舶、渔业船舶和体育运动船艇的登记依照有关法规的规定办理。

第三条　船舶经依法登记,取得中华人民共和国国籍,方可悬挂中华人民共和国国旗航行;未经登记的,不得悬挂中华人民共和国国旗航行。

第四条　船舶不得具有双重国籍。凡在外国登记的船舶,未中止或者注销原登记国国籍的,不得取得中华人民共和国国籍。

第五条　船舶所有权的取得、转让和消灭,应当向船舶登记机关登记;未经登记的,不得对抗第三人。

船舶由二个以上的法人或者个人共有的,应当向船舶登记机关登记;未经登记的,不得对抗第三人。

第六条　船舶抵押权、光船租赁权的设定、转移和消灭,应当向船舶登记机关登记;未经登记的,**不得对抗第三人。**

第七条　中国籍船舶上应持适任证书的船员,必须持有相应的中华人民共和国船员适任证书。

第八条　中华人民共和国港务监督机构是船舶登记主管机关。

各港的港务监督机构是具体实施船舶登记的机关(以下简称船舶登记机关),其管辖范围由中华人民共和国港务监督机构确定。

第九条　船舶登记港为船籍港。

船舶登记港由船舶所有人依据其住所或者主要营业所所在地就近选择,但是不得选择二个或者二个以上的船舶登记港。

第十条　一艘船舶只准使用一个名称。

船名由船籍港船舶登记机关核定。船名不得与登记在先的船舶重名或者同音。

第十一条 船舶登记机关应当建立船舶登记簿。

船舶登记机关应当允许利害关系人查阅船舶登记簿。

第十二条 国家所有的船舶由国家授予具有法人资格的全民所有制企业经营管理的,本条例有关船舶所有人的规定适用于该法人。

第四章 船舶抵押权登记

第二十条 对20总吨以上的船舶设定抵押权时,抵押权人和抵押人应当持下列文件到船籍港船舶登记机关申请办理船舶抵押权登记:

（一）双方签字的书面申请书；

（二）船舶所有权登记证书或者船舶建造合同；

（三）船舶抵押合同。

该船舶设定有其他抵押权的,还应当提供有关证明文件。

船舶共有人就共有船舶设定抵押权时,还应当提供三分之二以上份额或者约定份额的共有人的同意证明文件。

第二十一条 对经审查符合本条例规定的,船籍港船舶登记机关应当自收到申请之日起7日内将有关抵押人、抵押权人和船舶抵押情况以及抵押登记日期载入船舶登记簿和船舶所有权登记证书,并向抵押权人核发**船舶抵押权登记证书**。

第二十二条 船舶抵押权登记,包括下列主要事项:

（一）抵押权人和抵押人的姓名或者名称、地址；

（二）被抵押船舶的名称、国籍,船舶所有权登记证书的颁发机关和号码；

（三）所担保的债权数额、利息率、受偿期限。

船舶登记机关应当允许公众查询船舶抵押权的登记状况。

第二十三条 船舶抵押权转移时,抵押权人和承转人应当持船舶抵押权转移合同到船籍港船舶登记机关申请办理抵押权转移登记。

对经审查符合本条例规定的,船籍港船舶登记机关应当将承转人作为抵押权人载入船舶登记簿和船舶所有权登记证书,并向承转人核发船舶抵押权登记证书,封存原船舶抵押权登记证书。

办理船舶抵押权转移前,抵押权人应当通知抵押人。

第二十四条 同一船舶设定二个以上抵押权的,船舶登记机关应当按照抵押权登记申请日期的先后顺序进行登记,并在船舶登记簿上载明登记日期。

登记申请日期为登记日期；同日申请的,登记日期应当相同。

第七章 变更登记和注销登记

第三十五条 船舶登记项目发生变更时,船舶所有人应当持船舶登记的有关证明文件和变更证明文件,到船籍港船舶登记机关办理变更登记。

第三十六条 船舶变更船籍港时,船舶所有人应当持船舶国籍证书和变更证明文件,到原船籍港船舶登记机关申请办理船籍港变更登记。对经审查符合本条例规定的,原船籍港船舶登记机关应当在船舶国籍证书签证栏内注明,并将船舶有关登记档案转交新船籍港船舶登记机关,船舶所有人再到新船籍港船舶登记机关办理登记。

第三十七条 船舶共有情况发生变更时,船舶所有人应当持船舶所有权登记证书和有关船舶共有情况变更的证明文件,到船籍港船舶登记机关办理变更登记。

第三十八条 船舶抵押合同变更时,抵押权人和抵押人应当持船舶所有权登记证书、船舶抵押权登记证书和船舶抵押合同变更的证明文件,到船籍港船舶登记机关办理有关变更登记。

对经审查符合本条例规定的,船籍港船舶登记机关应当在船舶所有权登记证书和船舶抵押权登记证书以及船舶登记簿上注明船舶抵押合同的变更事项。

第三十九条 船舶所有权发生转移时,原船舶所有人应当持船舶所有权登记证书、船舶国籍证书和其他有关证明文件到船籍港船舶登记机关办理注销登记。

对经审查符合本条例规定的,船籍港船舶登记机关应当注销该船舶在船舶登记簿上的所有权登记以及与之相关的登记,收回有关登记证书,并向船舶所有人出具相应的船舶登记注销证明书。向境外出售的船舶,船舶登记机关可以根据具体情况出具注销国籍的证明书或者将于重新登记时立即注销国籍的证明书。

第四十条 船舶灭失(含船舶拆解、船舶沉没)和船舶失踪,船舶所有人应当自船舶灭失(含船舶拆解、船舶沉没)或者船舶失踪之日起3个月内持船舶所有权登记证书、船舶国籍证书和有关船舶灭失(含船舶拆解、船舶沉没)、船舶失踪的证明文件,到船籍港船舶登记机关办理注销登记。经审查核实,船籍港船舶登记机关应当注销该船舶在船舶登记簿上的登记,收回有关登记证书,并向船舶所有人出具船舶登记注销证明书。

第四十一条 船舶抵押合同解除,抵押权人和抵押人应当持船舶所有权登记证书、船舶抵押权登记证书和经抵押权人签字的解除抵押合同的文件,到船籍港船舶登记机关办理注销登记。对经审查符合本条例规定的,船籍港船舶登记机关应当注销其在船舶所有权登记证书和船舶登记簿上的抵押登记的记录。

(3) 中华人民共和国船舶登记办法(节录)

(2016年12月8日经第29次部务会议通过 2016年12月13日交通运输部令2016年第85号发布 自2017年2月10日施行)

第一章 总 则

第一条 为保障船舶登记有关各方的合法权益,进一步规范船舶登记行为,根据《中华人民共和国海上交通安全法》《中华人民共和国物权法》《中华人民共和国海商法》《中华人民共和国船舶登记条例》等法律、行政法规,制定本办法。

第二条 本办法所称船舶登记,是指船舶登记机关按照《中华人民共和国船舶登记条例》的规定,对船舶所有权、船舶国籍、船舶抵押权、光船租赁、船舶烟囱标志和公司旗进行登记的行为。

第三条 下列船舶的登记适用本办法：

（一）在中华人民共和国境内有住所或者主要营业所的中国公民所有或者光船租赁的船舶。

（二）依据中华人民共和国法律设立的主要营业所在中华人民共和国境内的企业法人所有或者光船租赁的船舶。但是，在该法人的注册资本中有外商出资的，中方投资人的出资额不得低于50%。

（三）外商出资额超过50%的中国企业法人仅供本企业内部生产使用，不从事水路运输经营的趸船、浮船坞。

（四）中华人民共和国政府公务船舶和事业法人、社团法人和其他组织所有或者光船租赁的船舶。

（五）在自由贸易试验区注册的企业法人所有或者光船租赁的船舶。

军事船舶、渔业船舶和体育运动船艇的登记依照有关法规的规定办理。

第四条 交通运输部海事局负责全国船舶登记管理工作。

各级海事管理机构依据职责具体开展辖区内的船舶登记工作，以下简称船舶登记机关。

第五条 船舶登记港为船籍港。各船舶登记机关进行登记的船籍港范围由交通运输部海事局统一确定并对外公布。

船舶登记港由船舶所有人依据其住所或者主要营业所所在地就近选择，但是不得选择两个或者两个以上的船舶登记港。

由企业法人依法成立的开展经营活动的分支机构经营的船舶，可以依据分支机构营业场所所在地就近选择船舶登记港。融资租赁的船舶，可以由租赁双方依其约定，在出租人或者承租人住所地或者主要营业所所在地就近选择船舶登记港。

光租外国籍船舶的，由船舶承租人依据其住所地或者主要营业所所在地就近选择船舶登记港，但是不得选择两个或者两个以上的船舶登记港。

第六条 船舶登记机关办理船舶登记，应当遵循依法、公正、便民的原则。

第七条 船舶登记机关应当建立船舶登记簿。

船舶登记簿可以采用电子介质，也可以采用纸质介质。船舶登记簿采用电子介质的，应当定期进行异地备份，并具有唯一、确定的纸质转化形式。

船舶登记簿由船舶登记机关管理和永久保存。船舶登记簿损毁、灭失的，船舶登记机关应当依据原有登记资料予以重建。

第二章 登记一般规定

第八条 船舶登记应当按照下列程序办理：

（一）申请；

（二）受理；

（三）审查；

（四）记载于船舶登记簿；

（五）发证。

第九条 申请船舶登记，申请人应当填写登记申请书，并向船舶登记机关提交合法身份证明和其他有关申请材料。

第十条 登记申请材料应当为原件，不能提供原件的，可以提交复印件，并同时提交确认复印件与原件一致的证明文件。申请人提交的申请材料是外文的，应当同时提供中文译本。

第十一条 申请人对申请材料的真实性、合法性、有效性负责。

第十二条 船舶登记机关收到船舶登记申请材料后，应当审查申请材料是否齐全，申请材料是否符合法定形式，申请书内容与所附材料是否一致，并核实申请材料是否为原件或者与原件一致。

第十三条 船舶登记机关对登记申请材料审查后，应当按照下列情况出具受理意见：

（一）申请事项属于本登记机关管辖、申请材料齐全、申请书填写完整，复印件与原件一致的，应当受理并书面告知申请人；

（二）申请事项不属于本登记机关管辖的，应当当场书面告知申请人向有管辖权的登记机关申请；

（三）申请材料存在可以当场更正的错误的，应当告知并允许申请人当场更正，申请人更正后，应当受理并书面告知申请人；

（四）申请材料不齐全或者不符合法定形式的，应当书面告知申请人不予受理并一次性告知需要补正的全部内容。

第十四条 在船舶登记证书签发之前，申请人以书面形式申请撤回登记申请的，船舶登记机关应当终止办理，并将申请材料退回申请人。

第十五条 经船舶登记机关审查，船舶登记申请符合规定要求的，船舶登记机关予以登记，将申请登记事项记载于船舶登记簿，制作并发放船舶登记证书。

第十六条 有下列情形之一的，船舶登记机关不予登记并书面告知理由：

（一）申请人不能提供权利取得证明文件或者申请登记事项与权利取得证明文件不一致的；

（二）第三人主张存在尚未解决的权属争议且能提供依据的；

（三）申请登记事项与已签发的登记证书内容相冲突的；

（四）违反法律、行政法规规定的。

第十七条 船舶登记机关应当建立船舶登记簿，载明下列事项：

（一）船舶名称、呼号、识别号和主要技术数据；

（二）船舶建造商名称、建造日期和建造地点；

（三）船籍港和船舶登记号码；

（四）船舶的曾用名、原船籍港以及原船舶登记的注销或者中止日期；

（五）船舶所有人的名称、地址及其法定代表人的姓名；

（六）船舶所有权的取得方式和取得日期；

（七）船舶所有权登记日期；

（八）船舶为数人共有的，应当载明船舶共有人的共有情况；

（九）船舶光船租赁的，应当载明光船承租人名称、地址及其法定代表人姓名；

（十）船舶已设定抵押的，应当载明船舶抵押权的设定情况；

（十一）船舶登记机关依法协助司法机关执行的事项。

第十八条 船舶登记证书污损不能使用需要换发的，持证人应当持原船舶登记证书向船籍港船舶登记机关申请换发。

第十九条 船舶所有权登记证书、船舶国籍证书、船舶注销登记证明书遗失或者灭失的，持证人应当书面说明理由，附具有关证明文件，向船籍港船舶登记机关申请补发。船舶登记机关应当予以公告，声明原证书作废。

所有权登记证书补发公告之日起 90 日内无异议的，船舶国籍证书、船舶注销登记证明书补发公告之日起 3 日内无异议的，船舶登记机关予以补发新证书。

第二十条 船舶抵押权登记证书、光船租赁登记证书遗失或者灭失的，持证人应当向船籍港船舶登记机关报告。船舶登记机关应当予以公告，声明原证书作废。

第二十一条 船舶权利人、利害关系人、有关国家机关可以依法查阅、复制船舶登记簿或者船舶登记档案。

第二十二条 船舶登记机关协助法院执行的，应当收存法院送达的协助执行通知书和生效的裁判文书。

第二十三条 自船舶登记申请受理之日起，船舶登记机关应当于 7 个工作日内，将申请登记事项记载于船舶登记簿并核发相应证书，或者做出不予登记的决定。公告时间不计入前款规定的时限。

第二十四条 本办法中的公告，可以在交通运输部海事局的官方网站上发布。

第三章 船舶所有权登记

第二节 船舶所有权登记

第三十一条 船舶所有权登记由船舶所有人提出申请。共有船舶由全体共有人共同提出申请。

第三十二条 申请办理船舶所有权登记，应当提交下列材料：

（一）船舶所有权取得证明材料；

（二）船舶技术资料；

（三）船舶正横、侧舷、正艉、烟囱等照片；

（四）共有船舶的，还应当提交船舶共有情况证明材料；

（五）船舶所有人是合资企业的，还应当提交合资企业出资额的证明材料；

（六）已经登记的船舶，还应当提交原船舶登记机关出具的船舶所有权登记注销证明书。

前款所称的船舶技术资料是指新造船舶的建造检验证书，或者现有船舶的船舶检验证书，或者境外购买外国籍船舶的技术评定书。

第三十三条 本办法第三十二条规定提交的船舶所有权取得证明材料，应当满足下列情形之一：

（一）购买取得的船舶，提交购船发票或者船舶的买卖合同和交接文件；

（二）新造船舶，提交船舶建造合同和交接文件；

（三）因继承取得的船舶，提交具有法律效力的所有权取得证明文件；

（四）因赠与取得的船舶，提交船舶赠与合同和交接文件；

（五）依法拍卖取得的船舶，提交具有法律效力的拍卖成交确认书和船舶移交完毕确认书；

（六）因法院裁判或者仲裁机构仲裁取得的船舶，提交生效的裁判文书或者仲裁文书、交接文件或者协助执行通知书；

（七）因政府机关、企事业单位划拨、改制、资产重组发生所有权转移的船舶，提交有权单位出具的资产划拨文件或者资产重组船舶所有权归属证明和交接文件；

（八）因融资租赁取得船舶所有权的，提交船舶融资租赁合同和交接文件；

（九）自造自用船舶或者其他情况下，提交足以证明船舶所有权取得的证明文件。

第三十四条　申请办理建造中船舶所有权登记，应当提交下列材料：

（一）船舶建造合同，如建造合同对建造中船舶所有权约定不明确的，还应提交船舶建造各方共同签署的建造中船舶所有权归属证明；

（二）建造中船舶的基本技术参数；

（三）5张以上从不同角度拍摄且能反映船舶已建成部分整体状况的照片；

（四）船舶未在任何登记机关办理过所有权登记的声明；

（五）共有船舶的，还应当提交船舶共有情况证明材料；

（六）船舶所有人是合资企业的，还应当提交合资企业出资额的证明材料。

第三十五条　船舶所有权登记项目发生变更的，船舶所有人应当持变更项目证明文件和相关船舶登记证书，向船籍港船舶登记机关申请办理变更登记。船舶所有权登记项目变更涉及其他船舶登记证书内容的，应当对其他登记证书一并变更。

第三十六条　因船舶所有权发生转移、船舶灭失和失踪，注销船舶所有权登记的，按照《中华人民共和国船舶登记条例》第三十九条、第四十条的规定办理。

第三十七条　船舶依法拍卖后，新船舶所有人可以凭所有权转移的证明文件向原船舶登记机关申请办理所有权注销登记，并交回原船舶所有权登记证书。原船舶所有权登记证书无法交回的，应当提交书面说明，由船舶登记机关公告作废。

第五章　船舶抵押权登记

第四十七条　20总吨以上船舶的抵押权登记，由船舶抵押人和抵押权人共同向船籍港船舶登记机关申请。

第四十八条　申请办理船舶抵押权登记，应当提交以下材料：

（一）船舶抵押合同及其主合同；

（二）船舶所有权登记证书或者船舶建造合同；

（三）共有船舶的，全体共同共有人或者2/3以上份额或约定份额的按份共有人同意船舶抵押的证明文件；

（四）已办理光船租赁登记的船舶，承租人同意船舶抵押的证明文件；

申请办理建造中船舶抵押权登记,除提交上述第一至三项材料外,还应当提交抵押人出具的船舶未在其他登记机关办理过抵押权登记并且不存在法律、法规禁止船舶设置抵押权的声明。

第四十九条 船舶抵押权登记,包括下列主要事项:
(一)抵押权人和抵押人的姓名或者名称、地址;
(二)被抵押船舶的名称、国籍,船舶所有权登记证书的颁发机关和登记号码;
(三)被担保的债权数额;
(四)抵押权登记日期。

第五十条 船舶抵押权登记项目发生变化的,抵押人和抵押权人应当共同向船籍港船舶登记机关申请办理变更登记,提交变更项目的证明文件及相关船舶登记证书。

船舶有多个抵押权登记且变更项目涉及被担保的债权数额等变化的,若对其他抵押权人产生不利影响,还应当提交其他抵押权人书面同意变更的证明文件。

第五十一条 船舶抵押权转移登记,按照《中华人民共和国船舶登记条例》第二十三条的规定办理。

第五十二条 因船舶抵押合同解除注销船舶抵押权登记的,按照《中华人民共和国船舶登记条例》第四十一条的规定办理。

第五十三条 20总吨以下船舶申请办理抵押权登记的,可以参照本节有关规定办理。

4. 机动车抵押的特殊规定

机动车登记规定(节录)

(2008年5月27日中华人民共和国公安部令第102号发布
根据2012年9月12日《公安部关于修改〈机动车登记规定〉的决定》修正)

第一章 总 则

第一条 根据《中华人民共和国道路交通安全法》及其实施条例的规定,制定本规定。

第二条 本规定由公安机关交通管理部门负责实施。

省级公安机关交通管理部门负责本省(自治区、直辖市)机动车登记工作的指导、检查和监督。直辖市公安机关交通管理部门车辆管理所、设区的市或者相当于同级的公安机关交通管理部门车辆管理所负责办理本行政辖区内机动车登记业务。

县级公安机关交通管理部门车辆管理所可以办理本行政辖区内摩托车、三轮汽车、低速载货汽车登记业务。条件具备的,可以办理除进口机动车、危险化学品运输车、校车、中型以上载客汽车以外的其他机动车登记业务。具体业务范围和办理条件由省级公安机关交通管理部门确定。

警用车辆登记业务按照有关规定办理。

第三条 车辆管理所办理机动车登记,应当遵循公开、公正、便民的原则。

车辆管理所在受理机动车登记申请时,对申请材料齐全并符合法律、行政法规和本规定的,应当在规定的时限内办结。对申请材料不齐全或者其他不符合法定形式的,应当一次告知申请人需要补正的全部内容。对不符合规定的,应当书面告知不予受理、登记的理由。

车辆管理所应当将法律、行政法规和本规定的有关机动车登记的事项、条件、依据、程序、期限以及收费标准、需要提交的全部材料的目录和申请表示范文本等在办理登记的场所公示。

省级、设区的市或者相当于同级的公安机关交通管理部门应当在互联网上建立主页,发布信息,便于群众查阅机动车登记的有关规定,下载、使用有关表格。

第四条 车辆管理所应当使用计算机登记系统办理机动车登记,并建立数据库。不使用计算机登记系统登记的,登记无效。

计算机登记系统的数据库标准和登记软件全国统一。数据库能够完整、准确记录登记内容,记录办理过程和经办人员信息,并能够实时将有关登记内容传送到全国公安交通管理信息系统。计算机登记系统应当与交通违法信息系统和交通事故信息系统实行联网。

第二章 登 记

第一节 注 册 登 记

第九条 有下列情形之一的,不予办理注册登记:

(一)机动车所有人提交的证明、凭证无效的;

(二)机动车来历证明被涂改或者机动车来历证明记载的机动车所有人与身份证明不符的;

(三)机动车所有人提交的证明、凭证与机动车不符的;

(四)机动车未经国务院机动车产品主管部门许可生产或者未经国家进口机动车主管部门许可进口的;

(五)机动车的有关技术数据与国务院机动车产品主管部门公告的数据不符的;

(六)机动车的型号、发动机号码、车辆识别代号或者有关技术数据不符合国家安全技术标准的;

(七)机动车达到国家规定的强制报废标准的;

(八)机动车被人民法院、人民检察院、行政执法部门依法查封、扣押的;

(九)机动车属于被盗抢的;

(十)其他不符合法律、行政法规规定的情形。

第三节 转 移 登 记

第二十条 有下列情形之一的,不予办理转移登记:

（一）机动车与该车档案记载内容不一致的；
（二）属于海关监管的机动车，海关未解除监管或者批准转让的；
（三）机动车在抵押登记、质押备案期间的；
（四）有本规定第九条第（一）项、第（二）项、第（七）项、第（八）项、第（九）项规定情形的。

第四节 抵 押 登 记

第二十二条 机动车所有人将机动车作为抵押物抵押的，应当向登记地车辆管理所申请抵押登记；抵押权消灭的，应当向登记地车辆管理所申请解除抵押登记。

第二十三条 申请抵押登记的，机动车所有人应当填写申请表，由机动车所有人和抵押权人共同申请，并提交下列证明、凭证：

（一）机动车所有人和抵押权人的身份证明；
（二）机动车登记证书；
（三）机动车所有人和抵押权人依法订立的主合同和抵押合同。

车辆管理所应当自受理之日起一日内，审查提交的证明、凭证，**在机动车登记证书上签注抵押登记的内容和日期**。

第二十四条 申请解除抵押登记的，机动车所有人应当填写申请表，由机动车所有人和抵押权人共同申请，并提交下列证明、凭证：

（一）机动车所有人和抵押权人的身份证明；
（二）机动车登记证书。

人民法院调解、裁定、判决解除抵押的，机动车所有人或者抵押权人应当填写申请表，提交机动车登记证书、人民法院出具的已经生效的《调解书》、《裁定书》或者《判决书》，以及相应的《协助执行通知书》。

车辆管理所应当自受理之日起一日内，审查提交的证明、凭证，在机动车登记证书上签注解除抵押登记的内容和日期。

第二十五条 机动车抵押登记日期、解除抵押登记日期可以供公众查询。

第二十六条 有本规定第九条第（一）项、第（七）项、第（八）项、第（九）项或者第二十条第（二）项规定情形之一的，**不予办理抵押登记**。对机动车所有人提交的证明、凭证无效，或者机动车被人民法院、人民检察院、行政执法部门依法查封、扣押的，**不予办理解除抵押登记**。

第三章 其 他 规 定

第四十二条 申请办理机动车**质押备案或者解除质押备案**的，由机动车所有人和**典当行**共同申请，机动车所有人应当填写申请表，并提交以下证明、凭证：

（一）机动车所有人和典当行的身份证明；
（二）机动车登记证书。

车辆管理所应当自受理之日起一日内，审查提交的证明、凭证，在机动车登记证书上签注质押备案或者解除质押备案的内容和日期。

有本规定第九条第(一)项、第(七)项、第(八)项、第(九)项规定情形之一的,不予办理质押备案。对机动车所有人提交的证明、凭证无效,或者机动车被人民法院、人民检察院、行政执法部门依法查封、扣押的,不予办理解除质押备案。

第五十四条　机动车所有人可以委托代理人代理申请各项机动车登记和业务,但申请补领机动车登记证书的除外。对机动车所有人因死亡、出境、重病、伤残或者不可抗力等原因不能到场申请补领机动车登记证书的,可以凭相关证明委托代理人代理申领。

代理人申请机动车登记和业务时,应当提交代理人的身份证明和机动车所有人的书面委托。

第五十五条　机动车所有人或者代理人申请机动车登记和业务,应当如实向车辆管理所提交规定的材料和反映真实情况,并对其申请材料实质内容的真实性负责。

第五章　附　　则

第六十五条　本规定自2008年10月1日起施行。2004年4月30日公安部发布的《机动车登记规定》(公安部令第72号)同时废止。本规定实施前公安部发布的其他规定与本规定不一致的,以本规定为准。

(二) 不动产标的物之上的抵押权

1. 不动产抵押的一般规定

(1) 不动产登记暂行条例

(2014年11月24日颁布　自2015年3月1日起施行　国务院令第656号)

第一章　总　　则

第一条　为整合不动产登记职责,规范登记行为,方便群众申请登记,保护权利人合法权益,根据《中华人民共和国物权法》等法律,制定本条例。

第二条　本条例所称不动产登记,是指不动产登记机构依法将不动产权利归属和其他法定事项记于不动产登记簿的行为。

本条例所称不动产,是指土地、海域以及房屋、林木等定着物。

第三条　不动产首次登记、变更登记、转移登记、注销登记、更正登记、异议登记、预告登记、查封登记等,适用本条例。

第四条　国家实行不动产统一登记制度。

不动产登记遵循严格管理、稳定连续、方便群众的原则。

不动产权利人已经依法享有的不动产权利,不因登记机构和登记程序的改变而受到影响。

第五条 下列不动产权利,依照本条例的规定办理登记:

(一)集体土地所有权;

(二)房屋等建筑物、构筑物所有权;

(三)森林、林木所有权;

(四)耕地、林地、草地等土地承包经营权;

(五)建设用地使用权;

(六)宅基地使用权;

(七)海域使用权;

(八)地役权;

(九)抵押权;

(十)法律规定需要登记的其他不动产权利。

第六条 国务院国土资源主管部门负责指导、监督全国不动产登记工作。

县级以上地方人民政府应当确定一个部门为本行政区域的不动产登记机构,负责不动产登记工作,并接受上级人民政府不动产登记主管部门的指导、监督。

第七条 不动产登记由不动产所在地的县级人民政府不动产登记机构办理;直辖市、设区的市人民政府可以确定本级不动产登记机构统一办理所属各区的不动产登记。

跨县级行政区域的不动产登记,由所跨县级行政区域的不动产登记机构分别办理。不能分别办理的,由所跨县级行政区域的不动产登记机构协商办理;协商不成的,由共同的上一级人民政府不动产登记主管部门指定办理。

国务院确定的重点国有林区的森林、林木和林地,国务院批准项目用海、用岛,中央国家机关使用的国有土地等不动产登记,由国务院国土资源主管部门会同有关部门规定。

第二章 不动产登记簿

第八条 不动产以不动产单元为基本单位进行登记。不动产单元具有唯一编码。

不动产登记机构应当按照国务院国土资源主管部门的规定设立统一的不动产登记簿。

不动产登记簿应当记载以下事项:

(一)不动产的坐落、界址、空间界限、面积、用途等自然状况;

(二)不动产权利的主体、类型、内容、来源、期限、权利变化等权属状况;

(三)涉及不动产权利限制、提示的事项;

(四)其他相关事项。

第九条 不动产登记簿应当采用电子介质,暂不具备条件的,可以采用纸质介质。不动产登记机构应当明确不动产登记簿唯一、合法的介质形式。

不动产登记簿采用电子介质的,应当定期进行异地备份,并具有唯一、确定的纸质转化形式。

第十条 不动产登记机构应当依法将各类登记事项准确、完整、清晰地记载于不动产登记簿。任何人不得损毁不动产登记簿,除依法予以更正外不得修改登记事项。

第十一条 不动产登记工作人员应当具备与不动产登记工作相适应的专业知识和业务能力。

不动产登记机构应当加强对不动产登记工作人员的管理和专业技术培训。

第十二条 不动产登记机构应当指定专人负责不动产登记簿的保管,并建立健全相应的安全责任制度。

采用纸质介质不动产登记簿的,应当配备必要的防盗、防火、防渍、防有害生物等安全保护设施。

采用电子介质不动产登记簿的,应当配备专门的存储设施,并采取信息网络安全防护措施。

第十三条 不动产登记簿由不动产登记机构永久保存。不动产登记簿损毁、灭失的,不动产登记机构应当依据原有登记资料予以重建。

行政区域变更或者不动产登记机构职能调整的,应当及时将不动产登记簿移交相应的不动产登记机构。

第三章 登 记 程 序

第十四条 因买卖、设定抵押权等申请不动产登记的,应当由当事人双方共同申请。

属于下列情形之一的,可以由当事人单方申请:

(一) 尚未登记的不动产首次申请登记的;

(二) 继承、接受遗赠取得不动产权利的;

(三) 人民法院、仲裁委员会生效的法律文书或者人民政府生效的决定等设立、变更、转让、消灭不动产权利的;

(四) 权利人姓名、名称或者自然状况发生变化,申请变更登记的;

(五) 不动产灭失或者权利人放弃不动产权利,申请注销登记的;

(六) 申请更正登记或者异议登记的;

(七) 法律、行政法规规定可以由当事人单方申请的其他情形。

第十五条 当事人或者其代理人应当到不动产登记机构办公场所申请不动产登记。

不动产登记机构将申请登记事项记载于不动产登记簿前,申请人可以撤回登记申请。

第十六条 申请人应当提交下列材料,并对申请材料的真实性负责:

(一) 登记申请书;

(二) 申请人、代理人身份证明材料、授权委托书;

(三) 相关的不动产权属来源证明材料、登记原因证明文件、不动产权属证书;

(四) 不动产界址、空间界限、面积等材料;

（五）与他人利害关系的说明材料；

（六）法律、行政法规以及本条例实施细则规定的其他材料。

不动产登记机构应当在办公场所和门户网站公开申请登记所需材料目录和示范文本等信息。

第十七条 不动产登记机构收到不动产登记申请材料，应当分别按照下列情况办理：

（一）属于登记职责范围，申请材料齐全、符合法定形式，或者申请人按照要求提交全部补正申请材料的，应当受理并书面告知申请人；

（二）申请材料存在可以当场更正的错误的，应当告知申请人当场更正，申请人当场更正后，应当受理并书面告知申请人；

（三）申请材料不齐全或者不符合法定形式的，应当当场书面告知申请人不予受理并一次性告知需要补正的全部内容；

（四）申请登记的不动产不属于本机构登记范围的，应当当场书面告知申请人不予受理并告知申请人向有登记权的机构申请。

不动产登记机构未当场书面告知申请人不予受理的，视为受理。

第十八条 不动产登记机构受理不动产登记申请的，应当按照下列要求进行查验：

（一）不动产界址、空间界限、面积等材料与申请登记的不动产状况是否一致；

（二）有关证明材料、文件与申请登记的内容是否一致；

（三）登记申请是否违反法律、行政法规规定。

第十九条 属于下列情形之一的，不动产登记机构可以对申请登记的不动产进行实地查看：

（一）房屋等建筑物、构筑物所有权首次登记；

（二）在建建筑物抵押权登记；

（三）因不动产灭失导致的注销登记；

（四）不动产登记机构认为需要实地查看的其他情形。

对可能存在权属争议，或者可能涉及他人利害关系的登记申请，不动产登记机构可以向申请人、利害关系人或者有关单位进行调查。

不动产登记机构进行实地查看或者调查时，申请人、被调查人应当予以配合。

第二十条 不动产登记机构应当自受理登记申请之日起30个工作日内办结不动产登记手续，法律另有规定的除外。

第二十一条 登记事项自记载于不动产登记簿时完成登记。

不动产登记机构完成登记，应当依法向申请人核发不动产权属证书或者登记证明。

第二十二条 登记申请有下列情形之一的，不动产登记机构应当不予登记，并书面告知申请人：

（一）违反法律、行政法规规定的；

（二）存在尚未解决的权属争议的；

（三）申请登记的不动产权利超过规定期限的；

（四）法律、行政法规规定不予登记的其他情形。

第四章　登记信息共享与保护

第二十三条　国务院国土资源主管部门应当会同有关部门建立统一的不动产登记信息管理基础平台。

各级不动产登记机构登记的信息应当纳入统一的不动产登记信息管理基础平台，确保国家、省、市、县四级登记信息的实时共享。

第二十四条　不动产登记有关信息与住房城乡建设、农业、林业、海洋等部门审批信息、交易信息等应当实时互通共享。

不动产登记机构能够通过实时互通共享取得的信息，不得要求不动产登记申请人重复提交。

第二十五条　国土资源、公安、民政、财政、税务、工商、金融、审计、统计等部门应当加强不动产登记有关信息互通共享。

第二十六条　不动产登记机构、不动产登记信息共享单位及其工作人员应当对不动产登记信息保密；涉及国家秘密的不动产登记信息，应当依法采取必要的安全保密措施。

第二十七条　权利人、利害关系人可以依法查询、复制不动产登记资料，不动产登记机构应当提供。

有关国家机关可以依照法律、行政法规的规定查询、复制与调查处理事项有关的不动产登记资料。

第二十八条　查询不动产登记资料的单位、个人应当向不动产登记机构说明查询目的，不得将查询获得的不动产登记资料用于其他目的；未经权利人同意，不得泄露查询获得的不动产登记资料。

第五章　法　律　责　任

第二十九条　不动产登记机构登记错误给他人造成损害，或者当事人提供虚假材料申请登记给他人造成损害的，依照《中华人民共和国物权法》的规定承担赔偿责任。

第三十条　不动产登记机构工作人员进行虚假登记，损毁、伪造不动产登记簿，擅自修改登记事项，或者有其他滥用职权、玩忽职守行为的，依法给予处分；给他人造成损害的，依法承担赔偿责任；构成犯罪的，依法追究刑事责任。

第三十一条　伪造、变造不动产权属证书、不动产登记证明，或者买卖、使用伪造、变造的不动产权属证书、不动产登记证明的，由不动产登记机构或者公安机关依法予以收缴；有违法所得的，没收违法所得；给他人造成损害的，依法承担赔偿责任；构成违反治安管理行为的，依法给予治安管理处罚；构成犯罪的，依法追究刑事责任。

第三十二条　不动产登记机构、不动产登记信息共享单位及其工作人员，查询不动产登记资料的单位或者个人违反国家规定，泄露不动产登记资料、登记信息，或者利用不动产登记资料、登记信息进行不正当活动,给他人造成损害的,依法承担赔偿责任;对有关责任人员依法给予处分;有关责任人员构成犯罪的,依法追究刑事责任。

第六章 附 则

第三十三条 本条例施行前依法颁发的各类不动产权属证书和制作的不动产登记簿继续有效。

不动产统一登记过渡期内,农村土地承包经营权的登记按照国家有关规定执行。

第三十四条 本条例实施细则由国务院国土资源主管部门会同有关部门制定。

第三十五条 本条例自2015年3月1日起施行。本条例施行前公布的行政法规有关不动产登记的规定与本条例规定不一致的,以本条例规定为准。

(2) 不动产登记暂行条例实施细则(节录)

(2015年6月29日国土资源部第3次部务会议审议通过
2016年1月1日发布并施行 国土资源部令第63号)

第一章 总 则

第一条 为规范不动产登记行为,细化不动产统一登记制度,方便人民群众办理不动产登记,保护权利人合法权益,根据《不动产登记暂行条例》(以下简称《条例》),制定本实施细则。

第二条 不动产登记应当依照当事人的申请进行,但法律、行政法规以及本实施细则另有规定的除外。

房屋等建筑物、构筑物和森林、林木等定着物应当与其所依附的土地、海域一并登记,保持权利主体一致。

第三条 不动产登记机构依照《条例》第七条第二款的规定,协商办理或者接受指定办理跨县级行政区域不动产登记的,应当在登记完毕后将不动产登记簿记载的不动产权利人以及不动产坐落、界址、面积、用途、权利类型等登记结果告知不动产所跨区域的其他不动产登记机构。

第四条 国务院确定的重点国有林区的森林、林木和林地,由国土资源部受理并会同有关部门办理,依法向权利人核发不动产权属证书。

国务院批准的项目用海、用岛的登记,由国土资源部受理,依法向权利人核发不动产权属证书。

中央国家机关使用的国有土地等不动产登记,依照国土资源部《在京中央国家机关用地土地登记办法》等规定办理。

第二章　不动产登记簿

第五条　《条例》第八条规定的不动产单元,是指权属界线封闭且具有独立使用价值的空间。

没有房屋等建筑物、构筑物以及森林、林木定着物的,以土地、海域权属界线封闭的空间为不动产单元。

有房屋等建筑物、构筑物以及森林、林木定着物的,以该房屋等建筑物、构筑物以及森林、林木定着物与土地、海域权属界线封闭的空间为不动产单元。

前款所称房屋,包括独立成幢、权属界线封闭的空间,以及区分套、层、间等可以独立使用、权属界线封闭的空间。

第六条　不动产登记簿以宗地或者宗海为单位编成,一宗地或者一宗海范围内的全部不动产单元编入一个不动产登记簿。

第七条　不动产登记机构应当配备专门的不动产登记电子存储设施,采取信息网络安全防护措施,保证电子数据安全。

任何单位和个人不得擅自复制或者篡改不动产登记簿信息。

第八条　承担不动产登记审核、登记簿的不动产登记工作人员应当熟悉相关法律法规,具备与其岗位相适应的不动产登记等方面的专业知识。

国土资源部会同有关部门组织开展对承担不动产登记审核、登记簿的不动产登记工作人员的考核培训。

第三章　登　记　程　序

第九条　申请不动产登记的,申请人应当填写登记申请书,并提交身份证明以及相关申请材料。

申请材料应当提供原件。因特殊情况不能提供原件的,可以提供复印件,复印件应当与原件保持一致。

第十条　处分共有不动产申请登记的,应当经占份额三分之二以上的按份共有人或者全体共同共有人共同申请,但共有人另有约定的除外。

按份共有人转让其享有的不动产份额,应当与受让人共同申请转移登记。

建筑区划内依法属于全体业主共有的不动产申请登记,依照本实施细则第三十六条的规定办理。

第十一条　无民事行为能力人、限制民事行为能力人申请不动产登记的,应当由其监护人代为申请。

监护人代为申请登记的,应当提供监护人与被监护人的身份证或者户口簿、有关监护关系等材料;因处分不动产而申请登记的,还应当提供为被监护人利益的书面保证。

父母之外的监护人处分未成年人不动产的,有关监护关系材料可以是人民法院指定监护的法律文书、经过公证的对被监护人享有监护权的材料或者其他材料。

第十二条　当事人可以委托他人代为申请不动产登记。

代理申请不动产登记的,代理人应当向不动产登记机构提供被代理人签字或者盖章的授权委托书。

自然人处分不动产,委托代理人申请登记的,应当与代理人共同到不动产登记机构现场签订授权委托书,但授权委托书经公证的除外。

境外申请人委托他人办理处分不动产登记的,其授权委托书应当按照国家有关规定办理认证或者公证。

第十三条　申请登记的事项记载于不动产登记簿前,全体申请人提出撤回登记申请的,登记机构应当将登记申请书以及相关材料退还申请人。

第十四条　因继承、受遗赠取得不动产,当事人申请登记的,应当提交死亡证明材料、遗嘱或者全部法定继承人关于不动产分配的协议以及与被继承人的亲属关系材料等,也可以提交经公证的材料或者生效的法律文书。

第十五条　不动产登记机构受理不动产登记申请后,还应当对下列内容进行查验：

（一）申请人、委托代理人身份证明材料以及授权委托书与申请主体是否一致；

（二）权属来源材料或者登记原因文件与申请登记的内容是否一致；

（三）不动产界址、空间界限、面积等权籍调查成果是否完备,权属是否清楚、界址是否清晰、面积是否准确；

（四）法律、行政法规规定的完税或者缴费凭证是否齐全。

第十六条　不动产登记机构进行实地查看,重点查看下列情况：

（一）房屋等建筑物、构筑物所有权首次登记,查看房屋坐落及其建造完成等情况；

（二）在建建筑物抵押权登记,查看抵押的在建建筑物坐落及其建造等情况；

（三）因不动产灭失导致的注销登记,查看不动产灭失等情况。

第十七条　有下列情形之一的,不动产登记机构应当在登记事项记载于登记簿前进行公告,但涉及国家秘密的除外：

（一）政府组织的集体土地所有权登记；

（二）宅基地使用权及房屋所有权,集体建设用地使用权及建筑物、构筑物所有权,土地承包经营权等不动产权利的首次登记；

（三）依职权更正登记；

（四）依职权注销登记；

（五）法律、行政法规规定的其他情形。

公告应当在不动产登记机构门户网站以及不动产所在地等指定场所进行,公告期不少于15个工作日。公告所需时间不计算在登记办理期限内。公告期满无异议或者异议不成立的,应当及时记载于不动产登记簿。

第十八条　不动产登记公告的主要内容包括：

（一）拟予登记的不动产权利人的姓名或者名称；

（二）拟予登记的不动产坐落、面积、用途、权利类型等；

（三）提出异议的期限、方式和受理机构；

（四）需要公告的其他事项。

第十九条 当事人可以持人民法院、仲裁委员会的生效法律文书或者人民政府的生效决定单方申请不动产登记。

有下列情形之一的,不动产登记机构直接办理不动产登记:

(一)人民法院持生效法律文书和协助执行通知书要求不动产登记机构办理登记的;

(二)人民检察院、公安机关依据法律规定持协助查封通知书要求办理查封登记的;

(三)人民政府依法做出征收或者收回不动产权利决定生效后,要求不动产登记机构办理注销登记的;

(四)法律、行政法规规定的其他情形。

不动产登记机构认为登记事项存在异议的,应当依法向有关机关提出审查建议。

第二十条 不动产登记机构应当根据不动产登记簿,填写并核发不动产权属证书或者不动产登记证明。

除办理抵押权登记、地役权登记和预告登记、异议登记,向申请人核发不动产登记证明外,不动产登记机构应当依法向权利人核发不动产权属证书。

不动产权属证书和不动产登记证明,应当加盖不动产登记机构登记专用章。

不动产权属证书和不动产登记证明样式,由国土资源部统一规定。

第二十一条 申请共有不动产登记的,不动产登记机构向全体共有人合并发放一本不动产权属证书;共有人申请分别持证的,可以为共有人分别发放不动产权属证书。

共有不动产权属证书应当注明共有情况,并列明全体共有人。

第二十二条 不动产权属证书或者不动产登记证明污损、破损的,当事人可以向不动产登记机构申请换发。符合换发条件的,不动产登记机构应当予以换发,并收回原不动产权属证书或者不动产登记证明。

不动产权属证书或者不动产登记证明遗失、灭失,不动产权利人申请补发的,由不动产登记机构在其门户网站上刊发不动产权利人的遗失、灭失声明15个工作日后,予以补发。

不动产登记机构补发不动产权属证书或者不动产登记证明的,应当将补发不动产权属证书或者不动产登记证明的事项记载于不动产登记簿,并在不动产权属证书或者不动产登记证明上注明"补发"字样。

第二十三条 因不动产权利灭失等情形,不动产登记机构需要收回不动产权属证书或者不动产登记证明的,应当在不动产登记簿上将收回不动产权属证书或者不动产登记证明的事项予以注明;确实无法收回的,应当在不动产登记机构门户网站或者当地公开发行的报刊上公告作废。

第四章 不动产权利登记

第一节 一般规定

第二十四条 不动产首次登记,是指不动产权利第一次登记。

未办理不动产首次登记的,不得办理不动产其他类型登记,但法律、行政法规另有规定的除外。

第二十五条 市、县人民政府可以根据情况对本行政区域内未登记的不动产,组织开展集体土地所有权、宅基地使用权、集体建设用地使用权、土地承包经营权的首次登记。

依照前款规定办理首次登记所需的权属来源、调查等登记材料,由人民政府有关部门组织获取。

第二十六条 下列情形之一的,不动产权利人可以向不动产登记机构申请变更登记:

(一)权利人的姓名、名称、身份证明类型或者身份证明号码发生变更的;

(二)不动产的坐落、界址、用途、面积等状况变更的;

(三)不动产权利期限、来源等状况发生变化的;

(四)同一权利人分割或者合并不动产的;

(五)抵押担保的范围、主债权数额、债务履行期限、抵押权顺位发生变化的;

(六)最高额抵押担保的债权范围、最高债权额、债权确定期间等发生变化的;

(七)地役权的利用目的、方法等发生变化的;

(八)共有性质发生变更的;

(九)法律、行政法规规定的其他不涉及不动产权利转移的变更情形。

第二十七条 因下列情形导致不动产权利转移的,当事人可以向不动产登记机构申请转移登记:

(一)买卖、互换、赠与不动产的;

(二)以不动产作价出资(入股)的;

(三)法人或者其他组织因合并、分立等原因致使不动产权利发生转移的;

(四)不动产分割、合并导致权利发生转移的;

(五)继承、受遗赠导致权利发生转移的;

(六)共有人增加或者减少以及共有不动产份额变化的;

(七)因人民法院、仲裁委员会的生效法律文书导致不动产权利发生转移的;

(八)因主债权转移引起不动产抵押权转移的;

(九)因需役地不动上产权利转移引起地役权转移的;

(十)法律、行政法规规定的其他不动产权利转移情形。

第二十八条 有下列情形之一的,当事人可以申请办理注销登记:

(一)不动产灭失的;

(二)权利人放弃不动产权利的;

(三)不动产被依法没收、征收或者收回的;

(四)人民法院、仲裁委员会的生效法律文书导致不动产权利消灭的;

(五)法律、行政法规规定的其他情形。

不动产上已经设立抵押权、地役权或者已经办理预告登记,所有权人、使用权人因放弃权利申请注销登记的,申请人应当提供抵押权人、地役权人、预告登记权利人同意的书面材料。

第九节 抵押权登记

第六十五条 对下列财产进行抵押的,可以申请办理不动产抵押登记:
(一) 建设用地使用权;
(二) 建筑物和其他土地附着物;
(三) 海域使用权;
(四) 以招标、拍卖、公开协商等方式取得的荒地等土地承包经营权;
(五) 正在建造的建筑物;
(六) 法律、行政法规未禁止抵押的其他不动产。

以建设用地使用权、海域使用权抵押的,该土地、海域上的建筑物、构筑物一并抵押;以建筑物、构筑物抵押的,该建筑物、构筑物占用范围内的建设用地使用权、海域使用权一并抵押。

第六十六条 自然人、法人或者其他组织为保障其债权的实现,依法以不动产设定抵押的,可以由当事人持不动产权属证书、抵押合同与主债权合同等必要材料,共同申请办理抵押登记。

抵押合同可以是单独订立的书面合同,也可以是主债权合同中的抵押条款。

第六十七条 同一不动产上设立多个抵押权的,不动产登记机构应当按照受理时间的先后顺序依次办理登记,并记载于不动产登记簿。当事人对抵押权顺位另有约定的,从其规定办理登记。

第六十八条 有下列情形之一的,当事人应当持不动产权属证书、不动产登记证明、抵押权变更等必要材料,申请抵押权变更登记:
(一) 抵押人、抵押权人的姓名或者名称变更的;
(二) 被担保的主债权数额变更的;
(三) 债务履行期限变更的;
(四) 抵押权顺位变更的;
(五) 法律、行政法规规定的其他情形。

因被担保权主债权的种类及数额、担保范围、债务履行期限、抵押权顺位发生变更申请抵押权变更登记时,如果该抵押权的变更将对其他抵押权人产生不利影响的,还应当提交其他抵押权人书面同意的材料与身份证或者户口簿等材料。

第六十九条 因主债权转让导致抵押权转让的,当事人可以持不动产权属证书、不动产登记证明、被担保主债权的转让协议、债权人已经通知债务人的材料等相关材料,申请抵押权的转移登记。

第七十条 有下列情形之一的,当事人可以持不动产登记证明、抵押权消灭的材料等必要材料,申请抵押权注销登记:
(一) 主债权消灭;
(二) 抵押权已经实现;
(三) 抵押权人放弃抵押权;
(四) 法律、行政法规规定抵押权消灭的其他情形。

第七十一条 设立最高额抵押权的,当事人应当持不动产权属证书、最高额抵押合同与一定期间内将要连续发生的债权的合同或者其他登记原因材料等必要材料,申请最高额抵押权首次登记。

当事人申请最高额抵押权首次登记时,同意将最高额抵押权设立前已经存在的债权转入最高额抵押担保的债权范围的,还应当提交已存在债权的合同以及当事人同意将该债权纳入最高额抵押权担保范围的书面材料。

第七十二条 有下列情形之一的,当事人应当持不动产登记证明、最高额抵押权发生变更的材料等必要材料,申请最高额抵押权变更登记:

（一）抵押人、抵押权人的姓名或者名称变更的;
（二）债权范围变更的;
（三）最高债权额变更的;
（四）债权确定的期间变更的;
（五）抵押权顺位变更的;
（六）法律、行政法规规定的其他情形。

因最高债权额、债权范围、债务履行期限、债权确定的期间发生变更申请最高额抵押权变更登记时,如果该变更将对其他抵押权人产生不利影响的,当事人还应当提交其他抵押权人的书面同意文件与身份证或者户口簿等。

第七十三条 当发生导致最高额抵押权担保的债权被确定的事由,从而使最高额抵押权转变为一般抵押权时,当事人应当持不动产登记证明、最高额抵押权担保的债权已确定的材料等必要材料,申请办理确定最高额抵押权的登记。

第七十四条 最高额抵押权发生转移的,应当持不动产登记证明、部分债权转移的材料、当事人约定最高额抵押权随同部分债权的转让而转移的材料等必要材料,申请办理最高额抵押权转移登记。

债权人转让部分债权,当事人约定最高额抵押权随同部分债权的转让而转移的,应当分别申请下列登记:

（一）当事人约定原抵押权人与受让人共同享有最高额抵押权的,应当申请最高额抵押权的转移登记;
（二）当事人约定受让人享有一般抵押权、原抵押权人就扣减已转移的债权数额后继续享有最高额抵押权的,应当申请一般抵押权的首次登记以及最高额抵押权的变更登记;
（三）当事人约定原抵押权人不再享有最高额抵押权的,应当一并申请最高额抵押权确定登记以及一般抵押权转移登记。

最高额抵押权担保的债权确定前,债权人转让部分债权的,除当事人另有约定外,不动产登记机构不得办理最高额抵押权转移登记。

第七十五条 以建设用地使用权以及全部或者部分在建建筑物设定抵押的,应当一并申请建设用地使用权以及在建建筑物抵押权的首次登记。

当事人申请在建建筑物抵押权首次登记时,抵押财产不包括已经办理预告登记的预购商品房和已经办理预售备案的商品房。

前款规定的在建建筑物,是指正在建造、尚未办理所有权首次登记的房屋等建筑物。

第七十六条　申请在建建筑物抵押权首次登记的,当事人应当提交下列材料:
（一）抵押合同与主债权合同;
（二）享有建设用地使用权的不动产权属证书;
（三）建设工程规划许可证;
（四）其他必要材料。

第七十七条　在建建筑物抵押权变更、转移或者消灭的,当事人应当提交下列材料,申请变更登记、转移登记、注销登记:
（一）不动产登记证明;
（二）在建建筑物抵押权发生变更、转移或者消灭的材料;
（三）其他必要材料。

在建建筑物竣工,办理建筑物所有权首次登记时,当事人应当申请将在建建筑物抵押权登记转为建筑物抵押权登记。

第七十八条　申请预购商品房抵押登记,应当提交下列材料:
（一）抵押合同与主债权合同;
（二）预购商品房预告登记材料;
（三）其他必要材料。

预购商品房办理房屋所有权登记后,当事人应当申请将预购商品房抵押预告登记转为商品房抵押权首次登记。

第五章　其他登记

第一节　更正登记

第七十九条　权利人、利害关系人认为不动产登记簿记载的事项有错误,可以申请更正登记。

权利人申请更正登记的,应当提交下列材料:
（一）不动产权属证书;
（二）证实登记确有错误的材料;
（三）其他必要材料。

利害关系人申请更正登记的,应当提交利害关系材料、证实不动产登记簿记载错误的材料以及其他必要材料。

第八十条　不动产权利人或者利害关系人申请更正登记,不动产登记机构认为不动产登记簿记载确有错误的,应当予以更正;但在错误登记之后已经办理了涉及不动产权利处分的登记、预告登记和查封登记的除外。

不动产权属证书或者不动产登记证明填制错误以及不动产登记机构在办理更正登记中,需要更正不动产权属证书或者不动产登记证明内容的,应当书面通知权利人换发,并把换发不动产权属证书或者不动产登记证明的事项记载于登记簿。

不动产登记簿记载无误的,不动产登记机构不予更正,并书面通知申请人。

第八十一条　不动产登记机构发现不动产登记簿记载的事项错误,应当通知当事人在30个工作日内办理更正登记。当事人逾期不办理的,不动产登记机构应当在公告15个工作日后,依法予以更正;但在错误登记之后已经办理了涉及不动产权利处分的登记、预告登记和查封登记的除外。

第二节 异议登记

第八十二条 利害关系人认为不动产登记簿记载的事项错误,权利人不同意更正的,利害关系人可以申请异议登记。

利害关系人申请异议登记的,应当提交下列材料:

(一)证实对登记的不动产权利有利害关系的材料;

(二)证实不动产登记簿记载的事项错误的材料;

(三)其他必要材料。

第八十三条 不动产登记机构受理异议登记申请的,应当将异议事项记载于不动产登记簿,并向申请人出具异议登记证明。

异议登记申请人应当在异议登记之日起15日内,提交人民法院受理通知书、仲裁委员会受理通知书等提起诉讼、申请仲裁的材料;逾期不提交的,异议登记失效。

异议登记失效后,申请人就同一事项以同一理由再次申请异议登记的,不动产登记机构不予受理。

第八十四条 异议登记期间,不动产登记簿上记载的权利人以及第三人因处分权利申请登记的,不动产登记机构应当书面告知申请人该权利已经存在异议登记的有关事项。申请人申请继续办理的,应当予以办理,但申请人应当提供知悉异议登记存在并自担风险的书面承诺。

第三节 预告登记

第八十五条 有下列情形之一的,当事人可以按照约定申请不动产预告登记:

(一)商品房等不动产预售的;

(二)不动产买卖、抵押的;

(三)以预购商品房设定抵押权的;

(四)法律、行政法规规定的其他情形。

预告登记生效期间,未经预告登记的权利人书面同意,处分该不动产权利申请登记的,不动产登记机构应当不予办理。

预告登记后,债权未消灭且自能够进行相应的不动产登记之日起3个月内,当事人申请不动产登记的,不动产登记机构应当按照预告登记事项办理相应的登记。

第八十六条 申请预购商品房的预告登记,应当提交下列材料:

(一)已备案的商品房预售合同;

(二)当事人关于预告登记的约定;

(三)其他必要材料。

预售人和预购人订立商品房买卖合同后,预售人未按照约定与预购人申请预告登记的,预购人可以单方申请预告登记。

预购人单方申请预购商品房预告登记,预售人与预购人在商品房预售合同中对预告登记附有条件和期限的,预购人应当提交相应材料。

申请预告登记的商品房已经办理在建建筑物抵押权首次登记的,当事人应当一并申请在建建筑物抵押权注销登记,并提交不动产权属转移材料、不动产登记证明。不动产登记机构应当先办理在建建筑物抵押权注销登记,再办理预告登记。

第八十七条 申请不动产转移预告登记的,当事人应当提交下列材料:
(一)不动产转让合同;
(二)转让方的不动产权属证书;
(三)当事人关于预告登记的约定;
(四)其他必要材料。

第八十八条 抵押不动产,申请预告登记的,当事人应当提交下列材料:
(一)抵押合同与主债权合同;
(二)不动产权属证书;
(三)当事人关于预告登记的约定;
(四)其他必要材料。

第八十九条 预告登记未到期,有下列情形之一的,当事人可以持不动产登记证明、债权消灭或者权利人放弃预告登记的材料,以及法律、行政法规规定的其他必要材料申请注销预告登记:
(一)预告登记的权利人放弃预告登记的;
(二)债权消灭的;
(三)法律、行政法规规定的其他情形。

第六章 不动产登记资料的查询、保护和利用

第九十四条 不动产登记资料包括:
(一)不动产登记簿等不动产登记结果;
(二)不动产登记原始资料,包括不动产登记申请书、申请人身份材料、不动产权属来源、登记原因、不动产权籍调查成果等材料以及不动产登记机构审核材料。

不动产登记资料由不动产登记机构管理。不动产登记机构应当建立不动产登记资料管理制度以及信息安全保密制度,建设符合不动产登记资料安全保护标准的不动产登记资料存放场所。

不动产登记资料中属于归档范围的,按照相关法律、行政法规的规定进行归档管理,具体办法由国土资源部会同国家档案主管部门另行制定。

第九十五条 不动产登记机构应当加强不动产登记信息化建设,按照统一的不动产登记信息管理基础平台建设要求和技术标准,做好数据整合、系统建设和信息服务等工作,加强不动产登记信息产品开发和技术创新,提高不动产登记的社会综合效益。

各级不动产登记机构应当采取措施保障不动产登记信息安全。任何单位和个人不得泄露不动产登记信息。

第九十六条 不动产登记机构、不动产交易机构建立不动产登记信息与交易信息互联共享机制,确保不动产登记与交易有序衔接。

不动产交易机构应当将不动产交易信息及时提供给不动产登记机构。不动产登记机构完成登记后,应当将登记信息及时提供给不动产交易机构。

第九十七条 国家实行不动产登记资料依法查询制度。

权利人、利害关系人按照《条例》第二十七条规定依法查询、复制不动产登记资料的,应当到具体办理不动产登记的不动产登记机构申请。

权利人可以查询、复制其不动产登记资料。

因不动产交易、继承、诉讼等涉及的利害关系人可以查询、复制不动产自然状况、权利人及其不动产查封、抵押、预告登记、异议登记等状况。

人民法院、人民检察院、国家安全机关、监察机关等可以依法查询、复制与调查和处理事项有关的不动产登记资料。

其他有关国家机关执行公务依法查询、复制不动产登记资料的,依照本条规定办理。

涉及国家秘密的不动产登记资料的查询,按照保守国家秘密法的有关规定执行。

第九十八条 权利人、利害关系人申请查询、复制不动产登记资料应当提交下列材料:

(一)查询申请书;

(二)查询目的的说明;

(三)申请人的身份材料;

(四)利害关系人查询的,提交证实存在利害关系的材料。

权利人、利害关系人委托他人代为查询的,还应当提交代理人的身份证明材料、授权委托书。权利人查询其不动产登记资料无需提供查询目的的说明。

有关国家机关查询的,应当提供本单位出具的协助查询材料、工作人员的工作证。

第九十九条 有下列情形之一的,不动产登记机构不予查询,并书面告知理由:

(一)申请查询的不动产不属于不动产登记机构管辖范围的;

(二)查询人提交的申请材料不符合规定的;

(三)申请查询的主体或者查询事项不符合规定的;

(四)申请查询的目的不合法的;

(五)法律、行政法规规定的其他情形。

(3) 中国银监会、国土资源部关于金融资产管理公司等机构业务经营中不动产抵押权登记若干问题的通知

(2017年5月15日发布　银监发〔2017〕20号)

各银监局,各省、自治区、直辖市国土资源主管部门,新疆生产建设兵团国土资源局,各政策性银行、大型银行、股份制银行、邮储银行、外资银行、金融资产管理公司:

为贯彻落实党中央、国务院关于"三去一降一补"工作的决策部署,进一步发挥好金融资产管理公司服务实体经济发展、防范和化解金融风险的重要作用,根据《中华人

民共和国物权法》《中华人民共和国担保法》《中华人民共和国城市房地产管理法》《不动产登记暂行条例》等法律法规,现就金融资产管理公司等机构经营活动中涉及不动产抵押权登记的有关问题通知如下:

一、金融资产管理公司是经国家有关部门依法批准设立的非银行金融机构。金融资产管理公司及其分支机构(以下统称金融资产管理公司)在法定经营范围内开展经营活动,需要以不动产抵押担保方式保障其债权实现的,可依法申请办理不动产抵押权登记。

二、金融资产管理公司收购不良资产后重组的,与债务人等交易相关方签订的债务重组协议、还款协议或其他反映双方债权债务内容的合同,可作为申请办理不动产抵押权登记的主债权合同。金融资产管理公司收购不良资产涉及大量办理不动产抵押权转移登记或者变更登记的,不动产登记机构要积极探索批量办理的途径和方法,切实做到依法规范、高效便利,为金融资产管理公司健康发展提供有力保障。

三、金融资产管理公司收购不良资产后重组的,需要以在建建筑物、房屋、土地使用权抵押担保其债权实现的,不动产登记机构应根据当事人的申请依法予以登记。

四、金融资产管理公司、银行等经依法批准设立的金融机构与抵押人持不动产权属证书、主债权合同和抵押合同等必要材料,可以直接向不动产登记机构申请不动产抵押权登记,不动产登记机构应当依法受理、及时办理,不得要求金融资产管理公司、银行或者抵押人提供没有法律法规依据的确认单、告知书等材料,不得将没有法律法规依据的审核、备案等手续作为不动产登记的前置条件或纳入不动产登记流程。

五、各省、自治区、直辖市人民政府(含计划单列市人民政府)按照规定设立或授权,并经中国银监会公布的地方资产管理公司,在从事金融企业不良资产批量转让、收购和处置业务活动中需办理抵押权登记的,参照本通知执行。

中国银行业监督管理委员会
中华人民共和国国土资源部
2017年5月15日

2. 房地产抵押

(1) 中华人民共和国城市房地产管理法(节录)

(1994年7月5日第八届全国人民代表大会常务委员会第八次会议通过 1994年7月5日中华人民共和国主席令第二十九号公布 根据2007年8月30日第十届全国人民代表大会常务委员会第二十九次会议《关于修改〈中华人民共和国城市房地产管理法〉的决定》第一次修正 根据2009年8月27日第十一届全国人民代表大会常务委员会第十次会议《关于修改部分法律的决定》第二次修正)

第一章 总 则

第一条 为了加强对城市房地产的管理,维护房地产市场秩序,保障房地产权利人的合法权益,促进房地产业的健康发展,制定本法。

第二条 在中华人民共和国城市规划区国有土地(以下简称国有土地)范围内取得房地产开发用地的土地使用权,从事房地产开发、房地产交易,实施房地产管理,应当遵守本法。

本法所称房屋,是指土地上的房屋等建筑物及构筑物。

本法所称房地产开发,是指在依据本法取得国有土地使用权的土地上进行基础设施、房屋建设的行为。

本法所称房地产交易,包括房地产转让、房地产抵押和房屋租赁。

第三条 国家依法实行国有土地有偿、有限期使用制度。但是,国家在本法规定的范围内划拨国有土地使用权的除外。

第四条 国家根据社会、经济发展水平,扶持发展居民住宅建设,逐步改善居民的居住条件。

第五条 房地产权利人应当遵守法律和行政法规,依法纳税。房地产权利人的合法权益受法律保护,任何单位和个人不得侵犯。

第六条 为了公共利益的需要,国家可以征收国有土地上单位和个人的房屋,并依法给予拆迁补偿,维护被征收人的合法权益;征收个人住宅的,还应当保障被征收人的居住条件。具体办法由国务院规定。

第七条 国务院建设行政主管部门、土地管理部门依照国务院规定的职权划分,各司其职,密切配合,管理全国房地产工作。

县级以上地方人民政府房产管理、土地管理部门的机构设置及其职权由省、自治区、直辖市人民政府确定。

第四章 房地产交易

第一节 一般规定

第三十二条 房地产转让、抵押时,房屋的所有权和该房屋占用范围内的土地使用权同时转让、抵押。

第三十三条 基准地价、标定地价和各类房屋的重置价格应当定期确定并公布。具体办法由国务院规定。

第三十四条 国家实行房地产价格评估制度。

房地产价格评估,应当遵循公正、公平、公开的原则,按照国家规定的技术标准和评估程序,以基准地价、标定地价和各类房屋的重置价格为基础,参照当地的市场价格进行评估。

第三十五条 国家实行房地产成交价格申报制度。

房地产权利人转让房地产,应当向县级以上地方人民政府规定的部门如实申报成交价,不得瞒报或者作不实的申报。

第三十六条 房地产转让、抵押,当事人应当依照本法第五章的规定办理权属登记。

第三节 房地产抵押

第四十七条 房地产抵押,是指抵押人以其合法的房地产以不转移占有的方式向抵押权人提供债务履行担保的行为。债务人不履行债务时,抵押权人有权依法以抵押的房地产拍卖所得的价款优先受偿。

第四十八条 依法取得的房屋所有权连同该房屋占用范围内的土地使用权,可以设定抵押权。

以出让方式取得的土地使用权,可以设定抵押权。

第四十九条 房地产抵押,应当凭土地使用权证书、房屋所有权证书办理。

第五十条 房地产抵押,抵押人和抵押权人应当签订书面抵押合同。

第五十一条 设定房地产抵押权的土地使用权是以划拨方式取得的,依法拍卖该房地产后,应当从拍卖所得的价款中缴纳相当于应缴纳的土地使用权出让金的款额后,抵押权人方可优先受偿。

第五十二条 房地产抵押合同签订后,土地上新增的房屋不属于抵押财产。需要拍卖该抵押的房地产时,可以依法将土地上新增的房屋与抵押财产一同拍卖,但对拍卖新增房屋所得,抵押权人无权优先受偿。

第五章 房地产权属登记管理

第六十条 国家实行土地使用权和房屋所有权登记发证制度。

第六十一条 以出让或者划拨方式取得土地使用权,应当向县级以上地方人民政府土地管理部门申请登记,经县级以上地方人民政府土地管理部门核实,由同级人民政府颁发土地使用权证书。

在依法取得的房地产开发用地上建成房屋的,应当凭土地使用权证书向县级以上地方人民政府房产管理部门申请登记,由县级以上地方人民政府房产管理部门核实并颁发房屋所有权证书。

房地产转让或者变更时,应当向县级以上地方人民政府房产管理部门申请房产变更登记,并凭变更后的房屋所有权证书向同级人民政府土地管理部门申请土地使用权变更登记,经同级人民政府土地管理部门核实,由同级人民政府更换或者更改土地使用权证书。

法律另有规定的,依照有关法律的规定办理。

第六十二条 房地产抵押时,应当向县级以上地方人民政府规定的部门办理抵押登记。

因处分抵押房地产而取得土地使用权和房屋所有权的,应当依照本章规定办理过户登记。

第六十三条 经省、自治区、直辖市人民政府确定,县级以上地方人民政府由一个部门统一负责房产管理和土地管理工作的,可以制作、颁发统一的房地产权证书,依照本法第六十一条的规定,将房屋的所有权和该房屋占用范围内的土地使用权的确认和变更,分别载入房地产权证书。

(2) 中华人民共和国城镇国有土地使用权出让和转让暂行条例(节录)

(1990年5月19日中华人民共和国国务院令第55号发布并施行)

第一章 总 则

第一条 为了改革城镇国有土地使用制度,合理开发、利用、经营土地,加强土地管理,促进城市建设和经济发展,制定本条例。

第二条 国家按照所有权与使用权分离的原则,实行城镇国有土地使用权出让、转让制度,但地下资源、埋藏物和市政公用设施除外。

前款所称城镇国有土地是指市、县城、建制镇、工矿区范围内属于全民所有的土地(以下简称土地)。

第三条 中华人民共和国境内外的公司、企业、其他组织和个人,除法律另有规定者外,均可依照本条例的规定取得土地使用权,进行土地开发、利用、经营。

第四条 依照本条例的规定取得土地使用权的土地使用者,其使用权在使用年限内可以转让、出租、抵押或者用于其他经济活动。合法权益受国家法律保护。

第五条 土地使用者开发、利用、经营土地的活动,应当遵守国家法律、法规的规定,并不得损害社会公共利益。

第六条 县级以上人民政府土地管理部门依法对土地使用权的出让、转让、出租、抵押、终止进行监督检查。

第七条 土地使用权出让、转让、出租、抵押、终止及有关的地上建筑物、其他附着物的登记,由政府土地管理部门、房产管理部门依照法律和国务院的有关规定办理。

登记文件可以公开查阅。

第二章 土地使用权出让

第八条 土地使用权出让是指国家以土地所有者的身份将土地使用权在一定年限内让与土地使用者,并由土地使用者向国家支付土地使用权出让金的行为。

土地使用权出让应当签订出让合同。

第九条 土地使用权的出让,由市、县人民政府负责,有计划、有步骤地进行。

第十条 土地使用权出让的地块、用途、年限和其他条件,由市、县人民政府土地管理部门会同城市规划和建设管理部门、房产管理部门共同拟订方案,按照国务院规定的批准权限报经批准后,由土地管理部门实施。

第十一条 土地使用权出让合同应当按照平等、自愿、有偿的原则,由市、县人民政府土地管理部门(以下简称出让方)与土地使用者签订。

第十二条 土地使用权出让最高年限按下列用途确定：
（一）居住用地七十年；
（二）工业用地五十年；
（三）教育、科技、文化、卫生、体育用地五十年；
（四）商业、旅游、娱乐用地四十年；
（五）综合或者其他用地五十年。

第十三条 土地使用权出让可以采取下列方式：
（一）协议；
（二）招标；
（三）拍卖。
依照前款规定方式出让土地使用权的具体程序和步骤，由省、自治区、直辖市人民政府规定。

第十四条 土地使用者应当在签订土地使用权出让合同后六十日内，支付全部土地使用权出让金。逾期未全部支付的，出让方有权解除合同，并可请求违约赔偿。

第十五条 出让方应当按照合同规定，提供出让的土地使用权。未按合同规定提供土地使用权的，土地使用者有权解除合同，并可请求违约赔偿。

第十六条 土地使用者在支付全部土地使用权出让金后，应当依照规定办理登记，领取土地使用证，取得土地使用权。

第十七条 土地使用者应当按照土地使用权出让合同的规定和城市规划的要求，开发、利用、经营土地。
未按合同规定的期限和条件开发、利用土地的，市、县人民政府土地管理部门应当予以纠正，并根据情节可以给予警告、罚款直至无偿收回土地使用权的处罚。

第十八条 土地使用者需要改变土地使用权出让合同规定的土地用途的，应当征得出让方同意并经土地管理部门和城市规划部门批准，依照本章的有关规定重新签订土地使用权出让合同，调整土地使用权出让金，并办理登记。

第五章 土地使用权抵押

第三十二条 土地使用权可以抵押。

第三十三条 土地使用权抵押时，其地上建筑物、其他附着物随之抵押。
地上建筑物、其他附着物抵押时，其使用范围内的土地使用权随之抵押。

第三十四条 土地使用权抵押，抵押人与抵押权人应当签订抵押合同。
抵押合同不得违背国家法律、法规和土地使用权出让合同的规定。

第三十五条 土地使用权和地上建筑物、其他附着物抵押，应当按照规定办理抵押登记。

第三十六条 抵押人到期未能履行债务或者在抵押合同期间宣告解散、破产的，抵押权人有权依照国家法律、法规和抵押合同的规定处分抵押财产。
因处分抵押财产而取得土地使用权和地上建筑物、其他附着物所有权的，应当依照规定办理过户登记。

第三十七条　处分抵押财产所得，抵押权人有优先受偿权。

第三十八条　抵押权因债务清偿或者其他原因而消灭的，应当依照规定办理注销抵押登记。

第七章　划拨土地使用权

第四十三条　划拨土地使用权是指土地使用者通过各种方式依法无偿取得的土地使用权。

前款土地使用者应当依照《中华人民共和国城镇土地使用税暂行条例》的规定缴纳土地使用税。

第四十四条　划拨土地使用权，除本条例第四十五条规定的情况外，不得转让、出租、抵押。

第四十五条　符合下列条件的，经市、县人民政府土地管理部门和房产管理部门批准，其划拨土地使用权和地上建筑物、其他附着物所有权可以转让、出租、抵押：

（一）土地使用者为公司、企业、其他经济组织和个人；

（二）领有国有土地使用证；

（三）具有地上建筑物、其他附着物合法的产权证明；

（四）依照本条例第二章的规定签订土地使用权出让合同，向当地市、县人民政府补交土地使用权出让金或者以转让、出租、抵押所获收益抵交土地使用权出让金。

转让、出租、抵押前款划拨土地使用权的，分别依照本条例第三章、第四章和第五章的规定办理。

第四十六条　对未经批准擅自转让、出租、抵押划拨土地使用权的单位和个人，市、县人民政府土地管理部门应当没收其非法收入，并根据情节处以罚款。

第四十七条　无偿取得划拨土地使用权的土地使用者，因迁移、解散、撤销、破产或者其他原因而停止使用土地的，市、县人民政府应当无偿收回其划拨土地使用权，并可依照本条例的规定予以出让。

对划拨土地使用权，市、县人民政府根据城市建设发展需要和城市规划的要求，可以无偿收回，并可依照本条例的规定予以出让。

无偿收回划拨土地使用权时，对其地上建筑物、其他附着物，市、县人民政府应当根据实际情况给予适当补偿。

第八章　附　　则

第四十八条　依照本条例的规定取得土地使用权的个人，其土地使用权可以继承。

第四十九条　土地使用者应当依照国家税收法规的规定纳税。

第五十条　依照本条例收取的土地使用权出让金列入财政预算，作为专项基金管理，主要用于城市建设和土地开发。具体使用管理办法，由财政部另行制定。

第五十一条　各省、自治区、直辖市人民政府应当根据本条例的规定和当地的实际情况选择部分条件比较成熟的城镇先行试点。

第五十二条 外商投资从事开发经营成片土地的,其土地使用权的管理依照国务院的有关规定执行。

第五十三条 本条例由国家土地管理局负责解释;实施办法由省、自治区、直辖市人民政府制定。

第五十四条 本条例自发布之日起施行。

(3) 房屋登记办法(节录)

(2008年1月22日经建设部第147次常务会议讨论通过 2008年2月15日发布 自2008年7月1日起施行 建设部令[2008]第168号)

第一章 总 则

第一条 为了规范房屋登记行为,维护房地产交易安全,保护权利人的合法权益,依据《中华人民共和国物权法》、《中华人民共和国城市房地产管理法》、《村庄和集镇规划建设管理条例》等法律、行政法规,制定本办法。

第二条 本办法所称房屋登记,是指房屋登记机构依法将房屋权利和其他应当记载的事项在房屋登记簿上予以记载的行为。

第三条 国务院建设主管部门负责指导、监督全国的房屋登记工作。

省、自治区、直辖市人民政府建设(房地产)主管部门负责指导、监督本行政区域内的房屋登记工作。

第四条 房屋登记,由房屋所在地的房屋登记机构办理。

本办法所称房屋登记机构,是指直辖市、市、县人民政府建设(房地产)主管部门或者其设置的负责房屋登记工作的机构。

第五条 房屋登记机构应当建立本行政区域内统一的房屋登记簿。

房屋登记簿是房屋权利归属和内容的根据,由房屋登记机构管理。

第六条 房屋登记人员应当具备与其岗位相适应的专业知识。

从事房屋登记审核工作的人员,应当取得国务院建设主管部门颁发的房屋登记上岗证书,持证上岗。

第二章 一 般 规 定

第七条 办理房屋登记,一般依照下列程序进行:

(一) 申请;

(二) 受理;

(三) 审核;

(四) 记载于登记簿;

（五）发证。

房屋登记机构认为必要时，可以就登记事项进行公告。

第八条 办理房屋登记，应当遵循房屋所有权和房屋占用范围内的土地使用权权利主体一致的原则。

第九条 房屋登记机构应当依照法律、法规和本办法规定，确定申请房屋登记需要提交的材料，并将申请登记材料目录公示。

第十条 房屋应当按照基本单元进行登记。房屋基本单元是指有固定界限、可以独立使用并且有明确、唯一的编号（幢号、室号等）的房屋或者特定空间。

国有土地范围内成套住房，以套为基本单元进行登记；非成套住房，以房屋的幢、层、间等有固定界限的部分为基本单元进行登记。集体土地范围内村民住房，以宅基地上独立建筑为基本单元进行登记；在共有宅基地上建造的村民住房，以套、间等有固定界限的部分为基本单元进行登记。

非住房以房屋的幢、层、套、间等有固定界限的部分为基本单元进行登记。

第十一条 申请房屋登记，申请人应当向房屋所在地的房屋登记机构提出申请，并提交申请登记材料。

申请登记材料应当提供原件。不能提供原件的，应当提交经有关机关确认与原件一致的复印件。

申请人应当对申请登记材料的真实性、合法性、有效性负责，不得隐瞒真实情况或者提供虚假材料申请房屋登记。

第十二条 申请房屋登记，应当由有关当事人双方共同申请，但本办法另有规定的除外。

有下列情形之一，申请房屋登记的，可以由当事人单方申请：

（一）因合法建造房屋取得房屋权利；

（二）因人民法院、仲裁委员会的生效法律文书取得房屋权利；

（三）因继承、受遗赠取得房屋权利；

（四）有本办法所列变更登记情形之一；

（五）房屋灭失；

（六）权利人放弃房屋权利；

（七）法律、法规规定的其他情形。

第十三条 共有房屋，应当由共有人共同申请登记。

共有房屋所有权变更登记，可以由相关的共有人申请，但因共有性质或者共有人份额变更申请房屋登记的，应当由共有人共同申请。

第十四条 未成年人的房屋，应当由其监护人代为申请登记。监护人代为申请未成年人房屋登记的，应当提交证明监护人身份的材料；因处分未成年人房屋申请登记的，还应当提供为未成年人利益的书面保证。

第十五条 申请房屋登记的，申请人应当使用中文名称或者姓名。申请人提交的证明文件原件是外文的，应当提供中文译本。

委托代理人申请房屋登记的，代理人应当提交授权委托书和身份证明。境外申请人委托代理人申请房屋登记的，其授权委托书应当按照国家有关规定办理公证或者认证。

第十六条 申请房屋登记的,申请人应当按照国家有关规定缴纳登记费。

第十七条 申请人提交的申请登记材料齐全且符合法定形式的,应当予以受理,并出具书面凭证。

申请人提交的申请登记材料不齐全或者不符合法定形式的,应当不予受理,并告知申请人需要补正的内容。

第十八条 房屋登记机构应当查验申请登记材料,并根据不同登记申请就申请登记事项是否是申请人的真实意思表示、申请登记房屋是否为共有房屋、房屋登记簿记载的权利人是否同意更正,以及申请登记材料中需进一步明确的其他有关事项询问申请人。询问结果应当经申请人签字确认,并归档保留。

房屋登记机构认为申请登记房屋的有关情况需要进一步证明的,可以要求申请人补充材料。

第十九条 办理下列房屋登记,房屋登记机构应当实地查看:

(一)房屋所有权初始登记;

(二)在建工程抵押权登记;

(三)因房屋灭失导致的房屋所有权注销登记;

(四)法律、法规规定的应当实地查看的其他房屋登记。

房屋登记机构实地查看时,申请人应当予以配合。

第二十条 登记申请符合下列条件的,房屋登记机构应当予以登记,将申请登记事项记载于房屋登记簿:

(一)申请人与依法提交的材料记载的主体一致;

(二)申请初始登记的房屋与申请人提交的规划证明材料记载一致,申请其他登记的房屋与房屋登记簿记载一致;

(三)申请登记的内容与有关材料证明的事实一致;

(四)申请登记的事项与房屋登记簿记载的房屋权利不冲突;

(五)不存在本办法规定的不予登记的情形。

登记申请不符合前款所列条件的,房屋登记机构应当不予登记,并书面告知申请人不予登记的原因。

第二十一条 房屋登记机构将申请登记事项记载于房屋登记簿之前,申请人可以撤回登记申请。

第二十二条 有下列情形之一的,房屋登记机构应当不予登记:

(一)未依法取得规划许可、施工许可或者未按照规划许可的面积等内容建造的建筑申请登记的;

(二)申请人不能提供合法、有效的权利来源证明文件或者申请登记的房屋权利与权利来源证明文件不一致的;

(三)申请登记事项与房屋登记簿记载冲突的;

(四)申请登记房屋不能特定或者不具有独立利用价值的;

(五)房屋已被依法征收、没收,原权利人申请登记的;

(六)房屋被依法查封期间,权利人申请登记的;

（七）法律、法规和本办法规定的其他不予登记的情形。

第二十三条 自受理登记申请之日起,房屋登记机构应当于下列时限内,将申请登记事项记载于房屋登记簿或者作出不予登记的决定：

（一）国有土地范围内房屋所有权登记,30个工作日,集体土地范围内房屋所有权登记,60个工作日；

（二）抵押权、地役权登记,10个工作日；

（三）预告登记、更正登记,10个工作日；

（四）异议登记,1个工作日。

公告时间不计入前款规定时限。因特殊原因需要延长登记时限的,经房屋登记机构负责人批准可以延长,但最长不得超过原时限的一倍。

法律、法规对登记时限另有规定的,从其规定。

第二十四条 房屋登记簿应当记载房屋自然状况、权利状况以及其他依法应当登记的事项。

房屋登记簿可以采用纸介质,也可以采用电子介质。采用电子介质的,应当有唯一、确定的纸介质转化形式,并应当定期异地备份。

第二十五条 房屋登记机构应当根据房屋登记簿的记载,缮写并向权利人发放房屋权属证书。

房屋权属证书是权利人享有房屋权利的证明,包括《房屋所有权证》、《房屋他项权证》等。申请登记房屋为共有房屋的,房屋登记机构应当在房屋所有权证上注明"共有"字样。

预告登记、在建工程抵押权登记以及法律、法规规定的其他事项在房屋登记簿上予以记载后,由房屋登记机构发放登记证明。

第二十六条 房屋权属证书、登记证明与房屋登记簿记载不一致的,除有证据证明房屋登记簿确有错误外,以房屋登记簿为准。

第二十七条 房屋权属证书、登记证明破损的,权利人可以向房屋登记机构申请换发。房屋登记机构换发前,应当收回原房屋权属证书、登记证明,并将有关事项记载于房屋登记簿。

房屋权属证书、登记证明遗失、灭失的,权利人在当地公开发行的报刊上刊登遗失声明后,可以申请补发。房屋登记机构予以补发的,应当将有关事项在房屋登记簿上予以记载。补发的房屋权属证书、登记证明上应当注明"补发"字样。

在补发集体土地范围内村民住房的房屋权属证书、登记证明前,房屋登记机构应当就补发事项在房屋所在地农村集体经济组织内公告。

第二十八条 房屋登记机构应当将房屋登记资料及时归档并妥善管理。

申请查询、复制房屋登记资料的,应当按照规定的权限和程序办理。

第二十九条 县级以上人民政府建设（房地产）主管部门应当加强房屋登记信息系统建设,逐步实现全国房屋登记簿信息共享和异地查询。

第三章　国有土地范围内房屋登记

第一节　所有权登记

第三十条　因合法建造房屋申请房屋所有权初始登记的,应当提交下列材料:
（一）登记申请书;
（二）申请人身份证明;
（三）建设用地使用权证明;
（四）建设工程符合规划的证明;
（五）房屋已竣工的证明;
（六）房屋测绘报告;
（七）其他必要材料。

第三十一条　房地产开发企业申请房屋所有权初始登记时,应当对建筑区划内依法属于全体业主共有的公共场所、公用设施和物业服务用房等房屋一并申请登记,由房屋登记机构在房屋登记簿上予以记载,不颁发房屋权属证书。

第三十二条　发生下列情形之一的,当事人应当在有关法律文件生效或者事实发生后申请房屋所有权转移登记:
（一）买卖;
（二）互换;
（三）赠与;
（四）继承、受遗赠;
（五）房屋分割、合并,导致所有权发生转移的;
（六）以房屋出资入股;
（七）法人或者其他组织分立、合并,导致房屋所有权发生转移的;
（八）法律、法规规定的其他情形。

第三十三条　申请房屋所有权转移登记,应当提交下列材料:
（一）登记申请书;
（二）申请人身份证明;
（三）房屋所有权证书或者房地产权证书;
（四）证明房屋所有权发生转移的材料;
（五）其他必要材料。

前款第（四）项材料,可以是买卖合同、互换合同、赠与合同、受遗赠证明、继承证明、分割协议、合并协议、人民法院或者仲裁委员会生效的法律文书,或者其他证明房屋所有权发生转移的材料。

第三十四条　抵押期间,抵押人转让抵押房屋的所有权,申请房屋所有权转移登记的,除提供本办法第三十三条规定材料外,还应当提交抵押权人的身份证明、抵押权人同意抵押房屋转让的书面文件、他项权利证书。

第三十五条　因人民法院或者仲裁委员会生效的法律文书、合法建造房屋、继承或者受遗赠取得房屋所有权,权利人转让该房屋所有权或者以该房屋设定抵押权时,应当将房屋登记到权利人名下后,再办理房屋所有权转移登记或者房屋抵押权设立登记。

因人民法院或者仲裁委员会生效的法律文书取得房屋所有权,人民法院协助执行通知书要求房屋登记机构予以登记的,房屋登记机构应当予以办理。房屋登记机构予以登记的,应当在房屋登记簿上记载基于人民法院或者仲裁委员会生效的法律文书予以登记的事实。

第三十六条 发生下列情形之一的,权利人应当在有关法律文件生效或者事实发生后申请房屋所有权变更登记:
(一)房屋所有权人的姓名或者名称变更的;
(二)房屋坐落的街道、门牌号或者房屋名称变更的;
(三)房屋面积增加或者减少的;
(四)同一所有权人分割、合并房屋的;
(五)法律、法规规定的其他情形。

第三十七条 申请房屋所有权变更登记,应当提交下列材料:
(一)登记申请书;
(二)申请人身份证明;
(三)房屋所有权证书或者房地产权证书;
(四)证明发生变更事实的材料;
(五)其他必要材料。

第三十八条 经依法登记的房屋发生下列情形之一的,房屋登记簿记载的所有权人应当自事实发生后申请房屋所有权注销登记:
(一)房屋灭失的;
(二)放弃所有权的;
(三)法律、法规规定的其他情形。

第三十九条 申请房屋所有权注销登记的,应当提交下列材料:
(一)登记申请书;
(二)申请人身份证明;
(三)房屋所有权证书或者房地产权证书;
(四)证明房屋所有权消灭的材料;
(五)其他必要材料。

第四十条 经依法登记的房屋上存在他项权利时,所有权人放弃房屋所有权申请注销登记的,应当提供他项权利人的书面同意文件。

第四十一条 经登记的房屋所有权消灭后,原权利人未申请注销登记的,房屋登记机构可以依据人民法院、仲裁委员会的生效法律文书或者人民政府的生效征收决定办理注销登记,将注销事项记载于房屋登记簿,原房屋所有权证收回或者公告作废。

第二节 抵押权登记

第四十二条 以房屋设定抵押的,当事人应当申请抵押权登记。

第四十三条 申请抵押权登记,应当提交下列文件:

（一）登记申请书；

（二）申请人的身份证明；

（三）房屋所有权证书或者房地产权证书；

（四）抵押合同；

（五）主债权合同；

（六）其他必要材料。

第四十四条　对符合规定条件的抵押权设立登记，房屋登记机构应当将下列事项记载于房屋登记簿：

（一）抵押当事人、债务人的姓名或者名称；

（二）被担保债权的数额；

（三）登记时间。

第四十五条　本办法第四十四条所列事项发生变化或者发生法律、法规规定变更抵押权的其他情形的，当事人应当申请抵押权变更登记。

第四十六条　申请抵押权变更登记，应当提交下列材料：

（一）登记申请书；

（二）申请人的身份证明；

（三）房屋他项权证书；

（四）抵押人与抵押权人变更抵押权的书面协议；

（五）其他必要材料。

因抵押当事人姓名或者名称发生变更，或者抵押房屋坐落的街道、门牌号发生变更申请变更登记的，无需提交前款第（四）项材料。

因被担保债权的数额发生变更申请抵押权变更登记的，还应当提交其他抵押权人的书面同意文件。

第四十七条　经依法登记的房屋抵押权因主债权转让而转让，申请抵押权转移登记的，主债权的转让人和受让人应当提交下列材料：

（一）登记申请书；

（二）申请人的身份证明；

（三）房屋他项权证书；

（四）房屋抵押权发生转移的证明材料；

（五）其他必要材料。

第四十八条　经依法登记的房屋抵押权发生下列情形之一的，权利人应当申请抵押权注销登记：

（一）主债权消灭；

（二）抵押权已经实现；

（三）抵押权人放弃抵押权；

（四）法律、法规规定抵押权消灭的其他情形。

第四十九条　申请抵押权注销登记的，应当提交下列材料：

（一）登记申请书；

（二）申请人的身份证明；

（三）房屋他项权证书；
（四）证明房屋抵押权消灭的材料；
（五）其他必要材料。

第五十条 以房屋设定最高额抵押的,当事人应当申请最高额抵押权设立登记。

第五十一条 申请最高额抵押权设立登记,应当提交下列材料：
（一）登记申请书；
（二）申请人的身份证明；
（三）房屋所有权证书或房地产权证书；
（四）最高额抵押合同；
（五）一定期间内将要连续发生的债权的合同或者其他登记原因证明材料；
（六）其他必要材料。

第五十二条 当事人将最高额抵押权设立前已存在债权转入最高额抵押担保的债权范围,申请登记的,应当提交下列材料：
（一）已存在债权的合同或者其他登记原因证明材料；
（二）抵押人与抵押权人同意将该债权纳入最高额抵押权担保范围的书面材料。

第五十三条 对符合规定条件的最高额抵押权设立登记,除本办法第四十四条所列事项外,登记机构还应当将最高债权额、债权确定的期间记载于房屋登记簿,并明确记载其为最高额抵押权。

第五十四条 变更最高额抵押权登记事项或者发生法律、法规规定变更最高额抵押权的其他情形,当事人应当申请最高额抵押权变更登记。

第五十五条 申请最高额抵押权变更登记,应当提交下列材料：
（一）登记申请书；
（二）申请人的身份证明；
（三）房屋他项权证书；
（四）最高额抵押权担保的债权尚未确定的证明材料；
（五）最高额抵押权发生变更的证明材料；
（六）其他必要材料。

因最高债权额、债权确定的期间发生变更而申请变更登记的,还应当提交其他抵押权人的书面同意文件。

第五十六条 最高额抵押权担保的债权确定前,最高额抵押权发生转移,申请最高额抵押权转移登记的,转让人和受让人应当提交下列材料：
（一）登记申请书；
（二）申请人的身份证明；
（三）房屋他项权证书；
（四）最高额抵押权担保的债权尚未确定的证明材料；
（五）最高额抵押权发生转移的证明材料；
（六）其他必要材料。

最高额抵押权担保的债权确定前,债权人转让部分债权的,除当事人另有约定外,房屋登记机构不得办理最高额抵押权转移登记。当事人约定最高额抵押权随同部分债权的转让而转移的,应当在办理最高额抵押权确定登记之后,依据本办法第四十七条的规定办理抵押权转移登记。

第五十七条 经依法登记的最高额抵押权担保的债权确定,申请最高额抵押权确定登记的,应当提交下列材料:

(一) 登记申请书;
(二) 申请人的身份证明;
(三) 房屋他项权证书;
(四) 最高额抵押权担保的债权已确定的证明材料;
(五) 其他必要材料。

第五十八条 对符合规定条件的最高额抵押权确定登记,登记机构应当将最高额抵押权担保的债权已经确定的事实记载于房屋登记簿。

当事人协议确定或者人民法院、仲裁委员会生效的法律文书确定了债权数额的,房屋登记机构可以依照当事人一方的申请将债权数额确定的事实记载于房屋登记簿。

第五十九条 以在建工程设定抵押的,当事人应当申请在建工程抵押权设立登记。

第六十条 申请在建工程抵押权设立登记的,应当提交下列材料:

(一) 登记申请书;
(二) 申请人的身份证明;
(三) 抵押合同;
(四) 主债权合同;
(五) 建设用地使用权证书或者记载土地使用权状况的房地产权证书;
(六) 建设工程规划许可证;
(七) 其他必要材料。

第六十一条 已经登记在建工程抵押权变更、转让或者消灭的,当事人应当提交下列材料,申请变更登记、转移登记、注销登记:

(一) 登记申请书;
(二) 申请人的身份证明;
(三) 登记证明;
(四) 证明在建工程抵押权发生变更、转移或者消灭的材料;
(五) 其他必要材料。

第六十二条 在建工程竣工并经房屋所有权初始登记后,当事人应当申请将在建工程抵押权登记转为房屋抵押权登记。

第四节 预告登记

第六十七条 有下列情形之一的,当事人可以申请预告登记:

(一) 预购商品房;
(二) 以预购商品房设定抵押;
(三) 房屋所有权转让、抵押;
(四) 法律、法规规定的其他情形。

第六十八条 预告登记后,未经预告登记的权利人书面同意,处分该房屋申请登记的,房屋登记机构应当不予办理。

预告登记后,债权消灭或者自能够进行相应的房屋登记之日起三个月内,当事人申请房屋登记的,房屋登记机构应当按照预告登记事项办理相应的登记。

第六十九条 预售人和预购人订立商品房买卖合同后,预售人未按照约定与预购人申请预告登记,预购人可以单方申请预告登记。

第七十条 申请预购商品房预告登记,应当提交下列材料:
（一）登记申请书;
（二）申请人的身份证明;
（三）已登记备案的商品房预售合同;
（四）当事人关于预告登记的约定;
（五）其他必要材料。

预购人单方申请预购商品房预告登记,预售人与预购人在商品房预售合同中对预告登记附有条件和期限的,预购人应当提交相应的证明材料。

第七十一条 申请预购商品房抵押权预告登记,应当提交下列材料:
（一）登记申请书;
（二）申请人的身份证明;
（三）抵押合同;
（四）主债权合同;
（五）预购商品房预告登记证明;
（六）当事人关于预告登记的约定;
（七）其他必要材料。

第七十二条 申请房屋所有权转移预告登记,应当提交下列材料:
（一）登记申请书;
（二）申请人的身份证明;
（三）房屋所有权转让合同;
（四）转让方的房屋所有权证书或者房地产权证书;
（五）当事人关于预告登记的约定;
（六）其他必要材料。

第七十三条 申请房屋抵押权预告登记的,应当提交下列材料:
（一）登记申请书;
（二）申请人的身份证明;
（三）抵押合同;
（四）主债权合同;
（五）房屋所有权证书或房地产权证书,或者房屋所有权转移登记的预告证明;
（六）当事人关于预告登记的约定;
（七）其他必要材料。

第五节　其他登记

第七十四条　权利人、利害关系人认为房屋登记簿记载的事项有错误的,可以提交下列材料,申请更正登记:

(一)登记申请书;

(二)申请人的身份证明;

(三)证明房屋登记簿记载错误的材料。

利害关系人申请更正登记的,还应当提供权利人同意更正的证明材料。

房屋登记簿记载确有错误的,应当予以更正;需要更正房屋权属证书内容的,应当书面通知权利人换领房屋权属证书;房屋登记簿记载无误的,应当不予更正,并书面通知申请人。

第七十五条　房屋登记机构发现房屋登记簿的记载错误,不涉及房屋权利归属和内容的,应当书面通知有关权利人在规定期限内办理更正登记;当事人无正当理由逾期不办理更正登记的,房屋登记机构可以依据申请登记材料或者有效的法律文件对房屋登记簿的记载予以更正,并书面通知当事人。

对于涉及房屋权利归属和内容的房屋登记簿的记载错误,房屋登记机构应当书面通知有关权利人在规定期限内办理更正登记;办理更正登记期间,权利人因处分其房屋权利申请登记的,房屋登记机构应当暂缓办理。

第七十六条　利害关系人认为房屋登记簿记载的事项错误,而权利人不同意更正的,利害关系人可以持登记申请书、申请人的身份证明、房屋登记簿记载错误的证明文件等材料申请异议登记。

第七十七条　房屋登记机构受理异议登记的,应当将异议事项记载于房屋登记簿。

第七十八条　异议登记期间,房屋登记簿记载的权利人处分房屋申请登记的,房屋登记机构应当暂缓办理。

权利人处分房屋申请登记,房屋登记机构受理登记申请但尚未将申请登记事项记载于房屋登记簿之前,第三人申请异议登记的,房屋登记机构应当中止办理原登记申请,并书面通知申请人。

第七十九条　异议登记期间,异议登记申请人起诉,人民法院不予受理或者驳回其诉讼请求的,异议登记申请人或者房屋登记簿记载的权利人可以持登记申请书、申请人的身份证明、相应的证明文件等材料申请注销异议登记。

第八十条　人民法院、仲裁委员会的生效法律文书确定的房屋权利归属或者权利内容与房屋登记簿记载的权利状况不一致的,房屋登记机构应当按照当事人的申请或者有关法律文书,办理相应的登记。

第八十一条　司法机关、行政机关、仲裁委员会发生法律效力的文件证明当事人以隐瞒真实情况、提交虚假材料等非法手段获取房屋登记的,房屋登记机构可以撤销原房屋登记,收回房屋权属证书、登记证明或者公告作废,但房屋权利为他人善意取得的除外。

第四章 集体土地范围内房屋登记

第八十二条 依法利用宅基地建造的村民住房和依法利用其他集体所有建设用地建造的房屋,可以依照本办法的规定申请房屋登记。

法律、法规对集体土地范围内房屋登记另有规定的,从其规定。

第八十八条 依法以乡镇、村企业的厂房等建筑物设立抵押,申请抵押权登记的,应当提交下列材料:

(一)登记申请书;
(二)申请人的身份证明;
(三)房屋所有权证书;
(四)集体所有建设用地使用权证明;
(五)主债权合同和抵押合同;
(六)其他必要材料。

第八十九条 房屋登记机构对集体土地范围内的房屋予以登记的,应当在房屋登记簿和房屋权属证书上注明"集体土地"字样。

第九十条 办理集体土地范围内房屋的地役权登记、预告登记、更正登记、异议登记等房屋登记,可以参照适用国有土地范围内房屋登记的有关规定。

第六章 附 则

第九十八条 本办法自2008年7月1日起施行。《城市房屋权属登记管理办法》(建设部令第57号)、《建设部关于修改〈城市房屋权属登记管理办法〉的决定》(建设部令第99号)同时废止。

(4) 城市房地产抵押管理办法

(1997年5月9日建设部令第56号发布 根据2001年8月15日《建设部关于修改〈城市房地产抵押管理办法〉的决定》修正 建设部令第98号)

第一章 总 则

第一条 为了加强房地产抵押管理,维护房地产市场秩序,保障房地产抵押当事人的合法权益,根据《中华人民共和国城市房地产管理法》、《中华人民共和国担保法》,制定本办法。

第二条 凡在城市规划区国有土地范围内从事房地产抵押活动的,应当遵守本办法。

地上无房屋(包括建筑物、构筑物及在建工程)的国有土地使用权设定抵押的,不适用本办法。

第三条 本办法所称房地产抵押,是指抵押人以其合法的房地产以不转移占有的方式向抵押权人提供债务履行担保的行为。债务人不履行债务时,债权人有权依法以抵押的房地产拍卖所得的价款优先受偿。

本办法所称抵押人,是指将依法取得的房地产提供给抵押权人,作为本人或者第三人履行债务担保的公民、法人或者其他组织。

本办法所称抵押权人,是指接受房地产抵押作为债务人履行债务担保的公民、法人或者其他组织。

本办法所称预购商品房贷款抵押,是指购房人在支付首期规定的房价款后,由贷款银行代其支付其余的购房款,将所购商品房抵押给贷款银行作为偿还贷款履行担保的行为。

本办法所称在建工程抵押,是指抵押人为取得在建工程继续建造资金的贷款,以其合法方式取得的土地使用权连同在建工程的投入资产,以不转移占有的方式抵押给贷款银行作为偿还贷款履行担保的行为。

第四条 以依法取得的房屋所有权抵押的,该房屋占用范围内的土地使用权必须同时抵押。

第五条 房地产抵押,应当遵循自愿、互利、公平和诚实信用的原则。

依法设定的房地产抵押,受国家法律保护。

第六条 国家实行房地产抵押登记制度。

第七条 国务院建设行政主管部门归口管理全国城市房地产抵押管理工作。

省、自治区建设行政主管部门归口管理本行政区域内的城市房地产抵押管理工作。

直辖市、市、县人民政府房地产行政主管部门(以下简称房地产管理部门)负责管理本行政区域内的房地产抵押管理工作。

第二章 房地产抵押权的设定

第八条 下列房地产不得设定抵押:

(一)权属有争议的房地产;

(二)**用于教育、医疗、市政等公共福利事业的房地产;**

(三)**列入文物保护的建筑物和有重要纪念意义的其他建筑物;**

(四)**已依法公告列入拆迁范围的房地产;**

(五)**被依法查封、扣押、监管或者以其他形式限制的房地产;**

(六)**依法不得抵押的其他房地产。**

第九条 同一房地产设定两个以上抵押权的,抵押人应当将已经设定过的抵押情况告知抵押权人。

抵押人所担保的债权不得超出其抵押物的价值。

房地产抵押后,该抵押房地产的价值大于所担保债权的余额部分,可以再次抵押,但不得超出余额部分。

第十条 以两宗以上房地产设定同一抵押权的,视为同一抵押房地产。但抵押当事人另有约定的除外。

第十一条 以在建工程已完工部分抵押的,其土地使用权随之抵押。

第十二条 以享受国家优惠政策购买的房地产抵押的,其抵押额以房地产权利人可以处分和收益的份额比例为限。

第十三条 国有企业、事业单位法人以国家授予其经营管理的房地产抵押的,应当符合国有资产管理的有关规定。

第十四条 以集体所有制企业的房地产抵押的,必须经集体所有制企业职工(代表)大会通过,并报其上级主管机关备案。

第十五条 以中外合资企业、合作经营企业和外商独资企业的房地产抵押的,必须经董事会通过,但企业章程另有规定的除外。

第十六条 以有限责任公司、股份有限公司的房地产抵押的,必须经董事会或者股东大会通过,但企业章程另有规定的除外。

第十七条 有经营期限的企业以其所有的房地产设定抵押的,所担保债务的履行期限不应当超过该企业的经营期限。

第十八条 以具有土地使用年限的房地产设定抵押的,所担保债务的履行期限不得超过土地使用权出让合同规定的使用年限减去已经使用年限后的剩余年限。

第十九条 以共有的房地产抵押的,抵押人应当事先征得其他共有人的书面同意。

第二十条 预购商品房贷款抵押的,商品房开发项目必须符合房地产转让条件并取得商品房预售许可证。

第二十一条 以已出租的房地产抵押的,抵押人应当将租赁情况告知抵押权人,并将抵押情况告知承租人。原租赁合同继续有效。

第二十二条 设定房地产抵押时,抵押房地产的价值可以由抵押当事人协商议定,也可以由房地产价格评估机构评估确定。

法律、法规另有规定的除外。

第二十三条 抵押当事人约定对抵押房地产保险的,由抵押人为抵押的房地产投保,保险费由抵押人负担。抵押房地产投保的,抵押人应当将保险单移送抵押权人保管。在抵押期间,抵押权人为保险赔偿的第一受益人。

第二十四条 企业、事业单位法人分立或者合并后,原抵押合同继续有效,其权利和义务由变更后的法人享有和承担。

抵押人死亡、依法被宣告死亡或者被宣告失踪时,其房地产合法继承人或者代管人应当继续履行原抵押合同。

第三章 房地产抵押合同的订立

第二十五条 房地产抵押,抵押当事人应当签订书面抵押合同。

第二十六条 房地产抵押合同应当载明下列主要内容:

(一)抵押人、抵押权人的名称或者个人姓名、住所;

（二）主债权的种类、数额；
（三）抵押房地产的处所、名称、状况、建筑面积、用地面积以及四至等；
（四）抵押房地产的价值；
（五）抵押房地产的占用管理人、占用管理方式、占用管理责任以及意外损毁、灭失的责任；
（六）债务人履行债务的期限；
（七）抵押权灭失的条件；
（八）违约责任；
（九）争议解决方式；
（十）抵押合同订立的时间与地点；
（十一）双方约定的其他事项。

第二十七条 以预购商品房贷款抵押的，须提交生效的预购房屋合同。

第二十八条 以在建工程抵押的，抵押合同还应当载明以下内容：
（一）《国有土地使用权证》、《建设用地规划许可证》和《建设工程规划许可证》编号；
（二）已交纳的土地使用权出让金或需交纳的相当于土地使用权出让金的款额；
（三）已投入在建工程的工程款；
（四）施工进度及工程竣工日期；
（五）已完成的工作量和工程量。

第二十九条 抵押权人要求抵押房地产保险的，以及要求在房地产抵押后限制抵押人出租、转让抵押房地产或者改变抵押房地产用途的，抵押当事人应当在抵押合同中载明。

第四章 房地产抵押登记

第三十条 房地产抵押合同自签订之日起 30 日内，抵押当事人应当到房地产所在地的房地产管理部门办理房地产抵押登记。

第三十一条[①] <u>房地产抵押合同自抵押登记之日起生效。</u>

第三十二条 办理房地产抵押登记，应当向登记机关交验下列文件：
（一）抵押当事人的身份证明或法人资格证明；
（二）抵押登记申请书；
（三）抵押合同；
（四）《国有土地使用权证》、《房屋所有权证》或《房地产权证》，共有的房屋还必须提交《房屋共有权证》和其他共有人同意抵押的证明；
（五）可以证明抵押人有权设定抵押权的文件与证明材料；

[①] 关于房地产抵押合同的生效条件，本条与《物权法》不一致。针对不动产抵押，根据《物权法》第十五条、第一百八十七条之规定，设立、变更、转让和消灭不动产物权的合同，除法律另有规定或者合同另有约定外，自合同成立时生效。据此，登记并非房地产抵押合同的生效要件。

（六）可以证明抵押房地产价值的资料；
（七）登记机关认为必要的其他文件。

第三十三条 登记机关应当对申请人的申请进行审核。凡权属清楚、证明材料齐全的，应当在**受理登记之日起 7 日内**决定是否予以登记，对不予登记的，应当书面通知申请人。

第三十四条 以依法取得的房屋所有权证书的房地产抵押的，登记机关应当在原《房屋所有权证》上作他项权利记载后，由抵押人收执。并向抵押人颁发《房屋他项权证》。

以预售商品房或者在建工程抵押的，登记机关应当在抵押合同上作记载。抵押的房地产在抵押期间竣工的，当事人应当在抵押人领取房地产权属证书后，重新办理房地产抵押登记。

第三十五条 抵押合同发生变更或者抵押关系终止时，抵押当事人应当在**变更或者终止之日起 15 日内**，到原登记机关办理变更或者注销抵押登记。

因依法处分抵押房地产而取得土地使用权和土地建筑物、其他附着物所有权的，抵押当事人应当**自处分行为生效之日起 30 日内**，到县级以上地方人民政府房地产管理部门申请房屋所有权转移登记，并凭变更后的房屋所有权证书向同级人民政府土地管理部门申请土地使用权变更登记。

第五章　抵押房地产的占用与管理

第三十六条 已作抵押的房地产，由抵押人占用与管理。

抵押人在抵押房地产占用与管理期间应当维护抵押房地产的安全与完好。**抵押权人有权按照抵押合同的规定监督、检查抵押房地产的管理情况。**

第三十七条 抵押权可以随债权转让。抵押权转让时，应当签订抵押权转让合同，并办理抵押权变更登记。抵押权转让后，原抵押权人应当告知抵押人。

经抵押权人同意，抵押房地产可以转让或者出租。

抵押房地产转让或者出租所得价款，应当向抵押权人提前清偿所担保的债权。超过债权数额的部分，归抵押人所有，不足部分由债务人清偿。

第三十八条 因国家建设需要，将已设定抵押权的房地产列入拆迁范围的，抵押人应当及时书面通知抵押权人；抵押双方可以重新设定抵押房地产，也可以依法清理债权债务，解除抵押合同。

第三十九条 抵押人占用与管理的房地产发生损毁、灭失的，抵押人应当及时将情况告知抵押权人，并应当采取措施防止损失的扩大。抵押的房地产因抵押人的行为造成损失使抵押房地产价值不足以作为履行债务的担保时，抵押权人有权要求抵押人重新提供或者增加担保以弥补不足。

抵押人对抵押房地产价值减少无过错的，抵押权人只能在抵押人因损害而得到的赔偿的范围内要求提供担保。抵押房地产价值未减少的部分，仍作为债务的担保。

第六章　抵押房地产的处分

第四十条　有下列情况之一的,抵押权人有权要求处分抵押的房地产:

(一)债务履行期满,抵押权人未受清偿的,债务人又未能与抵押权人达成延期履行协议的;

(二)抵押人死亡,或者被宣告死亡而无人代为履行到期债务的;或者抵押人的合法继承人、受遗赠人拒绝履行到期债务的;

(三)抵押人被依法宣告解散或者破产的;

(四)抵押人违反本办法的有关规定,擅自处分抵押房地产的;

(五)抵押合同约定的其他情况。

第四十一条　本办法第四十条规定情况之一的,经抵押当事人协商可以通过拍卖等合法方式处分抵押房地产。协议不成的,抵押权人可以向人民法院提起诉讼。

第四十二条　抵押权人处分抵押房地产时,应当事先书面通知抵押人;抵押房地产为共有或者出租的,还应当同时书面通知共有人或承租人;在同等条件下,共有人或承租人依法享有优先购买权。

第四十三条　同一房地产设定两个以上抵押权时,以抵押登记的先后顺序受偿。

第四十四条　处分抵押房地产时,可以依法将土地上新增的房屋与抵押财产一同处分,但对处分新增房屋所得,抵押权人无权优先受偿。

第四十五条　以划拨方式取得的土地使用权连同地上建筑物设定的房地产抵押进行处分时,应当从处分所得的价款中缴纳相当于应当缴纳的土地使用权出让金的款额后,抵押权人方可优先受偿。

法律、法规另有规定的依照其规定。

第四十六条　抵押权人对抵押房地产的处分,因下列情况而中止:

(一)抵押权人请求中止的;

(二)抵押人申请愿意并证明能够及时履行债务,并经抵押权人同意的;

(三)发现被拍卖抵押物有权属争议的;

(四)诉讼或仲裁中的抵押房地产;

(五)其他应当中止的情况。

第四十七条　处分抵押房地产所得金额,依下列顺序分配:

(一)支付处分抵押房地产的费用;

(二)扣除抵押房地产应缴纳的税款;

(三)偿还抵押权人债权本息及支付违约金;

(四)赔偿由债务人违反合同而对抵押权人造成的损害;

(五)剩余金额交还抵押人。

处分抵押房地产所得金额不足以支付债务和违约金、赔偿金时,抵押权人有权向债务人追索不足部分。

第七章 法 律 责 任

第四十八条 抵押人隐瞒抵押的房地产存在共有、产权争议或者被查封、扣押等情况的,抵押人应当承担由此产生的法律责任。

第四十九条 抵押人擅自以出售、出租、交换、赠与或者以其他方式处分抵押房地产的,其行为无效;造成第三人损失的,由抵押人予以赔偿。

第五十条 抵押当事人因履行抵押合同或者处分抵押房地产发生争议的,可以协商解决;协商不成的,抵押当事人可以根据双方达成的仲裁协议向仲裁机构申请仲裁;没有仲裁协议的,也可以直接向人民法院提起诉讼。

第五十一条 因国家建设需要,将已设定抵押权的房地产列入拆迁范围时,抵押人违反前述第三十八条的规定,不依法清理债务,也不重新设定抵押房地产的,抵押权人可以向人民法院提起诉讼。

第五十二条 登记机关工作人员玩忽职守、滥用职权,或者利用职务上的便利,索取他人财物,或者非法收受他人财物为他人谋取利益的,依法给予行政处分;构成犯罪的,依法追究刑事责任。

第八章 附 则

第五十三条 在城市规划区外国有土地上进行房地产抵押活动的,参照本办法执行。

第五十四条 本办法由国务院建设行政主管部门负责解释。

第五十五条 本办法自1997年6月1日起施行。

(5) 国家土地管理局土地登记规则(节录)

(1989年11月18日发布 1995年12月28日修订 自1996年2月1日起施行 [1995]国土[法]字第184号)

第一章 总 则

第一条 根据《中华人民共和国土地管理法》、《中华人民共和国城市房地产管理法》规定,为建立土地登记制度,维护土地的社会主义公有制,保障土地权利人的合法权益,特制定本规则。

第二条 土地登记是国家依法对国有土地使用权、集体土地所有权、集体土地使用权和土地他项权利的登记。

本规则所称土地他项权利,是指土地使用权和土地所有权以外的土地权利,包括抵押权、承租权以及法律、行政法规规定需要登记的其他土地权利。

土地登记分为初始土地登记和变更土地登记。初始土地登记又称总登记,是指在一定时间内,对辖区全部土地或者特定区域的土地进行的普遍登记;变更土地登记,是指初始土地登记以外的土地登记,包括土地使用权、所有权和土地他项权利设定登记,土地使用权、所有权和土地他项权利变更登记,名称、地址和土地用途变更登记,注销土地登记等。

第三条 国有土地使用者、集体土地所有者、集体土地使用者和土地他项权利者,必须依照本规则规定,申请土地登记。

申请土地登记,申请者可以授权委托代理人办理。授权委托书应当载明委托事项和权限。

依法登记的土地使用权、所有权和土地他项权利受法律保护,任何单位和个人不得侵犯。

第三章 土地使用权、所有权和土地他项权利设定登记

第二十九条 依法抵押土地使用权的,当事人应当在抵押合同签订后十五日内,持抵押合同以及有关文件申请土地使用权抵押登记。土地管理部门应当在被抵押土地的土地登记卡上登记,并向抵押权人颁发土地他项权利证明书。

同一宗地多次抵押时,以收到抵押登记申请先后为序办理抵押登记和实现抵押权。

第四章 土地使用权、所有权和土地他项权利变更登记

第四十条 因处分抵押财产而取得土地使用权的,取得土地使用权的权利人和原抵押人应当在抵押财产处分后三十日内,持有关证明文件申请变更登记。

第四十三条 土地使用权抵押期间,抵押合同发生变更的,抵押当事人应当在抵押合同发生变更后十五日内,持有关文件申请变更登记。

第四十六条 依法继承土地使用权和土地他项权利的,继承人应当在办理继承手续后三十日内,持有关证明文件申请变更登记。

第七章 土地登记文件资料

第六十二条 土地登记文件资料的查阅,按照土地管理部门规定办理。未经允许不得向第三者提供或者公布,土地使用权转让、抵押和出租应当以土地登记文件资料为准。需要查询土地登记文件资料的,受让人、抵押权人和承租人应当提出书面请求。凡符合查询规定的,土地管理部门应当出具书面查询结果或资料。

第八章 附 则

第六十六条 有下列情形之一的,土地管理部门不予受理土地登记申请:

（一）申请登记的土地不在本登记区的；
（二）提供的证明材料不齐全的；
（三）不能提供合法证明的；
（四）土地使用权转让、出租、抵押期限超过土地使用权出让年限的；
（五）按规定应当申报地价而未申报的，或者地价应当经土地管理部门确认而未办理确认手续的；
（六）其他依法不予受理的。

（6）建设部关于个人住房抵押贷款证券化涉及的抵押权变更登记有关问题的试行通知

（2005年5月16日发布　建住房〔2005〕77号）

各省、自治区建设厅，直辖市房地局（建委），新疆生产建设兵团建设局：

国务院已经批准个人住房抵押贷款证券化试点方案。为配合做好个人住房抵押贷款证券化试点工作，根据《中华人民共和国担保法》《中华人民共和国城市房地产管理法》和《城市房地产抵押管理办法》（建设部令第98号）的有关规定，现就个人住房抵押贷款证券化涉及的抵押权变更登记的条件、程序和时限等问题，通知如下：

一、金融机构发放或持有个人住房贷款，借款人以住房抵押给金融机构作为偿还借款担保，并依法到房地产管理部门办理了抵押登记的住房抵押权，随主债权一同转让的，可以申请办理住房抵押权变更登记。

二、有下列情形之一的，可以按照本通知的规定，批量办理个人住房抵押权变更登记：

（一）金融机构与依法设立的**信托投资公司或中国银监会批准的其他机构**按照有关规定，**以个人住房抵押贷款住房证券化为目的设立信托时，需要将金融机构发放或持有的个人住房抵押贷款债权及相应的住房抵押权批量转让给受托机构的；**

（二）前述特定目的信托存续期间，金融机构根据合同的约定进行债权回购，或受托机构发生更换的。

三、批量办理个人住房抵押权变更登记的，由个人住房抵押权转让人和受让人共同申请。

四、申请批量办理个人住房抵押权变更登记的，应当提供以下资料：

（一）抵押权变更登记申请表；
（二）规定了个人住房贷款抵押权转让事项的合同或相关协议；
（三）经批准的个人住房抵押贷款证券化方案（复印件）；
（四）拟转让的个人住房抵押权清单和相应的《房屋他项权证》；
（五）个人住房抵押权转让人和受让人的营业执照（复印件）。

拟转让的个人住房抵押权清单应载明抵押房产坐落、抵押人、借款期限、房屋所有权证号、他项权证号等项目,并加盖抵押权转让双方当事人的印章。

五、申请个人住房抵押权变更登记,资料齐全的,房地产管理部门应当在3日内决定受理,并出具受理通知书;资料不齐全的,房地产管理部门应当及时通知申请人补齐,以申请人补齐资料之日作为受理日。

六、房地产管理部门应当对申请人提交的资料进行审核。

凡资料齐全、与权属登记信息一致、抵押物不存在权利限制或权利负担的,予以登记,即将个人住房抵押权变更的情况逐一记载在房屋权属登记管理信息系统和纸介质的权属登记信息的相应记录中。抵押权以权属登记信息为准,原则上不再颁发新的《房屋他项权证》。抵押物存在权利限制或权利负担的,暂不登记,并告知申请人。申请人仍书面要求办理的,可以办理;申请人要求替换的,应当允许。

个人住房抵押权清单中项目不齐或与权属登记信息不一致的,不予登记,并在规定时限内书面说明理由。

七、个人住房抵押贷款证券化是一项金融创新业务,其住房抵押权转让具有特殊性。房地产管理部门办理批量个人住房抵押权变更登记时,**只对抵押权人做变更处理**,其他登记事项不作变更。

八、批量办理个人住房抵押权变更登记,以一份他项权证或一项抵押登记为一起业务计算,一次受理200起以下的,5个工作日内完成;200起以上的,可适当增加工作日,但最长不得超过15日。

九、房地产管理部门要加快房屋权属登记信息化建设,向社会公众提供高效、便捷的登记信息查询服务。

各地在执行中有什么具体问题,请及时向我部住宅与房地产业司反映。

二〇〇五年五月十六日

(7) 国务院关于加强国有土地资产管理的通知(节录)

(2001年4月30日发布并施行 国发〔2001〕15号)

四、加强土地使用权转让管理

土地使用权要依法公开交易,不得搞隐形交易。划拨土地使用权未经批准不得自行转让。出让和承租国有土地使用权首次转让,必须符合法律规定和出让、租赁合同约定的条件。土地使用权交易要在有形土地市场公开进行,并依法办理土地登记。土地行政主管部门要加强对出让、租赁合同的管理,受让人和承租方未付清全部出让金、租金的,不得为其发放土地使用证,未达到法律规定和合同约定的投资开发条件的,土地使用权不得转让。

土地使用权抵押应当依法办理抵押登记。设定房地产抵押权的土地使用权是以划拨方式取得的,依法拍卖该房地产后,受让人应当依法与土地所在地的土地行政主管部门签订土地使用权出让合同,从拍卖价款中缴纳土地使用权出让金后,抵押权人方可优先受偿。

以营利为目的,房屋所有人将以划拨方式取得国有土地使用权后所建房屋出租的,应将租金中所含土地收益上缴国家。

国有土地使用权转让,转让双方必须如实申报成交价格。土地行政主管部门要根据基准地价、标定地价对申报价格进行审核和登记。申报土地转让价格比标定地价低20%以上的,市、县人民政府可行使优先购买权。

(8) 住房城乡建设部、国土资源部关于进一步完善城市停车场规划建设及用地政策的通知（节录）

(2016年8月31日发布并施行　建城〔2016〕193号)

四、加强停车场规划建设和用地监管

(十六)规范停车场土地供后管理。市、县国土资源管理部门应当在核发划拨决定书、签订出让合同和租赁合同时,明确规定或者约定:停车场建设用地使用权可以整体转让和转租,不得分割转让和转租;不得改变规划确定的土地用途,改变用途用于住宅、商业等房地产开发的,由市、县国土资源管理部门依法收回建设用地使用权;以出让或者租赁方式取得停车场建设用地使用权的,可以设定抵押权。以划拨方式取得停车场建设用地使用权设定抵押的,应当约定划拨建设用地使用权不得单独设定抵押权,设定房地产抵押权的停车建设用地使用权以划拨方式取得的,应当从拍卖所得的价款中缴纳相当于应缴纳的土地使用权出让金的款额后,抵押权人方可优先受偿。划拨决定书、出让合同和租赁合同要及时上传土地市场动态监测监管系统。

（三）其他权利标的物之上的抵押权

1. 矿业权出让转让管理暂行规定（节录）

(2000年11月1日发布并施行　国土资发〔2000〕309号)

第一章　总　　则

第三条　探矿权、采矿权为财产权,统称为矿业权,适用于不动产法律法规的调整原则。

依法取得矿业权的自然人、法人或其他经济组织称为矿业权人。

矿业权人依法对其矿业权享有占有、使用、收益和处分权。

第六条 矿业权人可以依照本办法的规定采取出售、作价出资、合作勘查或开采、上市等方式依法转让矿业权。

转让双方应按规定到原登记发证机关办理矿业权变更登记手续。但是受让方为外商投资矿山企业的,应到具有外商投资矿山企业发证权的登记管理机关办理变更登记手续。

矿业权人可以依照本办法的规定出租、抵押矿业权。

第十二条 探矿权人在其勘查作业区内申请采矿权的,矿业权可不评估,登记管理机关不收取价款。

矿山企业进行合资、合作、合并、兼并等重组改制时,应进行采矿权评估,办理采矿权转让审批和变更登记手续。是国家出资勘查形成的采矿权的,应由国务院或省级地质矿产主管部门对评估的采矿权价款进行确认,登记管理机关不收取采矿权价款。

第三章 矿业权转让

第三十六条 矿业权转让是指矿业权人将矿业权转移的行为,包括出售、作价出资、合作、重组改制等。

矿业权的出租、抵押,按照矿业权转让的条件和程序进行管理,由原发证机关审查批准。

第三十七条 各种形式的矿业权转让,转让双方必须向登记管理机关提出申请,经审查批准后办理变更登记手续。

第三十八条 采矿权人不得将采矿权以承包等方式转给他人开采经营。

第三十九条 转让国家出资勘查形成的矿业权的,转让人以评估确认的结果为底价向受让人收取矿业权价款或作价出资。

国有地质勘查单位转让国家出资勘查形成的矿业权的收益,应按勘查时的实际投入数转增国家基金,其余部分计入主管业务收入。

国有矿山企业转让国家出资勘查形成的矿业权的收益做国家资本处置的,应按照国务院地质矿产主管部门和国务院财政主管部门的规定报批执行。

非国有矿山企业转让国家出资勘查形成矿产地的采矿权的,由登记管理机关收取相应的采矿权价款。但是符合本规定第十二条的除外。

第一节 出售、作价出资、合作

第四十条 矿业权出售是指矿业权人依法将矿业权出卖给他人进行勘查、开采矿产资源的行为。

第四十一条 矿业权作价出资是指矿业权人依法将矿业权作价后,作为资本投入企业,并按出资数额行使相应权利,履行相应义务的行为。

第四十二条 合作勘查或合作开采经营是指矿业权人引进他人资金、技术、管理等,通过签订合作合同约定权利义务,共同勘查、开采矿产资源的行为。

第四十三条 矿业权人改组成上市的股份制公司时,可将矿业权作价计入上市公司资本金,也可将矿业权转让给上市公司向社会披露,但在办理转让审批和变更登记手续前,均应委托评估矿业权,矿业权评估结果报国务院地质矿产主管部门确认。

矿业股份制公司在境外上市的,可按照所上市国的规定通过境外评估机构评估矿业权,但应将评估报告向国务院地质矿产主管部门备案。

第四十四条 出售矿业权或者通过设立合作、合资法人勘查、开采矿产资源的,应申请办理矿业权转让审批和变更登记手续。

不设立合作、合资法人勘查或开采矿产资源的,在签订合作或合资合同后,应当将相应的合同向登记管理机关备案。

采矿权申请人领取采矿许可证后,因与他人合资、合作进行采矿而设立新企业的,可不受投入采矿生产满一年的限制。

第四十五条 需要部分出售矿业权的,必须在申请出售前向登记管理机关提出分立矿业权的申请,经批准并办理矿业权变更登记手续。

采矿权原则上不得部分转让。

第四十六条 矿业权转让的当事人须依法签订矿业权转让合同。依转让方式的不同,转让合同可以是出售转让合同、合资转让合同或合作转让合同。

转让申请被批准之日起,转让合同生效。

第四十七条 矿业权转让合同应包括以下基本内容:

(一)矿业权转让人、受让人的名称、法定代表人、注册地址;

(二)申请转让矿业权的基本情况,包括当前权属关系、许可证编号、发证机关、矿业权的地理位置坐标、面积、许可证有效期限及勘查工作程度或开采情况等;

(三)转让方式和转让价格、付款方式或权益实现方式等;

(四)争议解决方式;

(五)违约责任。

第四十八条 转让人和受让人收到转让批准通知书后,应在规定时间内办理变更登记手续;逾期未办理的,视为自动放弃转让行为,已批准的转让申请失效。

第三节 抵 押

第五十五条[①] 矿业权抵押是指矿业权人依照有关法律作为债务人以其拥有的矿业权在不转移占有的前提下,向债权人提供担保的行为。

以矿业权作抵押的债务人为抵押人,债权人为抵押权人,提供担保的矿业权为抵押物。

第五十六条 债权人要求抵押人提供抵押物价值的,抵押人应委托评估机构评估抵押物。

第五十七条 矿业权设定抵押时,矿业权人应持抵押合同和矿业权许可证到原发证机关办理备案手续。矿业权抵押解除后20日内,矿业权人应书面告知原发证机关。

第五十八条 债务人不履行债务时,债权人有权申请实现抵押权,并从处置的矿

---

① 根据"国土资发〔2014〕89号"《关于停止执行〈关于印发〈矿业权出让转让管理暂行规定〉的通知〉第五十五条规定的通知》之规定,自2014年7月16日起,本条停止执行。

业权所得中依法受偿。新的矿业权申请人应符合国家规定的资质条件,当事人应依法办理矿业权转让、变更登记手续。

采矿权人被吊销许可证时,由此产生的后果由债务人承担。

<h2 style="text-align:center">第四章 监督管理</h2>

第六十三条 违反有关法律和本规定所设定的矿业权抵押无效。

2. 国土资源部关于完善矿产资源开采审批登记管理有关事项的通知(节录)

(2017年12月29日发布并施行 国土资规〔2017〕16号)

各省、自治区、直辖市国土资源主管部门:

为贯彻落实国务院深化行政审批制度改革要求,进一步规范和完善矿产资源开采审批登记管理,依据《中华人民共和国矿产资源法》《中华人民共和国行政许可法》、《矿产资源开采登记管理办法》等相关法律法规,结合矿业权管理工作实际,现就有关事项通知如下。

三、完善采矿权变更、注销登记管理

(十七) 有下列情形之一的采矿权不得办理转让变更登记:

1. 采矿权部分转让变更的;
2. 同一矿业权人存在重叠的矿业权单独转让变更的;
3. **采矿权处于抵押备案状态且未经抵押权人同意的;**
4. 未按要求缴纳出让收益(价款)等费用,未完成矿山地质环境恢复治理义务的;
5. 采矿权被国土资源主管部门立案查处,或法院、公安、监察等机关通知不得转让变更的。

除母公司与全资子公司之间的采矿权转让变更外,以协议出让方式取得的采矿权未满10年不得转让变更,确需转让变更的,按协议出让采矿权要件要求及程序办理。

本通知自印发之日起实施,有效期五年。《关于放射性矿产采矿许可证发放问题的复函》(国土资发〔1999〕262号)、《关于矿山企业进行生产勘探有关问题的通知》(国土资发〔2002〕344号)、《关于进一步规范采矿许可证有效期的通知》(国土资发〔2007〕95号)、国土资源部《关于进一步完善采矿权登记管理有关问题的通知》(国土资发〔2011〕14号)、国土资源部办公厅《关于贯彻落实采矿权转让审批权限下放有关问题的通知》(国土资厅发〔2012〕66号)、国土资源部《关于修改〈国土资源部关于进一步完善采矿权登记管理有关问题的通知〉第十三条规定的通知》(国土资发〔2015〕65号)、国土资源部《关于修改〈国土资源部关于进一步完善采矿权登记管理有关问题的通知〉第二十五条规定的通知》(国土资发〔2017〕29号)同时废止。

3. 国土资源部关于采矿权人为他人债务提供担保的采矿权抵押备案有关问题的通知

(2015年4月29日发布并施行 国土资发〔2015〕56号)

各省、自治区、直辖市国土资源主管部门：

为落实国土资源部《关于停止执行〈关于印发〈矿业权出让转让管理暂行规定〉的通知〉第五十五条规定的通知》(国土资发〔2014〕89号)精神，采矿权人以其拥有的采矿权为抵押物，为他人贷款债务提供担保而申请抵押备案的，应提交的申请资料、具备的条件、备案通知及抵押解除等相关要求，按照国土资源部《关于进一步完善采矿权登记管理有关问题的通知》(国土资发〔2011〕14号)第二十八条至三十一条规定执行，其中，抵押备案申请书需抵押人、抵押权人及债务人三方分别签字盖章。

本通知自印发之日起施行，有效期五年。

2015年4月29日

二、不同标的物之上的质押权

(一) 股权质押的相关规范

1. 工商行政管理机关股权出质登记办法

(2008年9月1日国家工商行政管理总局令第32号公布 根据2016年4月29日国家工商行政管理总局令第86号修订)

第一条 为规范股权出质登记行为,根据《中华人民共和国物权法》等法律的规定,制定本办法。

第二条 以持有的有限责任公司和股份有限公司股权出质,办理出质登记的,适用本办法。已在证券登记结算机构登记的股份有限公司的股权除外。

第三条 负责出质股权所在公司登记的工商行政管理机关是股权出质登记机关(以下简称登记机关)。

各级工商行政管理机关的企业登记机构是股权出质登记机构。

第四条 股权出质登记事项包括:
(一) 出质人和质权人的姓名或名称;
(二) 出质股权所在公司的名称;
(三) 出质股权的数额。

第五条 申请出质登记的股权应当是依法可以转让和出质的股权。对于已经被人民法院冻结的股权,在解除冻结之前,不得申请办理股权出质登记。

第六条 申请股权出质设立登记、变更登记和注销登记,应当由出质人和质权人共同提出。申请股权出质撤销登记,可以由出质人或者质权人单方提出。

申请人应当对申请材料的真实性、质权合同的合法性有效性、出质股权权能的完整性承担法律责任。

第七条 申请股权出质设立登记,应当提交下列材料:
(一) 申请人签字或者盖章的《股权出质设立登记申请书》;
(二) 记载有出质人姓名(名称)及其出资额的有限责任公司股东名册复印件或者出质人持有的股份公司股票复印件(均需加盖公司印章);
(三) 质权合同;
(四) 出质人、质权人的主体资格证明或者自然人身份证明复印件(出质人、质权人属于自然人的由本人签名,属于法人的加盖法人印章,下同);

（五）国家工商行政管理总局要求提交的其他材料。

指定代表或者共同委托代理人办理的,还应当提交申请人指定代表或者共同委托代理人的证明。

第八条 出质股权数额变更,以及出质人、质权人姓名(名称)或者出质股权所在公司名称更改的,应当申请办理变更登记。

第九条 申请股权出质变更登记,应当提交下列材料:

（一）申请人签字或者盖章的《股权出质变更登记申请书》。

（二）有关登记事项变更的证明文件。属于出质股权数额变更的,提交质权合同修正案或者补充合同;属于出质人、质权人姓名(名称)或者出质股权所在公司名称更改的,提交姓名或者名称更改的证明文件和更改后的主体资格证明或者自然人身份证明复印件。

（三）国家工商行政管理总局要求提交的其他材料。

指定代表或者共同委托代理人办理的,还应当提交申请人指定代表或者共同委托代理人的证明。

第十条 出现主债权消灭、质权实现、质权人放弃质权或法律规定的其他情形导致质权消灭的,应当申请办理注销登记。

第十一条 申请股权出质注销登记,应当提交申请人签字或者盖章的《股权出质注销登记申请书》。

指定代表或者共同委托代理人办理的,还应当提交申请人指定代表或者共同委托代理人的证明。

第十二条 质权合同被依法确认无效或者被撤销的,应当申请办理撤销登记。

第十三条 申请股权出质撤销登记,应当提交下列材料:

（一）申请人签字或者盖章的《股权出质撤销登记申请书》;

（二）质权合同被依法确认无效或者被撤销的法律文件。

指定代表或者委托代理人办理的,还应当提交申请人指定代表或者委托代理人的证明。

第十四条 登记机关对登记申请应当当场办理登记手续并发给登记通知书。通知书加盖登记机关的股权出质登记专用章。

对于不属于股权出质登记范围或者不属于本机关登记管辖范围以及不符合本办法规定的,登记机关应当当场告知申请人,并退回申请材料。

第十五条 登记机关应当将股权出质登记事项在企业信用信息公示系统公示,供社会公众查询。

因自身原因导致股权出质登记事项记载错误的,登记机关应当及时予以更正。

第十六条 股权出质登记的有关文书格式文本,由国家工商行政管理总局统一制定。

第十七条 本办法自2008年10月1日起施行。

2. 股票质押式回购交易及登记结算业务办法(上交所)

(2018年1月12日上海证券交易所发布 上证发〔2018〕4号
自2018年3月12日起实施)

第一章 总 则

第一条 为规范股票质押式回购交易(以下简称股票质押回购),维护正常市场秩序,保护交易各方的合法权益,根据《中华人民共和国证券法》等相关法律、法规、中国证券监督管理委员会(以下简称中国证监会)相关部门规章和规范性文件、上海证券交易所(以下简称上交所)及中国证券登记结算有限责任公司(以下简称中国结算)相关业务规则及规定,制定本办法。

股票质押回购交易及登记结算业务适用本办法。本办法未规定的,适用上交所和中国结算其他相关业务规则及规定。

第二条 股票质押回购是指符合条件的资金融入方(以下简称融入方)以所持有的股票或其他证券质押,向符合条件的资金融出方(以下简称融出方)融入资金,并约定在未来返还资金、解除质押的交易。

第三条 证券公司根据融入方和融出方的委托向上交所综合业务平台的股票质押回购交易系统(以下简称交易系统)进行交易申报。

交易系统对交易申报按相关规则予以确认,并将成交结果发送中国结算上海分公司。

中国结算上海分公司依据上交所确认的成交结果为股票质押回购提供相应的证券质押登记和清算交收等业务处理服务。

第四条 证券公司参与股票质押回购,应当遵守法律法规和国家产业政策,坚持平等自愿、诚实守信、公平对待客户的原则,防范利益冲突,维护客户合法权益和社会公共利益。

第五条 证券公司应当建立健全的股票质押回购风险控制机制,根据相关规定和自身风险承受能力确定业务规模。上交所据此对其交易规模进行前端控制。

第六条 融入方、融出方、证券公司各方根据相关法律法规、部门规章及本办法的规定,签署《股票质押回购交易业务协议》(以下简称《业务协议》)。

证券公司代理进行股票质押回购交易申报的,应当依据所签署的《业务协议》、基于交易双方的真实委托进行,未经委托进行虚假交易申报,或者擅自伪造、篡改交易委托进行申报的,证券公司应承担全部法律责任,并赔偿由此造成的损失。

上交所及中国结算不对《业务协议》的内容及效力进行审查。融入方、融出方、证券公司之间的纠纷,不影响上交所依据本办法确认的成交结果,亦不影响中国结算上海分公司依据上交所确认的成交结果已经办理或正在办理的证券质押登记及清算交收等业务。

第二章 证券公司交易权限管理

第七条 上交所对参与股票质押回购的证券公司实行交易权限管理。证券公司向上交所申请股票质押回购交易权限，应当符合下列条件：

（一）具备证券经纪、证券自营业务资格；

（二）公司治理健全，内部控制有效，能有效识别、防范和控制业务风险；

（三）公司最近2年内未因证券违法违规受到行政处罚或刑事处罚，且不存在因涉嫌违法违规正被中国证监会立案调查或者正处于整改期间的情形；

（四）有完备的业务实施方案及管理制度；

（五）已建立符合本办法要求的客户适当性制度；

（六）已建立完善的股票质押回购客户投诉处理机制，能够及时、妥善处理与客户之间的纠纷；

（七）有拟负责业务的高级管理人员和适当数量的专业人员；

（八）有相应的业务技术系统，并且通过上交所相关技术测试；

（九）财务状况良好，最近2年主要风险控制指标持续符合规定；

（十）上交所规定的其他条件。

第八条 证券公司向上交所申请股票质押回购交易权限，应当提交以下材料：

（一）交易权限申请书；

（二）证券经纪、证券自营业务资格证明文件；

（三）业务实施方案及管理制度、客户适当性制度和客户投诉处理制度等相关文件；

（四）《业务协议》和《股票质押式回购交易风险揭示书》（以下简称《风险揭示书》）样本；

（五）业务和技术系统准备情况说明；

（六）拟负责业务的高级管理人员与业务联络人的姓名及其联系方式；

（七）上交所要求的其他材料。

证券公司申请材料完备的，上交所就其是否符合本办法第七条关于公司治理和内部控制、合法合规经营、财务和风险控制指标等条件征求证券监管机构意见。

对于符合本办法规定条件的证券公司，上交所向其发出确认股票质押回购交易权限的书面通知。

第九条 证券公司可以向上交所提出申请，终止股票质押回购交易权限，但有未了结的股票质押回购的情形除外。

第十条 证券公司发生下列情形之一的，上交所可以暂停其股票质押回购交易权限：

（一）违反法律法规、中国证监会相关部门规章和规范性文件、本办法、其他交易和登记结算业务规则及规定；

（二）未尽核查责任，导致不符合条件的融入方、融出方参与股票质押回购；

（三）违反本办法的规定进行违约处置；

（四）内部风险控制不足，股票质押回购发生较大风险；
（五）从事股票质押回购时，扰乱市场秩序；
（六）上交所、中国结算认定的其他情形。

第十一条 证券公司发生下列情形之一的，上交所可以终止其股票质押回购交易权限：

（一）严重违反法律法规、中国证监会相关部门规章和规范性文件、本办法、其他交易和登记结算业务规则及规定；
（二）严重违反本办法的规定进行违约处置；
（三）内部风险控制严重不足，股票质押回购发生重大风险；
（四）从事股票质押回购时，严重扰乱市场秩序；
（五）进入风险处置或破产程序；
（六）上交所、中国结算认定的其他情形。

第十二条 证券公司可以在引起被暂停股票质押回购交易权限的情形消除后，向上交所申请恢复股票质押回购交易权限。

第十三条 证券公司被暂停或终止股票质押回购交易权限的，应当及时向上交所提交业务处置报告。

第三章 适当性管理

第一节 融入方

第十四条 融入方是指具有股票质押融资需求且符合证券公司所制定资质审查标准的客户。

第十五条 证券公司应当建立健全融入方资质审查制度，对融入方进行尽职调查，调查内容包括融入方的身份、财务状况、经营状况、信用状况、担保状况、融资投向、风险承受能力等。

证券公司应当以书面或者电子形式记载、留存融入方资质审查结果。

融入方不得为金融机构或者从事贷款、私募证券投资或私募股权投资、个人借贷等业务的其他机构，或者前述机构发行的产品。符合一定政策支持的创业投资基金及其他上交所认可的情形除外。

第十六条 证券公司应当向融入方全面介绍股票质押回购规则，充分揭示可能产生的风险，并要求融入方签署《风险揭示书》。

第二节 融出方

第十七条 融出方包括证券公司、证券公司管理的集合资产管理计划或定向资产管理客户、证券公司资产管理子公司管理的集合资产管理计划或定向资产管理客户。专项资产管理计划参照适用。

证券公司及其资产管理子公司管理的公开募集集合资产管理计划不得作为融出方参与股票质押回购。

第十八条 融出方为集合资产管理计划或定向资产管理客户的，应遵守以下规定：

（一）证券公司应核查确认相应资产管理合同及相关文件明确可参与股票质押回购，并明确约定参与股票质押回购的投资比例、单一融入方或者单一质押股票的投资比例、质押率上限等事项；

（二）从事客户资产管理业务的证券公司或其资产管理子公司（以下统称管理人）应在资产管理合同等相关文件中向客户充分揭示参与股票质押回购可能产生的风险；

（三）集合资产管理计划为融出方的，集合资产管理合同应约定在股票质押回购中质权人登记为管理人；

（四）定向资产管理客户为融出方的，定向资产管理合同应约定在股票质押回购中质权人登记为定向资产管理客户或管理人。

第十九条 融入方和融出方经证券公司报备上交所后，方可参加股票质押回购。

第四章 业 务 协 议

第二十条 融出方为证券公司、证券公司管理的集合资产管理计划或定向资产管理客户的，证券公司应当与融入方签署《业务协议》。

融出方为证券公司资产管理子公司管理的集合资产管理计划或定向资产管理客户的，证券公司应当与融入方、资产管理子公司签署三方《业务协议》。

第二十一条 《业务协议》应当约定以下内容：

（一）交易各方的声明与保证、权利与义务；

（二）融入方、融出方应遵守证券公司标的证券管理制度确定的标的证券范围、质押率上限、风险控制指标等要求；

（三）融入方、融出方应约定交易要素、交易流程、登记结算、权益处理、融资投向、履约保障、违约情形及处理等内容；

（四）融入方、融出方应委托证券公司负责交易申报、盯市、违约处置等事宜；

（五）《业务协议》必备条款规定的其他内容。

第二十二条 《业务协议》应明确约定融入方融入资金存放于其在证券公司指定银行开立的专用账户，并用于实体经济生产经营，不得直接或者间接用于下列用途：

（一）投资于被列入国家相关部委发布的淘汰类产业目录，或者违反国家宏观调控政策、环境保护政策的项目；

（二）进行新股申购；

（三）通过竞价交易或者大宗交易方式买入上市交易的股票；

（四）法律法规、中国证监会相关部门规章和规范性文件禁止的其他用途。

融入资金违反前款规定使用的，《业务协议》应明确约定改正措施和相应后果。

第二十三条 融出方是证券公司的，《业务协议》应当约定质权人登记为证券公司；融出方是集合资产管理计划的，《业务协议》应当约定质权人登记为管理人；融出方是定向资产管理客户的，《业务协议》应当约定质权人登记为定向资产管理客户或管理人。

第二十四条 融入方、融出方应当在签订《业务协议》时或根据《业务协议》的约定在申报交易委托前,协商确定标的证券及数量、初始交易日及交易金额、购回交易日及交易金额等要素。

证券公司应当根据业务实质、市场情况和公司资本实力,合理确定股票质押回购每笔最低初始交易金额。融入方首笔初始交易金额不得低于 500 万元(人民币,下同),此后每笔初始交易金额不得低于 50 万元,上交所另行认可的情形除外。

第五章 交 易

第一节 标的证券、回购期限与交易时间

第二十五条 股票质押回购的标的证券为上交所上市的 A 股股票或其他经上交所和中国结算认可的证券。

标的证券质押或处置需要获得国家相关主管部门的批准或备案的,融入方应遵守相关法律法规的规定,事先办理相应手续,并由证券公司核查确认。

第二十六条 股票质押回购的回购期限不超过 **3** 年。

第二十七条 股票质押回购的交易时间为每个交易日的 9:15 至 9:25、9:30 至 11:30、13:00 至 15:00。

第二节 申报类型

第二十八条 股票质押回购的申报类型包括初始交易申报、购回交易申报、补充质押申报、部分解除质押申报、终止购回申报、违约处置申报。

第二十九条 初始交易申报是指融入方按约定将所持标的证券质押,向融出方融入资金的交易申报。

初始交易的标的证券为上交所上市的 A 股股票或其他经上交所和中国结算认可的证券。

第三十条 购回交易申报是指融入方按约定返还资金、解除标的证券及相应孳息质押登记的交易申报,包括到期购回申报、提前购回申报和延期购回申报。

《业务协议》应当约定提前购回和延期购回的条件,以及上述情形下购回交易金额的调整方式。

延期购回后累计的回购期限一般不超过 3 年。

第三十一条 补充质押申报是指融入方按约定补充提交标的证券进行质押登记的交易申报。

补充质押的标的证券为上交所上市的 A 股股票、债券、基金或其他经上交所和中国结算认可的证券。

第三十二条 部分解除质押申报是指融出方解除部分标的证券或其孳息质押登记的交易申报。

第三十三条 违约处置申报是指发生约定情形需处置质押标的证券的,证券公司应当按照《业务协议》的约定向上交所提交违约处置申报,该笔交易进入违约处置程序。

第三十四条 终止购回申报是指不再进行购回交易时,融出方按约定解除标的证

券及相应孳息质押登记的交易申报。

第三节 委托、申报与成交确认

第三十五条 证券公司根据融入方、融出方的委托向上交所提交交易申报,由上交所交易系统确认成交,并发送成交回报。融入方、融出方应根据同一指定的证券公司向上交所提交交易申报。

第三十六条 初始交易的申报要素包括:业务类型、合同编号、融入方证券账号及其指定交易单元号、融出方证券账号及其指定交易单元号、初始交易日、购回交易日、标的证券代码、标的证券数量、初始交易金额、预警线、平仓线、融资投向、融资利率等。

成交确认内容包括:成交编号、申报编号、成交日期和时间、初始交易代码、合同编号、融入方证券账号及其指定交易单元号、融出方证券账号及其指定交易单元号、初始交易日、购回交易日、标的证券代码、标的证券数量、初始交易成交金额等。

第三十七条 购回交易的申报要素包括:业务类型、合同编号、融入方证券账号及其指定交易单元号、融出方证券账号及其指定交易单元号、初始交易日或是补充质押日、初始交易成交编号或补充质押成交编号、购回交易金额等。

成交确认内容包括:成交编号、申报编号、成交日期和时间、购回交易代码、合同编号、融入方证券账号及其指定交易单元号、融出方全称、融出方证券账号及其指定交易单元号、初始交易日或是补充质押日、初始交易成交编号或补充质押成交编号、购回交易成交金额等。

第三十八条 补充质押的申报要素包括:业务类型、合同编号、融入方证券账号及其指定交易单元号、融出方证券账号及其指定交易单元号、初始交易日、初始交易成交编号、标的证券代码、标的证券数量等。

成交确认内容包括:成交编号、申报编号、成交日期和时间、补充质押交易代码、合同编号、融入方证券账号及其指定交易单元号、融出方证券账号及其指定交易单元号、初始交易日、初始交易成交编号、标的证券代码、标的证券数量等。

第三十九条 部分解除质押的申报要素包括:业务类型、合同编号、融入方证券账号及其指定交易单元号、融出方证券账号及其指定交易单元号、初始交易日或是补充质押日、初始交易成交编号或补充质押成交编号、标的证券代码、标的证券数量等。

成交确认内容包括:成交编号、申报编号、成交日期和时间、补充质押交易代码、合同编号、融入方证券账号及其指定交易单元号、融出方证券账号及其指定交易单元号、初始交易日或是补充质押日、初始交易成交编号或补充质押成交编号、标的证券代码、标的证券数量等。

第四十条 违约处置的申报要素包括:业务类型、合同编号、融入方证券账号及其指定交易单元号、融出方证券账号及其指定交易单元号、初始交易日或是补充质押日、初始交易成交编号或补充质押成交编号、标的证券代码、标的证券数量等。

成交确认内容包括:成交编号、申报编号、成交日期和时间、违约处置交易代码、合同编号、融入方证券账号及其指定交易单元号、融出方证券账号及其指定交易单元号、初始交易日或是补充质押日、初始交易成交编号或补充质押成交编号、标的证券代码、标的证券数量等。

第四十一条 终止购回的申报要素包括：业务类型、合同编号、融入方证券账号及其指定交易单元号、融出方证券账号及其指定交易单元号、初始交易日或是补充质押日、初始交易成交编号或补充质押成交编号等。

成交确认内容包括：成交编号、申报编号、成交日期和时间、终止购回交易代码、合同编号、融入方证券账号及其指定交易单元号、融出方证券账号及其指定交易单元号、初始交易日或是补充质押日、初始交易成交编号或补充质押成交编号等。

第四十二条 标的证券停牌的，不影响股票质押回购交易。

第六章 清算交收及质押登记

第一节 清算与交收

第四十三条 每个交易日日终，中国结算上海分公司根据上交所确认的股票质押回购交易数据，组织交易双方结算参与人的逐笔全额结算，并办理相应证券的质押登记或解除质押登记。

证券公司负责证券公司与客户之间的资金结算，托管机构负责托管机构与所托管集合资产管理计划或定向资产管理客户之间的资金结算。

第四十四条 融出方、融入方使用上海证券账户参与股票质押回购。

第四十五条 中国结算上海分公司通过融入方、融出方结算参与人的非担保资金交收账户办理清算交收业务。

第四十六条 交易日（以下简称 T 日）日终，中国结算上海分公司依据上交所确认的成交数据对当日达成的股票质押回购进行逐笔全额清算，计算 T 日每笔交易的资金应收应付额及证券应质押或解除质押的数量。

其中，对于每笔初始交易，融出方初始交易应付金额＝初始交易成交金额，融入方初始交易应收金额＝初始交易成交金额－相关费用，融入方应质押证券数量＝标的证券成交数量。对于每笔购回交易，融出方应收金额＝融入方应付金额＝购回交易成交金额，融入方解除质押证券数量＝标的证券成交数量。

第四十七条 T 日 16:00，中国结算上海分公司依据清算结果，按照货银对付原则及成交先后顺序逐笔办理资金交收及证券质押登记或解除质押登记。

对于初始交易，若证券公司作为融出方，证券公司须于 T 日 16:00 前将相应资金划入自营非担保资金交收账户；若融出方为证券公司或其资产管理子公司管理的集合资产管理计划或定向资产管理客户（托管机构清算模式），其托管机构须于 T 日 16:00 前将相应资金划入托管机构的非担保资金交收账户；若融出方为证券公司或其资产管理子公司管理的定向资产管理客户（证券公司清算模式），证券公司须于 T 日 16:00 前将相应资金划入客户非担保资金交收账户。

对于购回交易，证券公司须于 T 日 16:00 前将相应资金划入客户非担保资金交收账户。

第四十八条 证券公司或托管机构相关非担保资金交收账户应付资金不足，或者融入方可用质押证券不足的，中国结算上海分公司不办理该笔交易的资金交收和证券质押或解除质押，对单笔交易不进行部分交收处理。

因交收失败引起的后续处理事宜由相关责任方依据约定协商解决,中国结算上海分公司不承担任何法律责任。

第二节 质押登记

第四十九条 股票质押回购的质押物管理,采用由中国结算上海分公司对融入方证券账户相应标的证券进行质押登记或解除质押登记的方式。

质押登记办理后,标的证券的状态为质押不可卖出。除违约处置外,融入方不得将已质押登记的标的证券申报卖出或另作他用。

第五十条 初始交易日日终,中国结算上海分公司根据上交所确认的成交数据,按照货银对付原则在进行逐笔全额结算时,将融入方证券账户内相应标的证券进行质押登记。

第五十一条 补充质押日日终,中国结算上海分公司根据上交所确认的成交数据,在进行逐笔全额结算时,办理相应标的证券的质押登记。

中国结算上海分公司不负责质押登记的合并管理。

第五十二条 初始交易或补充质押成交当日,司法机关对该笔交易的标的证券进行司法冻结的,中国结算上海分公司优先办理质押登记。

第五十三条 购回交易日日终,中国结算上海分公司根据上交所确认的成交数据,按照货银对付原则在进行逐笔全额结算时,将融入方证券账户内相应标的证券及孳息解除质押登记。

第五十四条 部分解除质押日日终,中国结算上海分公司根据上交所确认的成交数据,在进行逐笔全额结算时,部分解除质押标的证券或其孳息。

第五十五条 违约处置申报日日终,中国结算上海分公司根据上交所确认的申报数据,将融入方证券账户内相应标的证券的状态由质押不可卖出调整为质押可卖出。

融入方证券账户内相应证券已被司法机关冻结的或为限售股的,中国结算上海分公司不进行质押状态调整。

第五十六条 终止购回申报日日终,中国结算上海分公司根据上交所确认的申报数据,将融入方证券账户内相应标的证券及孳息解除质押登记。

第五十七条 融入方与融出方可向证券公司申请查询股票质押回购交易明细情况。出质人与质权人可向中国结算上海分公司申请查询其质押登记明细情况。

证券公司和中国结算上海分公司的数据如有不一致,以中国结算上海分公司提供的数据为准。

第三节 标的证券权益处理

第五十八条 待购回期间,标的证券产生的无需支付对价的股东权益,如送股、转增股份、现金红利等,一并予以质押。

第五十九条 待购回期间,标的证券产生的需支付对价的股东权益,如老股东配售方式的增发、配股等,由融入方自行行使,所取得的证券不随标的证券一并质押。

第六十条 待购回期间,融入方基于股东身份享有出席股东大会、提案、表决等权利。

第七章　风险管理、违约处置与异常情况处理

第一节　风　险　管　理

第六十一条　证券公司应当对股票质押回购实行集中统一管理,并建立完备的管理制度、操作流程和风险识别、评估与控制体系,确保风险可测、可控、可承受。

第六十二条　证券公司应当健全业务隔离制度,确保股票质押回购与有可能形成冲突的业务在机构、人员、信息、账户等方面相互隔离。

第六十三条　证券公司及其资产管理子公司应当健全利益冲突防范机制,以公平参与为原则,防范证券公司自营业务、客户资产管理业务在参与股票质押回购时可能发生的利益冲突。

第六十四条　证券公司应当建立标的证券管理制度,在本办法规定的标的证券范围内确定和调整标的证券范围,确保选择的标的证券合法合规、风险可控。

以有限售条件股份作为标的证券的,解除限售日应当早于回购到期日。

第六十五条　证券公司作为融出方的,单一证券公司接受单只A股股票质押的数量不得超过该股票A股股本的30%。集合资产管理计划或定向资产管理客户作为融出方的,单一集合资产管理计划或定向资产管理客户接受单只A股股票质押的数量不得超过该股票A股股本的15%。因履约保障比例达到或低于约定数值,补充质押导致超过上述比例或超过上述比例后继续补充质押的情况除外。

证券公司应当加强标的证券的风险管理,在提交交易申报前,应通过中国结算指定渠道查询相关股票市场整体质押比例信息,做好交易前端检查控制,该笔交易不得导致单只A股股票市场整体质押比例超过50%。因履约保障比例达到或低于约定数值,补充质押导致超过上述比例或超过上述比例后继续补充质押的情况除外。

本条所称市场整体质押比例,是指单只A股股票质押数量与其A股股本的比值。

第六十六条[①]　融入方所持有股票涉及业绩承诺股份补偿协议的,在相关业绩承诺履行完毕前,证券公司不得允许集合资产管理计划或者定向资产管理客户作为融出方参与相应股票质押回购;证券公司作为融出方参与相应股票质押回购的,应当切实防范因融入方履行业绩承诺股份补偿协议可能产生的风险。

第六十七条　证券公司应当依据标的证券资质、融入方资信、回购期限、第三方担保等因素确定和调整标的证券的质押率上限,其中股票质押率上限不得超过60%。质押率是指初始交易金额与质押标的证券市值的比率。

以有限售条件股份作为标的证券的,质押率的确定应根据该上市公司的各项风险因素全面认定并原则上低于同等条件下无限售条件股份的质押率。

上交所可以根据市场情况,对质押率上限进行调整,并向市场公布。

第六十八条　证券公司应当建立以净资本为核心的股票质押回购规模监控和调整机制,根据监管要求和自身财务状况,合理确定总体规模、单一客户、单一证券交易金额占净资本的比例等风险控制指标。

[①]　相关案例及文章,参见本书附录"十九、重组业绩补偿股票质押的法律效力"。

第六十九条 证券公司应当建立、健全待购回期间融入方跟踪监测机制,持续关注融入方的经营、财务、对外担保、诉讼等情况,及时评估融入方的信用风险和履约能力。

第七十条 证券公司应当建立、健全盯市机制,持续跟踪质押标的证券价格波动和可能对质押标的证券产生重大影响的风险事件,对股票质押回购初始交易及相应的补充质押、部分解除质押进行合并管理,有效监控质押标的证券的市场风险。

履约保障比例达到或低于约定数值的,证券公司应当按照《业务协议》的约定要求融入方采取相应的措施。《业务协议》可以约定的措施包括:

(一)提前购回;

(二)补充质押标的证券;

(三)补充其他担保物,担保物应为依法可以担保的其他财产或财产权利;

(四)其他方式。

融出方、融入方可以在《业务协议》中约定,在履约保障比例超过约定数值时,部分解除质押或解除其他担保;部分解除质押前,应当先解除其他担保,当无其他担保物时方可解除质押标的证券或其孳息。部分解除质押或解除其他担保后的履约保障比例不得低于约定数值。

履约保障比例,是指合并管理的质押标的证券、相应孳息及其他担保物价值之和与融入方应付金额的比值。

第七十一条 交易各方不得通过补充质押标的证券,规避本办法第二十九条第二款关于标的证券范围、第六十五条关于单只A股股票质押数量及市场整体质押比例相关要求。

第七十二条 证券公司应当建立融入方融入资金跟踪管理制度,采取措施对融入资金的使用情况进行跟踪。证券公司发现融入方违反本办法第二十二条第一款规定使用资金的,应当督促融入方按照协议约定采取改正措施,相关改正完成前不得继续向融入方融出资金;未按照协议约定采取改正措施的,证券公司应当要求融入方提前购回。

第七十三条 证券公司应当按照上交所要求报送股票质押回购相关数据信息。

第七十四条 管理人应当在资产管理计划设计及运作中采取必要措施,使资产管理计划的流动性、存续期限与股票质押回购期限相匹配。

第七十五条 融出方为集合资产管理计划的,可通过证券公司或其他第三方的信用增级措施保障融出方权益。

第七十六条 上交所可以根据市场情况暂停或恢复单一标的证券用于股票质押回购。

第七十七条 持有上市公司股份5%以上的股东,将其持有的该上市公司股票进行股票质押回购的,不得违反有关信息披露的规定。

第二节 违约处置

第七十八条 融入方违约,根据《业务协议》的约定须处置质押标的证券的,对于无限售条件股份,通过上交所进行处置的,交易各方应当遵守中国证监会部门规章、规范性文件及上交所业务规则等关于股份减持的相关规定,按以下程序处理：

（一）证券公司应及时通知交易双方并报告上交所；

（二）T日证券公司根据《业务协议》约定,向上交所交易系统提交违约处置申报；

（三）T日违约处置申报处理成功后,T＋1日起证券公司即可根据《业务协议》的约定处置标的证券,卖出成交后,证券公司应当在当日根据中国结算上海分公司的要求提交申报数据,处置所得优先偿付融出方；证券公司应当根据《业务协议》的约定将偿付资金划付到融出方对应的账户；

（四）违约处置后,证券公司应向上交所提交终止购回申报。质押标的证券及相应孳息如有剩余的,中国结算上海分公司根据终止购回申报解除剩余标的证券及相应孳息的质押登记；

（五）违约处置完成后,证券公司向上交所、中国结算上海分公司和中国证券投资者保护基金有限责任公司提交违约处置结果报告。

对于仍处于限售期的有限售条件股份,证券公司应当按照《业务协议》的约定处理。

第七十九条 交易各方应当在《业务协议》中约定质押标的证券、相应孳息和补充其他担保物的担保范围,以及处置方式、处置所得的偿还顺序等具体内容。

第八十条 因司法等机关冻结,影响标的证券处置的,交易各方按《业务协议》的约定处理。影响标的证券处置的情形解除后,证券公司可以按照本办法第七十八条的规定处理,或向上交所提交终止购回申报。

第三节 异常情况处理

第八十一条 融入方、融出方、证券公司应当约定待购回期间或购回交易日发生异常情况的处理方式,并在异常情况发生时由证券公司及时向上交所报告。

前款所述异常情况包括：

（一）质押标的证券、证券账户或资金账户被司法等机关冻结或强制执行；

（二）质押标的证券被作出终止上市决定；

（三）集合资产管理计划提前终止；

（四）证券公司被暂停或终止股票质押回购交易权限；

（五）证券公司进入风险处置或破产程序；

（六）上交所认定的其他情形。

第八十二条 发生异常情况的,交易各方可以按《业务协议》约定的以下方式处理：

（一）提前购回；

（二）延期购回；

（三）终止购回；

（四）上交所认可的其他约定方式。

第八十三条 发生第八十一条情形的,证券公司应及时通知融入方和融出方。证券公司因自身原因导致发生第八十一条第（三）、（四）、（五）项情形的,还应当按照《业务协议》的有关约定承担违约责任。

第八十四条　交易各方应当在《业务协议》中约定,待购回期间标的证券涉及跨市场吸收合并的,融入方应当提前购回。

第八章　附　　则

第八十五条　中国结算按照现有标准在初始交易和补充质押时向融入方收取质押登记费。上交所按照每笔初始交易金额的0.01‰,起点5元,最高不超过100元的标准收取经手费。

第八十六条　股票质押回购开展过程中,因不可抗力、意外事件、系统故障等交易异常情况及上交所和中国结算上海分公司采取相应措施造成的损失,上交所和中国结算及其上海分公司不承担任何责任。

第八十七条　本办法由上交所和中国结算负责解释。

第八十八条　本办法自2018年3月12日起施行。上交所和中国结算发布的《股票质押式回购交易及登记结算业务办法(试行)》(上证会字〔2013〕55号)、上交所发布的《关于调整上海市场股票质押式回购交易经手费收费标准的通知》(上证发〔2014〕49号)同时废止。

3. 股票质押式回购交易及登记结算业务办法(深交所)

(2018年1月12日深圳证券交易所发布　深证会〔2018〕27号
自2018年3月12日起施行)

第一章　总　　则

第一条　为规范股票质押式回购交易(以下简称股票质押回购),维护正常市场秩序,保护交易各方的合法权益,根据《中华人民共和国证券法》等相关法律、法规,中国证券监督管理委员会(以下简称中国证监会)相关部门规章和规范性文件,深圳证券交易所(以下简称深交所)及中国证券登记结算有限责任公司(以下简称中国结算)相关业务规则及规定,制定本办法。

股票质押回购交易及登记结算业务适用本办法。本办法未规定的,适用深交所和中国结算其他相关业务规则及规定。

第二条　股票质押回购是指符合条件的资金融入方(以下简称融入方)以所持有的股票或其他证券质押,向符合条件的资金融出方(以下简称融出方)融入资金,并约定在未来返还资金、解除质押的交易。

第三条　证券公司根据融入方和融出方的委托向深交所交易系统(以下简称交易系统)进行交易申报。

交易系统对交易申报按相关规则予以确认,并将成交结果发送中国结算深圳分公司。

中国结算深圳分公司依据深交所确认的成交结果为股票质押回购提供相应的证券质押登记和清算交收等业务处理服务。

第四条 证券公司参与股票质押回购，应当遵守法律法规和国家产业政策，坚持平等自愿、诚实守信、公平对待客户的原则，防范利益冲突，维护客户合法权益和社会公共利益。

第五条 证券公司应当建立健全的股票质押回购风险控制机制，根据相关规定和自身风险承受能力确定业务规模。

深交所对证券公司股票质押回购业务规模进行监测。

第六条 融入方、融出方、证券公司各方根据相关法律法规、部门规章及本办法的规定，签署《股票质押回购交易业务协议》（以下简称《业务协议》）。

证券公司代理进行股票质押回购交易申报的，应当依据所签署的《业务协议》、基于交易双方的真实委托进行，未经委托进行虚假交易申报，或者擅自伪造、篡改交易委托进行申报的，证券公司应承担全部法律责任，并赔偿由此造成的损失。

深交所及中国结算不对《业务协议》的内容及效力进行审查。融入方、融出方、证券公司之间的纠纷，不影响深交所依据本办法确认的成交结果，亦不影响中国结算深圳分公司依据深交所确认的成交结果已经办理或正在办理的证券质押登记及清算交收等业务。

第二章 证券公司交易权限管理

第七条 深交所对参与股票质押回购的证券公司实行交易权限管理。证券公司向深交所申请股票质押回购交易权限，应当符合下列条件：

（一）具备证券经纪、证券自营业务资格；

（二）公司治理健全，内部控制有效，能有效识别、防范和控制业务风险；

（三）公司最近2年内未因证券违法违规受到行政处罚或刑事处罚，且不存在因涉嫌违法违规正被中国证监会立案调查或者正处于整改期间的情形；

（四）有完备的业务实施方案及管理制度；

（五）已建立符合本办法要求的客户适当性制度；

（六）已建立完善的股票质押回购客户投诉处理机制，能够及时、妥善处理与客户之间的纠纷；

（七）有拟负责业务的高级管理人员和适当数量的专业人员；

（八）有相应的业务技术系统，并且通过深交所相关技术测试；

（九）财务状况良好，最近2年主要风险控制指标持续符合规定；

（十）深交所规定的其他条件。

第八条 证券公司向深交所申请股票质押回购交易权限，应当提交以下材料：

（一）交易权限申请书；

（二）证券经纪、证券自营业务资格证明文件；

（三）业务实施方案及管理制度、客户适当性制度和客户投诉处理制度等相关文件；

（四）《业务协议》和《股票质押式回购交易风险揭示书》（以下简称《风险揭示书》）样本；

（五）业务和技术系统准备情况说明；

（六）拟负责业务的高级管理人员与业务联络人的姓名及其联系方式；

（七）深交所要求的其他材料。

证券公司申请材料完备的，深交所就其是否符合本办法第七条关于公司治理和内部控制、合法合规经营、财务和风险控制指标等条件征求证券监管机构意见。

对于符合本办法规定条件的证券公司，深交所向其发出确认股票质押回购交易权限的书面通知。

第九条 证券公司可以向深交所提出申请，终止股票质押回购交易权限，但有未了结的股票质押回购的情形除外。

第十条 证券公司发生下列情形之一的，深交所可以暂停其股票质押回购交易权限：

（一）违反法律法规、中国证监会相关部门规章和规范性文件、本办法、其他交易和登记结算业务规则及规定；

（二）未尽核查责任，导致不符合条件的融入方、融出方参与股票质押回购；

（三）违反本办法的规定进行违约处置；

（四）内部风险控制不足，股票质押回购发生较大风险；

（五）从事股票质押回购时，扰乱市场秩序；

（六）深交所、中国结算认定的其他情形。

第十一条 证券公司发生下列情形之一的，深交所可以终止其股票质押回购交易权限：

（一）严重违反法律法规、中国证监会相关部门规章和规范性文件、本办法、其他交易和登记结算业务规则及规定；

（二）严重违反本办法的规定进行违约处置；

（三）内部风险控制严重不足，股票质押回购发生重大风险；

（四）从事股票质押回购时，严重扰乱市场秩序；

（五）进入风险处置或破产程序；

（六）深交所、中国结算认定的其他情形。

第十二条 证券公司可以在引起被暂停股票质押回购交易权限的情形消除后，向深交所申请恢复股票质押回购交易权限。

第十三条 证券公司被暂停或终止股票质押回购交易权限的，应当及时向深交所提交业务处置报告。

第三章 适当性管理

第一节 融入方

第十四条 融入方是指具有股票质押融资需求且符合证券公司所制定资质审查标准的客户。

第十五条 证券公司应当建立健全融入方资质审查制度,对融入方进行尽职调查,调查内容包括融入方的身份、财务状况、经营状况、信用状况、担保状况、资金用途、风险承受能力等。

证券公司应当以书面或者电子形式记载、留存融入方资质审查结果。

融入方不得为金融机构或者从事贷款、私募证券投资或私募股权投资、个人借贷等业务的其他机构,或者前述机构发行的产品。符合一定政策支持的创业投资基金除外。

第十六条 证券公司应当向融入方全面介绍股票质押回购规则,充分揭示可能产生的风险,并要求融入方签署《风险揭示书》。

第二节 融 出 方

第十七条 融出方包括证券公司、证券公司管理的集合资产管理计划或定向资产管理客户、证券公司资产管理子公司管理的集合资产管理计划或定向资产管理客户。专项资产管理计划参照适用。

证券公司及其资产管理子公司管理的公开募集集合资产管理计划不得作为融出方参与股票质押回购。

第十八条 融出方为集合资产管理计划或定向资产管理客户的,应遵守以下规定:

(一)证券公司应核查确认相应资产管理合同及相关文件明确可参与股票质押回购,并明确约定参与股票质押回购的投资比例、单一融入方或者单一质押股票的投资比例、质押率上限等事项;

(二)从事客户资产管理业务的证券公司或其资产管理子公司(以下统称管理人)应在资产管理合同等相关文件中向客户充分揭示参与股票质押回购可能产生的风险;

(三)集合资产管理计划为融出方的,集合资产管理合同应约定在股票质押回购中质权人登记为管理人;

(四)定向资产管理客户为融出方的,定向资产管理合同应约定在股票质押回购中质权人登记为定向资产管理客户或管理人。

第十九条 证券公司应当按照深交所要求报备融入方、融出方相关情况。

第四章 业 务 协 议

第二十条 融出方为证券公司、证券公司管理的集合资产管理计划或定向资产管理客户的,证券公司应当与融入方签署《业务协议》。

融出方为证券公司资产管理子公司管理的集合资产管理计划或定向资产管理客户的,证券公司应当与融入方、资产管理子公司签署三方《业务协议》。

第二十一条 《业务协议》应当约定以下内容:

(一)交易各方的声明与保证、权利与义务;

(二)融入方、融出方应遵守证券公司标的证券管理制度确定的标的证券范围、质押率上限、风险控制指标等要求;

(三) 融入方、融出方应约定交易要素、交易流程、登记结算、权益处理、资金用途、履约保障、违约情形及处理等内容;

(四) 融入方、融出方应委托证券公司负责交易申报、盯市、违约处置等事宜;

(五)《业务协议》必备条款规定的其他内容。

第二十二条《业务协议》应明确约定融入方融入资金存放于其在证券公司指定银行开立的专用账户,并用于实体经济生产经营,不得直接或者间接用于下列用途:

(一) 投资于被列入国家相关部委发布的淘汰类产业目录,或者违反国家宏观调控政策、环境保护政策的项目;

(二) 进行新股申购;

(三) 通过竞价交易或者大宗交易方式买入上市交易的股票;

(四) 法律法规、中国证监会相关部门规章和规范性文件禁止的其他用途。

融入资金违反前款规定使用的,《业务协议》应明确约定改正措施和相应后果。

第二十三条 融出方是证券公司的,《业务协议》应当约定质权人登记为证券公司;融出方是集合资产管理计划的,《业务协议》应当约定质权人登记为管理人;融出方是定向资产管理客户的,《业务协议》应当约定质权人登记为定向资产管理客户或管理人。

第二十四条 融入方、融出方应当在签订《业务协议》时或根据《业务协议》的约定在申报交易委托前,协商确定标的证券及数量、初始交易日及交易金额、购回交易日及交易金额等要素。

证券公司应当根据业务实质、市场情况和公司资本实力,合理确定股票质押回购每笔最低初始交易金额。融入方首笔初始交易金额不得低于 500 万元(人民币,下同),此后每笔初始交易金额不得低于 50 万元,深交所另有规定的情形除外。

第五章 交 易

第一节 标的证券、回购期限与交易时间

第二十五条 股票质押回购的标的证券为深交所上市的 A 股股票或其他经深交所和中国结算认可的证券。

标的证券质押或处置需要获得国家相关主管部门的批准或备案的,融入方应遵守相关法律法规的规定,事先办理相应手续,并由证券公司核查确认。

第二十六条 股票质押回购的回购期限不超过 3 年,回购到期日遇非交易日顺延等情形除外。

第二十七条 股票质押回购的交易时间为每个交易日的 9:15 至 11:30、13:00 至 15:30。

第二节 申报类型

第二十八条 股票质押回购的申报类型包括初始交易申报、购回交易申报、补充质押申报、部分解除质押申报、终止购回申报、违约处置申报。

第二十九条 初始交易申报是指融入方按约定将所持标的证券质押,向融出方融

入资金的交易申报。

初始交易的标的证券为深交所上市的A股股票或其他经深交所和中国结算认可的证券。

第三十条 购回交易申报是指融入方按约定返还资金、解除标的证券及相应孳息质押登记的交易申报,包括到期购回申报、提前购回申报和延期购回申报。

《业务协议》应当约定提前购回和延期购回的条件,以及上述情形下购回交易金额的调整方式。

第三十一条 补充质押申报是指融入方按约定补充提交标的证券进行质押登记的交易申报。

补充质押的标的证券为深交所上市的A股股票、债券、基金或其他经深交所和中国结算认可的证券。

第三十二条 部分解除质押申报是指融出方解除部分标的证券或其孳息质押登记的交易申报。

第三十三条 违约处置申报是指发生约定情形需处置质押标的证券的,证券公司应当按照《业务协议》的约定向深交所提交违约处置申报,该笔交易进入违约处置程序。

第三十四条 终止购回申报是指不再进行购回交易时,融出方按约定解除标的证券及相应孳息质押登记的交易申报。

第三节 委托、申报与成交确认

第三十五条 证券公司根据融入方、融出方的委托向深交所提交交易申报,由深交所交易系统即时确认成交,并发送成交回报。

第三十六条 证券公司应通过申请的指定交易单元申报股票质押回购交易指令。

第三十七条 初始交易的申报要素包括:申报时间、合同序号(含指定申报交易单元代码、申报日期、客户成交申报编号)、融入方营业部代码、融入方证券账户号码、融入方交易单元代码、融出方证券账户号码、融出方交易单元代码、成交申报业务类别(初始交易)、证券代码、股份性质、数量、初始交易金额、购回交易日、预警线、平仓线、资金用途类型、利率等。

第三十八条 购回交易的申报要素包括:申报时间、合同序号(含指定申报交易单元代码、申报日期、客户成交申报编号)、融入方营业部代码、融入方证券账户号码、融入方交易单元代码、融出方证券账户号码、融出方交易单元代码、成交申报业务类别(提前购回、到期购回或延期购回)、购回交易金额、购回交易日、初始交易合同序号等。

第三十九条 补充质押的申报要素包括:申报时间、合同序号(含指定申报交易单元代码、申报日期、客户成交申报编号)、融入方营业部代码、融入方证券账户号码、融入方交易单元代码、融出方证券账户号码、融出方交易单元代码、成交申报业务类别(补充质押)、证券代码、股份性质、数量、初始交易合同序号等。

第四十条 部分解除质押的申报要素包括:申报时间、合同序号(含指定申报交易单元代码、申报日期、客户成交申报编号)、融入方营业部代码、融入方证券账户号码、融入方交易单元代码、融出方证券账户号码、融出方交易单元代码、成交申报业务类别

(部分解除质押)、证券代码、股份性质、数量、解除红利金额、初始交易或补充质押合同序号等。

第四十一条 违约处置的申报要素包括:申报时间、合同序号(含指定申报交易单元代码、申报日期、客户成交申报编号)、融入方营业部代码、融入方证券账户号码、融入方交易单元代码、融出方证券账户号码、融出方交易单元代码、成交申报业务类别(违约处置)、初始交易合同序号等。

第四十二条 终止购回的申报要素包括:申报时间、合同序号(含指定申报交易单元代码、申报日期、客户成交申报编号)、融入方营业部代码、融入方证券账户号码、融入方交易单元代码、融出方证券账户号码、融出方交易单元代码、成交申报业务类别(终止购回)、初始交易合同序号等。

第四十三条 标的证券停牌的,不影响股票质押回购交易。

第六章 清算交收及质押登记

第一节 清算与交收

第四十四条 每个交易日日终,中国结算深圳分公司根据深交所确认的股票质押回购交易数据,组织交易双方结算参与人的逐笔全额结算,并办理相应证券的质押登记或解除质押登记。

证券公司负责证券公司与客户之间的资金结算,托管机构负责托管机构与所托管集合资产管理计划或定向资产管理客户之间的资金结算。

第四十五条 融出方、融入方使用深圳证券账户参与股票质押回购。

第四十六条 中国结算深圳分公司通过融入方、融出方结算参与人的资金交收账户办理清算交收业务。

第四十七条 交易日(以下简称T日)日终,中国结算深圳分公司依据深交所确认的成交数据对当日达成的股票质押回购进行逐笔全额清算,计算T日每笔交易的资金应收应付额及证券应质押或解除质押的数量。

其中,对于每笔初始交易,融出方初始交易应付金额=初始交易成交金额,融入方初始交易应收金额=初始交易成交金额-相关费用,融入方应质押证券数量=标的证券成交数量。对于每笔购回交易,融出方应收金额=融入方应付金额=购回交易成交金额,融入方解除质押证券数量=标的证券成交数量。

第四十八条 T日16:00,中国结算深圳分公司依据清算结果,按照货银对付原则及成交先后顺序逐笔办理资金交收及证券质押登记或解除质押登记。

对于初始交易,若证券公司作为融出方,证券公司须于T日16:00前将相应资金划入自营资金交收账户;若融出方为证券公司或其资产管理子公司管理的集合资产管理计划或定向资产管理客户(托管机构清算模式),其托管机构须于T日16:00前将相应资金划入托管机构的资金交收账户;若融出方为证券公司或其资产管理子公司管理的定向资产管理客户(证券公司清算模式),证券公司须于T日16:00前将相应资金划入客户资金交收账户。

对于购回交易,证券公司须于T日16:00前将相应资金划入客户资金交收账户。

第四十九条 证券公司或托管机构相关资金交收账户应付资金不足,或者融入方可用质押证券不足的,中国结算深圳分公司不办理该笔交易的资金交收和证券质押或解除质押,对单笔交易不进行部分交收处理。

因交收失败引起的后续处理事宜由相关责任方依据约定协商解决,中国结算深圳分公司不承担任何法律责任。

第二节 质押登记

第五十条 股票质押回购的质押物管理,采用由中国结算深圳分公司对融入方证券账户相应标的证券进行质押登记或解除质押登记的方式。

质押登记办理后,标的证券的状态为质押不可卖出。除违约处置外,融入方不得将已质押登记的标的证券申报卖出或另作他用。

第五十一条 初始交易日日终,中国结算深圳分公司根据深交所确认的成交数据,按照货银对付原则在进行逐笔全额结算时,将融入方证券账户内相应标的证券进行质押登记。

第五十二条 补充质押日日终,中国结算深圳分公司根据深交所确认的成交数据,在进行逐笔全额结算时,办理相应标的证券的质押登记。

第五十三条 初始交易或补充质押成交当日,司法机关对该笔交易的标的证券进行司法冻结的,中国结算深圳分公司优先办理质押登记。

第五十四条 购回交易日日终,中国结算深圳分公司根据深交所确认的成交数据,按照货银对付原则在进行逐笔全额结算时,将融入方证券账户内相应标的证券及孳息解除质押登记。

第五十五条 部分解除质押日日终,中国结算深圳分公司根据深交所确认的成交数据,在进行逐笔全额结算时,部分解除质押标的证券或其孳息。

第五十六条 违约处置申报日日终,中国结算深圳分公司根据深交所确认的申报数据,将融入方证券账户内相应标的证券转托管至质押特别交易单元,状态由质押不可卖出调整为质押可卖出。

融入方证券账户内相应标的证券已被司法机关冻结的,中国结算深圳分公司不进行转托管及质押状态调整。

第五十七条 终止购回申报日日终,中国结算深圳分公司根据深交所确认的申报数据,将融入方证券账户内相应标的证券及孳息解除质押登记。

第五十八条 融入方与融出方可向证券公司申请查询股票质押回购交易明细情况。出质人与质权人可向中国结算深圳分公司申请查询其质押登记明细情况。

证券公司和中国结算深圳分公司的数据如有不一致,以中国结算深圳分公司提供的数据为准。

第三节 标的证券权益处理

第五十九条 待购回期间,标的证券产生的无需支付对价的股东权益,如送股、转增股份、现金红利等,一并予以质押。

其中,送股、转增股份由中国结算深圳分公司在权益到账日划转至融入方客户证券账户办理质押登记;中国结算深圳分公司代为派发的标的证券现金红利,由中国结算深圳分公司保管。

在购回交易日日终或部分解除质押日日终,中国结算深圳分公司根据深交所确认的成交数据,将相应的送股、转增股份解除质押登记,将相应的现金红利分派到证券公司客户资金交收账户,解除质押登记。

第六十条 待购回期间,标的证券产生的需支付对价的股东权益,如老股东配售方式的增发、配股等,由融入方行使,所取得的证券不随标的证券一并质押。

第六十一条 待购回期间,融入方基于股东身份享有出席股东大会、提案、表决等权利。

第七章 风险管理、违约处置与异常情况处理

第一节 风险管理

第六十二条 证券公司应当对股票质押回购实行集中统一管理,并建立完备的管理制度、操作流程和风险识别、评估与控制体系,确保风险可测、可控、可承受。

第六十三条 证券公司应当健全业务隔离制度,确保股票质押回购与有可能形成冲突的业务在机构、人员、信息、账户等方面相互隔离。

第六十四条 证券公司及其资产管理子公司应当健全利益冲突防范机制,以公平参与为原则,防范证券公司自营业务、客户资产管理业务在参与股票质押回购时可能发生的利益冲突。

第六十五条 证券公司应当建立标的证券管理制度,在本办法规定的标的证券范围内确定和调整标的证券范围,确保选择的标的证券合法合规、风险可控。

以有限售条件股份作为标的证券的,解除限售日应早于回购到期日。

第六十六条 证券公司作为融出方的,单一证券公司接受单只A股股票质押的数量不得超过该股票A股股本的30%。集合资产管理计划或定向资产管理客户作为融出方的,单一集合资产管理计划或定向资产管理客户接受单只A股股票质押的数量不得超过该股票A股股本的15%。因履约保障比例达到或低于约定数值,补充质押导致超过上述比例或超过上述比例后继续补充质押的情况除外。

证券公司应当加强标的证券的风险管理,在提交交易申报前,应通过中国结算指定渠道查询相关股票市场整体质押比例信息,做好交易前端检查控制,该笔交易不得导致单只A股股票市场整体质押比例超过50%。因履约保障比例达到或低于约定数值,补充质押导致超过上述比例或超过上述比例后继续补充质押的情况除外。

本条所称市场整体质押比例,是指单只A股股票质押数量与其A股股本的比值。

第六十七条 融入方所持有股票涉及业绩承诺股份补偿协议的,在相关业绩承诺履行完毕前,证券公司不得允许集合资产管理计划或者定向资产管理客户作为融出方参与相应股票质押回购;证券公司作为融出方参与相应股票质押回购的,应当切实防范因融入方履行业绩承诺股份补偿协议可能产生的风险。

第六十八条 证券公司应当依据标的证券资质、融入方资信、回购期限、第三方担保等因素确定和调整标的证券的质押率上限,其中股票质押率上限不得超过60%。质

押率是指初始交易金额与质押标的证券市值的比率。

以有限售条件股份作为标的证券的,质押率的确定应根据该上市公司的各项风险因素全面认定并原则上低于同等条件下无限售条件股份的质押率。

深交所可以根据市场情况,对质押率上限进行调整,并向市场公布。

第六十九条　证券公司应当建立以净资本为核心的股票质押回购规模监控和调整机制,根据监管要求和自身财务状况,合理确定总体规模、单一客户、单一证券交易金额占净资本的比例等风险控制指标。

第七十条　证券公司应当建立健全待购回期间融入方跟踪监测机制,持续关注融入方的经营、财务、对外担保、诉讼等情况,及时评估融入方的信用风险和履约能力。

第七十一条　证券公司应当建立健全盯市机制,持续跟踪质押标的证券价格波动和可能对质押标的证券产生重大影响的风险事件,对股票质押回购初始交易及相应的补充质押、部分解除质押进行合并管理,有效监控质押标的证券的市场风险。

履约保障比例达到或低于约定数值的,证券公司应当按照《业务协议》的约定要求融入方采取相应的措施。《业务协议》可以约定的措施包括:

(一) 提前购回;

(二) 补充质押标的证券;

(三) 补充其他担保物,担保物应为依法可以担保的其他财产或财产权利;

(四) 其他方式。

融出方、融入方可以在《业务协议》中约定,在履约保障比例超过约定数值时,部分解除质押或解除其他担保;部分解除质押前,应当先解除其他担保,当无其他担保物时方可解除质押标的证券或其孳息。部分解除质押或解除其他担保后的履约保障比例不得低于约定数值。

履约保障比例,是指合并管理的质押标的证券、相应孳息及其他担保物价值之和与融入方应付金额的比值。

第七十二条　交易各方不得通过补充质押标的证券,规避本办法第二十九条第二款关于标的证券范围、第六十六条关于单只A股股票质押数量及市场整体质押比例相关要求。

第七十三条　证券公司应当建立融入方融入资金跟踪管理制度,采取措施对融入资金的使用情况进行跟踪。证券公司发现融入方违反本办法第二十二条第一款规定使用资金的,应当督促融入方按照协议约定采取改正措施,相关改正完成前不得继续向融入方融出资金;未按照协议约定采取改正措施的,证券公司应当要求融入方提前购回。

第七十四条　证券公司应当按照深交所要求报送股票质押回购相关数据信息。

第七十五条　管理人应当在资产管理计划设计与运作中采取必要措施,使资产管理计划的流动性、存续期限与股票质押回购期限相匹配。

第七十六条　融出方为集合资产管理计划的,可通过证券公司或其他第三方的信用增级措施保障融出方权益。

第七十七条　深交所可以根据市场情况暂停或恢复单一标的证券用于股票质押回购。

第七十八条 持有上市公司股份5%以上的股东,将其持有的该上市公司股票进行股票质押回购的,不得违反有关信息披露的规定。

第二节 违约处置

第七十九条 证券公司应当在深交所申请质押特别交易单元,用于质押标的证券的卖出处置。质押特别交易单元不得用于除违约处置外的证券交易。

第八十条 融入方违约,根据《业务协议》的约定须处置质押标的证券的,对于无限售条件股份,通过交易系统进行处置,交易各方应当遵守中国证监会部门规章、规范性文件及深交所业务规则等关于股份减持的相关规定,按以下程序处理:

(一)证券公司应及时通知交易双方并报告深交所;

(二)T日证券公司根据《业务协议》约定,向深交所交易系统提交违约处置申报;

(三)T日违约处置申报处理成功后,T+1日起证券公司即可根据《业务协议》的约定,通过质押特别交易单元进行处置,处置所得资金划入证券公司自营资金交收账户,卖出成交后,证券公司应当在当日根据中国结算深圳分公司的要求提交申报数据;

(四)处置所得资金由证券公司优先偿还融出方,如有剩余的返还融入方,如不足偿还的由融入方继续承担偿付责任;

(五)违约处置后,质押标的证券及相应孳息如有剩余的,证券公司应向中国结算深圳分公司申请解除其质押登记;

(六)违约处置完成后,证券公司向深交所和中国结算深圳分公司提交违约处置结果报告。

对于仍处于限售期的有限售条件股份,证券公司应当按照《业务协议》的约定处理。

第八十一条 交易各方应当在《业务协议》中约定质押标的证券、相应孳息和补充其他担保物的担保范围,以及处置方式、处置所得的偿还顺序等具体内容。

第八十二条 因司法等机关冻结,影响标的证券处置的,交易各方按《业务协议》的约定处理。影响标的证券处置的情形解除后,证券公司可以按照本办法第八十条的规定处理,或向深交所提交终止购回申报。

第三节 异常情况处理

第八十三条 融入方、融出方、证券公司应当约定待购回期间或购回交易日发生异常情况的处理方式,并在异常情况发生时由证券公司及时向深交所报告。

前款所述异常情况包括:

(一)质押标的证券、证券账户或资金账户被司法等机关冻结或强制执行;

(二)质押标的证券被作出终止上市决定;

(三)集合资产管理计划提前终止;

(四)证券公司被暂停或终止股票质押回购交易权限;

(五)证券公司进入风险处置或破产程序;

(六)深交所认定的其他情形。

第八十四条 发生异常情况的,交易各方可以按《业务协议》约定的以下方式处理：(一) 提前购回；

(二) 延期购回；

(三) 终止购回；

(四) 深交所认可的其他约定方式。

第八十五条 发生第八十三条情形的,证券公司应及时通知融入方和融出方。证券公司因自身原因导致发生第八十三条第(三)、(四)、(五)项情形的,还应当按照《业务协议》的有关约定承担违约责任。

第八十六条 交易各方应当在《业务协议》中约定,待购回期间标的证券涉及跨市场吸收合并的,融入方应当提前购回。

第八章 附　　则

第八十七条 中国结算按照现有标准在初始交易和补充质押时向融入方收取质押登记费。深交所按照每笔初始交易质押标的证券面值1‰,最高不超过100元人民币的标准收取交易经手费。

第八十八条 股票质押回购开展过程中,因不可抗力、意外事件、系统故障等交易异常情况及深交所和中国结算深圳分公司采取相应措施造成的损失,深交所和中国结算及其深圳分公司不承担任何责任。

第八十九条 本办法由深交所和中国结算负责解释。

第九十条 本办法自2018年3月12日起施行。深交所和中国结算发布的《股票质押式回购交易及登记结算业务办法(试行)(2017年修订)》(深证会〔2017〕194号)同时废止。

4. 证券公司参与股票质押式回购交易风险管理指引

(中国证券业协会第六届理事会第十一次会议修订通过　2018年1月12日发布　自2018年3月12日起施行)

第一章　总　　则

第一条 为规范证券公司参与股票质押式回购交易行为,防控交易风险,保护投资者合法权益,维护证券市场秩序,根据《证券法》《物权法》《证券公司监督管理条例》《证券公司内部控制指引》等相关规定,制定本指引。

第二条 本指引适用于证券公司在证券交易所、全国中小企业股份转让系统以及中国证监会认可的其他交易场所参与股票质押式回购交易。

第三条 证券公司参与股票质押式回购交易,应当遵守相关法律法规和国家产业政策,坚持自愿平等、诚实守信、公平对待客户的原则,防范利益冲突,维护客户合法权益和社会公共利益。

第四条 中国证券业协会对证券公司参与股票质押式回购交易实施自律管理。

第二章 融入方准入管理

第五条 证券公司应当建立健全融入方尽职调查制度，明确资质审查标准和信用评估指标，对融入方的身份、财务状况、经营状况、信用状况、担保状况、资金用途、风险承受能力等进行尽职调查和有效评估。

第六条 证券公司对参与尽职调查人员和方式应当集中统一管理，应当成立尽职调查小组，调查小组至少安排两名人员，并指定调查小组负责人。尽职调查时应当以实地调查方式为主，辅助以其他必要的方式。

第七条 证券公司应当制定标准格式的尽职调查报告，明确报告格式与内容，以及其他辅助文件资料。尽职调查报告应当如实反映股票质押式回购交易项目的整体风险状况，不得存在虚假记载、误导性陈述或重大遗漏。

证券公司应当对尽职调查获取的各项材料进行详细分析，形成尽职调查报告。尽职调查报告应当包括近三年融入方的财务状况、信用状况；融入资金用途、还款来源；质押股票的担保能力；质押股票的质押率、利率确定依据和考虑因素；存在的风险因素和应对控制措施等。尽职调查报告应当包括各部分分析内容的结论，并给出明确的整体结论意见。

尽职调查报告应当以书面或者电子形式记载、留存。

第八条 证券公司应当对融入方进行信用评估，评定融入方的信用等级，并在交易存续期内定期或者不定期评估，持续关注融入方主体信用变化。

证券公司可以委托第三方对融入方进行信用评级。

第九条 证券公司应当采用适当的方式，向融入方全面介绍股票质押式回购交易规则和协议内容，明确告知相关权利、义务和风险，特别是关于违约处置的风险控制安排，并要求融入方签署风险揭示书。风险揭示内容应当符合法律法规及自律管理规则要求。

第十条 融入方为上市公司董事、监事、高级管理人员、上市公司控股股东、持有上市公司股份百分之五以上的股东以及其他持有上市公司首次公开发行前股份、上市公司非公开发行股份的股东的，证券公司应当充分考虑质押股票的流动性及关于此类股票转让的相关限制性规定，审慎评估对违约处置可能产生的影响；对于此类融入方将其持有的质押股票质押比例较高的，应当审慎评估可能产生的风险。

对于上市公司控股股东及其一致行动人累计质押占持有股份比例较高且缺乏追加担保能力的，证券公司应当采取相应风险控制措施。

第三章 质押股票管理

第十一条 证券公司应当建立健全质押股票管理制度，明确质押股票筛选标准或准入条件、质押率上限、具体项目质押股票质押率确定机制、质押股票集中度管理机制等,并明确调整机制,定期或者不定期对其适用性进行评估和更新。

第十二条 质押股票出现下列情形之一的,证券公司应当审慎评估质押该股票的风险:

(一)质押股票所属上市公司上一年度亏损且本年度仍无法确定能否扭亏;

(二)质押股票近期涨幅或市盈率较高;

(三)质押股票的股票市场整体质押比例与其作为融资融券担保物的比例合计较高;

(四)质押股票对应的上市公司存在退市风险;

(五)质押股票对应的上市公司及其高管、实际控制人正在被有关部门立案调查;

(六)证券公司认为存在风险较大的其他情形。

第十三条 质押股票有业绩承诺股份补偿协议的,证券公司应当识别和评估其特殊风险,重点关注业绩承诺补偿的补偿方式、承诺期及所承诺的业绩等风险因素,切实防范因质押股票出现股份补偿情形而产生的风险,不得以其管理的集合资产管理计划和定向资产管理客户作为融出方参与股票质押式回购交易。

第十四条 证券公司可以根据质押股票种类、交易场所、流动性、估值水平、已质押比例等因素,审慎确定质押股票质押率的上限。

第十五条 证券公司应当综合考虑融入方资质、质押股票种类、交易期限、近期价格涨跌幅、估值情况、流动性情况、所属上市公司的行业基本面等因素,对具体项目的质押股票质押率进行动态管理。

证券公司应当对同一质押股票质押率进行差异化管理。以有限售条件股票作为质押股票的,原则上质押率应当低于同等条件下无限售条件股票的质押率;交易期限较长的质押股票,原则上质押率应当低于同等条件下交易期限较短的质押股票的质押率。

第十六条 上市公司董事、监事、高级管理人员持有的根据相关规则被锁定的股票、国有股、金融股、含税的个人解除限售股等特殊股票作为质押股票的,证券公司应当识别和评估其特有风险,并建立相匹配的风险管理制度。

质押股票为上市公司董事、监事、高级管理人员持有的根据相关规则被锁定的股票的,证券公司应当对其当年度已减持的数量和比例、仍可减持的数量和比例等进行动态评估;质押股票为国有股或金融股的,证券公司应当核查融入方是否已按相关规定获得相关主管部门的批准或备案。

第四章 后续管理

第十七条 证券公司应当制定业务持续管理制度,对待购回交易进行持续跟踪管理。证券公司可以根据待购回初始交易金额、风险大小等因素对具体交易项目进行分类持续管理。

第十八条 证券公司应当建立健全盯市机制,并合理确定各项盯市指标。在待购回期间,指定专人负责跟踪质押股票的价格波动情况,持续关注可能对质押股票价格产生影响的重大事项,及时评估融入方的履约保障能力。

前款所称重大事项包括但不限于质押股票对应上市公司的主营业务或盈利情况等发生重大变化、质押股票对应上市公司的重大重组、暂停上市、终止上市、被立案稽查、发生重大纠纷、相关衍生产品发行、债转股、缩股、质押股票停牌、被实施特别处理等。

第十九条 证券公司应当根据融入方、质押股票的不同情况,设置差异化的履约保障比例。

在待购回期间,履约保障比例达到或低于约定最低比例的,证券公司应当按照协议约定,及时通知融入方追加担保物、提前购回或者采取其他履约保障措施。

质押股票部分解除质押后,履约保障比例仍应不低于约定的比例。

质押股票被有关机关冻结的,证券公司应当及时向融入方了解其资信状况,并按照协议约定要求融入方采取相应措施。

第二十条 证券公司应当制定融入方持续管理制度,在待购回期间采取实地调研、现场访谈、电话访谈、邮件访谈、委托调研等多种形式定期或者不定期对融入方进行回访,了解可能影响融入方偿还能力的有关因素,对其偿还能力进行评估跟踪。证券公司可以根据待购回初始交易金额、风险大小等因素对融入方进行分类持续管理。

第二十一条 证券公司应当在业务协议中与融入方明确约定融入资金用途,将融入方融入资金存放于融入方在证券公司指定的银行开立的专用账户,明确约定融入方有义务定期或不定期报告资金使用情况,并采取切实措施对融入方融入资金的使用情况进行跟踪。融入方违反法律法规、自律规则规定或业务协议约定使用的,证券公司应当督促融入方按照业务约定的期限改正,未改正前不得继续向融入方融出资金;未按照业务协议约定期限改正的,应当要求融入方提前购回。

第二十二条 质押股票为有限售条件股票的,证券公司应当关注融入方在待购回期间是否作出延长限售期的承诺或行为。

融入方在待购回期间延长限售期的,证券公司可以评估并根据项目具体情况要求融入方采取提前购回、补充质押等措施。

第二十三条 融入方根据约定要求延期购回的,证券公司应当了解融入方延期购回原因,并根据约定通知融出方。

第五章 违约处置管理

第二十四条 证券公司应当建立健全违约处置管理制度,指定专人负责违约处置事宜,并与融入方约定违约情形、处置方式等。

第二十五条 证券公司应当根据约定制定违约处置方案,包括处置担保物的种类、方式、数量和时间等。

第二十六条 按照约定须处置担保物的,证券公司应当按照约定启动担保物处置程序,按照约定方式处置,及时通知交易各方。

处置所得资金优先偿付融出方,处置所得资金不足以偿还的,融入方仍应当继续承担偿付责任。

第二十七条 证券公司在违约处置过程中,应当严格按照协议约定,妥善处理违约处置过程中可能产生的纠纷。

第二十八条 违约处置完毕后,证券公司应当将处置结果及时通知交易各方并报告相关交易场所。

证券公司应当制作违约处置报告,并存档备查。

第六章 内部控制与风险控制指标要求

第二十九条 证券公司参与股票质押式回购交易,应当建立完备的管理制度、操作流程和风险识别、评估与控制体系,以及与合规管理、风险控制挂钩的绩效考核和责任追究机制,明确业务的最高决策机构、各层级的具体职责、程序及制衡机制。

证券公司应当定期对股票质押式回购交易开展情况进行风险监测和评估,对相关风险计量模型的有效性进行验证和评价,并及时报告公司有关机构和人员。

证券公司应当对股票质押式回购交易实施集中统一管理,对外统一签订业务协议。

第三十条 证券公司以集合资产管理计划和定向资产管理客户参与股票质押式回购交易业务的,应当强化管理人职责,重点关注融入方的信用状况、质押股票的风险情况等,加强流动性风险管理,切实防范业务可能出现的风险。

第三十一条 证券公司应当及时根据股票质押式回购交易业务开展和市场变化情况,对业务的市场风险、信用风险、流动性风险等各类风险进行压力测试。

第三十二条 证券公司应当建立健全参与股票质押式回购交易的信息隔离墙制度和利益冲突防范机制,有效防范和管理以自有资金参与的交易和其管理的集合资产管理计划或者定向资产管理客户参与的交易、不同集合资产管理计划或者定向资产管理客户参与的交易之间的利益冲突。

证券公司自有资金参与的交易和其管理的集合资产管理计划或者定向资产管理客户参与的交易,融入方或者质押股票相同的,在质押率、利率、合约期限、违约处理等方面,应当遵循公平参与的原则,不得损害投资者合法权益。

第三十三条 证券公司应当建立健全流动性风险管理体系,实现融入资金与融出资金的合理匹配,加强股票质押式回购交易的流动性风险管理。

第三十四条 证券公司以自有资金参与股票质押式回购交易,应当根据有关监管规定和自律规则,建立健全参与股票质押式回购交易的风险控制机制,并持续符合以下风险控制指标要求:

分类评价结果为A类的证券公司,自有资金融资余额不得超过公司净资本的150%;分类评价结果为B类的证券公司,自有资金融资余额不得超过公司净资本的100%;分类评价结果为C类及以下的证券公司,自有资金融资余额不得超过公司净资本的50%。

证券公司应当在符合监管要求的前提下,根据市场状况和自身风险承受能力,对风险限额指标实行动态管理。

第三十五条 证券公司应当根据融入方的信用状况和履约能力、质押股票市值变动、质押股票集中度以及重大风险事件等因素，审慎评估待购回交易的风险程度，合理划分风险等级，并相应计提资产减值准备。

第三十六条 证券公司应当建立股票质押式回购交易黑名单制度，并通过中国证券业协会向行业披露记入黑名单的相关融入方的记录信息。证券公司应当将存在下列行为的融入方记入黑名单：

（一）融入方存在未按照业务协议约定购回，且经催缴超过 90 个自然日仍未能购回的行为，证券公司应当在 5 个工作日内通过中国证券业协会向行业披露黑名单信息；

（二）融入方存在未按照法律法规、自律规则规定使用融入资金且未按照业务协议约定期限改正的行为，证券公司应当在业务协议约定改正期限到期起 5 个工作日内通过中国证券业协会向行业披露黑名单信息；

（三）中国证监会或协会规定的其他应当记入黑名单的行为。

对记入黑名单的融入方，证券公司在披露的日期起 1 年内，不得向其提供融资。证券公司未按照本指引准确记录黑名单信息的，协会将采取相应自律管理措施或自律处分；情节严重的，移交中国证监会等相关机关处理。

第三十七条 证券公司参与股票质押式回购交易，不得有下列行为：

（一）通过虚假宣传等方式诱导客户参与股票质押式回购交易；

（二）为客户进行内幕交易、操纵市场、规避信息披露义务或者从事其他不正当交易活动提供便利；

（三）占用其他客户的交易结算资金用于股票质押式回购交易的资金交收；

（四）以自有资金向本公司的股东或者股东的关联人提供股票质押式回购交易服务；

（五）允许未在资产管理合同及相关文件中作出明确约定的集合资产管理计划或者定向资产管理客户参与股票质押式回购交易；

（六）未经资产委托人同意，通过集合资产管理计划或者定向资产管理客户融出资金，供融入方购回证券公司自有资金回购交易；

（七）利用股票质押式回购交易进行商业贿赂或者利益输送；

（八）在未经中国证监会认可的交易场所开展或变相开展股票质押融资；

（九）法律、行政法规和中国证监会、协会禁止的其他行为。

本条第四款所称股东，不包括仅持有上市证券公司 5% 以下流通股份的股东。

第七章 附　　则

第三十八条 本指引由协会负责解释。

第三十九条 本指引自 2018 年 3 月 12 日起正式实施，适用于实施后新增的股票质押交易合约，《证券公司股票质押式回购交易业务风险管理指引》同步废止。

5. 证券质押登记业务实施细则

(2016年8月3日中国证券登记结算有限责任公司发布并施行)

第一条 为规范证券质押登记行为,维护质押双方的合法权益,根据《证券法》、《公司法》、《物权法》、《担保法》、《证券登记结算管理办法》等法律、行政法规和部门规章的规定,以及中国证券登记结算有限责任公司(以下简称"本公司")《证券登记规则》等有关业务规则,制定本细则。

第二条 本细则适用于登记在本公司开立的证券账户中的股票、债券和基金(限于证券交易所场内登记的份额)等证券的质押登记业务。

证券公司按照中国人民银行、中国银行业监督管理委员会和中国证券监督管理委员会(以下简称"中国证监会")颁布的《证券公司股票质押贷款管理办法》以自营证券质押的,适用该办法及本公司相关业务规定。

证券质押式回购、交收担保品业务等涉及的证券质押按本公司相关业务规定办理。

第三条 本公司采取证券质押登记申报制度,对质押登记申请人提供的申请材料进行形式审核,质押登记申请人应当保证其所提供的质押合同等申请材料真实、准确、完整、合法,以及证券质押行为、内容、程序符合法律、行政法规和部门规章等有关规定。

因质押合同等申请材料内容违法、违规及其他原因导致质押登记无效而产生的纠纷和法律责任,由质押登记申请人承担,本公司不承担任何责任。

第四条 质押双方向本公司申请办理证券质押登记,应提交以下材料:

(一)证券质押登记申请,申请中应列明出质人名称(全称)、出质人证券账户号码、质权人名称(全称)、质权人身份证件类型、质权人身份证件号码、质押合同编号、拟质押证券简称、证券代码、证券数量、融资金额、融资利率、融资投向、融资期限、预警线和平仓线等内容;以国有股东持有的股份出质的,质押双方应在《证券质押登记申请》中承诺本次证券质押已按照规定在出质人所属省级以上国有资产管理部门备案,且质权人同意接受该笔证券质押;

(二)质押合同原件;

(三)质押双方有效身份证明文件及复印件(境内法人需提供营业执照及复印件、法定代表人证明书、法定代表人身份证复印件、法定代表人授权委托书、经办人有效身份证明文件及复印件;境外法人需提供经认证或公证的有效商业登记证明文件、董事会或者执行董事授权委托书、授权人有权授权的证明文件、授权人有效身份证明文件复印件、经办人有效身份证明文件及复印件;境内自然人需提供中华人民共和国居民身份证及复印件,委托他人代办的还需提供经公证的委托代办书、代办人身份证及复印件;境外自然人需提供经认证或公证的境外所在国家或者地区护照或者身份证明,有境外其他国家、地区永久居留签证的中国护照,香港和澳门特区居民身份证,台湾同胞台胞证等,委托他人代办的还需提供经认证或公证的委托代办书、代办人身份证及复印件);

(四)质押证券登记在证券公司及其子公司定向资产管理专用证券账户或基金公司及其子公司单一客户特定资产管理专用证券账户中,且资产委托人为个人或机构的,应当由资产委托人和管理人共同现场提交上述业务申请材料,并提供托管人出具的知晓并同意办理质押登记的相关文件;

(五)本公司要求提供的其他材料。

第五条 本公司可以授权证券公司作为本公司质押登记业务的代理机构,质押登记代理机构的资质由本公司另行规定。

第六条 质押双方可以选择到本公司现场办理质押登记,或者通过远程电子化申报方式办理质押登记。

通过本公司现场办理质押登记的,本公司对质押双方提交的质押登记申请材料审核通过后,根据受理日日终对证券持有数据的核查结果进行质押登记,并于下一交易日向质权人出具证券质押登记证明。质押登记的生效日以证券质押登记证明上载明的质押登记日为准。

通过证券公司远程代办质押登记的,证券公司应当按照有关规定在委托范围内代理进行质押登记材料的受理、审核,并采取必要及可行的措施确保申请材料真实、准确、完整。证券公司在审核通过后,按本公司规定的方式将申请材料提交至本公司,同时,应当按法律法规和本公司的要求,妥善保管申请人提交的原始申请材料。本公司收到证券公司提交的申请材料后,对登记申请进行审核。本公司审核通过的次一交易日向证券公司反馈办理结果。质押登记的生效日期以本公司出具的证券质押证明上载明的质押登记日为准。

第七条 证券质押登记不设具体期限,解除质押登记,需由质权人申请办理。

第八条 质权人向本公司申请解除质押登记,除需提交本细则第四条第(三)项中质权人、经办人的相关材料外,还需提交以下材料:

(一)解除证券质押登记申请,申请中应列明出质人姓名(全称)、出质人证券账户号码、质权人姓名(全称)、质押合同编号、拟解除质押证券简称、证券代码、证券数量等内容;

(二)证券质押登记证明原件(原件遗失的,须提供在中国证监会指定的信息披露报刊之一上刊登的遗失作废声明);

(三)部分解除质押登记的,还需提供质押变更协议原件或本公司认可的其他有效文件;

(四)本公司要求提供的其他材料。

第九条 本公司对质权人提交的解除质押登记申请材料审核通过后,于受理日日终解除质押登记,并于下一交易日向质权人出具解除证券质押登记通知。质押登记解除的生效日以解除证券质押登记通知上载明的质押登记解除日为准。

部分解除质押登记的,本公司同时向质权人出具剩余质物的质押登记证明。

第十条 对于质物已在证券公司托管的,本公司于办理完质押登记或解除质押登记的下一个交易日开市前,将质押登记或解除质押登记数据发送证券公司。

第十一条 同一交易日对同一笔证券由证券公司受理司法冻结并向本公司申报成功的,本公司不办理该笔证券的质押登记。

同一交易日对同一笔证券本公司先受理质押登记,再受理司法冻结的,本公司先办理质押登记,再对该笔已质押证券办理司法冻结;本公司先受理司法冻结的,不再受理该笔证券的质押登记。

第十二条 证券一经质押登记,在解除质押登记前不得重复设置质押。

第十三条 对于已被司法冻结、已作回购质押或已提交本公司作为交收担保品的证券,不得再申请办理质押登记。

第十四条 证券质押登记期间产生的孳息,本公司一并予以质押登记。

第十五条 证券质押登记期间发生配股(即向原股东配售股份)时,配股权仍由出质人行使。质押双方有质押配股需要的,应在出质人获配股份后提出质押登记申请。

第十六条 质押当事人因主合同变更需要重新办理质押登记的,应当按本细则第八条的规定解除原质押登记后,重新向本公司申请办理质押登记手续;已做质押登记的证券被司法冻结的,需由原司法机关解除司法冻结后,本公司方可为其办理重新质押登记手续。

第十七条 质押合同被依法确认无效或者被撤销的,质押当事人应当申请办理解除质押登记。

第十八条 质权人在提交本细则第四条第(三)项中质权人、经办人的相关材料以及本公司出具的证券质押登记证明后,可以向本公司申请查询质物的数量和状态。

第十九条 债务人不履行到期债务或者发生当事人约定的实现质权的情形,除了通过司法途径实现质权外,本公司提供以下质物处置方式:

(一)质押当事人可根据办理证券质押登记业务时提交的质押合同或另行签订的质押证券处置协议的约定,向本公司申请将证券质押登记状态从"不可卖出质押登记"调整为"可以卖出质押登记"(仅限于出质证券为无限售流通股或流通债券、基金等流通证券),并以质押证券卖出所得优先偿付质权人,调整证券质押登记状态时须遵守相关法律法规、部门规章及本公司业务规则的规定;

(二)质押双方可根据质押证券处置协议约定,向本公司申请以质押证券转让抵偿质权人(仅限于出质证券为无限售流通股或流通债券、基金等流通证券),转让质押证券时须遵守证券转让相关法律法规、部门规章、证券交易所及本公司业务规则的规定;

(三)符合相关规定的其他方式。

第二十条 质押登记申请人应按照本公司规定的收费项目和标准缴纳质押登记费。

第二十一条 本细则要求提供的材料以中文文本为准,凡用外文书写的,应当附有经公证的中文译本。

第二十二条 本细则由本公司负责解释。

第二十三条 本细则自发布之日起实施。本公司 2013 年 4 月 1 日发布的《证券质押登记业务实施细则(2013 修订版)》同时废止。

6. 关于股票质押回购涉及非公开发行优先股违约处置有关事宜的通知

(2015年11月23日上海证券交易所发布并施行　上证函〔2015〕2272号)

2014年11月27日,上海证券交易所(以下简称"本所")发布了《关于优先股纳入股票质押回购交易标的证券范围相关事项的通知》(上证函〔2014〕801号)。当时,由于相关技术系统尚未完成改造,因此对非公开发行优先股作为标的证券的股票质押式回购交易(以下简称"股票质押回购")暂不接受违约处置申报。目前,鉴于相关技术系统改造工作已完成,本所决定自2015年11月30日起,接受非公开发行优先股作为标的证券的股票质押回购违约处置申报。

非公开发行优先股违约处置申报成功的,次一交易日及之后可卖出。处置日违约处置卖出的,应当于次一交易日9:00—15:00通过PROP系统向中国证券登记结算有限责任公司上海分公司申报冻结可卖出证券卖出信息。如相关会员未按要求向中国证券登记结算有限责任公司上海分公司申报或申报错误的,中国证券登记结算有限责任公司上海分公司将按有关规则处理。

特此通知。

上海证券交易所
二〇一五年十一月二十三日

7. 关于优先股纳入股票质押回购交易标的证券范围相关事宜的通知

(2014年11月27日上海证券交易所发布并施行　上证函〔2014〕801号)

各相关会员及其他市场参与人:

为满足市场发展的需要,根据《股票质押式回购交易及登记结算业务办法(试行)》,上海证券交易所(以下简称"本所")决定自2014年11月28日起,将**在本所市场上市交易或者转让的优先股(包括公开发行优先股、非公开发行优先股)纳入股票质押式回购交易**(以下简称"股票质押回购")的标的证券范围。现将有关事项通知如下:

一、开展以优先股为标的证券的股票质押回购的会员及集合资产管理计划或定向资产管理人,应当在相关风险揭示书或者风险揭示条款中向客户充分揭示优先股作为股票质押回购标的证券的特定风险,并在《业务协议》中针对优先股特殊性明确约定相关处理方式。

二、对于以非公开发行优先股作为标的证券的股票质押回购交易，本所暂不接受违约处置申报。交易各方应当在《业务协议》中，就非公开发行优先股的违约处置事宜作出明确约定。根据《业务协议》约定须处置已经质押的非公开发行优先股的，质权人可以通过提交相关交易申报指令解除质押登记后，再根据《业务协议》的约定进行标的证券卖出。会员应当在《业务协议》及相关风险揭示中，向交易双方充分揭示非公开发行优先股违约处置可能存在的风险。

特此通知。

上海证券交易所
二〇一四年十一月二十七日

8. 质押证券处置过户业务指引

（2014年9月12日中国证券登记结算有限责任公司发布并施行）

第一条　为配合证券市场发展要求，完善质物处置机制，规范质押证券处置过户业务，根据《证券法》、《物权法》、《担保法》等法律法规和部门规章的规定，以及中国证券登记结算有限责任公司（以下简称"本公司"）《证券质押登记业务实施细则（2013修订版）》等有关业务规则，制定本指引。

第二条　本指引所称的质押证券处置过户业务，是指债务人不履行到期债务或者发生当事人约定的实现质权的情形时，质押双方根据质押证券处置协议约定，向本公司申请以质押证券转让抵偿质权人的业务。

第三条　本指引适用于质押登记生效1年以上（含）的无限售流通股或流通债券、基金（限于证券交易所场内登记的份额）等流通证券的处置过户业务，被司法冻结的上述质押证券或董事、监事、高级管理人员持有的在股份锁定期内的质押证券除外。

证券质押式回购、交收担保品业务等涉及的质押证券处置过户适用本指引，具体办理流程参照证券交易所、全国中小企业股份转让系统有限责任公司和本公司相关规定。

第四条　质押双方申请办理质押证券处置过户业务的行为触发信息披露义务的，有关信息披露义务人应当按照法律、行政法规、部门规章以及证券交易所、全国中小企业股份转让系统规则等相关规定及时履行信息披露义务。质押双方应当在相关信息披露程序履行完成后，再向本公司申请办理质押证券处置过户业务。

第五条　本公司对质押双方提交的申请材料进行形式审核，质押双方应当保证其所提交的质押证券处置协议等申请材料真实、准确、完整、合法，因质押双方提交的申请材料不符合上述要求所引起的一切法律责任由质押双方自行承担。

第六条　以质押证券转让抵偿质权人应当参照市场价格，处置价格不应低于质押证券处置协议签署日前二十个交易日该证券收盘价的平均价的**90%**。

第七条　质押证券处置过户业务应当通过本公司柜台办理。

第八条 质押双方向本公司柜台申请办理质押证券处置过户业务,应提交以下材料:

(一)质押证券处置过户申请(附件);

(二)质押证券处置协议原件,协议内容应包括质押证券相关情况(证券数量、证券性质等),质押证券处置过户原因(债务人不履行到期债务、到期未清偿债务金额等),质押证券处置价格确定依据,申请处置过户的质押证券数量等,质押双方应在协议中约定"申请处置过户的质押证券折价总额以未履行债务金额为上限";

(三)证券质押登记证明原件(原件遗失的,须提供在中国证监会指定的信息披露报刊之一上刊登的遗失作废声明);

(四)本次质押证券处置过户的公告(如有);

(五)质押双方有效身份证明文件及复印件(境内法人需提供营业执照及复印件、法定代表人证明书、法定代表人身份证复印件、法定代表人授权委托书、经办人有效身份证明文件及复印件;境外法人需提供经认证或公证的有效商业登记证明文件、董事会或者执行董事授权委托书、授权人有权授权的证明文件、授权人有效身份证明文件复印件、经办人有效身份证明文件及复印件;境内自然人需提供中华人民共和国居民身份证及复印件,委托他人代办的还需提供经公证的委托代办书、代办人身份证及复印件;境外自然人需提供经认证或公证的境外所在国家或者地区护照或者身份证明,有境外其他国家、地区永久居留签证的中国护照,香港和澳门特区居民身份证,台湾同胞台胞证等,委托他人代办的还需提供经认证或公证的委托代办书、代办人身份证及复印件);

(六)本公司要求提交的其他材料。

第九条 涉及以下情形的,质押双方还需提交以下材料:

(一)质押证券处置过户行为需经国资委、财政部、商务部等行政主管部门批准的,应当提供相关批文原件及复印件;

(二)根据《财政部 国家税务总局 证监会关于个人转让上市公司限售股所得征收个人所得税有关问题的通知》(财税[2009]167号)、《财政部 国家税务总局 证监会关于个人转让上市公司限售股所得征收个人所得税有关问题的补充通知》(财税[2010]70号)、《财政部 国家税务总局关于证券机构技术和制度准备完成后个人转让上市公司限售股有关个人所得税问题的通知》(财税[2011]108号)等相关文件规定,**出质人因质押证券处置过户行为应缴纳个人所得税的,需提供主管税务机关出具的完税凭证以及《限售股转让所得个人所得税清算申报表》**。

第十条 根据《上市公司收购管理办法》规定,质押双方申请办理质押证券处置过户业务的行为触发要约收购义务的,应按照《上市公司收购管理办法》等规定履行相关手续后,再向本公司申请办理质押证券处置过户业务。

第十一条 质押双方申请办理质押证券处置过户业务时,如过入方为境外投资者且未开立证券账户的,该投资者应直接向本公司申请开立证券账户,并承诺所开证券账户只用于处置在质押证券处置过户业务中受让的证券,不进行其他证券买卖(法律法规另有规定除外)。

第十二条 质押双方申请办理质押证券处置过户业务,应按照本公司证券非交易过户业务相关规定缴纳过户登记手续费,并按照国家有关规定缴纳证券交易印花税。

第十三条 本公司对质押双方提交的申请材料审核通过后办理质押证券的过户登记手续。按国家有关法律法规的规定,因司法执行等情形导致申请过户的质押证券数量不足,过户登记处理失败。

第十四条 质押证券过户登记完成后,所对应的质押登记效力自动解除。

第十五条 本指引由本公司负责解释。

第十六条 本指引自发布之日起实施。

9. 证券公司股票质押贷款管理办法

(2004年11月2日中国人民银行、中国银行业监督管理委员会、中国证券监督管理委员会发布并施行 银发〔2004〕256号)

第一章 总 则

第一条 为规范股票质押贷款业务,维护借贷双方的合法权益,防范金融风险,促进我国资本市场的稳健发展,根据《中华人民共和国中国人民银行法》《中华人民共和国银行业监督管理法》《中华人民共和国商业银行法》《中华人民共和国证券法》《中华人民共和国担保法》的有关规定,特制定本办法。

第二条 本办法所称股票质押贷款,是指证券公司以自营的股票、证券投资基金券和上市公司可转换债券作质押,从商业银行获得资金的一种贷款方式。

第三条 本办法所称质物,是指在证券交易所上市流通的、证券公司自营的人民币普通股票(A股)、证券投资基金券和上市公司可转换债券(以下统称股票)。

第四条 本办法所称借款人为依法设立并经中国证券监督管理委员会批准可经营证券自营业务的证券公司(指法人总部,下同),贷款人为依法设立并经中国银行业监督管理委员会批准可经营股票质押贷款业务的商业银行(以下统称商业银行)。证券登记结算机构为本办法所指质物的法定登记结算机构。

第五条 商业银行授权其分支机构办理股票质押贷款业务须报中国银行业监督管理委员会备案。

第六条 借款人通过股票质押贷款所得资金的用途,必须符合《中华人民共和国证券法》的有关规定,用于弥补流动资金的不足。

第七条 中国人民银行、中国银行业监督管理委员会依法对股票质押贷款业务实施监督管理。

第二章 贷款人、借款人

第八条 申请开办股票质押贷款业务的贷款人,应具备以下条件:

(一)资本充足率等监管指标符合中国银行业监督管理委员会的有关规定;

（二）内控机制健全,制定和实施了统一授信制度;
（三）制定了与办理股票质押贷款业务相关的风险控制措施和业务操作流程;
（四）有专职部门和人员负责经营和管理股票质押贷款业务;
（五）有专门的业务管理信息系统,能同步了解股票市场行情以及上市公司有关重要信息,具备对分类股票分析、研究和确定质押率的能力;
（六）中国银行业监督管理委员会认为应具备的其他条件。

第九条 借款人应具备以下条件:
（一）资产具有充足的流动性,且具备还本付息能力;
（二）其自营业务符合中国证券监督管理委员会规定的有关风险控制比率;
（三）已按中国证券监督管理委员会规定提取足额的交易风险准备金;
（四）已按中国证券监督管理委员会规定定期披露资产负债表、净资本计算表、利润表及利润分配表等信息;
（五）最近一年经营中未出现中国证券监督管理委员会认定的重大违规违纪行为或特别风险事项,现任高级管理人员和主要业务人员无中国证券监督管理委员会认定的重大不良记录;
（六）客户交易结算资金经中国证券监督管理委员会认定已实现有效独立存管,未挪用客户交易结算资金;
（七）贷款人要求的其他条件。

第三章 贷款的期限、利率、质押率

第十条 股票质押贷款期限由借贷双方协商确定,但最长为一年。借款合同到期后,不得展期,新发生的质押贷款按本办法规定重新审查办理。借款人提前还款,须经贷款人同意。

第十一条 股票质押贷款利率水平及计结息方式按照中国人民银行利率管理规定执行。

第十二条 用于质押贷款的股票应业绩优良、流通股本规模适度、流动性较好。贷款人不得接受以下几种股票作为质物:
（一）上一年度亏损的上市公司股票;
（二）前六个月内股票价格的波动幅度(最高价/最低价)超过**200%**的股票;
（三）可流通股股份过度集中的股票;
（四）证券交易所停牌或除牌的股票;
（五）证券交易所特别处理的股票;
（六）证券公司持有一家上市公司已发行股份的 5% 以上的,该证券公司不得以该种股票质押;但是,证券公司因包销购入售后剩余股票而持有 5% 以上股份的,不受此限。

第十三条 股票质押率由贷款人依据被质押的股票质量及借款人的财务和资信状况与借款人商定,但股票质押率最高不能超过 **60%**。质押率上限的调整由中国人民银行和中国银行业监督管理委员会决定。

质押率的计算公式：

质押率＝（贷款本金/质押股票市值）×100％

质押股票市值＝质押股票数量×前七个交易日股票平均收盘价。

第四章 贷款程序

第十四条 借款人申请质押贷款时，必须向贷款人提供以下材料：

（一）企业法人营业执照、法人代码证、法定代表人证明文件；

（二）中国人民银行颁发的贷款卡（证）；

（三）上月的资产负债表、损益表和净资本计算表及经会计（审计）师事务所审计的上一年度的财务报表（含附注）；

（四）由证券登记结算机构出具的质物的权利证明文件；

（五）用作质物的股票上市公司的基本情况；

（六）贷款人要求的其他材料。

第十五条 贷款人收到借款人的借款申请后，对借款人的借款用途、资信状况、偿还能力、资料的真实性，以及用作质物的股票的基本情况进行调查核实，并及时对借款人给予答复。

第十六条 贷款人在贷款前，应审慎分析借款人信贷风险和财务承担能力，根据统一授信管理办法，核定借款人的贷款限额。

第十七条 贷款人对借款人的借款申请审查同意后，根据有关法律、法规与借款人签订借款合同。

第十八条 借款人和贷款人签订借款合同后，双方应共同在证券登记结算机构办理出质登记。证券登记结算机构应向贷款人出具股票质押登记的证明文件。

第十九条 贷款人在发放股票质押贷款前，应在证券交易所开设股票质押贷款业务特别席位，专门保管和处分作为质物的股票。贷款人应在贷款发放后，将股票质押贷款的有关信息及时录入信贷登记咨询系统。

第二十条 借款人应按借款合同的约定偿还贷款本息。在借款人清偿贷款后，借款合同自行终止。贷款人应在借款合同终止的同时办理质押登记注销手续，并将股票质押登记的证明文件退还给借款人。

第五章 贷款风险控制

第二十一条 贷款人发放的股票质押贷款余额，不得超过其资本净额的15％；贷款人对一家证券公司发放的股票质押贷款余额，不得超过贷款人资本净额的5％。

第二十二条 借款人出现下列情形之一时，应当及时通知贷款人：

（一）预计到期难以偿付贷款利息或本金；

（二）减资、合并、分立、解散及申请破产；

（三）股权变更；

（四）借款合同中约定的其他情形。

第二十三条 一家商业银行及其分支机构接受的用于质押的一家上市公司股票，不得高于该上市公司全部流通股票的10%。一家证券公司用于质押的一家上市公司股票，不得高于该上市公司全部流通股票的10%，并且不得高于该上市公司已发行股份的5%。被质押的一家上市公司股票不得高于该上市公司全部流通股票的20%。上述比率由证券登记结算机构负责监控，对超过规定比率的股票，证券登记结算机构不得进行出质登记。中国人民银行和中国银行业监督管理委员会可根据需要适时调整上述比率。

第二十四条 贷款人有权向证券登记结算机构核实质物的真实性、合法性，证券登记结算机构应根据贷款人的要求，及时真实地提供有关情况。

第二十五条 贷款人应随时分析每只股票的风险和价值，选择适合本行质押贷款的股票，并根据其价格、盈利性、流动性和上市公司的经营情况、财务指标以及股票市场的总体情况等，制定本行可接受质押的股票及其质押率的清单。

第二十六条 贷款人应随时对持有的质押股票市值进行跟踪，并在每个交易日至少评估一次每个借款人出质股票的总市值。

第二十七条 为控制因股票价格波动带来的风险，特设立警戒线和平仓线。警戒线比例（质押股票市值/贷款本金×100%）最低为135%，平仓线比例（质押股票市值/贷款本金×100%）最低为120%。在质押股票市值与贷款本金之比降至警戒线时，贷款人应要求借款人即时补足因证券价格下跌造成的质押价值缺口。在质押股票市值与贷款本金之比降至平仓线时，贷款人应及时出售质押股票，所得款项用于还本付息，余款清退给借款人，不足部分由借款人清偿。

第六章 质物的保管和处分

第二十八条 贷款人应在证券交易所开设股票质押特别席位（以下简称特别席位），用于质物的存放和处分；在证券登记结算机构开设特别资金结算账户（以下简称资金账户），用于相关的资金结算。借款合同存续期间，存放在特别席位下的股票，借款人不得转让，但本办法第三十三条规定以及借款人和贷款人协商同意的情形除外。

第二十九条 证券登记结算机构应根据出质人及贷款人的申请将出质股票足额、及时转移至贷款人特别席位下存放。

第三十条 借款人可向贷款人提出申请，经贷款人同意后，双方重新签订合同，进行部分（或全部）质物的置换，经贷款人同意后，由双方共同向证券登记结算机构办理质押变更登记。质押变更后，证券登记结算机构应向贷款人重新出具股票质物登记证明。

第三十一条 在质押合同期内，借款人可向贷款人申请，贷款人同意后，按借款人的指令，由贷款人进行部分（或全部）质物的卖出，卖出资金必须进入贷款人资金账户存放，该资金用于全部（或部分）提前归还贷款，多余款项退借款人。

第三十二条 出现以下情况之一，贷款人应通知借款人，并要求借款人立即追加质物、置换质物或增加在贷款人资金账户存放资金：

（一）质物的市值处于本办法第二十七条规定的警戒线以下；

(二)质物出现本办法第十二条中的情形之一。

第三十三条　用于质押股票的市值处于本办法第二十七条规定的平仓线以下(含平仓线)的,贷款人有权无条件处分该质押股票,所得的价款直接用于清偿所担保的贷款人债权。

第三十四条　借款合同期满,借款人履行还款义务的,贷款人应将质物归还借款人;借款合同期满,借款人没有履行还款义务的,贷款人有权依照合同约定通过特别席位卖出质押股票,所得的价款直接用于清偿所担保的贷款人债权。

第三十五条　质物在质押期间所产生的孳息(包括送股、分红、派息等)随质物一起质押。

质物在质押期间发生配股时,出质人应当购买并随质物一起质押。出质人不购买而出现质物价值缺口的,出质人应当及时补足。

第七章　罚　　则

第三十六条　贷款人有下列行为之一的,由中国银行业监督管理委员会依法给予警告。情节严重的,暂停或取消其办理股票质押贷款业务资格,并追究有关人员的责任:

(一)未经中国银行业监督管理委员会批准从事股票质押贷款业务;
(二)对不具备本办法规定资格的证券公司发放股票质押贷款;
(三)发放股票质押贷款的期限超过一年;
(四)接受本办法禁止质押的股票为质物;
(五)质押率和其他贷款额度控制比率超过本办法规定的比率;
(六)未按统一授信制度和审慎原则等规定发放股票质押贷款;
(七)泄露与股票质押贷款相关的重要信息和借款人商业秘密。

第三十七条　借款人有下列行为之一的,由中国证券监督管理委员会视情节轻重,给予警告、通报,并追究有关人员的责任:

(一)用非自营股票办理股票质押贷款;
(二)未按合同约定的用途使用贷款;
(三)拒绝或阻挠贷款人监督检查贷款使用情况;
(四)未按本办法第九条第(四)项之规定履行信息披露义务。

第三十八条　证券登记结算机构有下列行为之一的,由其主管机关视情节轻重,给予警告、通报,并追究有关人员的责任:

(一)未按贷款人要求核实股票的真实性与合法性;
(二)未按贷款人要求及时办理质押股票的冻结和解冻;
(三)为超过本办法第二十三条规定比率的股票办理质押登记;
(四)为借款人虚增质物数量或出具虚假质押证明。

第三十九条　中国人民银行及其分支机构可以建议中国银行业监督管理委员会、中国证券监督管理委员会及上述两个机构的派出机构对违反本办法规定的行为进行监督检查。监管机关对上述行为的查处结果应及时抄送中国人民银行或其分支机构。

第八章 附 则

第四十条 证券登记结算机构应按照本办法制定有关实施细则。

第四十一条 商业银行从事股票质押贷款业务，应根据本办法制定实施细则，以及相应的业务操作流程和管理制度，并报中国人民银行和中国银行业监督管理委员会备案。

第四十二条 贷款人办理股票质押业务中所发生的相关费用由借贷双方协商解决。

第四十三条 本办法由中国人民银行会同中国银行业监督管理委员会和中国证券监督管理委员会解释。

第四十四条 本办法自发布之日起执行，2000年2月2日由中国人民银行和中国证券监督管理委员会颁布的《证券公司股票质押贷款管理办法》同时废止。

10. 财政部关于上市公司国有股被人民法院冻结拍卖有关问题的通知

（2001年11月2日财政部发布并施行 财企〔2001〕656号）

国务院有关部委，各省、自治区、直辖市、计划单列市财政厅（局），上海市、深圳市国有资产管理办公室，中央管理企业，中国人民解放军总后勤部，新疆生产建设兵团财务局，上海证券交易所，深圳证券交易所：

为进一步完善国有股权管理工作，提高国有股东授权代表单位的风险防范意识，切实加强国有股权的监管，维护债权人和其他当事人的合法权益，现就上市公司国有股被人民法院冻结、拍卖的有关问题通知如下：

一、国有股东授权代表单位应当依法行使股东权利，履行国家规定的职责，建立健全内部资金管理制度，明确资金调度的权限和程序，控制负债规模并改善债务结构，注意防范财务风险。

国有股东授权代表单位确需通过国有股质押融资时，应当建立严格的审核程序和责任追究制度，并对质押贷款项目进行周密的可行性论证，用于质押的国有股数量不得超过其所持该上市公司国有股总额的50%。

国有股东授权代表单位确需对外提供担保时，应当遵守《中华人民共和国担保法》的规定，充分考虑被担保单位的资信和偿债能力，并按内部管理制度规定的程序、权限审议决定。

二、国有股东授权代表单位所持国有股被人民法院司法冻结的，应当在接到人民法院冻结其所持国有股通知之日起5个工作日内，将该国有股被冻结的情况报财政部备案,并通知上市公司。国有股东授权代表单位属地方管理的,同时抄报省级财政机关。

国有股东授权代表单位对冻结裁定持有异议的,应当及时向作出冻结裁定的人民法院申请复议;人民法院依法作出解除冻结裁定后,国有股东授权代表单位应当在收到有关法律文书之日起5个工作日内,将该国有股解冻情况报财政部备案,并通知上市公司。国有股东授权代表单位属地方管理的,同时抄报省级财政机关。

三、国有股东授权代表单位所持国有股被冻结后,应当在规定的期限内提供方便执行的其他财产,其他财产包括银行存款、现金、成品和半成品、原材料和交通工具等,其他财产不足以清偿债务的,由人民法院执行股权拍卖。

四、拍卖人受托拍卖国有股,应当于拍卖日前10天在国务院证券监督管理部门指定披露上市公司信息的报刊上刊登上市公司国有股拍卖公告。

拍卖公告包括但不限于以下内容:拍卖人、拍卖时间、地点、上市公司名称、代码、所属行业、主营业务、近3年业绩、前10名股东持股情况、原持股单位、被拍卖的国有股数量、占总股本的比例、竞买人应具备的资格、参与竞买应具备的手续。

五、国有股拍卖必须确定保留价。当事人应当委托具有证券从业资格的评估机构对拟拍卖的国有股进行评估,并按评估结果确定保留价。

评估结果确定后,评估机构应当在股权拍卖前将评估结果报财政部备案。国有股东授权代表单位属地方管理的,同时抄报省级财政机关。

六、对国有股拍卖的保留价,有关当事人或知情人应当严格保密。第一次拍卖竞买人的最高应价未达到保留价时,应当继续拍卖,每次拍卖的保留价应当不低于前次保留价的90%。第三次拍卖最高应价仍未达到保留价时,该应价不发生效力,拍卖机构应当中止国有股的拍卖。

七、竞买人应当具备法律、行政法规规定的受让国有股的条件。

八、拍卖成交后,国有股东授权代表单位应当在接到人民法院关于其所持国有股拍卖结果通知之日起5个工作日内,将该国有股被拍卖情况报财政部备案,并通知上市公司。国有股东授权代表单位属地方管理的,同时抄报省级财政机关。

九、国有股拍卖后,买受人持拍卖机构出具的成交证明以及买受人的工商营业执照、公司章程等证明买受人身份性质的法律文件,按照《最高人民法院关于冻结、拍卖上市公司国有股和社会法人股若干问题的规定》,向原国有股东授权代表单位主管财政机关提出股权性质界定申请,并经界定后向证券登记结算公司办理股权过户手续。

十、国有股东授权代表单位应当切实维护国有股权益,若发现有关当事人或知情人泄露拍卖保留价,或有关当事人与竞买人、债权人恶意串通等违法行为,应当及时请求人民法院中止拍卖,并依法追究有关责任人的责任。

若因国有股东授权代表单位过失,使国有股权益遭受损失的,主管财政机关给予通报批评,并依法追究相关责任。

十一、本通知自印发之日起施行。

财政部

11. 财政部关于上市公司国有股质押有关问题的通知

(2001年10月25日财政部发布并施行　财企〔2001〕651号)

国务院各部委、各直属机构,各省、自治区、直辖市、计划单列市财政厅(局),上海市、深圳市国有资产管理办公室,各中央管理企业,新疆生产建设兵团财务局,中国人民解放军总后勤部:

为了加强上市公司国有股质押的管理,规范国有股东行为,根据《国务院关于印发〈减持国有股筹集社会保障资金管理暂行办法〉的通知》和国家有关法律、法规的规定,现就上市公司国有股质押有关问题通知如下:

一、国有股东授权代表单位将其持有的国有股用于银行贷款和发行企业债券质押,应当遵守《中华人民共和国公司法》、《中华人民共和国担保法》及有关国有股权管理等法律法规的规定,并制定严格的内部管理制度和责任追究制度。

二、公司发起人持有的国有股,在法律限制转让期限内不得用于质押。

三、国有股东授权代表单位持有的国有股只限于为本单位及其全资或控股子公司提供质押。

四、国有股东授权代表单位用于质押的国有股数量不得超过其所持该上市公司国有股总额的**50%**。

五、国有股东授权代表单位以国有股进行质押,必须事先进行充分的可行性论证,明确资金用途,制订还款计划,并经董事会(不设董事会的由总经理办公会)审议决定。

六、国有股东授权代表单位以国有股质押所获贷款资金,应当按照规定的用途使用,不得用于买卖股票。

七、以国有股质押的,国有股东授权代表单位在质押协议签订后,按照**财务隶属关系报省级以上主管财政机关备案**,并根据省级以上主管财政机关出具的《**上市公司国有股质押备案表**》,按照规定到证券登记结算公司办理国有股质押登记手续。

(一)国有股东授权代表单位办理国有股质押备案应当向省级以上主管财政机关提交如下文件:

1. 国有股东授权代表单位持有上市公司国有股证明文件;
2. 质押的可行性报告及公司董事会(或总经理办公会)决议;
3. 质押协议副本;
4. 资金使用及还款计划;
5. 关于国有股质押的法律意见书。

(二)各省、自治区、直辖市、计划单列市财政厅(局)应于每年1月31日前,将本地区上年度上市公司国有股质押情况上报财政部。具体内容包括:

1. 国有股质押总量;

2. 各国有股东授权代表单位国有股质押情况；
3. 各国有股东授权代表单位国有股解除质押情况；
4. 各国有股东授权代表单位国有股因质押被人民法院冻结、拍卖情况。

八、国有股东授权代表单位将其持有的国有股用于银行贷款和发行企业债权质押，应当按照证券市场监管和国有股权管理的有关规定履行信息披露的义务。

九、国有股用于质押后，国有股东授权代表单位应当按时清偿债务。若国有股东授权代表单位不能按时清偿债务的，应当通过法律、法规规定的方式和程序将国有股变现后清偿，不得将国有股直接过户到债权人名下。

十、国有股变现清偿时，涉及国有股协议转让的，应按规定报财政部核准；导致上市公司实际控制权发生变化的，质押权人应当同时遵循有关上市公司收购的规定。

十一、本通知自印发之日起执行。

附件：上市公司国有股质押备案表（略）

财政部
二〇〇一年十月二十五日

12. 股票质押登记实施细则

（2000年6月29日上海证券交易所发布并施行）

第一章　总　　则

第一条　为规范在上海证券中央登记结算公司（以下简称"本公司"）托管的股票质押登记行为，维护质押当事人的合法权益，根据《中华人民共和国证券法》、《中华人民共和国担保法》、《证券公司股票质押贷款管理办法》的有关规定，制定本实施细则。

第二条　本实施细则的适用对象为符合中国人民银行《证券公司股票质押贷款管理办法》规定的证券公司和商业银行，适用范围为证券公司自营的股票和证券投资基金券（以下统称股票）的质押登记。

第三条　托管于本公司的股票，其持有人可依法办理股票质押。出质人应当对出质股票的真实性与合法性负责。

第四条　股票质押，须由质押当事人双方签订质押合同。本公司的职责是根据质押双方的质押合同，依据本公司股票托管数据为股票持有人办理股票出质登记，并出具《股票出质证明书》（以下简称"证明书"）。

第五条　股票一经质押登记，在质押期内不得重复设置质押。未经质权人同意，被质押股票不得办理所有权变更登记手续。

第二章　股票质押登记

第六条　本公司办理股票质押登记，视不同情况可采用有纸化质押登记和电子化质押登记两种形式。

第七条 采用有纸化形式办理股票质押登记的,质押双方应向本公司提交下列文件和有关证件:

(1) 股票质押登记申请书;

(2) 质押双方签订的质押合同;

(3) 出质人的股票账户;

(4) 加盖出质人印章的出质人营业执照副本的复印件;

(5) 质押双方法定代表人授权委托书;

(6) 质押双方法定代表人及其经办人的身份证明;

(7) 法律、法规等规定的其他文件。

第八条 本公司对上述文件予以形式审查,并在核实出质人申请质押登记的股票符合本实施细则后,于完成质押登记当日向质押双方出具书面证明书。

第九条 采用电子数据文件形式在本公司进行股票质押登记的,质押双方应与本公司签订《股票质押登记协议书》(以下简称"协议书")。协议书的具体条款由本公司制订。

第十条 质押双方以电子数据文件形式办理股票质押登记的,应事先在本公司预留电子签名,并通过本公司提供的参与人远程操作平台(以下简称"PROP")办理。

第十一条 本公司制定的电子数据文件格式,供本公司及质押双方使用。未经本公司同意,出质人或质权人均不得更改有关文件格式。

第十二条 通过 PROP 向本公司提出股票质押申请时,质押双方应按协议书的约定,正确提供电子数据文件。本公司核实质押双方申请质押登记的股票符合本实施细则的,通过 PROP 向质押双方出具证明书。

证明书发出之日为该股票质押登记日。

第十三条 采用电子数据形式办理股票质押登记的,如质押当事人需要书面证明书,在质押期内可向本公司申请另发书面证明书。

第三章　质押股票及其权益的管理

第十四条 本公司为质权人开设质押登记特别资金结算账户,为出质人开设质押登记特别股票账户。

特别股票账户须以指定交易方式指定在质权人的股票质押特别席位上。

第十五条 本公司出具证明书后,用于质押登记的股票将转入出质人质押登记特别股票账户中,并予专户管理。

第十六条 出质人可开设一个以上的质押登记特别股票账户。已经用于质押的特别股票账户,在该笔质押未注销前不得再次用于质押登记。

第十七条 开设质押登记特别股票账户须交付的文件:出质人的营业执照复印件;法定代表人授权委托书;法定代表人和经办人的身份证明。每个股票账户开户费人民币 400 元。

第十八条 开设质押登记特别资金结算账户须交付的文件:质权人的营业执照复

印件;法定代表人授权委托书;法定代表人和经办人的身份证明。

第十九条 质押股票在质押期间所产生的孳息(如送股、分红派息等),由本公司结算系统自动计入相应的质押登记账户。

第二十条 质押股票在质押期间发生配股、配售时,配股、配售权仍由出质人行使,质权人应予以配合。出质人应提前将配股、配售资金划入质权人特别资金结算账户。配股、配售的股份自动随质押物一起质押。

第四章 质押登记的变更和注销

第二十一条 股票质押期间需要增加或减少质押股票品种和数量的,质押双方可通过 PROP 完成变更登记,变更登记在申报登记确认的第二日生效。

第二十二条 股票质押登记因下列原因注销:
(1) 质权人提出申请;
(2) 其他法定事由。

第二十三条 本公司的 PROP 只接受质权人提出质押登记的注销申请。质押期限届满是否注销质押登记由质权人决定。

第二十四条 采用有纸化形式办理质押登记的,质押登记的变更或注销由质押双方协商一致后到本公司申请办理变更或注销登记。

第五章 质押登记费用

第二十五条 办理股票质押登记,质押当事人应向本公司交纳一定比例的股票质押登记费用。本公司通过结算系统向出质人收取,并在质押登记日自动计入出质人当日清算净额。该费用质押双方可协商解决。

第二十六条 质押登记费用标准如下:
股票按面值的 1‰ 收取,500 万股以上的,超过 500 万股部分按面值的 0.1‰ 收取。
基金按面值的 0.5‰ 收取,500 万份以上的,超过 500 万份部分按面值的 0.05‰ 收取。

第二十七条 质押变更登记的收费标准:变更登记时增加质物的按第二十六条的标准收费;减少质物的不再收费。

第六章 法律责任

第二十八条 质权人或出质人不按本公司规定格式发送电子数据文件,由此造成的损失,由质权人或出质人承担。

第二十九条 由于质权人或出质人的原因,造成本公司通过 PROP 办理股票质押登记发生故障的,质权人或出质人应承担赔偿责任。

第三十条 质押双方办理质押登记后不遵守本实施细则的,本公司可作出相应处分,质权人或出质人应承担相应责任。

第三十一条 因不可抗力或突发性技术故障、系统被非法入侵等造成的经济损失,本公司不承担责任。

第七章 附　　则

第三十二条 本实施细则由上海证券中央登记结算公司解释。

第三十三条 本实施细则自公布之日起实施。

（二）债券质押的相关规范

1. 深圳证券交易所、中国证券登记结算有限责任公司债券质押式三方回购交易及结算暂行办法

（2018年7月13日发布　自2018年7月30日起施行　深证上〔2018〕323号）

第一章　总　　则

第一条 为促进债券市场发展，规范债券质押式三方回购交易及结算业务，保护交易各方的合法权益，根据《中华人民共和国证券法》等法律、行政法规、部门规章、规范性文件以及深圳证券交易所（以下简称深交所）、中国证券登记结算有限责任公司（以下简称中国结算）相关业务规则，制定本办法。

第二条 本办法所称债券质押式三方回购交易（以下简称三方回购），是指资金融入方（以下简称正回购方）将债券质押并以相应债券的担保品价值为融资额度向资金融出方（以下简称逆回购方）质押融资，约定未来返还资金和支付回购利息，同时解除债券质押登记，并由深交所、中国结算根据本办法规定提供相关的担保品管理服务的交易。以上所述正回购方和逆回购方以下合称回购双方或投资者。

担保品价值，是指可用于回购质押的债券品种按照市场公允估值折算形成、可用于融资的对应金额。

第三条 深交所提供三方回购交易申报场所，对交易申报进行确认，并制定担保品管理的相关标准，开展对三方回购参与者和质押券篮子的管理。

第四条 中国结算对三方回购进行集中登记、存管、结算，并根据相关业务规则规定提供担保品的选取分配、质押登记等服务。

第五条 三方回购实行投资者适当性管理。投资者应当根据本办法规定的条件及自身风险承受能力，审慎决定是否参与三方回购，并自行承担风险。

第六条 投资者参与三方回购前应当向深交所申请备案并签署《深圳证券交易所债券质押式三方回购交易主协议》（以下简称《主协议》）。

回购双方可以就三方回购相关事宜签订补充协议，也可以在进行三方回购申报时提交交易补充约定。补充协议、交易补充约定可以约定质押券标准、授信、违约处置等内容，但不得违反法律、行政法规、部门规章、其他规范性文件以及深交所、中国结算的

相关规定,并且不得与《主协议》和回购双方申报的交易要素相冲突。补充协议、交易补充约定的内容由回购双方自行遵照执行。

第七条 回购双方应确保用于三方回购的资产(包括资金和债券等)来源合法。正回购方应确保用于质押的债券未设定任何形式的担保或其他第三方权利,不存在任何权属争议或权利瑕疵。

第八条 回购双方应当遵守法律、行政法规、部门规章、其他规范性文件、本办法以及深交所、中国结算的相关规定。

深交所和中国结算根据本办法及其他相关规定,对参与三方回购业务的市场主体及相关人员进行自律管理。

第二章　参与者管理

第九条 回购双方应当为符合《深圳证券交易所债券市场投资者适当性管理办法》合格投资者要求的机构投资者。

三方回购的正回购方还应当同时符合以下条件:

(一)具有较强的风险管理及承担能力的金融机构或其理财产品或深交所认可的其他机构投资者;

(二)相关业务管理制度、风险管理制度、技术系统能够支持三方回购业务的开展;

(三)近两年内无重大违法、违规记录,未发生重大的风险管理违规违约事件;

(四)深交所要求的其他条件。

第十条 证券公司及其他交易参与人可以直接参与三方回购交易,经纪客户应当通过证券公司参与三方回购交易。证券公司应当建立健全经纪客户参与三方回购相关的业务流程和风险控制制度,审查并确保参与三方回购的经纪客户符合相关规定的要求,在经纪客户参与三方回购前,向其全面介绍三方回购的相关业务规则及协议,充分揭示可能产生的风险,并确保其已签署《主协议》《风险揭示书》等必要文件。《风险揭示书》应当包含深交所确定的《风险揭示书必备条款》。

第十一条 证券公司应当在经纪客户参与三方回购交易之前,对其是否符合投资者适当性管理要求进行核查,确认符合要求后,代理其向深交所进行备案,并保证相关材料的真实、准确和完整。证券公司及其他交易参与人在参与三方回购交易之前,应当直接向深交所备案。

理财产品由管理人按照前款规定备案,同一个管理人管理的多个理财产品视为不同主体,应当分别进行备案。

第十二条 已备案为正回购方的证券公司及其他交易参与人应当向深交所提供持续符合正回购条件的报告,经纪客户由代理其备案申请的证券公司对其进行符合正回购条件的评估,并向深交所提交评估报告。

不再满足正回购条件或未按时提交报告的投资者,深交所可以禁止其开立新的三方回购合约。

第十三条 深交所可对三方回购投资者适当性管理相关要求的落实情况进行现场或非现场检查,回购双方、代理申请的证券公司应当予以配合。

第十四条 投资者参与三方回购前应当向深交所报送授信白名单。深交所仅对正回购方在逆回购方授信白名单内的交易申报进行确认,指定对手方的交易申报除外。

第三章 质押券范围及申报

第一节 质押券范围

第十五条 可用于三方回购的质押券包括在深交所交易或转让的各类债券、资产支持证券(次级资产支持证券除外)及深交所认可的其他债券品种。深交所可以根据市场情况调整用于三方回购的质押券品种。具有下列情形的债券和资产支持证券等不得作为质押券:

(一) 已经发生违约或者经披露其还本付息存在重大风险的债券和资产支持证券;

(二) 已经在其他业务中充当担保品的债券和资产支持证券;

(三) 深交所认定的不符合质押的其他情形。

第十六条 深交所根据债券类型、发行方式和评级信息将债券划分为不同编号的质押券篮子,并为各篮子设置折扣率,同一篮子内的质押券折扣率相同。

深交所每个交易日统一发布各质押券篮子的债券清单及折扣率,并可根据市场情况对债券清单、折扣率进行动态调整。

第十七条 债券质押期间,如发生国家有权机关要求办理质押债券冻结、扣划等情形,中国结算将根据国家有权机关的要求办理。

第二节 质押券申报

第十八条 三方回购的正回购方应当在交易申报前,通过深交所向中国结算申报拟出质券存放指令,拟出质券应符合深交所发布的质押券篮子要求。

第十九条 三方回购的正回购方可通过深交所向中国结算申报拟出质券提取指令,提取成功后,可将相应债券申报卖出或用于其他业务。

第二十条 拟出质券现货交易当日全天停牌的,不得以其作为质押券进行初始交易申报、到期续做申报、换券申报和补券申报。

第二十一条 投资者在初始交易申报中可以指定质押券篮子或在指定质押券篮子的基础上指定质押券。

第四章 交易安排

第二十二条 深交所接受三方回购申报的时间为每个交易日的 9:15—11:30、13:00—15:30。深交所可以根据市场需要调整三方回购的申报时间。

第二十三条 三方回购初始交易金额及到期续做金额应当为50万元人民币或其整数倍。

第二十四条 三方回购的期限不得超过365天,且不得超过质押券的存续期间。

第二十五条 深交所接受初始交易申报、到期购回申报、到期续做申报、提前购回申报、换券申报及补券申报等类型的交易申报。

第二十六条 投资者在初始交易申报中可以采用意向申报、报价申报、询价申报、指定对手方申报等方式进行交易申报。

初始交易申报是指正回购方将所持债券质押，向逆回购方融入资金的申报。

意向申报是指投资者向全市场发送交易意向，但不能直接确认成交的申报。意向申报指令应当包括回购方向、质押券篮子等要素。若指定质押券，意向申报指令还应当包括质押券及其数量。

报价申报是指投资者向全市场提交交易报价，交易要素全市场可见的申报。报价申报指令应当包括回购方向、质押券篮子、初始交易金额、百元资金年收益、回购期限等要素。若指定质押券，报价申报指令还应当包括质押券及其数量。

询价申报是指投资者向授信白名单内的其他投资者发送询价请求的申报。询价申报指令应当包括回购方向、质押券篮子、初始交易金额、回购期限等要素。若指定质押券，询价申报指令还应当包括质押券及其数量。收到询价请求的投资者可以对该请求进行报价，发送询价请求的投资者可以接受报价达成交易。

指定对手方申报是指投资者向特定交易对手发起一对一交易请求的申报。指定对手方申报指令应当包括质押券篮子、初始交易金额、回购期限、百元资金年收益、约定号等要素。若指定质押券，指定对手方申报指令还应当包括质押券及其数量。

第二十七条 初始交易申报的回购方向，资金融入方按"正回购方"进行申报，资金融出方按"逆回购方"进行申报。回购到期日，正回购方应当进行到期购回或到期续做的申报操作。

到期购回申报是指回购到期日，正回购方按约定返还资金、解除相应债券质押的交易申报。

到期续做申报是指回购到期日，原合约双方基于原质押券进行续做，形成新三方回购合约的交易申报。到期续做申报指令经对手方确认后方可生效。到期续做申报指令应当包括续做金额、回购期限、百元资金年收益、约定号等要素。

第二十八条 在三方回购存续期内，经回购双方协商一致，可提前购回合约。提前购回申报指令应当包括提前购回金额、约定号等要素。

第二十九条 在三方回购存续期间，回购双方协商一致，可进行质押券替换，换入的债券应当符合初始合约要求，且应当确保担保品价值足额。

换券申报交易指令应当包括换出的债券代码及对应数量或现金金额、换入的债券代码及对应数量、约定号等要素。

第三十条 中国结算根据深交所提供的各篮子债券清单、折扣率以及外部估值机构的债券估值数据，于每日闭市后核算每笔未到期及已到期未了结三方回购各只质押券的担保品价值。

第三十一条 在三方回购存续期间，担保品价值不足额达到一定比例时，证券公司应当对通过其柜台系统参与三方回购的经纪客户进行提示。

回购双方可以在《主协议》、补充协议或交易补充约定中约定补充质押券的触发情形及时限或经协商一致后补充质押券。补充的债券应当符合初始合约要求。

补券申报交易指令应当包括补充的债券代码及对应数量等要素。

第三十二条 深交所每个交易日通过交易所网站发布三方回购逐笔成交行情和

汇总行情,并定期披露相关统计数据。

第三十三条 投资者应当依据法律、行政法规、部门规章、其他规范性文件以及深交所、中国结算的相关规定,合理商定三方回购交易要素的具体内容,不得存在误导、欺诈、市场操纵或利益输送等行为。

第三十四条 三方回购交易申报经深交所确认后成交。深交所根据相关业务规则对符合形式要求的三方回购相关申报进行确认,不对申报的内容进行审查。回购双方及其与结算参与人之间的纠纷不影响确认结果的有效性,也不影响中国结算按照本办法及其他相关业务规则进行的三方回购交易结算、债券质押登记及解除质押登记等业务办理结果的有效性。对于回购双方及其与结算参与人之间因交易产生的纠纷和法律责任,深交所和中国结算不承担相关法律责任。

第三十五条 回购双方应当按照规定和约定履行义务,确保相关账户的资金或者质押券在结算时足额。三方回购经深交所确认成交后,因相关账户的质押券或资金不足导致债券质押登记或资金交收失败的风险,由投资者自行承担,深交所和中国结算不承担法律责任。

第五章 质押登记与清算交收

第三十六条 中国结算根据回购双方申报并经深交所确认的成交数据选取相应质押券,在正回购方证券账户上进行质押登记。

三方回购到期购回、提前购回完成后,由中国结算办理相应债券的解除质押登记。

第三十七条 质押券在质押期间发生付息、分期偿还、分期摊还、提前赎回、到期兑付、回售、转股、换股和违约等情形的处理,按《主协议》约定办理。

第三十八条 中国结算为三方回购的初始交易、提前购回、到期购回、到期续做提供实时逐笔全额结算服务,根据深交所确认的交易申报数据按货银对付原则组织结算参与人之间的资金结算,并办理相应债券的质押登记或解除质押登记。结算参与人负责履行交收责任,并办理其与经纪客户之间的清算交收。

中国结算通过正回购方、逆回购方结算参与人的结算备付金账户办理清算交收业务。

三方回购的拟出质券存放、提取、回购存续期间质押券的换券、补券等申报的处理方式由中国结算另行规定。

第三十九条 每个交易日中国结算根据深交所确认的初始交易、提前购回、到期购回和到期续做数据进行实时清算,计算每笔交易申报的资金应收应付金额。

对于每笔初始回购交易,逆回购方应付资金＝初始交易金额＋相关费用,正回购方应收资金＝初始交易金额－相关费用。

对于每笔到期购回或提前购回,正回购方应付资金＝购回金额＋相关费用,逆回购方应收资金＝购回金额－相关费用。

对于到期续做,中国结算按原有到期购回金额和续做金额的轧差净额进行清算。每笔到期续做,逆回购方续做应收金额＝到期购回金额－续做金额－相关费用;正回购方续做应付金额＝到期购回金额－续做金额＋相关费用。

第四十条 采用实时逐笔全额结算的,清算完成后,资金应付方结算参与人应当在规定时间内向中国结算提交结算指令确认交收金额。

第四十一条 中国结算在收到结算参与人提交的结算指令后逐笔检查所有采用实时逐笔全额结算的交易相关债券和资金是否足额,债券和资金均足额的,中国结算办理资金交收和质押登记或解除质押登记;对于日间未完成实时交收的,自动转为日终逐笔全额非担保交收。日终交收时结算备付金账户资金不足或可用质押债券不足,交收失败。

对于到期续做,中国结算在应付资金足额,且相应质押券未被国家有权机关冻结的情况下,办理资金交收与质押登记。

第四十二条 中国结算对初始交易、提前购回、到期购回、到期续做、换券等单笔申报不进行部分交收处理;对拟出质券存放、提取、回购补券等单笔申报可进行部分交收处理。

第四十三条 中国结算根据深交所提供的质押券篮子标准及具体构成、折扣率标准、来自外部估值机构的担保品估值数据,按以下原则选取质押券:

(一)回购双方自行指定质押券的,中国结算将优先选取双方指定的质押券品种。指定的质押券品种中任意一只质押券数量不足的,不满足交收条件,日终仍不足的,交收失败。

(二)回购双方未指定质押券或者已指定质押券的担保品价值不足额的,则按质押券篮子编号从大到小的顺序从质押券篮子中选取质押券。同一质押券篮子中以1张为最小单位按可用数量由多到少的原则依次选取到期日不早于回购到期日的质押券,质押券数量相同时按质押券证券代码由小到大原则依次选取,直至所选质押券担保品价值足额。

第六章 监督管理和违约处置

第四十四条 回购双方的结算参与人应当定期将三方回购相关数据报送深交所和中国结算。有关数据报送事项由深交所和中国结算另行通知。

第四十五条 深交所对三方回购市场交易、杠杆率、担保品、交收违约情况等各种交易结算信息进行监控,加强对三方回购业务的风险监控和评估。

第四十六条 深交所对三方回购交易进行监控。三方回购交易出现异常或者市场持续大幅波动时,深交所可视情况采取以下措施:

(一)调整质押券篮子的债券清单;
(二)调整质押券篮子的折扣率;
(三)将特定债券调出质押券范围;
(四)深交所认为必要的其他措施。

第四十七条 三方回购中,发生不可抗力、意外事件、技术故障等交易异常情况以及因上述原因深交所和中国结算采取相应措施所造成的损失,深交所和中国结算不承担法律责任。

第四十八条 三方回购发生违约,回购双方应当协商解决,守约方有权要求违约方继续履行回购协议,也有权终止回购协议,并可要求违约方根据本办法、《主协议》、补充协议和交易补充约定等,采取收取补息、罚息等方式进行赔偿。

三方回购发生违约,回购双方对违约处理达成一致的,可向深交所申请解除质押登记或向深交所申请质押券处置过户至拍卖、变卖的受让人,中国结算依据深交所发送的指令办理解除质押登记或质押券过户。回购双方无法达成一致的,可采取仲裁、诉讼等其他方式处理。

第四十九条　回购双方应当在交易申报中约定是否同意在违约情形下由质权人对违约交易项下的担保品直接进行处置。回购双方在交易申报中约定由质权人直接处置的,根据《主协议》的相关约定办理;回购双方在交易申报中约定不由质权人处置的,可以在补充协议或交易补充约定中约定其他违约处置方式。

第五十条　三方回购交易因任一方违约或提前购回、解除质押、担保品处置等方式产生的纠纷和法律责任,由回购双方自行协商解决,深交所和中国结算不承担法律责任。

第五十一条　对交收失败或违约的三方回购交易,投资者应当向深交所、中国结算报备交收失败或违约的原因及后续处理安排。

第五十二条　证券公司未按照投资者适当性管理的要求遴选合格投资者,或者存在其他违反深交所业务规则等行为的,深交所可以责令其改正,并视情节轻重对其实施自律监管措施或者纪律处分。

第五十三条　回购双方、经纪客户所在的证券公司、结算参与人及相关人员违反本办法以及深交所、中国结算其他相关规定的,深交所及中国结算可以依据相关规定对其实施自律监管措施或者纪律处分。对于未能及时消除违约后果的,深交所可通过公开违约信息等方式提示交易风险。

第七章　附　　则

第五十四条　本办法下列用语具有如下含义:

(一)其他交易参与人,是指《深圳证券交易所会员管理规则》13.1条所定义的参与人;

(二)初始交易金额,是指资金融入方实际融入金额(不含其他费用),单位为元,保留两位小数;

(三)到期购回金额,是指到期购回时资金融入方实际支付金额(含回购利息,不含其他费用),单位为元,保留两位小数;

(四)续做金额,是指到期续做时资金融入方实际融入金额(不含其他费用),单位为元,保留两位小数;

(五)提前购回金额,是指提前购回时资金融入方实际支付金额(含双方约定的利息,不含其他费用),单位为元,保留两位小数;

(六)回购期限,是指成交日至回购到期日的实际天数。回购期限按自然日计算,以天为单位,含成交日,不含回购到期日;

(七)回购利息,是指资金融入方在到期结算日应当支付的利息。回购利息=初始

交易金额×回购利率×实际占款天数/365,单位为元,保留两位小数;

(八)回购利率,是指百元资金年收益/100;

(九)回购到期日,是指回购双方约定回购到期的日期;

(十)到期结算日,是指回购双方履行到期结算义务的日期。回购到期日为深交所交易日的,到期结算日为回购到期日;回购到期日非深交所交易日的,到期结算日顺延至回购到期日的下一交易日;

(十一)三方回购存续期间,是指首次交易日至到期结算日的实际天数。回购存续期间按自然日计算,以天为单位,含首次交易日,不含到期结算日。

第五十五条 本办法由深交所、中国结算负责解释。

第五十六条 本办法自 2018 年 7 月 30 日起施行。

2. 上海证券交易所、中国证券登记结算有限责任公司债券质押式三方回购交易及结算暂行办法

(2018 年 4 月 24 日发布并施行 上证发〔2018〕22 号)

第一章 总 则

第一条 为了规范债券质押式三方回购交易及结算业务,促进债券市场发展,保护投资者的合法权益,根据《中华人民共和国证券法》等法律、行政法规、部门规章以及上海证券交易所(以下简称上交所)、中国证券登记结算有限责任公司(以下简称中国结算)相关业务规则,制定本办法。

第二条 本办法所称债券质押式三方回购交易(以下简称三方回购),是指资金融入方(以下简称正回购方)将债券出质给资金融出方(以下简称逆回购方)以融入资金,约定在未来返还资金和支付回购利息,同时解除债券质押,并由上交所、中国结算根据本办法规定提供相关的担保品管理服务的交易。

第三条 上交所组织开展三方回购,提供交易申报及成交确认平台,并制定担保品管理的相关标准,开展对三方回购参与者和质押券篮子的管理。

第四条 中国结算对三方回购进行集中登记、存管、结算,并根据相关业务规则规定提供担保品的选取分配、质押登记等服务。

第五条 正回购方和逆回购方(以下简称回购双方)参与三方回购应当签署《上海证券交易所债券质押式三方回购交易主协议》(以下简称主协议)。主协议内容包括但不限于各方权利义务、担保品管理及违约责任的相关条款等。主协议可以通过书面方式签署,也可以使用上交所 CA 证书通过电子方式签署。

第六条 回购双方可以就三方回购相关事宜签订补充协议,也可以在进行三方回购申报时填写交易补充约定。补充协议、交易补充约定可以约定质押券标准、授信、违约处置等内容,但不得违反法律、行政法规、部门规章、其他规范性文件、本办法以及上

交所、中国结算的其他相关规定，且不得与主协议以及成交记录相冲突。补充协议、交易补充约定的内容由回购双方自行履行。

第七条 三方回购经上交所债券交易系统（以下简称交易系统）确认成交后，回购双方及其结算参与人应认可成交结果，并按本办法、上交所和中国结算相关业务规则的规定以及主协议、补充协议等相关约定履行相关义务。

第八条 回购双方应确保用于三方回购的资产（包括资金和债券等）来源合法。正回购方应确保用于质押的债券未设定任何形式的担保或其他第三方权利，不存在任何权属争议或权利瑕疵。

第九条 回购双方应当遵守法律、行政法规、部门规章、其他规范性文件、本办法及上交所、中国结算其他相关规定。

上交所和中国结算根据本办法及其他相关规定，对参与三方回购业务的市场主体及相关人员进行自律管理。

第二章 参与者管理

第十条 回购双方应当充分知悉三方回购相关规则，了解三方回购的相关风险，根据本办法规定的条件及自身的风险承受能力评估是否适合参与三方回购，并自行承担风险。

第十一条 三方回购实行投资者适当性管理。回购双方应当为符合《上海证券交易所债券市场投资者适当性管理办法》合格投资者要求的机构投资者。

三方回购的正回购方还应当同时满足下列条件：

（一）具有较强风险管理及承担能力的金融机构或其理财产品或上交所认可的其他机构投资者；

（二）已建立完善健全的内部业务管理流程和风险管理制度；

（三）具备支持三方回购业务开展的相关技术系统；

（四）近两年内未发生过重大回购违约；

（五）上交所要求的其他条件。

第十二条 证券公司应当按照《上海证券交易所债券市场投资者适当性管理办法》的规定对经纪客户进行管理。证券公司应当建立健全经纪客户参与三方回购相关的业务流程和风险控制制度。

第十三条 证券公司应当对经纪客户资质进行审查，确保参与三方回购的经纪客户符合投资者适当性管理要求，在经纪客户参与三方回购前，向其全面介绍三方回购的相关业务规则及协议，充分揭示可能产生的风险，并要求其签署风险揭示书。风险揭示书应当包含上交所确定的风险揭示书必备条款。

第十四条 开展三方回购前，正回购方需向中国结算申请开立或设定三方回购专用证券账户，并完成三方回购专用证券账户的指定交易。

正回购方应当在进行投资者适当性备案时确定其普通证券账户与三方回购专用证券账户的对应关系，拟用作担保品的债券只能从其普通证券账户中转入对应的三方回购专用证券账户，三方回购专用证券账户中未被质押的债券只能转出至该普通证券账户。

第十五条 回购双方参与三方回购之前,应当进行投资者适当性备案。

直接通过交易系统进行交易的回购双方直接向上交所备案。证券公司经纪客户,由证券公司确认其符合投资者适当性管理要求,并代理其向上交所备案。

理财产品由管理人按照前款规定备案,同一个管理人管理的多个理财产品视为不同主体,应当分别进行备案。

第十六条 回购双方进行三方回购投资者适当性备案,应当向上交所提交三方回购投资者适当性备案表和三方回购主协议。

正回购方还需要向上交所提交以下投资者适当性备案文件:

(一)最近一个会计年度的总资产、净资产或资产管理规模的说明及相关证明文件;

(二)公司内部三方回购相关的业务管理流程、风险管理制度文件;

(三)关于技术系统准备情况的说明;

(四)上交所要求的其他材料。

回购双方、代理备案的证券公司应当保证投资者适当性备案材料的真实、准确和完整。

第十七条 上交所收到三方回购投资者适当性备案文件后,对备案文件是否齐全和符合要求进行核对。符合投资者适当性管理要求的,上交所为其开通三方回购交易功能;不符合投资者适当性管理要求的,上交所及时告知其理由。

第十八条 上交所在受理备案时可对三方回购投资者适当性管理相关要求的落实情况进行现场或非现场检查,回购双方、代理备案的证券公司应当予以配合。

第三章 担保品管理

第十九条 可作为三方回购的担保品应当是上交所上市交易或者挂牌转让的债券,包括公开发行债券、非公开发行债券和资产支持证券。上交所可以根据市场情况调整用于三方回购的担保品品种。以下债券不可作为三方回购的担保品:

(一)资产支持证券次级档;

(二)已经发生违约或经披露其还本付息存在重大风险的债券和资产支持证券;

(三)上交所认为不适合充当回购担保品的其他债券。

第二十条 上交所根据债券类型、发行方式和评级结果等将债券划分为若干个篮子。各质押券篮子的债券清单、折扣率标准由上交所确定,质押券篮子划分及折扣率标准由上交所另行通知。

第二十一条 正回购方可将普通证券账户中拟用作担保品的债券转入三方回购专用证券账户,也可将三方回购专用证券账户内未被质押登记的债券转出至对应的普通证券账户。

第二十二条 中国结算根据上交所提供的各篮子债券清单、折扣率以及债券估值于每日闭市后核算每笔未到期及已到期未了结三方回购各只质押券的担保价值。在质押券担保价值与回购金额相比出现不足且达到一定比例时,由交易系统对回购双方进行提示。

第二十三条 质押券在质押登记期间发生付息、分期偿还、分期摊还、提前赎回、到期兑付、回售、转股、换股等情形的,按主协议的约定办理。

第二十四条 三方回购存续期间,回购双方协商一致后,回购双方可以通过交易系统申报质押券变更,换入的债券需要满足回购协议的质押券篮子要求。因换入债券数量不足等原因导致变更质押登记失败的,原质押券的质押状态不变。

第二十五条 三方回购存续期间,质押券价值明显减少的,逆回购方有权要求正回购方通过交易系统申报补充相应的质押券。回购双方可以在主协议、补充协议或交易补充约定中约定补充质押券的触发情形及时限。

第二十六条 债券质押期间,如发生国家有权机关要求办理质押债券冻结、扣划等情形,由中国结算根据有关规定按照国家有权机关的要求办理。

第四章 交　　易

第二十七条 回购双方开展三方回购,应当通过交易系统进行授信。交易系统仅对正回购方在逆回购方授信白名单内的三方回购进行确认。

第二十八条 三方回购由回购双方通过交易系统申报,经纪客户通过证券公司进行交易申报。交易系统对符合形式要求和符合授信白名单要求的三方回购相关申报进行确认。

第二十九条 三方回购的交易时间为每个交易日的9:30—11:30、13:00—15:15。上交所可以根据市场需要调整三方回购的交易时间。

第三十条 三方回购品种期限可以由回购双方在1—365天的范围内自行商定。三方回购申报的金额应当为100万元或其整数倍。

第三十一条 回购双方在三方回购申报中须指定一个或若干个质押券篮子。

回购交易双方可以自行指定具体质押券,指定的质押券应在交易申报确定的质押券篮子范围内,且指定质押券到期日应晚于回购到期日。

第三十二条 三方回购可以采取报价、询价和指定对手方等方式达成,经交易系统确认后成交。

第三十三条 回购交易申报包括意向交易申报、报价交易申报、询价交易申报、指定对手方交易申报、提前终止交易申报、到期购回或续做交易申报等。

第三十四条 正回购方或逆回购方可以面向全市场提交意向申报。意向申报应当至少包含回购方向、质押券篮子等交易要素信息。意向申报不能直接确认成交。

第三十五条 正回购方或逆回购方可以面向全市场提交报价申报,报价申报要素包括回购方向、金额、期限、利率、质押券篮子等。正回购方或逆回购方可以选择符合授信白名单要求的对手方报价点击成交。

第三十六条 正回购方或逆回购方可以向符合授信白名单要求的对手方发送询价申报,询价申报要素包括回购方向、金额、期限、质押券篮子等。收到询价申报的对手方可以对询价请求进行报价,询价发起方可以点击报价达成交易。

第三十七条 正回购方或逆回购方可以向符合授信白名单要求的特定对手方发出指定对手方申报,申报要素包括回购方向、金额、期限、利率、质押券篮子等,对手方

第三十八条 三方回购存续期间,经回购双方协商一致可以提前终止,正回购方或逆回购方可以发起提前终止申报,并由对手方确认。提前终止申报须填写提前终止的结算金额和对应的提前终止利率。

第三十九条 三方回购到期,交易双方协商一致后,正回购方可以进行到期购回申报或到期续做申报。

到期续做的,正回购方应对当日到期的三方回购提交到期续做申报,经逆回购方确认后生成新的回购合约,原三方回购合约终止。续做逆回购方必须是原三方回购的逆回购方,续做的金额、期限、利率等要素可以与原三方回购不同。

第四十条 上交所在交易系统公布当日的三方回购逐笔成交行情和汇总行情,并定期披露全市场成交统计数据。

第五章 清算交收与质押登记

第四十一条 中国结算为三方回购的回购交易、提前终止、到期购回、到期续做提供实时逐笔全额结算服务,根据上交所确认的交易申报数据按货银对付原则组织结算参与人之间的资金结算,并办理相应债券的质押登记或解除质押登记。结算参与人负责履行交收责任,并办理其与经纪客户之间的清算交收。

资金交收通过结算参与人用于逐笔全额结算的专用资金交收账户办理。

三方回购质押券变更、质押券补充以及三方回购专用证券账户债券的转入转出申报的处理方式由中国结算另行规定。

第四十二条 每个交易日中国结算根据上交所确认的回购交易、提前终止、到期购回和到期续做数据进行实时清算,计算每笔交易或申报的资金应收应付金额。对于到期续做,中国结算按原有回购到期金额和续做三方回购成交金额进行净额清算。

对于每笔回购交易首次清算,逆回购方应付金额＝成交金额＋经手费等相关费用;正回购方应收金额＝成交金额－经手费等相关费用。

对于每笔提前终止和到期购回,资金应收应付金额为提前终止或到期购回申报中的结算金额。

对于每笔到期续做,逆回购方续做应收金额＝回购到期购回金额－续做回购成交金额－经手费等相关费用;正回购方续做应付金额＝回购到期购回金额－续做回购成交金额＋经手费等相关费用。

第四十三条 清算完成后,结算指令提交截止时点前,三方回购首次清算的逆回购方结算参与人以及提前终止、到期购回和到期续做的正回购方结算参与人须向中国结算提交结算指令,确认相关交易可以进行交收处理。

第四十四条 中国结算在收到结算参与人提交的结算指令后逐笔检查所有采用实时逐笔全额结算的交易相关债券和资金是否足额,三方回购债券和资金均足额的,中国结算办理资金交收和质押登记或解除质押登记;资金或债券不足的,中国结算将在下一批次重新校验,直到校验通过后再进行交收处理,截至日终交收批次仍未交收成功的,该笔结算指令交收失败。中国结算对单笔交易不进行部分交收处理。

第四十五条 中国结算在交收处理时,根据上交所提供的质押券篮子标准及具体构成、折扣率标准、担保品估值,按以下原则选取质押券:

(一)对双方自行指定质押券的,中国结算将优先选取双方指定的质押券品种。指定的质押券品种中任意一只质押券数量不足,该笔交收失败。

(二)双方未指定具体质押券品种或者已指定具体质押券的担保品价值低于回购金额,则按质押券篮子编号从大到小的顺序从质押券篮子中选取质押券。同一质押券篮子中以一手为最小单位按可用数量由多到少的原则依次选取到期日晚于回购到期日的质押券,质押券数量相同时按质押券证券代码由小到大原则依次选取,直至所选质押券担保品价值足额。

第四十六条 中国结算根据上交所确认的成交或申报、质押券选取结果确定质押券并在正回购方三方回购专用证券账户内对相应债券进行质押登记。

三方回购到期购回、提前终止交收完成后,由中国结算办理相应债券的解除质押登记。

第四十七条 截至当日实时逐笔全额结算日终批次交收时点,结算参与人未提交结算指令、债券或资金可用余额不足将导致交收失败。

第六章 风险管理与违约处置

第四十八条 回购双方完成投资者适当性备案后,应当每两年进行一次投资者适当性自我评估,经纪客户由代理备案的证券公司进行投资者适当性评估,回购双方、代理备案的证券公司须将评估结果向上交所报告。

上交所可对回购双方、代理备案的证券公司进行现场或非现场检查,对不符合三方回购投资者适当性管理要求的,取消其三方回购投资者适当性备案。

三方回购业务中,回购双方出现违反三方回购相关规则或交收违约等情形的,上交所可以向市场公告相关信息,并视情况取消其三方回购投资者适当性备案。

三方回购参与者被取消投资者适当性备案的,应继续履行未到期三方回购合约的相关义务。

第四十九条 上交所和中国结算对三方回购的担保品进行持续管理,上交所可根据市场情况对质押券篮子的设置、各质押券篮子债券清单以及折扣率等进行动态调整。

第五十条 回购双方的结算参与人应当定期将三方回购相关数据报送上交所和中国结算。有关数据报送要求和时间由上交所和中国结算另行通知。

第五十一条 上交所对三方回购市场交易、杠杆率、担保品、交收违约情况等各种交易结算信息进行监控,加强对三方回购业务的风险监测和评估。

第五十二条 三方回购存续期间,发生异常和违约事件的,回购双方应及时向上交所、中国结算报告事件情况及其发生的原因、处理进展情况和处理结果。

第五十三条 三方回购发生异常和违约事件的,回购双方应当按照相关法律法规、本办法、主协议、补充协议等相关规定和约定,通过协商、支付违约金、处置担保品、申请仲裁、诉讼等方式解决。

违约发生后,违约方应积极采取措施处理违约事件,维护守约方的合法权益。回购双方对违约处理协商一致的,可以向上交所申报解除质押登记或申请质押证券处置过户至拍卖、变卖的受让人,中国结算将依据上交所发送的指令办理解除质押登记或质押证券处置过户。

第五十四条 回购双方应当在交易申报中约定是否同意在违约情形下由质权人对违约交易项下的担保品直接进行处置。回购双方在交易申报中约定由质权人直接处置的,根据主协议的相关约定办理;回购双方在交易申报中约定不由质权人处置的,可以在补充协议或交易补充约定中约定其他违约处置方式。债券担保品处置产生的任何法律后果及责任,由回购双方自行承担。

第五十五条 回购双方、经纪客户所在的证券公司、结算参与人及相关人员违反本办法及上交所、中国结算其他相关规定的,上交所、中国结算可以视情况实施口头警示、书面警示、监管谈话、限制投资者证券账户交易、通报批评、公开谴责等监管措施或者纪律处分,并依照相关规定记入诚信档案。

第七章 附 则

第五十六条 回购双方根据相关法律法规、部门规章、相关交易规则、登记结算规则及本办法的规定开展三方回购。三方回购经交易系统确认后,回购双方及其与结算参与人之间的纠纷不影响确认结果的有效性,也不影响中国结算按照本办法及其他相关业务规则进行的三方回购交易结算、债券质押登记及解除质押登记等业务办理结果的有效性。

第五十七条 由于担保品不足、交收失败或交易任意一方违约等情形所产生的纠纷和法律责任,由回购双方自行协商解决,上交所和中国结算不承担法律责任。

第五十八条 三方回购中,发生不可抗力、意外事件、技术故障等交易异常情况以及因上述原因上交所和中国结算采取相应措施所造成的损失,上交所和中国结算不承担法律责任。

第五十九条 本办法由上交所、中国结算负责解释。

第六十条 本办法自发布之日起实施。

3. 中国人民银行自动质押融资业务管理办法

(2017年12月13日发布 中国人民银行公告〔2017〕第18号
2018年1月29日施行)

第一条 为规范自动质押融资业务,提高支付清算效率,防范支付清算风险,根据《中华人民共和国中国人民银行法》及相关法律法规,制定本办法。

第二条 本办法所称自动质押融资业务,是指成员机构清算账户日间头寸不足清算时,通过自动质押融资业务系统向人民银行质押债券融入资金,待资金归还后自动解押债券的行为。

第三条 本办法所称成员机构，是指在中华人民共和国境内依法设立并办理自动质押融资业务的存款类金融机构法人，以及人民银行认可的其他金融机构法人。

第四条 本办法所称自动质押融资业务系统，是指办理成员机构债券自动质押、融资、还款、债券自动解押等业务的应用系统。

第五条 本办法所称质押债券，包括记账式国债、中央银行票据、开发性和政策性银行金融债券，以及人民银行认可的地方政府债券及其他有价证券。

第六条 申请成为成员机构的金融机构法人应具备以下条件：

（一）是大额支付系统直接参与者；

（二）为银行间市场甲类或乙类结算成员；

（三）在人民银行指定的债券登记托管结算机构（以下简称债券登记托管结算机构）开立债券托管账户；

（四）人民银行规定的其他条件。

第七条 金融机构法人向人民银行申请办理自动质押融资业务应提交以下材料：

（一）办理自动质押融资业务申请书；

（二）经营金融业务许可证、债券登记托管结算机构开户确认书（均为复印件）；

（三）上年末实收资本金额（不含附属资本，下同）；

（四）人民银行要求的其他材料。

第八条 全国性银行申请办理自动质押融资业务由人民银行总行受理，其他金融机构法人申请办理自动质押融资业务应向法人所在地人民银行分支机构提出申请，由人民银行分支机构初审后报人民银行总行受理。

本办法所称人民银行分支机构包括人民银行上海总部，各分行、营业管理部，各省会（首府）城市中心支行，深圳市中心支行。

第九条 经人民银行受理，符合自动质押融资业务办理条件的金融机构，应与人民银行签署《自动质押融资主协议》。

第十条 国家开发银行、政策性银行、国有商业银行、中国邮政储蓄银行自动质押融资余额不超过其上年末实收资本的4%；全国性股份制商业银行自动质押融资余额不超过其上年末实收资本的10%；其他金融机构自动质押融资余额不超过其上年末实收资本的15%。人民银行可根据宏观审慎管理需要调整上述比例，并根据成员机构信用状况和流动性管理情况调整其自动质押融资余额上限。

第十一条 成员机构开展自动质押融资业务须足额质押债券。人民银行根据宏观审慎管理需要和市场情况确定和调整质押债券范围及质押率等要素，并通知成员机构。

第十二条 成员机构办理自动质押融资业务原则上应于当日偿还资金，最长期限不超过隔夜。如当日未能足额偿还资金本息的，成员机构应根据本办法第八条规定的业务受理范围向人民银行总行或所在地人民银行分支机构说明情况。

第十三条 日间和隔夜自动质押融资利率统一按业务发生时的人民银行隔夜常备借贷便利（SLF）利率确定。

第十四条 日间自动质押融资利息按照实际融资金额和时间、以小时为单位计算，不足1小时按照1小时计算，利息计算公式为：日间自动质押融资利息=（融资金额

×融资时间×融资利率)/(360×24)

第十五条 隔夜自动质押融资利息按日计算,计算公式为:隔夜自动质押融资利息=(融资金额×实际占款天数×融资利率)/360

第十六条 自动质押融资须逐笔融资、逐笔归还,成员机构须在还款时点一次性还本付息;还款时点资金不足时顺延至下一还款时点重新计息后还本付息。

自动质押融资业务的还款时点由人民银行在自动质押融资业务系统设置,并通知成员机构。

第十七条 隔夜未足额偿还自动质押融资资金本息的视为逾期,人民银行对逾期未偿还资金部分额外加3个百分点按日收取利息。

第十八条 逾期超过3天仍未足额偿还自动质押融资应计本息的视为违约,人民银行将按照市场惯例和相关法律法规处理。

第十九条 自动质押融资业务的金额单位为万元人民币,小数点后保留两位。单笔融资最低金额为50万元人民币。

第二十条 债券登记托管结算机构经人民银行授权,根据本办法及相关业务规则为成员机构办理自动质押融资业务提供服务,维护和保障自动质押融资业务系统正常运行。

债券登记托管结算机构应根据本办法制定自动质押融资业务操作细则及应急方案。

第二十一条 成员机构出现违约,或债券登记托管结算机构未充分履行自身职责,导致质押、融资、还款、解押等环节延误或中断,给有关各方造成损失的,应各自承担相应责任。

第二十二条 成员机构如出现违约或继续办理业务可能影响人民银行资金安全等情形,人民银行可暂停该机构的自动质押融资业务。

第二十三条 因不可抗力造成自动质押融资业务系统无法正常运行,使质押、融资、还款、解押等环节延误或中断,有关当事人均有及时排除障碍和采取补救措施的义务,但不承担赔偿责任。

第二十四条 本办法由人民银行负责解释。

第二十五条 本办法自2018年1月29日起施行。《中国人民银行自动质押融资业务管理暂行办法》(中国人民银行公告〔2005〕第25号)同时废止。

4.中央国债登记结算有限责任公司自动质押融资业务实施细则

(2017年12月22日发布 自2018年1月29日施行)

第一章 总 则

第一条 为配合中国人民银行(以下简称人民银行)对支付系统自动质押融资业

务(以下简称质押融资业务)的管理,规范质押融资业务操作,依据《中国人民银行自动质押融资业务管理办法》(中国人民银行公告〔2017〕第 18 号,以下简称《管理办法》)和《自动质押融资主协议》(以下简称《主协议》)及《中央国债登记结算有限责任公司担保品管理服务指引》等规定制定本细则。

第二条 本细则所称质押融资业务、自动质押融资业务系统、成员机构、质押债券、单笔融资资金最低金额、融资利率、还款时点、债券质押率等均按照《管理办法》、《主协议》以及有关规定的定义。

第三条 中央国债登记结算有限责任公司(以下简称中央结算公司)根据人民银行的授权,依照中央结算公司《客户服务协议》及相关结算业务规则为成员机构办理质押融资业务提供融资质押、还款解押和担保品管理等相关服务。

质押融资业务的担保品管理服务是指中央结算公司根据质押券质权方或出质、质权双方的委托和授权,为质押融资业务提供参数维护、质押券选取、计算、质押、解押等服务。

第四条 中央结算公司开发、运行及维护的担保品管理服务系统是债券系统的子系统,债券系统与人民银行运行管理的中国现代化支付系统联合运行,为质押融资业务的债券质押、融资、还款、解押等功能提供电子化支持。

第五条 人民银行通过债券系统专用终端(以下简称专用终端)对质押融资业务进行管理。

第六条 符合开办质押融资业务条件的存款类金融机构法人(以下简称成员机构),在申请办理自动质押融资业务前应在中央结算公司债券系统开立债券账户或质押融资专用账户。

第七条 债券系统根据支付系统国家处理中心(以下简称 NPC)发送的融资需要通知报文办理相关业务。成员机构可通过债券系统客户端(以下简称客户端)查询并打印自动质押融资业务结算合同、交割单、通知单等相关单据和账务信息。

第八条 中央结算公司在债券系统营业时间内为成员机构办理融资质押和还款解押业务。

第九条 质押债券采用出质登记方式在出质方户内质押登记。

第二章 债券账户的开立与使用

第十条 已在中央结算公司开立债券账户的成员机构,使用现有债券账户办理质押融资业务。

境内外资金融机构依照前款办理。

第十一条 未在中央结算公司开立债券账户的成员机构,在开办质押融资业务前,应按中央结算公司债券账户开销户规程开立债券账户。

第三章 质押融资业务资格及相关参数设置

第十二条 人民银行在专用终端为已签署《主协议》的成员机构设置质押融资业

务资格、触发质押融资模式(自动触发/人工发起)、自动触发模式下的融资起点金额、单笔融资资金最低金额、融资余额上限等相关参数。成员机构如需变更上述参数,应向人民银行提交有关文件。

第十三条　成员机构在办理质押融资业务时,只能向人民银行申请使用自动触发融资模式或人工发起融资模式中的一种模式。如需变更,应向人民银行提交书面申请。

第十四条　质押券范围、质押券质押顺序、债券质押率、质押券担保价值计算基础值等质押业务参数根据人民银行的书面授权由中央结算公司在担保品管理服务系统设置和维护。若人民银行对上述参数有调整,中央结算公司将按书面授权更新维护并在中国债券信息网发布公告,成员机构可通过客户端查询并打印参数一览表。

第十五条　在人民银行设定的质押券范围内,成员机构可按照自身实际情况通过客户端设置备选质押券。

第四章　质押融资业务处理

第十六条　使用人工发起融资模式的成员机构,在其清算账户日间不足支付时,由出质成员机构通过客户端录入"人工质押融资申请指令",债券系统根据指令生成"人工质押融资申请报文"发送至NPC,NPC经过相关检查后,对满足发起质押融资条件的,生成"融资需要通知报文"发送至债券系统。

第十七条　使用自动触发模式的成员机构,当其清算账户日间不足支付且排队业务金额累计达到触发融资金额起点时,NPC自动生成"融资需要通知报文"发送至债券系统。

第十八条　债券系统收到"融资需要通知报文"后,根据相关参数控制要求进行检查,对不符合条件的不予融资,向NPC发送含失败信息的"即时转账报文(融资支付)";对符合条件的计算可融资金额并进行债券质押。

第十九条　担保品管理服务系统根据质押券范围、质押率等参数计算出质行应质押债券面额,并按以下情况对出质行的债券进行质押登记、生成交割单据。

（一）出质行债券账户可用余额足额的,对足额债券进行质押登记,按可融资金额全额融资；

（二）出质行债券账户可用余额不足的,如根据实有债券换算出的实际融资金额大于或等于单笔融资资金最低金额,则按实有债券质押,以换算出的实际融资金额进行融资；如根据实有债券换算出的实际融资金额小于单笔融资资金最低金额,质押失败。

第二十条　担保品管理服务系统在进行质押登记时,债券面额和融资金额均以万元为单位,债券面额不足万元部分向上取整,融资金额不足万元部分向下取整。

第二十一条　对质押成功的,债券系统以融资行实际融资额向NPC发送"即时转账报文(融资支付)";对质押失败的,向NPC发送含失败信息的"即时转账报文(融资支付)"。NPC收到后进行融资清算处理,并将清算结果反馈债券系统。

第二十二条　债券系统根据NPC反馈结果,对融资清算成功的,生成"质押融资通知单";对融资清算失败的,办理债券解押并生成交割单据。

第五章　还款解押业务处理

第二十三条　债券系统在人民银行设定的每个还款时点,对当日未还款及隔夜未还款的已融资业务逐笔计算融资利息,并向 NPC 发送"即时转账报文(融资扣款)"。

第二十四条　融资利息计算方法

日间和隔夜自动质押融资利率统一按业务发生时的人民银行隔夜常备借贷便利(SLF)利率确定。

(一)日间自动质押融资利息按照实际融资金额和时间计算,计算公式为：

日间自动质押融资利息＝(融资金额×融资时间×融资利率)/(360×24)

其中,融资时间＝扣款时点－融资时点。融资时间以小时为单位计算,不足1小时按照1小时计算。

(二)隔夜自动质押融资利息按照实际占款天数按日计算,计算公式为：

隔夜自动质押融资利息＝(融资金额×实际占款天数×融资利率)/360

(三)隔夜未足额偿还自动质押融资资金本息的视为逾期,根据人民银行要求对逾期未偿还资金部分按实际占款天数按日收取罚息,罚息利率按照自动质押融资利率加3个百分点确定。

逾期超过3天仍未足额偿还自动质押融资应计本息的视为违约,根据人民银行要求进行相关处理。

第二十五条　NPC 收到债券系统发送的"即时转账报文(融资扣款)"后,对融资行清算账户进行扣款转账,并将清算结果反馈给债券系统。

第二十六条　债券系统根据 NPC 反馈结果,对扣款成功的,生成"还款解押通知单",对出质行债券进行解押并生成交割单据;对扣款失败的,在下一个还款时点重新进行扣款处理。

第二十七条　自动质押融资业务系统运行时间及换日时点均与大额支付系统保持一致,即当日发生的自动质押融资业务,至大额支付系统运行日终未还款的视为隔夜,至下一大额支付系统运行日终未还款的视为逾期。自动质押融资业务逾期天数按照大额支付系统运行天数计算。

第六章　质押期间的担保品管理

第二十八条　质押期间的担保品管理包括逐日盯市和质押券置换服务。

第二十九条　盯市是指在每个工作日日初,担保品管理服务系统根据前一工作日的质押券担保价值计算基础值,计算、比较每笔质押融资业务中质押券的担保价值和风险敞口,并在相关报表中列示计算和比较结果的服务。质押券担保价值计算的基础值可设置为面额、发行价、本金值、中债估值中的一项。

若人民银行选择面额或发行价作为质押券担保价值计算基础值,则质押券价值不发生变化,无需调整质押券数量;若选择中债估值或本金值作为基础值,则质押券担保价值随中债估值变动或债券本金值变化而发生波动,当质押券担保价值不足以覆盖风险敞口时,担保品管理服务系统将根据盯市结果自动增补质押券,成员机构可通过客户端查询每日盯市结果。

第三十条　成员机构需对质押券进行置换时,应通过客户端录入需办理置换的合同号和需换出质押券数量,发起质押券置换指令后,由系统在该成员机构备选质押券范围内自动选择换入足额质押券进行置换。

第七章　人工终止扣款及质押债券清偿处理

第三十一条　对成员机构融资未还款超过规定期限,或确认成员机构已无法履行还款义务的,人民银行可在专用终端对该笔业务进行人工终止扣款处理并依法处置相关质押债券;对于已人工终止扣款的已融资业务,债券系统在还款时点不再向NPC发送扣款报文。

第三十二条　对已人工终止扣款的已融资业务,中央结算公司按照有关法律法规的规定及相关各方的书面指令,对出质行质押债券进行清偿处理并生成"债券清偿过户通知单"。

第八章　应　急　处　理

第三十三条　中央结算公司为成员机构提供"人工质押融资申请指令发送"、"出质行质押券范围设置"和"出质行质押券置换"等应急服务。当成员机构的客户端发生故障无法正常办理业务时,应向中央结算公司申请办理应急业务。

第三十四条　成员机构根据具体应急业务,填制相应的《人工质押融资申请应急指令书》(见附件1)、《出质行质押券范围设置应急指令书》(见附件2)或《自动质押融资业务质押券置换应急指令书》(见附件3),传真至中央结算公司。具体操作流程按照《中央国债登记结算有限责任公司应急业务操作规程》及有关规定执行。成员机构可在中国债券信息网下载相关应急指令书格式。

第三十五条　应急指令的处理结果及单据,成员机构可向中央结算公司查询打印,或在系统恢复正常后通过客户端查询打印。

第九章　附　　则

第三十六条　成员机构办理质押融资业务应向中央结算公司支付相关费用,收费标准、收费时间及缴费方式按《中央国债登记结算有限责任公司业务收费办法》及《中央国债登记结算有限责任公司担保品管理服务指引》执行。

第三十七条　担保品管理服务的具体实施根据《中央国债登记结算有限责任公司担保品管理服务指引》执行,为保证业务服务和相关处理规则的有效性,成员机构需签署《大额支付系统自动质押融资业务担保品管理服务签约对手方委托承诺函》(见附件

4),并提交《自动质押融资业务担保品管理服务签约对手方信息备案卡》(见附件5)。

第三十八条 本细则实施后,原《中央国债登记结算有限责任公司自动质押融资业务实施细则》自动作废。

第三十九条 本细则由中央结算公司负责解释。

第四十条 本细则自2018年1月29日起施行。

5.银行间市场清算所股份有限公司质押登记业务操作指南

(2011年6月1日发布并施行 2017年7月修订)

为规范质押登记行为,维护质押双方的合法权益,根据银行间市场清算所股份有限公司(以下简称上海清算所)登记结算业务规则,现对上海清算所托管的非金融企业债务融资工具及其他相关产品(以下简称证券)的非交易性质押登记业务办理流程明确如下:

一、上海清算所根据质押登记申请人提供的申请材料,办理质押登记。上海清算所对质押登记申请人所提供的申请材料仅进行形式审查;质押登记申请人(包括质权人和出质人)应当保证其所提供的质押合同等相关申请材料真实、准确、完整、合法,以及质押行为、内容、程序符合法律、行政法规和部门规章等有关规定。因质押合同等申请材料内容违法、违规及其他原因导致质押登记无效或被撤销而产生的纠纷和法律责任,由质押登记申请人承担,上海清算所不承担任何责任。

上海清算所依据质押双方的申请办理质押登记、解押及其他质押相关手续,法律法规另有规定的除外。

二、质押登记的办理。办理质押登记时,质押双方应向上海清算所提交以下材料:

(一)《银行间市场清算所股份有限公司质押业务登记申请书》(以下简称《质押业务登记申请书》,见附件);

(二)质押合同副本;

(三)上海清算所要求的其他材料。

申请日16:30前提交的指令,上海清算所对《质押业务登记申请书》进行核对,并对出质人账户可用余额进行检查,对于证券足额的账户办理即时质押;出质人账户可用余额不足的,上海清算所将相应结果反馈质押双方。申请日16:30后提交《质押业务登记申请书》的,上海清算所于次一工作日办理质押登记。

质押登记完毕后,出质人和质权人可从持有人客户端下载《质押通知》,查看质押结果。

证券一经质押登记,在解除或撤销质押登记前不得重复设置质押。对于已被司法冻结、已作回购质押或已提交上海清算所作为交收担保品的证券,不能再申请办理质押登记。

三、质押品调整。质押双方可协商调整质押品,可提交《质押业务登记申请书》至上海清算所进行质押品调整。

四、质押存续期管理。处于质押登记状态的证券发生付息的,上海清算所将质押证券对应的付息资金划付至出质人指定资金账户,不对该部分资金进行质押。

质押登记申请人应在质押证券兑付登记日前,向上海清算所申请办理解除质押。如质押登记申请人未及时办理解除质押的,上海清算所将对到期兑付款(如有)暂不办理划付,直至申请人办理解除质押为止,暂不划付期间相关兑付款(如有)不计付利息。

上海清算所可为质押双方提供有关质押证券数量、状态等信息的查询服务。

五、质押登记解除和部分解除。质押期间,质押登记申请人可向上海清算所申请解除质押登记,既可申请全部解除质押,也可申请部分解除质押。申请办理质押登记解除的,可提交《质押业务登记申请书》至上海清算所办理。

上海清算所对质押登记申请人提交的申请材料审核通过,并确认证券状态正常后,办理解除质押登记或部分解除质押登记。解除质押登记成功的,出质人和质权人可从客户端下载《解押通知》,查看解押结果。

质押合同被依法确认无效或者被撤销的,质押登记申请人应当及时向上海清算所申请办理解除质押登记,并提供相关材料。上海清算所也可以根据权力机构做出的质押合同无效或被撤销的裁决解除质押登记。

六、其他事项。质权人行使质权处置证券的,应当遵守国家相关法律法规的规定。

上海清算所按照《银行间市场清算所股份有限公司登记结算收费办法(试行)》的规定收取质押登记费。

6. 储蓄国债(电子式)管理办法(节录)

(2013年1月22日财政部、中国人民银行发布　自2013年2月1日起施行　财库〔2013〕7号)

第一章　总　　则

第二条　本办法所称储蓄国债(电子式),是指财政部在中华人民共和国境内发行,通过承销团成员面向个人销售的、以电子方式记录债权的不可流通人民币国债。

第二章　一 般 规 定

第九条　储蓄国债(电子式)不可流通转让,可提前兑取、质押贷款、非交易过户等。

第三章 储蓄国债(电子式)业务

第二十九条 储蓄国债(电子式)付息日和还本日前若干个工作日起,停止办理当期国债提前兑取、非交易过户等与债权转移相关业务和国债质押,付息日起恢复办理。

第六章 附　　则

第四十四条 以下术语在本办法中的含义是:

(三)质押贷款:指投资者以持有的储蓄国债(电子式)为质押品,向原购买国债的承销团成员贷款的行为。

7. 储蓄国债(电子式)质押管理暂行办法

(2006年8月18日中国人民银行、财政部发布并施行　银发〔2006〕291号)

第一条 为满足储蓄国债(电子式)(以下简称储蓄国债)投资者的融资需求,规范储蓄国债质押贷款业务,维护借贷双方的合法权益,防范金融风险,促进国债市场的稳健发展,制定本办法。

第二条 本办法所称的储蓄国债指财政部在中华人民共和国境内发行,通过试点商业银行(以下简称试点银行)面向个人投资者销售的、以电子方式记录债权的不可流通人民币债券。

第三条 本办法所称试点银行是指经批准办理储蓄国债代销试点业务的商业银行。

第四条 借款人以**储蓄国债**为质押品向试点银行取得人民币贷款适用本办法。

第五条 以储蓄国债为质押品取得贷款仅限在试点银行开办储蓄国债业务的网点(同一城市内应包括所有网点)办理。各试点银行办理以储蓄国债为质押品的贷款时,其质押品应为本系统售出的储蓄国债。借款人申请办理质押贷款业务时,应向原购买银行提出申请。经审核批准后,由借贷双方签订质押贷款合同,作为质押的储蓄国债的债权由贷款人予以冻结,贷款人同时向借款人出具债权冻结证明。

第六条 作为质押贷款质押品的储蓄国债应是未到期的合格储蓄国债。凡所有权有争议、已作挂失或被依法止付的储蓄国债不得作为质押品。

第七条 借款人申请办理储蓄国债质押贷款业务时,本人名下必须拥有足额储蓄国债权,并向贷款人提供本人有效身份证件。代他人办理质押业务的,应有债权人的书面委托证明,同时需持有债权人和代办人的有效身份证件。

第八条 储蓄国债质押贷款期限不得超过储蓄国债的最后到期日。若用多种期限储蓄国债作质押,以距离到期日最近者确定贷款期限。

第九条 以储蓄国债为质押品申请贷款额度的起点为 5000 元,每笔贷款额由贷款人根据被质押的储蓄国债预期收益、贷款利率、贷款期限等因素自行确定,但应不超过其作为质押品的储蓄国债面额的 100%。

第十条 储蓄国债质押贷款利率水平及计息方式按照中国人民银行利率管理规定执行。

第十一条 储蓄国债质押贷款应按期归还。逾期贷款罚息利率、罚息方式按中国人民银行的有关利率管理规定执行。如需执行尚未到期的储蓄国债,贷款人可按提前兑取的正常程序办理兑付,提前兑取可进行一定的利益扣除,并按兑付本金的一定比例收取由借款人承担的手续费,在抵偿了贷款本息及罚息后,应将剩余款项退还借款人。

第十二条 借款人按质押贷款合同约定还清贷款本息后,凭债权冻结证明要求贷款人对储蓄国债予以解冻。若借款人将债权冻结证明丢失,可向贷款人申请挂失。

第十三条 储蓄国债在质押期间所产生的利息随本金一起质押。

第十四条 贷款人以储蓄国债为质押品申请贷款时,须及时办理储蓄国债债权冻结与解冻,因债权处理失误给借款人造成的损失,由贷款人承担相应的责任。

第十五条 如借款人死亡,其合法继承人可依据《中华人民共和国继承法》及其他有关法律规定,办理有关债务的过户和继承手续,并继续履行原借款人签订的质押贷款合同。若无继承人履行合同,贷款人有权处理质押的储蓄国债,抵偿贷款本息。

第十六条 中国人民银行、财政部以及人民银行分支机构、各地财政厅局可以根据需要,会同有关部门对试点银行办理储蓄国债质押贷款业务资格、网点范围、业务流程等情况进行监督检查。

第十七条 试点银行及其分支机构须将办理储蓄国债质押贷款业务情况,定期向中国人民银行当地分支机构和当地财政部门报送。

第十八条 试点银行应根据本办法制定实施细则并报中国人民银行和财政部备案。

第十九条 试点银行在办理储蓄国债质押贷款业务时应严格遵守本办法。

第二十条 本办法由中国人民银行、财政部负责解释。

第二十一条 本办法自发布之日起执行。

8. 小额支付系统质押业务管理暂行办法

(2006 年 2 月 5 日中国人民银行发布　银办发〔2006〕24 号
自 2006 年 2 月 20 日起施行)

第一条 为规范小额支付系统质押业务,防范和化解支付风险,保障小额支付系统高效、安全、稳定运行,依据《中华人民共和国中国人民银行法》及有关法律法规制定本办法。

第二条 下列用语在本办法中具有以下含义：

（一）小额支付系统质押业务，是指成员行通过小额支付系统质押业务系统向人民银行质押债券获得质押额度，并将该质押额度用作净借记限额分配给本身及其所属分支机构，用于小额轧差净额资金清算担保的行为。

（二）成员行，是指在中华人民共和国境内依法设立的、经人民银行批准开办小额支付系统质押业务的商业银行法人机构及其授权的分支机构。

（三）成员行分支机构，是指作为支付系统的直接参与者，但不直接办理小额支付系统质押业务的商业银行分支机构。

（四）中国现代化支付系统（以下简称支付系统），是指由人民银行开发、建设、运行，主要处理各银行异地、同城各种支付业务及其资金清算和货币市场交易资金清算的应用系统，由大额支付系统和小额支付系统两个应用系统组成。

（五）中央债券综合业务系统（以下简称债券系统），是指由中央国债登记结算有限责任公司（以下简称中央结算公司）负责运行，为债券市场参与者提供债券发行、登记、托管、结算、代理还本付息等服务的应用系统。

（六）小额支付系统质押业务系统（以下简称质押业务系统），是指以支付系统和债券系统为依托，实现质押品的质押、解押、置换、质押额度分配和收回的应用系统。

（七）备选质押品，是指经人民银行指定、成员行在中央结算公司托管的可用于办理小额支付系统质押业务的债券或其他有价证券。

（八）质押额度，是指成员行将一定数量的备选质押品在债券系统进行质押登记所获得的小额轧差净额资金清算担保额度。

（九）债券质押率，是指单一债券所获质押额度与该债券价值的比例，以百分比表示，其中债券价值暂按发行价计算。

（十）债券质押最低限额，是指单只债券在办理质押业务过程中的最小面额。

（十一）质押品最短待偿期，是指成员行可用于办理质押业务的债券的待偿期的最短期限。

第三条 人民银行根据金融机构资质条件确定成员行。成员行应具备以下条件：

（一）为商业银行法人机构，其分支机构办理小额支付系统质押业务须由其法人授权；

（二）在中央结算公司开立债券账户的甲类或乙类结算成员；

（三）最近三年在银行间市场无不良记录；

（四）人民银行要求的其他条件。

第四条 成员行为全国性商业银行法人机构的，申请办理小额支付系统质押业务由人民银行总行受理；其他成员行申请办理小额支付系统质押业务，应向所在省（自治区、直辖市）人民银行分行、营业管理部、省会（首府）城市中心支行提出申请，由人民银行分支行初审后报总行受理。

第五条 成员行向人民银行申请办理小额支付系统质押业务应提交以下材料：

（一）办理小额支付系统质押业务申请书；

（二）经营金融业务许可证、中央结算公司开户确认书的复印件；

（三）人民银行要求报送的其他有关材料。

成员行为商业银行授权分支机构的，除上述材料外还需向人民银行提供法人机构授权书。

第六条 金融机构在申请成为成员行时不得向人民银行提供虚假情况。

第七条 成员行办理小额支付系统质押业务应与人民银行签署小额支付系统质押业务主协议。

第八条 人民银行授权中央结算公司通过质押业务系统为成员行办理小额支付系统质押业务。

第九条 当成员行未能及时完成小额轧差净额资金清算或发生信用风险时，该成员行的质押额度即用于担保人民银行为其在支付系统中所形成的债权。

第十条 当成员行未在已质押债券的截止过户日（含）前解除债券质押状态的，中央结算公司应对超期未解押债券的兑付资金作提存处理，并及时向人民银行报告。

第十一条 成员行债券兑付资金被中央结算公司提存的，可向人民银行提出兑付资金解除提存申请，人民银行审核同意后，通知中央结算公司在满足相关业务约束条件的前提下及时将已提存的债券兑付资金汇划给成员行，并向人民银行报告处理情况。

第十二条 当成员行发生信用风险时，人民银行可以委托中央结算公司对质押品进行处置以清偿小额轧差净额资金。

第十三条 成员行在办理小额支付系统质押业务过程中所获得的质押额度以债券系统记载的账务数据为准。

第十四条 小额支付系统质押业务包括质押品管理业务和质押额度管理业务。

第十五条 质押品管理业务指成员行通过质押业务系统办理质押品的调增、调减及置换处理。

质押品调增是指成员行通过质押业务系统，将备选质押品向人民银行进行质押，取得质押额度以满足其本身及其所属分支机构在支付系统中办理小额支付业务的需要。

质押品调减是指成员行通过质押业务系统，将已质押债券进行解押处理并相应减少质押额度。

质押品置换是指成员行通过质押业务系统，将已质押债券进行解押处理，同步对新的备选质押品进行质押处理，并相应调整质押额度。

第十六条 质押额度管理业务是指成员行通过质押业务系统为本身及其所辖分支机构办理质押额度的分配和收回处理。

质押额度分配是指成员行通过质押业务系统，将尚未分配的质押额度部分或全部分配给本身或所属分支机构使用，相应增加各机构的净借记限额。

质押额度收回是指成员行通过质押业务系统，将已分配使用的质押额度进行收回，相应减少各机构的净借记限额。

第十七条 成员行分支机构不直接办理小额支付系统质押业务，其质押额度由其上级成员行分配。

第十八条 人民银行负责确定备选质押品种类、债券质押率、债券质押最低限额、质押品最短待偿期等业务参数并定期公告，其中各类债券的质押率最高不超过 **90%**。

第十九条 质押业务系统各相关单位应加强相互协调配合，建立应急处置方案。

第二十条　成员行应认真维护并保障质押业务系统客户端的正常运行。

第二十一条　人民银行负责提供小额支付系统质押业务相关的支付系统维护，中央结算公司负责提供小额支付系统质押业务相关的债券系统维护，双方应保证相关系统的正常运行，不得为成员行违规行为提供便利。

第二十二条　成员行违反本办法第二十条、人民银行和中央结算公司违反第二十一条，使质押品的质押、解押、置换、质押额度分配和收回处理延误或中断，给有关各方造成损失的，应承担相应责任并赔偿损失。

第二十三条　因不可抗力以及因电力供应障碍、通讯传输障碍等其他不可预见及在合理范围内无法控制的意外事件，造成质押业务系统无法正常运行，使质押品的质押、解押、置换、质押额度分配和收回处理延误或中断，给有关各方造成损失的，应根据不可抗力及意外事件的影响程度部分或全部免除当事人的赔偿责任，但相关当事人均有义务及时排除故障和采取补救措施。

第二十四条　中央结算公司可根据本办法及相关业务制度规定，制定《小额支付系统质押业务操作规则》，向人民银行报备后实施。

第二十五条　中央结算公司为成员行提供的小额支付系统质押业务为有偿服务，具体收费标准向人民银行报备后实施。

第二十六条　本办法由人民银行负责解释。

第二十七条　本办法自 2006 年 2 月 20 日起施行。

9. 中央国债登记结算有限责任公司小额支付系统质押业务操作规则

(2014 年 5 月 28 日发布　自 2014 年 6 月 3 日施行)

第一章　总　　则

第一条　为规范小额支付系统质押业务(以下简称小额质押业务)，配合中国人民银行(以下简称人民银行)对小额支付系统净借记限额的管理，根据人民银行《小额支付系统质押业务管理暂行办法》(以下简称《管理办法》)和《小额支付系统质押业务主协议》(以下简称《主协议》)及中央国债登记结算有限责任公司(以下简称中央结算公司)《质押券管理服务指引》等制定本规则。

第二条　本规则所称小额质押业务、中国现代化支付系统(以下简称支付系统)、中央债券综合业务系统(以下简称债券系统)、小额支付系统质押业务系统、成员行、成员行分支机构、备选质押品(以下称质押券)、质押额度、债券质押率、债券质押最低限额、质押品最短待偿期等均按照《管理办法》、《主协议》以及有关规定的定义。

第三条　中央结算公司根据人民银行授权，为成员行的小额质押业务提供质押额度管理和质押券管理服务。

质押额度管理是指中央结算公司根据质押券质权方或出质、质权双方的委托和授权,提供的质押额度的调增和调减、分配和收回服务;小额质押业务的质押券管理服务是中央结算公司根据质押券质权方或出质、质权双方的委托和授权,对小额质押业务进行参数维护、质押券选取、计算、质押、解押以及在债券质押期间对质押券的盯市、调整、置换等服务。

第四条 小额支付系统质押业务系统经优化升级后并入债券系统,债券系统的质押券管理服务子系统为小额质押业务的质押额度管理和质押券管理服务提供电子化支持。

第五条 中央结算公司在支付系统国家处理中心(NPC)为人民银行设置债券系统专用客户端,人民银行通过该客户端进行质押券参数管理、小额质押业务管理及监控等操作。

第六条 中央结算公司在债券系统营业时间内为成员行办理小额质押业务。

第七条 质押债券在质押期间采用登记方式在出质方户内质押登记。

第二章 业务资格及相关业务参数管理

第八条 中央结算公司根据人民银行的书面通知,在债券系统为成员行设置小额质押业务资格,业务资格于次一工作日生效。

第九条 质押券范围、质押券质押顺序、债券质押率、债券质押最低面额、质押品最短待偿期、质押券担保价值计算基础值等质押业务参数根据人民银行的书面授权由中央结算公司在债券系统设置和维护。若人民银行对上述参数有调整,中央结算公司将按书面授权更新维护并在中国债券信息网发布公告,成员行可通过债券系统客户端(以下简称客户端)查询并打印参数一览表。

第十条 在人民银行设定的质押券范围内,成员行可按照自身实际情况通过客户端设置备选质押券。

第三章 质押额度的调增和调减

第十一条 成员行初次申请质押额度或需要增加质押额度时,应通过客户端办理质押额度调增。

成员行通过客户端录入所需调增的质押额度,该质押额度应小于或等于自身债券账户中备选质押券可用余额对应的质押额度。

债券系统根据质押券范围、质押顺序、质押率等参数选取、计算需质押的债券数量并在成员行债券账户中进行质押登记并冻结,同时增加该成员行的未分配质押额度并生成相应单据。成员行可通过客户端查询打印相关单据。

第十二条 成员行需要减少质押额度时,应通过客户端办理质押额度调减。

成员行通过客户端录入所需调减的质押额度,该质押额度应小于或等于成员行质押额度中的未分配额度。

债券系统根据需调减的质押额度解冻相应的债券数量,同时减少该成员行的未分配质押额度并生成相应单据。成员行可通过债券系统客户端查询打印相关单据。

第四章 质押额度的分配和收回

第十三条 成员行在分配质押额度前,应通过客户端设置并维护自身及与质押业务相关的所辖分支机构行名行号信息。

第十四条 质押额度根据其在支付系统中的分配使用状态分为未分配额度、待分配额度和已分配额度。未分配额度是指成员行新调增尚未分配的质押额度和收回后暂未分配使用的质押额度;待分配额度是指在分配或收回过程中暂时处于圈存状态的质押额度;已分配额度是指成员行已分配给其自身或其分支机构并正在支付系统中作为清算担保使用的质押额度。

第十五条 成员行只能在未分配额度内将质押额度分配给自身及其所辖分支机构使用。

成员行办理质押额度分配时,应通过客户端录入质押额度分配指令,债券系统将含有额度分配指令的报文发送至支付系统,支付系统根据报文中额度相应增加该成员行在支付系统清算账户中的净借记限额后,债券系统将成员行的质押额度由未分配额度转至已分配额度。

第十六条 成员行只能在自身及其所辖分支机构未使用的净借记限额内收回已分配的质押额度。

成员行办理质押额度收回时,应通过客户端录入质押额度收回指令,债券系统将含有额度收回指令的报文发送至支付系统,支付系统根据报文中额度相应减少该成员行在支付系统清算账户中的净借记限额后,债券系统将成员行的质押额度由已分配额度转至未分配额度。

第十七条 成员可通过客户端查询打印额度分配或收回相关单据。

第五章 质押期间的质押券管理

第十八条 质押期间的质押券管理服务包括盯市、调整、置换服务。

第十九条 盯市是指在每个工作日日初,债券系统根据前一工作日的质押券担保价值计算基础值,计算、比较每笔质押额度管理业务中质押券的担保价值和风险敞口,并在相关报表中列示计算和比较结果的服务。质押券担保价值计算基础值可设置为面额、发行价、本金值、中债估值中的一项。

若人民银行选择面额或发行价作为质押券担保价值计算基础值,则质押券价值不发生变化,无需调整质押券数量;若选择中债估值或本金值作为基础值,则质押担保价值随中债估值变动或债券本金值变化而发生波动,当质押担保价值不足以覆盖风险敞口时,债券系统将根据盯市结果自动增补质押券。

成员行可通过债券系统客户端查询每日盯市结果和调整单据。

第二十条 质押券置换包括质押期间的质押券人工置换和到期质押券的自动置换服务。

人工置换是指成员行通过客户端发起质押券置换指令,录入需办理置换的合同号和需换出的质押券,由系统在该成员行备选质押券范围内自动选择换入足额质押券进行置换。

到期质押券的自动置换是指对即将到期兑付的质押券,债券系统进行自动置换并通过客户端提示成员行。系统从每一质押债券截止过户日前的规定天数开始至截止过户日进行自动置换处理。若成员行备选质押券对应的质押额度大于或等于因即将到期兑付而须换出的债券质押额度,则自动置换成功,否则自动置换失败。成员行应在账户内备足可供换入的债券。

成员行可通过客户端查询打印质押券置换相关单据。

第六章　应急处理和其他异常情况处理

第二十一条　成员行客户端发生故障时,应使用应急方式办理业务。

第二十二条　成员行根据具体应急业务,填制相应的《小额支付系统质押业务基础信息管理应急指令书》(见附件1)、《质押额度调增(调减)应急指令书》(见附件2)、《质押额度分配(收回)应急指令书》(见附件3)、《质押券置换应急指令书》(见附件4)和《出质行质押券范围设置应急指令书》(见附件5)传真至中央结算公司。具体操作流程按照《中央国债登记结算有限责任公司应急业务操作规程》及有关规定执行。成员行可在中国债券信息网下载相关应急指令书格式。

第二十三条　对于质押券截止过户日日终前,即将到期的质押券自动置换仍失败的,在债券兑付日当日,中央结算公司对成员行到期未置换债券的兑付资金作提存处理,成员行应在补足债券及质押额度后,向人民银行书面提出兑付资金解除提存申请,人民银行审核同意后通知中央结算公司进行相应后续处理。

第七章　附　　则

第二十四条　成员行办理小额质押业务应向中央结算公司支付相关费用,缴费方式和具体要求按《中央国债登记结算有限责任公司业务收费办法》(以下简称《收费办法》)执行。

第二十五条　质押券管理服务收费标准另行制定。

第二十六条　根据中央结算公司《质押券管理服务指引》确定的质押券管理业务分类,小额支付系统质押业务归属中央质押类业务中的保证金替代类业务。质押券管理服务具体业务操作按照该指引执行。为保证业务服务和相关处理规则的有效性,成员行需签署《小额支付系统质押业务质押券管理服务签约对手方委托承诺函》(见附件6),并提交《小额支付系统质押业务质押券管理服务签约对手方信息备案卡》(见附件7)。

第二十六条　本规则实施后,原《中央国债登记结算有限责任公司小额支付系统质押业务操作规则》自动作废。

第二十七条　本规则解释权属中央结算公司。

第二十八条　本规则自2014年6月3日起施行。

10. 中央国债登记结算有限责任公司
关于颁布《债券质押业务操作流程(试行)》的函

(2000年10月11日发布并施行　国债函字〔2000〕025号)

一、本操作流程适用于政策性银行与全国银行间债券市场成员之间的债券质押业务,可作为债券质押业务质权的债券品种为在中央国债登记结算有限责任公司(简称中央国债登记公司)托管的国债、政策性金融债、中央银行债等。在中国人民银行未正式批准启用债券簿记系统处理债券质押业务之前,暂用手工方式处理。

二、债券质押业务是指债券持有者(出质人)与质权人双方达成协议并签订债券质押合同后到**中央国债登记公司**办理债券质押登记手续、解押或质押券清偿过户等手续。

三、债券质押登记流程

(一)债券质押应由出质人向中央国债登记公司出示与质权人签订的主合同和债券质押协议,并提交书面的债券质押申请。债券质押申请书按中央国债登记公司提供的标准格式(见附件一)填写,并签章。

(二)中央国债登记公司受理后,当即检查出质方债券托管余额,余额足够的,核对印鉴。对余额足够且印鉴相符的,办理债券质押登记,并向出质方和质权人分别出具债券质押登记确认书(见附件二)。

四、债券解押流程

(一)债券解押(包括到期解押、提前解押和部分解押),出质人和质权人分别向中央国债登记公司提出书面债券解押申请。如果提前解押或部分解押,应在书面申请中列示其理由。债券解押申请书按中央国债登记公司提供的标准格式(见附件三、四)填写,并签章。

(二)中央国债登记公司受理后,当即审核债券解押申请,审核通过,检查出质方债券质押(冻结)余额,余额足够的,核对印鉴。对协议相符、余额足够且印鉴相符的,办理债券解押,并向出质方和质权人分别出具债券解押确认书(见附件五)。

五、质押逾期处理

(一)**债券质押期届满,出质人和质权人必须办理解押或续押手续。**逾期不办理的按《中华人民共和国担保法》的有关规定处理。

(二)办理债券续押手续,出质人应向中央国债登记公司出示与质权人签订的债券质续押协议,并提交书面的债券续押申请。债券续押申请书按中央国债登记公司提供的标准格式(见附件六)填写,并签章。

(三)中央国债登记公司受理后,当即检查出质方债券冻结余额,冻结余额不足的,再检查其托管余额;余额足够的,核对印鉴。对余额足够且印鉴相符的,办理债券续押登记,并向出质方和质权人分别出具债券质押登记确认书(见附件一)。

六、中央国债登记公司设立债券质押业务登记簿,记录债券质押冻结续冻、解押解冻情况。同时建立债券质押业务档案,保存债券质押业务的相关文件、资料等。

七、债券质押登记完毕,通过债券簿记系统中心端的债券质押代发指令完成其账务处理。其账务处理程序为:将出质人的债券从其可用专户扣划至其冻结专户;解押时,从其冻结专户返回至可用专户。

八、债权登记日日终仍处于质押冻结状态的债券,属于附息债券的,原质押协议未作约定的,应付利息归出质人,协议有约定的,从其约定;属于到期兑付的,原质押协议未作约定的,对其质押冻结债券不予兑付,本息原地冻结,并通知双方,协议有约定的,从其约定。

九、质押到期后,如出质人未履行协议,不能正常办理解押,需要对质押的债券进行清偿处理时,按非交易过户的操作流程和账务处理程序办理。双方有协议的,按双方的协议和经双方签章确认的书面指令办理非交易过户;双方没有协议的,根据法院或仲裁机关的裁定办理质押券非交易过户。

十、在中央结算公司托管的记账式企业债券持有者以其持有的企业债券办理质押业务,参照本流程办理。

十一、本操作流程报中国人民银行货币政策司备案。

十二、本操作流程自颁布之日起执行。

11. 凭证式国债质押贷款办法

(1999年7月9日中国人民银行、财政部发布并施行　银发〔1999〕231号)

第一条　为了满足凭证式国债投资者的融资需求,促进国债市场发展,特制定本办法。

第二条　本办法所称的凭证式国债,是指1999年后(含1999年)财政部发行,各承销银行以"中华人民共和国凭证式国债收款凭证"方式销售的国债(以下简称"凭证式国债"),不包括1999年以前发行的凭证式国债。

第三条　凭证式国债质押贷款,是指借款人**以未到期的凭证式国债作质押**,从商业银行取得人民币贷款,到期归还贷款本息的一种贷款业务。

第四条　经中国人民银行批准,允许办理个人定期储蓄存款存单小额抵押贷款业务,并承担凭证式国债发行业务的商业银行,均可以办理凭证式国债质押贷款业务。

第五条　作为质押贷款质押品的凭证式国债,应是未到期的凭证式国债。凡所有权有争议、已作挂失或被依法止付的凭证式国债,不得作为质押品。

第六条　借款人申请办理质押贷款业务时,应向其原认购国债银行提出申请,经对申请人的债权进行确认并审核批准后,由借贷双方签订质押贷款合同。作为质押品的凭证式国债交贷款机构保管,由贷款机构出具保管收据。保管收据是借款人办理凭证式国债质押贷款的凭据,不准转让、出借和再抵押。各商业银行之间不得跨系统办理凭证式国债质押贷款业务。不承办凭证式国债发行业务的商业银行,不得受理此项业务。

第七条 借款人申请办理凭证式国债质押贷款业务时,必须持本人名下的凭证式国债和能证明本人身份的有效证件。使用第三人的凭证式国债办理质押业务的,需以书面形式征得第三人同意,并同时出示本人和第三人的有效身份证件。

第八条 凭证式国债质押贷款期限由贷款机构与借款人自行商定,但最长不得超过凭证式国债的到期日。若用不同期限的多张凭证式国债作质押,以距离到期日最近者确定贷款期限。

第九条 凭证式国债质押贷款额度起点为5000元,每笔贷款应不超过质押品面额的90%。

第十条 凭证式国债质押贷款利率,按照同期同档次法定贷款利率(含浮动)和有关规定执行。贷款期限不足6个月的,按6个月的法定贷款利率确定。如借款人提前还贷,贷款利率按合同利率和实际借款天数计算。凭证式国债质押贷款实行利随本清。在贷款期限内如遇利率调整,贷款利率不变。

第十一条 凭证式国债质押贷款应按期归还。逾期1个月以内(含1个月)的,自逾期之日起,贷款机构按法定罚息利率向借款人计收罚息。逾期超过1个月,贷款机构有权处理质押的凭证式国债,抵偿贷款本息。贷款机构在处理逾期的凭证式国债质押贷款时,如凭证式国债尚未到期,贷款机构可按提前兑付的正常程序办理兑付(提前兑取时,银行按国债票面值收取2‰的手续费,手续费由借款人承担),在抵偿了贷款本息及罚息后,应将剩余款项退还借款人。

第十二条 借款人按质押贷款合同约定还清贷款本息后,凭保管收据取回质押的凭证式国债。若借款人将保管收据丢失,可向贷款机构申请补办。

第十三条 贷款机构应妥善保管质押品。因保管不善如丢失、损坏等造成的损失,由贷款机构承担相应的责任。贷款机构要建立健全保管收据的开具、收回、补办等制度,做好保管收据的管理工作。

第十四条 质押贷款履行期间,如借款人死亡,可依据《中华人民共和国继承法》及其他有关法律规定,处理有关债务继承问题。

第十五条 质押贷款合同发生纠纷时,任何一方均可向仲裁机构申请仲裁,也可向人民法院起诉。

第十六条 各商业银行应根据本办法制定实施细则并报中国人民银行总行和财政部备案。

第十七条 商业银行所属机构在办理凭证式国债质押贷款业务时应严格遵守本办法。如有违反本办法的行为,人民银行将根据《金融违法行为处罚办法》的有关规定予以处罚。

第十八条 本办法由中国人民银行负责解释。

第十九条 本办法自发布之日起执行。

（三）应收账款质押的相关规范①

1. 应收账款质押登记办法

（2007年9月26日中国人民银行第21次行长办公会通过 2017年8月24日第8次行长办公会通过修订 中国人民银行令〔2017〕第3号 自2017年12月1日起施行）

第一章 总 则

第一条 为规范应收账款质押登记，保护质押当事人和利害关系人的合法权益，根据《中华人民共和国物权法》等相关法律规定，制定本办法。

第二条 本办法所称应收账款是指权利人因提供一定的货物、服务或设施而获得的要求义务人付款的权利以及依法享有的其他付款请求权，包括现有的和未来的金钱债权，但不包括因票据或其他有价证券而产生的付款请求权，以及法律、行政法规禁止转让的付款请求权。

本办法所称的应收账款包括下列权利：

（一）销售、出租产生的债权，包括销售货物，供应水、电、气、暖，知识产权的许可使用，出租动产或不动产等；

（二）提供医疗、教育、旅游等服务或劳务产生的债权；

（三）能源、交通运输、水利、环境保护、市政工程等基础设施和公用事业项目收益权；

（四）提供贷款或其他信用活动产生的债权；

（五）其他以合同为基础的具有金钱给付内容的债权。

第三条 本办法所称应收账款质押是指《中华人民共和国物权法》第二百二十三条规定的应收账款出质，具体是指为担保债务的履行，债务人或者第三人将其合法拥有的应收账款出质给债权人，债务人不履行到期债务或者发生当事人约定的实现质权的情形，质权人有权就该应收账款及其收益优先受偿。

第四条 中国人民银行征信中心（以下简称征信中心）是应收账款质押的登记机构。

---

① 需注意的是，电费收益权、公路收益权及公路收费权的性质均应属于应收账款。根据《物权法》第二百二十八条之规定："以应收账款出质的，当事人应当订立书面合同，质权自信贷征信机构办理出质登记时设立。"中国人民银行根据《物权法》制定了《应收账款质押登记办法》，规定中国人民银行征信中心是应收账款质押的登记机构。
上述法律、规章对应收账款质押登记机关的规定，与此前生效的《农村电网建设与改造工程电费收益权质押贷款管理办法》《国务院关于收费公路项目贷款担保问题的批复》的规定并不一致。

征信中心建立基于互联网的登记公示系统(以下简称登记公示系统),办理应收账款质押登记,并为社会公众提供查询服务。

第五条 中国人民银行对征信中心办理应收账款质押登记有关活动进行管理。

第六条 在同一应收账款上设立多个权利的,质权人按照登记的先后顺序行使质权。

第二章 登记与查询

第七条 应收账款质押登记通过登记公示系统办理。

第八条 应收账款质押登记由质权人办理。质权人办理质押登记前,应与出质人签订登记协议。登记协议应载明如下内容:

(一)质权人与出质人已签订质押合同;

(二)由质权人办理质押登记。

质权人也可以委托他人办理登记。委托他人办理登记的,适用本办法关于质权人办理登记的规定。

第九条 质权人办理应收账款质押登记时,应注册为登记公示系统的用户。

第十条 登记内容包括质权人和出质人的基本信息、应收账款的描述、登记期限。质权人应将本办法第八条规定的协议作为登记附件提交登记公示系统。

出质人或质权人为单位的,应填写单位的法定注册名称、住所、法定代表人或负责人姓名、组织机构代码或金融机构编码、工商注册号、法人和其他组织统一社会信用代码、全球法人机构识别编码等机构代码或编码。

出质人或质权人为个人的,应填写有效身份证件号码、有效身份证件载明的地址等信息。

质权人可以与出质人约定将主债权金额等项作为登记内容。

第十一条 质权人应将填写完毕的登记内容提交登记公示系统。登记公示系统记录提交时间并分配登记编号,生成应收账款质押登记初始登记证明和修改码提供给质权人。

第十二条 质权人应根据主债权履行期限合理确定登记期限。登记期限最短6个月,超过6个月的,按年计算,最长不超过30年。

第十三条 在登记期限届满前90日内,质权人可以申请展期。

质权人可以多次展期,展期期限按年计算,每次不得超过30年。

第十四条 登记内容存在遗漏、错误等情形或登记内容发生变化的,质权人应当办理变更登记。

质权人在原质押登记中增加新的应收账款出质的,新增加的部分视为新的质押登记。

第十五条 质权人办理登记时所填写的出质人法定注册名称或有效身份证件号码变更的,质权人应在变更之日起4个月内办理变更登记。

第十六条 质权人办理展期、变更登记的,应当提交与出质人就展期、变更事项达成的登记协议。

第十七条　有下列情形之一的,质权人应自该情形产生之日起 10 日内办理注销登记:

(一) 主债权消灭;

(二) 质权实现;

(三) 质权人放弃登记载明的应收账款之上的全部质权;

(四) 其他导致所登记权利消灭的情形。

质权人迟延办理注销登记,给他人造成损害的,应当承担相应的法律责任。

第十八条　质权人凭修改码办理展期、变更登记、注销登记。

第十九条　出质人或其他利害关系人认为登记内容错误的,可以要求质权人变更登记或注销登记。质权人不同意变更或注销的,出质人或其他利害关系人可以办理异议登记。

办理异议登记的出质人或其他利害关系人可以自行注销异议登记。

第二十条　出质人或其他利害关系人应在异议登记办理完毕之日起 7 日内通知质权人。

第二十一条　出质人或其他利害关系人自异议登记之日起 30 日内,未将争议起诉或提请仲裁并在登记公示系统提交案件受理通知的,征信中心撤销异议登记。

第二十二条　征信中心应按照出质人或其他利害关系人、质权人的要求,根据生效的法院判决、裁定或仲裁机构裁决撤销应收账款质押登记或异议登记。

第二十三条　质权人办理变更登记和注销登记、出质人或其他利害关系人办理异议登记后,登记公示系统记录登记时间、分配登记编号,并生成变更登记、注销登记或异议登记证明。

第二十四条　质权人、出质人和其他利害关系人应当按照登记公示系统提示项目如实登记,提供虚假材料办理登记、给他人造成损害的,应当承担相应的法律责任。

第二十五条　任何单位和个人均可以在注册为登记公示系统的用户后,查询应收账款质押登记信息。

第二十六条　出质人为单位的,查询人以出质人的法定注册名称进行查询。

出质人为个人的,查询人以出质人的身份证件号码进行查询。

第二十七条　征信中心根据查询人的申请,提供查询证明。

第二十八条　质权人、出质人或其他利害关系人、查询人可以通过证明编号在登记公示系统对登记证明和查询证明进行验证。

第三章　征信中心的职责

第二十九条　征信中心应当采取技术措施和其他必要措施,维护登记公示系统安全、正常运行,防止登记信息泄露、丢失。

第三十条　征信中心应当制定登记操作规则和内部管理制度,并报中国人民银行备案。

第三十一条　登记注销或登记期限届满后,征信中心应当对登记记录进行电子化离线保存,保存期限为 15 年。

第四章 附　　则

第三十二条　征信中心按照国务院价格主管部门批准的收费标准收取应收账款登记服务费用。

第三十三条　权利人在登记公示系统办理以融资为目的的应收账款转让登记,参照本办法的规定。

第三十四条　本办法自 2007 年 10 月 1 日起施行。

2. 农村电网建设与改造工程电费收益权质押贷款管理办法

(2000 年 3 月 1 日国家发展计划委员会、中国人民银行发布并施行
计基础〔2000〕198 号)

第一章　总　　则

第一条　为了做好农村电网建设与改造工作,维护借贷双方的合法权益,按照《国务院办公厅关于农村电网建设与改造工程贷款担保和贷款偿还期限问题的复函》(国办函〔1999〕64 号)的要求,依据《中华人民共和国商业银行法》、《中华人民共和国担保法》、《贷款通则》及有关行政法规,特制定本办法。

第二条　本办法所称电费收益权,是指电网经营企业,按国家有关规定,经国家有关主管部门批准,以售电收入方式获取一定收益的权利。

电费收益权质押,是指电网经营企业以其拥有的电费收益权作担保,向银行申请贷款用于农村电网建设与改造工程的一种担保方式。

本办法所称借款人,是指以电费收益权作质物,从银行取得贷款用于农村电网建设与改造工程项目的电网经营企业。

本办法所称贷款人,是指为农网建设与改造工程提供电费收益权质押贷款的国内银行及其授权的分支机构。

本办法所称出质人即为借款人,质权人即为贷款人。

第三条　采用电费收益权质押贷款的条件:

(1) 出质人须有国家有关部门批准的电网经营许可证和工商行政管理部门颁发的营业执照。

(2) 以地方电力企业为出质人的,必须在承贷银行开立基本账户。

(3) 出质人须与贷款承担银行签订代收电费协议。对出质人未在承贷银行开立基本账户的,应与其基本账户银行、承担银行共同签订电费划转协议。

(4) 符合贷款人要求的其他条件。

第二章　质押合同与质押登记

第四条　借款人和贷款人应以书面形式订立电费收益权质押合同，并于合同签订后10日内到登记部门办理登记手续。质押合同自登记之日起生效①。

第五条　电费收益权质押合同应包括以下内容：
（一）被担保的农网改造工程的贷款数额；
（二）被担保的农网改造工程贷款的限期和还款方式；
（三）电费收益权的价值及确定办法；
（四）电费收益权质押担保的范围；
（五）电费收益权质押资金账户的管理办法；
（六）当事人认为需要约定的其他事项。

第六条　电费收益权的价值由销售电量和销售电价确定。省级及以上电网销售电价以国家计委批准的电价为准，省级以下独立电网销售电价以省级物价部门批准的电价为准；销售电量以现有售电量为基础，按借、贷双方共同认可的增长率逐年确定。

第七条　出质人可以按电费收益权价值的一定比例出质，在其价值范围内也可以向多家质权人出质。出质人如向多家质权人出质，应将出质情况告知所有质权人。

第八条　农网贷款的贷款期限由贷款人和借款人协商确定，但最长不超过20年。

第九条　各省（自治区、直辖市）计委（计经委）为电费收益权质押登记部门。
质押登记部门应对出质人、质权人的情况、质押合同号、质押比例、质物价值、借款合同号、借款金额等内容进行审核登记，并出具登记意见。

第三章　质　押　管　理

第十条　贷款人认为借款人电费收益权质押不足时，借款人应按照贷款人的要求，提供贷款人认可的其他担保措施。

第十一条　借款人基本账户银行发生变化时，借款人应及时通知银行，并与基本账户银行重新签订电费划转协议。

第十二条　借款人基本账户银行应按照电费划转协议的要求，及时将贷款本息划转至承贷银行，不得以任何理由或方式拒付。

第十三条　借款人未按合同约定清偿贷款本息的，贷款人有权按合同约定计收罚息。

第十四条　农网贷款在贷款人和借款人同意的情况下可以展贷，贷款展期只能办理一次，展期后贷款总期限不得超过20年。

---

① 关于应收账款质押合同的生效，本条将办理出质登记作为质押合同的生效要件，而《物权法》将前述法律行为作为质权的生效要件，但未明确其是否仍为质押合同的生效要件。在司法实践中，对质押合同的生效要件，各法院的裁判观点不尽相同。近年来，最高人民法院在诸多判决书中认定，质押物未办理物权登记或未交付，不影响相应质押合同的成立和生效。而部分地方法院则认定，质押物未办理物权登记或未交付的，质押合同不生效。相关案例参见本书附录"六、质押合同的生效是否受物权变动结果影响"。

第十五条　质押登记部门要加强对电费收益权质押登记工作的管理，严禁超越电费收益权价值登记和重复登记。由于登记不当造成损失的，登记部门应承担相应责任。

第四章　质押的实现和终止

第十六条　借款人应加强对资金的计划管理，按期归还银行贷款本息。如借款人已无力偿还贷款，贷款人可以根据质押合同的约定，将借款人经营的电网委托其他有资格的单位经营管理，直至收回贷款，或将经营的电网拍卖或变卖收回贷款。

对电网拍卖或变卖所得用于清偿银行贷款的多余款项退还借款人，不足部分银行有权追索直至收回全部贷款本息。

第十七条　借款人按借款合同规定全部偿还贷款人的贷款本息后，电费收益权质押担保自动终止。

第十八条　借款人商贷款人同意，提前履行了借款合同规定的全部义务，出质人可持质权人出具的同意注销的函件到质押登记部门办理注销登记手续。电费收益权质押自登记注销之日起终止。

第五章　附　　则

第十九条　本管理办法由国家发展计划委员会与中国人民银行按各自职责负责解释，自发布之日起执行。

3. 国家开发银行公路收费权质押贷款管理暂行办法

(1999年10月11日发布并施行　开行发〔1999〕377号)

第一条　为规范公路收费权质押贷款活动，维护有关当事人的合法利益，根据《中华人民共和国担保法》、《中华人民共和国公路法》、《贷款通则》等有关法律、法规和《国务院关于收费公路项目贷款担保问题的批复》，制定本办法。

第二条　公路项目法人依据《中华人民共和国公路法》对公路过往车辆收取车辆通行费。公路收费权是公路经营者依法收取车辆通行费的权利。

第三条　公路项目法人以拟建或建成公路的收费权作担保申请公路收费权质押贷款的，在向开发银行申请贷款时，应一并提交以下文件：

(一)省级人民政府及其职能部门批准的公路收费文件；

(二)省级人民政府及其职能部门批准的公路收费权质押文件。

第四条　公路项目法人应按开发银行要求的时间向其提交以下文件：

（一）省级人民政府或国务院交通主管部门依法出具的关于公路收费站数量、站点的批文；

（二）省级交通主管部门会同同级物价行政主管部门依法出具的关于公路收费标准的批文。公路收费权的收费标准、收费期限应足以满足偿还全部贷款本息的需要。

第五条 开发银行有权要求出质人在公路建设期间投保工程建设险，在公路建成后投保财产险。

第六条 开发银行应与出质人签订公路收费权益质押合同。

第七条 公路收费权益质押合同的内容包括：

（一）被担保的主债权种类、数额；

（二）质押物；

（三）质押的期限；

（四）质押担保的范围；

（五）质押权的实现方式；

（六）需要约定的其他事项。

第八条 开发银行和出质人可在公路收费权益质押合同中约定：

（一）在质押期限内，出质人应在开发银行分行或指定行开立公路收费专用账户，出质人对公路过往车辆收取的通行费全部或按贷款比例存入公路收费专用账户；

（二）在质押期限内，质权人监管出质人使用专用存款账户内的资金；

（三）在质押期限内，出质人应保证开发银行贷款对金到期日、每季结息日前10日内，在开发银行分行或指定行的专用账户中备有足够的资金用以偿还开发银行的当期贷款本息，开发银行有权在到期日或结息日当日从出质人在分行设立的专用账户中直接扣收贷款本息或指示指定行从出质人在其设立的专用账户中以特种转账方式扣收贷款本息。

第九条 出质人在公路收费权质押合同签订后30日内，应到有权管理部门办妥公路收费权质押登记手续；登记所需费用由出质人承担；出质人得到质押权证书，应在一周内交开发银行收执。

第十条 借款人未按主合同的约定向开发银行支付利息、偿还本金，或者借款人有其他违约事件发生，或者借款人在质押期限内被依法宣告破产、解散，开发银行有权采取以下措施：

（一）开发银行分行直接或要求指定行将公路收费专用账户中相当于开发银行到期贷款本息数额的资金划交开发银行。如果公路收费专用账户中的资金不足以清偿开发银行的到期贷款本息，开发银行有权自行或要求指定行将此后一段时间之内公路收费专用账户中新增的资金直接划交，直至开发银行的到期贷款本息全部得到清偿为止。

（二）如果开发银行采取上述措施以后尚未能使自己的到期贷款本息全部得到清偿，开发银行有权依法处分公路收费权，并以所得价款优先受偿自己的到期贷款本息。处分收费权所得不足以使开发银行的到期贷款本息全部得到清偿的，开发银行可以继续向借款人追偿。

4. 国务院关于收费公路项目贷款担保问题的批复

（1999年4月26日发布并施行　国务院国函〔1999〕28号文批复）

交通部、人民银行：

你们《关于收费公路项目贷款担保有关问题的请示》（交财发〔1999〕48号）收悉。现批复如下：

公路建设项目法人**可以用收费公路的收费权质押方式向国内银行申请抵押贷款**，以省级人民政府批准的收费文件作为公路收费权的权力证书，**地市级以上交通主管部门作为公路收费权质押的登记部门**。质权人可以依法律和行政法规许可的方式取得公路收费权，并实现质押权。

有关公路收费权质押的具体管理办法由交通部、人民银行联合制订。

（四）知识产权质押的相关规范

1. 著作权质权登记办法

（2010年10月19日国家版权局第1次局务会议通过　国家版权局令第8号
自2011年1月1日起施行）

第一条　为规范著作权出质行为，保护债权人合法权益，维护著作权交易秩序，根据《中华人民共和国物权法》、《中华人民共和国担保法》和《中华人民共和国著作权法》的有关规定，制定本办法。

第二条　国家版权局负责著作权质权登记工作。

第三条　《中华人民共和国著作权法》规定的著作权以及与著作权有关权利（以下统称"著作权"）中的财产权可以出质。

以共有的著作权出质的，除另有约定外，应当取得全体共有人的同意。

第四条　以著作权出质的，出质人和质权人应当订立书面质权合同，并由双方共同向登记机构办理著作权质权登记。

出质人和质权人可以自行办理，也可以委托代理人办理。

第五条　著作权质权的设立、变更、转让和消灭，自记载于《著作权质权登记簿》时发生效力。

第六条 申请著作权质权登记的,应提交下列文件:
(一)著作权质权登记申请表;
(二)出质人和质权人的身份证明;
(三)主合同和著作权质权合同;
(四)委托代理人办理的,提交委托书和受托人的身份证明;
(五)以共有的著作权出质的,提交共有人同意出质的书面文件;
(六)出质前授权他人使用的,提交授权合同;
(七)出质的著作权经过价值评估的、质权人要求价值评估的或相关法律法规要求价值评估的,提交有效的价值评估报告;
(八)其他需要提供的材料。
提交的文件是外文的,需同时附送中文译本。

第七条 著作权质权合同一般包括以下内容:
(一)出质人和质权人的基本信息;
(二)被担保债权的种类和数额;
(三)债务人履行债务的期限;
(四)出质著作权的内容和保护期;
(五)质权担保的范围和期限;
(六)当事人约定的其他事项。

第八条 申请人提交材料齐全的,登记机构应当予以受理。提交的材料不齐全的,登记机构不予受理。

第九条 经审查符合要求的,登记机构应当自受理之日起10日内予以登记,并向出质人和质权人发放《著作权质权登记证书》。

第十条 经审查不符合要求的,登记机构应当自受理之日起10日内通知申请人补正。补正通知书应载明补正事项和合理的补正期限。无正当理由逾期不补正的,视为撤回申请。

第十一条 《著作权质权登记证书》的内容包括:
(一)出质人和质权人的基本信息;
(二)出质著作权的基本信息;
(三)著作权质权登记号;
(四)登记日期。
《著作权质权登记证书》应当标明:著作权质权自登记之日起设立。

第十二条 有下列情形之一的,登记机构不予登记:
(一)出质人不是著作权人的;
(二)合同违反法律法规强制性规定的;
(三)出质著作权的保护期届满的;
(四)债务人履行债务的期限超过著作权保护期的;
(五)出质著作权存在权属争议的;
(六)其他不符合出质条件的。

第十三条 登记机构办理著作权质权登记前,申请人可以撤回登记申请。

第十四条 著作权出质期间,未经质权人同意,出质人不得转让或者许可他人使用已经出质的权利。

出质人转让或者许可他人使用出质的权利所得的价款,应当向质权人提前清偿债务或者提存。

第十五条 有下列情形之一的,登记机构应当撤销质权登记:

(一)登记后发现有第十二条所列情形的;

(二)根据司法机关、仲裁机关或行政管理机关作出的影响质权效力的生效裁决或行政处罚决定书应当撤销的;

(三)著作权质权合同无效或者被撤销的;

(四)申请人提供虚假文件或者以其他手段骗取著作权质权登记的;

(五)其他应当撤销的。

第十六条 著作权出质期间,申请人的基本信息、著作权的基本信息、担保的债权种类及数额、或者担保的范围等事项发生变更的,申请人持变更协议、原《著作权质权登记证书》和其他相关材料向登记机构申请变更登记。

第十七条 申请变更登记的,登记机构自受理之日起10日内完成审查。经审查符合要求的,对变更事项予以登记。

变更事项涉及证书内容变更的,应交回原登记证书,由登记机构发放新的证书。

第十八条 有下列情形之一的,申请人应当申请注销质权登记:

(一)出质人和质权人协商一致同意注销的;

(二)主合同履行完毕的;

(三)质权实现的;

(四)质权人放弃质权的;

(五)其他导致质权消灭的。

第十九条 申请注销质权登记的,应当提交注销登记申请书、注销登记证明、申请人身份证明等材料,并交回原《著作权质权登记证书》。

登记机构应当自受理之日起10日内办理完毕,并发放注销登记通知书。

第二十条 登记机构应当设立《著作权质权登记簿》,记载著作权质权登记的相关信息,供社会公众查询。

《著作权质权登记证书》的内容应当与《著作权质权登记簿》的内容一致。记载不一致的,除有证据证明《著作权质权登记簿》确有错误外,以《著作权质权登记簿》为准。

第二十一条 《著作权质权登记簿》应当包括以下内容:

(一)出质人和质权人的基本信息;

(二)著作权质权合同的主要内容;

(三)著作权质权登记号;

(四)登记日期;

(五)登记撤销情况;

(六)登记变更情况;

（七）登记注销情况；

（八）其他需要记载的内容。

第二十二条 《著作权质权登记证书》灭失或者毁损的，可以向登记机构申请补发或换发。登记机构应自收到申请之日起5日内予以补发或换发。

第二十三条 登记机构应当通过国家版权局官方网站公布著作权质权登记的基本信息。

第二十四条 本办法由国家版权局负责解释。

第二十五条 本办法自2011年1月1日起施行。1996年9月23日国家版权局发布的《著作权质押合同登记办法》同时废止。

2. 专利权质押登记办法

（2010年8月26日发布　国家知识产权局令第五十六号　自2010年10月1日起施行）

第一条 为了促进专利权的运用和资金融通，保障债权的实现，规范专利权质押登记，根据《中华人民共和国物权法》、《中华人民共和国担保法》、《中华人民共和国专利法》及有关规定，制定本办法。

第二条 国家知识产权局负责专利权质押登记工作。

第三条 以专利权出质的，出质人与质权人应当订立书面质押合同。

质押合同可以是单独订立的合同，也可以是主合同中的担保条款。

第四条 以共有的专利权出质的，除全体共有人另有约定的以外，应当取得其他共有人的同意。

第五条 在中国没有经常居所或者营业所的外国人、外国企业或者外国其他组织办理专利权质押登记手续的，应当委托依法设立的专利代理机构办理。

中国单位或者个人办理专利权质押登记手续的，可以委托依法设立的专利代理机构办理。

第六条 当事人可以通过邮寄、直接送交等方式办理专利权质押登记相关手续。

第七条 申请专利权质押登记的，当事人应当向国家知识产权局提交下列文件：

（一）出质人和质权人共同签字或者盖章的专利权质押登记申请表；

（二）专利权质押合同；

（三）双方当事人的身份证明；

（四）委托代理的，注明委托权限的委托书；

（五）其他需要提供的材料。

专利权经过资产评估的，当事人还应当提交资产评估报告。

除身份证明外，当事人提交的其他各种文件应当使用中文。身份证明是外文的，当事人应当附送中文译文；未附送的，视为未提交。

对于本条第一款和第二款规定的文件，当事人可以提交电子扫描件。

第八条 国家知识产权局收到当事人提交的质押登记申请文件后,应当通知申请人。

第九条 当事人提交的专利权质押合同应当包括以下与质押登记相关的内容:

(一)当事人的姓名或者名称、地址;

(二)被担保债权的种类和数额;

(三)债务人履行债务的期限;

(四)专利权项数以及每项专利权的名称、专利号、申请日、授权公告日;

(五)质押担保的范围。

第十条 除本办法第九条规定的事项外,当事人可以在专利权质押合同中约定下列事项:

(一)质押期间专利权年费的缴纳;

(二)质押期间专利权的转让、实施许可;

(三)质押期间专利权被宣告无效或者专利权归属发生变更时的处理;

(四)实现质押时,相关技术资料的交付。

第十一条 国家知识产权局自收到专利权质押登记申请文件之日起7个工作日内进行审查并决定是否予以登记。

第十二条 专利权质押登记申请经审查合格的,国家知识产权局在专利登记簿上予以登记,并向当事人发送《专利权质押登记通知书》。质权自国家知识产权局登记时设立。

经审查发现有**下列情形之一**的,国家知识产权局作出**不予登记**的决定,并向当事人发送《专利权质押不予登记通知书》:

(一)出质人与专利登记簿记载的专利权人不一致的;

(二)专利权已终止或者已被宣告无效的;

(三)专利申请尚未被授予专利权的;

(四)专利权处于年费缴纳滞纳期的;

(五)专利权已被启动无效宣告程序的;

(六)因专利权的归属发生纠纷或者人民法院裁定对专利权采取保全措施,专利权的质押手续被暂停办理的;

(七)债务人履行债务的期限超过专利权有效期的;

(八)质押合同约定在债务履行期届满质权人未受清偿时,专利权归质权人所有的;

(九)质押合同不符合本办法第九条规定的;

(十)以共有专利权出质但未取得全体共有人同意的;

(十一)专利权已被申请质押登记且处于质押期间的;

(十二)其他应当不予登记的情形。

第十三条 专利权质押期间,国家知识产权局发现质押登记存在本办法第十二条第二款所列情形并且尚未消除的,或者发现其他应当撤销专利权质押登记的情形的,应当撤销专利权质押登记,并向当事人发出《专利权质押登记撤销通知书》。

专利权质押登记被撤销的,质押登记的效力自始无效。

第十四条 国家知识产权局在专利公报上公告专利权质押登记的下列内容：出质人、质权人、主分类号、专利号、授权公告日、质押登记日等。

专利权质押登记后变更、注销的，国家知识产权局予以登记和公告。

第十五条 专利权质押期间，出质人未提交质权人同意其放弃该专利权的证明材料的，国家知识产权局不予办理专利权放弃手续。

第十六条 专利权质押期间，出质人未提交质权人同意转让或者许可实施该专利权的证明材料的，国家知识产权局不予办理专利权转让登记手续或者专利实施合同备案手续。

出质人转让或者许可他人实施出质的专利权的，出质人所得的转让费、许可费应当向质权人提前清偿债务或者提存。

第十七条 专利权质押期间，当事人的姓名或者名称、地址、被担保的主债权种类及数额或者质押担保的范围发生变更的，当事人应当自变更之日起30日内持变更协议、原《专利权质押登记通知书》和其他有关文件，向国家知识产权局办理专利权质押登记变更手续。

第十八条 有下列情形之一的，当事人应当持《专利权质押登记通知书》以及相关证明文件，向国家知识产权局办理质押登记注销手续：

（一）债务人按期履行债务或者出质人提前清偿所担保的债务的；
（二）质权已经实现的；
（三）质权人放弃质权的；
（四）因主合同无效、被撤销致使质押合同无效、被撤销的；
（五）法律规定质权消灭的其他情形。

国家知识产权局收到注销登记申请后，经审核，向当事人发出《专利权质押登记注销通知书》。专利权质押登记的效力自注销之日起终止。

第十九条 专利权在质押期间被宣告无效或者终止的，国家知识产权局应当通知质权人。

第二十条 专利权人没有按照规定缴纳已经质押的专利权的年费的，国家知识产权局应当在向专利权人发出缴费通知书的同时通知质权人。

第二十一条 本办法由国家知识产权局负责解释。

第二十二条 本办法自2010年10月1日起施行。1996年9月19日中华人民共和国专利局令第八号发布的《专利权质押合同登记管理暂行办法》同时废止。

3. 注册商标专用权质权登记程序规定

（2009年9月10日国家工商行政管理总局发布　工商标字〔2009〕182号
自2009年11月1日起施行）

第一条 为充分发挥商标专用权无形资产的价值，促进经济发展，根据《物权法》、

《担保法》、《商标法》和《商标法实施条例》的有关规定,制定本程序规定。

国家工商行政管理总局商标局负责办理注册商标专用权质权登记。

第二条 自然人、法人或者其他组织以其注册商标专用权出质的,出质人与质权人应当订立书面合同,并向商标局办理质权登记。

质权登记申请应由质权人和出质人共同提出。质权人和出质人可以直接向商标局申请,也可以委托商标代理机构代理。在中国没有经常居所或者营业所的外国人或者外国企业应当委托代理机构办理。

第三条 办理注册商标专用权质权登记,出质人应当将在相同或者类似商品/服务上注册的相同或者近似商标一并办理质权登记。质权合同和质权登记申请书中应当载明出质的商标注册号。

第四条 申请注册商标专用权质权登记的,应提交下列文件:

(一)申请人签字或者盖章的《商标专用权质权登记申请书》。

(二)出质人、质权人的主体资格证明或者自然人身份证明复印件。

(三)主合同和注册商标专用权质权合同。

(四)直接办理的,应当提交授权委托书以及被委托人的身份证明;委托商标代理机构办理的,应当提交商标代理委托书。

(五)出质注册商标的注册证复印件。

(六)出质商标专用权的价值评估报告。**如果质权人和出质人双方已就出质商标专用权的价值达成一致意见并提交了相关书面认可文件,申请人可不再提交。**

(七)其他需要提供的材料。

上述文件为外文的,应当同时提交其中文译文。中文译文应当由翻译单位和翻译人员签字盖章确认。

第五条 注册商标专用权质权合同一般包括以下内容:

(一)出质人、质权人的姓名(名称)及住址;

(二)被担保的债权种类、数额;

(三)债务人履行债务的期限;

(四)出质注册商标的清单(列明注册商标的注册号、类别及专用期);

(五)担保的范围;

(六)当事人约定的其他事项。

第六条 申请登记书件齐备、符合规定的,商标局予以受理。受理日期即为登记日期。商标局自登记之日起5个工作日内向双方当事人发放《商标专用权质权登记证》。

《商标专用权质权登记证》应当载明下列内容:出质人和质权人的名称(姓名)、出质商标注册号、被担保的债权数额、质权登记期限、质权登记日期。

第七条 质权登记申请不符合本办法第二条、第三条、第四条、第五条规定的,商标局应当通知申请人,并允许其在30日内补正。申请人逾期不补正或者补正不符合要求的,视为其放弃该质权登记申请,商标局应书面通知申请人。

第八条 有下列情形之一的,商标局**不予登记**:

(一)出质人名称与商标局档案所记载的名称不一致,且不能提供相关证明证实其为注册商标权利人的；

（二）合同的签订违反法律法规强制性规定的；

（三）商标专用权已经被撤销、被注销或者有效期满未续展的；

（四）商标专用权已被人民法院查封、冻结的；

（五）其他不符合出质条件的。

第九条 质权登记后，有下列情形之一的，商标局应当撤销登记：

（一）发现有属于本办法第八条所列情形之一的；

（二）质权合同无效或者被撤销；

（三）出质的注册商标因法定程序丧失专用权的；

（四）提交虚假证明文件或者以其他欺骗手段取得商标专用权质权登记的。

第十条 质权人或者出质人的名称（姓名）更改，以及质权合同担保的主债权数额变更的，当事人可以凭下列文件申请办理变更登记：

（一）申请人签字或者盖章的《商标专用权质权登记事项变更申请书》；

（二）出质人、质权人的主体资格证明或者自然人身份证明复印件；

（三）有关登记事项变更的协议或相关证明文件；

（四）原《商标专用权质权登记证》；

（五）授权委托书、被委托人的身份证明或者商标代理委托书；

（六）其他有关文件。

出质人名称（姓名）发生变更的，还应按照《商标法实施条例》的规定在商标局办理变更注册人名义申请。

第十一条 因被担保的主合同履行期限延长、主债权未能按期实现等原因需要延长质权登记期限的，质权人和出质人双方应当在质权登记期限到期前，持以下文件申请办理延期登记：

（一）申请人签字或者盖章的《商标专用权质权登记期限延期申请书》；

（二）出质人、质权人的主体资格证明或者自然人身份证明复印件；

（三）当事人双方签署的延期协议；

（四）原《商标专用权质权登记证》；

（五）授权委托书、被委托人的身份证明或者商标代理委托书；

（六）其他有关文件。

第十二条 办理质权登记事项变更申请或者质权登记期限延期申请后，由商标局在原《商标专用权质权登记证》上加注发还，或者重新核发《商标专用权质权登记证》。

第十三条 商标专用权质权登记需要注销的，质权人和出质人双方可以持下列文件办理注销申请：

（一）申请人签字或者盖章的《商标专用权质权登记注销申请书》；

（二）出质人、质权人的主体资格证明或者自然人身份证明复印件；

（三）当事人双方签署的解除质权登记协议或者合同履行完毕凭证；

（四）原《商标专用权质权登记证》；

（五）授权委托书、被委托人的身份证明或者商标代理委托书；

（六）其他有关文件。

质权登记期限届满后,该质权登记自动失效。
第十四条 《商标专用权质权登记证》遗失的,可以向商标局申请补发。
第十五条 商标局设立质权登记簿,供相关公众查阅。
第十六条 反担保及最高额质权适用本规定。
第十七条 本规定自2009年11月1日起施行。
本规定施行之日起原《商标专用权质押登记程序》(国家工商行政管理局工商标字〔1997〕第127号)废止。

(五) 汇票质押的相关规范

中华人民共和国票据法(节录)

(1995年5月10日第八届全国人民代表大会常务委员会第十三次会议通过
根据2004年8月28日第十届全国人民代表大会常务委员会第十一次会议
《关于修改〈中华人民共和国票据法〉的决定》修正)

第三十五条 【委托收款背书和质押背书及其效力】背书记载"委托收款"字样的,被背书人有权代背书人行使被委托的汇票权利。但是,被背书人不得再以背书转让汇票权利。

汇票可以设定质押;质押时应当以背书记载"质押"字样。被背书人依法实现其质权时,可以行使汇票权利。

(六) 存单质押的相关规范

1. 个人定期存单质押贷款办法

(2006年12月28日中国银行业监督管理委员会第55次主席会议通过
2007年7月3日发布并施行 中国银行业监督管理委员会令〔2007〕第4号)

第一条 为加强个人定期存单质押贷款管理,根据《中华人民共和国商业银行法》、《中华人民共和国担保法》及其他有关法律、行政法规,制定本办法。

第二条 个人定期存单质押贷款(以下统称存单质押贷款)是指借款人以未到期的个人定期存单作质押,从商业银行(以下简称贷款人)取得一定金额的人民币贷款,到期由借款人偿还本息的贷款业务。

第三条 本办法所称借款人,是指中华人民共和国境内具有相应民事行为能力的自然人、法人和其他组织。

外国人、无国籍人以及港、澳、台居民为借款人的,应在中华人民共和国境内居住满一年并有固定居所和职业。

第四条 作为质押品的定期存单包括未到期的整存整取、存本取息和外币定期储蓄存款存单等具有定期存款性质的权利凭证。

所有权有争议、已作担保、挂失、失效或被依法止付的存单不得作为质押品。

第五条 借款人以本人名下定期存单作质押的小额贷款(以下统称小额存单质押贷款),存单开户银行可授权办理储蓄业务的营业网点直接受理并发放。

各商业银行总行可根据本行实际,确定前款小额存单质押贷款额度。

第六条 以第三人存单作质押的,贷款人应制定严格的内部程序,认真审查存单的真实性、合法性和有效性,防止发生权利瑕疵的情形。对于借款人以公开向不特定的自然人、法人和其他组织募集的存单申请质押贷款的,贷款人不得向其发放贷款。

第七条 存单质押担保的范围包括贷款本金和利息、罚息、损害赔偿金、违约金和实现质权的费用。

存单质押贷款金额原则上不超过存单本金的90%(外币存款按当日公布的外汇(钞)买入价折成人民币计算)。各行也可以根据存单质押担保的范围合理确定贷款金额,但存单金额应能覆盖贷款本息。

第八条 存单质押贷款期限不得超过质押存单的到期日。若为多张存单质押,以距离到期日时间最近者确定贷款期限,分笔发放的贷款除外。

第九条 存单质押贷款利率按国家利率管理规定执行,计、结息方式由借贷双方协商确定。

第十条 在贷款到期日前,借款人可申请展期。贷款人办理展期应当根据借款人资信状况和生产经营实际需要,按审慎管理原则,合理确定贷款展期期限,但累计贷款期限不得超过质押存单的到期日。

第十一条 质押存单存期内按正常存款利率计息。存本取息定期存款存单用于质押时,停止取息。

第十二条 凭预留印鉴或密码支取的存单作为质押时,出质人须向发放贷款的银行提供印鉴或密码;以凭有效身份证明支取的存单作为质押时,出质人应转为凭印鉴或密码支取,否则银行有权拒绝发放贷款。

以存单作质押申请贷款时,出质人应委托贷款行申请办理存单确认和登记止付手续。

第十三条 办理存单质押贷款,贷款人和出质人应当订立书面质押合同,或者贷款人、借款人和出质人在借款合同中订立符合本办法规定的质押条款。

第十四条 质押合同应当载明下列内容:

(一) 出质人、借款人和质权人姓名(名称)、住址或营业场所;

(二) 被担保的贷款的种类、数额、期限、利率、贷款用途以及贷款合同号;

(三) 定期存单号码及所载存款的种类、户名、开立机构、数额、期限、利率;

(四) 质押担保的范围;

（五）定期存单确认情况；

（六）定期存单的保管责任；

（七）质权的实现方式；

（八）违约责任；

（九）争议的解决方式；

（十）当事人认为需要约定的其他事项。

第十五条 质押存续期间，除法律另有规定外，任何人不得擅自动用质押存单。

第十六条 出质人和贷款人可以在质押合同中约定，当借款人没有依法履行合同的，贷款人可直接将存单兑现以实现质权。存单到期日后于借款到期日的，贷款人可继续保管质押存单，在存单到期日兑现以实现质权。

第十七条 存单开户行（以下简称存款行）应根据出质人的申请及质押合同办理存单确认和登记止付手续，并妥善保管有关文件和资料。

第十八条 贷款人应妥善管理质押存单及出质人提供的预留印鉴或密码。因保管不善造成丢失、损坏，由贷款人承担责任。

用于质押的定期存单在质押期间丢失、毁损的，贷款人应立即通知借款人和出质人，并与出质人共同向存款开户行申请挂失、补办。补办的存单仍应继续作为质物。

质押存单的挂失申请应采用书面形式。在特殊情况下，可以用口头或函电形式，但必须在五个工作日内补办书面挂失手续。

申请挂失时，除出质人应按规定提交的申请资料外，贷款人应提交营业执照复印件、质押合同副本。

挂失生效，原定期存单所载的金额及利息应继续作为出质资产。

质押期间，未经贷款人同意，存款行不得受理存款人提出的挂失申请。

第十九条 质押存续期间如出质人死亡，其合法继承人依法办理存款过户和继承手续，并继续履行原出质人签订的质押合同。

第二十条 贷款期满借款人履行债务的，或者借款人提前偿还质押贷款的，贷款人应当及时将质押的定期存单退还出质人，并及时到存单开户行办理登记注销手续。

第二十一条 借款人按贷款合同约定还清贷款本息后，出质人凭存单保管收据取回质押存单。若出质人将存单保管收据丢失，由出质人、借款人共同出具书面证明，并凭合法身份证明到贷款行取回质押存单。

第二十二条 有下列情形之一的，贷款人可依第十六条的约定方式或其他法定方式处分质押的定期存单：

（一）质押贷款合同期满，借款人未按期归还贷款本金和利息的；

（二）借款人或出质人违约，贷款人需依法提前收回贷款的；

（三）借款人或出质人被宣告破产的；

（四）借款人或出质人死亡而无继承人履行合同的。

第二十三条 质押合同、贷款合同发生纠纷时，各方当事人均可按协议向仲裁机构申请调解或仲裁，或者向人民法院起诉。

第二十四条 存款行出具虚假的个人定期储蓄存单或个人定期储蓄存单确认书的，依照《金融违法行为处罚办法》第十三条的规定予以处罚。

第二十五条 存款行不按本办法规定对质物进行确认,或者贷款行接受未经确认的个人定期储蓄存单质押的,由中国银行业监督管理委员会给予警告,并处三万元以下的罚款,并责令对其主要负责人和直接责任人员依法给予行政处分。

第二十六条 借款人已履行合同,贷款人不按规定及时向出质人退回个人定期储蓄存单或在质押存续期间,未经贷款人同意,存款行受理存款人提出的挂失申请并挂失的,由中国银行业监督管理委员会给予警告,并处三万元以下罚款。构成犯罪的,由司法机关依法追究刑事责任。

第二十七条 各商业银行总行可根据本办法制定实施细则,并报中国银业监督管理委员会或其派出机构备案。

第二十八条 城市信用社、农村信用社、村镇银行、贷款公司、农村资金互助社办理个人存单质押贷款业务适用本办法。

第二十九条 本办法由中国银行业监督管理委员会负责解释和修改。

第三十条 本办法自公布之日起施行,本办法施行之前有关规定与本办法相抵触的,以本办法为准。

2. 单位定期存单质押贷款管理规定

(2006年12月8日中国银行业监督管理委员会第54次主席会议通过 2007年7月3日发布并施行 中国银行业监督管理委员会令〔2007〕第9号)

第一章 总 则

第一条 为加强单位定期存单质押贷款管理,根据《中华人民共和国银行业监督管法》、《中华人民共和国商业银行法》、《中华人民共和国物权法》及其他有关法律、行政法规,制定本规定。

第二条 在中华人民共和国境内从事单位定期存单质押贷款活动适用本规定。

本规定所称单位包括企业、事业单位、社会团体以及其他组织。

第三条 本规定所称单位定期存单是指借款人为办理质押贷款而委托贷款人依据开户证实书向接受存款的金融机构(以下简称存款行)申请开具的人民币定期存款权利凭证。

单位定期存单只能以质押贷款为目的开立和使用。

单位在金融机构办理定期存款时,金融机构为其开具的《单位定期存款开户证实书》不得作为质押的权利凭证。

金融机构应制定相应的管理制度,加强对开具《单位定期存款开户证实书》和开立、使用单位定期存单的管理。

第四条 单位定期存单质押贷款活动应当遵守国家法律、行政法规,遵循平等、自愿、诚实信用的原则。

第二章 单位定期存单的开立与确认

第五条 借款人办理单位定期存单质押贷款,除按其他有关规定提交文件、资料外,还应向贷款人提交下列文件、资料:

(一)开户证实书,包括借款人所有的或第三人所有而向借款人提供的开户证实书;

(二)存款人委托贷款人向存款行申请开具单位定期存单的委托书;

(三)存款人在存款行的预留印鉴或密码。

开户证实书为第三人向借款人提供的,应同时提交第三人同意由借款人为质押贷款目的而使用其开户证实书的协议书。

第六条 贷款人经审查同意借款人的贷款申请的,应将开户证实书和开具单位定期存单的委托书一并提交给存款行,向存款行申请开具单位定期存单和确认书。

贷款人经审查不同意借款人的贷款申请的,应将开户证实书和委托书及时退还给借款人。

第七条 存款行收到贷款人提交的有关材料后,应认真审查开户证实书是否真实,存款人与本行是否存在真实的存款关系,以及开具单位定期存单的申请书上的预留印鉴或提供的密码是否和存款人在存款时预留的印鉴或密码一致。必要时,存款行可以向存款人核实有关情况。

第八条 存款行经过审查认为开户证实书证明的存款属实的,应保留开户证实书及第三人同意由借款人使用其开户证实书的协议书,并在收到贷款人的有关材料后3个工作日内开具单位定期存单。

存款行不得开具没有存款关系的虚假单位定期存单或与真实存款情况不一致的单位定期存单。

第九条 存款行在开具单位定期存单的同时,应对单位定期存单进行确认,确认后认为存单内容真实的,应出具单位定期存单确认书。确认书应由存款行的负责人签字并加盖单位公章,与单位定期存单一并递交给贷款人。

第十条 存款行对单位定期存单进行确认的内容包括:

(一)单位定期存单所载开立机构、户名、账号、存款数额、存单号码、期限、利率等是否真实准确;

(二)借款人提供的预留印鉴或密码是否一致;

(三)需要确认的其他事项。

第十一条 存款行经过审查,发现开户证实书所载事项与账户记载不符的,不得开具单位定期存单,并及时告知贷款人,认为有犯罪嫌疑的,应及时向司法机关报案。

第十二条 经确认后的单位定期存单用于贷款质押时,其质押的贷款数额一般不超过确认数额的90%。各行也可以根据存单质押担保的范围合理确定贷款金额,但存单金额应能覆盖贷款本息。

第十三条 贷款人不得接受未经确认的单位定期存单作为贷款的担保。

第十四条 贷款人对质押的单位定期存单及借款人或第三人提供的预留印鉴和

密码等应妥善保管,因保管不善造成其丢失、毁损或泄密的,由贷款人承担责任。

第三章 质押合同

第十五条 办理单位定期存单质押贷款,贷款人和出质人应当订立书面质押合同。在借款合同中订立质押条款的,质押条款应符合本章的规定。

第十六条 质押合同应当载明下列内容:
(一)出质人、借款人和质权人名称、住址或营业场所;
(二)被担保的贷款的种类、数额、期限、利率、贷款用途以及贷款合同号;
(三)单位定期存单号码及所载存款的种类、户名、账户、开立机构、数额、期限、利率;
(四)质押担保的范围;
(五)存款行是否对单位定期存单进行了确认;
(六)单位定期存单的保管责任;
(七)质权的实现方式;
(八)违约责任;
(九)争议的解决方式;
(十)当事人认为需要约定的其他事项。

第十七条 质押合同应当由出质人和贷款人签章。签章为其法定代表人、经法定代表人授权的代理人或主要负责人的签字并加盖单位公章。

第十八条 质押期间,除法律另有规定外,任何人不得擅自动用质押款项。

第十九条 出质人和贷款人可以在质押合同中约定,当借款人没有依约履行合同的,贷款人可直接将存单兑现以实现质权。

第二十条 存款行应对其开具并经过确认的单位定期存单进行登记备查,并妥善保管有关文件和材料。质押的单位定期存单被退回时,也应及时登记注销。

第四章 质权的实现

第二十一条 单位定期存单质押担保的范围包括贷款本金和利息、罚息、损害赔偿金、违约金和实现质权的费用。质押合同另有约定的,按照约定执行。

第二十二条 贷款期满借款人履行债务的,或者借款人提前偿还所担保的贷款的,贷款人应当及时将质押的单位定期存单退还存款行。存款行收到退回的单位定期存单后,应将开户证实书退还贷款人并由贷款人退还借款人。

第二十三条 有下列情形之一的,贷款人可依法定方式处分单位定期存单:
(一)质押贷款合同期满,借款人未按期归还贷款本金和利息的;
(二)借款人或出质人违约,贷款人需依法提前收回贷款的;
(三)借款人或出质人被宣告破产或解散的。

第二十四条 有第二十三条所列情形之一的,贷款人和出质人可以协议以单位定期存单兑现或以法律规定的其他方式处分单位定期存单。以单位定期存单兑现时,贷款人应向存款行提交单位定期存单和其与出质人的协议。

单位定期存单处分所得不足偿付第二十一条规定的款项的,贷款人应当向借款人另行追偿;偿还第二十一条规定的款项后有剩余的,其超出部分应当退还出质人。

第二十五条 质押存单期限先于贷款期限届满的,贷款人可以提前兑现存单,并与出质人协议将兑现的款项提前清偿借款或向与出质人约定的第三人提存,质押合同另有约定的,从其约定。提存的具体办法由各当事人自行协商确定。

贷款期限先于质押的单位定期存单期限届满,借款人未履行其债务的,贷款人可以继续保管定期存单,在存单期限届满时兑现用于抵偿贷款本息。

第二十六条 经与出质人协商一致,贷款人提前兑现或提前支取的,应向存款行提供单位定期存单、质押合同、需要提前兑现或提前支取的有关协议。

第二十七条 用于质押的单位定期存单项下的款项在质押期间被司法机关或法律规定的其他机关采取冻结、扣划等强制措施的,贷款人应当在处分此定期存款时优先受偿。

第二十八条 用于质押的单位定期存单在质押期间丢失,贷款人应立即通知借款人和出质人,并申请挂失;单位定期存单毁损的,贷款人应持有关证明申请补办。

质押期间,存款行不得受理存款人提出的挂失申请。

第二十九条 贷款人申请挂失时,应向存款行提交挂失申请书,并提供贷款人的营业执照复印件、质押合同副本。

挂失申请应采用书面形式。在特殊情况下,可以用口头或函电形式,但必须在五个工作日内补办书面挂失手续。

挂失生效,原单位定期存单所载的金额及利息应继续作为出质资产。

第三十条 出质人合并、分立或债权债务发生变更时,贷款人仍然拥有单位定期存单所代表的质权。

第五章 罚 则

第三十一条 存款行出具虚假的单位定期存单或单位定期存单确认书的,依照《金融违法行为处罚办法》第十三条的规定对存款行及相关责任人予以处罚。

第三十二条 存款行不按本规定对质物进行确认或贷款行接受未经确认的单位定期存单质押的,由中国银行业监督管理委员会给予警告,并处以三万元以下的罚款,并责令对其主要负责人和直接责任人员依法给予行政处分。

第三十三条 贷款人不按规定及时向存款行退回单位定期存单的,由中国银行业监督管理委员会给予警告,并处以三万元以下罚款。给存款人造成损失的,依法承担相应的民事责任。构成犯罪的,由司法机关依法追究刑事责任。

第六章 附 则

第三十四条 个人定期储蓄存款存单质押贷款不适用本规定。

第三十五条 中华人民共和国境内的国际结算和融资活动中需用单位定期存

作质押担保的,参照本规定执行。

第三十六条　本规定由中国银行业监督管理委员会负责解释和修改。

第三十七条　本规定自公布之日起施行。本规定公布施行前的有关规定与本规定有抵触的,以本规定为准。

(七) 其他权利凭证质押的相关规范

1. 中国人民银行关于保管单质押等问题的复函

(2000年5月18日发布并施行　银条法〔2000〕34号)

中国建设银行法律部:

你部《关于保管单质押等问题的请示》收悉。经研究,现函复如下:

一、中国人民银行未批准过中国建设银行开办储蓄存单、国库券和其他债券的代保管业务。按照《中华人民共和国商业银行法》第3条第13项的规定,商业银行开办此项业务,需报中国人民银行批准;其下属分支机构开办该业务,也需向中国人民银行当地分支机构申请或备案。据查,建设银行未向人民银行提出开办储蓄存单、国库券和其他债券代保管业务的申请。

二、保管单只是证明收到金融票证的收据,不属于金融票证,不可以用于贷款质押或抵押。

二○○○年五月十八日

2. 中国人民银行关于人寿保险中保单质押贷款问题的批复

(1998年7月3日发布并施行　银复〔1998〕194号)

中国太平洋保险公司:

你公司《关于人寿保险业务中保户借款问题的请示》(太保〔1998〕第10号)收悉。现批复如下:

一、保单质押贷款是保险公司履行保险条款中约定的义务,不同于一般的保险资金运用业务。因此,同意你公司对已签发的寿险保单办理保单质押贷款。

二、办理保单质押贷款应遵循以下原则:

(一)保单质押贷款仅对订有保单质押贷款条款的个人寿险保单办理。

(二)个人寿险保费支付两年以上,保单产生现金价值后,经被保险人书面签字同意,投保人可以保单为质,向保险公司借款。

(三)保单质押贷款的期限、金额、按保险条款中的约定执行。在保单条款中要明确规定保单质押贷款期限不超过六个月,保单质押贷款金额不超过贷款时保单现金价值的80%。在确定每一具体保单贷款的期限和金额时,要使在保单质押贷款期限内,贷款本息之和(若有自动垫交保费约定时,应计入垫交保费的本息之和)必须低于保单现金价值。

(四)保单质押贷款利率按保险条款中的约定执行,如无约定,则按同期银行贷款利率执行。

(五)当投保人逾期不偿还贷款,使贷款本息累积达到保单现金价值时,保险公司应及时通知投保人,终止保险合同。

三、开办保单质押贷款业务时,保险公司要建立相应的业务规章,设立"保单质押贷款登记簿",逐笔登记贷款的保单号、保单现金价值、贷款期限、利率、还款注销情况等内容;对实行保单质押贷款的保单,保险公司要在每个月末打印保单质押贷款情况报表,内容包括当月末保单现金价值以及未偿还保单贷款本息和等项目,以备中国人民银行检查。

四、严格禁止对团体寿险保单办理保单质押贷款,严格禁止以保单质押贷款为名,向个人寿险投保人以外的单位或个人贷款。

第五编　担保权的实现程序

一、民事审判程序中担保权的实现

(一)中华人民共和国民事诉讼法(节录)

(1991年4月9日第七届全国人民代表大会第四次会议通过 根据2007年10月28日第十届全国人民代表大会常务委员会第三十次会议《关于修改〈中华人民共和国民事诉讼法〉的决定》第一次修正 根据2012年8月31日第十一届全国人民代表大会常务委员会第二十八次会议《关于修改〈中华人民共和国民事诉讼法〉的决定》第二次修正 根据2017年6月27日第十二届全国人民代表大会常务委员会第二十八次会议《关于修改〈中华人民共和国民事诉讼法〉和〈中华人民共和国行政诉讼法〉的决定》第三次修正 自2017年7月1日起施行)

第十五章 特别程序

第一节 一般规定

第一百七十七条 人民法院审理选民资格案件、宣告失踪或者宣告死亡案件、认定公民无民事行为能力或者限制民事行为能力案件、认定财产无主案件、确认调解协议案件和**实现担保物权案件,适用本章规定。**本章没有规定的,适用本法和其他法律的有关规定。

第一百七十八条 依照本章程序审理的案件,实行一审终审。选民资格案件或者重大、疑难的案件,由审判员组成合议庭审理;其他案件由审判员一人独任审理。

第一百七十九条 人民法院在依照本章程序审理案件的过程中,发现本案属于民事权益争议的,应当裁定终结特别程序,并告知利害关系人可以另行起诉。

第一百八十条 人民法院适用特别程序审理的案件,应当在立案之日起三十日内或者公告期满后三十日内审结。有特殊情况需要延长的,由本院院长批准。但审理选民资格的案件除外。

第七节 实现担保物权案件

第一百九十六条 申请实现担保物权,由担保物权人以及其他有权请求实现担保物权的人依照物权法等法律,向担保财产所在地或者担保物权登记地基层人民法院提出。

第一百九十七条 人民法院受理申请后,经审查,符合法律规定的,裁定拍卖、变卖担保财产,当事人依据该裁定可以向人民法院申请执行;不符合法律规定的,裁定驳回申请,当事人可以向人民法院提起诉讼。

（二）最高人民法院关于适用
《中华人民共和国民事诉讼法》的解释(节录)

(2014年12月18日由最高人民法院审判委员会第1636次会议通过　2015年1月30日发布　自2015年2月4日起施行　法释〔2015〕5号)

九、诉讼费用

第二百零四条　实现担保物权案件,人民法院裁定拍卖、变卖担保财产的,申请费由债务人、担保人负担;人民法院裁定驳回申请的,申请费由申请人负担。

申请人另行起诉的,其已经交纳的申请费可以从案件受理费中扣除。

十七、特别程序

第三百六十一条　民事诉讼法第一百九十六条规定的担保物权人,包括抵押权人、质权人、留置权人;其他有权请求实现担保物权的人,包括抵押人、出质人、财产被留置的债务人或者所有权人等。

第三百六十二条　实现票据、仓单、提单等有权利凭证的权利质权案件,可以由权利凭证持有人住所地人民法院管辖;无权利凭证的权利质权,由出质登记地人民法院管辖。

第三百六十三条　实现担保物权案件属于海事法院等专门人民法院管辖的,由专门人民法院管辖。

第三百六十四条　同一债权的担保物有多个且所在地不同,申请人分别向有管辖权的人民法院申请实现担保物权的,人民法院应当依法受理。

第三百六十五条　依照物权法第一百七十六条的规定,被担保的债权既有物的担保又有人的担保,当事人对实现担保物权的顺序有约定,实现担保物权的申请违反该约定的,人民法院裁定不予受理;没有约定或者约定不明的,人民法院应当受理。

第三百六十六条　同一财产上设立多个担保物权,登记在先的担保物权尚未实现的,不影响后顺位的担保物权人向人民法院申请实现担保物权。

第三百六十七条　申请实现担保物权,应当提交下列材料:

(一)申请书。申请书应当记明申请人、被申请人的姓名或者名称、联系方式等基本信息,具体的请求和事实、理由;

(二)证明担保物权存在的材料,包括主合同、担保合同、抵押登记证明或者他项权利证书、权利质权的权利凭证或者质权出质登记证明等;

(三)证明实现担保物权条件成就的材料;

(四)担保财产现状的说明;

（五）人民法院认为需要提交的其他材料。

第三百六十八条　人民法院受理申请后，应当在五日内向被申请人送达申请书副本、异议权利告知书等文书。

被申请人有异议的，应当在收到人民法院通知后的五日内向人民法院提出，同时说明理由并提供相应的证据材料。

第三百六十九条　实现担保物权案件可以由审判员一人独任审查。担保财产标的额超过基层人民法院管辖范围的，应当组成合议庭进行审查。

第三百七十条　人民法院审查实现担保物权案件，可以询问申请人、被申请人、利害关系人，必要时可以依职权调查相关事实。

第三百七十一条　人民法院应当就主合同的效力、期限、履行情况，担保物权是否有效设立、担保财产的范围、被担保的债权范围、被担保的债权是否已届清偿期等担保物权实现的条件，以及是否损害他人合法权益等内容进行审查。

被申请人或者利害关系人提出异议的，人民法院应当一并审查。

第三百七十二条　人民法院审查后，按下列情形分别处理：

（一）当事人对实现担保物权无实质性争议且实现担保物权条件成就的，裁定准许拍卖、变卖担保财产；

（二）当事人对实现担保物权有部分实质性争议的，可以就无争议部分裁定准许拍卖、变卖担保财产；

（三）当事人对实现担保物权有实质性争议的，裁定驳回申请，并告知申请人向人民法院提起诉讼。

第三百七十三条　人民法院受理申请后，申请人对担保财产提出保全申请的，可以按照民事诉讼法关于诉讼保全的规定办理。

第三百七十四条　适用特别程序作出的判决、裁定，当事人、利害关系人认为有错误的，可以向作出该判决、裁定的人民法院提出异议。人民法院经审查，异议成立或者部分成立的，作出新的判决、裁定撤销或者改变原判决、裁定；异议不成立的，裁定驳回。

对人民法院作出的确认调解协议、准许实现担保物权的裁定，当事人有异议的，应当自收到裁定之日起十五日内提出；利害关系人有异议的，自知道或者应当知道其民事权益受到侵害之日起六个月内提出。

十九、督促程序

第四百三十六条　对设有担保的债务的主债务人发出的支付令，对担保人没有拘束力。

债权人就担保关系单独提起诉讼的，支付令自人民法院受理案件之日起失效。

二十一、执行程序

第四百六十二条　发生法律效力的实现担保物权裁定、确认调解协议裁定、支付令，由作出裁定、支付令的人民法院或者与其同级的被执行财产所在地的人民法院执行。

（三）关于行使担保物权所得价款优先受偿范围的统一裁判和执行尺度的操作意见指引

(2018年7月25日上海市高级人民法院发布并施行)

针对当前司法实践中对债权人行使担保物权处置担保物所得价款优先受偿范围存在法律意见和执法尺度不一的情况，根据相关法律和司法解释规定，以及司法实践情况，经高院立审执衔接工作联席会议讨论及高院审判委员会讨论通过，现就有关裁判和执行尺度提出如下原则意见：

1. 本指引适用于担保物权优先受偿范围登记不明确或者形式上仅登记债权本金数额的情形。当事人按照《民事诉讼法》第一百九十六条规定，向人民法院申请实现担保物权的案件，适用本指引。

2. 当事人在登记机关已经登记了明确的担保物权担保范围的，行使担保物权所得价款优先受偿的范围以登记范围为准。

3. 根据《物权法》第一百七十三条的规定，债权人行使担保物权所得价款优先受偿的范围应以当事人约定为准，当事人未约定的，担保物权的担保范围包括主债权及其利息、违约金、损害赔偿金、保管担保财产和实现担保物权的费用。

4. 根据民事诉讼不告不理原则，法院在裁判和执行中以债权人起诉主张的物权担保范围（该主张应依据当事人约定或法定）为准，不能任意扩大至当事人约定或法定担保范围中债权人未主张的部分。

5. 在审判、执行中要加强对当事人约定担保物权及其优先受偿范围合法性、合理性审查，结合案件具体情况，仔细甄别虚假诉讼、恶意设定担保物权及其担保范围以逃废债务等情形，以保护交易安全和他人合法权益。

6. 最高额抵押权，抵押权人有权在最高债权额限度内就该担保财产优先受偿。

7. 最高额质权，质权人有权在最高债权额限度内就该担保财产优先受偿。

8. 权利质权在登记机关办理出质登记的，参照本指引关于行使抵押权所得价款优先受偿范围的相关规定。

9. 本指引自发布之日起实施，已经审、执结的案件不适用本指引。

附：相关法律以及司法解释规定、判决主文统一参照格式

一、《中华人民共和国物权法》

第一百七十三条 担保物权的担保范围包括主债权及其利息、违约金、损害赔偿金、保管担保财产和实现担保物权的费用。当事人另有约定的，按照约定。

第一百九十五条 债务人不履行到期债务或者发生当事人约定的实现抵押权的情形，抵押权人可以与抵押人协议以抵押财产折价或者以拍卖、变卖该抵押财产所得的价款优先受偿。协议损害其他债权人利益的,其他债权人可以在知道或者应当知道撤销事由之日起一年内请求人民法院撤销该协议。

抵押权人与抵押人未就抵押权实现方式达成协议的,抵押权人可以请求人民法院拍卖、变卖抵押财产。

抵押财产折价或者变卖的,应当参照市场价格。

第二百零三条 为担保债务的履行,债务人或者第三人对一定期间内将要继续发生的债权提供担保财产的,债务人不履行到期债务或者发生当事人约定的实现抵押权的情形,抵押权人有权在最高债权额限度内就该担保财产优先受偿。

最高额抵押权设立前已经存在的债权,经当事人同意,可以转入最高额抵押担保的债权范围。

第二百一十九条 ……

债务人不履行到期债务或者发生当事人约定的实现质权的情形,质权人可以与出质人协议以质押财产折价,也可以就拍卖、变卖质押财产所得价款优先受偿。

质押财产折价或者变卖的,应当参照市场价格。

第二百二十二条 出质人与质权人可以协议设立最高额质权。

最高额质权除适用本节有关规定外,参照本法第十六章第二节最高额抵押权的规定。

二、最高人民法院《关于适用〈中华人民共和国合同法〉若干问题的解释(二)》

第二十一条 债务人除主债务之外还应当支付利息和费用,当其给付不足以清偿全部债务时,并且当事人没有约定的,人民法院应当按照下列顺序抵充:

(一)实现债权的有关费用;

(二)利息;

(三)主债务。

三、最高人民法院《关于适用〈中华人民共和国担保法〉若干问题的解释》

第六十四条 债务履行期届满,债务人不履行债务致使抵押物被人民法院依法扣押的,自扣押之日起抵押权人收取的由抵押物分离的天然孳息和法定孳息,按照下列顺序清偿:

(一)收取孳息的费用;

(二)主债权的利息;

(三)主债权。

四、相关判决主文表述参照格式

"……抵押权人可以与抵押人协议以抵押财产折价或者以拍卖、变卖该抵押财产所得的价款,在当事人约定担保物权的担保范围内(或按照在当事人约定或者法定担保范围内抵押权人起诉所主张的具体选项)优先受偿。……"

二、执行程序中担保权的实现

(一) 最高人民法院关于适用
《中华人民共和国民事诉讼法》的解释(节录)

(2014年12月18日由最高人民法院审判委员会第1636次会议通过 2015年1月30日发布 自2015年2月4日起施行 法释〔2015〕5号)

七、保全与先予执行

第一百五十四条 人民法院在财产保全中采取查封、扣押、冻结财产措施时,应当妥善保管被查封、扣押、冻结的财产。不宜由人民法院保管的,人民法院可以指定被保全人负责保管;不宜由被保全人保管的,可以委托他人或者申请保全人保管。

查封、扣押、冻结担保物权人占有的担保财产,一般由担保物权人保管;由人民法院保管的,质权、留置权不因采取保全措施而消灭。

二十一、执行程序

第五百零八条 被执行人为公民或者其他组织,在执行程序开始后,被执行人的其他已经取得执行依据的债权人发现被执行人的财产不能清偿所有债权的,可以向人民法院申请参与分配。

对人民法院查封、扣押、冻结的财产有优先权、担保物权的债权人,可以直接申请参与分配,主张优先受偿权。

(二) 最高人民法院关于公证债权文书执行
若干问题的规定(节录)

(2018年6月25日最高人民法院审判委员会第1743次会议通过 2018年9月30日发布 自2018年10月1日施行 法释〔2018〕18号)

第六条 公证债权文书赋予强制执行效力的范围同时包含主债务和担保债务的,人民法院应当依法予以执行;仅包含主债务的,对担保债务部分的执行申请不予受理;仅包含担保债务的,对主债务部分的执行申请不予受理。

(三) 最高人民法院关于执行和解若干问题的规定(节录)

(2017年11月6日最高人民法院审判委员会第1725次会议通过 2018年2月22日发布 自2018年3月1日起施行 法释〔2018〕3号)

第十八条 执行和解协议中约定担保条款,且担保人向人民法院承诺在被执行人不履行执行和解协议时自愿接受直接强制执行的,恢复执行原生效法律文书后,人民法院可以依申请执行人申请及担保条款的约定,直接裁定执行担保财产或者保证人的财产。

(四) 最高人民法院关于首先查封法院与优先债权执行法院处分查封财产有关问题的批复

(2015年12月16日最高人民法院审判委员会第1672次会议通过 2016年4月12日发布 自2016年4月14日起施行 法释〔2016〕6号)

福建省高级人民法院:

你院《关于解决法院首封处分权与债权人行使优先受偿债权冲突问题的请示》(闽高法〔2015〕261号)收悉。经研究,批复如下:

一、执行过程中,应当由首先查封、扣押、冻结(以下简称查封)法院负责处分查封财产。但已进入其他法院执行程序的债权对查封财产有顺位在先的担保物权、优先权(该债权以下简称优先债权),自首先查封之日起已超过**60**日,且首先查封法院就该查封财产尚未发布拍卖公告或者进入变卖程序的,优先债权执行法院可以要求将该查封财产移送执行。

二、优先债权执行法院要求首先查封法院将查封财产移送执行的,应当出具商请移送执行函,并附确认优先债权的生效法律文书及案件情况说明。

首先查封法院应当在收到优先债权执行法院商请移送执行函之日起15日内出具移送执行函,将查封财产移送优先债权执行法院执行,并告知当事人。

移送执行函应当载明将查封财产移送执行及首先查封权的相关情况等内容。

三、财产移送执行后,优先债权执行法院在处分或继续查封该财产时,可以持首先查封法院移送执行函办理相关手续。

优先债权执行法院对移送的财产变价后,应当按照法律规定的清偿顺序分配,并将相关情况告知首先查封法院。

首先查封债权尚未经生效法律文书确认的,应当按照首先查封债权的清偿顺位,预留相应份额。

四、首先查封法院与优先债权执行法院就移送查封财产发生争议的,可以逐级报请双方共同的上级法院指定该财产的执行法院。

共同的上级法院根据首先查封债权所处的诉讼阶段、查封财产的种类及所在地、各债权数额与查封财产价值之间的关系等案件具体情况,认为由首先查封法院执行更为妥当的,也可以决定由首先查封法院继续执行,但应当督促其在指定期限内处分查封财产。

此复。

(五) 最高人民法院关于人民法院办理执行异议和复议案件若干问题的规定(节录)

(2014年12月29日最高人民法院审判委员会第1638次会议通过 2015年5月5日发布并施行 法释〔2015〕10号)

第二十二条 公证债权文书对主债务和担保债务同时赋予强制执行效力的,人民法院应予执行;仅对主债务赋予强制执行效力未涉及担保债务的,对担保债务的执行申请不予受理;仅对担保债务赋予强制执行效力未涉及主债务的,对主债务的执行申请不予受理。

人民法院受理担保债务的执行申请后,被执行人仅以担保合同不属于赋予强制执行效力的公证债权文书范围为由申请不予执行的,不予支持。

第二十五条 对案外人的异议,人民法院应当按照下列标准判断其是否系权利人:

(一) 已登记的不动产,按照不动产登记簿判断;未登记的建筑物、构筑物及其附属设施,按照土地使用权登记簿、建设工程规划许可、施工许可等相关证据判断;

(二) 已登记的机动车、船舶、航空器等特定动产,按照相关管理部门的登记判断;未登记的特定动产和其他动产,按照实际占有情况判断;

(三) 银行存款和存管在金融机构的有价证券,按照金融机构和登记结算机构登记的账户名称判断;有价证券由具备合法经营资质的托管机构名义持有的,按照该机构登记的实际投资人账户名称判断;

(四) 股权按照工商行政管理机关的登记和企业信用信息公示系统公示的信息判断;

（五）其他财产和权利，有登记的，按照登记机构的登记判断；无登记的，按照合同等证明财产权属或者权利人的证据判断。

案外人依据另案生效法律文书提出排除执行异议，该法律文书认定的执行标的权利人与依照前款规定得出的判断不一致的，依照本规定第二十六条规定处理。

第二十六条 金钱债权执行中，案外人依据执行标的被查封、扣押、冻结前作出的另案生效法律文书提出排除执行异议，人民法院应当按照下列情形，分别处理：

（一）该法律文书系就案外人与被执行人之间的权属纠纷以及租赁、借用、保管等不以转移财产权属为目的的合同纠纷，判决、裁决执行标的归属于案外人或者向其返还执行标的且其权利能够排除执行的，应予支持；

（二）该法律文书系就案外人与被执行人之间除前项所列合同之外的债权纠纷，判决、裁决执行标的归属于案外人或者向其交付、返还执行标的的，不予支持。

（三）该法律文书系案外人受让执行标的的拍卖、变卖成交裁定或者以物抵债裁定且其权利能够排除执行的，应予支持。

金钱债权执行中，案外人依据执行标的被查封、扣押、冻结后作出的另案生效法律文书提出排除执行异议的，人民法院不予支持。

非金钱债权执行中，案外人依据另案生效法律文书提出排除执行异议，该法律文书对执行标的权属作出不同认定的，人民法院应当告知案外人依法申请再审或者通过其他程序解决。

申请执行人或者案外人不服人民法院依照本条第一、二款规定作出的裁定，可以依照民事诉讼法第二百二十七条规定提起执行异议之诉。

第二十七条 申请执行人对执行标的依法享有对抗案外人的担保物权等优先受偿权，人民法院对案外人提出的排除执行异议不予支持，但法律、司法解释另有规定的除外。

（六）最高人民法院关于含担保的公证债权文书强制执行的批复

（2014年9月18日发布并施行　〔2014〕执他字第36号）

山东省高级人民法院：

你院《关于公证机关赋予强制执行效力的包含担保协议的公证债权文书能否强制执行的请示》（〔2014〕鲁执复议字第47号）收悉。经研究，答复如下：

原则同意你院执行复议审查意见。人民法院对公证债权文书的执行监督应从债权人的债权是否真实存在并合法，当事人是否自愿接受强制执行等方面进行审查。《中华人民共和国民事诉讼法》第二百三十八条第二款规定，公证债权文书确有错误的,人民法院裁定不予执行,并将裁定书送达双方当事人和公证机关。**现行法律、司法解释并未对公证债权文书所附担保协议的强制执行作出限制性规定,公证机构可以对附有担保协议债权文书的真实性与合法性予以证明,并赋予强制执行效力。**

本案当事人泰安志高实业集团有限责任公司、淮南志高动漫文化科技发展有限责任公司、江东廷、岳洋、江焕溢等,在公证活动中,提交书面证明材料,认可本案所涉《股权收益权转让及回购合同》《支付协议》《股权质押合同》《抵押合同》《保证合同》等合同的约定,承诺在合同、协议不履行或不适当履行的情况下,放弃诉权,自愿直接接受人民法院强制执行。但当债权人申请强制执行后,本案担保人却主张原本由其申请的公证事项不合法,对公证机构出具执行证书提出抗辩,申请人民法院不予执行,作出前后相互矛盾的承诺与抗辩,有违诚实信用原则,不应予以支持。公证机构依法赋予强制执行效力的包含担保协议的公证债权文书,人民法院可以强制执行。

此复

中华人民共和国最高人民法院
二〇一四年九月十八日

(七) 最高人民法院关于人民法院民事执行中查封、扣押、冻结财产的规定(节录)

(2004年1月4日法释〔2004〕15号发布 根据2008年12月16日发布的《最高人民法院关于调整司法解释等文件中引用〈中华人民共和国民事诉讼法〉条文序号的决定》调整 自2008年12月31日起施行)

为了进一步规范民事执行中的查封、扣押、冻结措施,维护当事人的合法权益,根据《中华人民共和国民事诉讼法》等法律的规定,结合人民法院民事执行工作的实践经验,制定本规定。

第十三条 查封、扣押、冻结担保物权人占有的担保财产,一般应当指定该担保物权人作为保管人;该财产由人民法院保管的,质权、留置权不因转移占有而消灭。

第二十七条 人民法院查封、扣押被执行人设定最高额抵押权的抵押物的,应当通知抵押权人。抵押权人受抵押担保的债权数额自收到人民法院通知时起不再增加。

人民法院虽然没有通知抵押权人,但有证据证明抵押权人知道查封、扣押事实的,受抵押担保的债权数额从其知道该事实时起不再增加。

(八) 关于人民法院执行工作若干问题的规定(试行)
(节录)

(1998年6月11日最高人民法院审判委员会第992次会议通过
1998年7月8日以法释〔1998〕15号公布 自1998年7月8日起施行
根据2008年12月16日发布的《最高人民法院关于调整司法解释等文件中引用
〈中华人民共和国民事诉讼法〉条文序号的决定》调整 自2008年12月31日起施行)

八、对案外人异议的处理

70. 案外人对执行标的主张权利的,可以向执行法院提出异议。

案外人异议一般应当以书面形式提出,并提供相应的证据。以书面形式提出确有困难的,可以允许以口头形式提出。

71. 对案外人提出的异议,执行法院应当依照民事诉讼法第二百零四条的规定进行审查。

审查期间可以对财产采取查封、扣押、冻结等保全措施,但不得进行处分。正在实施的处分措施应当停止。

经审查认为案外人的异议理由不成立的,裁定驳回其异议,继续执行。

72. 案外人提出异议的执行标的物是法律文书指定交付的特定物,经审查认为案外人的异议成立的,报经院长批准,裁定对生效法律文书中该项内容中止执行。

73. 执行标的物不属生效法律文书指定交付的特定物,经审查认为案外人的异议成立的,报经院长批准,停止对该标的物的执行。已经采取的执行措施应当裁定立即解除或撤销,并将该标的物交还案外人。

74. 对案外人提出的异议一时难以确定是否成立,案外人已提供确实有效的担保的,可以解除查封、扣押措施。申请执行人提供确实有效的担保的,可以继续执行。因提供担保而解除查封扣押或继续执行有错误,给对方造成损失的,应裁定以担保的财产予以赔偿。

75. 执行上级人民法院的法律文书遇有本规定72条规定的情形的,或执行的财产是上级人民法院裁定保全的财产时遇有本规定73条、74条规定的情形的,需报经上级人民法院批准。

十、执行担保和执行和解

84. 被执行人或其担保人以财产向人民法院提供执行担保的,应当依据《中华人民共和国担保法》的有关规定,按照担保物的种类、性质,将担保物移交执行法院,或依法到有关机关办理登记手续。

85. 人民法院在审理案件期间,保证人为被执行人提供保证,人民法院据此未对被执行人的财产采取保全措施或解除保全措施的,案件审结后如果被执行人无财产可供执行或其财产不足清偿债务时,即使生效法律文书中未确定保证人承担责任,人民法院有权裁定执行保证人在保证责任范围内的财产。

十一、多个债权人对一个债务人申请执行和参与分配

88. 多份生效法律文书确定金钱给付内容的多个债权人分别对同一被执行人申请执行,各债权人对执行标的物均无担保物权的,按照执行法院采取执行措施的先后顺序受偿。

多个债权人的债权种类不同的,基于所有权和担保物权而享有的债权,优先于金钱债权受偿。有多个担保物权的,按照各担保物权成立的先后顺序清偿。

一份生效法律文书确定金钱给付内容的多个债权人对同一被执行人申请执行,执行的财产不足清偿全部债务的,各债权人对执行标的物均无担保物权的,按照各债权比例受偿。

89. 被执行人为企业法人,其财产不足清偿全部债务的,可告知当事人依法申请被执行人破产。

90. **被执行人为公民或其他组织,其全部或主要财产已被一个人民法院因执行确定金钱给付的生效法律文书而查封、扣押或冻结,无其他财产可供执行或其他财产不足清偿全部债务的,在被执行人的财产被执行完毕前,对该被执行人已经取得金钱债权执行依据的其他债权人可以申请对该被执行人的财产参与分配。**

91. 对参与被执行人财产的具体分配,应当由首先查封、扣押或冻结的法院主持进行。

首先查封、扣押、冻结的法院所采取的执行措施如系为执行财产保全裁定,具体分配应当在该院案件审理终结后进行。

92. 债权人申请参与分配的,应当向其原申请执行法院提交参与分配申请书,写明参与分配的理由,并附有执行依据。该执行法院应将参与分配申请书转交给主持分配的法院,并说明执行情况。

93. **对人民法院查封、扣押或冻结的财产有优先权、担保物权的债权人,可以申请参加参与分配程序,主张优先受偿权。**

94. **参与分配案件中可供执行的财产,在对享有优先权、担保权的债权人依照法律规定的顺序优先受偿后,按照各个案件债权额的比例进行分配。**

95. 被执行人的财产被分配给各债权人后,被执行人对其剩余债务应当继续清偿。债权人发现被执行人有其他财产的,人民法院可以根据债权人的申请继续依法执行。

96. 被执行人为企业法人,未经清理或清算而撤销、注销或歇业,其财产不足清偿全部债务的,应当参照本规定90条至95条的规定,对各债权人的债权按比例清偿。

(九) 最高人民法院关于人民法院执行设定抵押的房屋的规定

(2005年11月14日由最高人民法院审判委员会第1371次会议通过 法释〔2005〕14号 自2008年12月31日起施行 根据2008年12月16日发布的《最高人民法院关于调整司法解释等文件中引用〈中华人民共和国民事诉讼法〉条文序号的决定》调整)

根据《中华人民共和国民事诉讼法》等法律的规定,结合人民法院民事执行工作的实践,对人民法院根据抵押权人的申请,执行设定抵押的房屋的问题规定如下:

第一条 对于被执行人所有的已经依法设定抵押的房屋,人民法院可以查封,并可以根据抵押权人的申请,依法拍卖、变卖或者抵债。

第二条 人民法院对已经依法设定抵押的被执行人及其所扶养家属居住的房屋,在裁定拍卖、变卖或者抵债后,应当给予被执行人六个月的宽限期。在此期限内,被执行人应当主动腾空房屋,人民法院不得强制被执行人及其所扶养家属迁出该房屋。

第三条 上述宽限期届满后,被执行人仍未迁出的,人民法院可以作出强制迁出裁定,并按照民事诉讼法第二百二十六条①的规定执行。

强制迁出时,被执行人无法自行解决居住问题的,经人民法院审查属实,可以由申请执行人为被执行人及其所扶养家属提供临时住房。

第四条 申请执行人提供的临时住房,其房屋品质、地段可以不同于被执行人原住房,面积参照建设部、财政部、民政部、国土资源部和国家税务总局联合发布的《城镇最低收入家属廉租住房管理办法》所规定的人均廉租住房面积标准确定。

第五条 申请执行人提供的临时住房,应当计收租金。租金标准由申请执行人和被执行人双方协商确定;协商不成的,由人民法院参照当地同类房屋租金标准确定,当地无同类房屋租金标准可以参照的,参照当地房屋租赁市场平均租金标准确定。

已经产生的租金,可以从房屋拍卖或者变卖价款中优先扣除。

第六条 被执行人属于低保对象且无法自行解决居住问题的,人民法院不应强制迁出。

第七条 本规定自公布之日起施行。施行前本院已公布的司法解释与本规定不一致的,以本规定为准。

---

① 现为《民事诉讼法》第二百五十条之规定:强制迁出房屋或者强制退出土地,由院长签发公告,责令被执行人在指定期间履行。被执行人逾期不履行的,由执行员强制执行。

强制执行时,被执行人是公民的,应当通知被执行人或者他的成年家属到场;被执行人是法人或者其他组织的,应当通知其法定代表人或者主要负责人到场。拒不到场的,不影响执行。被执行人是公民的,其工作单位或者房屋、土地所在地的基层组织应当派人参加。执行员应当将强制执行情况记入笔录,由在场人签名或者盖章。

强制迁出房屋被搬出的财物,由人民法院派人运至指定处所,交给被执行人。被执行人是公民的,也可以交给他的成年家属。因拒绝接收而造成的损失,由被执行人承担。

三、破产程序中担保权的实现

(一) 中华人民共和国企业破产法(节录)

(2006年8月27日第十届全国人民代表大会常务委员会第二十三次会议通过
中华人民共和国主席令第五十四号公布 2007年6月1日起施行)

第一章 总 则

第二条 企业法人不能清偿到期债务,并且资产不足以清偿全部债务或者明显缺乏清偿能力的,依照本法规定清理债务。

企业法人有前款规定情形,或者有明显丧失清偿能力可能的,可以依照本法规定进行重整。

第四章 债务人财产

第三十一条 人民法院受理破产申请前一年内,涉及债务人财产的下列行为,管理人有权请求人民法院予以撤销:

(一) 无偿转让财产的;
(二) 以明显不合理的价格进行交易的;
(三) **对没有财产担保的债务提供财产担保的;**
(四) 对未到期的债务提前清偿的;
(五) 放弃债权的。

第三十二条 人民法院受理破产申请前六个月内,债务人有本法第二条第一款规定的情形,仍对个别债权人进行清偿的,管理人有权请求人民法院予以撤销。但是,个别清偿使债务人财产受益的除外。

第三十三条 涉及债务人财产的下列行为无效:

(一) 为逃避债务而隐匿、转移财产的;
(二) 虚构债务或者承认不真实的债务的。

第三十六条 债务人的董事、监事和高级管理人员利用职权从企业获取的非正常收入和侵占的企业财产,管理人应当追回。

第三十七条 人民法院受理破产申请后,管理人可以通过清偿债务或者**提供为债权人接受的担保,取回质物、留置物**。

前款规定的债务清偿或者替代担保,在质物或者留置物的价值低于被担保的债权额时,以该质物或者留置物当时的市场价值为限。

第六章 债权申报

第四十九条 债权人申报债权时,应当书面说明债权的数额和有无财产担保,并提交有关证据。申报的债权是连带债权的,应当说明。

第五十一条 债务人的保证人或者其他连带债务人已经代替债务人清偿债务的,以其对债务人的求偿权申报债权。

债务人的保证人或者其他连带债务人尚未代替债务人清偿债务的,以其对债务人的将来求偿权申报债权。但是,债权人已经向管理人申报全部债权的除外。

第五十二条 连带债务人数人被裁定适用本法规定的程序的,其债权人有权就全部债权分别在各破产案件中申报债权。

第七章 债权人会议

第一节 一般规定

第五十九条 依法申报债权的债权人为债权人会议的成员,有权参加债权人会议,享有表决权。

债权尚未确定的债权人,除人民法院能够为其行使表决权而临时确定债权额的外,不得行使表决权。

对债务人的特定财产享有担保权的债权人,未放弃优先受偿权利的,对于本法第六十一条第一款第七项、第十项规定的事项不享有表决权。

债权人可以委托代理人出席债权人会议,行使表决权。代理人出席债权人会议,应当向人民法院或者债权人会议主席提交债权人的授权委托书。

债权人会议应当有债务人的职工和工会的代表参加,对有关事项发表意见。

第六十条 债权人会议设主席一人,由人民法院从有表决权的债权人中指定。

债权人会议主席主持债权人会议。

第六十一条 债权人会议行使下列职权:

(一)核查债权;
(二)申请人民法院更换管理人,审查管理人的费用和报酬;
(三)监督管理人;
(四)选任和更换债权人委员会成员;
(五)决定继续或者停止债务人的营业;
(六)通过重整计划;
(七)通过和解协议;
(八)通过债务人财产的管理方案;
(九)通过破产财产的变价方案;
(十)通过破产财产的分配方案;
(十一)人民法院认为应当由债权人会议行使的其他职权。

债权人会议应当对所议事项的决议作成会议记录。

第六十二条 第一次债权人会议由人民法院召集,自债权申报期限届满之日起十五日内召开。

以后的债权人会议,在人民法院认为必要时,或者管理人、债权人委员会、占债权总额四分之一以上的债权人向债权人会议主席提议时召开。

第六十三条 召开债权人会议,管理人应当提前十五日通知已知的债权人。

第六十四条 债权人会议的决议,由出席会议的有表决权的债权人过半数通过,并且其所代表的债权额占无财产担保债权总额的二分之一以上。但是,本法另有规定的除外。

债权人认为债权人会议的决议违反法律规定,损害其利益的,可以自债权人会议作出决议之日起十五日内,请求人民法院裁定撤销该决议,责令债权人会议依法重新作出决议。

债权人会议的决议,对于全体债权人均有约束力。

第六十五条 本法第六十一条第一款第八项、第九项所列事项,经债权人会议表决未通过的,由人民法院裁定。

本法第六十一条第一款第十项所列事项,经债权人会议二次表决仍未通过的,由人民法院裁定。

对前两款规定的裁定,人民法院可以在债权人会议上宣布或者另行通知债权人。

第六十六条 债权人对人民法院依照本法第六十五条第一款作出的裁定不服的,债权额占无财产担保债权总额二分之一以上的债权人对人民法院依照本法第六十五条第二款作出的裁定不服的,可以自裁定宣布之日或者收到通知之日起十五日内向该人民法院申请复议。复议期间不停止裁定的执行。

第二节 债权人委员会

第六十九条 管理人实施下列行为,应当及时报告债权人委员会:

(一)涉及土地、房屋等不动产权益的转让;

(二)探矿权、采矿权、知识产权等财产权的转让;

(三)全部库存或者营业的转让;

(四)借款;

(五)**设定财产担保**;

(六)债权和有价证券的转让;

(七)履行债务人和对方当事人均未履行完毕的合同;

(八)放弃权利;

(九)**担保物的取回**;

(十)对债权人利益有重大影响的其他财产处分行为。

未设立债权人委员会的,管理人实施前款规定的行为应当及时报告人民法院。

第八章 重 整

第一节 重整申请和重整期间

第七十五条 在重整期间,对债务人的特定财产享有的担保权暂停行使。但是,担保物有损坏或者价值明显减少的可能,足以危害担保权人权利的,担保权人可以向人民法院请求恢复行使担保权。

在重整期间,债务人或者管理人为继续营业而借款的,可以为该借款设定担保。

第七十七条 在重整期间,债务人的出资人不得请求投资收益分配。

在重整期间,债务人的董事、监事、高级管理人员不得向第三人转让其持有的债务人的股权。但是,经人民法院同意的除外。

第二节 重整计划的制订和批准

第八十二条 下列各类债权的债权人参加讨论重整计划草案的债权人会议,依照下列债权分类,分组对重整计划草案进行表决:

(一)对债务人的特定财产享有担保权的债权;

(二)债务人所欠职工的工资和医疗、伤残补助、抚恤费用,所欠的应当划入职工个人账户的基本养老保险、基本医疗保险费用,以及法律、行政法规规定应当支付给职工的补偿金;

(三)债务人所欠税款;

(四)普通债权。

人民法院在必要时可以决定在普通债权组中设小额债权组对重整计划草案进行表决。

第八十六条 各表决组均通过重整计划草案时,重整计划即为通过。

自重整计划通过之日起十日内,债务人或者管理人应当向人民法院提出批准重整计划的申请。人民法院经审查认为符合本法规定的,应当自收到申请之日起三十日内裁定批准,终止重整程序,并予以公告。

第八十七条 部分表决组未通过重整计划草案的,债务人或者管理人可以同未通过重整计划草案的表决组协商。该表决组可以在协商后再表决一次。双方协商的结果不得损害其他表决组的利益。

未通过重整计划草案的表决组拒绝再次表决或者再次表决仍未通过重整计划草案,但重整计划草案符合下列条件的,债务人或者管理人可以申请人民法院批准重整计划草案:

(一)按照重整计划草案,本法第八十二条第一款第一项所列债权就该特定财产将获得全额清偿,其因延期清偿所受的损失将得到公平补偿,并且其担保权未受到实质性损害,或者该表决组已经通过重整计划草案;

(二)按照重整计划草案,本法第八十二条第一款第二项、第三项所列债权将获得全额清偿,或者相应表决组已经通过重整计划草案;

(三)按照重整计划草案,普通债权所获得的清偿比例,不低于其在重整计划草案

被提请批准时依照破产清算程序所能获得的清偿比例,或者该表决组已经通过重整计划草案;

(四)重整计划草案对出资人权益的调整公平、公正,或者出资人组已经通过重整计划草案;

(五)重整计划草案公平对待同一表决组的成员,并且所规定的债权清偿顺序不违反本法第一百一十三条的规定;

(六)债务人的经营方案具有可行性。

人民法院经审查认为重整计划草案符合前款规定的,应当自收到申请之日起三十日内裁定批准,终止重整程序,并予以公告。

第三节 重整计划的执行

第九十二条 经人民法院裁定批准的重整计划,对债务人和全体债权人均有约束力。

债权人未依照本法规定申报债权的,在重整计划执行期间不得行使权利;在重整计划执行完毕后,可以按照重整计划规定的同类债权的清偿条件行使权利。

债权人对债务人的保证人和其他连带债务人所享有的权利,不受重整计划的影响。

第九十三条 债务人不能执行或者不执行重整计划的,人民法院经管理人或者利害关系人请求,应当裁定终止重整计划的执行,并宣告债务人破产。

人民法院裁定终止重整计划执行的,债权人在重整计划中作出的债权调整的承诺失去效力。债权人因执行重整计划所受的清偿仍然有效,债权未受清偿的部分作为破产债权。

前款规定的债权人,只有在其他同顺位债权人同自己所受的清偿达到同一比例时,才能继续接受分配。

有本条第一款规定情形的,为重整计划的执行提供的担保继续有效。

第九章 和 解

第一百条 经人民法院裁定认可的和解协议,对债务人和全体和解债权人均有约束力。

和解债权人是指人民法院受理破产申请时对债务人享有无财产担保债权的人。

和解债权人未依照本法规定申报债权的,在和解协议执行期间不得行使权利;在和解协议执行完毕后,可以按照和解协议规定的清偿条件行使权利。

第一百零一条 和解债权人对债务人的保证人和其他连带债务人所享有的权利,不受和解协议的影响。

第十章 破产清算

第一节 破产宣告

第一百零七条 人民法院依照本法规定宣告债务人破产的,应当自裁定作出之日起五日内送达债务人和管理人,自裁定作出之日起十日内通知已知债权人,并予以公告。

债务人被宣告破产后,债务人称为破产人,债务人财产称为破产财产,人民法院受理破产申请时对债务人享有的债权称为破产债权。

第一百零八条 破产宣告前,有下列情形之一的,人民法院应当裁定终结破产程序,并予以公告:

(一)第三人为债务人提供足额担保或者为债务人清偿全部到期债务的;

(二)债务人已清偿全部到期债务的。

第一百零九条 对破产人的特定财产享有担保权的权利人,对该特定财产享有优先受偿的权利。

第一百一十条 享有本法第一百零九条规定权利的债权人行使优先受偿权利未能完全受偿的,其未受偿的债权作为普通债权;放弃优先受偿权利的,其债权作为普通债权。

第二节 变价和分配

第一百一十一条 管理人应当及时拟订破产财产变价方案,提交债权人会议讨论。

管理人应当按照债权人会议通过的或者人民法院依照本法第六十五条第一款规定裁定的破产财产变价方案,适时变价出售破产财产。

第一百一十二条 变价出售破产财产应当通过拍卖进行。但是,债权人会议另有决议的除外。

破产企业可以全部或者部分变价出售。企业变价出售时,可以将其中的无形资产和其他财产单独变价出售。

按照国家规定不能拍卖或者限制转让的财产,应当按照国家规定的方式处理。

第一百一十三条 破产财产在优先清偿破产费用和共益债务后,依照下列顺序清偿:

(一)破产人所欠职工的工资和医疗、伤残补助、抚恤费用,所欠的应当划入职工个人账户的基本养老保险、基本医疗保险费用,以及法律、行政法规规定应当支付给职工的补偿金;

(二)破产人欠缴的除前项规定以外的社会保险费用和破产人所欠税款;

(三)普通破产债权。

破产财产不足以清偿同一顺序的清偿要求的,按照比例分配。

破产企业的董事、监事和高级管理人员的工资按照该企业职工的平均工资计算。

第一百一十四条 破产财产的分配应当以货币分配方式进行。但是,债权人会议另有决议的除外。

第一百一十五条 管理人应当及时拟订破产财产分配方案,提交债权人会议讨论。

破产财产分配方案应当载明下列事项:

(一)参加破产财产分配的债权人名称或者姓名、住所;

(二)参加破产财产分配的债权额;

（三）可供分配的破产财产数额；

（四）破产财产分配的顺序、比例及数额；

（五）实施破产财产分配的方法。

债权人会议通过破产财产分配方案后，由管理人将该方案提请人民法院裁定认可。

第一百一十六条 破产财产分配方案经人民法院裁定认可后，由管理人执行。

管理人按照破产财产分配方案实施多次分配的，应当公告本次分配的财产额和债权额。管理人实施最后分配的，应当在公告中指明，并载明本法第一百一十七条第二款规定的事项。

第一百一十七条 对于附生效条件或者解除条件的债权，管理人应当将其分配额提存。

管理人依照前款规定提存的分配额，在最后分配公告日，生效条件未成就或者解除条件成就的，应当分配给其他债权人；在最后分配公告日，生效条件成就或者解除条件未成就的，应当交付给债权人。

第一百一十八条 债权人未受领的破产财产分配额，管理人应当提存。债权人自最后分配公告之日起满二个月仍不领取的，视为放弃受领分配的权利，管理人或者人民法院应当将提存的分配额分配给其他债权人。

第一百一十九条 破产财产分配时，对于诉讼或者仲裁未决的债权，管理人应当将其分配额提存。自破产程序终结之日起满二年仍不能受领分配的，人民法院应当将提存的分配额分配给其他债权人。

第三节 破产程序的终结

第一百二十条 破产人无财产可供分配的，管理人应当请求人民法院裁定终结破产程序。

管理人在最后分配完结后，应当及时向人民法院提交破产财产分配报告，并提请人民法院裁定终结破产程序。

人民法院应当自收到管理人终结破产程序的请求之日起十五日内作出是否终结破产程序的裁定。裁定终结的，应当予以公告。

第一百二十一条 管理人应当自破产程序终结之日起十日内，持人民法院终结破产程序的裁定，向破产人的原登记机关办理注销登记。

第一百二十二条 管理人于办理注销登记完毕的次日终止执行职务。但是，存在诉讼或者仲裁未决情况的除外。

第一百二十三条 自破产程序依照本法第四十三条第四款或者第一百二十条的规定终结之日起二年内，有下列情形之一的，债权人可以请求人民法院按照破产财产分配方案进行追加分配：

（一）发现有依照本法第三十一条、第三十二条、第三十三条、第三十六条规定应当追回的财产的；

（二）发现破产人有应当供分配的其他财产的。

有前款规定情形，但财产数量不足以支付分配费用的，不再进行追加分配，由人民法院将其上交国库。

第一百二十四条 破产人的保证人和其他连带债务人,在破产程序终结后,对债权人依照破产清算程序未受清偿的债权,依法继续承担清偿责任。

第十二章 附 则

第一百三十二条 本法施行后,破产人在本法公布之日前所欠职工的工资和医疗、伤残补助、抚恤费用,所欠的应当划入职工个人账户的基本养老保险、基本医疗保险费用,以及法律、行政法规规定应当支付给职工的补偿金,依照本法第一百一十三条的规定清偿后不足以清偿的部分,以本法第一百零九条规定的特定财产优先于对该特定财产享有担保权的权利人受偿。

(二)最高人民法院关于适用《中华人民共和国企业破产法》若干问题的规定(三)(节录)

(2019年2月25日最高人民法院审判委员会第1762次会议通过
自2019年3月28日起施行 法释〔2019〕3号)

第二条 破产申请受理后,经债权人会议决议通过,或者第一次债权人会议召开前经人民法院许可,管理人或者自行管理的债务人可以为债务人继续营业而借款。提供借款的债权人主张参照《企业破产法》第四十二条第四项的规定优先于普通破产债权清偿的,人民法院应予支持,但其主张优先于此前已就债务人特定财产享有担保的债权清偿的,人民法院不予支持。

管理人或者自行管理的债务人可以为前述借款设定抵押担保,抵押物在破产申请受理前已为其他债权人设定抵押的,债权人主张按照《物权法》第一百九十九条规定的顺序清偿,人民法院应予支持。

第四条 保证人被裁定进入破产程序的,债权人有权申报其对保证人的保证债权。

主债务未到期的,保证债权在保证人破产申请受理时视为到期。一般保证的保证人主张行使先诉抗辩权的,人民法院不予支持,但债权人在一般保证人破产程序中的分配额应予提存,待一般保证人应承担的保证责任确定后再按照破产清偿比例予以分配。

保证人被确定应当承担保证责任的,保证人的管理人可以就保证人实际承担的清偿额向主债务人或其他债务人行使求偿权。

第五条 债务人、保证人均被裁定进入破产程序的,债权人有权向债务人、保证人分别申报债权。

债权人向债务人、保证人均申报全部债权的,从一方破产程序中获得清偿后,其对另一方的债权额不作调整,但债权人的受偿额不得超出其债权总额。保证人履行保证责任后不再享有求偿权。

(三) 最高人民法院关于适用《中华人民共和国企业破产法》若干问题的规定(二)(节录)

(2013年7月29日最高人民法院审判委员会第1586次会议通过 2013年9月5日发布 自2013年9月16日起施行 法释〔2013〕22号)

第三条 债务人已依法设定担保物权的特定财产,人民法院应当认定为债务人财产。

对债务人的特定财产在担保物权消灭或者实现担保物权后的剩余部分,在破产程序中可用以清偿破产费用、共益债务和其他破产债权。

第十四条 债务人对以自有财产设定担保物权的债权进行的个别清偿,管理人依据企业破产法第三十二条的规定请求撤销的,人民法院不予支持。但是,债务清偿时担保财产的价值低于债权额的除外。

第二十五条 管理人拟通过清偿债务或者提供担保取回质物、留置物,或者与质权人、留置权人协议以质物、留置物折价清偿债务等方式,进行对债权人利益有重大影响的财产处分行为的,应当及时报告债权人委员会。未设立债权人委员会的,管理人应当及时报告人民法院。

(四) 全国法院破产审判工作会议纪要(节录)

(2018年3月4日最高人民法院发布并施行 法〔2018〕53号)

25. 担保权人权利的行使与限制。 在破产清算和破产和解程序中,对债务人特定财产享有担保权的债权人可以随时向管理人主张就该特定财产变价处置行使优先受偿权,管理人应及时变价处置,不得以须经债权人会议决议等为由拒绝。但因单独处置担保财产会降低其他破产财产的价值而应整体处置的除外。

31. 保证人的清偿责任和求偿权的限制。 破产程序终结前,已向债权人承担了保证责任的保证人,可以要求债务人向其转付已申报债权的债权人在破产程序中应得清偿部分。破产程序终结后,债权人就破产程序中未受清偿部分要求保证人承担保证责任的,应在破产程序终结后六个月内提出。保证人承担保证责任后,不得再向和解或重整后的债务人行使求偿权。

50. 跨境破产案件中的权利保护与利益平衡。依照企业破产法第五条的规定,开展跨境破产协作。人民法院认可外国法院作出的破产案件的判决、裁定后,债务人在中华人民共和国境内的财产在全额清偿境内的担保权人、职工债权和社会保险费用、所欠税款等优先权后,剩余财产可以按照该外国法院的规定进行分配。

(五) 最高人民法院关于《中华人民共和国企业破产法》施行时尚未审结的企业破产案件适用法律若干问题的规定(节录)

(2007年4月23日由最高人民法院审判委员会第1425次会议通过 2007年4月25日发布 自2007年6月1日起施行 法释〔2007〕10号)

第十一条 有财产担保的债权人未放弃优先受偿权利的,对于《企业破产法》第六十一条第一款第七项、第十项规定以外的事项享有表决权。但该债权人对于企业破产法施行前已经表决的事项主张行使表决权,或者以其未行使表决权为由请求撤销债权人会议决议的,人民法院不予支持。

(六) 最高人民法院关于审理企业破产案件确定管理人报酬的规定(节录)

(2007年4月4日由最高人民法院审判委员会第1422次会议通过 2007年4月12日发布 自2007年6月1日起施行 法释〔2007〕9号)

第二条 人民法院应根据债务人最终清偿的财产价值总额,在以下比例限制范围内分段确定管理人报酬:
(一) 不超过一百万元(含本数,下同)的,在12%以下确定;
(二) 超过一百万元至五百万元的部分,在10%以下确定;
(三) 超过五百万元至一千万元的部分,在8%以下确定;
(四) 超过一千万元至五千万元的部分,在6%以下确定;
(五) 超过五千万元至一亿元的部分,在3%以下确定;
(六) 超过一亿元至五亿元的部分,在1%以下确定;
(七) 超过五亿元的部分,在0.5%以下确定。
担保权人优先受偿的担保物价值,不计入前款规定的财产价值总额。
高级人民法院认为有必要的,可以参照上述比例在30%的浮动范围内制定符合当地实际情况的管理人报酬比例限制范围,并通过当地有影响的媒体公告,同时报最高人民法院备案。

第十三条 管理人对担保物的维护、变现、交付等管理工作付出合理劳动的,有权向担保权人收取适当的报酬。管理人与担保权人就上述报酬数额不能协商一致的,人民法院应当参照本规定第二条规定的方法确定,但报酬比例不得超出该条规定限制范围的 **10%**。

(七) 最高人民法院执行
《关于〈中华人民共和国企业破产法〉施行时尚未审结的企业破产案件适用法律若干问题的规定》的通知(节录)

(2007年5月26日最高人民法院发布并施行　法〔2007〕81号)

六、人民法院审理企业破产案件适用《企业破产法》第一百三十二条和《规定》第十四条时,应当注意以下几个问题:

(一)《企业破产法》第一百三十二条仅适用于企业破产法公布之日前所欠的职工权益,形成于企业破产法公布之日后所欠的职工权益不属本条适用的范畴,该部分职工权益只能从破产企业已经设定担保物权之外的其他财产,或者担保物权人明确放弃行使优先受偿权后的已设定担保物权的财产中受偿;

(二)企业破产法公布之日前形成的职工权益,在按照正常清偿顺序无法得到清偿时,才可从已经设定物权担保的财产中受偿。在债务人尚有其他财产可以清偿时,不得先行从已经设定物权担保的财产中清偿;

(三)在企业破产法公布之日前所欠的职工权益,依法以设定物权担保的财产进行清偿的情况下,对于企业破产案件中因按照正常清偿顺序无法实现的破产费用、共益债务以及职工的其他权益不得优先于担保物权人受偿。

(八) 最高人民法院
关于破产企业国有划拨土地使用权应否列入破产财产等问题的批复

(2002年10月11日由最高人民法院审判委员会第1245次会议通过
2003年4月16日发布　自2003年4月18日起施行　法释〔2003〕6号)

湖北省高级人民法院:

你院鄂高法〔2002〕158号《关于破产企业国有划拨土地使用权应否列入破产财产

以及有关抵押效力认定等问题的请示》收悉。经研究，答复如下：

一、根据《中华人民共和国土地管理法》第五十八条第一款第（四）项及《城镇国有土地使用权出让和转让暂行条例》第四十七条的规定，破产企业以划拨方式取得的国有土地使用权不属于破产财产，在企业破产时，有关人民政府可以予以收回，并依法处置。纳入国家兼并破产计划的国有企业，其依法取得的国有土地使用权，应依据国务院有关文件规定办理。

二、企业对其以划拨方式取得的国有土地使用权无处分权，以该土地使用权为标的物设定抵押，除依法办理抵押登记手续外，还应经具有审批权限的人民政府或土地行政管理部门批准。否则，应认定抵押无效。如果企业对以划拨方式取得的国有土地使用权设定抵押时，履行了法定的审批手续，并依法办理了抵押登记，应认定抵押有效。根据《中华人民共和国城市房地产管理法》第五十条和《中华人民共和国担保法》第五十六条的规定，抵押权人只有在以抵押标的物折价或拍卖、变卖所得价款缴纳相当于土地使用权出让金的款项后，对剩余部分方可享有优先受偿权。但纳入国家兼并破产计划的国有企业，其用以划拨方式取得的国有土地使用权设定抵押的，应依据国务院有关文件规定办理。

三、国有企业以关键设备、成套设备、厂房设定抵押的效力问题，应依据法释〔2002〕14号《关于国有工业企业以机器设备等财产为抵押物与债权人签订的抵押合同的法律效力问题的批复》办理。

国有企业以建筑物设定抵押的效力问题，应区分两种情况处理：如果建筑物附着于以划拨方式取得的国有土地使用权之上，将该建筑物与土地使用权一并设定抵押的，对土地使用权的抵押需履行法定的审批手续，否则，应认定抵押无效；如果建筑物附着于以出让、转让方式取得的国有土地使用权之上，将该建筑物与土地使用权一并设定抵押的，即使未经有关主管部门批准，亦应认定抵押有效。

本批复自公布之日起施行，正在审理或者尚未审理的案件，适用本批复，但对提起再审的判决、裁定已经发生法律效力的案件除外。

此复。

（九）最高人民法院
关于审理企业破产案件若干问题的规定（节录）

(2002年7月18日由最高人民法院审判委员会第1232次会议通过
2002年7月30日发布 自2002年9月1日起施行 法释〔2002〕23号)

八、关于破产债权

第五十五条 下列债权属于破产债权：

（一）破产宣告前发生的无财产担保的债权；

（二）破产宣告前发生的虽有财产担保但是债权人放弃优先受偿的债权；

（三）破产宣告前发生的虽有财产担保但是债权数额超过担保物价值部分的债权；

（四）票据出票人被宣告破产，付款人或者承兑人不知其事实而向持票人付款或者承兑所产生的债权；

（五）清算组解除合同，对方当事人依法或者依照合同约定产生的对债务人可以用货币计算的债权；

（六）债务人的受托人在债务人破产后，为债务人的利益处理委托事务所发生的债权；

（七）债务人发行债券形成的债权；

（八）债务人的保证人代替债务人清偿债务后依法可以向债务人追偿的债权；

（九）债务人的保证人按照《中华人民共和国担保法》第三十二条的规定预先行使追偿权而申报的债权；

（十）债务人为保证人的，在破产宣告前已经被生效的法律文书确定承担的保证责任；

（十一）债务人在破产宣告前因侵权、违约给他人造成财产损失而产生的赔偿责任；

（十二）人民法院认可的其他债权。

以上第（五）项债权以实际损失为计算原则。违约金不作为破产债权，定金不再适用定金罚则。

第六编　与担保相关的其他重要规范性文件

一、跨境担保的相关规范

(一) 中华人民共和国外汇管理条例(节录)

(1996年1月29日中华人民共和国国务院令第193号发布 根据1997年1月14日《国务院关于修改〈中华人民共和国外汇管理条例〉的决定》修订 自2008年8月5日施行)

第三章 资本项目外汇管理

第十九条 提供对外担保,应当向外汇管理机关提出申请,由外汇管理机关根据申请人的资产负债等情况作出批准或者不批准的决定;国家规定其经营范围需经有关主管部门批准的,应当在向外汇管理机关提出申请前办理批准手续。申请人签订对外担保合同后,应当到外汇管理机关办理对外担保登记。

经国务院批准为使用外国政府或者国际金融组织贷款进行转贷提供对外担保的,不适用前款规定。

第七章 法律责任

第四十三条 有擅自对外借款、在境外发行债券或者提供**对外担保**等违反外债管理行为的,由外汇管理机关给予警告,处违法金额30%以下的罚款。

(二) 跨境担保外汇管理规定

(2014年5月12日国家外汇管理局发布 汇发〔2014〕29号
自2014年6月1日起施行)

第一章 总 则

第一条 为完善跨境担保外汇管理,规范跨境担保项下收支行为,促进跨境担保业务健康有序发展,根据《中华人民共和国物权法》、《中华人民共和国担保法》及《中华人民共和国外汇管理条例》等法律法规,特制定本规定。

第二条 本规定所称的跨境担保是指担保人向债权人书面作出的、具有法律约束力、承诺按照担保合同约定履行相关付款义务并可能产生资金跨境收付或资产所有权跨境转移等国际收支交易的担保行为。

第三条 按照担保当事各方的注册地,跨境担保分为内保外贷、外保内贷和其他形式跨境担保。

内保外贷是指担保人注册地在境内、债务人和债权人注册地均在境外的跨境担保。

外保内贷是指担保人注册地在境外、债务人和债权人注册地均在境内的跨境担保。

其他形式跨境担保是指除前述内保外贷和外保内贷以外的其他跨境担保情形。

第四条 国家外汇管理局及其分支局(以下简称外汇局)负责规范跨境担保产生的各类国际收支交易。

第五条 境内机构提供或接受跨境担保,应当遵守国家法律法规和行业主管部门的规定,并按本规定办理相关外汇管理手续。

担保当事各方从事跨境担保业务,应当恪守商业道德,诚实守信。

第六条 外汇局对内保外贷和外保内贷实行登记管理。

境内机构办理内保外贷业务,应按本规定要求办理内保外贷登记;经外汇局登记的内保外贷,发生担保履约的,担保人可自行办理;担保履约后应按本规定要求办理对外债权登记。

境内机构办理外保内贷业务,应符合本规定明确的相关条件;经外汇局登记的外保内贷,债权人可自行办理与担保履约相关的收款;担保履约后境内债务人应按本规定要求办理外债登记手续。

第七条 境内机构提供或接受其他形式跨境担保,应符合相关外汇管理规定。

第二章 内 保 外 贷

第八条 担保人办理内保外贷业务,在遵守国家法律法规、行业主管部门规定及外汇管理规定的前提下,可自行签订内保外贷合同。

第九条 担保人签订内保外贷合同后,应按以下规定办理内保外贷登记。

担保人为银行的,由担保人通过数据接口程序或其他方式向外汇局报送内保外贷业务相关数据。

担保人为非银行金融机构或企业(以下简称非银行机构)的,应在签订担保合同后15个工作日内到所在地外汇局办理内保外贷签约登记手续。担保合同主要条款发生变更的,应当办理内保外贷签约变更登记手续。

外汇局按照真实、合规原则对非银行机构担保人的登记申请进行程序性审核并办理登记手续。

第十条 银行、非银行金融机构作为担保人提供内保外贷,按照行业主管部门规定,应具有相应担保业务经营资格。

第十一条 内保外贷项下资金用途应当符合以下规定：

（一）内保外贷项下资金仅用于债务人正常经营范围内的相关支出，不得用于支持债务人从事正常业务范围以外的相关交易，不得虚构贸易背景进行套利，或进行其他形式的投机性交易。

（二）未经外汇局批准，债务人不得通过向境内进行借贷、股权投资或证券投资等方式将担保项下资金直接或间接调回境内使用。

第十二条 担保人办理内保外贷业务时，应对债务人主体资格、担保项下资金用途、预计的还款资金来源、担保履约的可能性及相关交易背景进行审核，对是否符合境内外相关法律法规进行尽职调查，并以适当方式监督债务人按照其申明的用途使用担保项下资金。

第十三条 内保外贷项下担保人付款责任到期、债务人清偿担保项下债务或发生担保履约后，担保人应办理内保外贷登记注销手续。

第十四条 如发生内保外贷履约，担保人为银行的，可自行办理担保履约项下对外支付。

担保人为非银行机构的，可凭担保登记文件直接到银行办理担保履约项下购汇及对外支付。在境外债务人偿清因担保人履约而对境内担保人承担的债务之前，未经外汇局批准，担保人须暂停签订新的内保外贷合同。

第十五条 内保外贷业务发生担保履约的，成为对外债权人的境内担保人或反担保人应当按规定办理对外债权登记手续。

第十六条 境内个人可作为担保人并参照非银行机构办理内保外贷业务。

第三章 外 保 内 贷

第十七条 境内非金融机构从境内金融机构借用贷款或获得授信额度，在同时满足以下条件的前提下，可以接受境外机构或个人提供的担保，并自行签订外保内贷合同：

（一）债务人为在境内注册经营的非金融机构；

（二）债权人为在境内注册经营的金融机构；

（三）担保标的为金融机构提供的本外币贷款（不包括委托贷款）或有约束力的授信额度；

（四）担保形式符合境内、外法律法规。

未经批准，境内机构不得超出上述范围办理外保内贷业务。

第十八条 境内债务人从事外保内贷业务，由发放贷款或提供授信额度的境内金融机构向外汇局集中报送外保内贷业务相关数据。

第十九条 外保内贷业务发生担保履约的，在境内债务人偿清其对境外担保人的债务之前，未经外汇局批准，境内债务人应暂停签订新的外保内贷合同；已经签订外保内贷合同但尚未提款或尚未全部提款的，未经所在地外汇局批准，境内债务人应暂停办理新的提款。

境内债务人因外保内贷项下担保履约形成的对外负债,其未偿本金余额不得超过其上年度末经审计的净资产数额。

境内债务人向债权人申请办理外保内贷业务时,应真实、完整地向债权人提供其已办理外保内贷业务的债务违约、外债登记及债务清偿情况。

第二十条 外保内贷业务发生境外担保履约的,境内债务人应到所在地外汇局办理短期外债签约登记及相关信息备案手续。外汇局在外债签约登记环节对债务人外保内贷业务的合规性进行事后核查。

第四章 物权担保的外汇管理

第二十一条 外汇局不对担保当事各方设定担保物权的合法性进行审查。担保当事各方应自行确认担保合同内容符合境内外相关法律法规和行业主管部门的规定。

第二十二条 担保人与债权人之间因提供抵押、质押等物权担保而产生的跨境收支和交易事项,已存在限制或程序性外汇管理规定的,应当符合规定。

第二十三条 当担保人与债权人分属境内、境外,或担保物权登记地(或财产所在地、收益来源地)与担保人、债权人的任意一方分属境内、境外时,境内担保人或境内债权人应按下列规定办理相关外汇管理手续:

(一)当担保人、债权人注册地或担保物权登记地(或财产所在地、收益来源地)至少有两项分属境内外时,担保人实现担保物权的方式应当符合相关法律规定。

(二)除另有明确规定外,担保人或债权人申请汇出或收取担保财产处置收益时,可直接向境内银行提出申请;在银行审核担保履约真实性、合规性并留存必要材料后,担保人或债权人可以办理相关购汇、结汇和跨境收支。

(三)相关担保财产所有权在担保人、债权人之间发生转让,按规定需要办理跨境投资外汇登记的,当事人应办理相关登记或变更手续。

第二十四条 担保人为第三方债务人向债权人提供物权担保,构成内保外贷或外保内贷的,应当按照内保外贷或外保内贷相关规定办理担保登记手续,并遵守相关规定。

经外汇局登记的物权担保因任何原因而未合法设立,担保人应到外汇局注销相关登记。

第五章 附 则

第二十五条 境内机构提供或接受除内保外贷和外保内贷以外的其他形式跨境担保,在符合境内外法律法规和本规定的前提下,可自行签订跨境担保合同。除外汇局另有明确规定外,担保人、债务人不需要就其他形式跨境担保到外汇局办理登记或备案。

境内机构办理其他形式跨境担保,可自行办理担保履约。担保项下对外债权债务需要事前审批或核准,或因担保履约发生对外债权债务变动的,应按规定办理相关审批或登记手续。

第二十六条 境内债务人对外支付担保费,可按照服务贸易外汇管理有关规定直接向银行申请办理。

第二十七条 担保人、债务人不得在明知或者应知担保履约义务确定发生的情况下签订跨境担保合同。

第二十八条 担保人、债务人、债权人向境内银行申请办理与跨境担保相关的购付汇或收结汇业务时,境内银行应当对跨境担保交易的背景进行尽职审查,以确定该担保合同符合中国法律法规和本规定。

第二十九条 外汇局对跨境担保合同的核准、登记或备案情况以及本规定明确的其他管理事项与管理要求,不构成跨境担保合同的生效要件。

第三十条 外汇局定期分析内保外贷和外保内贷整体情况,密切关注跨境担保对国际收支的影响。

第三十一条 外汇局对境内机构跨境担保业务进行核查和检查,担保当事各方、境内银行应按照外汇局要求提供相关资料。对未按本规定及相关规定办理跨境担保业务的,外汇局根据《中华人民共和国外汇管理条例》进行处罚。

第三十二条 国家外汇管理局可出于保障国际收支平衡的目的,对跨境担保管理方式适时进行调整。

第三十三条 本规定由国家外汇管理局负责解释。

附件:跨境担保外汇管理操作指引

第一部分　内保外贷外汇管理

一、担保人办理内保外贷业务,在遵守国家法律法规、行业主管部门规定及外汇管理规定的前提下,可自行签订内保外贷合同。

二、内保外贷登记

担保人签订内保外贷合同后,应按以下规定办理内保外贷登记:

(一)担保人为银行的,由担保人通过数据接口程序或其他方式向外汇局资本项目信息系统报送内保外贷相关数据。

(二)担保人为非银行金融机构或企业(以下简称为非银行机构)的,应在签订担保合同后15个工作日内到所在地外汇局办理内保外贷签约登记手续。担保合同或担保项下债务合同主要条款发生变更的(包括债务合同展期以及债务或担保金额、债务或担保期限、债权人等发生变更),应当在15个工作日内办理内保外贷变更登记手续。

1. 非银行机构到外汇局办理内保外贷签约登记时,应提供以下材料:

(1)关于办理内保外贷签约登记的书面申请报告(内容包括公司基本情况、已办理且未结的各项跨境担保余额、本次担保交易内容要点、预计还款资金来源、其他需要说明的事项。有共同担保人的,应在申请报告中说明);

(2)担保合同和担保项下主债务合同(合同文本内容较多的,提供合同简明条款并

加盖印章;合同为外文的,须提供中文翻译件并加盖印章);

(3)外汇局根据本规定认为需要补充的相关证明材料(如发改委、商务部门关于境外投资项目的批准文件、办理变更登记时需要提供的变更材料等)。

2. 外汇局按照真实、合规原则对非银行机构担保人的登记申请进行程序性审核,并为其办理登记手续。外汇局对担保合同的真实性、商业合理性、合规性及履约倾向存在疑问的,有权要求担保人作出书面解释。外汇局按照合理商业标准和相关法规,认为担保人解释明显不成立的,可以决定不受理登记申请,并向申请人书面说明原因。

担保人未在规定期限内到外汇局办理担保登记的,如能说明合理原因,且担保人提出登记申请时尚未出现担保履约意向的,外汇局可按正常程序为其办理补登记;不能说明合理原因的,外汇局可按未及时办理担保登记进行处理,在移交外汇检查部门后再为其办理补登记手续。

3. 非金融机构可以向外汇局申请参照金融机构通过资本项目系统报送内保外贷数据。

4. 同一内保外贷业务下存在多个境内担保人的,可自行约定其中一个担保人到所在地外汇局办理登记手续。外汇局在办理内保外贷登记时,应在备注栏中注明其他担保人。

三、金融机构作为担保人提供内保外贷,按照行业主管部门规定,应具有相应担保业务经营资格。以境内分支机构名义提供的担保,应当获得总行或总部授权。

四、内保外贷项下资金用途应当符合以下规定:

(一)内保外贷项下资金仅用于债务人正常经营范围内的相关支出,不得用于支持债务人从事正常业务范围以外的相关交易,不得虚构贸易背景进行套利,或进行其他形式的投机性交易。

(二)未经外汇局批准,债务人不得通过向境内进行借贷、股权投资或证券投资等方式将担保项下资金直接或间接调回境内使用。

担保项下资金不得用于境外机构或个人向境内机构或个人进行直接或间接的股权、债权投资,包括但不限于以下行为:

1. 债务人使用担保项下资金直接或间接向在境内注册的机构进行股权或债权投资。

2. 担保项下资金直接或间接用于获得境外标的公司的股权,且标的公司50%以上资产在境内的。

3. 担保项下资金用于偿还债务人自身或境外其他公司承担的债务,而原融资资金曾以股权或债权形式直接或间接调回境内的。

4. 债务人使用担保项下资金向境内机构预付货物或服务贸易款项,且付款时间相对于提供货物或服务的提前时间超过1年、预付款金额超过100万美元及买卖合同总价30%的(出口大型成套设备或承包服务时,可将已完成工作量视同交货)。

(三)内保外贷合同项下发生以下类型特殊交易时,应符合以下规定:

1. 内保外贷项下担保责任为境外债务人债券发行项下还款义务时,境外债务人应由境内机构直接或间接持股,且境外债券发行收入应用于与境内机构存在股权关联的

境外投资项目,且相关境外机构或项目已经按照规定获得国内境外投资主管部门的核准、登记、备案或确认;

2. 内保外贷合同项下融资资金用于直接或间接获得对境外其他机构的股权(包括新建境外企业、收购境外企业股权和向境外企业增资)或债权时,该投资行为应当符合国内相关部门有关境外投资的规定;

3. 内保外贷合同项下义务为境外机构衍生交易项下支付义务时,债务人从事衍生交易应当以止损保值为目的,符合其主营业务范围且经过股东适当授权。

五、内保外贷注销登记

内保外贷项下债务人还清担保项下债务、担保人付款责任到期或发生担保履约后,担保人应办理内保外贷登记注销手续。其中,银行可通过数据接口程序或其他方式向外汇局资本项目系统报送内保外贷更新数据;非银行机构应在15个工作日内到外汇局申请注销相关登记。

六、担保履约

(一)银行发生内保外贷担保履约的,可自行办理担保履约项下对外支付,其担保履约资金可以来源于自身向反担保人提供的外汇垫款、反担保人以外汇或人民币形式交存的保证金,或反担保人支付的其他款项。反担保人可凭担保履约证明文件直接办理购汇或支付手续。

(二)非银行机构发生担保履约的,可凭加盖外汇局印章的担保登记文件直接到银行办理担保履约项下购汇及对外支付。在办理国际收支间接申报时,须填写该笔担保登记时取得的业务编号。

非银行机构发生内保外贷履约的,在境外债务人偿清境内担保人承担的债务之前(因债务人破产、清算等原因导致其无法清偿债务的除外),未经外汇局批准,担保人必须暂停签订新的内保外贷合同。

(三)非银行机构提供内保外贷后未办理登记但需要办理担保履约的,担保人须先向外汇局申请办理内保外贷补登记,然后凭补登记文件到银行办理担保履约手续。外汇局在办理补登记前,应先移交外汇检查部门。

七、对外债权登记

(一)内保外贷发生担保履约的,成为对外债权人的境内担保人或境内反担保人,应办理对外债权登记。

对外债权人为银行的,通过资本项目信息系统报送对外债权相关信息。债权人为非银行机构的,应在担保履约后15个工作日内到所在地外汇局办理对外债权登记,并按规定办理与对外债权相关的变更、注销手续。

(二)对外债权人为银行时,担保项下债务人(或反担保人)主动履行对担保人还款义务的,债务人(或反担保人)、担保人可自行办理各自的付款、收款手续。债务人(或反担保人)由于各种原因不能主动履行付款义务的,担保人以合法手段从债务人(或反担保人)清收的资金,其币种与原担保履约币种不一致的,担保人可自行代债务人(或反担保人)办理相关汇兑手续。

(三)对外债权人为非银行机构时,其向债务人追偿所得资金为外汇的,在向银行说明资金来源、银行确认境内担保人已按照相关规定办理对外债权登记后可以办理结汇。

八、其他规定

（一）担保人办理内保外贷业务时，应对债务人主体资格、担保项下资金用途、预计的还款资金来源、担保履约的可能性及相关交易背景进行审核，对是否符合境内、外相关法律法规进行尽职调查，并以适当方式监督债务人按照其申明的用途使用担保项下资金。

（二）境内个人作为担保人，可参照境内非银行机构办理内保外贷业务。

（三）境内机构为境外机构（债务人）向其境外担保人提供的反担保，按内保外贷进行管理，提供反担保的境内机构须遵守本规定。境内机构按内保外贷规定为境外机构（债务人）提供担保时，其他境内机构为债务人向提供内保外贷的境内机构提供反担保，不按内保外贷进行管理，但需符合相关外汇管理规定。

（四）担保人对担保责任上限无法进行合理预计的内保外贷，如境内企业出具的不明确赔偿金额上限的项目完工责任担保，可以不办理登记，但经外汇局核准后可以办理担保履约手续。

第二部分　外保内贷外汇管理

一、境内非金融机构从境内金融机构借用贷款或获得授信额度，在同时满足以下条件的前提下，可以接受境外机构或个人提供的担保，并自行签订外保内贷合同：

（一）债务人为在境内注册经营的非金融机构；

（二）债权人为在境内注册经营的金融机构；

（三）担保标的为本外币贷款（不包括委托贷款）或有约束力的授信额度；

（四）担保形式符合境内、外法律法规。

未经批准，境内机构不得超出上述范围办理外保内贷业务。

二、境内债务人从事外保内贷业务，由发放贷款或提供授信额度的境内金融机构向外汇局的资本项目系统集中报送外保内贷业务数据。

三、发生外保内贷履约的，金融机构可直接与境外担保人办理担保履约收款。

境内债务人从事外保内贷业务发生担保履约的，在境内债务人偿清其对境外担保人的债务之前，未经外汇局批准，境内债务人应暂停签订新的外保内贷合同；已经签订外保内贷合同但尚未提款或全部提款的，未经所在地外汇局批准，应暂停办理新的提款。

境内债务人因外保内贷项下担保履约形成的对外负债，其未偿本金余额不得超过其上年度末经审计的净资产数额。超出上述限额的，须占用其自身的外债额度；外债额度仍然不够的，按未经批准擅自对外借款进行处理。

境内非银行金融机构为债权人，发生境外担保人履约的，境内非银行金融机构在办理国际收支间接申报时，应在申报单上填写该笔外保内贷登记时取得的业务编号。

境内债务人向债权人申请办理外保内贷业务时，应向债权人真实、完整地提供其已办理外保内贷业务的债务违约、外债登记及债务清偿情况。

四、外保内贷业务发生境外担保履约的，境内债务人应在担保履约后15个工作日内到所在地外汇局办理短期外债签约登记及相关信息备案。外汇局在外债签约登记环节对债务人外保内贷业务的合规性进行事后核查。发现违规的，在将违规行为移交外汇检查部门后,外汇局可为其办理外债登记手续。

因境外担保履约而申请办理外债登记的,债务人应当向外汇局提供以下材料:

(一)关于办理外债签约登记的书面申请报告(内容包括公司基本情况、外保内贷业务逐笔和汇总情况、本次担保履约情况及其他需要说明的事项)。

(二)担保合同复印件和担保履约证明文件(合同文本内容较多的,提供合同简明条款并加盖印章;合同为外文的,须提供中文翻译件并加盖债务人印章)。

(三)外商投资企业应提供批准证书、营业执照等文件,中资企业应提供营业执照。

(四)上年度末经审计的债务人财务报表。

(五)外汇局为核查外保内贷业务合规性、真实性而可能要求提供的其他材料(如境外债权人注册文件或个人身份证件)。

五、金融机构办理外保内贷履约,如担保履约资金与担保项下债务提款币种不一致而需要办理结汇或购汇的,应当向外汇局提出申请。金融机构办理境外担保履约款结汇(或购汇)业务,由其分行或总行汇总自身及下属分支机构的担保履约款结汇(或购汇)申请后,向其所在地外汇局集中提出申请。

金融机构提出的境外担保履约款结汇(或购汇)申请,由外汇局资本项目管理部门受理。金融机构作为债权人签订贷款担保合同时无违规行为的,外汇局可批准其担保履约款结汇(或购汇)。若金融机构违规行为属于未办理债权人集中登记等程序性违规的,外汇局可先允许其办理结汇(或购汇),再依据相关法规进行处理;金融机构违规行为属于超出现行政策许可范围等实质性违规且金融机构应当承担相应责任的,外汇局应先移交外汇检查部门,然后再批准其结汇(或购汇)。

六、金融机构申请担保履约款结汇(或购汇),应提交以下文件:

(一)申请书;

(二)外保内贷业务合同(或合同简明条款);

(三)证明结汇(或购汇)资金来源的书面材料;

(四)债务人提供的外保内贷履约项下外债登记证明文件(因清算、解散、债务豁免或其他合理因素导致债务人无法取得外债登记证明的,应当说明原因);

(五)外汇局认为必要的其他证明材料。

七、境外担保人向境内金融机构为境内若干债务人发放的贷款组合提供部分担保(风险分担),发生担保履约(赔付)后,如合同约定由境内金融机构代理境外担保人向债务人进行债务追偿,则由代理的金融机构向外汇局报送外债登记数据,其未偿本金余额不得超过该担保合同项下各债务人上年度末经审计的净资产数之和。

第三部分 物权担保外汇管理

一、外汇局仅对跨境担保涉及的资本项目外汇管理事项进行规范,但不对担保当事各方设定担保物权的合法性进行审查。担保当事各方应自行确认以下事项符合相关法律法规,包括但不限于:

(一)设定抵押(质押)权的财产或权利是否符合法律规定的范围;

(二)设定抵押(质押)权在法律上是否存在强制登记要求;

(三)设定抵押(质押)权是否需要前置部门的审批、登记或备案;

(四)设定抵押(质押)权之前是否应当对抵押或质押物进行价值评估或是否允许

超额抵押(质押)等；

（五）在实现抵押(质押)权时，国家相关部门是否对抵押(质押)财产或权利的转让或变现存在限制性规定。

二、担保人与债权人之间因提供抵押、质押等物权担保而产生的跨境收支和交易事项，已存在限制或程序性外汇管理规定的，应当符合规定。

国家对境内外机构或个人跨境获取特定类型资产(股权、债权、房产和其他类型资产等)存在限制性规定的，如境外机构从境内机构或另一境外机构获取境内资产，或境内机构从境外机构或另一境内机构获取境外资产，担保当事各方应自行确认担保合同履约不与相关限制性规定产生冲突。

三、当担保人与债权人分属境内、境外，或担保物权登记地(或财产所在地、收益来源地)与担保人、债权人的任意一方分属境内、境外时，境内担保人或境内债权人应按下列规定办理相关外汇管理手续：

（一）当担保人、债权人注册地或担保物权登记地(或财产所在地、收益来源地)至少有两项分属境内外时，担保人实现担保物权的方式应当符合相关法律规定。

（二）除另有明确规定外，担保人或债权人申请汇出或收取担保财产处置收益时，可直接向境内银行提出申请；银行在审核担保履约真实性、合规性并留存必要材料后，担保人或债权人可以办理相关购汇、结汇和跨境收支。

（三）相关担保财产所有权在担保人、债权人之间发生转让，按规定需要办理跨境投资外汇登记的，当事人应办理相关登记或变更手续。

四、担保人为第三方债务人向债权人提供物权担保，构成内保外贷或外保内贷的，应当按照内保外贷或外保内贷相关规定办理担保登记手续，并遵守相关限制性规定。

经外汇局登记的物权担保因任何原因而未合法设立，担保人应到外汇局注销相关登记。

五、境内非银行机构为境外债务人向境外债权人提供物权担保，外汇局在办理内保外贷登记时，应在内保外贷登记证明中简要记录其担保物权的具体内容。

外汇局在内保外贷登记证明中记录的担保物权具体事项，不成为设定相关抵押、质押等权利的依据，也不构成相关抵押或质押合同的生效条件。

六、境内机构为自身债务提供跨境物权担保的，不需要办理担保登记。担保人以法规允许的方式用抵押物折价清偿债务，或抵押权人变卖抵押物后申请办理对外汇款时，担保人参照一般外债的还本付息办理相关付款手续。

第四部分 跨境担保其他事项外汇管理

一、其他形式跨境担保

（一）其他形式跨境担保是指除前述内保外贷和外保内贷以外的其他跨境担保情形。包括但不限于：

1. 担保人在境内、债务人与债权人分属境内或境外的跨境担保；
2. 担保人在境外、债务人与债权人分属境内或境外的跨境担保；
3. 担保当事各方均在境内，担保物权登记地在境外的跨境担保；
4. 担保当事各方均在境外，担保物权登记地在境内的跨境担保。

（二）境内机构提供或接受其他形式跨境担保,在符合境内外法律法规和本规定的前提下,可自行签订跨境担保合同。除外汇局另有明确规定外,担保人、债务人不需要就其他形式跨境担保到外汇局办理登记或备案,无需向资本项目信息系统报送数据。

（三）境内机构办理其他形式跨境担保,应按规定办理与对外债权债务有关的外汇管理手续。担保项下对外债权或外债需要事前办理审批或登记手续的,应当办理相关手续。

（四）除另有明确规定外,境内担保人或境内债权人申请汇出或收取担保履约款时,可直接向境内银行提出申请;银行在审核担保履约真实性、合规性并留存必要材料后,担保人或债权人可以办理相关购汇、结汇和跨境收支。

（五）担保人在境内、债务人在境外,担保履约后构成对外债权的,应当办理对外债权登记;担保人在境外、债务人在境内,担保履约后发生境外债权人变更的,应当办理外债项下债权人变更登记手续。

（六）境内担保人向境内债权人支付担保履约款,或境内债务人向境内担保人偿还担保履约款的,因担保项下债务计价结算币种为外币而付款人需要办理境内外汇划转的,付款人可直接在银行办理相关付款手续。

二、境内债务人对外支付担保费,可按照服务贸易外汇管理有关规定直接向银行申请办理。

三、担保人、债务人不得在明知或者应知担保履约义务确定发生的情况下签订跨境担保合同。担保人、债务人和债权人可按照合理商业原则,依据以下标准判断担保合同是否具备明显的担保履约意图：

（一）签订担保合同时,债务人自身是否具备足够的清偿能力或可预期的还款资金来源；

（二）担保项下借款合同规定的融资条件,在金额、利率、期限等方面与债务人声明的借款资金用途是否存在明显不符；

（三）担保当事各方是否存在通过担保履约提前偿还担保项下债务的意图；

（四）担保当事各方是否曾经以担保人、反担保人或债务人身份发生过恶意担保履约或债务违约。

四、担保人、债务人、债权人向境内银行申请办理与跨境担保相关的购付汇和收结汇时,境内银行应当对跨境担保交易的背景进行尽职审查,以确定该担保合同符合中国法律法规和本规定。

五、具备以下条件之一的跨境承诺,不按跨境担保纳入外汇管理范围：

（一）该承诺不具有契约性质或不受法律约束；

（二）履行承诺义务的方式不包括现金交付或财产折价清偿等付款义务；

（三）履行承诺义务不会同时产生与此直接对应的对被承诺人的债权；

（四）国内有其他法规、其他部门通过其他方式进行有效管理,经外汇局明确不按跨境担保纳入外汇管理范围的跨境承诺,如境内银行在货物与服务进口项下为境内机构开立的即期和远期信用证、已纳入行业主管部门监管范围的信用保险等；

（五）一笔交易存在多个环节,但监管部门已在其中一个环节实行有效管理,经外汇局明确不再重复纳入规模和统计范围的跨境承诺,如境内银行在对外开立保函、开立信用证或发放贷款时要求境内客户提供的保证金或反担保;

（六）由于其他原因外汇局决定不按跨境担保纳入外汇管理范围的相关承诺。

不按跨境担保纳入外汇管理范围的相关承诺,不得以跨境担保履约的名义办理相关跨境收支。

六、跨境担保可分为融资性担保和非融资性担保。融资性担保是指担保人为融资性付款义务提供的担保,这些付款义务来源于具有融资合同一般特征的相关交易,包括但不限于普通借款、债券、融资租赁、有约束力的授信额度等。非融资性担保是指担保人为非融资性付款义务提供的担保,这些付款义务来源于不具有融资合同一般特征的交易,包括但不限于招投标担保、预付款担保、延期付款担保、货物买卖合同下的履约责任担保等。

七、外汇局对境内机构跨境担保业务进行核查和检查,担保当事各方、境内银行应按照外汇局要求提供相关资料。对未按本规定及相关规定办理跨境担保业务的,外汇局根据《中华人民共和国外汇管理条例》（以下简称《条例》）进行处罚。

（一）违反《跨境担保外汇管理规定》（以下简称《规定》）第十一条第（二）项规定,债务人将担保项下资金直接或间接调回境内使用的,按照《条例》第四十一条对担保人进行处罚。

（二）有下列情形之一的,按照《条例》第四十三条处罚:

1. 违反《规定》第八条规定,担保人办理内保外贷业务违反法律法规及相关部门规定的;

2. 违反《规定》第十条规定,担保人超出行业主管部门许可范围提供内保外贷的;

3. 违反《规定》第十二条规定,担保人未对债务人主体资格、担保项下资金用途、预计的还款资金来源、担保履约的可能性及相关交易背景进行审核,对是否符合境内、外相关法律法规未进行尽职调查,或未以适当方式监督债务人按照其申明的用途使用担保项下资金的;

4. 违反《规定》第十四条规定,担保人未经外汇局批准,在向债务人收回提供履约款之前签订新的内保外贷合同的;

5. 违反《规定》第十七条规定,未经批准,债务人、债权人超出范围办理外保内贷业务的;

6. 违反《规定》第十九条第一款规定,境内债务人未经外汇局批准,在偿清对境外担保人债务之前擅自签订新的外保内贷合同或办理新的提款的;

7. 违反《规定》第十九条第二款规定,境内债务人担保履约项下未偿本金余额超过其上年度末经审计的净资产数额的;

8. 违反《规定》第二十七条规定,担保人、被担保人明知或者应知担保履约义务确定发生的情况下仍然签订跨境担保合同的。

（三）有下列情形之一的,按照《条例》第四十七条处罚:

1. 违反《规定》第二十三条第（二）项规定,银行未审查担保履约真实性、合规性或留存必要材料的;

2. 违反《规定》第二十八条规定,境内银行对跨境担保交易的背景未进行尽职审查,以确定该担保交易符合中国法律法规和本规定的。

(四)有下列情形的,按照《条例》第四十八条处罚:

1. 违反《规定》第九条规定,担保人未按规定办理内保外贷登记的;

2. 违反《规定》第十三条规定,担保人未按规定办理内保外贷登记注销手续的;

3. 违反《规定》第十五条规定,担保人或反担保人未按规定办理对外债权登记手续的;

4. 违反《规定》第十八条规定,境内金融机构未按规定向外汇局报送外保内贷业务相关数据的;

5. 违反《规定》第十九条第三款规定,债务人办理外保内贷业务时未向债权人真实、完整地提供其已办理外保内贷业务的债务违约、外债登记及债务清偿情况的;

6. 违反《规定》第二十条规定,境内债务人未按规定到所在地外汇局办理短期外债签约登记及相关信息备案手续的;

7. 违反《规定》第二十三条第(三)项规定,当事人未按规定办理跨境投资外汇登记的;

8. 违反《规定》第二十四条第二款规定,担保人未到外汇局注销相关登记的。

(三)企业境外投资管理办法(节录)

(2017年12月26日国家发展和改革委员会令第11号公布
自2018年3月1日起施行)

第一章 总 则

第二条 本办法所称境外投资,是指中华人民共和国境内企业(以下称"投资主体")直接或通过其控制的境外企业,以投入资产、权益或提供融资、担保等方式,获得境外所有权、控制权、经营管理权及其他相关权益的投资活动。

前款所称投资活动,主要包括但不限于下列情形:

(一)获得境外土地所有权、使用权等权益;

(二)获得境外自然资源勘探、开发特许权等权益;

(三)获得境外基础设施所有权、经营管理权等权益;

(四)获得境外企业或资产所有权、经营管理权等权益;

(五)新建或改扩建境外固定资产;

(六)新建境外企业或向既有境外企业增加投资;

(七)新设或参股境外股权投资基金;

(八)通过协议、信托等方式控制境外企业或资产。

本办法所称企业,包括各种类型的非金融企业和金融企业。

本办法所称控制,是指直接或间接拥有企业半数以上表决权,或虽不拥有半数以上表决权,但能够支配企业的经营、财务、人事、技术等重要事项。

第三章 境外投资项目核准和备案

第一节 核准、备案的范围

第十三条 实行核准管理的范围是投资主体直接或通过其控制的境外企业开展的敏感类项目。核准机关是国家发展改革委。

本办法所称敏感类项目包括:

(一)涉及敏感国家和地区的项目;

(二)涉及敏感行业的项目。

本办法所称敏感国家和地区包括:

(一)与我国未建交的国家和地区;

(二)发生战争、内乱的国家和地区;

(三)根据我国缔结或参加的国际条约、协定等,需要限制企业对其投资的国家和地区;

(四)其他敏感国家和地区。

本办法所称敏感行业包括:

(一)武器装备的研制生产维修;

(二)跨境水资源开发利用;

(三)新闻传媒;

(四)根据我国法律法规和有关调控政策,需要限制企业境外投资的行业。

敏感行业目录由国家发展改革委发布。

第十四条 实行备案管理的范围是投资主体直接开展的非敏感类项目,也即涉及投资主体直接投入资产、权益或提供融资、担保的非敏感类项目。

实行备案管理的项目中,投资主体是中央管理企业(含中央管理金融企业、国务院或国务院所属机构直接管理的企业,下同)的,备案机关是国家发展改革委;投资主体是地方企业,且中方投资额3亿美元及以上的,备案机关是国家发展改革委;投资主体是地方企业,且中方投资额3亿美元以下的,备案机关是投资主体注册地的省级政府发展改革部门。

本办法所称非敏感类项目,是指不涉及敏感国家和地区且不涉及敏感行业的项目。

本办法所称中方投资额,是指投资主体直接以及通过其控制的境外企业为项目投入的货币、证券、实物、技术、知识产权、股权、债权等资产、权益以及提供融资、担保的总额。

本办法所称省级政府发展改革部门,包括各省、自治区、直辖市及计划单列市人民政府发展改革部门和新疆生产建设兵团发展改革部门。

第十七条 对项目所需前期费用(包括履约保证金、保函手续费、中介服务费、资源勘探费等)规模较大的,投资主体可以参照本办法第十三条、第十四条规定对项目前期费用提出核准、备案申请。经核准或备案的项目前期费用计入项目中方投资额。

第四节 核准、备案的效力、变更和延期

第三十二条 属于核准、备案管理范围的项目,投资主体应当在项目实施前取得项目核准文件或备案通知书。

本办法所称项目实施前,是指投资主体或其控制的境外企业为项目投入资产、权益(已按照本办法第十七条办理核准、备案的项目前期费用除外)或提供融资、担保之前。

第五章 法律责任

第五十七条 金融企业为属于核准、备案管理范围但未取得核准文件或备案通知书的项目提供融资、担保的,由国家发展改革委通报该违规行为并商请有关金融监管部门依法依规处罚该金融企业及有关责任人。

二、公证活动涉及担保的相关规范

（一）最高人民法院、司法部、中国银监会关于充分发挥公证书的强制执行效力服务银行金融债权风险防控的通知

（2017年7月13日发布并施行　司发通〔2017〕76号）

各省、自治区、直辖市高级人民法院、司法厅（局），解放军军事法院，新疆维吾尔自治区高级人民法院生产建设兵团分院、新疆生产建设兵团司法局；各银监局，各政策性银行、大型银行、股份制银行，邮储银行，外资银行，金融资产管理公司，其他有关金融机构：

为进一步加强金融风险防控，充分发挥公证作为预防性法律制度的作用，提高银行业金融机构金融债权实现效率，降低金融债权实现成本，有效提高银行业金融机构防控风险的水平，现就在银行业金融机构经营业务中进一步发挥公证书的强制执行效力，服务银行金融债权风险防控通知如下：

一、公证机构可以对银行业金融机构运营中所签署的符合《公证法》第 **37 条**[①]规定的以下债权文书赋予强制执行效力：

（一）各类融资合同，包括各类授信合同、借款合同、委托贷款合同、信托贷款合同等各类贷款合同，票据承兑协议等各类票据融资合同，融资租赁合同，保理合同，开立信用证合同，信用卡融资合同（包括信用卡合约及各类分期付款合同）等；

（二）债务重组合同、还款合同、还款承诺等；

（三）各类担保合同、保函；

（四）符合本通知第二条规定条件的其他债权文书。

二、公证机构对银行业金融机构运营中所签署的合同赋予强制执行效力应当具备以下条件：

（一）债权文书具有给付货币、物品、有价证券的内容；

（二）债权债务关系明确，债权人和债务人对债权文书有关给付内容无疑义；

[①] 《公证法》第三十七条规定：对经公证的以给付为内容并载明债务人愿意接受强制执行承诺的债权文书，债务人不履行或者履行不适当的，债权人可以依法向有管辖权的人民法院申请执行。前款规定的债权文书确有错误的，人民法院裁定不予执行，并将裁定书送达双方当事人和公证机构。

（三）债权文书中载明债务人不履行义务或不完全履行义务时，债务人愿意接受依法强制执行的承诺。该项承诺也可以通过承诺书或者补充协议等方式在债权文书的附件中载明。

二、银行业金融机构申办强制执行公证，应当协助公证机构完成对当事人身份证明、财产权利证明等与公证事项有关材料的收集、核实工作；根据公证机构的要求通过修改合同、签订补充协议或者由当事人签署承诺书等方式将债务人、担保人愿意接受强制执行的承诺、出具执行证书前的核实方式、公证费和实现债权的其他费用的承担等内容载入公证的债权文书中。

四、公证机构在办理赋予各类债权文书强制执行效力的公证业务中应当严格遵守法律、法规规定的程序，切实做好当事人身份、担保物权属、当事人内部授权程序、合同条款及当事人意思表示等审核工作，确认当事人的签约行为的合法效力，告知当事人申请赋予债权文书强制执行效力的法律后果，提高合同主体的履约意识，预防和降低金融机构的操作风险。

五、银行业金融机构申请公证机构出具执行证书应当在《中华人民共和国民事诉讼法》第二百三十九条所规定的执行期间内提出申请，并应当向公证机构提交经公证的具有强制执行效力的债权文书、申请书、合同项下往来资金结算的明细表以及其他与债务履行相关的证据，并承诺所申请强制执行的债权金额或者相关计算公式准确无误。

六、公证机构受理银行业金融机构提出出具执行证书的申请后，应当按照法律法规规定的程序以及合同约定的核实方式进行核实，确保执行证书载明的债权债务明确无误，尽力减少执行争议的发生。

公证机构对符合条件的申请，应当在受理后十五个工作日内出具执行证书，需要补充材料、核实相关情况所需的时间不计算在期限内。

七、执行证书应当载明被执行人、执行标的、申请执行的期限。因债务人不履行或不完全履行而发生的违约金、利息、滞纳金等，以及按照债权文书的约定由债务人承担的公证费等实现债权的费用，有明确数额或计算方法的，可以根据银行业金融机构的申请依法列入执行标的。

八、人民法院支持公证机构对银行业金融机构的各类债权文书依法赋予强制执行效力，加大对公证债权文书的执行力度，银行业金融机构提交强制执行申请书、赋予债权文书强制执行效力公证书及执行证书申请执行公证债权文书符合法律规定条件的，人民法院应当受理，切实保障银行业金融机构快速实现金融债权，防范金融风险。

九、被执行人提出执行异议的银行业金融机构执行案件，人民法院经审查认为相关公证债权文书确有错误的，裁定不予执行。个别事项执行标的不明确，但不影响其他事项执行的，人民法院应对其他事项予以执行。

十、各省（区、市）司法行政部门要会同价格主管部门合理确定银行业金融债权文书强制执行公证的收费标准。公证机构和银行业金融机构协商一致的，可以在办理债权文书公证时收取部分费用，出具执行证书时收齐其余费用。

十一、银行业监督管理机构批准设立的其他金融机构，以及经国务院银行业监督管理机构公布的地方资产管理公司,参照本通知执行。

最高人民法院 司法部 中国银监会
2017 年 7 月 13 日

(二) 办理具有强制执行效力债权文书公证及出具执行证书的指导意见

(中国公证协会第五届常务理事会第五次会议通过 2008 年 4 月 23 日发布并施行)

第一条 为了规范公证机构办理具有强制执行效力的债权文书公证及出具执行证书活动,根据《中华人民共和国民事诉讼法》《中华人民共和国公证法》《公证程序规则》和《最高人民法院、司法部关于公证机关赋予强制执行效力的债权文书执行有关问题的联合通知》(以下简称《联合通知》)的有关规定,制定本指导意见。

第二条 当事人申请办理具有强制执行效力的债权文书公证,应当由债权人和债务人共同向公证机构提出。涉及第三人担保的债权文书,担保人(包括保证人、抵押人、出质人、反担保人,下同)承诺愿意接受强制执行的,担保人应当向公证机构提出申请。

申请出具执行证书由债权人向公证机构提出。

第三条 公证机构办理具有强制执行效力的债权文书公证,债权文书应当以给付为内容,具体范围为《联合通知》第二条[①]规定的债权文书。

第四条 符合《联合通知》第二条规定未经公证的债权文书,当事人就履行过程中出现的争议或者违约订立新的协议,并就新的协议共同向公证机构申请办理具有强制执行效力债权文书公证的,公证机构可以受理,但应当要求当事人提供原债权真实、合法的证明材料,并对证明材料采取适当的方式进行核实。

第五条 申请办理具有强制执行效力公证的债权文书应当对债权债务的标的、数额(包括违约金、利息、滞纳金)及计算方法、履行期限、地点和方式约定明确。

当事人互为给付、债权文书附条件或者附期限,以及债权债务的数额(包括违约金、利息、滞纳金)、期限不固定的情形不属于债权债务关系不明确。

第六条 当事人申请办理具有强制执行效力的债权文书公证,债权文书中应当载明当债务人(包括担保人)不履行或者不适当履行义务时,其愿意接受强制执行的承诺。

债务人(包括担保人)仅在债权文书的附件(包括补充条款、承诺书)中载明愿意接受强制执行承诺的,当事人应当在附件上签名(盖章)。该附件应当与债权文书一并装

[①] 《联合通知》规定:二、公证机关赋予强制执行效力的债权文书的范围:(一)借款合同、借用合同、无财产担保的租赁合同;(二)赊欠货物的债权文书;(三)各种借据、欠单;(四)还款(物)协议;(五)以给付赡养费、扶养费、抚育费、学费、赔(补)偿金为内容的协议;(六)符合赋予强制执行效力条件的其他债权文书。

订在公证书中。

当事人在公证申请表、询问笔录等债权文书(包括附件)以外的其他文书上所作的愿意接受强制执行的承诺,不宜单独作为公证机构办理具有强制执行效力的债权文书公证的依据。

第七条　债务人(包括担保人)的委托代理人代理申办公证时,在债权文书中增设愿意接受强制执行承诺条款的,其授权委托书中应当包括授权增设愿意接受强制执行承诺的内容,或者包括授权申办具有强制执行效力债权文书公证的内容,或者包括授权代理签订合同的内容。

第八条　公证机构办理具有强制执行效力的债权文书公证,除需要按照《公证程序规则》规定的事项进行审查外,还应当重点审查下列事项:

(一)债务人(包括担保人)愿意接受强制执行的承诺是否明确,债务人(包括担保人)对做出愿意接受强制执行承诺的法律意义和后果是否清楚;

(二)债权债务关系是否明确,债权人和债务人(包括担保人)对债权文书的下列给付内容是否无疑义:

1. 债权债务的标的、数额(包括违约金、利息、滞纳金)及计算方法、履行期限、地点和方式;

2. 债务为分期履行的,对分期履行债务的强制执行的条件和范围的约定。

(三)对核实债务不履行或者不适当履行的方式所作的约定是否明确。

第九条　公证机构可以指导当事人就出具执行证书过程中双方当事人的举证责任和对债务人(包括担保人)不履行或者不适当履行债务的核实方式做出约定。债务人(包括担保人)可以约定采用"公证处信函核实"或者"公证处电话(传真)核实"等核实方式。该约定可以记载在债权文书或者其附件(包括补充条款、承诺书)中。

"公证处信函核实"方式是指公证机构在出具执行证书前,应当根据当事人约定的寄送方式和通讯地址向债务人(包括担保人)以信函方式核实债务人(包括担保人)不履行或者不适当履行债务的事实。

"公证处电话(传真)核实"方式是指公证机构在出具执行证书前,应当根据当事人约定的通讯号码向债务人(包括担保人)以电话(传真)方式核实债务人(包括担保人)不履行或者不适当履行债务的事实。

第十条　公证机构办理具有强制执行效力的债权文书公证,除需要按照《公证程序规则》规定向当事人进行告知外,还应当重点告知下列内容:

(一)申办具有强制执行效力债权文书公证的法律意义和后果;

(二)债权人申请出具执行证书的程序、期限和举证责任;

(三)债务人(包括担保人)对债权人申请出具执行证书提出异议的程序、期限和举证责任。

公证机构告知上述内容可以采用告知书、询问笔录等方式,书面告知应当由当事人签名。

第十一条　债权人向公证机构申请出具执行证书,应当提交下列材料:

(一)申请公证机构出具执行证书的申请书,申请书应当包括债权人保证所提交证明材料真实的承诺;

（二）经公证的具有强制执行效力的债权文书；

（三）委托代理人的，提交授权委托书；

（四）已履行了债权文书约定义务的证明材料。

债权人如有债务人（包括担保人）不履行或者不适当履行债务的证明材料，应当向公证机构提交。

第十二条 公证机构出具执行证书，除需要按照《**联合通知**》**第五条**①规定的内容进行审查外，还应当重点审查下列内容：

（一）债权人提交的已按债权文书约定履行了义务的证明材料是否充分、属实；

（二）向债务人（包括担保人）核实其对债权文书载明的履行义务有无疑义，以及债权人提出的债务人（包括担保人）不履行或者不适当履行债务的主张是否属实。

第十三条 公证机构在出具执行证书前，对债务人（包括担保人）不履行或者不适当履行债务的事实进行核实时，当事人对核实方式有约定的，应当按照当事人约定的方式核实；当事人没有约定的，可以依据本指导意见第九条的规定自行决定核实方式。

公证机构按照当事人约定的方式进行核实时，无法与债务人（包括担保人）取得联系，或者债务人（包括担保人）未按约定方式回复，或者债务人（包括担保人）回复时提出异议但未能提出充分证明材料，不影响公证机构按照法定程序出具执行证书。

第十四条 有下列情形之一的，公证机构不予出具执行证书：

（一）债权人未能对其已经履行义务的主张提出充分的证明材料；

（二）债务人（包括担保人）对其已经履行义务的主张提出了充分的证明材料；

（三）公证机构无法在法律规定的执行期限内完成核实；

（四）人民法院已经受理了当事人就具有强制执行效力的债权文书提起的诉讼。

第十五条 公证机构在出具执行证书时，应当向债权人告知其向有管辖权的人民法院申请执行的期限。

第十六条 公证机构出具执行证书后，应当将核实债权文书履行状况的过程和结果制作成询问笔录、工作记录等书面材料归档保存。

第十七条 公证机构办理具有强制执行效力的债权文书公证及出具执行证书，应当注意下列问题：

（一）可以要求当事人在债权文书、询问笔录和告知书上捺指印；

（二）债权文书涉及股权、不动产的，以查阅登记机构档案的方式进行核实；

（三）信函核实宜采用国家邮政机构寄送的方式；

（四）电话（传真）核实宜以录像、录音的方式保全核实过程；

（五）对民间借贷、非金融机构的还款协议，以及《联合通知》第二条第（六）项规定的其他债权文书、第三条第二款规定的债权文书办理具有强制执行效力公证的，宜更加谨慎；

---

① 《联合通知》规定：五、公证机关签发执行证书应当注意审查以下内容：

（一）不履行或不完全履行的事实确实发生；

（二）债权人履行合同义务的事实和证据，债务人依照债权文书已经部分履行的事实；

（三）债务人对债权文书规定的履行义务有无疑义。

（六）当事人对债权文书中的修改、补充内容应当记载在债权文书中或者另行订立补充条款，不得以载入询问笔录代替。

第十八条 本指导意见由中国公证协会常务理事会负责解释。

（三）公证机构办理抵押登记办法

（2002年2月20日司法部办公会议通过并发布施行
中华人民共和国司法部令第68号）

第一条 为规范公证机构的抵押登记活动，根据《中华人民共和国担保法》和《中华人民共和国公证暂行条例》等规定，制定本办法。

第二条 《中华人民共和国担保法》第四十三条第二款规定的公证部门为依法设立的公证机构。

第三条 《中华人民共和国担保法》第四十三条规定的"**其他财产**"包括下列内容：

（一）个人、事业单位、社会团体和其他**非企业组织**所有的机械设备、牲畜等**生产资料**；

（二）位于农村的个人私有房产；

（三）个人所有的家具、家用电器、金银珠宝及其制品等**生活资料**；

（四）其他除《中华人民共和国担保法》第三十七条和第四十二条规定之外的财产。

当事人以前款规定的财产抵押的，**抵押人所在地的公证机构为登记部门**，公证机构办理登记适用本办法规定。

第四条[①] 以《中华人民共和国担保法》第四十二条第（二）项的规定的财产抵押，县级以上地方人民政府规定由公证机构登记的；以及法律、法规规定的抵押合同自公证机构办理登记之日起生效的，公证机构办理登记适用本办法规定。

第五条 以本办法第三条规定的财产抵押的，抵押权人自公证机构出具《抵押登记证书》之日起获得对抗第三人的权利。

以本办法第四条规定的财产抵押的，抵押合同自公证机构出具《抵押登记证书》之日起生效。

第六条 申办抵押登记，由抵押合同双方当事人共同提出申请，并填写《抵押登记申请表》。

《抵押登记申请表》应载明下列内容：

（一）申请人为个人的，应载明其姓名、性别、出生日期、身份证明号码、工作单位、住址、联系方式等；申请人为法人或其他组织的，应载明法人或其他组织的名称、地址、法定代表人或负责人和代理人的姓名、性别、职务、联系方式；

（二）主合同和抵押合同的名称；

[①] 关于城市房地产抵押登记机关，目前实践中一般由不动产管理部门登记。

（三）被担保的主债权的种类、数额；
（四）抵押物的名称、数量、质量、状况、所在地、所有权或者使用权权属；
（五）债务人履行债务的期限；
（六）抵押担保的范围；
（七）抵押物属再次抵押的，应载明再次抵押的情况；
（八）申请抵押登记的日期；
（九）其他需要说明的问题。
申请人应当在申请表上签名或盖章。

第七条 申请人应向公证机构提交下列材料：
（一）申请人和代理人的身份、资格证明；
（二）主合同、抵押合同及其他相关合同；
（三）以本办法第四条规定的财产抵押的，应提交抵押物所有权或者使用权证书；以本办法第三条规定的财产抵押的，应提交抵押物所有权或者使用权证书或其他证明材料；
（四）抵押物清单；
（五）与抵押登记事项有关的其他材料。

第八条 符合下列条件的申请，公证机构应予以受理：
（一）申请抵押登记的财产符合本办法第三条、第四条的规定；
（二）抵押登记事项属于本公证机构管辖；
（三）本办法第七条所列各项材料齐全。
公证机构不予受理的，应记录在案，并及时告知申请人。

第九条 公证机构应当在受理之日起5个工作日内审查完毕，并决定是否予以登记。

第十条 有下列情形之一的，公证机构不予办理抵押登记：
（一）申请人提交的材料无效；
（二）申请人对抵押物的名称、数量、质量、状况、所在地、所有权或者使用权权属存在争议；
（三）以法律、法规规定的不得抵押的财产设定抵押的。
对不予登记的，公证机构应记录在案，并书面告知申请人。

第十一条 公证机构决定予以登记的，应向当事人出具《抵押登记证书》。
《抵押登记证书》应载明下列内容：
（一）抵押人、抵押权人的姓名、身份证明号码或名称、单位代码、地址；
（二）抵押担保的主债权的种类、数额；
（三）抵押物的名称、数量、质量、状况、所在地、所有权或者使用权权属；
（四）债务人履行债务的期限；
（五）抵押担保的范围；
（六）再次抵押情况；
（七）抵押登记的日期；
（八）其他事项。

第十二条 公证机构办理房地产抵押登记的,应在出具《抵押登记证书》后告知房地产管理部门。

第十三条 办理抵押登记的公证机构应配备计算机,录入抵押登记信息,并设立书面登录簿,登录本公证机构办理抵押登记的资料。

办理抵押登记的公证机构应及时与其他公证机构交换抵押登记信息,信息的交换办法由各省、自治区、直辖市司法厅(局)制定。

第十四条 当事人变更抵押合同向公证机构申请变更登记,经审查符合抵押登记规定的,公证机构应予以办理变更抵押登记。

当事人变更抵押合同未办理变更抵押登记的,自行变更后的抵押不发生《中华人民共和国担保法》规定的抵押登记效力。

第十五条 当事人履行完毕主债务或提前终止、解除抵押合同向公证机构申请办理注销登记的,公证机构应予以办理注销抵押登记。

第十六条 公证机构办理抵押登记,按规定收取抵押登记费。抵押登记费由当事人双方共同承担或从约定。

第十七条 当事人及有关人员可以查阅、抄录或复印抵押登记的资料,但应按规定交纳费用。

第十八条 以承包经营权等合同权益、应收账款或未来可得权益进行物权担保的,公证机构办理登记可比照本办法执行。

第十九条 本办法由司法部解释。

第二十条 本办法自发布之日起施行。

(四) 抵押贷款合同公证程序细则

(1992年12月31日司法部发布并施行　司发〔1992〕015号)

第一条 为规范抵押贷款合同公证,保证办证质量,根据《中华人民共和国公证暂行条例》、《借款合同条例》、《公证程序规则(试行)》及有关规定,制定本细则。

第二条 抵押贷款合同公证是公证机关依法证明当事人签订的抵押贷款合同的真实性、合法性的活动。

第三条 本细则适用于银行或其他金融机构与以自己所有或经营管理的财产提供抵押担保的借款人之间签订的抵押贷款合同公证。

第四条 抵押贷款合同公证由当事人住所地或合同签订地的公证处管辖。

抵押物为不动产的,也可以由不动产所在地的公证处管辖。

第五条 申请人应填写公证申请表,并向公证处提交下列材料:

(一) 法人资格证明和法定代表人身份证明及本人身份证件,代为申请的应提交授权委托书和本人身份证件;

(二) 贷款方的《经营金融业务许可证》;

（三）抵押贷款合同草本及其附件；

（四）抵押财产清单、抵押财产所有权或经营管理权证明；

（五）抵押财产为土地使用权的，提交土地使用权证明；

（六）抵押财产为共有的，提交其他共有人同意抵押的证明；

（七）法律、法规或规章规定该项抵押需经有关主管部门批准的，提交有关主管部门的批准文件；

（八）公证员认为应当提交的其他材料。

第六条 抵押贷款合同应具备下列条款：

（一）借款人、贷款人的名称、地址、法定代表人或代表人的姓名、借款人的开户银行及账号、合同签订日期、地点、合同生效日期；

（二）贷款的用途；

（三）贷款的币种、金额、期限和利率；

（四）贷款的支付及偿还本息的时间、方法；

（五）抵押财产的名称、数量、质量、规格、处所、使用权属及使用期限；

（六）抵押财产现值；

（七）抵押财产及其产权证书的占管方式、占管责任、毁损和灭失的风险负担和救济方法；

（八）抵押财产投保的险种、期限；

（九）抵押财产的处理方式和期限；

（十）违约责任及争议解决方法；

（十一）借贷双方商定的其他条款。

双方当事人可以在合同中约定，借款人违约时，贷款人可以申请公证机关出具强制执行证书，向人民法院申请强制执行借款人的抵押财产。

第七条 符合下列条件的申请，公证处应予受理，并书面通知当事人：

（一）申请人为该抵押贷款合同的借款人和贷款人；

（二）申请公证事项符合本细则第三条规定的范围；

（三）申请公证事项属于本公证处管辖；

（四）本细则第五条规定的材料基本齐全。

不符合前款规定条件的申请，公证处应作出不予受理的决定，通知当事人，并告知对不受理不服的复议程序。

受理或不受理的决定，应在本细则第五条所列材料基本齐全后的七日内作出。

第八条 公证员接待申请人，应按《公证程序规则（试行）》第二十四条的规定认真制作谈话笔录，重点记录下列内容：

（一）合同签订的有关情况；

（二）抵押财产的现值及归属、使用情况；

（三）各方对合同中规定的权利、义务及后果是否明确，有无修改、补充意见；

（四）公证员对合同的修改、补充建议及当事人对该建议的意见；

（五）公证费的负担及支付方式；

（六）公证员认为应当询问的其他情况。

第九条 办理抵押贷款合同公证,公证员应按《公证程序规则(试行)》第二十三条的规定进行审查,重点审查下列内容:
(一)本细则第五条所列材料是否齐全、属实。
(二)合同条款是否完善、合法,文字表述是否清楚、准确。
(三)贷款人是否具有发放本次贷款的权利。
(四)贷款的用途是否符合规定。
(五)借款人对抵押财产是否有所有权或经营管理权。
(六)抵押财产是否为法律所允许抵押。
下列财产不得抵押:
1. 法律、法规或规章禁止买卖或转让的财产;
2. 所有权有争议的财产;
3. 被依法查封、扣押或采取诉讼保全措施的财产;
4. 应履行法定登记手续而未登记的财产;
5. 无法强制执行的财产;
6. 法律、法规或规章禁止抵押的其他财产。
(七)抵押率是否符合有关规定。
(八)抵押财产是否有重复抵押,已设定抵押的,抵押财产的余值能否承担本次贷款的抵押责任。
(九)抵押财产为共有的,其他共有人是否同意。
(十)法律、法规或规章规定该项抵押需经有关主管部门批准的,是否已获批准。
(十一)合同中有强制执行约定的,当事人对该项约定的法律后果是否明确,意思表示是否真实。
第十条 公证员认为必要时,可以对抵押财产进行勘验、清点、评估。
第十一条 符合下列条件的抵押贷款合同,公证处应按《公证程序规则(试行)》规定的程序和期限出具公证书:
(一)贷款人、借款人符合贷款、借款的条件;
(二)当事人的意思表示真实;
(三)合同内容真实、合法。
合同中有强制执行约定的,公证处应赋予该公证书以强制执行的效力。
第十二条 不符合前条第一款规定条件的,公证处应当拒绝公证。拒绝公证的,公证处应在办证期限内将拒绝的理由书面通知当事人,并告之对拒绝不服的复议程序。
第十三条 公证处应设立抵押登记簿。对已办结公证的抵押贷款合同,公证处应对抵押财产的名称、数量、现值、处所、所有人或经营管理人、权益的有效期限等内容进行专项登记。
抵押登记可按规定查询。
第十四条 以第三人所有或经营管理的财产提供抵押担保的抵押贷款合同公证,参照本细则办理。
第十五条 本细则由司法部负责解释。
第十六条 本细则自下发之日起施行。

三、典当的相关规范

（一）典当管理办法

(2005年2月9日发布　自2005年4月1日起施行
商务部、公安部2005年第8号令)

第一章　总　　则

第一条　为规范典当行为，加强监督管理，促进典当业规范发展，根据有关法律规定，制定本办法。

第二条　在中华人民共和国境内设立典当行，从事典当活动，适用本办法。

第三条　本办法所称典当，是指当户将其动产、财产权利作为当物质押或者将其房地产作为当物抵押给典当行，交付一定比例费用，取得当金，并在约定期限内支付当金利息、偿还当金、赎回当物的行为。

本办法所称典当行，是指依照本办法设立的专门从事典当活动的企业法人，其组织形式与组织机构适用《中华人民共和国公司法》的有关规定。

第四条　商务主管部门对典当业实施监督管理，公安机关对典当业进行治安管理。

第五条　典当行的名称应当符合企业名称登记管理的有关规定。典当行名称中的行业表述应当标明"典当"字样。其他任何经营性组织和机构的名称不得含有"典当"字样，不得经营或者变相经营典当业务。

第六条　典当行从事经营活动，应当遵守法律、法规和规章，遵循平等、自愿、诚信、互利的原则。

第二章　设　　立

第七条　申请设立典当行，应当具备下列条件：
（一）有符合法律、法规规定的章程；
（二）有符合本办法规定的最低限额的注册资本；
（三）有符合要求的营业场所和办理业务必需的设施；
（四）有熟悉典当业务的经营管理人员及鉴定评估人员；
（五）有两个以上法人股东，且法人股相对控股；
（六）符合本办法第九条和第十条规定的治安管理要求；

（七）符合国家对典当行统筹规划、合理布局的要求。

第八条 典当行注册资本最低限额为 300 万元；从事房地产抵押典当业务的，注册资本最低限额为 500 万元；从事财产权利质押典当业务的，注册资本最低限额为 1000 万元。

典当行的注册资本最低限额应当为股东实缴的货币资本，不包括以实物、工业产权、非专利技术、土地使用权作价出资的资本。

第九条 典当行应当建立、健全以下安全制度：

（一）收当、续当、赎当查验证件（照）制度；

（二）当物查验、保管制度；

（三）通缉协查核对制度；

（四）可疑情况报告制度；

（五）配备保安人员制度。

第十条 典当行房屋建筑和经营设施应当符合国家有关安全标准和消防管理规定，具备下列安全防范设施：

（一）经营场所内设置录像设备（录像资料至少保存 2 个月）；

（二）营业柜台设置防护设施；

（三）设置符合安全要求的典当物品保管库房和保险箱（柜、库）；

（四）设置报警装置；

（五）门窗设置防护设施；

（六）配备必要的消防设施及器材。

第十一条 设立典当行，申请人应当向拟设典当行所在地设区的市（地）级商务主管部门提交下列材料：

（一）设立申请（应当载明拟设典当行的名称、住所、注册资本、股东及出资额、经营范围等内容）及可行性研究报告；

（二）典当行章程、出资协议及出资承诺书；

（三）典当行业务规则、内部管理制度及安全防范措施；

（四）具有法定资格的验资机构出具的验资证明；

（五）档案所在单位人事部门出具的个人股东、拟任法定代表人和其他高级管理人员的简历；

（六）具有法定资格的会计师事务所出具的法人股东近期财务审计报告及出资能力证明、法人股东的董事会（股东会）决议及营业执照副本复印件；

（七）符合要求的营业场所的所有权或者使用权的有效证明文件；

（八）工商行政管理机关核发的《企业名称预先核准通知书》。

第十二条 具备下列条件的典当行可以跨省（自治区、直辖市）设立分支机构：

（一）经营典当业务三年以上，注册资本不少于人民币 1500 万元；

（二）最近两年连续盈利；

（三）最近两年无违法违规经营记录。

典当行的分支机构应当执行本办法第九条规定的安全制度，具备本办法第十条规定的安全防范设施。

第十三条 典当行应当对每个分支机构拨付不少于 500 万元的营运资金。

典当行各分支机构营运资金总额不得超过典当行注册资本的 50%。

第十四条 典当行申请设立分支机构,应当向拟设分支机构所在地设区的市(地)级商务主管部门提交下列材料:

(一)设立分支机构的申请报告(应当载明拟设立分支机构的名称、住所、负责人、营运资金数额等)、可行性研究报告、董事会(股东会)决议;

(二)具有法定资格的会计师事务所出具的该典当行最近两年的财务会计报告;

(三)档案所在地人事部门出具的拟任分支机构负责人的简历;

(四)符合要求的营业场所的所有权或者使用权的有效证明文件;

(五)省级商务主管部门及所在地县级人民政府公安机关出具的最近两年无违法违规经营记录的证明。

第十五条 收到设立典当行或者典当行申请设立分支机构的申请后,设区的市(地)级商务主管部门应当报省级商务主管部门审核,省级商务主管部门将审核意见和申请材料报送商务部,由商务部批准并颁发《典当经营许可证》。省级商务主管部门应当在收到商务部批准文件后 5 日(工作日,下同)内将有关情况通报同级人民政府公安机关。省级人民政府公安机关应当在 5 日内将通报情况通知设区的市(地)级人民政府公安机关。

第十六条 申请人领取《典当经营许可证》后,应当在 10 日内向所在地县级人民政府公安机关申请典当行《特种行业许可证》,并提供下列材料:

(一)申请报告;

(二)《典当经营许可证》及复印件;

(三)法定代表人、个人股东和其他高级管理人员的简历及有效身份证件复印件;

(四)法定代表人、个人股东和其他高级管理人员的户口所在地县级人民政府公安机关出具的无故意犯罪记录证明;

(五)典当行经营场所及保管库房平面图、建筑结构图;

(六)录像设备、防护设施、保险箱(柜、库)及消防设施安装、设置位置分布图;

(七)各项治安保卫、消防安全管理制度;

(八)治安保卫组织或者治安保卫人员基本情况。

第十七条 所在地县级人民政府公安机关受理后应当在 10 日内将申请材料及初步审核结果报设区的市(地)级人民政府公安机关审核批准,设区的市(地)级人民政府公安机关应当在 10 日内审核批准完毕。经批准的,颁发《特种行业许可证》。

设区的市(地)级人民政府公安机关直接受理的申请,应当在 20 日内审核批准完毕。经批准的,颁发《特种行业许可证》。

设区的市(地)级人民政府公安机关应当在发证后 5 日内将审核批准情况报省级人民政府公安机关备案;省级人民政府公安机关应当在 5 日内将有关情况通报同级商务主管部门。

申请人领取《特种行业许可证》后,应当在 10 日内到工商行政管理机关申请登记注册,领取营业执照后,方可营业。

第三章 变更、终止

第十八条 典当行变更机构名称、注册资本(变更后注册资本在 5000 万元以上的除外)、法定代表人、在本市(地、州、盟)范围内变更住所、转让股份(对外转让股份累计达 50％以上的除外)的,应当经省级商务主管部门批准。省级商务主管部门应当在批准后 20 日内向商务部备案。商务部于每年 6 月、12 月集中换发《典当经营许可证》。

典当行分立、合并、跨市(地、州、盟)迁移住所、对外转让股份累计达 50％以上以及变更后注册资本在 5000 万元以上的,应当经省级商务主管部门同意,报商务部批准,并换发《典当经营许可证》。

申请人领取《典当经营许可证》后,依照本办法第十七条的有关规定申请换发《特种行业许可证》和营业执照。

第十九条 典当行增加注册资本应当符合下列条件:
(一)与开业时间或者前一次增资相隔的时间在一年以上;
(二)一年内没有违法违规经营记录。

第二十条 典当行变更注册资本或者调整股本结构,新进入的个人股东和拟任高级管理人员应当接受资格审查;新进入的法人股东及增资的法人股东应当具备相应的投资能力与投资资格。

第二十一条 无正当理由未按照规定办理《特种行业许可证》及营业执照的,或者自核发营业执照之日起无正当理由超过 6 个月未营业,或者营业后自行停业连续达 6 个月以上的,省级商务主管部门、设区的市(地)级人民政府公安机关应当分别收回《典当经营许可证》、《特种行业许可证》,原批准文件自动撤销。收回的《典当经营许可证》应当交回商务部。

省级商务主管部门收回《典当经营许可证》,或者设区的市(地)级人民政府公安机关收回《特种行业许可证》的,应当在 10 日内通过省级人民政府公安机关相互通报情况。

许可证被收回后,典当行应当依法向工商行政管理机关申请注销登记。

第二十二条 典当行解散应当提前 3 个月向省级商务主管部门提出申请,经批准后,应当停止除赎当和处理绝当物品以外的其他业务,并依法成立清算组,进行清算。

第二十三条 典当行清算结束后,清算组应当将清算报告报省级商务主管部门确认,由省级商务主管部门收回《典当经营许可证》,并在 5 日内通报同级人民政府公安机关。

省级人民政府公安机关应当在 5 日内通知作出原批准决定的设区的市(地)级人民政府公安机关收回《特种行业许可证》。

典当行在清算结束后,应当依法向工商行政管理机关申请注销登记。

第二十四条 省级商务主管部门对终止经营的典当行应当予以公告,并报商务部备案。

第四章 经 营 范 围

第二十五条 经批准,典当行可以经营下列业务:
(一)动产质押典当业务;
(二)财产权利质押典当业务;
(三)房地产(外省、自治区、直辖市的房地产或者未取得商品房预售许可证的在建工程除外)抵押典当业务;
(四)限额内绝当物品的变卖;
(五)鉴定评估及咨询服务;
(六)商务部依法批准的其他典当业务。

第二十六条 典当行不得经营下列业务:
(一)非绝当物品的销售以及旧物收购、寄售;
(二)动产抵押业务;
(三)集资、吸收存款或者变相吸收存款;
(四)发放信用贷款;
(五)未经商务部批准的其他业务。

第二十七条 典当行不得收当下列财物:
(一)依法被查封、扣押或者已经被采取其他保全措施的财产;
(二)赃物和来源不明的物品;
(三)易燃、易爆、剧毒、放射性物品及其容器;
(四)管制刀具、枪支、弹药,军、警用标志、制式服装和器械;
(五)国家机关公文、印章及其管理的财物;
(六)国家机关核发的除物权证书以外的证照及有效身份证件;
(七)当户没有所有权或者未能依法取得处分权的财产;
(八)法律、法规及国家有关规定禁止流通的自然资源或者其他财物。

第二十八条 典当行不得有下列行为:
(一)从商业银行以外的单位和个人借款;
(二)与其他典当行拆借或者变相拆借资金;
(三)超过规定限额从商业银行贷款;
(四)对外投资。

第二十九条 典当行收当国家统收、专营、专卖物品,须经有关部门批准。

第五章 当 票

第三十条 当票是典当行与当户之间的借贷契约,是典当行向当户支付当金的付款凭证。

典当行和当户就当票以外事项进行约定的,应当补充订立书面合同,但约定的内容不得违反有关法律、法规和本办法的规定。

第三十一条　当票应当载明下列事项：
(一) 典当行机构名称及住所；
(二) 当户姓名(名称)、住所(址)、有效证件(照)及号码；
(三) 当物名称、数量、质量、状况；
(四) 估价金额、当金数额；
(五) 利率、综合费率；
(六) 典当日期、典当期、续当期；
(七) 当户须知。

第三十二条　典当行和当户不得将当票转让、出借或者质押给第三人。

第三十三条　典当行和当户应当真实记录并妥善保管当票。
当票遗失，当户应当及时向典当行办理挂失手续。未办理挂失手续或者挂失前被他人赎当，典当行无过错的，典当行不负赔偿责任。

第六章　经　营　规　则

第三十四条　典当行不得委托其他单位和个人代办典当业务，不得向其他组织、机构和经营场所派驻业务人员从事典当业务。

第三十五条　办理出当与赎当，当户均应当出具本人的有效身份证件。当户为单位的，经办人员应当出具单位证明和经办人的有效身份证件；委托典当中，被委托人应当出具典当委托书、本人和委托人的有效身份证件。
除前款所列证件外，出当时，当户应当如实向典当行提供当物的来源及相关证明材料。赎当时，当户应当出示当票。
典当行应当查验当户出具的本条第二款所列证明文件。

第三十六条　当物的估价金额及当金数额应当由双方协商确定。
房地产的当金数额经协商不能达成一致的，双方可以委托有资质的房地产价格评估机构进行评估，估价金额可以作为确定当金数额的参考。
典当期限由双方约定，最长不得超过 6 个月。

第三十七条　典当当金利率，按中国人民银行公布的银行机构 6 个月期法定贷款利率及典当期限折算后执行。
典当当金利息不得预扣。

第三十八条　典当综合费用包括各种服务及管理费用。
动产质押典当的月综合费率不得超过当金的 42‰。
房地产抵押典当的月综合费率不得超过当金的 27‰。
财产权利质押典当的月综合费率不得超过当金的 24‰。
当期不足 5 日的，按 5 日收取有关费用。

第三十九条　典当期内或典当期限届满后 5 日内，经双方同意可以续当，续当一次的期限最长为 6 个月。续当期自典当期限或者前一次续当期限届满日起算。续当时，当户应当结清前期利息和当期费用。

第四十条　典当期限或者续当期限届满后，当户应当在 5 日内赎当或者续当。逾期不赎当也不续当的,为绝当。

当户于典当期限或者续当期限届满至绝当前赎当的,除须偿还当金本息、综合费用外,还应当根据中国人民银行规定的银行等金融机构逾期贷款罚息水平、典当行制定的费用标准和逾期天数,补交当金利息和有关费用。

第四十一条 典当行在当期内不得出租、质押、抵押和使用当物。

质押当物在典当期内或者续当期内发生遗失或者损毁的,典当行应当按照估价金额进行赔偿。遇有不可抗力导致质押当物损毁的,典当行不承担赔偿责任。

第四十二条 典当行经营房地产抵押典当业务,应当和当户依法到有关部门先行办理抵押登记,再办理抵押典当手续。

典当行经营机动车质押典当业务,应当到车辆管理部门办理质押登记手续。

典当行经营其他典当业务,有关法律、法规要求登记的,应当依法办理登记手续。

第四十三条 典当行应当按照下列规定处理绝当物品:

(一)当物估价金额在3万元以上的,可以按照《中华人民共和国担保法》的有关规定处理,也可以双方事先约定绝当后由典当行委托拍卖行公开拍卖。拍卖收入在扣除拍卖费用及当金本息后,剩余部分应当退还当户,不足部分向当户追索。

(二)绝当物估价金额不足3万元的,典当行可以自行变卖或者折价处理,损益自负。

(三)对国家限制流通的绝当物,应当根据有关法律、法规,报有关管理部门批准后处理或者交售指定单位。

(四)典当行在营业场所以外设立绝当物品销售点应当报省级商务主管部门备案,并自觉接受当地商务主管部门监督检查。

(五)典当行处分绝当物品中的上市公司股份应当取得当户的同意和配合,典当行不得自行变卖、折价处理或者委托拍卖行公开拍卖绝当物品中的上市公司股份。

第四十四条 典当行的资产应当按照下列比例进行管理:

(一)典当行自初始营业起至第一次向省级商务主管部门及所在地商务主管部门报送年度财务会计报告的时期内从商业银行贷款的,贷款余额不得超过其注册资本。典当行第一次向省级商务主管部门及所在地商务主管部门报送财务会计报告之后从商业银行贷款的,贷款余额不得超过上一年度向主管部门报送的财务会计报告中的所有者权益。典当行不得从本市(地、州、盟)以外的商业银行贷款。典当行分支机构不得从商业银行贷款。

(二)典当行对同一法人或者自然人的典当余额不得超过注册资本的25%。

(三)典当行对其股东的典当余额不得超过该股东入股金额,且典当条件不得优于普通当户。

(四)典当行净资产低于注册资本的90%时,各股东应当按比例补足或者申请减少注册资本,但减少后的注册资本不得违反本办法关于典当行注册资本最低限额的规定。

(五)典当行财产权利质押典当余额不得超过注册资本的50%。房地产抵押典当余额不得超过注册资本。注册资本不足1000万元的,房地产抵押典当单笔当金数额不得超过100万元。注册资本在1000万元以上的,房地产抵押典当单笔当金数额不得超过注册资本的 10%。

第四十五条 典当行应当依照法律和国家统一的会计制度,建立、健全财务会计制度和内部审计制度。

典当行应当按照国家有关规定,真实记录并全面反映其业务活动和财务状况,编制月度报表和年度财务会计报告,并按要求向省级商务主管部门及所在地设区的市(地)级商务主管部门报送。

典当行年度财务会计报告须经会计师事务所或者其他法定机构审查验证。

第七章 监 督 管 理

第四十六条 商务部对典当业实行归口管理,履行以下监督管理职责:
(一)制定有关规章、政策;
(二)负责典当行市场准入和退出管理;
(三)负责典当行日常业务监管;
(四)对典当行业自律组织进行业务指导。

第四十七条 商务部参照省级商务主管部门拟定的年度发展规划对全国范围内典当行的总量、布局及资本规模进行调控。

第四十八条 《典当经营许可证》由商务部统一印制。《典当经营许可证》实行统一编码管理,编码管理办法由商务部另行制定。

当票由商务部统一设计,省级商务主管部门监制。省级商务主管部门应当每半年向商务部报告当票的印制、使用情况。任何单位和个人不得伪造和变造当票。

第四十九条 省级商务主管部门应当按季度向商务部报送本地典当行经营情况。具体要求和报表格式由商务部另行规定。

第五十条 典当行的从业人员应当持有有效身份证件;外国人及其他境外人员在典当行就业的,应当按照国家有关规定,取得外国人就业许可证书。

典当行不得雇佣不能提供前款所列证件的人员。

第五十一条 典当行应当如实记录、统计质押物和当户信息,并按照所在地县级以上人民政府公安机关的要求报送备查。

第五十二条 典当行发现公安机关通报协查的人员或者赃物以及本办法第二十七条所列其他财物的,应当立即向公安机关报告有关情况。

第五十三条 对属于赃物或者有赃物嫌疑的当物,公安机关应当依法予以扣押,并依照国家有关规定处理。

第五十四条 省级商务主管部门以及设区的市(地)级商务主管部门应当根据本地实际建立定期检查及不定期抽查制度,及时发现和处理有关问题;对于辖区内典当行发生的盗抢、火灾、集资吸储及重大涉讼案件等情况,应当在 24 小时之内将有关情况报告上级商务主管部门和当地人民政府,并通报同级人民政府公安机关。

第五十五条 全国性典当行业协会是典当行业的全国性自律组织,经国务院民政部门核准登记后成立,接受国务院商务、公安等部门的业务指导。

地方性典当行业协会是本地典当行业的自律性组织,经当地民政部门核准登记后成立，接受所在地商务、公安等部门的业务指导。

第五十六条 商务部授权省级商务主管部门对典当行进行年审。具体办法由商务部另行制定。

省级商务主管部门应当在年审后10日内将有关情况通报同级人民政府公安机关和工商行政管理机关。

第五十七条 国家推行典当执业水平认证制度。具体办法由商务部会同国务院人事行政部门制定。

第八章 罚 则

第五十八条 非法设立典当行及分支机构或者以其他方式非法经营典当业务的，依据国务院《无照经营查处取缔办法》予以处罚。

第五十九条 典当行违反本办法第二十六条第（三）、（四）项规定，构成犯罪的，依法追究刑事责任。

第六十条 典当行违反本办法第二十八条第（一）、（二）、（三）项或者第四十四条第（一）、（二）、（五）项规定的，由省级商务主管部门责令改正，并处5000元以上3万元以下罚款；构成犯罪的，依法追究刑事责任。

第六十一条 典当行违反本办法第三十七条第一款或者第三十八条第二、三、四款规定的，由省级商务主管部门责令改正，并处5000元以上3万元以下罚款；构成犯罪的，依法追究刑事责任。

第六十二条 典当行违反本办法第四十五条规定，隐瞒真实经营情况，提供虚假财务会计报告及财务报表，或者采用其他方式逃避税收与监管的，由省级商务主管部门责令改正，并通报相关部门依法查处；构成犯罪的，依法追究刑事责任。

第六十三条 典当行违反本办法第二十七条规定的，由县级以上人民政府公安机关责令改正，并处5000元以上3万元以下罚款；构成犯罪的，依法追究刑事责任。

第六十四条 典当行违反本办法第二十六条第（一）、（二）、（五）项，第二十八条第（四）项或者第三十四条规定的，由所在地设区的市（地）级商务主管部门责令改正，单处或者并处5000元以上3万元以下罚款。

典当行违反本办法第二十九条或者第四十三条第（三）、（五）项的规定，收当限制流通物或者处理绝当物未获得相应批准或者同意的，由所在地设区的市（地）级商务主管部门责令改正，并处1000元以上5000元以下罚款。

典当行违反本办法第四十四条第（三）、（四）项规定，资本不实，扰乱经营秩序的，由所在地设区的市（地）级商务主管部门责令限期补足或者减少注册资本，并处以5000元以上3万元以下罚款。

第六十五条 典当行违反本办法第三十五条第三款或者第五十一条规定的，由县级以上人民政府公安机关责令改正，并处200元以上1000元以下罚款。

第六十六条 典当行违反本办法第五十二条规定的，由县级以上人民政府公安机关责令改正，并处2000元以上1万元以下罚款；造成严重后果或者屡教不改的，处5000元以上3万元以下罚款。

对明知是赃物而窝藏、销毁、转移的,依法给予治安管理处罚;构成犯罪的,依法追究刑事责任。

第六十七条 典当行采用暴力、威胁手段强迫他人典当,或者以其他不正当手段侵犯当户合法权益,构成违反治安管理行为的,由公安机关依法给予治安管理处罚;构成犯罪的,依法追究刑事责任。

第六十八条 在调查、侦查典当行违法犯罪行为过程中,商务主管部门与公安机关应当相互配合。商务主管部门和公安机关发现典当行有违反本办法行为的,应当进行调查、核实,并相互通报查处结果;涉嫌构成犯罪的,商务主管部门应当及时移送公安机关处理。

第六十九条 商务主管部门、公安机关工作人员在典当行设立、变更及终止审批中违反法律、法规和本办法规定,或者在监督管理工作中滥用职权、徇私舞弊、玩忽职守的,对直接负责的主管人员和其他直接责任人员依法给予行政处分;构成犯罪的,依法追究刑事责任。

第九章 附 则

第七十条 各省、自治区、直辖市商务主管部门、公安机关可以依据本办法,制定具体实施办法或者就有关授权委托管理事项作出规定,并报商务部、公安部备案。

第七十一条 外商及港、澳、台商投资典当行的管理办法由商务部会同有关部门另行制定。

第七十二条 本办法由商务部、公安部负责解释。

第七十三条 本办法自 2005 年 4 月 1 日起施行。《典当行管理办法》(国家经贸委令第 22 号)、《典当业治安管理办法》(公安部第 26 号令)同时废止。

(二) 中国人民银行
关于对典当行从事房屋抵押贷款业务有关问题的复函

(2000 年 9 月 5 日发布并施行 银条法〔2000〕53 号)

最高人民检察院民事行政检察厅:

你厅关于典当行业务范围问题的咨询函收悉。经研究,函复如下:

一、中国人民银行于一九九六年发布的《典当行管理暂行办法》规定,典当行的业务范围为质押贷款业务。但在实践中,鉴于房屋抵押贷款业务对典当行的生存与发展至关重要,同时典当行也大多从事此项业务,从历史情况和典当业发展的需要出发,中国人民银行在监管工作中不禁止典当行从事房屋抵押贷款业务。

二、我们认为,考虑到国家政策和我国典当业发展的实际情况,地方法院对典当行可从事房屋抵押贷款业务的认定,是比较妥当的。

二○○○年九月五日

四、下岗失业人员小额担保贷款相关规范

（一）中国人民银行、财政部、国家发展和改革委员会、劳动和社会保障部关于《下岗失业人员小额担保贷款管理办法》有关问题的补充通知

（2003年7月16日发布并施行　银发〔2003〕134号）

中国人民银行各分行、营业管理部，各省、自治区、直辖市、计划单列市财政厅（局）、计委、经委（经贸委）、中小企业局（办），财政部驻各省、自治区、直辖市、计划单列市财政监察专员办事处，劳动和社会保障厅（局），各国有独资商业银行、股份制商业银行：

为进一步落实《中国人民银行、财政部、国家经贸委、劳动和社会保障部关于印发〈下岗失业人员小额担保贷款管理办法〉》（银发〔2002〕394号，以下简称《办法》），推动下岗失业人员小额担保贷款工作的顺利进行，现根据《办法》实施过程中遇到的有关问题，补充通知如下：

一、贷款人范围

开办下岗失业人员小额担保贷款的金融机构除《办法》规定的国有独资商业银行、股份制商业银行外，还包括城市商业银行、城乡信用社（以下统称经办银行）。

二、贷款贴息

中央财政用于微利项目的小额担保贷款贴息时间，由《办法》规定的按年贴息改为按季贴息，贴息方式按《财政部 中国人民银行 劳动和社会保障部关于印发〈下岗失业人员从事微利项目小额担保贷款财政贴息资金管理办法〉的通知》（财金〔2003〕70号）执行。

三、贷款管理

经当地财政部门同意，担保机构应与经办银行签订合同，将担保基金存入经办银行，专项用于下岗失业人员小额担保贷款。贷款到期，借款人不能按期足额偿还贷款时，担保机构应在三个月内向经办银行履行清偿责任。在此期间，经办银行也应积极

向借款人催收贷款,但根据担保机构与经办银行合同的约定或经担保机构同意,经办银行可直接从担保基金账户中扣划借款人所欠贷款。

四、贷款统计

各经办银行应对下岗失业人员小额担保贷款发放金额、笔数等指标进行单独统计,具体的统计上报制度由中国人民银行另行发文确定。

五、有关指标解释

《办法》规定,"对单个经办银行小额贷款担保代偿率达到20%时,应暂停对该行的担保业务,……"其中:担保代偿率,是指担保机构对单个经办银行代位清偿总额与担保基金担保责任余额之比;担保业务,专指小额担保贷款的担保业务。

六、各国有独资商业银行总行、股份制商业银行总行应根据本行实际情况,制定《办法》实施细则并报中国人民银行总行备案。各经办银行应按要求加大贷款发放力度,简化贷款手续,提高经办效率。

请中国人民银行各分行、营业管理部将本通知转发至辖区内各城市商业银行、城乡信用社。

二○○三年七月十六日

(二) 下岗失业人员小额担保贷款管理办法

(2002年12月24日中国人民银行、财政部、国家经济贸易委员会、
劳动和社会保障部发布并施行　银发〔2002〕394号)

第一条　贷款的对象和条件。凡年龄在60岁以内、身体健康、诚实信用、具备一定劳动技能的下岗失业人员,自谋职业、自主创业或合伙经营与组织起来就业的,其自筹资金不足部分,在贷款担保机构承诺担保的前提下,可以持劳动保障部门核发的《再就业优惠证》向商业银行或其分支机构申请小额担保贷款。

第二条　贷款程序和用途。小额担保贷款按照自愿申请、社区推荐、劳动保障部门审查、贷款担保机构审核并承诺担保、商业银行核贷的程序,办理贷款手续。商业银行自收到贷款申请及符合条件的资料之日起,应在三周内给予贷款申请人正式答复。借款人应将贷款用作自谋职业、自主创业或合伙经营与组织起来就业的开办经费和流动资金。

第三条　贷款额度与期限。小额担保贷款金额一般掌握在两万元左右,还款方式和计结息方式由借贷双方商定,对下岗失业人员合伙经营与组织起来就业,可根据人

数,适当扩大贷款规模。贷款期限一般不超过两年,借款人提出展期且担保人同意继续提供担保的,商业银行可以按规定展期一次,展期期限不得超过一年。

第四条 贷款利率与贴息。小额担保贷款利率按照中国人民银行公布的贷款利率水平确定,不得向上浮动。从事微利项目的小额担保贷款由中央财政据实全额贴息,展期不贴息。微利项目是指由下岗失业人员在社区、街道、工矿区等从事的商业、餐饮和修理等个体经营项目,具体包括:家庭手工业、修理修配、图书借阅、旅店服务、餐饮服务、洗染缝补、复印打字、理发、小饭桌、小卖部、搬家、钟点服务、家庭清洁卫生服务、初级卫生保健服务、婴幼儿看护和教育服务、残疾儿童教育训练和寄托服务、养老服务、病人看护、幼儿和学生接送服务。每年年底,国有独资商业银行各地市经办银行的贴息发生额度经当地财政部门审核同意后,经财政部专员办核准后,由经办银行上报其总行汇总,总行汇总后报财政部审核后拨付;股份制商业银行的各地市经办银行向当地财政部门据实报告贴息发生额度,经当地财政部门审核,并报财政部专员办核准后,由省级财政部门报财政部审核后拨付。

第五条 贷款担保基金。各省、自治区、直辖市以及地级以上市都要建立下岗失业人员小额贷款担保基金,所需资金主要由同级财政筹集,专户储存于同级财政部门指定的商业银行,封闭运行,专项用于下岗失业人员小额担保贷款。小额担保贷款责任余额不得超过贷款担保基金银行存款余额的五倍。贷款担保基金收取的担保费不超过贷款本金的1‰,由地方政府全额向担保机构支付。

第六条 贷款担保机构。下岗失业人员小额贷款担保基金委托各省(自治区、直辖市)、市政府出资的中小企业信用担保机构或其他信用担保机构运作,尚未建立中小企业信用担保机构的地区,由同级财政部门会同经贸部门、劳动保障部门报经当地政府批准后可成立新的担保机构。受托运作的信用担保机构应建立贷款担保基金专门账户,贷款担保基金的运作与信用担保机构的其他业务必须分开,单独核算。

第七条 贷款管理与考核。商业银行地级以上城市分支行小额担保贷款不良率达到20%时,应停止发放新的贷款,担保基金代位清偿降低贷款不良率后,可恢复受理贷款申请。贷款到期不能归还至担保机构履行代位清偿责任之间的期限,最长不得超过三个月,这期间,小额担保贷款质量考评情况不纳入商业银行不良贷款考核体系。

第八条 贷款担保基金的风险管理。省级政府设立的下岗失业人员小额贷款担保基金应适当分担地市贷款担保基金的损失,具体分担比例和运作方式由省级财政部门会同经贸部门、劳动保障部门确定。贷款担保基金对单个经办银行小额贷款担保代偿率达到20%时,应暂停对该行的担保业务,经与该行协商采取进一步的风险控制措施并报经同级财政部门商经贸部门、劳动保障部门批准后,再恢复担保业务。同级财政部门应会同经贸部门、劳动保障部门确定贷款担保基金的年度代偿率的最高限额,对限额以内、贷款担保基金自身无法承担的代偿损失,由同级财政部门审核后予以弥补。

第九条 贷款服务。商业银行要简化手续,为申请贷款的下岗失业人员提供开户和结算便利。因申请人不符合贷款条件而不能提供贷款的,应向申请人说明理由,提出改进建议,并将有关情况定期向上级行报告。贷款期间,贷款银行要定期与借款人联系,了解其资金使用和经营情况,提供必要的财务指导。

第十条 监督与审计。各商业银行要根据本办法的要求,结合本行和当地的实际情况,制定切实可行的具体措施;要确保分支机构发放小额担保贷款所需的资金和额度;随时掌握本行开展小额担保贷款业务的情况和存在的问题,主动与就业工作主管部门沟通信息、协调工作。中国人民银行及各分支机构,要对当地商业银行贯彻落实情况加强督促检查。各省级财政部门应结合本地的实际情况,会同经贸部门、劳动保障部门制定和完善本地区的贷款担保基金管理措施,积极支持商业银行开展小额担保贷款业务,防范和控制风险,加强对贷款担保基金和财政贴息监督检查,确保政策落到实处。各地要将小额担保贷款运行中的经验及发现的问题,及时报送中国人民银行、财政部、国家经贸委及劳动和社会保障部。

五、网络借贷信息中介机构业务活动管理暂行办法(节录)

(2016年8月17日发布并施行 中国银行业监督管理委员会、工业和信息化部、公安部、国家互联网信息办公室令2016年第1号)

第三章 业务规则与风险管理

第十条 网络借贷信息中介机构不得从事或者接受委托从事下列活动：

（一）为自身或变相为自身融资；

（二）直接或间接接受、归集出借人的资金；

（三）直接或变相向出借人提供担保或者承诺保本保息；

（四）自行或委托、授权第三方在互联网、固定电话、移动电话等电子渠道以外的物理场所进行宣传或推介融资项目；

（五）发放贷款，但法律法规另有规定的除外；

（六）将融资项目的期限进行拆分；

（七）自行发售理财等金融产品募集资金，代销银行理财、券商资管、基金、保险或信托产品等金融产品；

（八）开展类资产证券化业务或实现以打包资产、证券化资产、信托资产、基金份额等形式的债权转让行为；

（九）除法律法规和网络借贷有关监管规定允许外，与其他机构投资、代理销售、经纪等业务进行任何形式的混合、捆绑、代理；

（十）虚构、夸大融资项目的真实性、收益前景，隐瞒融资项目的瑕疵及风险，以歧义性语言或其他欺骗性手段等进行虚假片面宣传或促销等，捏造、散布虚假信息或不完整信息损害他人商业信誉，误导出借人或借款人；

（十一）向借款用途为投资股票、场外配资、期货合约、结构化产品及其他衍生品等高风险的融资提供信息中介服务；

（十二）从事股权众筹等业务；

（十三）法律法规、网络借贷有关监管规定禁止的其他活动。

第六章 监督管理

第三十五条 借款人、出借人、网络借贷信息中介机构、资金存管机构、担保人等应当签订资金存管协议，明确各自权利义务和违约责任。

资金存管机构对出借人与借款人开立和使用资金账户进行管理和监督，并根据合同约定,对出借人与借款人的资金进行存管、划付、核算和监督。

资金存管机构承担实名开户和履行合同约定及借贷交易指令表面一致性的形式审核责任,但不承担融资项目及借贷交易信息真实性的实质审核责任。

资金存管机构应当按照网络借贷有关监管规定报送数据信息并依法接受相关监督管理。

第三十六条 网络借贷信息中介机构应当在下列重大事件发生后,立即采取应急措施并向工商登记注册地地方金融监管部门报告:

(一)因经营不善等原因出现重大经营风险;

(二)网络借贷信息中介机构或其董事、监事、高级管理人员发生重大违法违规行为;

(三)因商业欺诈行为被起诉,包括违规担保、夸大宣传、虚构隐瞒事实、发布虚假信息、签订虚假合同、错误处置资金等行为。

地方金融监管部门应当建立网络借贷行业重大事件的发现、报告和处置制度,制定处置预案,及时、有效地协调处置有关重大事件。

地方金融监管部门应当及时将本辖区网络借贷信息中介机构重大风险及处置情况信息报送省级人民政府、国务院银行业监督管理机构和中国人民银行。

第八章 附 则

第四十二条 银行业金融机构及国务院银行业监督管理机构批准设立的其他金融机构和省级人民政府批准设立的融资担保公司、小额贷款公司等投资设立具有独立法人资格的网络借贷信息中介机构,设立办法另行制定。

六、证券期货经营机构私募资产管理计划运作管理规定

(2018年10月22日中国证监会发布并施行 中国证监会公告〔2018〕31号)

第十九条 资产管理计划投资于《管理办法》第三十七条第(五)项规定的非标准化资产,涉及抵押、质押担保的,应当设置合理的抵押、质押比例,及时办理抵押、质押登记,确保抵押、质押真实、有效、充分。

资产管理计划不得接受收(受)益权、特殊目的机构股权作为抵押、质押标的资产。

七、证券公司融资融券业务管理办法

(2015年7月1日中国证券监督管理委员会令第117号发布并施行)

第一章 总 则

第一条 为了规范证券公司融资融券业务活动,完善证券交易机制,防范证券公司的风险,保护证券投资者的合法权益和社会公共利益,促进证券市场平稳健康发展,制定本办法。

第二条 证券公司开展融资融券业务,应当遵守法律、行政法规和本办法的规定,加强内部控制,严格防范和控制风险,切实维护客户合法权益。

本办法所称融资融券业务,是指向客户出借资金供其买入证券或者出借证券供其卖出,并收取担保物的经营活动。

第三条 证券公司开展融资融券业务,必须经中国证券监督管理委员会(以下简称证监会)批准。未经证监会批准,任何证券公司不得向客户融资、融券,也不得为客户与客户、客户与他人之间的融资融券活动提供任何便利和服务。

第四条 证券公司经营融资融券业务不得有以下行为:

(一)诱导不适当的客户开展融资融券业务;

(二)未向客户充分揭示风险;

(三)违规挪用客户担保物;

(四)进行利益输送和商业贿赂;

(五)为客户进行内幕交易、操纵市场、规避信息披露义务及其他不正当交易活动提供便利;

(六)法律、行政法规和证监会规定禁止的其他行为。

第五条 证监会及其派出机构依照法律、行政法规和本办法的规定,对证券公司融资融券业务活动进行监督管理。

中国证券业协会、证券交易所、证券登记结算机构按照本机构的章程和规则,对证券公司融资融券业务活动进行自律管理。中国证券金融公司对证券公司融资融券业务和客户融资融券交易情况进行监测监控。

第六条 证监会建立健全融资融券业务的逆周期调节机制,对融资融券业务实施宏观审慎管理。

证券交易所建立融资融券业务风险控制指标浮动管理机制,对融资融券业务实施逆周期调节。

第二章 业 务 许 可

第七条 证券公司申请融资融券业务资格,应当具备下列条件:

(一)具有证券经纪业务资格;

(二)公司治理健全,内部控制有效,能有效识别、控制和防范业务经营风险和内部管理风险;

(三)公司最近2年内不存在因涉嫌违法违规正被证监会立案调查或者正处于整改期间的情形;

(四)财务状况良好,最近2年各项风险控制指标持续符合规定,注册资本和净资本符合增加融资融券业务后的规定;

(五)客户资产安全、完整,客户交易结算资金第三方存管有效实施,客户资料完整真实;

(六)已建立完善的客户投诉处理机制,能够及时、妥善处理与客户之间的纠纷;

(七)已建立符合监管规定和自律要求的客户适当性制度,实现客户与产品的适当性匹配管理;

(八)信息系统安全稳定运行,最近1年未发生因公司管理问题导致的重大事件,融资融券业务技术系统已通过证券交易所、证券登记结算机构组织的测试;

(九)有拟负责融资融券业务的高级管理人员和适当数量的专业人员;

(十)证监会规定的其他条件。

第八条 证券公司申请融资融券业务资格,应当向证监会提交下列材料,同时抄报住所地证监会派出机构:

(一)融资融券业务资格申请书;

(二)股东会(股东大会)关于经营融资融券业务的决议;

(三)融资融券业务方案、内部管理制度文本和按照本办法第十二条制定的选择客户的标准;

(四)负责融资融券业务的高级管理人员与业务人员的名册及资格证明文件;

(五)证券交易所、证券登记结算机构出具的关于融资融券业务技术系统已通过测试的证明文件;

(六)证监会要求提交的其他文件。

证券公司的法定代表人和经营管理的主要负责人应当在融资融券业务资格申请书上签字,承诺申请材料的内容真实、准确、完整,并对申请材料中存在的虚假记载、误导性陈述和重大遗漏承担相应的法律责任。

第九条 获得批准的证券公司应当按照规定,向公司登记机关申请业务范围变更登记,向证监会申请换发《经营证券业务许可证》。

取得证监会换发的《经营证券业务许可证》后,证券公司方可开展融资融券业务。

第三章 业务规则

第十条 证券公司经营融资融券业务,应当以自己的名义,在证券登记结算机构分别开立融券专用证券账户、客户信用交易担保证券账户、信用交易证券交收账户和信用交易资金交收账户。

融券专用证券账户用于记录证券公司持有的拟向客户融出的证券和客户归还的证券,不得用于证券买卖;客户信用交易担保证券账户用于记录客户委托证券公司持有、担保证券公司因向客户融资融券所生债权的证券;信用交易证券交收账户用于客户融资融券交易的证券结算;信用交易资金交收账户用于客户融资融券交易的资金结算。

第十一条 证券公司经营融资融券业务,应当以自己的名义,在商业银行分别开立融资专用资金账户和客户信用交易担保资金账户。

融资专用资金账户用于存放证券公司拟向客户融出的资金及客户归还的资金;客户信用交易担保资金账户用于存放客户交存的、担保证券公司因向客户融资融券所生债权的资金。

第十二条 证券公司在向客户融资、融券前,应当办理客户征信,了解客户的身份、财产与收入状况、证券投资经验和风险偏好、诚信合规记录等情况,做好客户适当性管理工作,并以书面或者电子方式予以记载、保存。

对未按照要求提供有关情况、从事证券交易时间不足半年、缺乏风险承担能力、最近20个交易日日均证券类资产低于50万元或者有重大违约记录的客户,以及本公司的股东、关联人,证券公司不得为其开立信用账户。

专业机构投资者参与融资、融券,可不受前款从事证券交易时间、证券类资产的条件限制。

本条第二款所称股东,不包括仅持有上市证券公司5%以下流通股份的股东。

证券公司应当按照适当性制度要求,制定符合本条规定的选择客户的具体标准。

第十三条 证券公司在向客户融资、融券前,应当与其签订载有中国证券业协会规定的必备条款的融资融券合同,明确约定下列事项:

(一)融资、融券的额度、期限、利率(费率)、利息(费用)的计算方式;

(二)保证金比例、维持担保比例、可充抵保证金的证券的种类及折算率、担保债权范围;

(三)追加保证金的通知方式、追加保证金的期限;

(四)客户清偿债务的方式及证券公司对担保物的处分权利;

(五)融资买入证券和融券卖出证券的权益处理;

(六)违约责任;

(七)纠纷解决途径;

(八)其他有关事项。

第十四条 融资融券合同应当约定,证券公司客户信用交易担保证券账户内的证券和客户信用交易担保资金账户内的资金,为担保证券公司因融资融券所生对客户债权的信托财产。

证券公司与客户约定的融资、融券期限不得超过证券交易所规定的期限;融资利率、融券费率由证券公司与客户自主商定。

合约到期前,证券公司可以根据客户的申请为客户办理展期,每次展期期限不得超过证券交易所规定的期限。

证券公司在为客户办理合约展期前,应当对客户的信用状况、负债情况、维持担保比例水平等进行评估。

第十五条 证券公司与客户签订融资融券合同前,应当采用适当的方式向客户讲解业务规则和合同内容,明确告知客户权利、义务及风险,特别是关于违约处置的风险控制安排,并将融资融券交易风险揭示书交由客户书面确认。

第十六条 证券公司与客户签订融资融券合同后,应当根据客户的申请,按照证券登记结算机构的规定,为其开立实名信用证券账户。客户信用证券账户与其普通证券账户的开户人姓名或者名称应当一致。

客户信用证券账户是证券公司客户信用交易担保证券账户的二级账户,用于记载客户委托证券公司持有的担保证券的明细数据。

证券公司应当委托证券登记结算机构根据清算、交收结果等,对客户信用证券账户内的数据进行变更。

第十七条 证券公司应当参照客户交易结算资金第三方存管的方式,与其客户及商业银行签订客户信用资金存管协议。

证券公司在与客户签订融资融券合同后,应当通知商业银行根据客户的申请,为其开立实名信用资金账户。

客户信用资金账户是证券公司客户信用交易担保资金账户的二级账户,用于记载客户交存的担保资金的明细数据。

商业银行根据证券公司提供的清算、交收结果等,对客户信用资金账户内的数据进行变更。

第十八条 证券公司向客户融资,只能使用融资专用资金账户内的资金;向客户融券,只能使用融券专用证券账户内的证券。

客户融资买入、融券卖出的证券,不得超出证券交易所规定的范围。

客户在融券期间卖出其持有的、与所融入证券相同的证券的,应当符合证券交易所的规定,不得以违反规定卖出该证券的方式操纵市场。

第十九条 证券公司经营融资融券业务,按照客户委托发出证券交易、证券划转指令的,应当保证指令真实、准确。因证券公司的过错导致指令错误,造成客户损失的,客户可以依法要求证券公司赔偿,但不影响证券交易所、证券登记结算机构正在执行或者已经完成的业务操作。

第二十条 证券公司融资融券的金额不得超过其净资本的4倍。

证券公司向单一客户或者单一证券的融资、融券的金额占其净资本的比例等风险控制指标,应当符合证监会和证券交易所的规定。

第二十一条 客户融资买入证券的,应当以卖券还款或者直接还款的方式偿还向证券公司融入的资金。

客户融券卖出的,应当以买券还券或者直接还券的方式偿还向证券公司融入的证券。

客户融券卖出的证券暂停交易的,可以按照约定以现金等方式偿还向证券公司融入的证券。

第二十二条 客户融资买入或者融券卖出的证券暂停交易,且交易恢复日在融资融券债务到期日之后的,融资融券的期限顺延。

融资融券合同另有约定的,从其约定。

第二十三条 客户融资买入或者融券卖出的证券预定终止交易,且最后交易日在融资融券债务到期日之前的,融资融券的期限缩短至最后交易日的前一交易日。融资融券合同另有约定的,从其约定。

第四章 债权担保

第二十四条 证券公司向客户融资、融券,应当向客户收取一定比例的保证金。保证金可以证券充抵。

第二十五条 证券公司应当将收取的保证金以及客户融资买入的全部证券和融券卖出所得全部价款,分别存放在客户信用交易担保证券账户和客户信用交易担保资金账户,作为对该客户融资融券所生债权的担保物。

第二十六条 证券公司应当在符合证券交易所规定的前提下,根据客户信用状况、担保物质量等情况,与客户约定最低维持担保比例、补足担保物的期限以及违约处置方式等。

证券公司应当逐日计算客户交存的担保物价值与其所欠债务的比例。当该比例低于约定的维持担保比例时,应当通知客户在约定的期限内补交担保物,客户经证券公司认可后,可以提交除可充抵保证金证券以外的其他证券、不动产、股权等资产。

客户未能按期交足担保物或者到期未偿还债务的,证券公司可以按照约定处分其担保物。

第二十七条 本办法第二十四条规定的保证金比例和可充抵保证金的证券的种类、折算率,第二十六条规定的最低维持担保比例和客户补交担保物的期限,由证券交易所规定。

证券交易所应当对可充抵保证金的各类证券制定不同的折算率要求。

证券公司在符合证券交易所规定的前提下,应当对可充抵保证金的证券折算率实行动态管理和差异化控制。

第二十八条 除下列情形外,任何人不得动用证券公司客户信用交易担保证券账户内的证券和客户信用交易担保资金账户内的资金:

(一)为客户进行融资融券交易的结算;

(二)收取客户应当归还的资金、证券;

(三)收取客户应当支付的利息、费用、税款;

(四)按照本办法的规定以及与客户的约定处分担保物;

(五)收取客户应当支付的违约金;

（六）客户提取还本付息、支付税费及违约金后的剩余证券和资金；

（七）法律、行政法规和本办法规定的其他情形。

第二十九条 客户交存的担保物价值与其债务的比例，超过证券交易所规定水平的，客户可以按照证券交易所的规定和融资融券合同的约定，提取担保物。

第三十条 司法机关依法对客户信用证券账户或者信用资金账户记载的权益采取财产保全或者强制执行措施的，证券公司应当处分担保物，实现因向客户融资融券所生债权，并协助司法机关执行。

第五章　权　益　处　理

第三十一条 证券登记结算机构依据证券公司客户信用交易担保证券账户内的记录，确认证券公司受托持有证券的事实，并以证券公司为名义持有人，登记于证券持有人名册。

第三十二条 对客户信用交易担保证券账户记录的证券，由证券公司以自己的名义，为客户的利益，行使对证券发行人的权利。证券公司行使对证券发行人的权利，应当事先征求客户的意见，并按照其意见办理。客户未表达意见的，证券公司不得行使对发行人的权利。

前款所称对证券发行人的权利，是指请求召开证券持有人会议、参加证券持有人会议、提案、表决、配售股份的认购、请求分配投资收益等因持有证券而产生的权利。

第三十三条 证券登记结算机构受证券发行人委托以证券形式分派投资收益的，应当将分派的证券记录在证券公司客户信用交易担保证券账户内，并相应变更客户信用证券账户的明细数据。

证券登记结算机构受证券发行人委托以现金形式分派投资收益的，应当将分派的资金划入证券公司信用交易资金交收账户。证券公司应当在资金到账后，通知商业银行对客户信用资金账户的明细数据进行变更。

第三十四条 客户融入证券后、归还证券前，证券发行人分配投资收益、向证券持有人配售或者无偿派发证券、发行证券持有人有优先认购权的证券的，客户应当按照融资融券合同的约定，在偿还债务时，向证券公司支付与所融入证券可得利益相等的证券或者资金。

第三十五条 证券公司通过客户信用交易担保证券账户持有的股票不计入其自有股票，证券公司无须因该账户内股票数量的变动而履行相应的信息报告、披露或者要约收购义务。

客户及其一致行动人通过普通证券账户和信用证券账户合计持有一家上市公司股票及其权益的数量或者其增减变动达到规定的比例时，应当依法履行相应的信息报告、披露或者要约收购义务。

第六章　监　督　管　理

第三十六条 证券交易所应当根据市场发展情况，对融资融券业务保证金比例、标的证券范围、可充抵保证金的证券种类及折算率、最低维持担保比例等进行动态调整,实施逆周期调节。

证券交易所可以对单一证券的市场融资买入量、融券卖出量和担保物持有量占其市场流通量的比例、融券卖出的价格作出限制性规定。

证券公司应当在符合监管要求的前提下,根据市场情况、客户和自身风险承受能力,对融资融券业务保证金比例、标的证券范围、可充抵保证金的证券种类及折算率、最低维持担保比例和业务集中度等进行动态调整和差异化控制。

业务集中度包括:向全体客户融资、融券的金额占净资本的比例,单一证券的融资、融券的金额占净资本的比例,接受单只担保证券的市值占该证券总市值的比例,单一客户提交单只担保证券的市值占该客户担保物市值的比例等。

第三十七条 证券公司开展融资融券业务,应当建立完备的管理制度、操作流程和风险识别、评估与控制体系,确保风险可测、可控、可承受。

证券公司应当对融资融券业务实行集中统一管理。融资融券业务的决策和主要管理职责应当由证券公司总部承担。

证券公司应当建立健全融资融券业务压力测试机制,定期、不定期对融资融券业务的流动性风险、信用风险、市场风险、技术系统风险等进行压力测试,根据压力测试结果对本办法第三十六条第三款所规定的本公司相关指标进行优化和调整。

第三十八条 证券交易所应当按照业务规则,采取措施,对融资融券交易的指令进行前端检查,对买卖证券的种类、融券卖出的价格等违反规定的交易指令,予以拒绝。

单一证券的市场融资买入量、融券卖出量或者担保物持有量占其市场流通量的比例达到规定的最高限制比例的,证券交易所可以暂停接受该种证券的融资买入指令或者融券卖出指令。

第三十九条 融资融券交易活动出现异常,已经或者可能危及市场稳定,有必要暂停交易的,证券交易所应当按照业务规则的规定,暂停部分或者全部证券的融资融券交易并公告。

第四十条 证券登记结算机构应当按照业务规则,对与融资融券交易有关的证券划转和证券公司信用交易资金交收账户内的资金划转情况进行监督。对违反规定的证券和资金划转指令,予以拒绝;发现异常情况的,应当要求证券公司作出说明,并向证监会及该公司住所地证监会派出机构报告。

第四十一条 中国证券金融公司应当按照业务规则,要求证券公司及时、准确、真实、完整报送融资融券业务有关数据信息;对证券公司融资融券数据进行统计分析,编制定期报告和专项报告,报送证监会;监测监控融资融券业务风险,对发现的重大业务风险情况,及时报告证监会。

第四十二条 证券公司融资融券业务涉及的客户信用交易资金应当纳入证券市场交易结算资金监控系统,证券公司、存管银行、登记结算机构等应当按要求向中国证券投资者保护基金公司报送相关数据信息。

第四十三条 负责客户信用资金存管的商业银行应当按照客户信用资金存管协议的约定,对证券公司违反规定的资金划拨指令予以拒绝;发现异常情况的,应当要求证券公司作出说明,并向证监会及该公司住所地证监会派出机构报告。

第四十四条 证券公司应当按照融资融券合同约定的方式,向客户送交对账单,并为其提供信用证券账户和信用资金账户内数据的查询服务。

证券登记结算机构应当为客户提供其信用证券账户内数据的查询服务。负责客户信用资金存管的商业银行应当按照客户信用资金存管协议的约定,为客户提供其信用资金账户内数据的查询服务。

第四十五条 证券公司应当通过有效的途径,及时告知客户融资、融券的收费标准及其变动情况。

第四十六条 证券公司应当按照证券交易所的规定,在每日收市后向其报告当日客户融资融券交易的有关信息。证券交易所应当对证券公司报送的信息进行汇总、统计,并在次一交易日开市前予以公告。

第四十七条 证监会及其派出机构、中国证券业协会、证券交易所、证券登记结算机构、中国证券金融公司依照规定履行证券公司融资融券业务监管、自律或者监测分析职责,可以要求证券公司提供与融资融券业务有关的信息、资料。

第四十八条 证监会派出机构按照辖区监管责任制的要求,依法对证券公司及其分支机构的融资融券业务活动中涉及的客户选择、合同签订、授信额度的确定、担保物的收取和管理、补交担保物的通知,以及处分担保物等事项进行非现场检查和现场检查。

第四十九条 对违反本办法规定的证券公司或者其分支机构,证监会或者其派出机构可采取责令改正、监管谈话、出具警示函、责令公开说明、责令参加培训、责令定期报告、暂不受理与行政许可有关的文件、暂停部分或者全部业务、撤销业务许可等相关监管措施;依法应予行政处罚的,依照《证券法》《行政处罚法》等法律法规和证监会的有关规定进行处罚;涉嫌犯罪的,依法移送司法机关,追究其刑事责任。

第七章 附　　则

第五十条 负责客户信用资金存管的商业银行,应当是按照规定可以存管证券公司客户交易结算资金的商业银行。

第五十一条 本办法所称专业机构投资者是指:经国家金融监管部门批准设立的金融机构,包括商业银行、证券公司、基金管理公司、期货公司、信托公司和保险公司等;上述金融机构管理的金融产品;经证监会或者其授权机构登记备案的私募基金管理机构及其管理的私募基金产品;证监会认可的其他投资者。

第五十二条 证券交易所、证券登记结算机构和中国证券业协会依照本办法的规定,制定融资融券的业务规则和自律规则,报证监会批准后实施。

第五十三条 本办法自公布之日起施行。2011年10月26日发布的《证券公司融资融券业务管理办法》(证监会公告〔2011〕31号)同时废止。

八、关于在房地产开发项目中推行工程建设合同担保的若干规定(试行)

(2004年8月6日建设部发布并施行 建市〔2004〕137号)

第一章 总 则

第一条 为进一步规范建筑市场主体行为,降低工程风险,保障从事建设工程活动各方的合法权益和维护社会稳定,根据《中华人民共和国建筑法》、《中华人民共和国招投标法》、《中华人民共和国合同法》、《中华人民共和国担保法》及有关法律法规,制定本规定。

第二条 工程建设合同造价在1000万元以上的房地产开发项目(包括新建、改建、扩建的项目),适用本规定。其他建设项目可参照本规定执行。

第三条 本规定所称工程建设合同担保,是指在工程建设活动中,根据法律法规规定或合同约定,由担保人向债权人提供的,保证债务人不履行债务时,由担保人代为履行或承担责任的法律行为。

本规定所称担保的有效期,是指债权人要求担保人承担担保责任的权利存续期间。在有效期内,债权人有权要求担保人承担担保责任。有效期届满,债权人要求担保人承担担保责任的实体权利消灭,担保人免除担保责任。

第四条 保证人提供的保证方式为一般保证或连带责任保证。

第五条 本规定所称担保分为投标担保、业主工程款支付担保、承包商履约担保和承包商付款担保。投标担保可采用投标保证金或保证的方式。业主工程款支付担保、承包商履约担保和承包商支付担保应采用保证的方式。当事人对保证方式没有约定或者约定不明确的,按照连带责任保证承担保证责任。

第六条 工程建设合同担保的保证人应是中华人民共和国境内注册的有资格的银行业金融机构、专业担保公司。

本规定所称专业担保公司,是指以担保为主要经营范围和主要经营业务,依法登记注册的担保机构。

第七条 依法设立的专业担保公司可以承担工程建设合同担保。但是,专业担保公司担保余额的总额不得超过净资产的10倍;单笔担保金额不得超过该担保公司净资产的50%。不符合该条件的,可以与其他担保公司共同提供担保。

第八条 工程建设合同担保的担保费用可计入工程造价。

第九条 国务院建设行政主管部门负责对工程建设合同担保工作实行统一监督管理,县级以上地方人民政府建设行政主管部门负责对本行政区域内的工程建设合同担保进行监督管理。

第十条　各级建设行政主管部门将业主（房地产开发商）、承包商违反本办法的行为记入房地产信息管理系统、建筑市场监督管理系统等不良行为记录及信用评估系统。

第二章　业主工程款支付担保

第十一条　业主工程款支付担保，是指为保证业主履行工程合同约定的工程款支付义务，由担保人为业主向承包商提供的，保证业主支付工程款的担保。

业主在签订工程建设合同的同时，应当向承包商提交业主工程款支付担保。未提交业主工程款支付担保的建设工程，视作建设资金未落实。

第十二条　业主工程款支付担保可以采用银行保函、专业担保公司的保证。

业主支付担保的担保金额应当与承包商履约担保的担保金额相等。

第十三条　业主工程款支付担保的有效期应当在合同中约定。合同约定的有效期截止时间为业主根据合同的约定完成了除工程质量保修金以外的全部工程结算款项支付之日起30天至180天。

第十四条　对于工程建设合同额超过1亿元人民币以上的工程，业主工程款支付担保可以按工程合同确定的付款周期实行分段滚动担保，但每段的担保金额为该段工程合同额的10%—15%。

第十五条　业主工程款支付担保采用分段滚动担保的，在业主、项目监理工程师或造价工程师对分段工程进度签字确认或结算，业主支付相应的工程款后，当期业主工程款支付担保解除，并自动进入下一阶段工程的担保。

第十六条　业主工程款支付担保与工程建设合同应当由业主一并送建设行政主管部门备案。

第三章　投　标　担　保

第十七条　投标担保是指由担保人为投标人向招标人提供的，保证投标人按照招标文件的规定参加招标活动的担保。投标人在投标有效期内撤回投标文件，或中标后不签署工程建设合同的，由担保人按照约定履行担保责任。

第十八条　投标担保可采用银行保函、专业担保公司的保证，或定金（保证金）担保方式，具体方式由招标人在招标文件中规定。

第十九条　投标担保的担保金额一般不超过投标总价的2%，最高不得超过80万元人民币。

第二十条　投标人采用保证金担保方式的，招标人与中标人签订合同后5个工作日内，应当向中标人和未中标的投标人退还投标保证金。

第二十一条　投标担保的有效期应当在合同中约定。合同约定的有效期截止时间为投标有效期后的30天至180天。

第二十二条　除不可抗力外，中标人在截标后的投标有效期内撤回投标文件，或者中标后在规定的时间内不与招标人签订承包合同的,招标人有权对该投标人所交付的保证金不予返还;或由保证人按照下列方式之一,履行保证责任:

（一）代承包商向招标人支付投标保证金,支付金额不超过双方约定的最高保证金额;

（二）招标人依法选择次低标价中标,保证人向招标人支付中标价与次低标价之间的差额,支付金额不超过双方约定的最高保证金额;

（三）招标人依法重新招标,保证人向招标人支付重新招标的费用,支付金额不超过双方约定的最高保证金额。

第四章　承包商履约担保

第二十三条　承包商履约担保,是指由保证人为承包商向业主提供的,保证承包商履行工程建设合同约定义务的担保。

第二十四条　承包商履约担保的担保金额不得低于工程建设合同价格(中标价格)的10％。采用经评审的最低投标价法中标的招标工程,担保金额不得低于工程合同价格的15％。

第二十五条　承包商履约担保的方式可采用银行保函、专业担保公司的保证。具体方式由招标人在招标文件中作出规定或者在工程建设合同中约定。

第二十六条　承包商履约担保的有效期应当在合同中约定。合同约定的有效期截止时间为工程建设合同约定的工程竣工验收合格之日后30天至180天。

第二十七条　承包商由于非业主的原因而不履行工程建设合同约定的义务时,由保证人按照下列方式之一,履行保证责任:

（一）向承包商提供资金、设备或者技术援助,使其能继续履行合同义务;

（二）直接接管该项工程或者另觅经业主同意的有资质的其他承包商,继续履行合同义务,业主仍按原合同约定支付工程款,超出原合同部分的,由保证人在保证额度内代为支付;

（三）按照合同约定,在担保额度范围内,向业主支付赔偿金。

第二十八条　业主向保证人提出索赔之前,应当书面通知承包商,说明其违约情况并提供项目总监理工程师及其监理单位对承包商违约的书面确认书。如果业主索赔的理由是因建筑工程质量问题,业主还需同时提供建筑工程质量检测机构出具的检测报告。

第二十九条　同一银行分支行或专业担保公司不得为同一工程建设合同提供业主工程款支付担保和承包商履约担保。

第五章　承包商付款担保

第三十条　承包商付款担保,是指担保人为承包商向分包商、材料设备供应商、建设工人提供的,保证承包商履行工程建设合同的约定向分包商、材料设备供应商、建设工人支付各项费用和价款,以及工资等款项的担保。

第三十一条 承包商付款担保可以采用银行保函、专业担保公司的保证。

第三十二条 承包商付款担保的有效期应当在合同中约定。合同约定的有效期截止时间为自各项相关工程建设分包合同(主合同)约定的付款截止日之后的 30 天至 180 天。

第三十三条 承包商不能按照合同约定及时支付分包商、材料设备供应商、工人工资等各项费用和价款的,由担保人按照担保函或保证合同的约定承担担保责任。

附录：典型案例精选

一、当事人约定保证合同独立于主合同的效力

(一) 案 例 总 结

司法实践中,就当事人约定保证合同独立于主合同的效力问题,各级人民法院的裁判规则并不一致。

在"(2007)民二终字第117号"湖南洞庭水殖股份有限公司与被上诉人中国光大银行长沙华顺支行、湖南嘉瑞新材料集团股份有限公司、长沙新振升集团有限公司借款担保纠纷一案中,最高人民法院认为,虽然当事人约定了独立担保条款,但独立担保只能在国际商事交易中使用,司法实践对国内商事交易中的独立担保持否定态度。

在"(2017)最高法民申2584号"中国石化销售有限公司陕西石油分公司与陕西立方装饰工程有限公司等合同纠纷案中,最高人民法院认为,当事人约定保证合同独立于主合同,并未改变保证合同的从合同地位。

在"(2017)青民终119号"化隆回族自治县农村信用合作联社与化隆县京画混凝土有限公司、青海恒宜融资担保有限公司等金融借款合同纠纷案中,青海省高级人民法院认为,当事人约定了保证合同的效力不受主合同效力的影响,故即使主合同无效,保证合同亦依然有效。

(二) 当事人约定的独立担保合同无效

1. 独立担保仅能在国际商事交易中使用

(1) 基本案情简介

2004年4月16日,安塑股份经董事会研究决定,与光大华顺支行签订了一份编号为0478780040的《借款合同》。

洞庭水殖为上述借款提供连带责任保证,并与光大华顺支行签订《保证合同》,约定:担保的主债权为2000万元流动资金贷款;保证方式为连带责任保证;保证范围为主合同项下的债务本金、利息、复利、手续费、违约金、损害赔偿金、实现债权的费用和所有其他应付费用;保证期间为自主合同约定的债务人履行债务期限届满之日起2年,自2005年4月16日至2007年4月16日。合同签订后,光大华顺支行于签订合同当日,依约向原安塑股份发放贷款2000万元。

2004年8月31日,光大华顺支行与嘉瑞新材再次签订一份编号为0478780089的《借款合同》,约定:借款金额3000万元;用途为借新还旧;期限为2004年8月31日至2005年2月28日;年利率为5.04%;按季结息,逾期按万分之二点一计收复利;本合同于第八章约定的担保合同生效时,同时生效。洞庭水殖为上述借款提供连带责任保

证,并与光大华顺支行签订《保证合同》,约定:担保的主债权为3000万元借新还旧贷款;保证方式为连带责任保证;保证范围为主合同项下的债务本金、利息、复利、手续费、违约金、损害赔偿金、实现债权的费用和所有其他应付费用;保证期间为自主合同约定的债务人履行债务期限届满之日起2年,自2005年2月28日至2007年2月28日。

嘉瑞新材取得上述贷款后,到期只还了6万元,尚欠本金4994万元和利息5651161.02元(利息计算至2006年3月21日)。光大华顺支行分别于2006年2月16日、2006年2月27日向债务人嘉瑞新材和担保人洞庭水殖催收,嘉瑞新材和洞庭水殖分别在《逾期贷款催收通知书回执》和《履行担保义务通知书》上签章确认。

(2)法院裁判要点

二审法院最高人民法院认为:

光大华顺支行与洞庭水殖签订的两份《保证合同》的第十四条均明确约定"本合同的效力独立于主合同,不因主合同的无效而无效",根据《中华人民共和国担保法》第五条之规定,上述条款明显属于独立担保条款。**本院的审判实务已明确表明:考虑到独立担保责任的异常严厉性,以及该使用该制度可能产生欺诈和滥用权利的弊端,尤其是为了避免严重影响或动摇我国担保法律制度体系的基础,独立担保只能在国际商事交易中使用,不能在国内市场交易中运用。**因此,洞庭水殖关于本案所涉保证合同中独立担保条款无效的主张有理,本院予以支持。但应当看到,本院否定独立担保在国内交易市场中的运用之目的,在于维护担保法第五条第一款所规定的我国担保制度的从属性规则,因此,不能在否定担保的独立性的同时,也否定了担保的从属性。尽管洞庭水殖可以因本案所涉保证合同中的独立担保条款无效而免除独立担保责任,但由于本案主合同即借款合同为有效合同,所以保证人仍应承担依约有效的从属性担保责任即连带保证责任。故洞庭水殖关于其不应承担连带保证责任的主张不能成立,本院予以驳回。

2. 当事人约定担保合同独立于主合同,不能改变担保合同的从属性

(1)基本案情简介

2005年1月20日,石油分公司作为乙方,立方公司作为甲方,双方签订《加油站租赁协议》,约定乙方承租甲方建设的位于西铜路西辅道东口北侧的城运一站加油站及其附属资产,租赁期限自2005年5月10日至2023年5月9日止,共计18年,年租金含租赁费及税费为394000元,租金总额7100000元(包含税费)。合同约定了其他权利义务。该协议加盖原告石油分公司合同专用章、被告立方公司公章,担保人处由乔连喜签名。协议生效后,原告依约向被告立方公司支付50%即355000元的租金,被告立方公司向原告交付城运加油站。

2005年4月20日,石油分公司与立方公司就加油站更新改造费用签订《补充协议》,约定更新改造费用200000元由立方公司从租赁价款中向石油分公司指定施工或供货单位支付。

2011年8月29日,立方公司向石油分公司出具"承诺书",称因办理规划及土地征用手续难度大,其公司支付土地租金困难,请求石油分公司提前支付剩余50%租金的

90％,剩余 3550000 元待租赁期满 10 年后支付。如遇政府拆迁等原因导致加油站无法正常经营,按原租赁合同约定执行。2011 年 9 月 29 日,双方针对上述承诺内容签订"《加油站租赁协议》补充协议",同日,石油分公司向立方公司支付 3195000 元租金。

2011 年 8 月 29 日,畅达公司及乔连喜向石油分公司出具《担保承诺》,载明:我本人或公司(单位)已经对贵公司与陕西立方装饰工程有限公司于 2005 年 1 月 20 日签订的城运加油站《加油站租赁协议》及 2011 年 8 月 26 日出具的《承诺书》内容作了全面了解,对陕西立方装饰工程有限公司在该合同中承担的权利义务明确无疑,我本人愿意以合法资产及公司全部资产作为陕西立方装饰工程有限公司不履行或不完全履行合同给贵公司造成损失的担保。担保期间为本合同履行完毕后两年。保证范围为陕西立方装饰工程有限公司在合同中承担的全部义务。本《担保承诺》独立于《加油站租赁协议》,不受该合同的影响。

2012 年 10 月 24 日,立方公司向石油分公司出具"关于城运加油站租赁协议条款的说明",说明中立方公司认可租赁的城运加油站的土地使用证、建设用地规划许可证、建筑工程规划许可证均无法办理。由于政府拆迁,提出终止协议,按协议约定,在租赁期限的前 10 年内,其公司应返还原告未实际使用加油站期间的租赁费用。2012 年 11 月 8 日,立方公司法定代表人张军在"加油站清单"中签字。

立方公司因连续两年以上未按规定参加年度检验,于 2013 年 5 月 21 日被吊销营业执照。该公司股东有张杰、被告张军和金萍。

2014 年 11 月,原告石油分公司起诉被告立方公司、被告畅达公司、被告乔连喜,请求确认《加油站租赁协议》已于 2012 年 11 月 8 日解除;被告立方公司、被告畅达公司、被告乔连喜连带退还 10 年零 2 个月租金 3655185 元,并支付自 2012 年 11 月 6 日至 2014 年 11 月 6 日同期银行贷款利息 449587.76 元。西安市莲湖区人民法院于 2015 年 6 月 18 日作出(2014)莲民初字第 04617 号民事判决,认为《加油站租赁协议》涉及租赁标的物为加油站及附属设施,属于土地资产,至该案审理过程中加油站仍未取得土地使用权证、建设用地规划许可证,双方租赁行为违反了国家法律、法规的强制性规定,故原告与被告立方公司签订的《加油站租赁协议》无效,其有关补充协议亦无效,故驳回原告的上述诉讼请求。该判决已生效。

2015 年 9 月,原告石油分公司起诉至一审法院,请求:依法判令被告立方公司向原告返还租金 3655185 元及利息损失 895520 元(截至 2015 年 7 月 16 日);被告立方公司向原告赔偿可得利益损失 550 万元;被告畅达公司、被告乔连喜承担连带担保责任;被告张军、被告金萍承担赔偿责任;本案的诉讼费用由被告承担。

立方公司向一审法院反诉请求:依法判令反诉被告支付租金占有使用费 330.5 万元;返还成品油零售许可证、危险化学品经营许可证并过户至反诉原告立方公司名下;诉讼费用依法由反诉被告承担。

(2) 法院裁判要点
① 二审法院陕西省高级人民法院认为:

《中华人民共和国物权法》(以下简称《物权法》)第一百七十二条规定,担保合同是主债权债务合同的从合同。主债权债务合同无效,担保合同无效,但法律另有规定的除外。**本案中,畅达公司及乔连喜虽向石油分公司出具《担保承诺》,愿意以公司及其**

个人全部资产给立方公司提供担保,并称该《担保承诺》独立于《加油站租赁协议》,不受该合同影响,但租赁协议与担保承诺为主、从合同关系,主合同无效,担保合同亦无效。《担保承诺》违背了担保法律制度中关于主合同与担保合同系主从关系的立法原则,且《担保承诺》未明确约定畅达公司及乔连喜对债务人因主合同无效产生的债务承担担保责任,故这种承诺是无效的。原审在主合同无效的情况下,认定《担保承诺》有效不妥,依法应予以纠正。《最高人民法院关于适用〈中华人民共和国担保法〉若干问题的解释》(以下简称《担保法解释》)第八条规定,主合同无效而导致担保合同无效,担保人无过错的,担保人不承担民事责任;担保人有过错的,担保人承担民事责任的部分,不应超过债务人不能清偿部分的三分之一。本案并没有证据证明畅达公司、乔连喜作为担保人在合同无效的过程中有缔约过失过错,因此,不应承担民事责任。原审错误适用《担保法解释》第二十二条等法律规定,判处畅达公司、乔连喜对立方公司债务承担连带清偿责任错误,依法应予以改判。

② 再审法院最高人民法院认为:

关于畅达公司、乔连喜是否应当承担连带保证责任的问题。《物权法》第一百七十二条第二款规定,担保合同被确认无效后,债务人、担保人、债权人有过错的,应当根据其过错各自承担相应的民事责任。涉案《加油站租赁协议》是主合同,畅达公司、乔连喜出具的《担保承诺》属于从合同。《中华人民共和国担保法》(以下简称《担保法》)第五条规定,担保合同是主合同的从合同,主合同无效,担保合同无效。担保合同被确认无效后,债务人、担保人、债权人有过错的,应当根据其过错各自承担相应的民事责任。原审中,石油分公司没有证据证明畅达公司、乔连喜作为担保人在合同无效的过程中有缔约过失过错,二审法院据此认为畅达公司、乔连喜不应当承担民事责任,适用法律没有错误。畅达公司、乔连喜约定《担保承诺》独立于租赁协议,并未改变《担保承诺》属于从合同的地位,石油分公司主张二审判决应当适用《物权法》第一百七十二条的规定,判决畅达公司、乔连喜对主合同无效所产生的债务承担担保责任,缺乏依据。石油分公司的该项申请再审理由不能成立。

(三) 主合同无效,当事人约定的独立担保合同有效

1. 基本案情简介

2013年9月上旬,京画公司向化隆农信社提交借款1500万元的申请,京画公司法定代表人李全彬与恒宜公司协商担保事宜,恒宜公司联系昊源公司共同为京画公司提供连带责任保证。2013年10月28日,恒宜公司给化隆农信社出具《担保意向函》称"借款人化隆县京画混凝土有限公司在贵行办理金额为壹仟伍佰万元的借款。期限为2年,由我公司提供连带责任保证。现在我公司已办理完反担保相关手续,请贵行给予办理贷款手续"。

2013年12月17日,京画公司与化隆农信社签订《流动资金借款合同》,约定京画公司向化隆农信社借款1500万元,借款期限为2年,自2013年12月17日起至2015年12月16日止,借款用途为原材料储备资金。同日,恒宜公司与化隆农信社签订《保

证合同》，为上述《流动资金借款合同》提供担保，保证方式为连带责任保证，并在第六条"合同效力的独立性"中约定"本合同的效力独立于主合同，主合同未生效、无效、被撤销、被解除的，并不影响本合同的效力。乙方对于债务人因返还财产和赔偿损失而形成的债务也承担质押担保责任"。并向化隆农信社提交了公司股东会同意提供担保的《股东会决议》及委托办理担保手续人员《授权委托书》。

2013年12月19日，京画公司向化隆农信社出具《委托书》及伪造的《水泥买卖合同书》，委托化隆农信社将信贷资金700万元转付给边桂兰（系恒宜公司出纳），边桂兰将该款交至恒宜公司。2013年12月30日、2014年1月7日京画公司先后用伪造的《购销合同》，委托化隆农信社将信贷资金100万元、500万元转付给李连春（系李全彬父亲），该款的实际用途是100万元京画公司向化隆农信社入股，其余500万元偿还其他欠款。2014年3月17日、4月3日京画公司再次以伪造的合同，委托化隆农信社将信贷资金150万元转付给西宁润力源商贸有限公司，50万元转付给夏明石。

2015年12月16日，贷款期限届满，京画公司未偿还贷款本金及利息。

2. 法院裁判要点

二审法院青海省高级人民法院认为：

从保证合同的订立过程看，2013年9月上旬，京画公司法定代表人李全彬就开始与恒宜公司协商担保事宜。根据李全彬陈述，恒宜公司提供担保的目的是为了取得借款1500万元中的700万元归其使用。2013年10月28日恒宜公司就已经给化隆农信社出具《担保意向函》，遂在12月17日又与化隆农信社签订保证合同，**并在合同第六条中约定"本合同的效力独立于主合同，主合同未生效、无效、被撤销、被解除的，并不影响本合同的效力"**。上述事实表明恒宜公司与化隆农信社所签保证合同是其真实意思表示，其保证行为独立于主合同。恒宜公司以其从开始被刑事被告人李全彬被骗，在违背真实意思的基础上签订保证合同的抗辩理由与事实不符。双方签订的保证合同虽系化隆农信社提供的格式合同，但保证合同关于其承担连带责任保证的内容以及关于保证合同的效力独立于主合同的文义清晰，并不存在加重保证人保证责任的意思。《担保法》第五条规定："担保合同是主合同的从合同，主合同无效，担保合同无效。担保合同另有约定的，按照约定。"**根据恒宜公司在保证合同中的特别承诺，即便案涉主合同无效也不影响保证合同的效力**；又因恒宜公司、昊源公司不是主合同的相对人，其以化隆农信社自签借款合同至发放借款时存在严重过错为由，抗辩主合同无效从合同亦无效的理由不成立，本院不予采纳。同理，昊源公司与化隆农信社所签保证合同是其真实意思表示，其应按所签保证合同承担担保责任。一审以昊源公司未取得借款中的资金，认定其不承担责任错误，本院予以纠正。

二、以公益为目的的民办非企业法人不得作为保证人

（一）案例总结

《中华人民共和国担保法》第九条规定，学校、幼儿园、医院等以公益为目的的事业单位、社会团体不得为保证人。但关于民办学校是否具备保证人主体资格，实践中对该问题的理解不一。

在"（2017）最高法民终297号"中加双语学校、新时代信托公司金融借款合同纠纷案中，最高人民法院认定，中加双语学校面向社会招生（包括义务教育招生），服务于全体社会成员的利益，是以公益为目的的民办非企业法人，故其满足《中华人民共和国担保法》第九条主体资格的法律要件，即不具备保证人的主体资格。

（二）基本案情简介

2013年5月30日，新时代信托公司与中加投资公司签订编号为"2013-XY536（D）DK233号"的《信托贷款合同》。

2013年5月30日，中加双语学校与新时代信托公司签订编号为"2013-XY536（D）BZ233-01号"的《保证合同》约定，新时代信托公司（即债权人）与中加投资公司（债务人）签订《信托贷款合同》，约定新时代信托公司以新时代信托［鑫业536号］中加双语学校扩建信托贷款单一资金信托计划募集的资金，向中加投资公司发放信托贷款。为确保《信托贷款合同》项下中加投资公司履行债务，中加双语学校愿意为《信托贷款合同》项下中加投资公司按时依约履行《信托贷款合同》义务提供无限连带责任保证担保。新时代信托公司经审查同意接受中加双语学校所提供的保证担保。该保证合同所担保的主债权为《信托贷款合同》项下中加投资公司的全部债务。保证担保范围包括但不限于新时代信托公司对中加投资公司享有的基于《信托贷款合同》而产生的1.22亿元本息债权。中加双语学校的登记证书显示该学校为民办非企业法人单位，开办资金为2300万元，业务主管单位为马鞍山市教育局，业务范围为九年一贯制学校、普通高级中学。

（三）法院裁判要点

最高人民法院认为：

判断中加双语学校是否具备保证人的主体资格，应以其是否以公益为目的为要

件,对此应综合审查其登记情况和实际运行情况。首先,2016年11月7日,全国人民代表大会常务委员会通过了《关于修改〈中华人民共和国民办教育促进法〉的决定》,对民办学校实行非营利性和营利性分类管理。因此,现有民办学校有权选择登记为营利性或者非营利性。经查,目前中加双语学校依照《民办非企业单位登记管理暂行条例》登记为民办非企业单位,尚未选择登记为营利性民办学校,故应依据《中华人民共和国民办教育促进法》(2003年9月1日起实施)及《民办非企业单位登记管理暂行条例》认定中加双语学校的性质。其次,中加双语学校的章程第24条第2款约定,学校接受的捐献、收取的学杂费的收支结余,归学校集体所有。第25条规定本校出资人暂不要求合理回报。第28条规定学校解散,剩余财产按三方投入方式并由审批机关统筹安排返还。新时代信托公司并不否认该份章程的真实性。故根据该份章程约定,**中加双语学校出资人不享有学校财产所有权,对学校的盈余未约定个人分配规则,对学校解散之后的剩余财产约定了明确的处置规则,符合公益性事业具有非营利性的界定**。第三,依据《中华人民共和国民办教育促进法》(2003年9月1日起实施)第三十七条第二款规定民办学校收取的费用应当主要用于教育教学活动和改善办学条件。第五十一条规定,**出资人可以从办学结余中取得合理回报。取得合理回报的具体办法由国务院规定**。故中加双语学校从事办学活动,依法有权向接受教育者收取费用,收取费用是其维持教育教学活动的经济基础,并不能因收取费用而认定其从事营利活动。营利性法人区别于非营利性法人的重要特征,不是"取得利润"而是"利润分配给出资人"。中加双语学校章程明确了出资人暂不收取回报,新时代信托公司也未举证证明中加双语学校通过修改章程,报审批机关批准后收取回报。新时代信托公司以民办学校收取费用和合理回报认为中加双语学校具有营利性,本院不予支持。

《担保法》沿用了《中华人民共和国民法通则》法人分类体系,而民办非企业法人是在上述立法之后创设的新类型法人单位,故《担保法》第九条事业单位及社会团体的范围客观上无法涵盖民办非企业单位。《担保法》第九条规范目的是因学校、幼儿园、医院等以公益为目的的事业单位、社会团体直接为社会公众服务,如果作为保证人而最终履行保证责任,势必直接影响社会公共利益。民办非企业单位与事业单位的举办资金来源不同,但均有可能是以公益为目的的,故不能以民办非企业单位并非事业单位、社会团体而当然排除《担保法》第九条的法律适用。本案中,中加双语学校登记证书中记载业务主管单位马鞍山市教育局,业务范围九年一贯制学校、普通高级中学,其招生范围包括义务教育阶段学生。因此,中加双语学校面向社会招生(包括义务教育招生),服务于全体社会成员的利益,是以公益为目的的民办非企业法人。认定其满足《担保法》第九条主体资格的法律要件,符合该条规范的立法目的。一审判决以中加双语学校不属于事业单位、社会团体范畴而不适用《担保法》第九条,本院予以纠正。

新时代信托公司还提出中加双语学校享有法人财产权,符合《担保法》第七条规定的"代为清偿能力"的资格要求。该条是关于保证人资格的基本要求,第九条则是例外性规定。故民事主体具备代为清偿能力并不当然具有保证人资格。新时代信托公司以《担保法》第七条主张中加双语学校具有保证人资格,本院不予支持。

三、承诺函是否构成保证担保

（一）案例总结

安慰函系商事往来中常见的函件，其系第三人向债权人出具，表示愿意对债务人清偿债务承担相关道义上的责任。但如安慰函的措辞符合保证合同的构成要件（如作出了代为清偿债务的意思表示等），亦可能被认定为具有保证合同的效力。

在"（2017）最高法民终353号"高速公路管理局、高速公路总公司合同纠纷案中，最高人民法院认为，高速公路管理局通过出具《承诺函》的形式为自身设定的代为清偿义务的意思表示具体明确，故《承诺函》具有保证担保性质。

在"（2014）民四终字第37号"中银公司、辽宁省政府与葫芦岛锌厂保证合同纠纷案中，最高人民法院认为，辽宁省政府向原新华银行香港分行（后为中银公司）出具的《承诺函》中，辽宁省政府仅承诺"协助解决"，没有对中辽公司的债务作出代为清偿的意思表示，《承诺函》不符合《担保法》第六条有关"保证"的规定，不能构成法律意义上的保证。

（二）承诺函构成保证担保的情形

1. 基本案情简介

2006年3月9日，宜章县政府与宜连公司签订《特许合同》，出让方宜章县政府通过特许经营方式，授予受让方宜连公司依法投资、建设与经营、养护管理高速公路项目的权利。同时，双方在第15.6条约定了受让方提前终止该合同的情形，即"15.6.1 如果不是由于受让方违约或不可抗力所致，发生下述一种或几种情况，都视为出让方违约，出让方在收到受让方要求改正的书面通知后60天内仍未改正的，受让方有权提出索赔……15.6.2 受让方按本合同本条第一款规定提前终止本合同的，出让方收回本项目，并应同时承担以下义务：（1）承担受让方为本项目的建设而发生的一切尚未清偿的负债；（2）偿还受让方为本项目建设所投入的项目资本金及其利息；（3）偿还受让方为本项目建设所投入资本金从投入之日至终止之日期间的投资收益及资本金从终止日至特许经营期届满之日期间的预期投资收益的合理部分"。

2009年8月10日，事业单位法人湖南省高速公路管理局（属湖南省交通运输厅归口管理，是全省高速公路建设与管理的机构）向招行深圳分行出具《承诺函》。《承诺函》载明："我局承诺：贵行对宜连公司提供的项目贷款，若该公司出现没有按时履行其到期债务等违反借款合同约定的行为，或者存在危及银行贷款本息偿付的情形，出于保护投资商利益，保障贵行信贷资金安全的目的，我局承诺按《特许合同》第15.6条之规定全额回购宜连高速公路经营权,以确保化解银行贷款风险,我局所支付款项均先归还贵行贷款本息。"

2009年8月20日,建行湖南分行与招行深圳分行作为贷款人,与借款人宜连公司签订《人民币资金银团贷款合同》。贷款发放后,宜连公司未能按约偿还贷款本息,建行湖南分行与招行深圳分行遂向湖南省高级人民法院提起诉讼,要求宜连公司偿还贷款本息,相关担保人承担连带清偿责任。湖南省高级人民法院经审理作出"(2014)湘高法民二初字第24号"民事调解书。

之后,宜连公司未履行调解书确定的义务,建行湖南分行与招行深圳分行向湖南省高级人民法院申请强制执行。因宜连公司资产长期难以处置,也未发现其他被执行人有可供执行的财产,湖南省高级人民法院依招行深圳分行申请裁定终止执行。

2016年3月10日,招行深圳分行向高速公路管理局发出《关于严格履行宜连高速经营权回购义务的函》,称:"截至目前,贵局仍未就回购或参与竞买收费权出具确切的方案,案件久拖不决给银团及我行带来了极大的困扰和损失。望贵局按照向我行出具的《承诺函》,严格履行宜连高速公路经营权回购义务,否则我行将依法对贵局提起诉讼,追究贵局的法律及其他相关责任。"因高速公路管理局未能就宜连公司所欠债务予以处理,招行深圳分行遂向湖南省高级人民法院提起诉讼。

2. 法院裁判要点

(1) 关于《承诺函》的性质

高速公路管理局与高速公路总公司上诉主张《承诺函》系安慰函,不具有法律效力。招行深圳分行认为属于单方允诺的民事法律行为,具有法律效力。

对此,最高人民法院认为,《承诺函》的性质应当结合文本名称、出具背景、约定内容等事实综合认定。

首先,从《承诺函》的名称看,并未直接表述为"安慰函"。

其次,综合《承诺函》出具的背景情况及双方当事人的陈述可知,《承诺函》签订于宜连高速公路项目开工建设之后、招行深圳分行作为贷款人之一与借款人宜连公司签订《人民币资金银团贷款合同》之前。其出具原因是为了保障招行深圳分行信贷资金安全,化解招行深圳分行贷款风险,实质目的则为确保宜连公司获得贷款。

再次,从《承诺函》载明内容"若该公司(指宜连公司)出现没有按时履行其到期债务等违反借款合同约定的行为,或者存在危及银行贷款本息偿付的情形,出于保护投资商利益,保障贵行信贷资金安全的目的,我局承诺按《特许合同》第15.6条之规定全额回购宜连高速公路经营权,以确保化解银行贷款风险,我局所支付款项均先归还贵行贷款本息"分析,《承诺函》系针对特定的银行贷款出具,并已经清楚表明当宜连公司出现没有按时履行其到期债务等违反借款合同约定的行为,或者存在危及银行贷款本息偿付的情形时,高速公路管理局承诺以回购经营权的方式确保招行深圳分行的债权实现。依照《担保法》第六条关于"本法所称保证,是指保证人和债权人约定,当债务人不履行债务时,保证人按照约定履行债务或者承担责任的行为"及《担保法解释》第二十二条第一款关于"第三人单方以书面形式向债权人出具担保书,债权人接受且未提出异议的,保证合同成立"的规定可知,保证人提供保证,目的是为了保证债权能够得到实现。**本案中，高速公路管理局并非仅对宜连公司清偿债务承担道义上的义务或督促履行之责，其通过出具《承诺函》的形式为自身设定的代为清偿义务的意思表示具体明确，故《承诺函》具有保证担保性质。**该《承诺函》被招行深圳分行接受，双方成立保证合同。

综上，高速公路管理局、高速公路总公司上诉主张《承诺函》仅为道义上的安慰函，缺乏事实及法律依据，不能成立。

(2) 关于《承诺函》的效力

最高人民法院认为，根据《担保法》第九条关于"学校、幼儿园、医院等以公益为目的的事业单位、社会团体不得为保证人"的规定，高速公路管理局作为湖南基础设施高速公路的建设、管理事业单位，不得作为保证人。《承诺函》因违反法律强制性规定应认定无效。

(3) 关于高速公路管理局的民事责任范围

《担保法解释》第七条规定"主合同有效而担保合同无效，债权人无过错的，担保人与债务人对主合同债权人的经济损失，承担连带赔偿责任；债权人、担保人有过错的，担保人承担民事责任的部分，不应超过债务人不能清偿部分的二分之一。"本案中，如前所述，《承诺函》因违反法律强制性规定而无效。高速公路管理局作为出具人，明知自身不具备保证人资格仍出具《承诺函》，具有过错。而招行深圳分行作为专业的金融机构，明知高速公路管理局作为事业单位，不能成为保证人，其仍要求高速公路管理局出具《承诺函》，招行深圳分行亦存在过错。故综合本案成讼原因、当事人的实际损失及过错程度，二审法院酌定高速公路管理局对宜连公司不能偿还招行深圳分行的贷款本息等为基数按《人民币资金银团贷款合同》的约定承担三分之一的赔偿责任。

(三) 承诺函不构成保证担保的情形

1. 基本案情简介

1996年2月9日，辽宁省政府向原新华银行香港分行（后为中银公司）出具一份《承诺函》，内容为："我省人民政府知悉贵行同意向我驻港附属机构中辽公司（下称'借款人'）提供及/或继续提供银行便利/贷款（下称'银行便利/贷款'）：一般开出信用证额度共港币伍仟万元整；包括其项下之信托提货额度共港币伍仟万元整；我省人民政府在此承诺以下事项：1. 我省人民政府同意贵行向借款人提供及/或继续提供上述的融资安排；2. 我省人民政府将尽力维持借款人的存在及如常营运；3. 我省人民政府将竭尽所能，确使借款人履行其在贵行所使用的银行便利/贷款的责任及义务；4. 如借款人不能按贵行要求偿还就上述银行便利/贷款下产生的任何债务时，我省人民政府将协助解决借款人拖欠贵行的债务，不让贵行在经济上蒙受任何损失。"

1999年5月13日，原新华银行香港分行根据中辽公司申请开具G-01-R-01679号申请人为中辽公司、受益人为香港三普电池有限公司、到期日为1999年5月29日、总金额为360万美元的不可撤销跟单信用证。同年5月14日，原新华银行香港分行根据中辽公司申请开具G-01-R-01680号申请人为中辽公司、受益人为香港三普电池有限公司、到期日为1999年6月7日、总金额为285万美元的不可撤销跟单信用证。1999年5月13日、5月15日，香港三普电池有限公司向原新华银行香港分行分别申请对G-01-R-01679号、G-01-R-01680号信用证付款。中辽公司向原新华银行香港分行分别出具了收到上述两份信用证项下货物所有权单据的两份《信托收据》，两份收据上付款日期和签署日期均为空白。

金杜律师事务所深圳分所受中银公司委托，分别于2003年1月24日、2004年12月16日向辽宁省政府发出律师函，要求辽宁省政府对中辽公司欠付本金及利息、费用等履行承诺，不让中银公司受到经济上的损失。

2. 法院裁判要点

最高人民法院认为，《承诺函》是否构成保证担保应当依据其名称和内容确定。

从本案《承诺函》的名称与内容看，辽宁省政府仅承诺"协助解决"，没有对中辽公司的债务作出代为清偿的意思表示，《承诺函》不符合《担保法》第六条有关"保证"的规定，不能构成法律意义上的保证。从金杜律师事务所深圳分所代表中银公司寄送给辽宁省政府的《律师函》内容看，该分所或者中银公司也没有要求辽宁省政府承担代为清偿债务的责任，而是仅要求其履行承诺不让中银公司受到经济上的损失。

可见，《承诺函》所涉辽宁省政府与中银公司双方对案涉债务并未达成保证担保的合意，不能在双方之间形成保证合同关系。故辽宁省政府有关《承诺函》不构成保证担保的主张符合双方当事人的真实意思表示，中银公司依据《承诺函》要求辽宁省政府承担保证责任于法无据，不予支持。

四、当事人之间就"主合同变更无需经担保人同意,担保人亦承担担保责任"的约定的效力

(一) 案 例 总 结

根据《担保法》第二十四条的规定,主合同变更的,原则上须经保证人同意,否则保证人不承担保证责任,但当事人另有约定的除外。但对于担保协议中类似"主合同变更无需经担保人同意,担保人亦承担担保责任"约定的效力,司法实践中人民法院存在不同的裁判观点。

在"(2016)最高法民终 89 号"九江银行股份有限公司与上海浦联房地产发展公司、浙江泰舜建设有限公司等金融借款合同纠纷案中,最高人民法院认为,担保合同已约定,主合同变更无需通知担保人,该变更不影响担保人承担责任;据此,主合同变更还款期限的约定,对浦联公司应承担的责任并无影响。

在"(2013)民申字第 331 号"中国长城资产管理公司沈阳办事处与辽宁宝林集团有限公司及辽宁中科高科技企业集团有限公司借款合同纠纷案中,最高人民法院认为,主合同变更无需经担保人同意,担保人仍在原担保范围内承担担保责任的约定,不能对抗因主合同变更导致担保人法定免责的情形。

(二) 约定有效,未经保证人同意的主合同变更不影响担保人责任的承担

1. 基本案情简介

2012 年 3 月 7 日,九江银行与浦联公司签订《最高额抵押合同》,约定泰舜公司与九江银行在一定期限内连续发生的所有债务,浦联公司自愿以自有财产为向九江银行提供抵押担保。抵押最高本金限额为人民币 8000 万元,抵押额度有效期自 2012 年 3 月 7 日至 2014 年 3 月 7 日。

2015 年 3 月 1 日,九江银行与浦联公司签订《最高额保证合同》,约定浦联公司自愿为泰舜公司债务向九江银行提供连带责任保证,保证额度有效期自 2015 年 3 月 1 日至 2015 年 12 月 31 日,保证最高本金限额为人民币 8000 万元。

上述担保合同均约定:债权人与债务人协议变更主合同,均视为已征得抵押人/保证人事先同意,无需再通知抵押人/保证人,抵押人/保证人的担保责任不因此而减少或免除。

2015年3月18日,九江银行与泰舜公司签订借款合同,约定泰舜公司向九江银行借款人民币8000万元,借款用途为资金周转,**借款期限为2015年3月18日至2015年7月18日**。

同日,九江银行与泰舜公司签订一份《公司授信还款协议》,双方对上述借款合同达成还款协议如下:**泰舜公司承诺在2015年4月30日归还2000万元本金**,在2015年5月31日归还1000万元,2015年6月30日归还2000万元,2015年7月18日还清本息,未按期履行,则九江银行有权提前收回全部本息。

2. 法院裁判要点

最高人民法院认为:

《最高额抵押合同》和《最高额保证合同》均约定,主合同变更无需通知抵押人和保证人,该变更不影响抵押人和保证人承担责任。

据此,《公司授信还款协议》变更还款期限的约定,对浦联公司应承担的责任并无影响。

(三) 约定不能对抗因主合同变更导致担保人法定免责的情形

1. 基本案情简介

工商银行大东支行与中科集团签订《流动资金借款合同》,合同借款用途一栏在已手写填满"购买原材料及包装物"的情况下,在该栏外侧边又手写"用于偿还2000年(大东)字0198号借款合同项下的贷款"。后经鉴定,"用于偿还2000年(大东)字0198号借款合同项下的贷款"与"购买原材料及包装物"字迹书写不连贯、首尾不相衔接,系后添写而成。

同时,《保证合同》第7.5条约定:贷款人与借款人协议变更主合同的,除展期或增加贷款金额外,**无须经保证人宝林集团同意**,宝林集团仍在原保证范围内承担连带保证责任。

后长城资产公司受让工商银行大东支行在借款合同项下享有的债权。

长城资产公司认为:《保证合同》第7.5条应当视为宝林集团明示放弃其对于合同借款用途变更的知情权。根据该约定,贷款人如果与借款人协商一致改变借款用途不需要经过宝林集团的同意,而且借款用途的改变并没有增加宝林集团承诺的保证金额和延期贷款期限,未加重其保证责任,并不违背保证人在保证合同中的真实意思表示。因此,无论宝林集团对"以新贷还旧贷"的借款用途是否明知,均应当承担保证责任。

2. 法院裁判要点

最高人民法院认为:

《保证合同》第7.5条之约定不能对抗因主合同变更导致担保人法定免责的情形。

借贷双方对于借款用途的约定,是担保人判断其风险责任的重要因素。况且,借贷双方借新还旧的真实用途,使担保人承担的可能是为巨额死账担保的风险,明显超越了担保人提供担保时的风险预期,加重了担保责任,导致不公平的后果。

因此,**担保人放弃变更借款用途知情权应有明确表示**,仅以"展期或增加贷款金额"推定担保人放弃权利,缺乏事实和法律依据。

本案长城资产公司认为该约定视为保证人同意借贷双方任意变更借款用途,保证人仍应承担保证责任的主张不能成立。

五、混合担保情形下如何认定当事人
对担保实现顺序作出了约定

(一) 案 例 总 结

《物权法》第一百七十六条规定,被担保的债权既有物的担保又有人的担保的,债务人不履行到期债务或者发生当事人约定的实现担保物权的情形,债权人应当按照约定实现债权;没有约定或者约定不明确,债务人自己提供物的担保的,债权人应当先就该物的担保实现债权;第三人提供物的担保的,债权人可以就物的担保实现债权,也可以要求保证人承担保证责任。提供担保的第三人承担担保责任后,有权向债务人追偿。

由此,在混合担保情形下,如当事人就担保实现顺序作出了符合上述规定的约定,则债权人可根据约定实现债权;但在约定不明的情况下,债权人可能面临需按法定顺序行使担保权的风险,尤其是在债务人提供物的担保的情形下,债权人应当先就该物的担保实现债权,而担保物权的实现往往耗时较长,担保物的变现价值亦存在不确定性。

因此,当事人就混合担保情形下担保的实现顺序,作出符合《物权法》规定的约定,对保障债权安全至关重要。但就如何认定当事人作出了符合《物权法》规定的约定,在司法实践中,最高人民法院对这一争议的裁判观点并不统一,针对相似或相同的案情,最高人民法院在不同的案件中作出了截然不同的认定。

(二) 同一类型的当事人约定情形下的不同裁判结果

1. 约定一:无论债权人在主合同项下的债权是否拥有其他担保,债权人均可直接要求担保人依照合同约定在其担保范围内承担担保责任

(1) 视为约定不明

① 基本案情简介

在"(2016)最高法民终40号"江苏索普(集团)有限公司、上海儒仕实业有限公司与中国农业发展银行乾安县支行保证合同纠纷案中,2011年6月28日,乾安支行与天安公司签订《流动资金借款合同》,约定乾安支行向天安公司提供借款17670.7万元人民币。

同日,乾安支行分别与天安公司、丁醇公司签订《最高额抵押合同》,约定债务人天安公司以及第三人丁醇公司向乾安支行提供最高额抵押担保,并且"**当债务人未履行**

债务时,无论抵押权人对所担保的主合同项下的债权是否拥有其他担保,抵押权人均有权直接要求抵押人在其担保范围内承担担保责任"。

同日,乾安支行分别与索普公司、儒仕公司以及吉林酒精公司签订《保证合同》,约定前述保证人分别为天安公司提供连带责任保证,并且"**当债务人未履行债务时,无论债权人对主合同项下的债权是否拥有其他担保,债权人均有权直接要求保证人承担担保责任**"。

② 法院裁判要点

最高人民法院认为:

《物权法》第一百七十六条规定:"被担保的债权既有物的担保又有人的担保的,债务人不履行到期债务或者发生当事人约定的实现担保物权的情形,债权人应当按照约定实现债权;没有约定或者约定不明确,债务人自己提供物的担保的,债权人应当先就该物的担保实现债权;第三人提供物的担保的,债权人可以就物的担保实现债权,也可以要求保证人承担保证责任。提供担保的第三人承担担保责任后,有权向债务人追偿。"

《担保法》第二十八条规定:"同一债权既有保证又有物的担保的,保证人对物的担保以外的债权承担保证责任。债权人放弃物的担保的,保证人在债权人放弃权利的范围内免除保证责任。"

比照《物权法》与《担保法》以上条文的规定,《物权法》显然对《担保法》物保绝对优先的原则进行了修正,但这并不意味着《物权法》即抛弃了物保相对优先的基本精神。正确理解该条文,显然是就同一债权并存物保与人保时如何实现担保权利所作的规定,是在《担保法》物保绝对优先原则的基础上,融合了意思自治的法律权衡,以满足更加丰富的现实需求。

本院认为,对《物权法》第一百七十六条可作以下三种情形的具体把握:

第一种情形,即对实现担保物权有明确约定的情形,在此情形下,无论是对人的担保合同还对是物的担保合同,均要审查是否存在"当事人约定的实现担保物权的情形",即是否对实现担保物权作出明确约定,有此约定的,即应优先按照该类约定进行处理,无论该类关于实现担保物权的约定是就债务人提供的物保所作约定,还是就第三人提供的物保所作约定,均应当按照该明确约定实现债权。很显然,此等情形下,隐含着意思自治可以排除物保优先的精神,这实际是将契约自由精神摆在更加重要的法律地位。但此等情形下,依然始终要围绕实现担保物权的约定进行审查,其实质亦同样体现着物保优先的法律原则。

第二种情形,即先就债务人的物保实现债权的情形,经审查人保合同与物保合同,对实现担保物权的情形没有约定或者约定不明确时,则债权人应当先就债务人提供的物保实现其债权,不得绕过债务人的物保而径行追究人保合同项下保证人的保证责任。此等情形,更是直接体现着物保优先的原则,尽管是就债务人的物保优先而言。

第三种情形,即债权人对第三人提供的物保选择实现债权的情形,此等情形适用的前提与前述第二种情形应当相同,即依然是有关实现担保物权的情形没有约定或约定不明确时,因提供物保主体上存在差异,即物保系债务人以外的第三人所提供,则债权人既可选择向第三人物保实现债权,也可依据人保合同向保证人实现债权,或者同时向第三人物保以及人保提供者主张实现债权。此等情形,尽管赋予债权人以选择权,但此等情形的前提是没有关于实现担保物权的明确约定,因此依然体现着物保优先原则与意思自治原则相结合的审查要求。

结合本院进一步查明的事实,除本案《保证合同》外,乾安支行与天安公司以及丁醇公司签订的两份《最高额抵押合同》均约定:"当债务人未履行债务时,无论抵押权人对所担保的主合同项下的债权是否拥有其他担保,抵押权人均有权直接要求抵押人在其担保范围内承担担保责任。"

根据以上对《物权法》第一百七十六条规定所作理解,结合对本案《保证合同》以及两份《最高额抵押合同》相关条款的审查,在本案被担保债权既有物的担保又有人的担保、且物的担保既有债务人提供的、也有第三人丁醇公司提供时,乾安支行无疑应当先依照两份《最高额抵押合同》中关于实现担保物权的明确约定,先行向债务人天安公司以及第三人丁醇公司主张实现其债权,而不应当依照本案《保证合同》的约定实现其债权。

这是因为,本案《保证合同》的前述约定,仅仅是关于实现保证债权而非实现担保物权的约定,而且本案《保证合同》的前述条款也并没有明确涉及实现担保物权的内容,不能得出已就担保物权的实现顺序与方式等作出了明确约定,故不能将本案《保证合同》中的以上约定即理解为《物权法》第一百七十六条规定的"当事人约定的实现担保物权的情形"。但两份《最高额抵押合同》所作的相同约定,却显然是关于实现担保物权所作的约定,是关于抵押权人直接要求抵押人在其物保范围内承担物保责任的约定,无疑属于就实现担保物权所作的明确约定。

在此情形下,按照《物权法》第一百七十六条之规定,当发生当事人约定的实现担保物权的情形时,债权人即应当按照该约定实现债权,即本案乾安支行应当按照其与债务人天安公司以及第三人丁醇公司的明确约定,不仅应当先就债务人天安公司的物保实现其债权,而且也应当先就第三人丁醇公司的物保实现其债权。

(2)可认定为约定明确

① 基本案情简介

在"(2017)最高法民终170号"中国建设银行股份有限公司榆林新建南路支行、榆林聚能物流有限责任公司金融借款合同纠纷案中,2011年12月29日,聚能物流因建设项目需要,与建行新建南路支行签订《固定资产贷款合同》,向建行新建南路支行借款3亿元。

同日,建行新建南路支行与聚能物流签订《抵押合同》,约定聚能物流以其持有的土地使用权向建行新建南路支行提供抵押担保。

同日,建行新建南路支行分别与隆昌公司、泰发祥公司签订《保证合同》,约定隆昌公司、泰发祥公司分别为聚能物流提供连带责任保证。

上述担保合同均约定:无论乙方(建行新建南路支行)对主合同项下的债权是否拥有其他担保(包括但不限于保证、抵押、质押、保函、备用信用证等担保方式),不论上述其他担保何时成立、是否有效、乙方是否向其他担保人提出权利主张,也不论是否有第三方同意承担主合同项下的全部或部分债务,也不论其他担保是否由债务人自己所提供,甲方在本合同项下的担保责任均不因此减免,乙方均可直接要求甲方依照本合同约定在其保证范围内承担担保责任,甲方将不提出任何异议。

② 法院裁判要点

最高人民法院认为:

《物权法》第一百七十六条规定:"被担保的债权既有物的担保又有人的担保的,债务人不履行到期债务或者发生当事人约定的实现担保物权的情形,债权人应当按照约定实现债权;没有约定或者约定不明确,债务人自己提供物的担保的,债权人应当先就该物的担保实现债权;第三人提供物的担保的,债权人可以就物的担保实现债权,也可以要求保证人承担保证责任。提供担保的第三人承担担保责任后,有权向债务人追偿。"

该条第一句规定的理论根据在于,物的担保和人的担保各有利弊,物的担保并不一定比人的担保更有利于债权人实现债权,在物的担保与人的担保并存的情况下,债权人究竟应当按照何种顺序实现债权,因无关公益,宜彰显私法自治精神,由债权人与保证人、物上担保人自由约定。《物权法》第一百七十六条中所谓"债权人应当按照约定实现债权",即明确了该规范的任意法属性。

"债权人应当按照约定实现债权"中的"约定",其内容是什么?本院认为,该"约定"旨在确定或者限制人的担保与物的担保并存时债权人的选择权,从《物权法》第一百七十六条后句"没有约定或者约定不明确,债务人自己提供物的担保的,债权人应当先就该物的担保实现债权;第三人提供物的担保的,债权人可以就物的担保实现债权,也可以要求保证人承担保证责任"来看,这里的"约定",应当是指人的担保责任与物的担保责任之间的顺序。此外,在解释上,当事人之间还可以约定各担保人仅对债权承担按份的担保责任。这一按份的共同担保约定,同样限制债权人实现债权时选择权的行使,债权人仅享有向各担保人主张其承担约定份额范围内的担保责任的权利。由此可见,当事人之间约定各担保人仅承担按份的共同担保责任的,"债权人应当按照约定实现债权"。准此,"债权人应当按照约定实现债权"中的"约定",既包括关于人的担保与物的担保之间责任顺序的约定,也涵盖关于人的担保与物的担保之间责任分担范围的约定。

"债权人应当按照约定实现债权"中的"约定",到了什么程度,才能认定为约定明确?

审判实践中有当事人认为,这里的"约定",只有在排定债权人实现债权时各担保权之间的顺位的情况下,才属于约定明确,典型的表述是"有第一顺位、第二顺位及最后顺位等明确的排序"才是约定明确,否则就是约定不明确,由此引发了当事人意思表示解释上的争议。

本院认为,"债权人应当按照约定实现债权"中的"约定"的目的在于确定或者限制人的担保与物的担保并存时债权人的选择权,只要当事人之间的约定内容达到了这一程度,即应认定为当事人之间就债权人实现其债权有了明确约定。这里,既包括限制债权人选择权行使的约定,也包括确定或者赋予债权人选择权的约定。所谓就债权人实现债权顺序的约定明确,既包括对实现债权的顺序约定为物的担保在先,人的担保在后;人的担保在先,物的担保在后;物的担保与人的担保同时承担担保责任等三种社会上普通人根据逻辑通常可以想象出来的约定明确的情形,当然也包括约定在任何情形下担保人都应当承担担保责任的情形。本院认为,被担保的债权既有物的担保又有人的担保的,当事人约定在任何情形下担保人都应当承担担保责任,属于《物权法》第一百七十六条第一句规定的约定明确的情形,这样理解该规定的含义,符合社会上普通人的正常认知,属于常识,应无疑问。

本案中,案涉三担保合同关于担保条款的真实意思表示为,泰发祥公司、隆昌公司单独或者共同对聚能物流欠建行新建南路支行的款项承担连带保证责任,且建行新建南路支行有权向泰发祥公司、隆昌公司、聚能物流之一或任意组合提起诉讼要求承担担保责任(聚能物流承担的责任应当是还款责任,在聚能物流不能还款的情况下,建行新建南路支行有权就聚能物流提供的抵押物要求拍卖,并就拍卖价款优先受偿),即有权在不要求聚能物流承担物的担保责任的前提下,单独向泰发祥公司和隆昌公司或者之一提起诉讼,要求其承担人的担保责任,或者要求聚能物流承担物的担保责任的同时,要求泰发祥公司和隆昌公司或者之一承担人的担保责任。

因此,应当认定案涉两《保证合同》对于如何实现担保物权的约定明确,该约定属于《物权法》第一百七十六条第一句规定的"债权人应当按照约定实现债权"中的"约定"。

2. 约定二:主债权同时存在物的担保(含债务人提供)和保证担保的,债权人可以就物的担保实现债权,也可以要求保证人承担保证责任

(1)视为约定不明

① 基本案情简介

在"(2017)最高法民终 370 号"贵州吉顺矿业有限公司、贵州银行股份有限公司金沙支行金融借款合同纠纷案中,2014 年 4 月 15 日,贵州银行金沙支行与吉顺公司签订《固定资产借款合同》,约定吉顺公司向贵州银行金沙支行借款 6700 万元,期限 36 个月,从 2015 年 4 月 23 日至 2018 年 4 月 22 日止。

2015 年 4 月 15 日,吉顺公司与贵州银行金沙支行签订《最高额采矿权抵押担保合同》,约定吉顺公司以其持有的采矿权向贵州银行金沙支行提供最高额抵押担保。

同日,代起胜、王双信、车玉和、姜连发、山秀元、佟庆国、刘永保、程文秀、袁凤友、张景奎、陈明刚、陈兴文与贵州银行金沙支行签订《最高额保证合同》,约定前述保证人为吉顺公司提供连带责任保证;黎明公司与贵州银行金沙支行签订《最高额保证合同》,约定黎明公司为吉顺公司提供连带责任保证。

上述担保合同均约定:本合同所担保的债权,同时存在物的担保(含债务人提供)和保证担保的,债权人可以就物的担保实现债权,也可要求保证人承担保证责任。债权人已经选择某一担保实现债权的,也可同时主张通过其他担保实现全部或者部分债权。

② 法院裁判要点

最高人民法院认为:

本案中,贵州银行金沙支行的案涉债权既有债务人吉顺公司自己提供的采矿权作抵押担保,又有保证人提供的连带责任保证,但案涉担保条款中并未对优先就物的担保实现债权,抑或是优先要求保证人承担保证责任进行明确约定。因此,一审法院认定被担保的债权就物的担保和人的担保约定不明确并无不当。

(2) 可认定为约定明确

① 基本案情简介

在"(2017)最高法民终 198 号"贵州银行股份有限公司六盘水钟山支行、贵州万海隆矿业集团股份有限公司金融借款合同纠纷案中,2014 年 11 月 6 日,贵州银行钟山支行与万海隆公司签订《综合授信合同》,约定贵州银行钟山支行向万海隆公司提供综合授信额度 18500 万元。

同日,贵州银行钟山支行与万海隆公司签订《最高额采矿权抵押担保合同》,约定万海隆公司以其持有的采矿权向贵州银行钟山支行提供最高额抵押担保。

2014 年 11 月 20 日,楚俊林、谭莲香、廖剑锋、楚浩、张思、施柏生作为保证人与贵州银行钟山支行签订《最高额保证合同》,约定前述保证人为万海隆公司提供连带责任保证。

上述担保合同均约定:本合同所担保的债权同时存在物的担保(含债务人提供)和保证担保的,债权人可以就物的担保实现债权,也可以要求保证人承担保证责任。债权人已经选择某一担保来实现债权的,也可同时主张通过其他担保来实现全部或部分债权。

② 法院裁判要点

最高人民法院认为,上述约定明确清楚,即债权人可选择某一担保或同时主张全部担保实现债权。一审法院关于当事人对担保顺位约定不明的认定有误,应予纠正。贵州银行钟山支行作为债权人同时主张抵押担保及保证担保,不违反当事人约定和法律规定。

六、质押合同的生效是否受物权变动结果影响

（一）案例总结

实践中，时常存在质押合同签订后，质押人未交付质物或其权利凭证或未办理出质登记的情形。在此情形下，质押合同是否已生效，将直接影响质押人应承担的民事责任范围。

在"（2017）最高法民申925号"黑龙江北大荒投资担保股份有限公司、黑龙江省建三江农垦七星粮油工贸有限责任公司保证合同纠纷案中，最高人民法院认为，北大荒担保公司于同日分别与债务人、第三人签订的质押合同、抵押合同及保证合同均系当事人的真实意思表示，不违反法律、行政法规的强制性规定，应依法认定为有效合同，但北大荒担保公司与债务人三江缘公司签订的水稻质押合同虽依法成立生效，因三江缘公司未交付质物并将出质的水稻出卖给案外人，故依据《物权法》第二百一十二条"质权自出质人交付质押财产时设立"的规定，应认定北大荒担保公司的水稻质权未设立。

在"（2017）川民终515号"李秀红、王伟财产损害赔偿纠纷案中，四川省高级人民法院认为，涉案股权质押合同（条款）虽经当事人签字后成立，但当事人并未按《担保法》第七十八条第三款之规定将案涉股份出质情况载于该公司的股东名册，故案涉质押合同（条款）并未生效。

（二）质押合同的生效不受物权变动结果的影响

1. 基本案情简介

本案的主法律关系为三江缘公司与中国建设银行股份有限公司哈尔滨农垦支行（以下简称农垦建行）的借款合同关系；从法律关系是北大荒担保公司与农垦建行的保证合同关系，北大荒担保公司为上述借款提供连带责任保证；同时，本案还存在反担保合同关系，即债务人三江缘公司以机器设备抵押和4560吨水稻质押为北大荒担保公司提供反担保，三江缘公司法定代表人邵士玲及其夫徐延军以房产抵押和股权质押方式提供反担保，七星公司、宏达公司、华龙公司、稻福公司在1000万元借款范围内为北大荒担保公司提供连带责任保证。本案系主债务的连带保证人北大荒担保公司在代为清偿三江缘公司的借款债务后，基于法定追偿权诉请债务人三江缘公司偿还代偿款，基于反担保合同关系诉请反担保人承担反担保责任。

2. 法院裁判要点

最高人民法院认为：

本案中，北大荒担保公司于同日分别与债务人、第三人签订的质押合同、抵押合同及保证合同均系当事人的真实意思表示，不违反法律、行政法规的强制性规定，应依法认定为有效合同。其中，北大荒担保公司与债务人三江缘公司签订的水稻质押合同虽依法成立生效，但因三江缘公司未交付质物并将出质的水稻出卖给案外人，依据《物权法》第二百一十二条"质权自出质人交付质押财产时设立"的规定，应认定北大荒担保公司的水稻质权未设立。

（三）质押合同的生效应受物权变动结果的影响

1. 基本案情简介

2011年9月28日，李秀红作为甲方与乙方陈波签订《借款合同》约定："借款600万元，期限4个月，自2011年9月28日起至2012年1月23日止。每月26日还款25万元，剩余借款本金在借款期间第四个月提前五天一次性付清。若逾期还款则按未付款的20%支付违约金，并按商业银行同期贷款利率的4倍支付利息。同时承担诉讼费和律师按收费标准收取的代理费"。该《借款合同》第七条载明："七、特别约定：1. 如因乙方（陈波）未按期还本付息导致本合同纠纷进入诉讼程序的，乙方应承担甲方主张和实现债权所产生的一切费用，包括但不限于下列各项：(1) 诉讼费；(2) 甲方按律师收费标准支付的代理费。2. 丙方（王伟）对乙方（陈波）未按本协议约定清偿借款所产生的一切债务承担全部责任，丙方以西藏珠峰伟业（集团）有限公司的股份作为担保。"王伟在"担保丙方"栏签字。次日，在王洪斌从新疆转入李秀红账户600万元后，李秀红持陈波身份证在中国农业银行股份有限公司岳池县支行为陈波新开账户，并从李秀红账户转款600万元至陈波账户，同时在陈波账户转走125万元至胡庆光账户，再从胡庆光账户转走125万元至王洪斌账户。

2012年1月23日，陈波与李秀红订立的《补充协议》载明："甲（李秀红）、乙（陈波）、丙（王伟）三方于2011年9月28日签订了《借款合同》，现经三方协商一致，对原《借款合同》补充变更如下：一、借款期限：原借款合同借款期限为2012年1月23日止，现协商变更借款期限为2012年6月23日止。本协议在延长的期限期间利息按月息％计付利息。"

2011年10月至2012年1月期间，陈波多次通过胡庆光等人账户以转账方式和无卡存现方式，累计还款100万元，李秀红于2012年1月10日出具收条："今收到陈波2011年10月至2012年1月23日累计还款100万元"。2012年4月1日，陈波从银行转款50.04万元至李秀红账户。为催收借款，李秀红向四川惠博律师事务所支付律师代理费15万元。

2. 法院裁判要点

一审法院认为：

已经发生法律效力的四川省高级人民法院(2014)川民终字第70号民事判决虽作出了关于王伟与李秀红之间的质押担保未生效的认定，但并不能当然得出四川省高级人民法院认定了案涉质押条款未生效的结论。《物权法》第十五条规定："当事人之间订立有关设立、变更、转让和消灭不动产物权的合同，除法律另有规定或者合同另有约定外，自合同成立时生效；未办理物权登记的，不影响合同效力。"该规定将物权变动的原因和结果进行了区分，物权变动的原因行为独立于物权变动的结果行为，结合《物权法》第二百二十六条第一款"以基金份额、股权出质的，当事人应当订立书面合同。以基金份额、证券登记结算机构登记的股权出质的，质权自证券登记结算机构办理出质登记时设立；以其他股权出质的，质权自工商行政管理部门办理出质登记时设立"和《中华人民共和国合同法》(以下简称《合同法》)第四十四条关于"依法成立的合同，自成立时生效"之规定，王伟自愿以其持有的西藏珠峰伟业(集团)有限公司的股份为陈波向李秀红的借款债务承担担保责任，该担保是王伟的真实意思表示，且不违反法律、行政法规的强制性规定，故该担保条款经双方当事人签字即生效，即案涉股权质押条款自成立时生效，尽管用于出质的股份没有记载于股东名册，案涉质权亦未到工商行政管理部门办理出质登记，但并不能否定案涉股权质押合同已生效的事实。王伟提出的本案质押合同未生效，双方当事人之间的质押担保不具有效力、王伟应承担的仅仅是缔约过失责任、赔偿范围仅限于信赖利益的损失、其缔约过失责任已过诉讼时效的抗辩理由均不成立，不予支持。

二审法院认为：

关于案涉质押合同关系是否成立及效力问题。根据本案事实，案涉《借款合同》中载明："丙方(王伟)对乙方(陈波)未按本协议约定清偿借款所产生的一切债务承担全部责任，丙方以西藏珠峰伟业(集团)有限公司的股份作为担保。"因此，担保人王伟以其持有的西藏珠峰伟业(集团)有限公司的股份为陈波借款进行质押担保的意思表示明确，即王伟以股权质押的方式担保。出借人李秀红、借款人陈波、担保人王伟均在该《借款合同》上签名，因此，就案涉借款进行质押担保是合同当事人的真实意思表示，根据《合同法》第三十二条"当事人采用合同书形式订立合同的，自双方当事人签字或者盖章时合同成立"的规定，本案当事人之间的股权质押合同(条款)自2011年9月28日三方当事人签字成立。

根据《合同法》第四十四条"依法成立的合同，自成立时生效。法律、行政法规规定应当办理批准、登记等手续生效的，依照其规定"，以及《担保法》第七十八条第三款"以有限责任公司的股份出质的，适用公司法股份转让的有关规定。质押合同自股份出质记载于股东名册之日起生效"的规定，本案双方当事人均确认西藏珠峰伟业(集团)有限公司的股东名册并未记载案涉股份出质情况。因此，本案虽然当事人就股权质押达成一致意思表示，并写入《借款合同》，但仅具备了本案权利质押的合同(条款)成立要件。同时该质押条款也不具有完整的质押内容，仅是双方当事人同意进行股权质押的意思表示。根据《合同法》第四十四条、《担保法》第七十八条第三款的规定，以有限责任公司股份出质的质押合同属于法律规定的应当办理登记手续后生效的合同。因此,案涉质押合同(条款)并未生效。一审判决认定案涉股权质押合同自成立时生效,适用法律错误,本院依法予以纠正。

进一步讲,有限公司的股东将其股份出质,出质的结果可能造成股份的转让,所以《中华人民共和国公司法》对股份转让的限制必然制约股份质押。一方面法律规定股份质押合同自股份出质记载于股东名册之日起生效,是为了防止以股份质押规避法律对股份转让的限制,保护其他股东的合法权利(如优先购买权等);另一方面有限责任公司是人合公司,由相互信任的主体合资建立,人合因素是公司正常运转的基础,如果因股份出质而更换股东,其他股东不一定信任,必然损害其他股东的合法权利。因此,以有限公司股份出质,不经过法律规定程序(股份转让相应程序)记载于公司股东名册,可能损害其他股东合法权利,其出质合同不受法律保护,依法不发生法律效力。

七、不动产抵押未办理抵押登记情形下抵押人的责任

(一)案例总结

在实践中,不动产抵押合同签订后,当事人由于现实原因而未办理抵押登记,在此情形下,抵押权人得以主张何种权利是实践中的一个重要问题。

在"(2015)民申字第3256号"李向龙与商都县众邦亿兴能源材料有限责任公司(以下简称众邦公司)、韩福全等民间借贷纠纷案中,最高人民法院认为,当事人之间签订的抵押合同已经成立并生效,但因未办理抵押登记而导致抵押权并未设立,担保人应在其担保的土地使用权范围内对案涉债务承担连带清偿责任,但不能就土地使用权主张优先受偿。

(二)基本案情简介

2011年11月26日,李向龙与韩福全、李丽华签订《借款协议》,约定:韩福全、李丽华因业务需要,向李向龙借款人民币400万元;借款期限为2012年11月26日至2012年12月5日止;众邦公司以其固定资产、产品及原材料和80004平方米工业用地的国有土地使用证作为抵押。《借款协议》由李向龙、李丽华、韩福全签字,并加盖众邦公司印章。

同日,韩福全、李丽华向李向龙出具《借条》1张,载明:"今借李向龙现金人民币400万元整,借期共计10天,自2012年11月26日至2012年12月5日止,我愿提供众邦公司的所有固定资产、产品及原材料和该公司位于商都县商张公路北侧(工业园区)的80004平方米的工业用地的国有土地使用证作为抵押。我应依约归还借款,如不能归还,每超过一天我愿赔偿经济损失及违约金3万元整",众邦公司在前述《借条》上加盖公司印章。

后李向龙诉请韩福全、李丽华偿还借款400万元及违约金,众邦公司在其担保的资产及土地使用权80004平方米的范围内承担连带清偿责任,并享有优先受偿权。

众邦公司辩称该土地使用权抵押担保未经依法登记,抵押无效。

(三)法院裁判要点

再审法院最高人民法院认为:

关于众邦公司是否应在抵押担保的土地使用权范围内承担连带清偿责任的问题。

《借款协议》《借条》中均约定以众邦公司所有的商都县商张公路北侧(工业园区)80004平方米工业用地的国有土地使用证作为抵押,众邦公司在《借款协议》和《借条》上均加盖了印章,众邦公司与李向龙达成了以上述土地使用权作为借款抵押担保的合意。当事人之间签订的抵押合同已经成立并生效,原审法院判令众邦公司在其担保的土地使用权范围内对案涉债务承担相应责任并无不当。

根据《物权法》第15条之规定,当事人之间订立有关设立、变更、转让和消灭不动产物权的合同,除法律另有规定或者合同另有约定外,自合同成立时生效;未办理物权登记的,不影响合同效力。同时,根据《物权法》第一百八十七条的规定,以土地使用权进行抵押的,应当办理抵押登记,抵押权自抵押登记时设立。原审认为抵押合同成立,抵押权并未设立,李向龙可以主张众邦公司在土地使用权范围内对债务承担连带清偿责任,但不能就土地使用权主张优先受偿,适用法律并无不当。

八、根据债权人与债务人约定将抵押权登记在第三方名下的，债权人仍享有抵押权

（一）案例总结

在实践中，担保人为债务人的债务提供担保，但由于现实原因将第三方登记为抵押权人，由此出现了债权人可否主张抵押权的问题。

在"(2015)民一终字第107号"王福海、安徽国瑞投资集团有限公司（以下简称国瑞公司）民间借贷纠纷案中，最高人民法院认为，在没有信赖登记的善意第三人主张权利的情形下，应依据当事人约定来确定权利归属。在当地抵押登记部门拒绝将自然人登记为抵押权人的情形下，债务人阳光半岛公司和债权人王福海同意由第三方国瑞公司与债务人签订《土地抵押合同》，为债权人和债务人之间的《借款合同》提供抵押担保，并以国瑞公司名义办理抵押登记，前述做法只是导致债权人和抵押权人形式上不一致，实质上债权人和抵押权人仍为同一，并不产生抵押权与债权实质上分离。王福海既是《借款合同》的债权人，也是《土地抵押合同》约定的案涉土地使用权的实际抵押权人，王福海对阳光半岛公司享有的债权实质上就是抵押担保的主债权。故王福海作为本案债权人享有案涉土地使用权的抵押权，符合《物权法》第一百七十九条关于抵押权的一般规定。

（二）基本案情简介

2013年1月20日，债权人王福海与债务人阳光半岛公司签订《借款合同》，约定：借款金额为16950万元，借款期限为7个月，自2013年1月21日至2013年8月20日；债务人提供其名下不低于500亩土地使用权作为还款的担保并进行抵押登记，另行签订《土地抵押合同》。

2013年1月20日、2013年1月30日，抵押人阳光半岛公司与国瑞公司签订了两份《土地抵押合同》，约定：为担保债权人王福海与抵押人于2013年1月20日签署的《借款合同》及其修订或补充，抵押人自愿将登记在其名下的土地使用权设定抵押担保。寿县国土资源局于2013年1月30日颁发他项权证，载明：土地他项权利人为国瑞公司，义务人为阳光半岛公司。

2014年7月3日，安徽省寿县人民法院裁定受理上海绿地建设（集团）有限公司、寿县新桥国际产业园管委会对阳光半岛公司的破产清算申请。

（三）法院裁判要点

二审法院最高人民法院认为：

关于登记抵押权人与债权人不一致情形下，债权人对案涉土地使用权是否享有优先受偿权问题，二审法院最高人民法院认为：

首先，根据本案查明的事实，阳光半岛公司与王福海签订《借款合同》后，因为当地抵押登记部门不准许将土地使用权抵押登记在自然人名下，双方为了履行《借款合同》关于"由借款人提供其名下不低于500亩土地使用权作为还款的担保并进行抵押登记，另行签订《土地抵押合同》"的约定，同意由阳光半岛公司与国瑞公司签订《土地抵押合同》，将案涉土地使用权抵押登记在国瑞公司名下，并明确载明为《借款合同》的债权人王福海的债权提供抵押担保。在抵押登记制度不健全，抵押登记部门不准予将土地使用权抵押登记在自然人名下的情形下，阳光半岛公司和王福海同意由国瑞公司与阳光半岛公司签订《土地抵押合同》，以国瑞公司名义办理抵押登记，为阳光半岛公司与王福海之间的《借款合同》提供抵押担保，实质是阳光半岛公司与王福海为了履行双方之间的《借款合同》而作的一种交易安排。这样的交易安排体现了阳光半岛公司与王福海以案涉土地使用权为双方之间的借款提供抵押担保的真实意思表示，且不违反法律、行政法规的强制性规定。故案涉《借款合同》《土地抵押合同》均属合法有效。

其次，阳光半岛公司与国瑞公司之间的《土地抵押合同》明确载明：为担保主合同即阳光半岛公司与王福海之间《借款合同》项下债务的履行，阳光半岛公司自愿将登记在其名下的土地使用权为主合同即《借款合同》出借人王福海的债权设立抵押担保。阳光半岛公司与国瑞公司签订《土地抵押合同》的目的并非将案涉土地使用权抵押给国瑞公司，而是以案涉土地使用权为阳光半岛公司向王福海的借款提供抵押担保。即阳光半岛公司是将案涉土地使用权抵押给《借款合同》的债权人王福海，以履行其与王福海之间的《借款合同》，实现向王福海借款的合同目的。由此可见，阳光半岛公司与国瑞公司之间的《土地抵押合同》并非独立存在的合同，而是附属于阳光半岛公司与王福海之间《借款合同》存在的从合同，亦即没有阳光半岛公司与王福海之间《借款合同》，就没有阳光半岛公司与国瑞公司之间的《土地抵押合同》。故本案抵押权设立没有突破抵押权的从属性，也不存在脱离债权的独立抵押。案涉土地使用权的抵押符合《物权法》第一百七十二条关于担保物权从属性的规定。

再次，阳光半岛公司与王福海安排国瑞公司签订《土地抵押合同》，并以国瑞公司名义办理抵押登记，符合《物权法》第一百八十七条关于以建设用地使用权等财产进行抵押，应当办理抵押登记，抵押权自登记时设立的规定。案涉土地使用权经抵押登记，表明在案涉土地使用权上面存在担保物权的权利负担，对外具有公示公信作用。而阳光半岛公司与国瑞公司之间《土地抵押合同》关于案涉土地使用权为王福海债权提供抵押担保的约定，对于阳光半岛公司、国瑞公司和王福海内部之间具有约束力。**在没有信赖登记的善意第三人主张权利的情形下，应依据当事人约定来确定权利归属。**根据阳光半岛公司与国瑞公司签订的《土地抵押合同》约定，王福海对案涉土地使用权享有实际抵押权，为案涉土地使用权的实际抵押权人；国瑞公司只是《土地抵押合同》约定的名义上抵押权人,对案涉土地使用权不享有抵押权,且国瑞公司在诉讼中也未主张任何权利。因登记制度不健全、登记部门不准予将土地使用权抵押登记在自然人名下原因,导致本案债权人与登记上的抵押权人不一致,只是债权人和抵押权人形式上不一致,实质上债权人和抵押权人仍为同一,并不产生抵押权与债权实质上分离。王福海既是《借款合同》的债权人,也是《土地抵押合同》约定的案涉土地使用权的实际抵押权人,王福海对阳光半岛公司享有的债权实质上就是抵押担保的主债权。故王福海作为本案债权人享有案涉土地使用权的抵押权,符合《物权法》第一百七十九条关于抵押权的一般规定。

九、当事人仅针对建筑物所有权办理抵押登记的，抵押权人对建筑物所有权及其占用范围内的土地使用权一并享有抵押权

（一）案例总结

实践中，当事人约定将建筑物所有权及相应土地使用权一并抵押，但仅对建筑物所有权办理抵押登记，未就建筑物所占用范围的土地使用权办理抵押登记的，抵押人可能据此主张土地使用权上的抵押权未设立。在"（2017）最高法民终40号"中国建设银行股份有限公司分宜支行（以下简称建行分宜支行）与江西江锂科技有限公司（以下简称江锂科技）金融借款合同纠纷上诉案中，最高人民法院认为，根据《物权法》第一百八十二条之规定，在此情形下，抵押权人对相应土地使用权享有抵押权。

（二）基本案情简介

2013年3月29日，建行分宜支行与江锂科技签署了《最高额抵押合同》，约定江锂科技将产权证号为分乡国用（2009）第028号、分乡国用（2013）第016号、第017号的土地使用权，以及产权证号为铃房权证分宜字第××号、第0004060号、第0004063号、第0004065号、第0004066号的房产作为抵押物为建行分宜支行自2013年3月29日至2016年3月28日期间内与江锂科技签订借款合同等主合同项下发生的债务在最高限额为人民币1亿元范围内提供抵押担保。

2013年4月2日，建行分宜支行与江锂科技在分宜县房产交易所办理了房地产抵押登记手续，建行分宜支行取得了铃房他证分宜字第××号房屋他项权证，载明土地证号为分乡国用（2009）第028号，分乡国用（2013）第016号、第017号，房权证号为铃房权证分宜字第××号、第0004060号、第0004063号、第0004065号、第0004066号共计63本。

2014年10月28日，建行分宜支行与江锂科技签署《人民币流动资金贷款合同》，约定江锂科技向建行分宜支行借款5000万元。2015年2月6日，建行分宜支行与江锂科技签订了两份《人民币流动资金贷款合同》，约定借款金额分别为3000万元、2000万元。

建行分宜支行按照合同的约定，于2014年10月28日向江锂科技发放贷款5000万元，于2015年2月6日向江锂科技各发放贷款3000万元和2000万元，共计1亿元。江锂科技仅支付截至2015年4月20日的利息，对借款本金及之后的利息未予偿还。

建行分宜支行因此提起诉讼。

一审法院认定,双方仅对约定的抵押物中的房产于2013年4月2日在分宜县房产交易所办理了抵押登记手续,故建行分宜支行仅有权对已办理抵押登记手续的房屋享有优先受偿权,对未办理抵押登记手续部分的土地使用权的优先受偿权,一审法院不予支持。

(三) 法院裁判要点

二审法院最高人民法院认为:

《最高额抵押合同》系双方当事人真实意思表示,其中约定的抵押物明确包括案涉土地使用权在内,双方当事人对该土地使用权作为抵押财产均有明确预期。针对建行分宜支行对案涉土地使用权是否享有抵押权这一焦点问题,**即使案涉土地使用权未办理抵押登记**,根据《物权法》第一百八十二条"以建筑物抵押的,该建筑物占用范围内的建设用地使用权一并抵押。以建设用地使用权抵押的,该土地上的建筑物一并抵押。抵押人未依照前款规定一并抵押的,未抵押的财产视为一并抵押"之规定,建行分宜支行对案涉土地使用权亦享有抵押权。一审判决以未办理抵押登记为由,判令建行分宜支行对案涉土地使用权不享有优先受偿权,认定事实和适用法律均有不当。

十、抵押期间未经抵押权人同意转让抵押财产情形下,受让人如何取得抵押财产的所有权

(一)案例总结

抵押期间,抵押人未经抵押权人同意转让抵押财产的情形下,就受让人如何取得抵押财产所有权的问题,司法实践中存在不同的认定。

根据《物权法》第一百九十一条之规定,抵押期间,抵押人未经抵押权人同意,不得转让抵押财产,但受让人代为清偿债务消灭抵押权的除外。因此,受让人可根据前述规定,通过向抵押权人代为清偿债务消灭抵押权,获得抵押财产的所有权。但就受让人是否需经抵押权人同意才可代为清偿的问题,人民法院存在不同的裁判观点。

在"(2012)民二终字第138号"福建省闽江房地产开发公司与福建佳盛投资发展有限公司案外人执行异议之诉中,最高人民法院认为,抵押权人可选择是否接受受让人的代为清偿。据此理解,受让人代为清偿前需取得抵押权人同意。

但在"(2014)粤高法民一提字第26号"湛江市粤西技工学校与湛江市恒星化工有限公司建设用地使用权转让合同纠纷案中,广东省高级人民法院认为,在受让人自愿代偿债务的情况下,抵押权人应于债务人欠款清偿后涂销抵押登记。据此理解,受让人代为清偿的,抵押权人不得拒绝。

此外,根据《最高人民法院关于人民法院办理执行异议和复议案件若干问题的规定》(以下简称"《执行异议案件的规定》")第二十八条之规定:"金钱债权执行中,买受人对登记在被执行人名下的不动产提出异议,符合下列情形且其权利能够排除执行的,人民法院应予支持:(一)在人民法院查封之前已签订合法有效的书面买卖合同;(二)在人民法院查封之前已合法占有该不动产;(三)已支付全部价款,或者已按照合同约定支付部分价款且将剩余价款按照人民法院的要求交付执行;(四)非因买受人自身原因未办理过户登记。"第二十九条之规定:"金钱债权执行中,买受人对登记在被执行的房地产开发企业名下的商品房提出异议,符合下列情形且其权利能够排除执行的,人民法院应予支持:(一)在人民法院查封之前已签订合法有效的书面买卖合同;(二)所购商品房系用于居住且买受人名下无其他用于居住的房屋;(三)已支付的价款超过合同约定总价款的百分之五十。"

因此,抵押财产受让人符合上述条件的,无需再向抵押权人代为清偿,即可排除抵押权人行使抵押权。在"(2018)最高法民申1368号"交通银行股份有限公司陕西省分行、李涛申请执行人执行异议之诉中,最高人民法院亦确认了这一点。

（二）受让人可通过代为清偿消除抵押权，取得抵押财产所有权

1. 抵押权人可选择是否接受受让人的代为清偿

（1）基本案情简介

佳盛公司为与福州商贸大厦筹备处（以下简称"筹备处"）借款合同纠纷一案，于2004年11月26日向福建省高级人民法院提起诉讼。该院判令：筹备处返还尚欠佳盛公司的借款本金及利息，佳盛公司对筹备处用于抵押的国有土地使用权享有优先受偿权。后佳盛公司向福建省高级人民法院申请强制执行，福建省高级人民法院于2005年12月15日依法查封了筹备处用于抵押的国有土地使用权。

另查明，筹备处与闽江公司就商贸大厦产权转让合同纠纷一案，福建高级人民法院于2008年2月1日判决认定该双方当事人于1997年5月26日签订的《福州商贸大厦产权出让合同书》合法有效，继续履行。

又查明，2011年10月27日，福建省高级人民法院裁定拍卖被执行人筹备处抵押给申请执行人佳盛公司的国有土地使用权。同年12月20日，福建省高级人民法院裁定驳回闽江公司提出的执行异议。

（2）法院裁判要点

最高人民法院认为：

佳盛公司与筹备处之间的涉案抵押权设立在先，形成诉讼在先，判决在先，佳盛公司申请执行在先，其主张实现抵押权没有法律上的障碍。

闽江公司为取得商贸大厦产权，可以申请代筹备处向佳盛公司偿还欠款本息，但该义务仅为《担保法解释》第六十七条规定的选择情形，而非权利或者前置程序的性质。《担保法解释》第六十七条第一款规定："抵押权存续期间，抵押人转让抵押物未通知抵押权人或者未告知受让人的，如果抵押物已经登记的，抵押权人仍可以行使抵押权；取得抵押物所有权的受让人，可以代替债务人清偿其全部债务，使抵押权消灭。受让人清偿债务后可以向抵押人追偿。"

依此，佳盛公司既可以选择申请法院强制执行抵押物以实现其优先受偿权，也可以选择在闽江公司取得抵押物的产权之后，接受闽江公司的代偿行为，使抵押权归于消灭。

在闽江公司没有取得抵押物产权且未履行代偿义务的情况下，其无权要求福建省高级人民法院停止执行拍卖行为，佳盛公司对涉案抵押物享有的优先受偿权应当得到保护。

2. 受让人代为清偿债务的，抵押权人不得拒绝

（1）基本案情简介

2001年12月25日，粤西技校与恒星公司签订《协议书》一份，恒星公司将位于湛

江市麻章城区金川路 34 号的工业综合用地使用权及地面建筑物使用权转让给粤西技校。

2002 年 2 月 1 日,恒星公司与麻章开发区管委会签订协议,称恒星公司认购麻章区经济开发试验区位于长龙路西侧土地 15 亩尚欠 42.58 万元,为了盘活资产,恒星公司将该块土地转卖给麻章技校(即粤西技校)。就恒星公司拖欠购地款的偿还问题,约定:"恒星公司同意麻章技校从土地转让金中提取 42.58 万元直接还给麻章开发区管委会,作为恒星公司支付给管委会的土地欠款";粤西技校据恒星公司与麻章开发区管委会签订的上述协议,三次代恒星公司偿还其欠麻章开发区管委会土地款共 28 万元,抵偿其受让恒星公司的部分土地转让款。

此外,2000 年 9 月 30 日,恒星公司与农行赤坎支行签订《借款合同》《抵押合同》,将涉案的土地使用权抵押向农行赤坎支行借款人民币 280 万元,借款期限经展期至 2002 年 9 月 29 日届满。展期届满恒星公司仍未能清偿欠款,农行赤坎支行于 2003 年向湛江市中级人民法院提起诉讼,该院于 2006 年 3 月 16 日判决恒星公司偿还农行赤坎支行借款 280 万元和相应利息,农行赤坎支行对涉案土地拥有抵押权。判决生效后,恒星公司未能履行判决确定的还款义务,农行赤坎支行申请执行。

2006 年 12 月 19 日,农行赤坎支行向湛江市中级人民法院提交延期执行申请称:由于恒星公司抵押给我行的土地使用权存在争议,导致执行困难,特向法院申请延期该案的执行。湛江市中级人民法院认为:恒星公司的土地贷款时已抵押给农行赤坎支行,抵押期间又将该土地转让给麻章技校,恒星公司抵押财产正在争议处理中,暂无发现其他可供执行财产,遂裁定中止执行。

(2) 法院裁判要点

再审法院广东省高级人民法院认为:

粤西技校在一、二审诉讼期间均明确表示愿意代恒星公司偿还贷款以涂销抵押登记,以便消除履行涉案合同的障碍。本案再审期间,粤西技校再次提交《代为清偿抵押债务承诺书》,并要求将款项提存至本院指定账户。这属于粤西技校对自己权利的处分,本院依法予以准许。

依照《物权法》第一百九十一条的规定:"抵押期间,抵押人经抵押权人同意转让抵押财产的,应当将转让所得的价款向抵押权人提前清偿债务或者提存。转让的价款超过债权数额的部分归抵押人所有,不足部分由债务人清偿。抵押期间,抵押人未经抵押权人同意,不得转让抵押财产,但受让人代为清偿债务消灭抵押权的除外"。**在粤西技校自愿代偿债务的情况下,抵押权人应于恒星公司的欠款清偿后涂销涉案土地上的抵押登记,故涉案《协议书》已不存在不能继续履行的情形。**

所以,二审法院以抵押权人不同意粤西技校代替恒星公司清偿债务为由驳回粤西技校要求恒星公司继续履行转让协议的诉请不当,本院予以纠正。在涉案土地上的抵押登记涂销之后,恒星公司应协助粤西技校办理该土地的过户手续。

（三）符合特定条件的受让人无需代为清偿，即可排除抵押权人行使抵押权

1. 基本案情简介

2014年4月29日，交行陕西分行与瑞麟公司签订《公司客户委托贷款合同》，瑞麟公司以其位于陕西省西安市临潼区东二环西侧瑞麟君府南区的在建工程提供抵押担保，并办理了强制执行公证和抵押登记。

2014年6月30日，李涛与瑞麟公司签订《商品房买卖合同》，购买瑞麟公司的案涉房产。现案涉房产已交付使用。经查，李涛名下未登记其他居住房屋。

2014年12月18日，陕西省西安市汉唐公证处出具执行证书，载明瑞麟公司未在约定的期限履行还款和担保义务，交行陕西分行可向有管辖权的人民法院申请强制执行。后交行陕西分行向西安中院申请强制执行。

2015年1月27日，西安中院裁定查封案涉房产。李涛以案涉房产为其所有为由提出执行异议。西安中院裁定：案外人李涛提出的执行异议申请理由成立，案涉房产中止执行。交行陕西分行遂提起申请执行人执行异议之诉。

2. 法院裁判要点

最高人民法院认为：

《物权法》第一百九十一条"抵押期间，抵押人经抵押权人同意转让抵押财产的，应当将转让所得的价款向抵押权人提前清偿债务或者提存。转让的价款超过债权数额的部分归抵押人所有，不足部分由债务人清偿。抵押期间，抵押人未经抵押权人同意，不得转让抵押财产，但受让人代为清偿债务消灭抵押权的除外"的规定，**属于管理性强制性规定**，而非效力性强制性规定，不影响抵押物买卖合同的效力。而且，普通购房者并不知晓房地产开发商与银行之间具体的贷款及还款情况。因此，李涛与瑞麟公司签订的《商品房买卖合同》有效。

《执行异议案件的规定》第二十九条"金钱债权执行中，买受人对登记在被执行的房地产开发企业名下的商品房提出异议，符合下列情形且其权利能够排除执行的，人民法院应予支持：（一）在人民法院查封之前已签订合法有效的书面买卖合同；（二）所购商品房系用于居住且买受人名下无其他用于居住的房屋；（三）已支付的价款超过合同约定总价款的百分之五十"的规定，是为了严格保护商品房买受人的居住权，无论以抵债方式，还是以现金方式，或者是以银行转账方式支付购房款，都属于履行付款义务的具体方式。法律并未规定购房者必须以何种具体方式履行支付购房款的付款义务，原判决认定李涛已经支付全部购房款，不缺乏证据证明。

李涛并非瑞麟公司与交行陕西分行执行生效公证案中的被执行人，不宜将法律关于被执行人规定的标准适用于李涛，即在全国范围内查明其是否仅有此一套用于居住的住房。只要李涛在西安市没有其他登记于其名下的住房，也没有相反证据足以证明

其购买案涉房产不是用于居住,在案涉房产系居住用房的情况下,原判决认定李涛名下无其他用于居住的房屋且案涉房产用于居住,即不存在缺乏证据证明和适用法律错误的问题。

因此,李涛作为案涉房产的买受人,虽然该房屋仍然登记在瑞麟公司名下,且交行陕西分行对其享有抵押权,但本案符合《执行异议案件的规定》第二十九条规定的情形,故原判决依照该规定判令案涉房产不应执行给交行陕西分行,不存在适用法律错误的情形。

十一、抵押权人可以通过非讼程序来行使抵押权

（一）案例总结

《担保法解释》第一百二十八条第一款规定，债权人向人民法院请求行使担保物权时，债务人和担保人应当作为共同被告参加诉讼。实践中有当事人认为，根据该条款，债权人在向法院请求行使担保物权时未将担保人列为被告，应视为放弃抵押权。

在"（2017）最高法民终964号"延边新合作连锁超市有限公司、吉林龙井农村商业银行股份有限公司抵押合同纠纷案中，最高人民法院认定，在《物权法》实施之后，《担保法解释》第一百二十八条第一款的规定已明显落后于法律规定，抵押权的行使存在"协议"和"诉讼"两种途径，即抵押权人可以通过非讼程序来行使抵押权，对抵押权的行使方式债权人有选择权，不是必须通过诉讼解决。

（二）基本案情简介

2011年7月28日，延河信用社、延边农村合作银行有限公司龙井支行、敦化市农村信用合作联社等七家金融机构作为贷款人，与借款人延边国贸大厦签订编号为07909030120110720323的《农村信用社社团贷款合同》。同日，延河信用社与借款人延边国贸大厦公司签订编号为07909030120110720323的《吉林省农村信用社借款合同》，主要内容与上述七家金融机构与延边国贸大厦公司签订《农村信用社社团贷款合同》相同。

同日，延边国贸大厦公司、延边华顺商贸有限公司、延边鑫旺商贸有限公司、延边松香大宗购物中心有限公司、延边国贸大厦五家公司作为抵押人（合同甲方）与作为抵押权人的延河信用社（合同乙方）签订编号为07909030120110720323的《吉林省农村信用社最高额抵押合同》，上述五家公司为延河信用社与延边国贸大厦公司在2011年7月29日至2014年7月28日之间发生的借款、利息、违约金及其他费用等承担抵押担保责任。

2011年8月3日至8月18日，延河信用社、延边农村合作银行有限公司龙井支行、敦化市农村信用合作联社、珲春市农村信用合作联社、汪清县农村信用合作联社、安图县农村信用合作联社、和龙市农村信用合作联社七家金融机构均按与借款人延边国贸大厦公司签订的编号为07909030120110720323的《农村信用社社团贷款合同》的数额，向延边国贸大厦公司实际发放了总额为2亿元的贷款。

2012年7月26日，债权人延河信用社与借款人延边国贸大厦公司及抵押人延边华顺商贸有限公司、延边鑫旺商贸有限公司、延边松香大宗购物中心有限公司、延边新

合作国贸连锁超市有限公司分别签订《借款展期协议书》，将本案2亿元的借款期限由原截止到2012年7月28日延展到2013年6月27日。

2014年10月21日，延河信用社作为原告向吉林高院起诉被告延边国贸大厦公司、延边华顺商贸有限公司、延边鑫旺商贸有限公司、延边松香大宗购物中心有限公司、崔贞子、崔贞今及朴长哲，向主债务人延边国贸大厦公司主张2亿元借款本金及相应利息，并向延边国贸大厦公司、延边华顺商贸有限公司、延边鑫旺商贸有限公司、延边松香大宗购物中心有限公司、崔贞子、崔贞今及朴长哲等主张抵押、保证等担保责任。吉林高院于2014年12月16日作出(2014)吉民二初字第13号民事调解书，该调解书已经发生法律效力。

2015年5月11日，延河信用社向新合作公司（原延边新合作国贸连锁超市有限公司）发出编号为2015年00293号《吉林省农村信用社逾期贷款催收通知书》，主要内容为："根据2011年7月29日07909030120110720323号借款合同约定，延边国贸大厦公司所借款项已于2013年6月27日到期，截至2015年5月11日共有本金贰亿元整及利息，尚未偿还。贵方作为该笔借款的抵押人应继续承担抵押担保责任，无条件履行担保义务。我单位将通过诉讼或其他方式依法清收，以维护我方合法利益"。延河信用社对该催收行为在吉林省延吉市至诚公证处作了公证。

经延边朝鲜族自治州工商行政管理局2013年3月20日核准，原延边新合作国贸连锁超市有限公司的公司名称变更为新合作公司。

2016年12月5日，吉林银监局批准原延河信用社改制变更为龙井农商银行，该行于2016年12月7日办理工商营业执照。

新合作公司认为，龙井农商银行于2014年10月起诉案涉债务人及其他担保人时未起诉担保人新合作公司，属于放弃对新合作公司的抵押权。案涉抵押系最高额抵押而非按份抵押，龙井农商银行在吉林高院(2014)吉民二初字第13号案件和本案诉讼标的额均为2.3亿元，两案诉讼请求重叠，且该案的诉讼请求中包含了担保物权，吉林高院(2014)吉民二初字第13号民事调解书亦已经进入执行程序。根据《担保法解释》第一百二十八条第一款的规定，对不可选择起诉的抵押人不予起诉应视为放弃抵押权。

（三）法院裁判要点

二审法院最高人民法院认为：

抵押权虽属从权利，但法律、司法解释没有强制要求混合担保中的债权人行使抵押权须将抵押人与债务人、其他保证人和担保物权人列为共同被告一并起诉，否则即视为放弃抵押权。《担保法解释》颁布于《物权法》实施之前，当时《担保法》对抵押权行使方式的规定仅限于起诉方式，排除了抵押权人通过非讼程序来行使抵押权，故《担保法解释》第一百二十八条第一款基于担保法的规定，出于对诉讼安全的考量和查明事实的需要，规定"债权人向人民法院请求行使担保物权时，债务人和担保人应当作为共同被告参加诉讼"，亦即选择了共同被告这样的诉讼模式，但担保法解释起草人亦认为此种诉讼模式相对落后。在《物权法》实施之后，依据《物权法》第一百九十五条第一款关于"抵押权人可以与抵押人协议以抵押财产折价或者以拍卖、变卖该抵押财产所得的价款优先受偿"的规定以及该条第二款"抵押权人与抵押人未就抵押权实现方式达成协议的,抵押权人可以请求人民法院拍卖、变卖抵押财产"的规定,抵押权的行使存在"协议"和"诉讼"两种途径,亦即抵押权人可以通过非讼程序来行使抵押权,对抵押权的行使方式债权人有选择权,不是必须通过诉讼解决。因此,在《物权法》实施之后《担保法解释》第一百二十八条第一款的规定已明显落后于法律规定。而且,《担保法解释》第一百二十八条第一款的规定是针对仅有物的担保的情况下,债务人与担保人的诉讼地位的解释,但本案延河信用社的债权上不仅有担保物权,还存在人的保证,属于混合担保的情况,故本案也不适用《担保法解释》第一百二十八条第一款的规定。《担保法解释》第一百二十八条第二款则是针对同一债权上既有人保又有多个物保的情况下,债务人与担保人的诉讼地位的解释,该款规定:"同一债权既有保证又有物的担保的,当事人发生纠纷提起诉讼的,债务人与保证人、抵押人或者出质人可以作为共同被告参加诉讼。"该款规定并未强制要求混合担保中的债权人必须将债务人和保证人、抵押人、出质人列为共同被告一并起诉,而是将选择权交由债权人,在债权人单个起诉的案件中,人民法院不能追加债权人没有起诉的其他担保人参加诉讼,应尊重当事人的约定和选择,这一规定符合现行《物权法》的规定。本案延河信用社的债权上人保与多个物保并存,延河信用社在前案诉讼中虽未起诉新合作公司,但其作出了明确意思表示不放弃对新合作公司的抵押权,则依据《物权法》的规定其可以通过非讼程序和提起诉讼两种方式对新合作公司行使抵押权。

十二、债权人向连带责任保证人主张保证责任时,保证债务诉讼时效当然中断

(一)案例总结

《担保法解释》第三十六条规定:"连带责任保证中,主债务诉讼时效中断,保证债务诉讼时效不中断"。实践中,当事人对该条款的理解存在差异。

在"(2013)民申字第2046号"瓦房店市世纪标准件厂与中国信达资产管理股份有限公司辽宁省分公司及瓦房店铁路工务器材厂、瓦房店市松树镇松树村民委员会、瓦房店松树铁路器材制造有限公司金融不良债权追偿纠纷案中,最高人民法院认定,《担保法解释》第三十六条意为,在连带责任保证中,当债权人仅向主债务人主张权利而未向保证人主张权利时,保证债务的诉讼时效不因主债务的诉讼时效中断而中断,即保证债务诉讼时效不中断是以前述条件为前提的,而不是指所有情况下保证债务诉讼时效均不中断。当债权人向保证人主张保证责任时,保证债务诉讼时效当然适用中断的规定。

(二)基本案情简介

工务器材厂与瓦市支行(债权由信达辽宁分公司行使)签订的《借款合同》(98年借字第64号)中约定的借款期限为:1998年6月30日至1999年6月30日。标准件厂为前述债务提供担保。标准件厂与瓦市支行签订的《借款保证合同》第六条约定:"本合同的保证期间为,自本合同生效日起直到主合同项下借款人的应付款项全部清偿为止。"

(三)法院裁判要点

二审法院最高人民法院认为:

《担保法解释》第三十二条规定:"保证合同约定保证人承担保证责任直至主债务本息还清时为止等类似内容的,视为约定不明,保证期间为主债务履行期届满之日起2年。"据此,本案保证人标准件厂的保证期间为两年,应当从1999年6月30日的次日(即1999年7月1日)开始计算,到2001年6月30日止。根据《担保法解释》第三十四条的规定,连带责任保证的债权人在保证期间届满前要求保证人承担保证责任的,从债权人要求保证人承担保证责任之日起,开始计算保证合同的诉讼时效。故本案债权人在保证期间内向标准件厂主张权利后,标准件厂的保证期间终止,开始计算保证合

同的诉讼时效。本案中,标准件厂承担的是连带保证责任,法律无明文规定债权人向连带责任保证人主张保证责任的方式必须为提起诉讼或仲裁,故根据本案查明的事实,自 2000 年标准件厂首次在逾期贷款催收通知书上盖章起,标准件厂的保证期间已经终止,开始计算其保证债务的两年诉讼时效。

《担保法解释》第三十六条规定:"连带责任保证中,主债务诉讼时效中断,保证债务诉讼时效不中断"。该条司法解释的意思是,在连带责任保证中,当债权人仅向主债务人主张权利而未向保证人主张权利时,保证债务的诉讼时效不因主债务的诉讼时效中断而中断,即保证债务诉讼时效不中断是以前述条件为前提的,而不是指所有情况下保证债务诉讼时效均不中断。当债权人向保证人主张保证责任时,保证债务诉讼时效当然适用中断的规定。因此,本案中瓦市支行及信达辽宁分公司于 2000 年、2001 年、2002 年、2003 年、2004 年、2006 年、2008 年、2010 年向工务器材厂、松树公司及标准件厂送达催收通知书或刊登催收公告的行为对各方均产生诉讼时效中断的效力。故至 2011 年 10 月 13 日,信达辽宁分公司起诉要求标准件厂承担借款 50 万元及利息的连带保证责任并未超过诉讼时效。

十三、以贷还贷情形下的担保人责任

（一）案例总结

在金融机构贷款业务中,"借新贷还旧贷"系较为普遍的现象。

在最高人民法院公报案例"(2008)民二终字第81号"中国工商银行股份有限公司三门峡车站支行与三门峡天元铝业股份有限公司、三门峡天元铝业集团有限公司借款担保合同纠纷中,最高人民法院认为,虽然新贷代替了旧贷,但贷款人与借款人之间的债权债务关系并未消除,客观上只是以新贷的形式延长了旧贷的还款期限,故借新还旧的贷款本质上是旧贷的一种特殊形式的展期。在该案债务人的相关旧贷实际并未得到清偿的情形下,担保人对债务人的债务仍应依其承诺,承担民事责任。

在最高人民法院公报案例"最高人民法院(2005)民二提字第8号"上海国际信托投资有限公司与上海市综合信息交易所、上海三和房地产公司委托贷款合同纠纷案中,最高人民法院认为,担保人连续在几份借款合同上盖章同意为债务人担保,其应当知道此为签约各方以该种方式履行合同第六条的约定,即以贷还贷,前述合同的约定没有违反法律禁止性规定,担保人已盖章确认,故担保人仍应就前述债务承担担保责任。

（二）以新贷偿还旧贷,在旧贷未清偿前,担保人仍需承担担保责任

1. 基本案情简介

2000年9月22日,三门峡车站工行与天元集团公司签订(2000)三工车信字第010号借款合同,约定天元集团公司向三门峡车站工行借款1700万元,借款用途为借新还旧,借款期限自签约当日至2002年9月21日。同日,三门峡车站工行向天元集团公司发放了该笔借款。2002年9月11日,天元集团公司偿还了该笔借款。次日,双方又签订了(2002)三工车信字第039-1号、第039-2号借款合同,分别约定天元集团公司向三门峡车站工行借款900万元和800万元,用途均为借新还旧,借款期限自签约当日至2003年9月5日。三门峡车站工行于签约当日发放了该两笔借款。2003年9月3日,天元集团公司偿还了该两笔共计1700万元借款。2003年9月5日,双方签订了(2003)三工车信字第039号借款合同,约定天元集团公司向三门峡车站工行借款1600万元,用途为购原材料,借款期限自签约当日至2004年8月25日。三门峡车站工行于签约当日发放了该笔借款。2004年8月3日,天元集团公司偿还了该笔借款。2004年8月5日,双方签订(2004)三工车信字第37号借款合同,约定天元集团公司向三门峡

车站工行借款1590万元,用途为购原材料,借款期限自签约当日至2005年8月3日。

2000年9月25日,双方签订(2000)三工车信字第009号借款合同,约定天元集团公司向三门峡车站工行借款1647万元,用途为借新还旧,借款期限自签约当日至2002年9月24日。三门峡车站工行于签约当日发放了该笔借款。2002年9月11日,双方签订了(2002)三工车信字第038-1号和(2002)三工车信字第038-2号借款合同,分别约定天元集团公司向三门峡车站工行借款1200万元和800万元,用途均为"还旧借新、购原材料",借款期限自签约当日至2003年9月10日。三门峡车站工行于签约当日发放了该两笔借款。天元集团公司收到2000万元借款的次日偿还了(2000)三工车信字第009号借款合同项下的1647万元借款。天元集团公司于2003年8月4日向三门峡车站工行偿还了220万元,于2003年9月8日向三门峡车站工行偿还1200万元、800万元。2003年8月7日,双方签订(2003)三工车信字第35号借款合同,约定天元集团公司向三门峡车站工行借款710万元,用途为购原材料,借款期限自签约之日至2004年8月6日。2003年8月29日,双方签订(2003)三工车信字第38号借款合同,约定天元集团公司向三门峡车站工行借款1490万元,用途为购原材料,借款期限自签约之日至2004年8月29日。该两笔借款均于签约当日发放。天元集团公司于2004年8月5日分别偿还了该两笔借款。2004年8月6日,三门峡车站工行与天元集团公司又签订了(2004)三工车信字第38号和第39号借款合同,分别约定天元集团公司向三门峡车站工行借款1480万元和700万元,该两笔借款于2005年8月5日到期。

2000年9月21日,天元集团公司向三门峡车站工行出具盖有该公司公章并由该公司董事长李永正签字的《承诺书》。《承诺书》称:"为争取企业上市,谋求更大发展,于2000年7月改制,经河南省体改委批准发起成立了天元股份公司,天元集团公司以现有优质资产(电解一分厂、电解二分厂、动力车间等辅助车间)作为股份投入,投资总额占股份公司总股本的95.84%。同时,为了通过上市公司资格认证,确定将股份公司应承担的大部分负债留在集团公司,股份公司只承担银行债务8232万元(其中有贵行2550万元),贵行原贷给我集团公司的13420万元中所剩余的10870万元债务仍由集团公司承担。为确保贵行的10870万元信贷资产不因我公司改制而遭受损失,并使该贷款正常还本付息,我集团郑重承诺,对此10870万元债务,我集团公司以十万吨一期电解铝扩建工程(3.1万吨)竣工后总资产作为偿还贵行债务保证,若该资产以后需要进入股份公司,贵行债权将随同该资产同步转移"。天元集团公司和天元股份公司签署5份涉及上述三门峡车站工行2550万元贷款的《债务转移协议》。在该五份协议的"银行信贷部门签章"处,三门峡车站工行未加盖公章。

2000年11月16日,天元集团公司和天元股份公司向三门峡车站工行出具《债务转移协议补充承诺》。该补充承诺第一条称:三门峡车站工行与天元集团公司、天元股份公司三方所签的债务转移001、002、003、004、005号协议仅是为了支持企业上市,不作为债务转移的实质依据,与车站工行的债权无关,集团公司与股份公司共同对车站工行的债权负责;第二条称:为了使三门峡车站工行的债权不受天元集团公司改制的影响,确保三门峡车站工行信贷资产安全,天元集团公司再以十万吨电解铝扩建工程竣工后总资产作为偿还三门峡车站工行债务的保证,如果天元集团公司确实无力归还三门峡车站工行的债务,那么由天元股份公司负责归还;第三条称:如十万吨电解铝工程竣工后资产需进入股份公司,车站工行债权随同该资产同步转移。

三门峡车站工行于2006年8月28日向原审法院提起诉讼,请求判令:天元集团公司和天元股份公司共同偿还贷款本金3770万元,利息3754860元(该利息计算至2006年7月20日,此后利息继续计算);判令天成电化公司对上述债务在其担保的范围内承担连带清偿责任。

天元股份公司提出,本案所涉及的三笔贷款合计3770万元是2004年8月天元集团公司因生产购买原材料与三门峡车站工行之间发生的新的借贷法律关系,天元股份公司不是该借贷法律关系的当事人,不应承担民事责任问题。

2. 法院裁判要点

二审法院最高人民法院认为:

《合同法》第八十四条规定:"债务人将合同的义务全部或者部分转移给第三人的,应当经债权人同意。"在股份制改造过程中,天元集团公司向三门峡车站工行出具《承诺书》,提出其投入天元股份公司的设备资产只对该行共计13420万元债务中的2550万元债务承担责任,其余的债务仍由天元集团公司承担。对此承诺,三门峡车站工行未予接受,也未在天元集团公司和天元股份公司签署的5份涉及三门峡车站工行2550万元贷款的《债务转移协议》上加盖公章,故该债务转移协议对三门峡车站工行未发生法律效力。

天元集团公司和天元股份公司于**2000年11月16日签署的《债务转移协议补充承诺》承诺意思表示明确,**第一条为并存的债务承担,即债的加入,天元集团公司不脱离原来的债务关系,天元股份公司加入到天元集团公司对三门峡车站工行的债务当中,承诺与天元集团公司共同承担还款责任。第二条为债的保证,即天元集团公司以十万吨电解铝的资产作为还款保证,在其不能偿还债务的情况下,天元股份公司承担保证责任。第三条实际为附条件的免责债务承担,即以十万吨电解铝的资产进入天元股份公司为条件,当该条件成就时,天元集团公司脱离原来的债务关系,天元股份公司直接向三门峡车站工行承担还款责任。三门峡车站工行认可《债务转移协议补充承诺》,根据十万吨电解铝的资产其中6.9万吨资产在天元股份公司成立时即进入该公司,另3.1万吨资产自2004年6月13日起由天元股份公司租赁,并于2005年10月27日以承担天元集团公司债务和支付部分现金等方式收购的事实,认为《债务转移协议补充承诺》所附条件已经成就,要求天元股份公司承担天元集团公司本案债务的还款责任的上诉请求,该院予以支持。同时,天元集团公司的还款责任本可以免除,但由于其未对此提起上诉,加之《债务转移协议补充承诺》第一条的承诺,**故天元股份公司与天元集团公司应对本案3770万元本息承担共同偿还责任。**

同时,根据本案查明的事实,从本案合同约定的贷款目的及贷款、还款的操作方式,可以认定:本案车站工行所诉天元集团公司的三笔贷款即(2004)第37号、38号、39号借款合同均系借新还旧借款合同。(2004)第37号1590万元借款合同是经数次借新还旧后对双方2000年之前1700万元借款的借新还旧,而(2004)第38号1480万元借款合同、第39号700万元借款合同系经数次借新还旧后对双方2000年之前1647万元借款合同的借新还旧。原审判决认定本案贷款是2000年的旧贷款经多次以贷还贷逐步演化而来是正确的。借新还旧系贷款到期不能按时收回,金融机构又向原贷款人发放贷款用于归还原贷款的行为。借新还旧与贷款人用自有资金归还贷款,从而消灭原债权债务的行为有着本质的区别。虽然新贷代替了旧贷,但贷款人与借款人之间的债权债务关系并未消除,客观上只是以新贷的形式延长了旧贷的还款期限,故借新还旧的贷款本质上是旧贷的一种特殊形式的展期。本案天元集团公司的相关旧贷实际并未得到清偿,天元股份公司对天元集团公司的上述三笔贷款仍应依其承诺,承担民事责任。

(三) 同一担保人在体现以贷还贷的多个借贷合同上盖章同意担保的,应当依法承担担保责任

1. 基本案情简介

1996年1月10日至1998年4月6日期间,上国投与上海市综合信息交易所(以下简称"交易所")共签订5份委托贷款合同,5份贷款合同按时间排列编号分别为922660、922790、922804、922805、300263,借款金额均为人民币2000万元,月利率分别为7.89‰、6.9‰和6.435‰,借款用途为用于物资购销保证金或流动资金周转,保证人均为三和公司。上国投按约向交易所发放了贷款。案外委托人上海市上投投资管理公司仅在后两份委托贷款合同上加盖了公章。

该5份委托贷款合同之间均系借新还旧。前四份委托贷款合同第六条均约定:贷款到期,如交易所不能按时归还须续借贷款时,须取得上国投书面同意,付清利息,由上国投按新借贷款重新办理委托贷款手续。第五份合同第六条约定内容与前四份基本相同,只是将"须续借贷款"修改为"需将借款展期"。三和公司在五份贷款合同上均盖了公章。五份合同除借款金额相同外,自第二合同始,所签合同是在前一份合同到期的情况下续签的,其起始期限基本与到期贷款期限衔接。第一份922660号合同项下贷款2000万元发放的当天,上国投即内扣本金1000万元,用于偿还之前由案外人担保的交易所的旧贷,余1000万元贷款由交易所自用;第二份922790号合同签订后,上国投以更换贷款凭证的方式将该合同项下贷款偿还了第一份合同的借款,第三份、第四份合同的操作方式与第二份相同,第五份300263号合同项下贷款于签约当日发放的同时,上国投根据交易所的划款通知于当日扣划用于归还第四份922805号合同借款。

最后一份300263号合同项下贷款期限届满后,交易所除偿还借款本金227.80万元及逾期贷款利息人民币60万元,尚欠本金人民币1772万元、期内利息人民币789454.95元及相应的逾期利息。上国投请求一审法院判令交易所偿还贷款本息,三和公司对交易所的还款义务承担连带清偿责任。

三和公司认为,其担保的五份借款合同除第一份、第五份合同实际放款和划款外,第二、三、四合同均未实际放款,属空贷;争议第五份合同借款用途为流动资金,而其他四份为购销合同保证金,缺乏借新还旧的形式及内在联系,本案不存在三和公司与交易所互为担保的事实,交易所也承认未将"借新还旧"的情况告诉三和公司,故三

和公司不应承担担保责任。

2. 法院裁判要点

再审法院最高人民法院认为：

涉案合同名为委托贷款合同，但本案当事人未主张委托贷款的事实，故案件性质应为借款担保合同。本案五份合同中确实存在无实际放款的情况，但此种情况的产生缘于借贷双方在合同第六条的约定。从该约定内容，以及新旧贷款金额相同、贷款期限基本衔接的情况可以看出，借贷双方在旧贷到期尚未清偿时，签订新借款合同的目的就是为了以该新贷偿还旧贷，消灭借款方在旧贷下的债务，该条内容可以视为借贷双方对以贷还贷的约定。而上国投当天贷款当天扣划或仅更换贷款凭证、没有实际放款的做法是基于合同中以贷还贷的约定而为的履行行为，亦是以贷还贷的基本履行方式。三和公司连续在几份借款合同上盖章同意为交易所担保，其应当知道此为签约各方以该种方式履行合同第六条的约定，即以贷还贷。**本案合同的约定没有违反法律禁止性规定，三和公司已盖章确认，因此，本案应当适用《担保法解释》第三十九条关于以贷还贷的规定。**如若按照三和公司所称本案不属以贷还贷，五份合同之间没有形式及内在联系的理由予以推论，三和公司承担的将不再是一份合同而是五份合同累计金额一亿元的担保责任。三和公司以贷款用途缺乏借新还旧的形式及内在联系，中间三份合同无实际放贷，进而否认以贷还贷的理由不能成立。况且，三和公司在本案合同签订前后，曾作为借款人向上国投多次贷款，而担保人则是交易所。三和公司与上国投所签的那些借款合同的基本格式与本案完全相同，而履行时短期扣划或更换凭证的方式亦与本案履行方式相同。因此，三和公司以不应知道本案此种约定属于以贷还贷予以抗辩的理由缺乏合理性。

自本案300263号合同前溯，连续四份借款合同的担保人均为三和公司。其已失去根据《担保法解释》第三十九条免除保证人责任的条件，该条第二款明确规定："新贷与旧贷系同一保证人的，不适用前款的规定"。**作为新贷和旧贷同一保证人的三和公司，以其不知道或不应知道主合同系以新贷还旧贷，故应免除担保责任的主张，本院不予支持。**本案一审判决关于922660号、922790号、922804号、922805号合同因300263号合同的借新还旧已履行完毕，上国投已按约履行放贷义务，交易所至今未还300263号合同项下借款本息，应承担违约责任，三和公司应承担连带保证责任的认定，上海市高级人民法院再审予以维持正确，本院再审亦应予以支持。

十四、保证人自行履行保证责任时实际清偿额大于主债权范围的后果

（一）案例总结

在"（2018）最高法民申311号"新疆诚信置业有限责任公司、王宝成建设工程施工合同纠纷案中，最高人民法院认定，保证人享有债务人的抗辩权，但其在履行保证责任时未能正确行使抗辩权，导致实际清偿额大于主债权范围的，保证人只能在主债权范围内对债务人行使追偿权。

（二）基本案情简介

2004年12月22日，王宝成向周雪云出具如下借条："今借到现金叁拾柒万元整含息在内，借期一个月整，如超期一日增加一个月的利息柒万元整，叁拾万元再用一个月。"诚信公司为前述借款提供担保。后诚信公司在自行履行保证责任时，支付利息超过银行同类贷款利率的4倍。

（三）法院裁判要点

再审法院最高人民法院认为：

关于利息问题，诚信公司主张，王宝成向周雪云的借款，系由诚信公司担连带保证责任，后王宝成未能还款，诚信公司因借款约定利息过高，自行与周雪云协商按照当年信用社贷款利率的四倍进行支付，为王宝成减轻了责任，是合理的，诚信公司承担保证责任后，其应对偿还的全部款项享有追偿权。而二审法院依据最高人民法院《关于人民法院审理借贷案件的若干意见》第六条的规定，对于超过银行同类贷款利率4倍部分的利息未予支持是错误的。

诚信公司该主张不能成立。《担保法》第二十条规定："一般保证和连带责任保证的保证人享有债务人的抗辩权。债务人放弃对债务的抗辩权的，保证人仍有权抗辩。抗辩权是指债权人行使债权时，债务人根据法定事由，对抗债权人行使请求权的权利。"《担保法解释》第四十三条规定："保证人自行履行保证责任时，其实际清偿额大于主债权范围的，保证人只能在主债权范围内对债务人行使追偿权"。**根据前述规定，**

保证人享有债务人的抗辩权,保证人自行履行保证责任时未能正确行使抗辩权,导致实际清偿额大于主债权范围的,保证人只能在主债权范围内对债务人行使追偿权。本案中,关于利息约定过高的抗辩权,是法律、司法解释的明确规定,诚信公司应当知道该抗辩权的内容。而且,从诚信公司所称因借款约定利息过高故与周雪云协商按照当年信用社贷款利率的四倍进行支付的主张看,诚信公司也知晓利息过高,应予调整这一抗辩理由。但最终诚信公司并未完全、正确地行使抗辩权,也未征得王宝成的同意,在自行履行保证责任时,支付利息超过银行同类贷款利率的四倍,因此,超出部分利息不能向王宝成主张追偿。二审对该部分利息的处理并无不当。

十五、债务人进入破产程序前债权人已向保证人主张权利情形下，《担保法解释》第四十四条第二款的适用

（一）案例总结

债务人进入破产程序前，债权人已向保证人主张保证责任的，是否适用《担保法解释》第四十四条第二款"债权人申报债权后在破产程序中未受清偿的部分，保证人仍应当承担保证责任。债权人要求保证人承担保证责任的，应当在破产程序终结后6个月内提出"之规定，司法实践中，最高人民法院对此存在不同的认定。

在"(2016)最高法民申569号"陕西省国有资产经营有限公司与略阳县兴鑫化工矿业有限责任公司、略阳钢铁厂等企业借贷纠纷案中，最高人民法院认为，上述条文仅适用于债务人在破产程序开始时保证期间尚未届满，而在债权人申报债权参加清偿破产财产程序期间保证期间届满的情形。因债权人在债务人破产期间不便对保证人行使权利，故债权人可以在债务人破产终结后6个月内，就其在破产程序中未受清偿的部分，要求保证人承担保证责任。债权人已在保证期间内，且在债务人进行破产程序前要求保证人承担保证责任的，不适用上述条文。

在"(2003)民二终字第83号"农业发展银行青海分行营业部诉青海农牧总公司担保合同纠纷案中，最高人民法院认为，主债务人被宣告破产还债前，债权人在保证期间内向保证人主张权利的，应自主张权利之日起开始计算其保证债权的诉讼时效。因保证债务的诉讼时效期间内，主债务人被宣告破产，在破产程序终结前，债权人对其能得以分配的破产财产数额不能确定，其无法同时就其未受清偿的部分向保证人主张担保权利，只有在破产程序终结后，其才能就其未受清偿的部分向保证人主张权利。因此，债权人在主债务人破产程序终结后6个月内，就其未受清偿的部分再向保证人主张权利，符合上述条文的规定。

（二）不适用《担保法解释》第四十四条第二款

1. 基本案情简介

2002年8月22日至2003年6月27日期间，陕西双菱公司与工行汉中分行签订数份《流动资金借款合同》，略阳钢铁厂为前述合同项下相关债务的清偿提供连带责任保证。

2005年4月30日，以上债权由省工商银行转让给中国长城资产管理公司西安办

事处。

2007年9月16日,中国长城资产管理公司西安办事处在《陕西日报》上刊登向主债务人和保证人的催收公告。

2008年,陕西双菱公司宣告政策性破产。长城公司西安办事处依法向宝鸡市中级人民法院申报了债权,并于同年9月24日、10月31日参加了陕西双菱公司破产债权人会议。

2008年11月5日,宝鸡市中级人民法院裁定陕西双菱公司的破产分配方案为零清偿。2008年11月26日,宝鸡市中级人民法院裁定终结陕西双菱公司破产清算程序。

长城公司分别于2009年9月9日、2011年9月2日、2013年8月28日在《陕西日报》专版发布了债务催收公告。

2013年9月29日,长城公司西安办事处将本案债权转让给陕西国资公司,并在《陕西日报》发布了债权转让通知。

2. 法院裁判要点

再审法院最高人民法院认为:

关于陕西国资公司提起诉讼是否已超过诉讼时效问题。《担保法解释》第四十四条第二款规定,债权人申报债权后在破产程序中未受清偿的部分,保证人仍应当承担保证责任。债权人要求保证人承担保证责任的,应当在破产程序终结后6个月内提出。该条款仅适用于债务人在破产程序开始时保证期间尚未届满,而在债权人申报债权参加清偿破产财产程序期间保证期间届满的情形。因债权人在债务人破产期间不便对保证人行使权利,故债权人可以在债务人破产终结后6个月内,就其在破产程序中未受清偿的部分,要求保证人承担保证责任。

根据已查明的事实,鉴于原债权人工商银行汉中分行及长城资产公司西安办事处已经在保证期间内,且在债务人进行破产程序前要求保证人承担保证责任,故本案不适用《担保法解释》第四十四条第二款的规定。陕西国资公司提起诉讼,要求略阳兴鑫公司、略阳钢铁厂承担保证责任并未超过法定的诉讼时效。

(三) 适用《担保法解释》第四十四条第二款

1. 基本案情简介

1996年9月27日,农发行营业部与青海省羊毛经营集团公司(以下简称羊毛公司)签订96第008号借款合同,金额1400万元,期限自1996年9月27日至1997年9月27日。借款到期后,羊毛公司未能按期还款,经双方协商,延期至1998年2月27日。

1997年9月29日,农发行营业部与羊毛公司又签订了一份13397031号借款合同,金额1100万元,期限自1997年9月29日至1998年9月29日,借款当日即归还以上96第008号借款合同项下的款项。后羊毛公司未能按期还款,经双方协商,延期至

1999年9月29日。

1998年12月28日,农牧公司对以上两笔借款合同出具了不可撤销的连带责任保证书,保证书承诺的保证期间为还清借款人所欠的全部贷款本息和费用后自动失效。

1999年9月6日,农发行营业部向农牧公司发送了13397031号借款合同1100万元的催收通知;2000年1月7日,农发行营业部向农牧公司发送了96第008号借款合同300万元的催收通知。

2000年5月8日,羊毛公司被裁定宣告破产。2002年5月20日,羊毛公司破产程序被裁定终结。

2. 法院裁判要点

二审法院最高人民法院认为:

因农牧公司于1998年12月28日分别为该两笔贷款提供的两份担保的保证期间约定不明确,根据《担保法解释》第三十二条第二款的规定,其保证期间应为主债务履行届满之日起2年。因此,该300万元贷款的保证期间应认定为1998年2月27日至2000年2月27日,该1100万元贷款的保证期间应认定为1999年9月29日至2001年9月29日。

本案主债务人羊毛公司被宣告破产还债前,农发行营业部已于2000年1月17日向农牧公司催要该300万元贷款,系在保证期间内向保证人主张权利,应自主张权利之日起开始计算其保证债权的诉讼时效。在该300万元贷款的保证债务的诉讼时效期间内,本案主债务人羊毛公司被宣告破产,农发行营业部依法向人民法院申报了债权,在破产程序终结前,农发行营业部对其能得以分配的破产财产数额不能确定,其无法同时就其未受清偿的部分向保证人农牧公司主张担保权利,只有在破产程序终结后,其才能就其未受清偿的部分向保证人主张权利。因此,本案中,在主债务人羊毛公司破产案件的破产程序终结后六个月内,农发行营业部就其未受清偿的部分再向保证人农牧公司主张权利,符合《担保法解释》第四十四条的规定。

十六、同一动产上抵押权与质权并存的情形下，《担保法解释》第七十九条第一款的适用

（一）案例总结

民商事交易中，同一动产上抵押权与质权并存的情形十分常见。就此情形下的受偿次序，《担保法解释》第七十九条第一款规定："同一财产法定登记的抵押权与质权并存时，抵押权人优先于质权人受偿。"但就该条文在《物权法》生效后是否仍存在适用基础，理论及实践中均存在不同的观点。

在"（2017）最高法民终216号"江西赣县农村商业银行股份有限公司与中国建设银行股份有限公司赣州赣县支行、赣州菊隆高科技实业有限公司、谢瑞鸿、孙景文第三人撤销之诉一案中，最高人民法院认为，在一般动产上设立的抵押权已非担保法规定的应当办理登记的抵押权，亦已不是《担保法解释》第七十九条第一款规定的"法定登记的抵押权"。物权法虽未明确规定同一动产上依法成立的抵押权与质权竞存时的受偿顺序，但结合物权法关于动产抵押权与动产质权对抗效力产生时间的规定，应以动产抵押权和动产质权具备对抗效力的时间先后顺序，决定同一动产上抵押权和质权竞存时的顺位。抵押登记在先则抵押权顺位在先，动产占有在先则质权顺位在先。

（二）基本案情简介

2011年10月25日，建行赣县支行与菊隆高科公司签订《流动资金贷款合同》和《抵押合同》，约定菊隆高科公司将其所有的存放于该公司1号仓库及洋塘工业园B、C仓库内的5559.02吨甜叶菊干叶抵押给建行赣县支行，用以担保本金1.2亿元的借款债务的履行，期限一年。上述合同签订后，双方于2011年11月3日共同到登记机关办理了动产抵押登记。此后，建行赣县支行与菊隆高科公司于2012年10月22日签订《人民币流动资金贷款合同》，约定菊隆高科公司向建行赣县支行借款人民币1.2亿元，用于借新还旧。双方另于同日签订《抵押合同》，约定菊隆高科公司以存放于该公司1号仓库内的5559.02吨甜叶菊干叶为《人民币流动资金贷款合同》项下贷款提供抵押担保，并于当日对其2011年11月3日办理的动产抵押登记办理了注销登记，同时对2012年10月22日签订的《抵押合同》项下的5559.02吨甜叶菊干叶办理了动产抵押登记。

2011年11月30日，赣县农商银行与菊隆高科公司签订《固定资产借款合同》和《动产质押合同》，约定菊隆高科公司以存放于该公司1号仓库的甜叶菊干叶12672.04吨为《固定资产借款合同》项下借款债务的履行提供质押担保。菊隆高科公司、赣县农

商银行与邮政物流公司三方于 2011 年 11 月 29 日共同签订《商品融资质押监管协议》，并于 2011 年 12 月 9 日共同签订《商品融资质押监管补充协议》，约定邮政物流公司代赣县农商银行占有质物，依约履行监管责任，并在质物变动时代赣县农商银行进行确认。前述协议签订后，邮政物流公司于 2011 年 12 月 12 日接收质物。2012 年 12 月 11 日，《商品融资质押监管协议》到期，邮政物流公司与赣县农商银行未续签新的质押监管协议。

2013 年 1 月 12 日，赣县农商银行、菊隆高科公司、辉腾公司签订《商品融资质押监管协议（滚动质押）》，约定辉腾公司接受赣县农商银行的委托，对菊隆高科公司出质的甜叶菊干叶进行监管。同日，辉腾公司开始履行监管职责。

赣县农商银行主张其对菊隆高科公司 1 号仓库存放的全部 10426.08 吨甜叶菊干叶所得价款具有优先于建行赣县支行受偿的权利。

（三）法院裁判要点

二审法院最高人民法院认为：

关于同一动产上已登记抵押权与质权竞存时的顺位。《担保法司法解释》第七十九条第一款规定，"同一财产法定登记的抵押权与质权并存时，抵押权人优先于质权人受偿。"据此，同一动产上法定登记的抵押权优先于质权。《担保法》第四十一条规定，"当事人以本法第四十二条规定的财产抵押的，应当办理抵押物登记，抵押合同自登记之日起生效"；第四十三条第 1 款规定，"当事人以其他财产抵押的，可以自愿办理抵押物登记，抵押合同自签订之日起生效"。据此，《担保法》区分应当办理抵押登记与自愿办理抵押登记的财产范围，赋予抵押登记以不同的法律效力。《担保法解释》在此基础上规定的法定登记的抵押权，系指根据《担保法》规定应当办理抵押登记的抵押权。《物权法》颁行前，以《担保法》规定应当办理抵押登记的动产设立抵押的，办理抵押登记是动产抵押权的生效要件，法定登记的抵押权自登记时设立。《物权法》颁行后，根据《物权法》第一百八十八条的规定，当事人以生产设备、原材料、半成品、产品等一般动产设立抵押的，抵押权自抵押合同生效时设立，登记作为动产抵押权人对抗善意第三人的要件不影响当事人设立动产抵押权的效力。由此，在一般动产上设立的抵押权已非担保法规定的应当办理登记的抵押权，亦已不是《担保法解释》第七十九条第一款规定的"法定登记的抵押权"。本案讼争的甜叶菊干叶系原材料，在其上设立的抵押权并非"法定登记的抵押权"。故此，本案中并不存在符合《担保法解释》第七十九条第一款规定的案件事实，不应直接适用该款规定。一审判决关于江西高院 17 号民事判决在审查建行赣县支行的抵押权与赣县农商银行质权的顺位时适用《担保法解释》第七十九条第一款的规定并无不当的认定，适用法律错误，本院予以纠正。

根据《物权法》第一百八十八条的规定，动产抵押权未经登记，不得对抗善意第三人。动产抵押权登记后发生对抗效力，抵押权人可排除就同一动产享有担保物权的第三人对该动产优先受偿的权利要求。但在登记之前，抵押权人不得对已经取得具备对抗效力之担保物权的权利人主张优先受偿的权利。根据《物权法》第二百一十二条的规定，质权自出质人交付质押财产时设立。动产质权自出质人交付质物时发生对抗效力,质权人自取得占有时起可排除享有担保物权的第三人对该动产优先受偿的权利要求。由上,《物权法》虽未明确规定同一动产上依法成立的抵押权与质权竞存时的受偿顺序,但结合《物权法》关于动产抵押权与动产质权对抗效力产生时间的规定,应以动产抵押权和动产质权具备对抗效力的时间先后顺序,决定同一动产上抵押权和质权竞存时的顺位。抵押登记在先则抵押权顺位在先,动产占有在先则质权顺位在先。本案中,建行赣县支行的抵押权于2012年10月22日设立并登记,赣县农商银行的质权设立于2013年1月12日,建行赣县支行抵押权发生对抗效力的时间早于赣县农商银行的质权,建行赣县支行应优先于赣县农商银行受偿。江西高院17号判决主文第三项关于建行赣县支行对拍卖、变卖菊隆高科公司所有的存放在该公司1号仓库内的甜叶菊干叶(约5559.02吨)所得价款,在该案本息范围内享有优先受偿权的内容正确。赣县农商银行请求撤销上述判项,无事实和法律依据,本院不予支持。

附:

同一动产上抵押权与质权并存的优先受偿问题研究

[邓学敏、饶梦莹]

在民商事交易中,尤其是在注重增信担保措施的金融领域,同一动产上抵押权与质权并存的情形十分常见。就此情形下的受偿次序,《最高人民法院关于适用＜中华人民共和国担保法＞若干问题的解释》(以下简称为《担保法解释》)第七十九条第一款规定:"同一财产法定登记的抵押权与质权并存时,抵押权人优先于质权人受偿。"但就该条文在《中华人民共和国物权法》(以下简称《物权法》)生效后是否仍存在适用基础,理论及实践中均存在不同的观点。就此,本文将结合相关法规、学理观点及案例,以《担保法解释》第七十九条第一款的适用问题为中心,对同一动产上抵押权与质权并存的优先受偿问题进行探究。

一、理论层面相关分析

(一)相关背景简介

1. 抵押权登记效力模式的变更

在《物权法》生效之前,我国的抵押权登记效力模式由《中华人民共和国担保法》(以下简称为《担保法》)第四十一、四十二、四十三条确立。在前述规定之下,我国对不动产抵押权一律采取登记生效主义,即抵押权以登记为生效要件及公示方法;在动产抵押领域,我国对特定动产(包括航空器、船舶、车辆、企业的设备和其他动产)抵押权采取登记生效主义,对其他动产抵押采取登记对抗主义,即抵押权以抵押合同生效为生效要件,以登记为公示方法,未经登记,不得对抗第三人。

《物权法》生效后,我国的动产抵押登记效力模式发生了变更。根据《物权法》第一百八十、一百八十七、一百八十八、一百八十九条及《担保法》第四十三条之规定,我国对动产抵押权一律采取登记对抗主义,抵押权以抵押合同生效为生效要件,以登记为公示方法,未经登记,不得对抗第三人。

2. 质权登记效力模式的变更

《物权法》生效之前,根据《担保法》第六十四条之规定,动产质权以交付为生效要件及公示方法。根据《担保法》第七十六至一八十条之规定,权利质权以交付权利凭证或登记为生效要件及公示方法。

《物权法》生效之后,根据该法第二十三条之规定,动产质权以交付为生效要件及公示方法,但特殊动产除外。根据该法第二十四条之规定,船舶、航空器、机动车等特殊动产质权以交付为生效要件,以登记为公示方法,未经登记,不得对抗善意第三人。根据该法第二百二十四至二百二十八条之规定,权利质权以交付权利凭证或登记为生效要件及公示方法。

(二)规范存在基础

《担保法解释》第七十九条第一款规定:同一财产法定登记的抵押权与质权并存时,抵押权人优先于质权人受偿。

就上述条款所述的"法定登记的抵押权",理论界倾向于认为,该"法定登记的抵押权"系指《担保法》第四十一、四十二条规定的采取登记生效主义的特定动产抵押权,前述特定动产包括航空器、船舶、车辆、企业的设备和其他动产。

如前文所述,《物权法》已对动产抵押登记效力模式进行了变更。根据该法第二十三条之规定,《担保法》第四十一、四十二条所述的上述特定动产抵押权不再以登记作为生效要件,而是自抵押合同生效时设立,未经登记,不得对抗善意第三人。

由此,《物权法》生效后,《担保法解释》第七十九条第一款所述的"法定登记的抵押权"失去了存在的基础,不应继续适用。

(三)立法宗旨评析

《担保法解释》第七十九条第一款确立法定登记的抵押权优先于质权受偿的原则,系"主要考虑到抵押权的登记时间容易确定,而质权的设立时间不易确定,当事人可以在设定抵押后与第三人恶意串通更改质权的设定时间以对抗抵押权人"。但在上述条款下,抵押权人的权益得到了最大程度的保护,质权人的合法权益却存在被牺牲的风险;对在先设立的质权,不论质权人系出于善意抑或恶意,其均无法对抗在后设立的法定登记的抵押权,这使得质权实现存在极大的不稳定性,质权人在设立质权后随时面临丧失优先受偿权的风险,对质权人而言亦极不公平。因此,《担保法解释》第七十九条第一款的前述立法思路,系对规范适用层面的某一技术问题予以了重点关注及解决,却忽略了规范的内在价值平衡,并引发了新的技术问题产生,从而损害规范应保护的价值。

实践中,《担保法解释》第七十九条第一款的上述缺陷引发了诸多问题。例如,抵押权人明知抵押物上已设立质权但仍同意设立抵押权并作登记的,质权人仍无法对抗在后的抵押权,可能导致抵押权人与出质人恶意串通设立在后抵押权,以对抗质权人行使质权。并且,对抵押权人和出质人之间是否存在恶意串通行为,质权人往往难以提供相应证明;即使质权人证明抵押权人和出质人存在恶意串通行为,也无法依据《担保法解释》第七十九条第一款的规定对自身合法权益予以保护。此外,在《担保法解释》第七十九条第一款之下,亦会出现出质人以抵押出质物使得质权落空为由威胁质权人,迫使质权人放弃部分合法权益的情形。前述情形显然与该条款的立法原意背道而驰。

我们认为:(1)质权与抵押权系平等的担保物权,不同于法定的留置权,《物权法》并未对质权和抵押权之间的优先受偿次序作出规定。《担保法解释》第七十九条第一款之规定对质权的权能作出了极大限制,却无《物权法》的相关依据支持。根据《物权法》第五条之规定,物权的种类和内容,由法律规定。《担保法解释》第七十九条第一款的位阶并非法律,却对质权权能作出了相应规定,如该条款在《物权法》生效后继续适用的,即存在违反物权法定原则之嫌。(2)与登记相比,交付亦系很强的公示方法,《物权法》并未对两种公示方法作出强弱之分。如质权在先设立并公示,其系效力完备的担保物权,理应有权对抗在后公示的抵押权。

(四)同一财产上质权和抵押权并存的优先受偿次序

我们认为,对同一财产上抵押权与质权并存的情形,应以"公示优先"原则确定其优先受偿次序。因质权和抵押权非经公示不得对抗第三人,质/抵押权未经公示的,不得对抗其他经公示的质权/抵押权;对先后公示的质权和抵押权,鉴于其系平等的担保物权,应根据公示时间顺序决定其优先效力。同一财产上抵押权与质权并存的,具体可分为如下几类情形予以分析:

1. 同一财产上存在已公示的质权和未公示的抵押权

此种情形下,鉴于抵押权尚未公示,质权已公示,故不论抵押权是否设立在前,质权人均有权对抗抵押权人,就该财产优先受偿。

2. 同一财产上存在已公示的质权和已公示的抵押权

此种情形下,质权和抵押权均依法设立,且经公示发生对抗第三人的效力。但在公示的时间顺序上,如质权早于抵押权,则质权人有权对抗在后的抵押权人,并就该财产优先受偿;如抵押权早于质权,则抵押权人有权对抗在后的质权人,并就该财产优先受偿。

3. 同一财产上存在已公示的抵押权和未公示的质权

此种情形下,鉴于质权尚未公示,抵押权已公示,故不论质权是否设立在前,抵押权人均有权对抗质权人,就该财产优先受偿。

二、实践层面相关分析

(一)最高人民法院观点

截至目前,我们未能查询到最高人民法院在现有公开的判决书/裁定书中适用《担保法解释》第七十九条第一款之规定的情形。

(二)其他人民法院观点

司法实践中,针对《担保法解释》第七十九条第一款之规定的适用,不同法院存在如下不同的认定:

1.《担保法解释》第七十九条第一款不再适用

在"(2017)冀民终725号"上海浦东发展银行股份有限公司石家庄分行、中国农业发展银行深州市支行金融借款合同纠纷案中,河北省高级人民法院认为,《物权法》未对《担保法解释》第七十九条第一款规定的内容进行确认,后者不应继续适用。

(1)相关案情

2014年10月9日,第三人石家庄浦发银行和被告前么头粮库签订了动产最高额质押合同及质押财产清单,约定质押财产为小麦21186.45吨。当日,石家庄浦发银行、前么头粮库和中海物流签订了动产质押监管协议,约定前么头粮库出质的小麦由中海物流进行监管。

2015年9月23日,被告前么头粮库以由原告深州农发行提供的8800万元小麦收购贷款形成的37076272公斤小麦库存抵押给原告,签订了编号13110500—2015年(衡深)浮抵0001号浮动抵押合同,并于2015年10月9日在深州市工商行政管理局办理了动产抵押登记。

(2) 法院观点

河北省高级人民法院认为:

① 深州农发行与前么头粮库签订有借款抵押担保合同,借款合同已经实际履行,以动产——小麦提供的抵押担保也依法办理了抵押物登记,石家庄浦发银行所述证据不足以证明深州农发行与前么头粮库之间存在恶意串通的行为。该抵押合同合法有效。但由于石家庄浦发银行与前么头粮库所签订的质押合同形成在前,该质押合同亦合法有效。对于深州农发行的抵押财产与石家庄浦发银行的质押财产重合部分,深州农发行的优先受偿权不得对抗石家庄浦发银行的优先受偿权,其余部分可以优先受偿。

② 对于深州农发行提出的应当适用《担保法解释》第七十九条:"同一财产法定登记的抵押权与质权并存时,抵押权人优先于质权人受偿。"该院认为,经过登记的抵押权优先于成立在后的质权,但对成立在前的质权不具有优先效力。且在《担保法》之后颁布的《物权法》并未对该解释的内容进一步确认,《物权法》没有规定在抵押权和质权同时存在的情况下,优先保护办理登记的抵押权的规定。根据后法优于前法的法律适用原则,本案应当按照《物权法》作为法律依据。

2. 《担保法解释》第七十九条第一款仍然适用

在"(2015)东一法南民一初字第205号"利宗远与冷洪君民间借贷纠纷案中,东莞市第一人民法院认为:2013年1月5日,原、被告签订《车辆质押借款协议书》,质押权自涉案车辆移交原告占有时生效;又被告与第三人签订汽车抵押合同并办理抵押登记手续,该抵押权自登记之日即2013年1月6日生效;根据《担保法解释》第七十九条"同一财产法定登记的抵押权与质权并存时,抵押权优先于质权人受偿"的规定,第三人的抵押权优先于原告的质押权受偿。

三、结论

如前文所述,我们认为,从立法宗旨上看,《担保法解释》第七十九条第一款对质权权能作出了极大限制,牺牲了质权人的合法权益,并引发了实践中的一系列问题。且《物权法》生效后,该条款已丧失了适用基础。此外,该条款对质权的权能作出了限制,但并无《物权法》相关依据的支持,如该条款在《物权法》生效后继续适用的,即存在违反物权法定原则之嫌。综上,《担保法解释》第七十九条第一款应不再适用。

在司法实践中,各级人民法院对《担保法解释》第七十九条第一款的适用存在不一致的情形。在最高人民法院层面,我们未能查询到最高人民法院于《物权法》生效后在公开的判决书/裁定书中适用《担保法解释》第七十九条第一款之规定。而在其他人民法院层面,对《担保法解释》第七十九条第一款的适用,各法院的观点并不一致,既有法院继续适用该条款的情形,亦有法院认为根据"后法优于前法"的原则,该条款应不再适用。

鉴于同一动产上抵押权与质权并存系交易活动中的常见情形,司法实践就《担保法解释》第七十九条第一款的适用观点对民商事活动尤其是金融领域中的相关交易结构设计尤为关键,因此,就《物权法》生效后《担保法解释》第七十九条第一款的适用问题,仍有待通过后续立法、相关司法解释、指导性案例等方式予以明确,以进一步明晰交易各方之权利义务关系,促进债权稳定与安全。

注:本文首次发布于2018年12月20日。2018年12月28日,最高人民法院作出"(2017)最高法民终216号"判决书,具体参见本书附录"十六、同一动产上抵押权与质权并存的情形下,《担保法解释》第79条第1款的适用"。在前述判决书中,最高人民法院认定,同一动产上依法成立的抵押权与质权竞存时,应以动产抵押权和动产质权具备对抗效力的时间先后顺序,决定同一动产上抵押权和质权竞存时的顺位。抵押登记在先则抵押权顺位在先,动产占有在先则质权顺位在先。这与我们在本文中的观点是一致的,我们亦期待该案例将对未来的司法实践产生积极影响。

十七、保证金账户内资金浮动，不影响金钱质押行为的效力

（一）案例总结

在最高人民法院公报案例"中国农业发展银行安徽省分行诉张大标、安徽长江融资担保集团有限公司保证金质权确认之诉"纠纷案中，安徽省高级人民法院认为，保证金以专户形式特定化并不等于固定化。案涉账户在使用过程中，账户内的资金根据业务发生情况虽处于浮动状态，但均与保证金业务相对应，除缴存的保证金外，支出的款项均用于保证金的退还和扣划，来用于非保证金业务的日常结算，即作为债权人的银行可以控制该账户，开户人对该账户内的资金使用受到限制，故该账户资金的浮动仍符合金钱作为质权的特定化和移交占有的要求，债权人对保证金账户内的资金享有质权。

（二）基本案情简介

2009年4月7日，为合作开展面向中小企业担保贷款业务，原告农发行安徽分行与第三人长江担保公司签订一份《贷款担保业务合作协议》。其中第三条"担保方式及担保责任"约定：甲方（长江担保公司）向乙方（农发行安徽分行）提供的保证担保为连带责任保证；保证担保的范围包括主债权及利息、复息、罚息、违约金、损害赔偿金和实现债权的费用。第四条"担保保证金（担保存款）"约定：甲方在乙方开立担保保证金专户，担保保证金专户行为农发行安徽分行营业部，账号为2033XXXXXXXXXXXXXXX9511；甲方需将具体担保业务约定的保证金在保证合同签订前存入担保保证金专户，甲方需缴存的保证金不低于贷款额度的10%；未经乙方同意，甲方不得动用担保保证金专户内的资金。第八条"违约责任"约定：甲方在乙方处开立的担保专户的余额无论因何原因而小于约定的额度时，甲方应在接到乙方通知后三个工作日内补足，补足前乙方可以中止本协议项下业务。上述协议还就合作范围与内容、合作条件与担保程序、贷款的催收、展期及担保责任的承担等事项作出约定。2009年10月30日、2010年10月30日，农发行安徽分行与长江担保公司还分别签订与上述合作协议内容相似的两份《信贷担保业务合作协议》。

2009年4月7日《贷款担保业务合作协议》签订后，原告农发行安徽分行同第三人长江担保公司就贷款担保业务进行合作，长江担保公司在农发行安徽分行处开立担保保证金账户，账号为2033XXXXXXXXXXXXXXX9511。长江担保公司按照协议约定缴存规定比例的担保保证金，并据此为相应额度的贷款提供了连带保证责任担保。自2009年7月至2012年12月，上述账号发生一百余笔业务，有的为贷方业务，有的为借

方业务。

2011年12月19日,安徽省合肥市中级人民法院在审理张大标诉安徽省六本食品有限责任公司、长江担保公司等民间借贷纠纷一案过程中,根据张大标的申请,对长江担保公司上述保证金账户内的资金1495.7852万元进行保全。该案判决生效后,安徽省合肥市中级人民法院将上述保证金账户内的资金1338.313257万元划至该院账户。农发行安徽分行作为案外人提出执行异议,该院于2012年11月2日裁定驳回异议,并告知农发行安徽分行有权自裁定书送达之日起15日内向法院提起诉讼。2012年11月,农发行安徽分行提起本案诉讼。

(三) 法院裁判要点

二审法院安徽省高级人民法院认为:

关于案涉质权是否设立这一问题,依照《物权法》第二百一十二条"质权自出质人交付质押财产时设立"的规定,交付行为应被视为设立动产质权的生效条件。**金钱质押作为特殊的动产质押,不同于不动产抵押和权利质押,依照《担保法解释》第八十五条规定,金钱质押生效的条件包括金钱特定化和移交债权人占有两个方面。**

1. 原审第三人长江担保公司于2009年4月3日在上诉人农发行安徽分行开户,设立的账号为2033XXXXXXXXXXXXX9511,与案涉《贷款担保业务合作协议》约定的账号一致,即双方当事人已经按照协议约定为出质金钱开立了担保保证金专用账户。保证金专户开立后,长江担保公司按照每次担保贷款额度的一定比例向该账户缴存保证金,该账户亦未作日常结算使用,故符合《担保法解释》第八十五条规定的金钱以特户形式特定化的要求。另占有是指对物进行控制和管理的事实状态,因案涉账户开立在上诉人农发行安徽分行,农发行安徽分行作为质权人,取得对该账户的控制权,实际控制和管理该账户,符合出质金钱移交债权人占有的要求。故案涉质权依法设立。至于"405保证金存款"与"40196其他单位存款"会计科目同属于银行内部的会计核算方式,《担保法解释》第八十五条对特户的外在形式也未作出规定,故不应当以此作为质权生效的条件。

2. 关于账户资金浮动的问题。保证金以专户形式特定化并不等于固定化。**案涉账户在使用过程中,账户内的资金根据业务发生情况虽处于浮动状态,但均与保证金业务相对应,除缴存的保证金外,支出的款项均用于保证金的退还和扣划,未用于非保证金业务的日常结算,即上诉人农发行安徽分行可以控制该账户,原审第三人长江担保公司对该账户内的资金使用受到限制,故该账户资金的浮动仍符合金钱作为质权的特定化和移交占有的要求。**被上诉人张大标辩解2011年12月26日从该账户转出6151562.76元,表明长江担保公司对该账户资金享有处置权。因该笔款项是农发行安徽分行在贷款逾期未还时予以扣划用以清偿债务的款项,故应当属于实现质权的情形。农发行安徽分行与长江担保公司之间虽约定按贷款额度的一定比例缴存保证金,但长江担保公司所缴存的保证金并非是为具体某一笔借款提供质押担保,农发行安徽分行对进入该账户内的资金均依法享有质权。故不能理解为农发行安徽分行在长江担保公司未履行担保责任时只能按缴存的保证金数额扣划,否则协议关于担保专户余额小于约定额度时,长江担保公司应予补足的约定即没有实际意义。

十八、公司未履行内部决策程序提供担保的效力

（一）公司未经股东会决议为股东或实际控制人提供担保的效力

1. 案例总结

就公司越权为其股东、实际控制人提供担保的合同效力问题，实践中，法院在不同时期的裁判思路并不一致，存在担保有效和担保无效、应当审查内部决策文件和无需审查内部决策文件两种截然不同的裁判结果。

在"（2012）民提字第156号"招商银行股份有限公司大连东港支行与大连振邦氟涂料股份有限公司、大连振邦集团有限公司借款合同纠纷案中，尽管振邦股份提供的担保相关股东会决议存在瑕疵，但最高人民法院认为，招商银行在接受振邦股份为其股东提供担保过程中，已尽到合理的审查义务，主观上构成善意，振邦股份应承担担保责任。

在"（2014）民申字第1876号"吴文俊与泰州市天利投资发展有限公司、周文英民间借贷纠纷案中，最高人民法院认为，债权人吴文俊应知天利公司为债务人的债务提供担保须经天利公司股东会决议，而其并未要求戴其进出具天利公司的股东会决议，显然负有过错，不能被认定为善意第三人。因此，天利公司不承担担保责任。

在"（2016）最高法民申1007号"加金杰与何易恒、张竞仪与襄阳骏盛置业有限公司、湖北裕景担保有限公司股权转让纠纷中，最高人民法院认为，第三人无义务审查担保人是否已就担保事项召开股东会，亦无义务对于担保人股东会决议进行审查。《公司法》第十六条不属于效力性强制性规定，担保人不能据此主张担保无效，是否提交股东会决议以及股东会决议上签名是否为公司股东，均不影响担保责任的承担。

2. 债权人尽到合理审查义务的，主观上构成善意，担保有效

（1）基本案情简介

振邦股份为其股东振邦集团向招行东港支行的贷款提供连带责任保证和抵押担保，并向招行东港支行出具了加盖振邦股份印章、有其法定代表人签字的不可撤销担保书，与招商银行签订了国有土地使用权抵押合同并办理了抵押登记。

招行东港支行取得的振邦股份《股东会担保决议》存在如下瑕疵：① 一枚股东章为"辽宁科技创业投资责任公司"，按公司法规定不存在"责任公司"这种名称；② 某股东在该决议作出时已更名，但决议上加盖的是其旧名的公章；③ 振邦集团在决议上盖章，未按照《中华人民共和国公司法》（以下简称《公司法》）第16条规定回避表决；④ 决议上除振邦集团外其他股东的印章均系虚假印章。

振邦股份据此主张招行东港支行未尽到合理审查义务,故可以确定招行东港支行知道或应当知道振邦股份法定代表人系超越权限出具不可撤销担保书、签订抵押合同,振邦股份提供的担保应属无效。

(2) 法院裁判要点

再审法院最高人民法院认为:

关于合同效力,《中华人民共和国合同法》(以下简称《合同法》)第五十二条规定"有下列情形之一的,合同无效。……(五)违反法律、行政法规的强制性规定"。关于前述法律中的"强制性",最高人民法院《关于适用〈中华人民共和国合同法〉若干问题的解释(二)》第十四条则作出如下解释规定"合同法第五十二条第(五)项规定的'强制性规定'是指效力性强制性规定"。因此,法律及相关司法解释均已明确了将违反法律或行政法规中效力性强制性规范作为合同效力的认定标准之一。公司作为不同于自然人的法人主体,其合同行为在接受合同法规制的同时,当受作为公司特别规范的公司法的制约。《公司法》第一条开宗明义规定"为了规范公司的组织和行为,保护公司、股东和债权人的合法权益,维护社会经济秩序,促进社会主义市场经济的发展,制定本法"。《公司法》第十六条第二款规定"公司为公司股东或者实际控制人提供担保的,必须经股东会或者股东大会决议"。上述公司法规定已然明确了其立法本意在于限制公司主体行为,防止公司的实际控制人或者高级管理人员损害公司、小股东或其他债权人的利益,故其实质是内部控制程序,不能以此约束交易相对人。故此上述规定宜理解为管理性强制性规范。对违反该规范的,原则上不宜认定合同无效。另外,如作为效力性规范认定将会降低交易效率和损害交易安全。譬如股东会何时召开,以什么样的形式召开,何人能够代表股东表达真实的意志,均超出交易相对人的判断和控制能力范围,如以违反股东决议程序而判令合同无效,必将降低交易效率,同时也给公司动辄以违反股东决议主张合同无效的不诚信行为留下了制度缺口,最终危害交易安全,不仅有违商事行为的诚信规则,更有违公平正义。

在案事实和证据表明,案涉《股东会担保决议》确实存在部分股东印章虚假、使用变更前的公司印章等瑕疵,以及被担保股东振邦集团出现在《股东会担保决议》中等违背公司法规定的情形。振邦股份法定代表人周建良超越权限订立抵押合同、出具不可撤销担保书,是否构成表见代表,招行东港支行是否善意,亦是本案担保主体责任认定的关键。

《合同法》第五十条规定:"法人或者其他组织的法定代表人、负责人超越权限订立的合同,除相对人知道或者应当知道超越权限的以外,该代表行为有效"。本案再审期间,招商银行提交的新证据表明,振邦股份提供给招行东港支行的股东会决议上的签字及印章与其为担保行为当时提供给招行东港支行的签字及印章样本一致。而振邦股份向招行东港支行提供担保时使用的公司印章真实,亦有其法人代表真实签名。且案涉抵押担保在经过行政机关审查后也已办理了登记。至此,招行东港支行在接受担保人担保行为过程中的审查义务已经完成,其有理由相信作为担保公司法定代表人的周建良本人代表行为的真实性。《股东会担保决议》中存在的相关瑕疵必须经过鉴定机关的鉴定方能识别、必须经过查询公司工商登记才能知晓、必须谙熟公司法相关规范才能避免因担保公司内部管理不善导致的风险,如若将此全部归属于担保债权人的审查义务范围,未免过于严苛,亦有违合同法、担保法等保护交易安全的立法初衷。担保债权人基于对担保人法定代表人身份、公司法人印章真实性的信赖,基于担保人提供的股东会担保决议盖有担保人公司真实印章的事实,完全有理由相信该《股东会担保决议》的真实性,无需也不可能进一步鉴别担保人提供的《股东会担保决议》的真伪。因此,招行东港支行在接受作为非上市公司的振邦股份为其股东提供担保过程中,已尽到合理的审查义务,主观上构成善意。本案周建良的行为构成表见代表,振邦股份应承担担保责任。

3. 债权人未尽到合理审查义务的,债权人存在过错,担保无效

(1) 基本案情简介

天利公司为其股东、法定代表人戴其进向吴文俊的借款提供连带责任保证,戴其进在借款合同担保人处签字并加盖天利公司公章,该公章后经鉴定系假章。

天利公司主张吴文俊明知该担保行为未经天利公司股东会决议,是戴其进擅自以公司名义为其个人债务提供的担保,该担保行为应属无效。

(2) 法院裁判要点

再审法院最高人民法院认为:

《公司法》第十六条第二款明确规定,公司为公司股东或者实际控制人提供担保的,必须经股东会或者股东大会决议。**法律规定具有公示作用,吴文俊应当知晓。** 因法律有明确规定,吴文俊应当知道天利公司为戴其进的债务提供担保须经天利公司股东会决议,而其并未要求戴其进出具天利公司的股东会决议,吴文俊显然负有过错,因而其不能被认定为善意第三人。二审法院认定担保合同对天利公司不产生拘束力并无不当。

4. 债权人没有审查担保人是否履行内部决策程序的义务,故债权人是否审查不影响担保行为的有效性

(1) 基本案情简介

2013年10月30日,加金杰、何易恒签订股权转让协议,约定加金杰自愿以1400万元价格将其持有的裕景公司1400万元的股份转让给何易恒。

因何易恒仅支付了部分股权转让款,加金杰诉请何易恒支付股权转让款、利息,担保人骏盛公司、裕景公司承担担保责任。

骏盛公司主张其并未出具股东会决议同意公司为股东何易恒承担连带担保责任,且加金杰作为骏盛公司原股东,未对骏盛公司为股东何易恒是否提供了股东会决议进行审查,不应认定为善意第三方。骏盛公司不应承担担保责任。

裕景公司主张加金杰所看到的裕景公司股东会决议上的股东签名只有何易恒、张良和、赵丽云三人,而张良和、赵丽云在签署该决议时均非裕景公司股东,该股东会决议从形式上即不符合成立要件。更为重要的是加金杰在该股东会决议出具之时即为裕景公司的股东,属于该公司内部人员,应当受到《公司法》第十六条第二款规定约束。相对于一般的交易第三人,其作为公司股东,更易审查股东会决议是否符合形式要件,也应当负有此审查义务。因此,裕景公司的担保行为应当认定为无效,裕景公司不应承担连带清偿责任。

(2) 法院裁判要点

再审法院最高人民法院认为：

虽然《公司法》第十六条规定"公司向其他企业投资或者为他人担保,按照公司章程的规定由董事会或者股东会、股东大会决议;公司章程对投资或者担保的总额及单项投资或者担保的数额有限额规定的,不得超过规定的限额。公司为公司股东或者实际控制人提供担保的,必须经股东会或者股东大会决议",但是该规定属于公司对内的程序性规定,其并未规定公司以外的第三人对此负有审查义务,公司对外提供担保是否经股东会或者股东大会决议,并不影响其对外签订的合同效力。应严格区分公司的对内关系与对外关系,否则会损害交易安全。与公司交易的第三人应当不受公司内部程序性规定的约束。

《公司法》第十六条的规定,意在防止公司的实际控制人或者高级管理人员损害公司、小股东或者其他债权人的利益,公司是否召开股东会以及股东会的决议,是公司的内部控制程序,不能约束与公司交易的第三人。第三人无义务审查是否已经召开股东会,亦无义务对于股东会决议进行审查。该规定不属于效力性强制性规定,不能据此主张担保无效。是否提交股东会决议以及股东会决议上签名是否为公司股东,均不影响担保责任的承担。

(二) 公司未经股东会或董事会决议,为股东及实际控制人以外的其他主体提供担保的效力

1. 案例总结

就公司越权为除股东、实际控制人以外的其他主体提供担保的合同效力问题,基于担保权人的不同类型,法院存在担保有效和担保无效两种不同的裁判结果。

在最高人民法院公报案例"中建材集团进出口公司诉江苏银大科技有限公司等进出口代理合同纠纷案"中,北京市高级人民法院认为,有限责任公司的公司章程不具有对世效力,有限责任公司的公司章程作为公司内部决议的书面载体,它的公开行为不构成第三人应当知道的证据。强加给第三人对公司章程的审查义务不具有可操作性和合理性,第三人对公司章程不负有审查义务。

在"(2016)最高法民申2633号"河北敬业担保公司与永年县圣帝隆房地产公司、邯郸市兆亿贸易有限公司等追偿权纠纷案中,最高人民法院认为,敬业担保公司作为专门从事担保业务的专业机构,本应对担保人是否越权担保尽到更为谨慎的审查义务,但其并未进行形式上的审查,因此不构成善意。担保人不承担担保责任。

2. 债权人没有审查担保人是否履行内部决策程序的义务,故债权人是否审查不影响担保行为的有效性

(1) 基本案情简介

2005年,中建材公司与恒通公司签订五份《进口项目委托代理协议书》,对中建材

公司代理恒通公司进口新加坡 GXD 公司工业计算机服务系统有关事宜进行了约定。

2006年10月10日,中建材公司与恒通公司、天元公司签订《备忘录》,确认截至2006年9月30日,恒通公司应向中建材公司支付上述五份《进口项目委托代理协议书》项下的代理进口货款、各项费用(含代理费)共计34279548.21元,逾期利息2706280元,恒通公司已支付18077891.29元,共欠中建材公司18907936.92元;恒通公司承诺于2006年10月归还200万元,每周还50万元,2006年11月归还1000万元,每周还250万元,2006年12月归还800万元,每周还200万元,并将10月—12月的逾期利息一并结清;天元公司为恒通公司还款提供连带责任担保;恒通公司、天元公司承诺在还款期间,由广州海港大酒店代其每日还款,到期恒通公司未足额还款时,由银大公司无条件代为支付剩余欠款及利息,直至全部还清。

于2006年10月19日出具并加盖有"江苏广兴达银大科技有限公司"印章和法定代表人何寿山签字的《承诺书》载明:"中建材集团进出口公司:依照贵司于2006年10月10日星期二下午在北京市朝阳区大屯路风林绿洲西奥中心北京大地恒通经贸有限公司会议室与北京大地恒通经贸有限公司和北京天元盛唐投资有限公司签署的备忘录,现我司承诺如下:如若北京大地恒通经贸有限公司和北京天元盛唐投资有限公司在上述备忘录的还款期限到期时未能足额还清贵司债务,本公司江苏银大科技有限公司将无条件代为支付剩余全部欠款及利息等,还款期限20天,直至全部还清。本承诺书作为上述备忘录的补充文件,经我司盖章和法人代表签字后,与原备忘录具有同等效力。"何寿山在《承诺书》复印件上签字确认。

"江苏广兴达银大科技有限公司"系银大公司的原名称。银大公司章程规定,公司董事、高级管理人员不得未经股东会、股东大会或者董事会同意,将公司资金借贷给他人或者以公司资产为他人提供担保。中建材公司未审查银大公司的内部决策文件。

(2)法院裁判要点

二审法院北京市高级人民法院认为:

2005年修订的《公司法》第十六条规定:"公司向其他企业投资或者为他人提供担保,按照公司章程的规定由董事会或者股东会、股东大会决议;公司章程对投资或者担保的总额及单项投资或者担保的数额有限额规定的,不得超过规定的限额。公司为公司股东或者实际控制人提供担保的,必须经股东会或者股东大会决议"。**第一,该条款并未明确规定公司违反上述规定对外提供担保导致担保合同无效;第二,公司内部决议程序,不得约束第三人;第三,该条款并非效力性强制性的规定。第四,依据该条款认定担保合同无效,不利于维护合同的稳定和交易的安全。**此外,关于公司违反这一规定对外提供担保的合同效力问题,根据最高人民法院《关于适用〈中华人民共和国合同法〉若干问题的解释(一)》第四条关于"合同法实施以后,人民法院确认合同无效,应当以全国人大及其常委会制定的法律和国务院制定的行政法规为依据,不得以地方性法规、行政规章为依据"以及最高人民法院《关于适用〈中华人民共和国合同法〉若干问题的解释(二)》第十四条关于"合同法第五十二条第(五)项规定的'强制性规定',是指效力性强制性规定"的规定,在合同法的基础上进一步明确缩小了合同因违反法律、行政法规的强制性规定而无效的情形。因此,2005年修订的《公司法》第十六条的规定并非效力性强制性的规定。在2005年修订的《公司法》没有明确规定公司违反2005年修订的《公司法》第十六条对外提供担保无效的情形下,对公司对外担保的效力应予确认。此外,根据《合同法》第五十条关于"法人或者其他组织的法定代表人、负责人超越权限订立的合同,除相对人知道或者应当知道其超越权限的以外,该代表行为有效"以及《担保法解释》第十一条关于"法人或者其他组织的法定代表人、负责人超越权限订立的担保合同,除相对人知道或者应当知道其超越权限的以外,该代表行为有效"的规定,公司的法定代表人违反公司章程的规定对外提供担保应认定为有效。可见,对于公司法定代表人越权对外提供担保的情形,公司对外仍应对善意第三人承担民事责任,故本案银大公司的担保责任不能免除。

中建材公司应为善意第三人。有限责任公司的公司章程不具有对世效力,有限责任公司的公司章程作为公司内部决议的书面载体,它的公开行为不构成第三人应当知道的证据。强加给第三人对公司章程的审查义务不具有可操作性和合理性,第三人对公司章程不负有审查义务。第三人的善意是由法律所推定的,第三人无须举证自己善意;如果公司主张第三人恶意,应对此负举证责任。因此,不能仅凭公司章程的记载和备案就认定第三人应当知道公司的法定代表人超越权限,进而断定第三人恶意。故在银大公司不能举证证明中建材公司存在恶意的情形下,应当认定中建材公司为善意第三人,中建材公司已经尽到合理的审查义务。

可见,银大公司出具的《承诺书》担保形式完备,内容不违反法律、法规有关效力性的强制性法律规定,应认定为构成合法有效的第三人保证,银大公司应承担连带保证责任。

3. 债权人系从事融资相关业务的专业机构,其未尽到谨慎审查义务的,不构成善意,担保无效

(1) 基本案情简介

谢利明于2013年8月9日至2013年11月4日担任圣帝隆房地产公司的法定代表人,期间其于2013年10月21日代表圣帝隆房地产公司向敬业担保公司出具《反担保保证书》,该保证书上有圣帝隆房地产公司的公章以及谢利明本人的签字。经刑事案件判决书认定,前述保证书上的圣帝隆房地产公司公章系谢利明私刻后加盖。

(2) 法院裁判要点

再审法院最高人民法院认为:

《公司法》第十六条第一款规定:"公司向其他企业投资或者为他人提供担保,依照公司章程的规定,由董事会或者股东会、股东大会决议……",该规定在公司对外担保事项上对法定代表人的代表权进行了法定限制,因此在判断公司法定代表人违反该规定越权签订担保合同是否对公司有效时,还应考察该行为是否构成《合同法》第五十条规定的表见代表,相对人是否尽到了合理的审查义务,是否为善意。

具体到本案,谢利明在代表圣帝隆房地产公司向敬业担保公司出具《反担保保证书》时未提供《公司法》第十六条第一款规定的圣帝隆房地产公司董事会或者股东会决议等相关文件,而敬业担保公司作为专门从事担保业务的专业机构,本应对谢利明是否越权尽到更为谨慎的审查义务,但其并未进行形式上的审查,因此不构成善意。与此相应,谢利明越权出具《反担保保证书》的行为不构成表见代表,该保证书对圣帝隆房地产公司不发生法律效力。**故二审判决关于敬业担保公司未尽到审查义务、圣帝隆房地产公司不应对谢利明的越权担保行为承担保证责任的认定并无不当。**

（三）上市公司未经内部决策程序对外担保的效力

1. 案例总结

针对上市公司未经内部决策程序进行对外担保的效力，实践中法院存在不同的认定。

在"（2014）民一终字第270号"周亚与青海贤成矿业股份有限公司、西宁市国新投资控股有限公司等民间借贷纠纷案中，最高人民法院认为，《公司法》第十六条属于公司对内的程序性规定，其并未规定公司以外的第三人对此负有审查义务，公司对外提供担保是否经股东会或者股东大会决议，并不影响其对外签订的合同效力。除非担保人有证据证明担保权人明知担保人的法定代表人系越权行事，否则即便担保人的法定代表人行为越权，担保人也只能够过内部追责程序维护自己的权利，而非主张担保行为无效。

在"（2016）京民终537号"大连大福控股股份有限公司、广发银行股份有限公司北京宣武门支行与大连长富瑞华集团有限公司、中国有色金属工业再生资源有限公司金融借款合同纠纷案中，北京市高级人民法院认为，上市公司未经股东大会决议同意即为大股东或实际控制人提供担保，将会给上市公司及其股东乃至整个证券市场带来潜在风险，一旦债务人（股东）未按期清偿债务，上市公司作为担保人就必须以其资产代为履行清偿义务，势必造成公司净资产的减少，降低上市公司的企业价值，具有显著的负财富效应，波及其他股东的原有利益，属于重大违规行为，侵害了众多投资者利益，扰乱了证券市场秩序，故应认定上市公司未经股东大会决议同意即为大股东或实际控制人提供担保无效。

2. 公司对外提供担保是否经股东会或者股东大会决议，并不影响担保合同效力

（1）基本案情简介

2011年9月6日，借款人国新公司与出借人周亚签订一份《借款合同》，约定借款金额为1亿元。上市公司贤成矿业公司、贤成集团、黄贤优于同日分别与周亚签订《保证合同》，为周亚与国新公司签订的《借款合同》项下的债权向周亚提供连带责任保证担保。借款人国新公司系贤成矿业公司的控股股东。因国新公司未依约偿还借款本息，包括贤成矿业公司在内的保证人亦未承担保证责任，因此周亚提起诉讼。一审法院判决贤成矿业公司应当承担连带清偿责任。贤成矿业公司不服该判决提起上诉，认为周亚明知国新公司是贤成矿业公司的控股股东，却未按照公司法的规定要求贤成矿业公司出具担保的股东会决议，担保是无效的。

（2）法院裁判要点

二审法院最高人民法院认为，《公司法》第十六条属于公司对内的程序性规定，

其并未规定公司以外的第三人对此负有审查义务,公司对外提供担保是否经股东会或者股东大会决议,并不影响其对外签订的合同效力。应严格区分公司的对内关系与对外关系,否则会损害交易安全。与公司交易的第三人应当不受其内部程序性规定的约束。《公司法》第十六条的规定,意在防止公司的实际控制人或者高级管理人员损害公司、小股东或者其他债权人的利益,公司是否召开股东会以及股东会的决议,是公司的内部控制程序,不能约束与公司交易的第三人。该规定不属于效力性、强制性规定,不能据此主张合同无效。公司作为不同于自然人的民商事主体,其法定代表人的行为即是公司的行为。即便法定代表人行为越权,贤成矿业公司也只能通过内部追责程序维护自己的权利,而非主张担保行为无效。周亚作为公司以外的第三人无从知晓法定代表人的行为越权,贤成矿业公司主张周亚并非善意第三人,但并未提供相应证据,其主张法院不予支持。

3. 上市公司未经股东大会决议对外提供的担保应当无效

(1) 基本案情简介

2014年10月21日,授信人广发银行宣武支行与被授信人有色金属公司签订编号为3214CF003的《授信额度合同》,约定:广发银行宣武支行向有色金属公司提供最高额为15000万元整授信额度敞口最高限额;额度有效期自本合同生效之日起至2015年10月20日止。

2014年10月21日,债权人广发银行宣武支行分别与保证人大连大显集团有限公司(后更名为大连长富瑞华集团有限公司)、大连大显控股股份有限公司(后更名为大连大福控股股份有限公司)签订编号3214CF003-BZ、3214CF003-BZ01《最高额保证合同》,分别约定为担保广发银行宣武支行与有色金属公司(债务人)于2014年10月21日所签订的编号为3214CF003的《授信额度合同》项下债务的履行,大连大显集团有限公司、大连大显控股股份有限公司愿意向广发银行宣武支行提供连带责任保证,所担保的债权最高本金余额为15000万元整,保证的范围包括主合同项下的债务本金、利息、罚息、复利、违约金、损害赔偿金、为实现债权而发生的费用(包括但不限于诉讼费、仲裁费、律师费、差旅费、执行费、保全费、评估费、拍卖或变卖费、过户费、公告费等)和其他所有应付费用;保证期间自主合同债务人履行债务期限届满之日起两年。

上述合同签订后,广发银行宣武支行与有色金属公司已实际发生的垫款及未到期的银行承兑汇票共计11笔,票面金额合计214270000元。截至该案一审立案之日,上述11笔银行承兑汇票相继到期,有色金属公司未及时偿付广发银行宣武支行垫付的票款。

一审法院认为,3214CF003-BZ01号《最高额保证合同》合法有效,大福公司应承担相应的连带保证责任。大福公司提起上诉,称其是上市公司,未经过股东会决议对外提供担保应认定无效,其不应承担连带保证责任。

(2) 法院裁判要点

二审法院北京市高级人民法院认为:

根据本案现已查明事实,有色金属公司为一人有限责任公司,长富瑞华公司既是有色金属公司的唯一股东和实际控制人,还是大福公司的第一大股东和实际控制人、持有大福公司35.51%的股权。大福公司于2015年9月22日向广发银行宣武支行提供的被担保的标的是有色金属公司与广发银行宣武支行之间于2014年10月21日签订的3214CF003号《授信额度合同》项下的债务。大福公司与广发银行宣武支行之间签订3214CF003-BZ01《最高额保证合同》为有色金属公司提供最高额保证,实为长富瑞华公司(大福公司的第一大股东和实际控制人)以大福公司为自己为唯一股东和实际控制人的有色金属公司提供最高额保证。

《公司法》第十六条规定:"公司向其他企业投资或者为他人提供担保,依照公司章程的规定,由董事会或者股东会、股东大会决议;公司章程对投资或者担保的总额及单项投资或者担保的数额有限额规定的,不得超过规定的限额。公司为公司股东或者实际控制人提供担保的,必须经股东会或者股东大会决议。前款规定的股东或者受前款规定的实际控制人支配的股东,不得参加前款规定事项的表决。该项表决由出席会议的其他股东所持表决权的过半数通过。"第一百二十一条规定:"上市公司在一年内购买、出售重大资产或者担保金额超过公司资产总额百分之三十的,应当由股东大会作出决议,并经出席会议的股东所持表决权的三分之二以上通过。"第一百二十四条规定:"上市公司董事与董事会会议决议事项所涉及的企业有关联关系的,不得对该项决议行使表决权,也不得代理其他董事行使表决权。该董事会会议由过半数的无关联关系董事出席即可举行,董事会会议所作决议须经无关联关系董事过半数通过。出席董事会的无关联关系董事人数不足三人的,应将该事项提交上市公司股东大会审议。"中国证券监督管理委员会、国务院国有资产监督管理委员会《关于规范上市公司与关联方资金往来及上市公司对外担保若干问题的通知》(证监会[2003]56号)第二条第二款规定:"上市公司对外担保应当遵守以下规定:(一)上市公司不得为控股股东及本公司持股50%以下的其他关联方、任何非法人单位或个人提供担保。(二)上市公司对外担保总额不得超过最近一个会计年度合并会计报表净资产的50%。(三)上市公司《章程》应当对对外担保的审批程序、被担保对象的资信标准做出规定。对外担保应当取得董事会全体成员2/3以上签署同意,或者经股东大会批准;不得直接或间接为资产负债率超过70%的被担保对象提供债务担保。(四)上市公司对外担保必须要求对方提供反担保,且反担保的提供方应当具有实际承担能力。(五)上市公司必须严格按照《上市规则》、《公司章程》的有关规定,认真履行对外担保情况的信息披露义务,必须按规定向注册会计师如实提供公司全部对外担保事项。……"鉴于上市公司属于公众性公司,有限公司或未上市的股份公司属于封闭性公司,故二者在为股东或实际控制人提供担保时亦有明显的不同。有限公司或未上市的股份公司股东人数少,股东通常兼任公司执行董事或高管,管理层与股东并未实质性分离,股东对公司重大事项仍有一定的影响力,该类事项即使未经股东会决议,但通常也不违背股东的意志。而上市公司涉及众多股民利益保护、证券市场秩序维护等公共利益问题。上市公司未经股东大会决议同意即为大股东或实际控制人提供担保,将会给上市公司及其股东乃至整个证券市场带来潜在风险,一旦债务人(股东)未按期清偿债务,上市公司作为担保人就必须以其资产代为履行清偿义务,势必造成公司净资产的减少,降低上市公司的企业价值,具有显著的负财富效应,波及其他股东的原有利益,属于重大违规行为,侵害了众多投资者利益,扰乱了证券市场秩序,故应认定上市公司未经股东大会决议同意即为大股东或实际控制人提供担保无效。

本案中,广发银行宣武支行未尽到对大福公司应当提供的担保材料的基本审查之责,大福公司未经股东会决议同意即为有色金属公司提供最高额保证,实为长富瑞华公司(大福公司的第一大股东和实际控制人)以大福公司为自己为唯一股东和实际控制人的有色金属公司提供最高额保证,且大福公司未按照证监会[2003]56号文件的规定要求有色金属公司提供反担保,同时大福公司向社会公示的2015年度《审计报告》中其企业资产总额与其负债总额相等,表明大福公司的担保能力不足。综上,大福公司与广发银行宣武支行之间签订的3214CF003-BZ01《最高额保证合同》无效。对此,广发银行宣武支行、大福公司双方均有过错。依照《担保法解释》第七条"主合同有效而担保合同无效,债权人无过错的,担保人与债务人对主合同债权人的经济损失,承担连带赔偿责任;债权人、担保人有过错的,担保人承担民事责任的部分,不应超过债务人不能清偿部分的二分之一"的规定,大福公司对有色金属公司在本案中不能清偿债务部分的二分之一承担连带赔偿责任。

附:

公司未履行内部决策程序的担保有效吗
——公司越权担保合同之效力分析

[邓学敏、谢丹荔]

金融机构在日常投融资业务中,往往要求相关公司提供担保作为增信措施,但却经常面临提供担保的公司未履行法律法规或公司章程规定的董事会、股东(大)会决策程序,或相关决策存有瑕疵的情形(以下简称"公司越权担保")。在此情况下,各方极易就担保合同的效力问题产生纠纷,影响交易的稳定与安全。

针对上述问题,本文在梳理相关规范依据的基础上,结合相关案例,区分不同情况做出了法律分析,并对不同情况下担保权人审查义务的范围作出了界定。

一、公司越权担保合同效力的法律分析

实践中,主张公司越权担保订立的担保合同无效的理由主要有以下两点:

一是公司未经内部决策程序签署担保合同违反了《公司法》第十六条之约定,即"公司为他人提供担保的,依照公司章程的规定,由董事会或者股东会、股东大会决议;公司为股东或者实际控制人提供担保的,必须经股东会或者股东大会决议"。因此担保合同因违反法律强制性规定而无效。

二是担保权人在与公司订立担保合同过程中未发现或未充分注意公司的越权担保情形,未尽到合理的审查义务,因此相关主体(如公司法定代表人、授权代表等)以公司名义签署担保合同的行为不构成表见代表或表见代理,担保合同对公司不产生效力。

根据相关案例中的裁判意见,《公司法》第十六条不构成效力性强制性规定,非公司越权担保合同效力的直接依据,厘定这一问题的核心在于《合同法》第四十九条及第五十条关于表见代理及表见代表之规定,以及在此基础上的担保权人审查义务的界定。

1.《公司法》第十六条不构成效力性强制性规定

根据《公司法》第十六条之规定,公司为他人提供担保的,依照公司章程的规定,由董事会或者股东会、股东大会决议;公司为股东或者实际控制人提供担保的,必须经股东会或者股东大会决议。在大多数公司越权担保案例中(尤其是公司越权为股东、实际控制人担保的案例),担保人往往主张,根据《合同法》第五十二条之规定,违反法律强制性规定的合同无效,越权担保的行为违反了《公司法》第十六条之规定,应属无效,即认为《公司法》第十六条属于效力性强制性规定。

关于《公司法》第十六条的性质,最高人民法院在"中建材集团案""招商银行案""海南中度案"中均否认其属于效力性强制性规定,其中以"中建材集团案"的表述最为典型,该案中法官认为:第一,《公司法》并未明确规定公司违反《公司法》第十六条对外提供担保导致担保合同无效;第二,公司内部决议程序,不得约束第三人;第三,该条款并非效力性强制性的规定;第四,依据该条款认定担保合同无效,不利于维护合同的稳定和交易的安全。换言之,《公司法》第十六条仅为规范公司内部管理的程序性规定,不具有约束第三人的效力,不属于效力性强制性规定。

2. 担保权人审查义务的界定是判断公司越权担保效力的核心问题

《合同法》第四十九条规定,行为人没有代理权、超越代理权或者代理权终止后以被代理人名义订立合同,相对人有理由相信行为人有代理权的,该代理行为有效。《合同法》第五十条规定,法人或者其他组织的法定代表人、负责人超越权限订立的合同,除相对人知道或者应当知道其超越权限的以外,该代表行为有效。

根据上述规定,公司越权担保适用表见代表或表见代理的前提条件是相对人不知道或不应当知道越权情形,因此,在《公司法》第十六条不能直接决定公司越权担保合同效力的情况下,判断公司越权担保合同效力的核心就在于判断担保权人是否知道或应当知道越权情形。通常,举证证明担保权人"知道"越权行为是比较困难的,因此,纠纷的焦点往往在于担保权人是否"应当知道"。"应当知道"界定的实质是担保权人的审查义务,即担保权人应当对担保人的哪些事项进行审查,此类审查需要达到何种程度。如果担保权人具有审查义务且未履行相应的审查义务,则推定担保权人知道担保人的越权行为,属于恶意,在此情况下担保合同对公司不生效力。

因此,担保权人审查义务的界定是判断公司越权担保效力的核心问题。

二、担保权人审查义务的界定

目前,我国法律、法规对公司越权担保情形下担保权人的审查义务并无明确规定,在司法实践中,担保人或者债务人的类型不同,法院对于担保权人审查义务的认定往往也有所区别。因此,以下将根据债务人或担保人的类型,区分实践中经常遇到的四种情形,对公司越权担保中担保权人的审查义务进行分析。

1. 担保人为自身债务提供担保

(1)结论

法律、法规对非上市公司为自身债务提供担保的决策未有明确规定,《公司法》第十六条、第一百四十八条均是就公司为他人提供担保时的内部决策规定。就公司为其自身债务提供担保而言,因为债务人即公司本身,本质上是公司为自身利益服务,并不存在侵害公司、股东或债权人利益的情形。在此情形下,公司的越权担保应当有效。

在此情形下,我们建议担保权人应对担保人代表(或代理人)的身份及担保合同签字盖章的真实性进行必要的审查。

(2) 具体分析

就非上市公司而言,相关法律、法规对于公司为自身债务提供担保所应履行的内部决策程序并无明确的规定。《公司法》第十六条、第一百四十八条均是就公司为他人提供担保时的内部决策规定。《公司法》第一百零四条规定,公司法和公司章程规定公司对外提供担保事项必须经股东大会作出决议的,董事会应当及时召集股东大会会议,由股东大会就上述事项进行表决。本条系针对股份有限公司,其规范对象为董事会,旨在规范董事会履行召集股东大会会议的职责,目的在于规范公司的内部管控,并未涉及公司对外提供担保是否需要履行决策程序、需要履行何种决策程序等问题。

我们认为,《公司法》第一条开宗明义,公司法的规范目的旨在保护公司、股东和债权人的合法权益。除了专门从事担保业务的担保机构外,通常情况下,公司为他人提供担保(无论是股东、实际控制人还是除此之外的其他第三方),本质上都是使公司背负债务而不获得相应的对价,公司的股东、实际控制人或其高级管理人员尤其容易利用其管理、控制公司的便利,通过让公司担保的方式将其个人或关联方的债务转嫁给公司,因此,《公司法》对于公司为股东、实际控制人提供担保的内部决策程序要求较高,要求必须通过股东会或股东大会决议。而就公司为其自身债务提供担保而言,因为债务人即公司本身,本质上是公司为自身利益服务,并不存在侵害公司、股东或债权人利益的情形,因此《公司法》未就此类担保另行规定。我们也并未检索到公司越权为自身债务提供担保无效的相关案例。

因此,我们认为公司越权为自身债务提供担保应当有效。尽管如此,为保障交易安全,在此情形下,我们建议担保权人仍应对担保人代表(或代理人)的身份及担保合同签字盖章的真实性进行必要的审查。

2. 债务人系担保人的股东、实际控制人

(1) 结论

就公司越权为其股东、实际控制人提供担保的合同效力问题,实践中,法院在不同时期的裁判思路并不一致,存在担保有效和担保无效、应当审查内部决策文件和无需审查内部决策文件两种截然不同的裁判结果。

针对公司为其股东、实际控制人提供担保的情形,我们认为,担保权人应要求担保人提供其股东会或股东大会同意担保的决议文件,并对此进行形式审查。

(2) 具体分析

① 招商银行案(判决时间:2014 年 4 月 22 日)

振邦股份为振邦集团向招商银行的贷款提供连带保证,担保书有振邦股份的印章和其法定代表人的签字。振邦集团系振邦股份股东。招商银行取得的振邦股份《股东会担保决议》存在如下瑕疵:第一,一枚股东章为"辽宁科技创业投资责任公司",按公司法规定不存在"责任公司"这种名称;第二,某股东在该决议做出时已更名,但决议上加盖的是其旧名的公章;第三,振邦集团在决议上盖章,未按照《公司法》第 16 条规定回避表决;第四,决议上除振邦集团外的股东印章均为虚假。振邦股份主张其保证无效。

最高人民法院认为,振邦股份向招商银行提供担保时使用的公司印章真实,亦有其法人代表真实签名,至此,招商银行的审查义务已经完成,其有理由相信法定代表人代表行为的真实性。担保债权人基于对担保人法定代表人身份、公司法人印章真实性的信赖,基于担保人提供的股东会担保决议盖有担保人公司真实印章的事实,完全有理由相信该《股东会担保决议》的真实性,无需也不可能进一步鉴别担保人提供的《股东会担保决议》的真伪。决议中存在的相关瑕疵必须经过鉴定机关的鉴定方能识别,必须经过查询公司工商登记才能知晓、必须谙熟公司法相关规范才能避免因担保公司内部管理不善导致的风险,如若将此全部归属于担保债权人的审查义务范围,未免过于严苛,亦有违合同法、担保法等保护交易安全的立法初衷。招商银行在接受作为非上市公司的振邦股份公司为其股东提供担保过程中,已尽到合理的审查义务,主观上构成善意。

② 吴文俊案(判决时间:2014年11月14日)

天利公司为其股东、法定代表人戴某向吴某的借款提供连带责任保证,由戴某在借款合同担保人处签字并加盖天利公司公章,该公章经鉴定系假章。天利公司主张吴某明知该担保未经股东会决议,该担保合同无效。

最高人民法院认为,《公司法》第十六条第二款明确规定,公司为公司股东或者实际控制人提供担保的,必须经股东会或者股东大会决议。法律规定具有公示作用,吴某应当知晓,因此,吴某应知天利公司为戴某的债务提供担保须经天利公司股东会决议,而其并未要求戴某出具天利公司的股东会决议,吴某显然负有过错,因而吴某不能被认定为善意第三人。二审法院认定担保合同对天利公司不产生拘束力并无不当。

③ 海南中度案(判决时间:2016年8月31日)

中度旅游公司为其股东中度实业公司向李某的借款提供保证,中度旅游公司在借款合同保证人处盖章并由中度旅游法定代表人签字。中度旅游公司主张该担保未经股东会决议应属无效。

最高人民法院认为,根据《担保法解释》第十一条关于"法人或者其他组织的法定代表人、负责人超越权限订立的担保合同,除相对人知道或者应当知道其超越权限的以外,该代表行为为有效"的规定,中度旅游公司的法定代表人以保证人的身份在《借贷协议》上签字盖章,而中度旅游公司又未能举证证明该法定代表人超越权限订立担保合同且债权人知道或者应当知道,因此,中度旅游公司法定代表人做出的担保行为,对中度旅游公司发生法律效力。

根据上述案例可见,就公司越权为股东提供担保的合同效力问题,最高人民法院在不同时期的裁判思路并不一致。

"招商银行案"中,最高人民法院在其裁判摘要中明确,担保人抗辩认为其法定代表人订立担保合同的行为超越代表权,债权人以其对相关股东会决议履行了形式审查义务,主张担保人的法定代表人构成表见代表的,人民法院应予支持。换言之,公司为其股东提供担保的,担保权人应对担保人的决策文件进行形式审查。

吴文俊案中,最高人民法院认为,在《公司法》第十六条有明确规定的前提下,担保权人未要求担保人提供股东会决议的行为足以证明其未履行审查义务,存在过错,因此该担保行为无效。

招商银行案与吴文俊案均于2014年判决,尽管判决结果存在差异,但是从担保权人的审查义务角度分析,最高人民法院在这一时期就担保权人审查义务的认定思路是一致的,即公司为其股东提供担保的,根据《公司法》第十六条之规定,担保权人应当对担保人的内部决策文件履行审查义务。对于审查标准,最高人民法院在"招商银行案"中明确其为形式审查义务,至于决策程序的合法合规性或者相关印章本身的真实性并不属于担保权人的审查义务范围。

此后,最高人民法院的裁判思路在2016年的"海南中度案"中发生转变。同为公司为股东提供担保,担保权人未审查担保人的股东会决议,最高人民法院则根据《担保法解释》第11条认为,担保人未能证明担保权人明知或应知存在越权情形,因此该担保行为对担保人发生法律效力。言外之意,《公司法》第十六条第二款不构成担保权人审查担保人股东会决议义务的规范依据,因此担保权人对于越权担保不属于"应当知道"。

为此,我们抽看了几例地方法院2016年至2017年的相关案例发现,地方法院对于公司未经股东会决议为股东或实际控制人提供担保的效力问题,也存在担保有效和无效两种判决思路。

针对法院在不同时期的不同裁判思路,我们的观点如下:

首先,尽管我国非判例法国家,但近年来,案例指导制度一直是我国司法制度中的重要组成部分,自1985年5月起,《最高人民法院公报》开始向社会公布各类典型案例,供各级法院参考借鉴。2015年,最高人民法院在第2期《最高人民法院公报》上发布了"招商银行案",对公司为股东、实际控制人提供担保中担保权人的审查义务进行界定。尽管后续最高人民法院的判决与此案例的裁判思路不完全一致,但公报案例所体现的裁判立场仍然值得我们予以重视。

其次,对于公司为股东、实际控制人提供担保,《公司法》第十六条明确规定"必须经股东会或者股东大会决议"。法律具有普遍适用的效力,一旦《公司法》将公司为股东、实际控制人提供担保的内部决策程序性规定上升为公司法上的要求时,即推定第三人在与公司签订担保合同时应当注意到法律对此有所规定,第三人应对"股东会或者股东大会决议"进行基本的形式审查才可能被确定为受法律保护之善意第三人。

综上,我们认为,尽管目前审判中存在不同的裁判思路,出于防范自身风险的考虑,无论是专门从事融资、担保业务的金融机构或担保公司,还是其他机构或个人,在要求公司为其股东、实际控制人提供担保之前,应要求担保人提供其股东会或股东大会同意担保的决议文件,并对此进行形式审查。

3. 债务人系担保人股东、实际控制人以外的其他主体

(1) 结论

《公司法》将此类担保的内部决策程序赋予公司通过其章程进行规定,公司内部章程并不具有对世效力,尽管其可通过一定方式查询,但并不构成担保权人应当知道公司越权担保的证据。

但是对于某些以涉及担保事项为日常业务的专业机构(如专门从事担保业务的担保公司等),基于其业务特殊性与专业性,担保权人应当尽到更为审慎的审查义务,应当依据《公司法》第十六条第一款的规定对担保人的内部决策与授权进行形式上的审查。

我们认为,针对公司为股东、实际控制人以外的主体提供担保的情形,银行、信托

公司、资管公司、担保公司等以涉及担保事项为日常业务的专业机构,应当基于其自身的专业性履行相应的审查义务,根据担保人的章程规定对担保人出具的内部决策或授权文件进行审查。

(2) 具体分析

① 中建材集团案(判决时间:2009年9月22日)

加盖有银大公司印章和带有其法定代表人何某签字的《承诺书》载明:江苏银大科技有限公司为大地公司和天元公司对中建材集团负有的债务承担保证责任。加盖在《承诺函》上的印章为"江苏广兴达银大科技有限公司","江苏广兴达银大科技有限公司"系银大公司的原名称,出具《承诺书》时,银大公司的名称已变更为江苏银大科技有限公司。银大公司章程规定,公司董事、高级管理人员不得未经股东会、股东大会或者董事会同意,将公司资金借贷给他人或者以公司资产为他人提供担保。中建材集团未审查银大公司的内部决策文件。

本案的裁判法院为北京市高级人民法院,该案被列入最高人民法院2011年第4期公报案例。法院认为银大公司做出的担保行为有效。除认为违反《公司法》第十六条不必然导致担保合同无效外,法院在判决中同时明确,有限责任公司的公司章程不具有对世效力,章程作为公司内部决议的书面载体,其公开行为不构成第三人应当知道的证据。强加给第三人对公司章程的审查义务不具有可操作性和合理性,第三人对公司章程不负有审查义务。不能仅凭公司章程的记载和备案就认定第三人应当知道公司的法定代表人超越权限,进而断定第三人恶意。

② 河北敬业担保公司案(判决时间:2016年10月25日)

谢某于担任圣帝公司法定代表人期间代表圣帝公司向敬业担保公司出具《反担保保证书》,该保证书上有圣帝公司公章以及谢某的签字。经刑事案件判决书认定,前述保证书上的圣帝公司公章系谢某私刻后加盖。

最高人民法院在裁判中认为,谢某代表圣帝公司出具《反担保保证书》时未提供《公司法》第十六条第一款规定的董事会或者股东会决议等相关文件,而敬业担保公司作为专门从事担保业务的专业机构,本应对谢某是否越权尽到更为谨慎的审查义务,但其并未进行形式上的审查,因此不构成善意。

尽管上述两个案例中,债务人均非担保人的股东、实际控制人,且担保权人均未审查担保人内部决策文件,但法院作出了截然相反的判决。我们认为不同的判决结果是由于两个案件中担保权人的类型不同所引起。

"中建材集团案"中,法院的判决意见表明,与《公司法》第16条第2款不同,《公司法》第16条第1款不构成担保权人审查义务的规范依据。我们认为,其本质原因在于《公司法》将此类担保的内部决策程序赋予公司通过其内部章程进行规定,公司章程可规定此类担保由股东会/股东大会决策,可规定此类担保由董事会/执行董事决策,亦可对此类担保的决策不予规定,因此公司章程对此事项的规定是有不确定性的,而公司内部章程并不具有法律的公示效力和普遍适用性,因而不能直接作为担保权人审查义务的依据。

值得注意的是,"中建材集团案"中,担保权人系一家建材进出口公司,而"河北敬业担保公司案"中担保权人系一家担保公司,因此法院在该案中对担保权人课以更高的审查义务,认为作为专门从事担保业务的专业机构,担保权人应当尽到更为审慎的审查义务,应当依据《公司法》第十六条第一款的规定对担保人的内部决策与授权进行形式上的审查。将本案与最高人民法院同一时期的"海南中度案"进行对比我们不难发现,担保权人的类型对于担保权人的审查义务有着极大的影响。"海南中度案"中的担保权人为自然人,在《公司法》第十六条第一款对公司为股东担保的内部决策程序进行明确规范的情况下,最高人民法院仍认为担保权人没有审查担保人决策文件的义务,而对于担保公司这样的专业机构,即便是公司为无关联关系的第三方提供担保,基于担保公司的专业性,其审查决策文件的义务仍不能免除。

综上,由于银行、证券公司、担保公司等机构系专业从事融资相关业务的机构,因此其在开展业务的过程中应当基于其自身的专业性提升相应的审查注意义务,在公司为其股东、实际控制人之外的主体提供担保的过程中,担保权人除了对担保人代表的身份及担保人公章进行审查外,务必根据担保人的章程规定要求担保人出具相应的内部决策或授权文件。

4. 担保人系上市公司

(1) 结论

证监会、证券交易所等对上市公司对外担保决策程序均做出了相关规定,此类规范性文件具有公示与普遍适用的效力,银行、证券公司、担保公司等专业机构作为担保权人对此应当知晓。此外,由于上市公司的章程、董事会、股东大会决议等面向社会公开,如专业机构作为担保权人未审查相关决策文件,则应推定担保权人应当知晓担保行为构成越权。

我们认为,接受上市公司担保时,银行、证券公司、担保公司等专业机构作为担保权人的,应当根据相关规范的特殊要求以及上市公司章程的规定对该上市公司的内部决策文件进行形式审查。

(2) 具体分析

① 上市公司对外担保审查义务的特殊性

在公司越权担保中,上市公司作为担保人有其特殊性。首先,上市公司股票公开流转,股东人数众多,并且存在大量的中小投资者,一旦公司越权担保,其侵害行为将波及广大中小投资者的利益,牵涉甚广;其次,法律、法规对于上市公司的信息披露有着更高的要求,与有限责任公司章程需要特定主体通过特定手续至工商部门调取不同,章程是上市公司公开的基础制度文件之一,社会公众可轻易获得;再次,法律、法规对于公司的信息披露要求中包括了公司就其关联交易、对外担保事项的披露义务。由此可见,鉴于上市公司牵涉公众利益,对于上市公司对外担保应当尽到更高标准的审查义务,同时由于上市公司有着较为严格、完备的信息披露制度,担保权人对上市公司内部决策、授权的审查成本较非上市公司而言相对较低,审查方式也更为便利。

② 上市公司对外担保内部决策程序的规范要求

鉴于上市公司的特殊性,法律、法规就上市公司对外担保所应履行的内部决策程序有着特殊的规定,主要规范要求如下:

序号	规范要求	规范依据
1	上市公司对外担保必须经董事会或股东大会审议	《对外担保行为的通知》一（一）
2	上市公司《章程》应当对对外担保的审批程序、被担保对象的资信标准做出规定。对外担保应当取得董事会全体成员2/3以上签署同意，或者经股东大会批准；不得直接或间接为资产负债率超过70％的被担保对象提供债务担保。	《规范关联方往来及对外担保的通知》二（三）
3	应由董事会审批的对外担保，必须经出席董事会的三分之二以上董事审议同意并做出决议。	《对外担保行为的通知》一（四）
4	一年内担保金额超过公司资产总额30％的，应当由股东大会作出决议，并经出席会议的股东所持表决权的2/3以上通过	《公司法》第一百二十一条
5	上市公司发生"提供担保"交易事项，应当提交董事会或者股东大会进行审议，并及时披露。 下述担保事项应当在董事会审议通过后提交股东大会审议： （一）单笔担保额超过公司最近一期经审计净资产10％的担保； （二）公司及其控股子公司的对外担保总额，超过公司最近一期经审计净资产50％以后提供的任何担保； （三）为资产负债率超过70％的担保对象提供的担保； （四）按照担保金额连续12个月内累计计算原则，超过公司最近一期经审计总资产30％的担保； （五）按照担保金额连续12个月内累计计算原则，超过公司最近一期经审计净资产的50％，且绝对金额超过5000万元以上； （六）本所或者公司章程规定的其他担保。 对于董事会权限范围内的担保事项，除应当经全体董事的过半数通过外，还应当经出席董事会会议的2/3以上董事同意；前款第（四）项担保，应当经出席会议的股东所持表决权的2/3以上通过。	《上海证券交易所股票上市规则（2018年第二次修订）》9.11
6	上市公司为关联人提供担保的，不论数额大小，均应当在董事会审议通过后及时披露，并提交股东大会审议。 公司为持股5％以下的股东提供担保的，参照前款规定执行，有关股东应当在股东大会上回避表决。	《上海证券交易所股票上市规则（2018年第二次修订）》10.2.6

注：
1）《规范关联方往来及对外担保的通知》指《关于规范上市公司与关联方资金往来及上市公司对外担保若干问题的通知（2017年修订）》；
2）《对外担保行为的通知》指《中国证券监督管理委员会、中国银行业监督管理委员会关于规范上市公司对外担保行为的通知》；
3）根据《对外担保行为的通知》第四条第（二）款之规定，上市公司对外担保系指上市公司为他人提供的担保，包括上市公司对控股子公司的担保，应不包括上市公司为自身债务担保；
4）出于文章篇幅考虑，交易所相关规定仅以上海证券交易所为例。

③ 相关案例概述

就上市公司对外担保中担保权人的审查义务，最高人民法院判决的"光大银行案"中的部分裁判意见可作为参考。

"光大银行案"中,创智股份为智信公司对光大银行负有的债务提供保证。当时证监会、国资委发布的"证监公司字[2000]61号"《关于上市公司为他人提供担保有关问题的通知》(现已失效)第五条规定"上市公司为他人提供担保必须经董事会或股东大会批准",证监会、国资委联合发布的"证监发[2003]56号"《关于规范上市公司与关联方资金往来及上市公司对外担保若干问题的通知》(部分条款已被后续新规取代)第二条第二款第(三)项规定了"上市公司对外担保应当取得董事会全体成员2/3以上签署同意,或者经股东大会批准"。创智股份公开披露的章程规定,"董事会在股东大会的授权范围内,决定本公司的风险投资、资产抵押及其他担保事项"。担保权人光大银行取得了担保人创智股份董事会就对外担保做出的董事会决议,但是担保人主张董事会决议不真实,担保人未就此召开过董事会会议,公司5名董事主张未就对外担保事项开过会,亦未签过字。

尽管担保人主张担保权人取得的决策文件存在瑕疵,但最高人民法院最终判决创智股份与光大银行签署的保证合同有效,并在裁判中明确,证监会与国资委发布的部门规章作为法律规范性文件,具有公开宣示的效力,而银行等金融机构,比一般的债权人应负有更高的注意义务,部门规章中对上市公司对外担保能力的特殊限制,银行等金融机构应该知晓。上市公司不同于一般公司,其公司章程不但需要工商登记备案,而且是面向社会公开,比非上市公司的章程明显具有公示性。因此,上市公司向金融机构提供担保,如果未经董事会或者股东大会的决议,一般应认为金融机构应该知道这属于越权行为;本案中,光大银行取得了创智股份的董事会决议,光大银行对决议仅负有形式审查的义务,即仅限于从表面上审查董事会决议的形式要件是否符合规定,而对决议实质真伪则无审查义务,实际上也无审查的能力。因此,只要该份董事会决议符合相应的形式要件,光大银行即适当履行了审查义务。

④ 担保权人审查义务分析

结合最高人民法院在"光大银行案"中的裁判意见可见,尽管关于上市公司对外担保决策程序的规范性文件大多出自证监会、银监会、交易所等监管部门,其作为部门规章或者业务规则的法律效力远不及公司法等法律,但法院在审理中认为,此类规范性文件同样具有公示与普遍适用的效力,银行等金融机构对此应当知晓。此外,由于上市公司的章程面向社会公开,如作为担保权人的专业机构未审查相关决策文件,则应推定担保权人应知晓担保行为构成越权。

此外,针对专业机构作为担保权人的情形,相关规范性文件亦对担保权人的审查义务做出了规定。例如,《中国证券监督管理委员会、中国银行业监督管理委员会关于规范上市公司对外担保行为的通知》中就银行金融机构在上市公司提供担保时的审查义务进行了规定,根据该通知第二条第(二)款之规定,银行业金融机构必须依据该通知、上市公司章程及其他有关规定,认真审核:由上市公司提供担保的贷款申请的材料齐备性及合法合规性;上市公司对外担保履行董事会或股东大会审批程序的情况;上市公司对外担保履行信息披露义务的情况;上市公司的担保能力;贷款人的资信、偿还能力等其他事项。

尽管上述规定的相关要求仅针对银行金融机构,但我们认为,其对其他专业机构对上市公司提供担保的审查具有一定的参考作用。

十九、重组业绩补偿股票质押的法律效力

（一）案例总结

上市公司向特定对象发行股票购买资产、进行重大资产重组系实践中的常见情形。在此情形下，前述特定对象取得上市公司股票，但该股票之上通常负有业绩补偿义务，即一旦特定资产的业绩未达协议约定，则该特定对象须以其在该次重组中获得的股票对上市公司进行补偿，上市公司有权以协议约定的价格进行回购并予以注销。

在"（2016）浙01执异26号"、"（2017）浙民终247号"李欣与浙江浙商证券资产管理有限公司执行异议纠纷案中，杭州市中级人民法院认为，债务人与上市公司约定的"债务人所持股份在限售期内未经上市公司同意不得用于质押"只能约束合同相对方，对债权人并不具有约束力，故而债权人与债务人之间的质押融资行为系双方真实意思表示，也未违反法律法规的强制性规定，不存在无效的情形。

该案的二审法院浙江省高级人民法院认为，上市公司享有要求债务人交付所持股份并予以回购的权利，但该权利只是一种债权请求权，不能对抗质权，质权具有优先效力。

（二）基本案情简介

2013年，上市公司银江股份向李欣非公开发行股份，购买李欣持有的亚太安讯股权，并在相关协议中约定了关于前述非公开发行股份的禁售及解禁条款、业绩承诺股份补偿条款（业绩承诺期为2013年至2015年，禁售期起始日为2014年3月26日，到期日分别为2017年3月26日、2018年3月26日及2019年3月26日）；同时，双方约定，**李欣所持股份在限售期内未经银江股份同意不得用于质押**。

2015年，李欣与浙商资管签订《浙商聚银1号银江股份股票收益权1、2、3号专项资产管理计划的股票收益权买入回购合同》及《股票质押合同》，李欣将其持有的银江股份限售股质押给浙商资管，浙商资管将其通过发行专项资管计划募集的资金约21270万元支付给李欣。

2016年4月14日，李欣向浙商资管确认将预期违约，同意浙商资管依约强制执行质押的标的股票。执行法院杭州中院于2016年5月9日作出执行裁定及协助执行通知书，对被执行人李欣所持的银江股份限售股进行冻结。

此后，**案外人银江股份向法院提出执行异议**，其认为：在执行法院查封之前，银江股份与李欣早已通过协议约定的方式确定该等被查封股份实际权利人为银江股份，银江股份仅仅是将该等股份附条件地交付给李欣，以便对李欣就亚太安讯业绩承诺进行

考核。同时,银江股份为防止李欣将该等名义持有的公司股份予以对外转让或进行其他处置,就该等被查封股份设置了禁售期(即该等股份在禁售期限内本质上属于禁止流通物)。故银江股份系依据协议约定享有阻止该等公司股份对外转让的实体权利人,有权禁止李欣将其名义持有的上述公司股份转让给任何第三人。**李欣被查封的股份系银江股份限售股,浙商资管与李欣就该等限售股设定的质权明显无效,浙商资管并不享有相应质权。**

(三) 法院裁判要点

杭州市中级人民法院认为:

李欣在中国证券登记结算有限公司深圳分公司持有银江股份限售股的事实清楚,证据充分,该登记对社会具有公示公信效力。虽然,李欣与银江股份约定有"李欣所持股份在限售期内未经银江股份同意不得用于质押",但该约定只能约束合同相对方,对浙商资管并不具有约束力。李欣根据其与浙商资管签订的合同约定,将案涉股票质押给浙商资管,双方依法办理了证券质押登记手续。案涉质押股票系限售股属实,但仅是禁售期内限制在二级市场买卖的流通股,并非法律、法规禁止流通的财产,并具有可转让性,因此浙商资管与李欣之间的质押融资行为系双方真实意思表示,也未违反法律法规的强制性规定,不存在无效的情形。且根据银江股份与李欣签订的盈利预测补偿协议约定的补偿方式,银江股份需回购的股份并未特定化,其享有的是债权请求权。而浙商资管依法享有对案涉股票的质权,具有优先效力。

浙江省高级人民法院认为:

案涉限售股登记于李欣名下,虽然银江股份将上述股份设置了禁售期并经中国证券登记结算有限公司深圳分公司予以登记,但限售登记并不改变案涉股票属于李欣名下财产这一事实。银江股份设置禁售期的目的是为了防止李欣将该等股份予以对外转让或进行其他处置,但并不意味着银江股份实际占有和控制上述股份,故银江股份主张通过设置禁售期的方式事实上占有和实际控制了案涉股份,依据不足。根据资产购买协议及盈利预测补偿协议的约定,如果李欣未完成相应业绩承诺的,李欣负有股份补偿义务,即按照上述协议约定计算应收回公司股份数后,由银江股份以1元的价格回购李欣所有的相应股份,再由银江股份作为实际权利人将该等股份予以注销。

可见,在亚太安讯对应年度的实际盈利数不足李欣承诺盈利数的情况下,银江股份享有要求李欣交付所持股份并予以回购的权利。**银江股份能否实际回购,也有赖于李欣能否将所持股份交付给银江股份,双方并办理股份变更登记手续。故该权利只是一种债权请求权。**银江股份主张其与李欣通过《资产购买协议》及《盈利预测补偿协议》已经达成了附生效条件的物权合意,缺乏合同依据和法律依据。原判据此认定银江股份所持证据不足以排除法院对案涉股份的强制执行,并无不当。

附：

重组业绩补偿股票质押的法律效力与风险防范
——以股票质押式回购诉讼案例与业务实践为视角

[邓学敏、孙琳]

一、导读

在上市公司向特定对象发行股票购买资产、进行重大资产重组的情形下,根据证监会相关监管规则,该特定对象因此取得的上市公司股票有一定的限售期。同时,上市公司与该特定对象通常会就收购资产的未来业绩达成业绩补偿协议,一旦业绩未达协议约定,该特定对象须履行相应的补偿义务,补偿方式多为以该次重组中获得的上市公司股票或现金进行补偿。虽然现行监管规则限制业绩承诺方在特定期限内的股票转让,但却并未限制该限售股的质押。因此,业绩承诺方(以下简称"融资方")可对该限售股设定质押,通过股票质押式回购业务等方式获得融资。

如融资方在承诺期内未触发业绩补偿义务,则承诺期届满后,一旦其无法履行股票质押式回购交易下的清偿义务,股票质押式回购交易下的融出方(以下简称"融出方")即可依法主张行使质权,不存在法律障碍。相应地,如业绩补偿义务触发,而融资方又无其他资产进行补偿,就会产生该部分股票应优先用于业绩补偿还是实现质权的问题。本质上,这一问题反映了以股票补偿请求为内容的债权与质权之间的冲突。

就上述问题,在目前的司法实践中,已有法院在审理和执行阶段支持业绩补偿股票之上质权优先的裁判案例;并且,根据 2018 年 3 月实施的股票质押式回购交易新规,监管部门并未禁止融资方以业绩补偿股票进行质押融资,仅要求融出方采取有效措施切实防范因融资方履行业绩承诺股份补偿协议可能产生的风险。这在一定程度上回答了业绩补偿股票质押的法律效力,及其与以股票补偿请求为内容的债权的优先性问题,具有极强的指向性和参考价值。

二、案情回顾

(一)事实情况

1. 2013 年,上市公司银江股份向李欣非公开发行股份,购买李欣持有的亚太安讯股权,并在相关协议中约定了关于前述非公开发行股份的禁售及解禁条款、业绩承诺股份补偿条款(业绩承诺期为 2013 年至 2015 年,禁售期起始日为 2014 年 3 月 26 日,到期日分别为 2017 年 3 月 26 日、2018 年 3 月 26 日及 2019 年 3 月 26 日);同时,双方约定,李欣所持股份在限售期内未经银江股份同意不得用于质押。

2. 2015 年,李欣与浙商资管签订《浙商聚银 1 号银江股份股票收益权 1、2、3 号专项资产管理计划的股票收益权买入回购合同》及《股票质押合同》,李欣将其持有的 27813840 股银江股份限售股质押给浙商资管,浙商资管将其通过发行专项资管计划募集的资金约 21270.00 万元支付给李欣。

3. 2016 年 4 月 15 日,银江股份经审计发现,李欣应补偿银江股份 25240153 股,遂于 2016 年 4 月 22 日发函要求李欣将 25240153 股交付给银江股份并予以注销登记,以消灭该等股份的所有权。

4. 2016年4月14日,李欣向浙商资管确认将预期违约,同意浙商资管依约强制执行质押的标的股票。执行法院杭州中院于2016年5月9日作出执行裁定及协助执行通知书,对李欣所持的银江股份限售股进行冻结。

(二)争议及裁判情况

1. 就杭州中院对李欣所持银江股份股票的强制执行,银江股份提出执行异议,其认为:在执行法院查封之前,银江股份与李欣早已通过协议约定的方式确定该等被查封股份实际权利人为银江股份,银江股份仅仅是将该等股份附条件地交付给李欣,以便对李欣就亚太安讯业绩承诺进行考核。同时,银江股份为防止李欣将该等名义持有的公司股份予以对外转让或进行其他处置,就该等被查封股份设置了禁售期(即该等股份在禁售期限内本质上属于禁止流通物)。故银江股份系依据协议约定享有阻止该等公司股份对外转让的实体权利人,有权禁止李欣将其名义持有的上述公司股份转让给任何第三人。李欣被查封的股份系银江股份限售股,浙商资管与李欣就该等限售股设定的质权明显无效,浙商资管并不享有相应质权。

杭州中院认为:李欣在中登公司持有银江股份限售股的事实清楚,证据充分,该登记对社会具有公示公信效力。虽然,李欣与银江股份约定有"李欣所持股份在限售期内未经银江股份同意不得用于质押",但该约定只能约束合同相对方,对浙商资管并不具有约束力。李欣根据其与浙商资管签订的合同约定,将案涉股票质押给浙商资管,双方依法办理了证券质押登记手续。案涉质押股票系限售股属实,但仅是禁售期内限制在二级市场买卖的流通股,并非法律、法规禁止流通的财产,并具有可转让性,因此浙商资管与李欣之间的质押融资行为系双方真实意思表示,也未违反法律法规的强制性规定,不存在无效的情形。且根据银江股份与李欣签订的盈利预测补偿协议约定的补偿方式,银江股份需回购的股份并未特定化,其享有的是债权请求权。而浙商资管依法享有对案涉股票的质权,具有优先效力。故杭州中院于2016年7月20日作出"(2016)浙01执异26号"执行裁定书,驳回银江股份的执行异议。

2. 银江股份又向杭州中院提起执行异议之诉,诉请判令立即停止对李欣所持有25240153股银江股份的强制执行。杭州中院于2017年3月13日作出"(2016)浙01民初899号"民事判决书,驳回银江股份的诉讼请求。

银江股份就此向浙江高院提起上诉,浙江高院认为:案涉限售股登记于李欣名下,虽然银江股份将上述股份设置了禁售期并经中登公司予以登记,但限售登记并不改变案涉股票属于李欣名下财产这一事实。银江股份设置禁售期的目的是为了防止李欣将该等股份予以对外转让或进行其他处置,但并不意味着银江股份实际占有和控制上述股份,故银江股份主张通过设置禁售期的方式事实上占有和实际控制了案涉股份,依据不足。根据资产购买协议及盈利预测补偿协议的约定,如果李欣未完成相应业绩承诺的,李欣负有股份补偿义务,即按照上述协议约定计算应收回公司股份数后,由银江股份以1元的价格回购李欣所有的相应股份,再由银江股份作为实际权利人将该等股份予以注销。可见,在亚太安讯对应年度的实际盈利数不足李欣承诺盈利数的情况下,银江股份享有要求李欣交付所持股份并予以回购的权利。银江股份能否实际回购,也有赖于李欣能否将所持股份交付给银江股份,并办理股份变更登记手续。故该权利只是一种债权请求权。银江股份主张其与李欣通过《资产购买协议》及《盈利预测补偿协议》已经达成了附生效条件的物权合意,缺乏合同依据和法律依据。原判据此认定银江股份所持证据不足以排除法院对案涉股份的强制执行,并无不当。故浙江高院于 2017 年 12 月 25 日作出"(2017)浙民终 247 号"民事判决书,驳回银江股份的上诉。

3. 其间,银江股份就其与李欣之间的业绩补偿纠纷另案向浙江高院提起诉讼,要求:(1)李欣向银江股份交付 25240153 股,并由银江股份予以注销;(2)如李欣无法足额向银江股份交付上述 25240153 股,则应将交付不足部分的股份数折算现金补偿金支付给银江股份。

李欣抗辩称:其所持有的所有银江股份股票已被质押且被司法冻结,即使法院最终判令李欣以股票补偿,也无法实现,只能以现金方式补偿。

浙江高院认为:即便银江股份对李欣所持的股份因执行顺位等原因无法求偿到位,银江股份也有权按《盈利补偿协议》的约定,要求李欣以现金方式或从证券交易市场购买相应数额的银江股份股票补足差额。因此,李欣提出的只能以现金方式补偿的抗辩意见不能成立,银江股份要求李欣交付相应股份,以及在交付不足情形下折算现金补偿的两项诉请有相应合同依据,应依法予以支持。故浙江高院于 2017 年 8 月 3 日作出"(2016)浙民初 6 号"民事判决书,支持银江股份的诉讼请求。

(三)实际执行情况

根据银江股份相关公告,上述生效裁判文书的具体执行情况如下:

关于李欣与浙商资管之间债权债务的处置,2018 年 8 月 20 日,李欣所持 27813840 股银江股份股票进行司法拍卖,但已流拍。2018 年 9 月 10 日,银江股份收到杭州中院出具的执行裁定书,杭州中院裁定李欣持有的 27813840 股银江股份股票归浙商资管所有,以抵偿其对浙商资管的债务;同时解除对李欣持有的 27813840 股银江股份股票的冻结。截至 2018 年 9 月 30 日,浙商资管已成为银江股份第二大股东,持有银江股份 27813840 股,占银江股份股份总数的 4.24%。

关于李欣与银江股份之间业绩补偿的处理,由于李欣已无法向银江股份补偿股票,故李欣对银江股份形成相应的现金补偿债务。

三、业绩补偿股票质押的法律效力探讨

(一)融出方"明知"情形下的质押合同效力

根据上市公司信息披露规则,上市公司须将重组方案和业绩补偿协议进行公示。如上述案例中,李欣与银江股份明确约定,李欣所持股份在限售期内未经银江股份同意不得用于质押;一旦其未达业绩承诺的,应优先以前述限售股进行补偿。因此,一经公示,融出方对融资方负有的前述合同义务应是明知的。那么在这样的情形下,上市公司能否以融出方与融资方恶意串通、侵害其合同债权为由主张质押合同无效进而主张质权无效?根据上述案件的裁判结果,法院并未支持银江股份提出的"浙商资管明显是恶意的登记质权人,质权无效"的主张。

根据《合同法》第五十二条之规定,"有下列情形之一的,合同无效。……(二)恶意串通,损害国家、集体或者第三人利益"。因此,合同双方恶意串通损害第三人利益导致合同无效的构成要件包括:(1)双方有损害第三人利益的故意;(2)双方有共同恶意串通的行为;(3)双方有通过恶意串通行为而谋取不正当利益之非法目的;(4)双方恶意串通行为造成了第三人利益受损的后果。

而在该案中,虽然融出方明知业绩补偿协议的存在,但缺乏损害上市公司债权的故意和谋取不正当利益的目的,亦缺乏与融资方恶意通谋的行为,难以构成《合同法》规定的合同无效情形。首先,从业绩补偿协议的本质来看,业绩补偿协议反映了上市公司对融资方所享有的附条件变更股份权属的债权请求权,一般情况下只约束协议的相对方。而如前文所述,业绩补偿股票设定质押时,导致股份权属变更的条件并未发生,业绩补偿义务亦未触发。因此,上市公司对融资方享有的、要求后者转让股票的债权尚不存在,融出方存在损害其债权的故意也就无从说起。其次,融出方明知业绩补偿协议存在仍接受业绩补偿股票质押,目的是为其在融资交易下的债权清偿获得相应的担保。如融资方能按照双方约定按期支付融资款及相应的利息,则融资交易下的债权消灭时质权亦随着消灭。因此,质权的设立亦不构成融出方与融资方的恶意通谋。

综上所述,融资方违反其与上市公司关于"融资方不得将其持有的非公开发行股票用于质押或融资"约定的,上市公司可要求融资方承担其在业绩补偿协议项下的违约责任,却不能以设定质押侵害其债权为由,主张质押合同的无效进而否定质权的效力。

(二)业绩补偿股票存在权利瑕疵情形下质权的效力

在先期存在业绩承诺的情形下,融资方向融出方提供质押的股票权属存在不确定性,即质物存在权利瑕疵。这一权利瑕疵是否会影响质权的有效设立和融出方债权的实现?根据上述案件的裁判结果,法院充分肯定了业绩补偿股票质押的有效性并支持融出方依法行使质权。

根据我们的分析和理解,法院认定质权有效的裁判逻辑在于,一方面,在法律规范层面,根据《物权法》第二百零九、二百二十六条之规定,"法律、行政法规禁止转让的动产不得出质";"以基金份额、证券登记结算机构登记的股权出质的,质权自证券登记结算机构办理出质登记时设立。"而李欣持有的银江股份股票不属于法律、行政法规禁止转让的权利,且业已办理质押登记,因此质权已有效设立。虽然《担保法解释》第九十条之规定,"质物有隐蔽瑕疵造成质权人其他财产损害的,应由出质人承担赔偿责任,质权人在质物移交时明知质物有瑕疵而予以接受的除外。"但该条也仅是强调质权人在"明知"的情形下须自行承担接受瑕疵质物的相关不利后果,并未否定在瑕疵质物上设定质权的有效性。

另一方面,在法理层面,业绩补偿股票质权设立时,融资方的业绩补偿义务并未发生,此时融资方对该等股票,除转让时间受限外,享有确定而完整的权能,其分红权、表决权、监督权、知情权、资产收益权等各项权能均可自有享有和实施;从权利质权的本质看,质权人对于被质押股票只是享有优先受偿权。因此,在融资方依法享有业绩补偿股票完整权能的情况下,融出方取得质权本质上仅是获得了该股票的担保权能,并未超出融资方享有的权利范围,此等股票上的质权理应得到法律的尊重和认可。

四、业绩补偿股票质押的法律风险及防范

(一)法律风险

如前文所述,业绩补偿协议本质上是一种债权,具有相对性,业绩补偿条件达成后,上市公司只得请求业绩承诺方履行,而不能约束协议之外的第三方。因此,上市公司能否实现该等债权,仍取决于业绩承诺方自身的意愿和配合。而质权作为绝对权,质权人可以直接支配质物,不需要义务人实施某种积极行为予以配合。因此,当业绩补偿股票之上同时存在业绩补偿请求权和质权,且两者均合法有效的情形下,理论上质权具有优先于债权的效力,即质权人可就该股票获得优先受偿。但业绩补偿股票毕竟不同于一般的上市公司流通股,其本身具有权属不确定性、转让时间受限等特征,因此,该等股票上质权的实现可能会面临一定的风险。

1. 质物价值减少风险

虽然质物瑕疵不会影响质权的效力,但根据《担保法解释》第 90 条之规定,"质物有隐蔽瑕疵造成质权人其他财产损害的,应由出质人承担赔偿责任。但是,质权人在质物移交时明知质物有瑕疵而予以接受的除外",质权人应当对因质押物价值的减少所形成的损失自行承担责任。在国泰君安证券股份有限公司郑州花园路证券营业部与中国光大银行郑州分行、河南省华润商贸有限公司、深圳市盛力实业发展有限公司、国泰君安证券股份有限公司借款担保合同纠纷案([2008]民二终字第 44 号)中,二审法院认为,由于当事人设定的质押物在此之前已经办理了国债回购交易,其债券市值实际上是不确定的,只能等待购回后才能依据国债现券确定市值,而深圳盛力公司在国债回购到期时没有资金把国债购回,由此造成了国债账户被交易所强行平仓及其所形成的损失。光大银行作为专业的金融机构,明知处于回购状态的国债质押账户存在着潜在风险,仍接受带有瑕疵、权利不完整的质押物,应当对因质押物价值的减少所形成的损失自行承担责任。

因此,如融出方明知质押股票存有瑕疵而仍予以接受的,应推定融出方愿意承受该瑕疵质物可能产生的消极后果。在此情形下,如融资方未提供除股票质押以外的其他增信措施,一旦质押股票价值减少导致到期债务不能获得完全清偿,而融资方又无其他资产的,融出方可能面临剩余未获清偿部分债务的坏账风险。

2. 质物变现风险

业绩补偿股票同时为限售股,如融资方出现股票质押式回购交易下的违约行为,融出方拟处置该股票的,因股票仍处于限售期,无法强行平仓,故需要通过司法途径或待限售期届满后行权。因此,融出方可能面临股票市值不断下降、待可以行权时不足以偿付债权的风险。

但我们也发现,在司法实践中,就限售股的强制执行,已有地方法院作出积极探索和实践。江苏高院于 2018 年 6 月 13 日发布《关于执行疑难问题的解答》,该解答第六条第二款规定:执行被执行人所持上市公司限售流通股(股票),可以先将限售流通股强制扣划至申请执行人账户,待限售股办理解禁手续转为流通股后再行处置。在此过程中,执行法院视情可以冻结申请执行人该账户,防止变价款高于执行标的额时申请执行人转移变价款损害被执行人利益。

我们理解,对质权人而言,该举措能有效防范其他债权人对业绩补偿股票采取冻结等财产强制措施,充分保护质权的优先性。尽管目前该解答的适用范围还较为有限,但不排除后续成为统一的执行规则的可能;在与其他地方法院的沟通过程中,质权人或许也可借鉴该解答,为相关债权债务的处置提供一种有益的解决思路或方案。

(二)法律风险的防范与控制

根据现行法律法规和既有的裁判案例,虽然融出方对业绩补偿股票享有的质权的有效性和优先性基本不存在争议,但在实际执行过程中,融出方仍有可能面临行权障碍。因此,融出方在接受此类业务时,须充分考虑所面临的风险,并在交易安排中设置相应的风险防范与控制机制。

在开展融资交易前,对融资方本身,融出方应重点关注其信用状况、资产情况、财务实力、融资目的、偿债能力、还款来源等;对业绩补偿股票本身,融出方应要求融资方充分披露其对上市公司的业绩承诺,并根据该承诺对业绩补偿股票进行公允的价值评估,从而确定合理的质押率,设计充分、有效的增信措施。在增信措施上,尽量避免仅依赖于负有补偿义务的股票的质押。融出方除在初始交易时审慎设定标的证券的质押率、警戒线和平仓线外,还可以要求融资方提供其他履约保障措施,包括但不限于:(1)补充质押物,即要求融资方额外提供为融出方满意的其他品种的流通证券。(2)提供其他担保措施,包括第三人保证,即要求融资方的共同财产所有人、关联方或其他有担保能力的第三人提供不可撤销的连带责任保证;财产抵押、质押,即要求融资方或第三人提供为融出方满意的财产抵押、质押,如不动产、银行存款等。(3)办理债权文书强制执行公证,如融资方出现不能清偿到期债权的情形,融出方可凭借该执行证书向有管辖权的法院直接申请司法强制执行。(4)其他增信措施,如要求融资方提供关联账户最低资产承诺、关联账户证券不进行其他融资、未被设定其他权利负担等承诺。

图书在版编目(CIP)数据

中国担保法律法规汇编及案例精选:批注版/邓学敏,饶梦莹编. —北京:北京大学出版社,2019.5

ISBN 978-7-301-30426-6

Ⅰ. ①中… Ⅱ. ①邓… ②饶… Ⅲ. ①担保法—汇编—中国 Ⅳ. ①D923.29

中国版本图书馆 CIP 数据核字(2019)第 059750 号

书　　　名	中国担保法律法规汇编及案例精选(批注版)
	ZHONGGUO DANBAO FALÜ FAGUI HUIBIAN JI ANLI JINGXUAN(PI ZHU BAN)
著作责任者	邓学敏　饶梦莹　编
责 任 编 辑	郭薇薇
标 准 书 号	ISBN 978-7-301-30426-6
出 版 发 行	北京大学出版社
地　　　址	北京市海淀区成府路 205 号　100871
网　　　址	http://www.pup.cn
电 子 信 箱	law@pup.pku.edu.cn
新 浪 微 博	@北京大学出版社　@北大出版社法律图书
电　　　话	邮购部 010-62752015　发行部 010-62750672　编辑部 010-62752027
印 刷 者	北京宏伟双华印刷有限公司
经 销 者	新华书店
	730 毫米×1020 毫米　16 开本　38.75 印张　870 千字
	2019 年 5 月第 1 版　2019 年 5 月第 1 次印刷
定　　　价	128.00 元

未经许可,不得以任何方式复制或抄袭本书之部分或全部内容。
版权所有,侵权必究
举报电话:010-62752024　电子信箱:fd@pup.pku.edu.cn
图书如有印装质量问题,请与出版部联系,电话:010-62756370

上架建议：法律/金融/担保法
ISBN 978-7-301-30426-6

定价：128.00元